天津市明长城资源调查报告

天 津 市 文 物 局
天津市文化遗产保护中心　编著
天津市明长城资源调查队

上　册

文物出版社

封面设计 周小玮
责任印制 陈 杰
责任校对 陈 婧
责任编辑 冯冬梅

图书在版编目（CIP）数据

天津市明长城资源调查报告/天津市文物局，天津
市文化遗产保护中心，天津市明长城资源调查队编著．
—北京：文物出版社，2012.11
ISBN 978－7－5010－3454－3

Ⅰ.①天…　Ⅱ.①天…②天…③天…　Ⅲ.①长城—
调查报告—天津市—明代　Ⅳ.①K928.77

中国版本图书馆 CIP 数据核字（2012）第 103202 号

天津市明长城资源调查报告
天 津 市 文 物 局
天津市文化遗产保护中心 编著
天津市明长城资源调查队

文 物 出 版 社 出 版 发 行
（北京市东直门内北小街2号楼　100007）

http：//www.wenwu.com

E-mail：web@wenwu.com

北京图文天地制版印刷有限公司印刷

新 华 书 店 经 销

889×1194　1/16　印张：50　插页：1

2012 年 11 月第 1 版　2012 年 11 月第 1 次印刷

ISBN 978－7－5010－3454－3　定价：560.00 元

《天津市明长城资源调查报告》
编纂委员会

主　　任：郭运德

副 主 任：金永伟

顾　　问：张　志　陈　雍

成　　员(以姓氏笔画为序)：

　　　　王汝海　白文源　田　敏　刘俊卫　李天胜

　　　　张学文　吴正鹏　吴洪涛　杨大为　赵利华

　　　　赵海军　姜佰国　梅鹏云　盛立双　程守先

　　　　程绍卿　蔡习军

主　　编：金永伟

副 主 编：杨大为　梅鹏云

执行主编：姜佰国

编　　辑：刘　健　张俊生

项目成员：姜佰国　张俊生　刘　健　刘福宁　郜志坚

　　　　刘洪明

序 [一]

　　巍巍长城，是中华民族的象征。千百年来，长城以其恢弘磅礴的气势、绵亘万里的雄姿，成为人类文明史上的一个奇迹。因其独具的历史、科学和艺术价值，长城跻身国家重点文物保护单位，并入选世界文化遗产名录，为世人所瞩目。天津市辖域内明长城是万里长城的重要组成部分，分布于蓟北山区，始建于明成化年间，东迄于蓟县与遵化市交界的钻天峰，止于西北与北京市平谷区将军关相接。历经明代百余年的不断修缮，形成拱卫京师的防御体系。

　　党和政府历来高度重视长城保护工作。《长城保护条例》等一系列政策法规的出台，全面加强了对长城的保护，规范了对长城的利用行为。科学调查、全面准确地掌握长城现存状况，是落实长城保护法规和管理措施的最基础的工作，是文化遗产保护事业发展的需要，也是时代赋予我们的使命。2007年，国家文物局组织开展长城资源调查工作，历时五载艰辛，终于全面告捷。长城的规模、分布、构成、走向、自然与人文环境、保护与管理现状等基础资料全面摸清并掌握，为下一步的长城保护工程奠定了坚实的基础。

　　天津市的长城资源调查工作始于2007年初，结于2009年4月。最艰巨的田野调查工作从2007年10月开始，全体调查队员顶风冒雪、风餐露宿，克服山高路险、体能透支等重重困难，足迹遍布蓟县北部山区，圆满完成了天津市域内的明长城资源调查工作，全面、准确地掌握了天津市域内的明长城的保护状况。此次调查中，首次完成了天津市域内明长城的精确测量，首次完成了全部明长城单体建筑及相关遗存的现状图纸测绘，首次提取了全部明长城墙体、寨堡及其附属设施的信息资料。此次调查还新发现一批长城遗迹，其中烟灶、火池、水窖等长城相关遗存为天津市所特有，取得了丰硕的调查成果。2009年3月，国家文物局组织"天津市明长城资源调查工作验收工作会议"，与会专家对天津市明长城资源调查工作给予了高度评价。

　　在这次调查过程中，队员们每到一处长城沿线村庄，均主动充当"宣传队"和"播种机"，大力宣传《中华人民共和国文物保护法》和《长城保护条例》等法律法规，使"爱护长城、保护长城"的意识深入田间地头、深入百姓心中。我们也欣喜地看到，通过此次调查，培养出了一批研究长城、保护长城的业务人才，锻炼了一支"特别能吃苦，特别能战斗"的文物保护队伍，树立了一种"科学严谨、认真负责、不畏艰险、无私奉献"的长城调查精神。

如今，《天津市明长城资源调查报告》即将付梓，她凝聚着调查者和编撰者的辛勤与汗水，是此次长城调查的结晶。该《调查报告》将《田野考古操作规程》与《长城资源调查手册》有机结合，运用田野考古调查报告编写方法整理长城调查资料，是考古学基本理论与方法和文物保护基本理念与思路相融合的有益探索。该《调查报告》对天津市域内的明长城墙体、单体建筑、相关遗存、寨堡及其附属设施进行了全面而细致的描述，并提供了完整、准确、翔实的调查数据、影像和图纸资料。《调查报告》内容翔实，图文并茂，为天津市明长城保护规划的制定以及长城保护、管理、利用等方面奠定了坚实的科学基础，对于长城防御、价值以及明清史相关领域研究，都将具有重要的价值。

当前，长城保护迎来了前所未有的历史机遇，同时也面临着各种各样的挑战。希望以此次长城资源调查为契机，依法管理，科学规划，健全体制，加强保护，让历经风雨沧桑的古老长城焕发新的生机。

是为序，并向所有长城资源调查人员和长期致力于长城保护的广大民众致以崇高的敬意！

天津市文物局副局长　金永伟

2012 年 8 月 2 日

序 [二]

说到长城，相信每个人都有一种抑制不住的冲动情怀，"不到长城非好汉，屈指行程二万"，这是领袖人物的一种豪迈气概。千百年来，长城已成为中华民族伟大的代名词，相传月球上的宇航员唯一能看到的两处人工遗迹，其中之一就是中国的万里长城。我不知道真假与否，但只要提到长城，就会想起中国。这是宏观的长城。千百年来，长城一直是世人的不解之谜，恐怕国人经常体验的不过是嘉峪关、八达岭、山海关等几处经过今人维修之后的长城的雄壮，但对于万里长城不是这几个点位就能够替代的。中国的长城究竟有多长，长城的真实原貌如何，长城究竟隐藏了多少鲜为人知的奥秘，现今保存状况怎样？中国长城资源调查这项世纪伟大工程，终于揭开了答案。

有这样一群好汉，肩负使命，来到了蓟北山地，开始了中国长城资源调查项目天津市明长城资源调查工作。他们登险峰、翻崇岭，冒酷暑、战严寒，屈指两个月，一览天津长城无余。又集结数十万言，将此次长城资源调查成果呈现在世人面前。这就是本书——《天津市明长城资源调查报告》。

天津北部的明长城调查，上世纪 80 年代曾经进行过一次。1984 年 9 月 29 日，天津市委、市政府响应邓小平同志的号召，成立了以李瑞环同志为首的天津市"爱我中华，修我长城"赞助活动指导委员会，郑重宣布修复天津境内的古长城，到 1994 年结束。天津文物考古工作者在修复工程未起之时，对黄崖关长城进行了田野踏查，取得了大量的资料，为黄崖关长城的修复提供了科学依据。但这次修复的仅仅是黄崖关附近的长城墙体 3025 延米，包括关城 1 座，水关 1 座，楼台 18 座，寨堡 1 座，烽火台 2 座，大部分长城墙体还是破旧不堪，散落在荒野之上，面貌不清。遗憾的是，由于种种原因，这次调查的材料没能够形成正式的考古调查报告。而今天由姜佰国调查团队重新调查并整理撰写的《天津市明长城资源调查报告》的问世弥补了过去的遗憾，也使天津段长城的面貌清晰地展现在世人面前。可喜可贺！

这里，我不想对这次调查的成果作什么评述，我也知道，此次调查有许多重要的新发现，曾见诸报端，也曾得到上级的首肯。这里我只想替姜佰国调查团队说几句溢美之词，以表达我对他们工作成绩的一种钦佩。他们工作中表现出来的良好的团队精神、扎实的工作作风、严谨的学风，值得称道。无论炎炎夏日，还是数九寒冬，他们都不曾退却过。穿山林，登险道，挂破衣衫，磨烂鞋底，皮肉之痛，时常有之，他们轻伤不下火线；为了采集好每一个数据，实现调查数据的真实性、完整性、科学性，他们翻过一道道山梁，寻遍长城每一个角落，详细观察、科学记录、分工协作，圆满完成了调查任务，在 2009 年初国家长城资源调查项目组组织的天津长城资源调查验收过程中，以"资料翔实、记录科学"的结论一次性验收通过，得到验收组专家的称赞。田野工作结束后，他们即转入资料整理和报告编写，其间还承担着单位大量的其他田野考古工作，但并没有影响他们抓紧报告的整理编写工作。为了抢时间，赶进度，他们常常加班加点，牺牲了许多休息时间，按照国家要求的进度完成了该书的整理编撰工作。在编撰过程中，他们认真审核每一个数据，详尽描绘每一张图纸，准确记述每一个遗迹，使报告成为一本信得过、质量高的考古调查报告。该报告是天津第一本专题考古调查报告，为天津考古资料的整理编写带了一个好头。近年伊始，单位也在采取措施，着手推进考古报告整理编写工作，长城资源调查报告的编写是推进的成果之一，其后会有两本田野考古报告即将出版。作为单位主要负责人，我希望他们能够把长城调查所体现的良好精神和作风一如既往地坚持下去。

天津市文化遗产保护中心主任　梅鹏云

2012 年 8 月 15 日

目　录

插图目录

附表目录

地图目录

彩图目录

前　言

一　基本情况

　　天津市辖域的明长城全部分布在蓟县北部山区，东迄天津市蓟县与河北省遵化市交界的钻天峰，向东与河北省遵化市马兰关明长城相接，向西经赤霞峪、古强峪、船舱峪，折向西北的常州沟，经东山、刘庄子、青山岭、车道峪、小平安向西穿泃河，过黄崖关，经前干涧黄土梁大松顶出蓟县界，折向西北，与北京市平谷区将军关相连，横跨蓟县下营镇的赤霞峪、古强峪、船舱峪、常州、东山、刘庄子、青山岭、车道峪、小平安、黄崖关、前干涧11个自然村。

　　据文献记载，天津市辖域的明长城始建于明成化十二年（1476年），弘治十一年（1498年）、嘉靖二十四年（1545年）、嘉靖二十七年（1548年）又"修蓟州边墙"、"堵塞蓟镇各隘"。万历四年（1576年）开始对部分边墙、敌台包砖。黄崖关关城建于天顺四年（1460年），原为石墙，万历十四年（1586年）包砌成砖墙。这样，在有明一代，蓟县境内明长城经过一百多年的不断增修，将自然地形和人造工程巧妙结合，基本形成了一道完整的长城防御体系。

　　清朝时期因蓟镇长城控诸燕山隘口，起着拱卫京师的作用，因此在黄崖关仍有驻军镇守，关城内的衙署也得到了部分修复。

　　民国时期因社会动荡，未加修葺，长城建筑因年久失修而逐渐毁坏，部分敌台开始倒塌。在漫长的历史进程中，长城受到自然和人为的破坏。

　　新中国成立以后，国务院十分重视对长城的保护，先后颁布了一系列政策法令，在长城沿线以乡村为核心建立保护组织。1984年，邓小平同志向全国人民发出了"爱我中华，修我长城"的号召。1984年9月，天津市启动了修复境内蓟县明长城的工作。至1987年9月，共修复黄崖关段明长城3025米、敌台20座、黄崖关关城1座。

　　1984年，天津市文化局文物管理处组织相关业务人员进行了考古调查和部分相关遗迹的清理工作，可惜这些资料除见诸于《中国文物地图集·天津市分册》、《天津黄崖关长城志》零星介绍外，所有原始资料由于种种人为原因全部佚失。

二　调查缘起

中国长城是中华文明的象征，是世界上体量最大的文化遗产。1987 年，长城以其独特的历史、艺术和科学价值，被联合国教科文组织整体列入世界遗产名录。2005 年，针对严重的人为和自然破坏长城的现象，我国政府制定了《长城保护工程（2005～2014 年）总体工作方案》，明确了长城保护的总目标和总任务，即：争取用较短的时间摸清长城家底，建立健全相关的法规制度，理顺管理体制，在统一规划的指导下，科学安排长城保护维修、合理利用等工作，并依法加强监管，从根本上遏制对长城的破坏，为长城保护管理工作的良性发展打下坚实基础。2006 年，国家文物局和国家测绘局决定合作开展长城资源调查工作。

2007 年，国家文物局在试点省经验的基础上，决定在北京市、天津市、河北省、山西省、陕西省、内蒙古自治区、甘肃省、青海省、宁夏回族自治区、辽宁省、山东省、河南省、湖北省、黑龙江省、吉林省、新疆维吾尔自治区十六个省、自治区、直辖市全面开展长城资源调查。

三　组织实施

2007 年初，根据《全国长城资源调查管理办法》、《全国长城资源调查工作总体方案》的有关规定和要求，为加强对实施长城资源调查工作的领导，推动长城资源调查工作的顺利开展，更好地完成天津市长城资源调查任务，天津市文物局与天津市规划局会同长城所在区域的蓟县人民政府、蓟县文物行政管理部门成立了天津市长城资源调查工作领导小组，负责研究解决天津市长城资源调查工作中的重大问题，确定天津市长城资源调查的指导原则和工作方针，决策有关重大事项。领导小组组长由天津市文物局副局长张志担任（2009 年后由副局长金永伟担任），下设天津市长城资源调查项目管理办公室，负责组织和协调各有关部门实施长城资源调查工作，组织项目有关单位制定工作方案，协调天津市长城资源调查工作的进度计划和质量控制。领导小组办公室主任由天津市文物局文物处处长陈雍（2008 年为白文源、2009 年为杨大为）、天津市测绘院副院长韩振彪担任，办公室成员有程绍卿（天津市文物局文物处文保科原科长、天津市长城资源调查总领队）、姜佰国（天津市文化遗产保护中心文保部部长、天津市长城资源调查项目负责人）、吴正鹏（天津市测绘院遥感工程院副院长）、张俊生（天津市文化遗产保护中心副研究馆员）、刘健（天津市文化遗产保护中心副研究馆员）、刘福宁（天津市蓟县文物保管所所长助理）、刘洪明（蓟县黄崖关长城管理局业务科科长）。强有力的领导机构为天津市长城资源调查的顺利进行提供了组织保证。

在天津市长城资源调查工作领导小组的领导下，长城调查工作有序展开，历时三年半。整个调查工作可以分为以下四个阶段。

第一阶段（2007 年 2 月至 2007 年 9 月）：组建调查队伍、培训调查人员、明确调查任务、厘清调查思路、开展调研工作。

2007 年 3 月，组建天津市明长城资源田野调查队伍，由天津市文化遗产保护中心、蓟县文物局、蓟县黄崖关长城管理局等单位抽调相关业务人员组成，姜佰国任总领队，下设三个调查队，队长分别由姜佰国、张俊生、刘健担任。

调查队成立之初，便明确了此次调查的任务。天津市境内的明长城资源，主要分布在天津市蓟县与河北省交界的北部山区，东北连接河北省境内长城，西北连接北京市境内长城，据《中国文物地图集·天津市分册》记载，天津市境内长城长度为41千米。此次调查对象为明长城墙体、附属设施及相关遗迹、关堡等。

针对此次明长城调查的特殊性，我们提出了"统一领导、合理规划、明确分工、协同配合，树立课题意识，严格按照《全国长城资源调查工作手册》和《田野考古操作规程》技术要求进行调查"的调查思路。

在开展实地调查工作之前，我们先期对天津市明长城的分布、走向、保存现状、研究状况作了调研。首先组织相关专业人员赴蓟县进行实地调研，对明长城的相关情况有了大致的了解。在此基础上，编制出长城调查工作的实施方案。

2007年7月，天津市测绘院向天津市文化遗产保护中心提供了比例尺为1:10000的正射影像图及相同比例的地形图，根据已经掌握的天津市明长城资料并结合相关文献，标注了天津市明长城的大致走向，确定明长城的初步位置，形成此次明长城资源调查工作用图。

2007年3月，天津市文物局和天津市测绘院委派程绍卿、姜佰国、张俊生、刘健、吴洪涛、张春龙六名同志参加在北京市居庸关举办的"全国长城资源调查培训班"。

2007年9月，我们在蓟县举办了天津市长城资源调查工作人员培训班。（彩图一）国家文物局文物保护与考古司副司长柴晓明到会并做了重要指示，（彩图二）天津市文物局副局长张志提出了此次明长城资源调查的工作要求，天津市长城资源调查专家组成员陈雍结合天津市长城资源的实际情况做了专题讲座，参加全国长城资源调查培训班的姜佰国同志按照居庸关国家培训班的授课模式并结合天津市实际情况，就有关规范与标准作了详细说明。通过培训使参加调查工作的每个队员都能清楚工作目标，明确调查任务、标准、规范及要求，并能熟练操作调查中使用的仪器和设备。所有队员完成了全部培训课程，取得优异成绩，并获得天津市长城资源调查资格证书。（彩图三）

第二阶段（2007年10月至2007年12月）：开展天津市长城资源调查工作。

2007年10月，按照天津市长城资源调查工作领导小组的工作部署和安排，承担明长城资源调查工作任务的田野调查一队、二队、三队在预定地点，开始进行野外调查工作。（彩图四）其中一队负责长城墙体调查，（彩图五）二队负责敌台调查，（彩图六）三队负责相关遗存调查。（彩图七）2007年12月中旬，天津市长城资源田野调查工作结束。

通过此次天津市明长城资源调查，按照国家长城资源调查工作项目组的要求和《长城资源调查规范及相关标准》，并依据自然地理情况，将长城主线墙体自东向西划分为赤霞峪、古强峪、船舱峪、青山岭、车道峪、黄崖关、前干涧七个段落，七个段落内部按照《全国长城资源调查工作手册》又详细划分了156个小段，加上二道边长城，墙体共划分为176个小段，平均每200余米划分一段。

此次共调查关城1座、寨堡9座、敌台85座、烽火台4座、火池15座、烟灶40座、居住址41座、水窖11个、水井3口。共完成墙体登记表176份、关堡登记表10份、长城单体建筑登记表85份、长城相关遗迹登记表111份、采集文物登记表1份、日志288页、彩图4801张、线图543张、录像8GB、GPS采集点1900个。

通过此次调查，初步掌握了天津市蓟县明长城关城、寨堡与长城墙体、敌台、烽火台、居住址、烟灶、火池等遗迹在防务上相互协作的明确关系；调查清楚了天津市调查的明长城的分布和保存现状，以及二道边长城的分布规律、走向和防御方式等。

经天津市测绘院量测，天津市调查的明长城表面长度为40283.06米，投影长度为37004.3米。

第三阶段（2008年1月至2009年3月）：室内资料整理与"长城资源调查数据采集系统"录入。

对调查中获取的调查资料，我们先后经过三个时期的整理。

第一时期：初步检查（2008年1月初至3月底）。

这一时期我们根据《长城资源调查工作手册》，对天津市明长城田野调查中填写的表格进行了统一规范，对表格中的一些语言文字进行了补充修改，对一些新发现的遗迹在征取天津市明长城资源调查专家组意见后进行了统一命名。（彩图八）在这一阶段，国家长城资源调查工作项目组对资料整理工作进行了悉心的指导。（彩图九）

第二时期：初步全面检查验收阶段。

此阶段共分三步实施：

第一步为全面自查（2008年8月15日至10月15日）。通过与周边省市明长城资源调查队的联系、沟通，交流经验，查找不足，调查队自查小组根据其他省市填写表格易出现的问题，对前一阶段整改后的表格作了全面的自查。（彩图一〇）此阶段发现了大量存在的问题，各调查队依据《长城资源调查工作手册》对这些问题进行了全面整改。

第二步为天津市初步检查验收（2008年11月11日）。专家组认为"天津市长城资源调查工作资料整体完成较好，长城墙体定性正确，分段准确，记录完整，描述详细，数据相互关联，各调查单元长城墙体之间相互对应，基础数据齐备，基本符合《长城资源调查工作手册》的技术要求，并能够满足测绘部门的技术要求。"指出了调查资料的一些不足，如：表格中"保存程度"与"保存现状"还需要注意相互吻合，个别"详细描述"还需完善。

第三步为国家长城资源调查工作项目组初步全面检查验收（2008年11月11日）。国家长城资源调查项目组对天津市明长城资源调查资料给予了充分肯定，认为：天津市提交的长城资源调查资料定性正确、定量比较准确，基本满足明长城长度量测的资料要求，基本符合《长城资源调查资料检查验收规定》的合格标准，通过第一阶段检查验收。但也指出调查资料存在GPS表格中名称填写以及与相邻点关系描述表述不清，"保存程度"一栏所填写的信息与"保存现状"中所描写的保存情况不一致等问题，国家长城资源调查工作项目组提出了具体的处理意见。（彩图一一）

国家长城资源调查工作项目组初步全面检查验收结束后，天津市按照检查验收组的意见，对所有调查资料进行了全面的整改。

第三时期：全面检查验收阶段。

共分两步组织实施：

第一步为全面检查验收及整改（2008年12月中旬至2009年3月）。在此阶段每个调查队队长都亲自组织人员对各自全部调查资料进行了检查，前后共三次，发现个别表格还存在问题，并进行了整改。

第二步为天津市文物局组织专家进行全面验收（2009年4月）。（彩图一二）

针对专家提出的意见，认真进行了整改。

对于检查验收的每个阶段，都严格按照《长城资源调查工作手册》、《长城资源调查资料检查验收规定》的要求，对验收过程中发现的问题逐条记录，检查验收结束后形成书面意见，及时进行整改。

第四阶段（2009年5月至2011年7月）：《天津市明长城资源调查报告》编写阶段。

四　两点说明

1. 天津市明长城墙体段落的划分问题。

在调查之初，依据自然地理情况，并综合考虑寨堡、河流、隘口与长城墙体的关系，以山险为分界，以附近村庄或小地名为名称，将天津市域内明长城主线墙体自东向西划分为赤霞峪、古强峪、船舱峪、青山岭、车道峪、黄崖关、前干涧七个段落。除前干涧长城外，其他各段长城均有寨堡相对应，这样既便于调查表格的填写、调查报告的叙述，又便于以后天津市明长城相关问题的研究，甚至对长城规划的编制、长城本体的保护提供方便。

2. 文物部门测量的长城相关数据在报告中体现的问题。

在调查资料的整理过程中，深刻体会到我们文物部门采集的数据也应该在报告中得以体现，但为了保证报告的工整，在正文部分中所用数据以测绘部门提供的为主，而文物部门测量的长城相关数据则以表格的形式与测绘部门提供的数据同时附在正文的后面，以供参考。

壹

概　述

一　历史沿革

（一）蓟州与蓟县

近年来，通过考古调查和发掘，在蓟县下营镇、孙各庄满族自治乡、罗庄子乡、官庄镇、邦均镇、城关镇六个乡镇发现旧石器遗址 27 处，说明至少在 1 万年前，蓟县即有人类居住。

蓟县青池、弥勒院、下捻头、围坊等遗址的考古发 z 掘，进一步揭示了天津市自新石器时代以来，即为燕山北部、太行山东麓以及中原腹地考古学文化碰撞、融合之地。

蓟县古称无终、渔阳、蓟州，在春秋之前无建置。西周武王灭商，封召公奭于燕，此地即属燕国。春秋时期为无终子国。战国后期，燕昭王设置无终邑，属右北平郡。

秦始皇统一中国后，分天下为三十六郡，无终置县，属右北平郡管辖。

汉高祖元年，项羽封韩广为辽东王，以无终为都城。

北魏太平真君七年（446 年），属渔阳郡。

隋大业三年（607 年），为渔阳郡治。大业末年无终县更名为渔阳县。

唐开元十八年（730 年），"析幽州，置蓟州"，蓟县属蓟州并为州治。从此，在蓟县历史上，开始有了蓟州的称谓。天宝元年（742 年），改为渔阳郡。乾元元年（758 年），又改为蓟州，州治仍设在渔阳。

辽、金、元各朝近五百年中，蓟县始终是蓟州统辖下的渔阳县，并为蓟州治所。

明洪武初年，撤渔阳县入蓟州，辖 4 个县，属顺天府。

清依明制，称蓟州。乾隆八年（1743 年），不辖县。

民国二年（1913 年），蓟州改县，名为蓟县，属顺天府。1928 年，南京国民政府成立，蓟县隶属河北省。

1933 年蓟县为日军所占，日伪统治下仍称蓟县，先后属伪"冀东防共自治政府"、"伪河北冀东道"、"燕京道"。

1945 年 9 月，蓟县全境收复。1946 年 5 月，撤销联合县，恢复蓟县建制，属冀东区行署第十五专署。1947 年 11 月以后，先后隶属冀东区行署第十四专署和河北省通县专署、唐山专署、天津市、天津专署。1973 年 8 月，划归天津市。

（二）蓟州镇长城与蓟镇长城

据《明史·卷九一·志第六七·兵三》记载，明代早期为便于防守，将长城沿线分成九大防区，即"东起鸭绿，西抵嘉峪，绵亘万里，分地守御。初设辽东、宣府、大同、延绥四镇，继设宁夏、甘肃、蓟州三镇，而太原总兵治偏头，三边制府驻固原，亦称二镇，是为九边"，这便是明长城九镇的由来。

明初，统治者就十分注重幽燕一带的防务，朱元璋一直认为，"海外诸蛮夷，阻山越海，僻在一隅，彼不吾扰，朕决不伐之。惟西北胡戎，世患中国，不可不备"，所以洪武六年（1373 年）"从淮安侯华云龙言，自永平、蓟州、密云迤西二千余里，关隘百二十有九，皆置戍守"。九年（1379 年）敕燕山前、后等十一卫，分兵守古北口、居庸关、喜峰口、松亭关烽堠百九十六处，参用南北军士。十五年（1385 年）又于北平都司所辖关隘二百，以各卫卒守戍。诏诸王近塞者，每岁秋，勒兵巡边。同时，在二十年（1390 年）置北平行都司于大宁，管辖辽西郡、西大同、东辽阳、南北平防务。这样，实际上形成了燕山南北两条防线，北部防线大致为秦汉长城，称为外边；南部防线即为现河北省、北京市、天津市境内的明长城，称为内边。

建文元年（1399 年），文帝起兵……改北平行都司为大宁都司，徙之保定。调营州五屯卫于顺义、蓟州、平谷、香河、三河，以大宁地界兀良哈。自是，辽东与宣、大声援阻绝，又以东胜孤远难守，调左卫于永平，右卫于遵化，而墟其地。这样的结果就是放弃了外边的防御，而退至内边防御。为了加强内边防御，永乐二年（1404 年），明朝于内边设总兵官，以蓟州命名，称蓟州镇。顾祖禹《读史方舆纪要》记载，蓟州镇作为明代长城九镇中最重要的一镇，管辖"东自山海，西近居庸，延邪千里"的长城防务。

明代中叶以后，为了加强首都（北京）和帝陵（十三陵）的防务，明廷又将蓟州镇长城划分为蓟镇、昌镇和真保镇三部分，《明史·兵志三》记载："蓟之称镇，自二十七年始。"《续文献通考》卷一百二十九记载："明史稾曰：蓟之称镇，自是年始，昌平称镇，自三十九年后，总名蓟镇。"这里虽然没有明确是明朝哪个皇帝的年号，但在明朝年号超过三十年以上的只有"嘉靖"和"万历"，再根据史书叙述的惯例，前文已提到"嘉靖"年号而未提及"万历"年号，则可断定此处记载的年号为明朝"嘉靖"。这样，可以断定蓟镇设置于嘉靖二十七年（1548 年），昌镇设置于嘉靖三十九年（1560 年）。

蓟镇设置于嘉靖二十七年（1548 年），管辖东自山海关，连辽东界，西抵石塘路亓连口，接慕田峪，镇界延袤一千七百六十五里，蓟州镇又分十二路镇守，分别为山海路、石门路、台头路、燕河路、太平路、喜峰口路、松棚路、马兰路、墙子路、曹家路、古北路、石塘路。

昌镇设置于嘉靖三十九年（1560 年），管辖东自慕田峪，连石塘路蓟州界，西抵居庸关边城，接紫荆关真保镇界，延袤四百六十里。又分三路镇守，即居庸路、黄花路、横岭路。

真保镇设置于嘉靖三十年（1551 年），管辖东自紫荆关沿河口，连昌镇边界，西抵故关鹿路口，接山西平定州界，延袤七百八十里。又分为紫荆关、倒马关、龙泉关、故关四路镇守。

这样，蓟辽总督属下即有辽东、蓟镇、昌镇、真保镇四镇和山海、居庸、紫荆三关，古称"四镇三关"。

自英宗正统之后，北部蒙古族的势力得以较大的恢复，蒙古骑兵南下抢掠的次数越来越多，所以修筑长城的事屡被提出，《明史·兵志三》记载："正统元年，给事中硃纯请修塞垣。总兵官谭广言：'自龙门至独石及黑峪口五百五十余里，工作甚难，不若益墩台瞭守。'乃增赤城等堡烟墩二十二。"

"土木之变"后，蓟镇长城遭到严重破坏。景帝即位后，下令修复长城。《明史·景帝本纪》记载：正统十四年"十一月癸未，修沿边关隘。"《临榆县志》也记载："景帝景泰元年（1450 年），提督东京军务右佥提督御史邹来学修喜峰迤东至一片石各关城池。"英宗复辟后，于天顺年间仍多次下令修筑蓟、辽、宣沿边城堡、边垣、台堑。《永平府志》记载：弘治十一年（1498 年），"蓟辽巡抚洪钟筑边墙，自山海抵居庸，凡二百七十余处"。

嘉靖以前蓟镇边墙虽经屡修，但简单的修筑仍达不到良好的防御效果。嘉靖十八年（1539 年），巡抚都御史戴金，在巡视蓟州边防时认为："内边诸山险处亦多，但山外攀援易上，山空水道处所，每年虽修垒二次，皆碎石干砌，遇水则冲，虏过即平"。他主张应将山外可攀援之处"堑崖凿壁"，山顶内"严令禁长树木"，仍补彻山口水道使连亘如城，亦如陕西各边之制，更"添墩堡以备防守。"

"庚戌之变"之后，为了保障京师的安全，总督何栋在嘉靖三十年（1551 年）提出："自山海关至居庸关、沿河口，共二千三百七十里，中间应修边墙，并铲崖"。并制定了边墙规格，"高一丈五尺，根脚一丈，收顶九尺"。

蓟镇长城大规模的修筑活动，特别是长城上修筑空心敌台，是隆庆至万历间戚继光修建的。隆庆二年（1568 年）五月，戚继光以都督受命掌管蓟州、昌平、保定三镇的兵事。次年朝廷命戚继光担任蓟镇总兵。继光巡行塞上后，意识到"蓟镇边垣，延袤二千里，一瑕则百坚皆瑕。比来岁修岁圮，徒费无益"，建议朝廷"跨墙为台，睥睨四达。台高五丈，虚中为三层，台宿百人，铠仗糗粮具备。令戍卒画地受工，先建千二百座……"

《天下郡国利病书》卷十一所载的空心敌台，全部注为隆庆三年（1569 年）至万历元年（1573 年）所建。《永平府志》卷三十引《国榷》中亦记载："神宗万历元年（1573 年）夏四月，乙卯，增蓟镇，昌平敌台二百。"关于空心敌楼的建筑经过、修筑方法和用途等，戚继光在《练兵杂纪》卷六中记载如下："先年边城低薄倾圮，间有砖石小台，与墙各峙，互不相救。士曝立于暑雨霜雪之下，无所藉庇。军火器具如临时起发，则运送不前，如收处墙上，则无可藏处。敌势众大，乘高四射，守卒难之。一墙攻溃，相望奔造，大势突入，莫之能御。今建空心敌台，尽将通人马处堵塞。其制：高三四丈不等，周围阔十二丈，有十七八丈不等者。凡冲处数十步或一百步一台，缓处或四五十步，或二百余步不等者为一台。两台相应，左右相救，骑墙而立。造台法：下筑基与边墙平，外出一丈四五尺有余，中间空豁，四面箭窗，上建楼橹，环以垛口，内卫战卒，下发火炮，外击敌人。敌矢不能及，敌骑不敢近，每台百总一名，专管调度攻打。台头、台副二名，专管台内军器辎重。两旁主、客军士三五十名不等。五台一把总，十台一千总，节节而制之。"

从万历年间开始，边墙开始包砖。万历四年（1576 年）杨兆称："当是时，墙犹夫旧也。至我皇上御极四年，始有拆旧墙、修新墙之议。近墙高广，加于旧墙，皆以三合土筑心，表里包砖，表面垛口，纯用灰浆，足与边腹砖城比坚并久"。现今保留的包砖墙体多是万历年间修建的。

（三）蓟县境长城与蓟镇长城

蓟县是天津市唯一存有长城的区县，境内长城全部分布于北部山区，东迄钻天峰，西止黄土梁，年代均为明代，属蓟镇长城不可或缺的一部分。（地图一、二）

据嘉靖《蓟州志》记载，蓟镇长城最早修建于成化十二年（1476 年），李铭"为总兵官，在镇十二年……修边备，峻处削偏坡，漫处甃砖石，总二千余里"，可见现蓟县境长城墙体的修建不会早于成化十二年（1476 年），且当时应该多为山险或山险墙。

蓟县境长城墙体的大规模修建应在嘉靖末年至隆庆时期，《四镇三关志》记载黄崖口关"边城六十里，嘉靖三十年（1551 年）建，三十六年（1557 年）、三十八年（1559 年）、隆庆元年（1567 年）修"。这与相关古代文献记载（如：嘉靖三十六年"诏修蓟镇边墙"，嘉靖三十八年、隆庆元年又不断增修）基本可以对应。蓟县境长城墙体包砖不早于万历四年（1576 年），且集中于黄崖关段，从其现存的断面看，包砖内尚存整齐的石墙壁面，可见当时包砖应该是在原石墙的外壁和上部砌砖，再在上部修建垛口、马道、射孔等设施。

蓟县境长城大部分敌台、居住址的修建应在嘉靖二十五年（1546 年）以后，当时总督翁万达提出："今堡寨虽备，而外拒必得长城。长城必有台，利于旁击。台必有屋，以处戍卒。近城必筑堡，以处伏兵。城下数留暗门，以便出哨。"隆庆二年（1568 年）戚继光建议大规模建造空心敌台，自隆庆三年（1569 年）开始至隆庆五年（1571 年）止，"共建台一千一十七座"（刘应节《报空心台功疏略》），黄崖关、青山岭长城的砖砌敌台应该都是此时建造的。而据《四镇三关志》记载，黄崖口关的12 座空心敌台，则于"隆庆三年（1569 年）至万历元年（1573 年）蕑次建"。

黄崖口关是蓟县境内唯一的一座关城，据《四镇三关志·形胜》记载："黄崖口关，永乐年建。通大川。正关、水口、东西稍城。断头崖安口墩。中山儿、龙扒谷砖墩，东西二空，俱通骑，冲。余缓。"可见黄崖关于永乐时设关筑城，天顺四年（1460 年）改成石砌城墙，万历十四年（1586 年）又包砖。

《四镇三关志·形胜》也记载了蓟县境内其他寨堡的基本情况：

太平安寨（小平安寨堡），成化二年（1466 年）建，通大川，正口，冲。西山顶东，稍墩，通单骑，冲。余缓。

车道峪寨（车道峪寨堡），嘉靖十六年（1537 年）建，通步，缓。

青山岭寨，成化二年（1466 年）建，正关通单骑，冲。

蚕椽峪寨（船舱峪寨堡），成化二年（1466 年）建，通步，缓。

古强峪关（古强峪寨堡），永乐年建，通步，缓。

耻瞎峪寨（赤霞峪寨堡），成化二年（1466 年）建，通步，缓。

康熙四十三年修撰的《蓟州志·关隘》详细记载了黄崖关的基本情况及其与下营等寨堡的位置关系，"黄崖关，在州北五十里，有城，把总驻扎。边墙九十三里，东起拦马墙西至松棚顶。楼台四十五座，墩台八座……关南十二里为中营，又三里为下营，俱有城，今倒塌。关北二十五里为寻思峪，又十五里为柞儿峪。东自饿老婆顶起十里至耻瞎峪寨，又三里古强峪，又三里蚕椽峪，又十里青山岭寨，又八里车道峪，又二里太平安寨，又十一里黄崖关。此一带俱山险难行。"

《天下郡国利病书·边防》则以蓟州为中心，记载了马兰峪营、黄崖口营及将军石营三者的位置关系，即："蓟州东北至马兰峪营六十里，北至黄崖营四十里，西北至将军石营七十里，皆辖于马兰峪参将"。同时，这本书也记载了赤霞峪、青山岭、小平安、黄崖口关的地理环境：十里至古强峪砦，水口丈许，后山陵，险，通车马；五里至蚕椽峪砦；三十里至青山岭砦，水口五丈，后山窄厚，通车马；六里至太平安砦；十里至小平安砦，水口二十丈，孤绝难守；十里至黄崖口关，水口数十丈，前后俱宽，五马可并，西经乾涧，墩、折墙通马。

这些文献记载，基本可与此次调查的关、寨堡位置、地理环境相对应。

二　地理环境

蓟县位于天津市最北部，东邻渤海，西襟京师，南联海河，北倚燕山，踞巍山之天险，扼关东之咽喉，历来是北方重镇、军事要冲、兵家必争之地，地理位置十分重要。始皇东巡沧海、魏武北征乌桓、唐宗东征高丽均经过蓟县。西汉燕王臧荼杀辽东王韩广、东汉大将吴起斩幽州牧苗曾，都发生在这里。宋辽金争夺对峙时，蓟县是战争前线。明朝以后，蓟县更因为"枕山带河，重关复镇，递为应援，以翼蔽镶辅"（明·陆树声《蓟州重修城楼记略》）而成为拱卫京城的锁钥重地，历代统治者都在此筑城设防，重兵把守。

蓟县境东西最宽56.2千米，南北最长55.02千米，总面积1470平方千米，其中山区面积755平方千米，平原洼区面积715平方千米。地势北高南低，呈阶梯状分布，北缘最高点海拔1078.5米，南部最低点海拔1.8米，南北高差1076.7米。北部群山巍然傲立，满目青翠；中部丘陵绵亘起伏，星罗棋布；南部平原一望无垠，河渠纵横。

蓟县位于北纬39°457′～40°157′、东经117°05′～117°47′之间，属暖温带半湿润大陆性季风气候，春季干旱少雨多风，夏季炎热、雨量充沛，秋季昼暖夜寒温差大，冬季少雪寒冷，四季分明，雨热同期，阳光充足，热量丰富，昼夜温差大，冷暖干湿差异明显。年平均气温12.1℃，夏季最高，春秋次之，秋春相近，冬季最低，极端最高气温41.7℃（1999年7月24日），极端最低气温–23.3℃（1969年2月24日）。年日照百分率63%。年平均相对湿度60%。年降水量663.4毫米，且夏雨集中，冬雪稀少，春雨渐增，秋雨骤减。全年大部分风向为静风，年平均风速1.9米/秒。冬季西伯利亚冷气团控制，多盛行西北风、西风，夏季受海洋气团控制，以东风为主导，春季多东风，秋季则多刮东北风、西北风。无霜期约195天。全县有中、小河流17条，汇入蓟运河注入渤海。

蓟县植物区系以华北成分为主，还有热带亚热带亲缘种类、侵入境内的欧亚大陆草原成分、古北极成分、旧大陆温带成分等。这些植物区系联系广泛、分布混杂，具有喜暖纬向地带的过渡性质，原始植被为落叶阔叶林或油松林所覆盖。北部山区尚存少数古树，原始森林被破坏后，大面积演替的是荆条、酸枣、小叶鼠李、菅草、白羊草等温性半旱生的次生灌草丛，少数交通不便的山峰，如八仙桌子、九龙头等地尚残存天然落叶阔叶林及杂木林。

蓟县哺乳动物主要有豹、貉、狍子、狐狸、獾、狼、野兔、黄鼬、松鼠等；两栖类主要有青蛙、蟾蜍等；爬行类主要有蛇、蜥蜴等；昆虫主要有蝴蝶、蜘蛛、蜂等；鸟类主要有勺鸡、野鸡、环颈雉、金鹏、鹌、猫头鹰、喜鹊、黑卷尾、山鸽、山雀、水禽等；在溪流中还有鱼类等水生动物。

蓟县资源丰富，除大量可供建筑用砂石料外，初步探明的金属、非金属矿藏达数十种。其中，大理石品位较高，紫砂陶土储量大、分布广、开采价值大，矿泉水富含多种有利于人体的矿物质。各种干鲜果品质优味美，核桃、板栗、柿子、红果等驰名中外，享有盛誉。此外，电力资源、水资源也比较丰富。

据文献记载，从元朝到1985年，蓟县境内共发生地震灾害17次。分别为元至正五年（1345年）春、元至正十六年（1356年）、明成化十七年（1481年）五月、明弘治二年（1489年）七月、明弘治二年（1489年）十一月、明弘治九年（1496年）二月、明嘉靖二年（1523年）八月二十八日子时和卯至午时、明天启四年（1624年）二月、明天启六年（1626年）五月初六及六月初六丑时、清康熙七年（1668年）、清康熙十八年（1679年）七月二十八日巳时、清乾隆六十年（1795年）六月二十一日亥时、清嘉庆二年（1797 年）闰六月十三日以及 1976 年 7 月 28 日 3 时 42 分河北省唐山地区发生 7.8 级强烈地震，波及蓟县。

三　人文环境

蓟县历史悠久，积淀丰厚，境内有着丰富灿烂的古代文化，古塔林立、古建巍峨、寺庙众多、古墓栉比，有一万年前的旧石器时代、八千多年前的新石器时代和四千多年前商周时期的文化遗存，有两汉、唐、宋、辽、明、清等朝代的遗迹，有明代蓟州戍边和清代皇帝谒陵两条贯穿县域的文化线路……黄崖关长城作为长城的一部分被列为世界文化遗产，独乐寺和千像寺造像被国务院公布为全国重点文物保护单位，同时县域内还有市级文物保护单位 13 处，县级文物保护单位 53 处。1991 年，蓟县被天津市政府公布为天津市第一批历史文化名城，2006 年被评定为中国"千年古县"。

蓟县自古人才辈出、名流荟萃，《三国志》、《资治通鉴》等史书中多有记载，《水浒传》中蓟州被描写为主要人物活动地之一。唐朝诗人杜甫《后出塞》有"渔阳豪侠地，击鼓吹笙竽"诗句，白居易《长恨歌》有"渔阳鼙鼓动地来，惊破霓裳羽衣曲"诗句都指此地。《三国志》、《资治通鉴》等史书中多有记载。

蓟县不仅历史悠久，而且具有光荣的革命传统。抗日战争时期，英雄的蓟县人民在共产党领导下，参加了震惊中外的冀东大暴动，开创了著名的盘山抗日根据地。抗日战争胜利后，蓟县人民又投入了解放战争，迎来了新中国的成立。

新中国成立六十多年来，蓟县发生了翻天覆地的变化，蓟县人民书写了新的历史篇章。蓟县已成为国内外知名的旅游胜地。名胜古迹得到了很好地保护和开发，向世界展示了厚重的文化积淀、优良的生态环境、绮丽的自然风光。

蓟县地处北京、天津、唐山、承德、秦皇岛等城市的中间，（天）津蓟（县）高速公路，（北）京哈（尔滨）、（天）津围（场）、邦（均）喜（峰口）、宝（坻）平（谷）等干线公路和县乡公路纵横交织，四通八达。（北）京秦（皇岛）、大（同）秦（皇岛）铁路横亘境内，（天）津蓟（县）铁路直抵县城。全县辖 20 个镇、5 个乡、1 个民族乡、1 个城区街道办事处，共 949 个行政村、15 个居委会，总人口 81 万（2004 年），有满族、回族、蒙古族等 21 个少数民族。县城位于县境中部、府君山脚下，是全县政治、经济、文化中心。

蓟县，是国务院确定的全国首批沿海对外开放县，亦是全国首家绿色食品示范区和全国山区综合开发示范县。近年来，国民经济实现了快速发展，农业、工业、第三产业协调并进，产业结构日趋优化。农业结构调整成效显著，特色产业形成规模。工业运行质量不断提高。一批重点骨干企业，在技术装备、产品质量、规模效益等方面，跨上了新的台阶。工业传统行业改造得到加强，高新技术产业快速发展，工业整体素质和市场竞争力明显提高。旅游业成为第三产业的发展龙头，基础设施和生态环境建设成效显著，社会各项事业健康发展。

经过多年努力，蓟县的生态保护与建设取得了丰硕成果，全县整体环境质量不断改善，林地覆盖率大幅度提高，达到 38% 以上。现已建成八仙山自然保护区、中上元古界国家级地质公园、盘山国家 5A 级旅游景区，2001 年率先建成国家级生态示范区，2007 年创建成为国家园林城市。

森林旅游是旅游业的一个重要组成部分。随着蓟县旅游市场的蓬勃发展，森林旅游、观光林业、采摘林业等新兴产业在旅游市场中所占份额越来越高，目前已经成为蓟县林业经济的一个新的增长点，对带动区域经济繁荣与社会进步发挥着日益重要的作用。

特色果品产业是蓟县山区的支柱产业，果品产值占农业总产值的近40%，果品收入占当地农民纯收入的30%以上，是山区新农村建设的产业基础。此外，随着乡村旅游业的兴起，以特色果品产业为依托的休闲观光农业，成为蓟县乡村旅游的重要载体和农民增收的重要渠道。

贰

遗　迹

一　赤霞峪长城

（一）墙体

赤霞峪长城墙体起自天津市蓟县下营镇赤霞峪村东北 2.6 千米、赤霞峪长城 1 号敌台西侧（高程 828 米），至天津市蓟县下营镇古强峪村东北 0.8 千米、古强峪长城 1 号敌台东侧（高程 622 米）截止，（地图三）共划分为 20 段，其中墙体 14 段、山险 6 段。全长 3074.4 米，其中长城主线长 3051.95 米（墙体 2507.88 米、山险 544.07 米），二道边长城 22.45 米（全部为墙体）。（附表一）此段长城大致走向为东北—西南。

赤霞峪长城 1 段（总第 1 段，编码 120225382102170001）

此段长城墙体类别为石墙，（图一）位于天津市蓟县下营镇赤霞峪村东北 2.6 千米，自赤霞峪长城 1 号敌台西侧（高程 828 米）起，沿山脊向西修建，至赤霞峪长城 2 段山险起点（高程 829 米）截止，长 56.93 米，东北—西南走向。（彩图一三）

此段长城保存较好。墙体全部采用毛石干垒而成，具体垒砌方法为墙体的内外两侧用较大石块垒砌成整齐的墙壁，墙体中间则填充小石块或碎石片，石块之间不用泥土、三合灰等黏结物。这样垒砌成的墙体既有效地利用了建筑石材，又使墙体十分坚固。

墙体剖面呈梯形，顶部宽 2.76～2.93 米，底部基础宽 3.62～4.02 米。部分墙体保存女墙，位于墙体上部内侧，女墙上部已倒塌，仅存基础，基础宽 0.52、残高 0.76 米。墙体上部外侧的垛口大部分坍塌，仅保存部分基础，垛口基础宽度与女墙基本相同，为 0.52 米。墙体上马道保存基本完好，用平坦的板石平铺而成，平铺的板石基本是成排有规律的分布，马道宽 1.63 米。

从周边环境看，此段长城所处地理位置十分重要，整个墙体建于山脊中部，墙体外侧不远处即为陡峭的悬崖，墙体内侧的山体也十分陡峭。内外侧墙体顶部距现地表的高度不等，内侧墙体顶部距地表高 2.62～4.56 米，外侧墙体顶部距地表高 2.12～2.83 米。

此段长城墙体未生长树木，偶见零星杂草，自然因素破坏较小。墙体尤其是垛口倒塌的原因主要是自然塌落，推测是垒砌不牢固或经历较剧烈自然灾害所致。部分石块上生长苔藓。不见人为毁坏痕迹。

附表一　赤霞岭长城墙体长度统计表

（单位：米）

名称	墙体·石墙·较好 测绘数据(表面长度)	墙体·石墙·较好 文物数据	墙体·石墙·一般 测绘数据(表面长度)	墙体·石墙·一般 文物数据	墙体·石墙·较差 测绘数据(表面长度)	墙体·石墙·较差 文物数据	墙体·墙失·差 测绘数据(表面长度)	墙体·墙失·差 文物数据	墙体·墙失·消 测绘数据(表面长度)	墙体·墙失·失 文物数据	墙体·小计 测绘数据(表面长度)	墙体·小计 文物数据	山险墙·山险墙 测绘数据(表面长度)	山险墙·山险墙 文物数据	山险墙·山险 测绘数据(表面长度)	山险墙·山险 文物数据	合计 测绘数据(表面长度)	合计 文物数据
1段	56.93	52	—	—	—	—	—	—	—	—	56.93	52	—	—	—	—	56.93	52
2段	—	—	—	—	—	—	—	—	—	—	0	0	—	—	38.85	18	38.85	18
3段	—	—	25.33	26	—	—	—	—	—	—	25.33	26	—	—	—	—	25.33	26
4段	—	—	—	—	—	—	—	—	—	—	0	0	—	—	63.51	36	63.51	36
5段	113.85	95	—	—	—	—	—	—	—	—	113.85	95	—	—	—	—	113.85	95
6段	—	—	—	—	—	—	—	—	—	—	0	0	—	—	189.05	175	189.05	175
7段	21.28	29	—	—	—	—	—	—	—	—	21.28	29	—	—	—	—	21.28	29
8段	324.65	316	14.77	11	209.27	204	—	—	—	—	548.69	531	—	—	—	—	548.69	531
9段	10.54	10	—	—	104.5	112	—	—	—	—	115.04	122	—	—	—	—	115.04	122
10段	145.34	140	52.71	51	127.88	108	—	—	—	—	325.93	299	—	—	—	—	325.93	299
11段	104.62	97	35.14	33	28	27.3	—	—	—	—	167.76	157.3	—	—	—	—	167.76	157.3
12段	—	—	—	—	—	—	—	—	—	—	0	0	—	—	15.57	11	15.57	11
13段	260.59	244	29.1	26	—	—	—	—	—	—	289.69	270	—	—	—	—	289.69	270
14段	254.04	207	51.94	41	195.02	204	—	—	—	—	501	452	—	—	—	—	501	452
15段	—	—	—	—	—	—	—	—	—	—	0	0	—	—	67.4	33	67.4	33
16段	12.76	9	27.59	26	23.08	21	—	—	—	—	63.43	56	—	—	—	—	63.43	56
17段	40.8	39	8.97	6	97.46	91	—	—	—	—	147.23	136	—	—	—	—	147.23	136
18段	41.59	30	—	—	90.13	71	—	—	—	—	131.72	101	—	—	—	—	131.72	101
19段	—	—	—	—	—	—	—	—	—	—	0	0	—	—	169.69	172	169.69	172
主线小计	1386.99	1268	245.55	220	875.34	838.3	0	0	0	0	2507.88	2326.3	0	0	544.07	445	3051.95	2771.3
二道边1段	—	—	—	—	22.45	19.8	—	—	—	—	22.45	19.8	—	—	—	—	22.45	19.8
合计	1386.99	1268	245.55	220	897.79	858.1	0	0	0	0	2530.33	2346.1	0	0	544.07	445	3074.4	2791.1

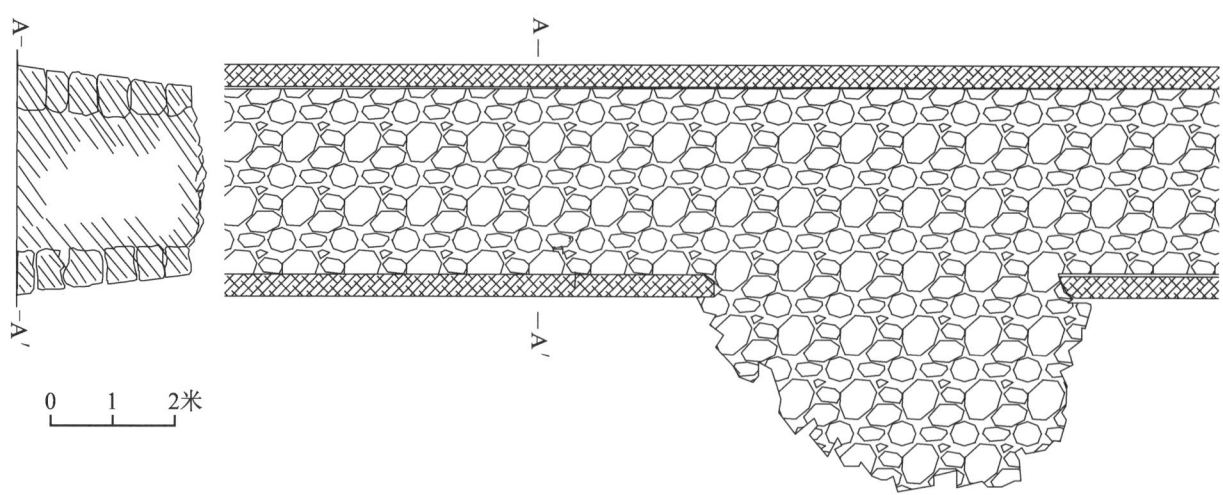

图一　赤霞峪长城 1 段平、剖面图

赤霞峪长城 2 段（总第 2 段，编码 120225382106170002）

此段长城墙体类别为山险。自赤霞峪长城 1 段石墙止点（高程 829 米）起，沿陡峭的山脊，至赤霞峪长城 3 段石墙起点（高程 829 米）截止，长 38.85 米，南—北走向。（彩图一四）

此段山险保存较好。利用陡峭山脊的自然走势而形成山险，西侧山势陡峭，有许多凸出的山石，行人很难攀爬，东侧山势平缓。此段山险未经人为加工。

此段长城人迹罕至，人为因素破坏不明显。由于近几年封山育林，山险内外两侧生长许多高大树木，加之一些剧烈的地质灾害，部分山石滚落，原貌略有破坏。

赤霞峪长城 3 段（总第 3 段，编码 120225382102170003）

此段长城墙体类别为石墙。自赤霞峪长城 2 段山险止点（高程 829 米）起，沿山脊向西南修建，到赤霞峪长城 4 段山险起点（高程 822 米）截止，长 25.33 米，东北—西南走向。（彩图一五）

此段长城位于两座山峰之间的峡谷鞍部，只有此处才可以出入长城内侧，地理位置十分重要。墙体内外两侧的地势较为陡峭。

此段长城墙体保存一般，墙体外侧用大石块垒砌，大石块之间的缝隙用小石块或石片垫起，以保持墙体内收而不外张。墙体外侧垒砌较高，距现地表高 1.6～2.8 米；内侧垒砌较矮，残高 0.2～1.2 米。此段墙体中间部位（大致相当于两峰鞍部的中间）中空，石块垒砌十分规则，形成一处平面呈长方形的特殊遗迹（长 5.62、宽 2.12、残高 1.4 米）。（彩图一六）遗迹位于长城墙体内侧，保存完好的进入谷底的石台阶。（彩图一七）此遗迹从形制推测，应该为守卫长城士兵的居住所。

此段长城墙体用毛石干垒，垒砌的方法与赤霞峪长城 1 段不同，是在砌筑墙体两侧的同时垒砌内部的石块，墙体两侧的外边与内部石块是同时垒砌，墙体同时起高，不像赤霞峪长城 1 段那样，长城墙体两侧垒砌两道坚固的似护坡的外侧。从墙体整体保存一般的状况看，赤霞峪长城 3 段墙体顶部的石块都已滚落，部分地段长城墙体有倒塌的现象，说明这种方法垒砌的墙体很不坚固。

此段长城墙体上及边缘都生长高大的树木，对墙体构成严重的威胁。

墙体尤其垛口倒塌的原因主要是自然塌落，应该是垒砌不牢固或剧烈自然灾害所致；部分石块上生长苔藓。不见人为因素毁坏痕迹。

赤霞峪长城 4 段（总第 4 段，编码 120225382106170004）

此段长城墙体类别为山险。自赤霞峪长城 3 段石墙止点（高程 822 米）起，利用自然山势未进行任

何修建，至赤霞峪长城5段石墙起点（高程845米）截止，长63.51米，东北一西南走向。（彩图一八）

此段山险整体保存较好。位于一处相对较高的山包上，为利用自然地势形成的山险，不见人为加工痕迹。两侧山势十分陡峭，外侧尤甚，坡度75℃左右，很难攀爬。

由于近几年封山育林，山险生长许多高大树木，原貌有所改变。人迹罕至，人为因素破坏不明显。

赤霞峪长城5段（总第5段，编码120225382102170005）

此段长城墙体类别为石墙。自赤霞峪长城4段山险止点（高程845米）起，沿山脊向西南修建，至赤霞峪长城6段山险起点（高程843米）截止，长113.85米，东北一西南走向。（彩图·九）

此段长城墙体位于山脊，地理位置较为重要，墙体外侧地势较为陡峭。

此段长城墙体垒砌的方法与赤霞峪长城3段墙体相同，砌筑墙体两侧的同时垒砌内部，墙体两侧与内部是同时垒砌，同时起高，不像赤霞峪长城1段墙体，在两侧垒砌两道坚固的墙体外侧。墙体外侧墙壁用大石块垒砌，大石块之间的缝隙用小石块或石片垫起，以保持墙体内收而不外张。

此段长城墙体整体保存较好。墙体剖面为梯形，顶部宽2.12、底部宽3.61米。内侧无女墙，马道保存较好。马道垒砌的方法是将较大的平整石块平铺在内侧和外侧（靠近垛口的一侧），将较小的石块填在中间。部分墙体随地势陡然变高，为增强墙体的牢固性并方便攀登，墙体垒砌由原来与地势平行变为垂直的台阶状，尚存2级台阶。马道宽1.12米，马道高度不等，大部分马道略高于内侧地面，少部分高出内侧地面1.48米。

垛口整体保存较好。（彩图二〇）用两块较大的平整石块对砌，石块间的缝隙用小碎石填充，垛口宽0.63~1.03、残高0.5~0.97米，垛口基础厚0.78米，垛口间距5.45~7.15米。

墙体的基础为自然山体，未经过人为加工。墙体外侧（含垛口）垒砌较高，距现地表2.75~3.21米。

在北纬40°11.421、东经117°34.110、高程841米处，发现从山下到墙体上的登城步道，用较大的平整石块垒砌成台阶状，沿山势蜿蜒而行。目前保留11级台阶。（彩图二一）

此段长城墙体上没有生长树木，墙体两侧生长高大树木，未对墙体构成严重的威胁。墙体尤其是垛口倒塌的原因主要是自然塌落，估计与垒砌不牢固且不加黏结物、加之时间太久有关；部分石块上生长苔藓。不见人为因素毁坏痕迹。

赤霞峪长城6段（总第6段，编码120225382106170006）

此段长城墙体类别为山险。位于钻天峰山顶处，所处位置十分险要，自赤霞峪长城5段止点（高程843米）起，沿连绵的山脊向西南，至钻天峰东断崖（高程899米）截止，长189.05米，东北一西南走向。（彩图二二）

此段山险利用陡峭的山体，未经过人为加工。外侧山体的坡度很大，向上攀爬十分困难，山体坡度估计在75°以上，内侧的坡度相对较缓。

此段山险基本保持原貌，所处位置人迹罕至，人为因素对其破坏不明显，近几年封山育林使山险生长许多高大树木。

赤霞峪长城7段（总第7段，编码120225382102170007）

此段长城墙体类别为石墙。自赤霞峪长城6段山险止点、钻天峰东面断崖（高程899米）起，沿山脊向西南修建，至赤霞峪长城2号敌台东侧（高程890米）截止，长21.28米，东北一西南走向。（彩图二三）

此段长城墙体整体保存较好。墙体内外两侧用大石块干垒，中间填碎小石块，墙体内部和两侧大石块间用小石片、石块垫平，石块之间无黏结物。

墙体剖面呈梯形，上宽 2.5、下宽 3.1 米。墙体内侧垒砌的石块塌落较多，高出现地表 0.5～2.5 米；外侧保存较好，墙壁稍有些内凹，高出现地表 0.5～2.5 米。

马道用片石平铺而成，保存较好，宽 1.75 米。垛口上部均塌落，垛口基础在部分墙体上保存较好，垛口基础厚 0.75、残高 0.3 米。此段长城无女墙。

此段长城墙体止点与赤霞峪长城 2 号敌台相接，墙体外侧与敌台北壁未在同一直线上，宽出敌台北壁 1.05 米。这种情况在后续的其他段落长城墙体与敌台位置关系上也出现过，说明敌台和墙体在建造时间上有早晚之分。

此段长城墙体上没有生长树木，墙体内侧生长较多草本植物，墙体外侧是陡坡，树木生长密集，未对墙体构成威胁。墙体尤其是垛口倒塌的原因主要是自然塌落，估计是垒砌不牢固且不加黏结物，加之墙体历经数次地震等大型地质灾害之故。部分石块上生长苔藓。不见人为毁坏痕迹。

赤霞峪长城 8 段（总第 8 段，编码 120225382102170008）

此段长城墙体类别为石墙。自赤霞峪长城 2 号敌台东侧（高程 890 米）起，沿山脊蜿蜒向西南修建，至赤霞峪长城 3 号敌台东北角（高程 753 米）截止。长 548.69 米，东北—西南走向。（彩图二四）

此段长城墙体位于山脊，内外两侧是断崖深沟，外侧山势更为陡峭。墙体整体保存较好，其中 324.65 米保存较好，14.77 米保存一般，209.27 米保存较差。近五分之二的墙体有倒塌现象，基本向外侧倒塌，这与此段长城外侧坡度较陡、墙体基础较深有关，可能是墙体基础受自身重力影响沿斜坡下滑，导致墙体外张倒塌。

按照《长城资源调查工作手册》的技术要求，根据墙体的保存状况、拐折点分布情况，此段长城墙体又细分为 9 小段，分述如下。

第一小段：起点海拔 890 米，止点海拔 881 米。此小段长城长 35 米，保存较差，仅残存墙体基础。墙体内侧残高 0.36～1.2、外侧残高 0.2～1.4 米。石块干垒，墙体基础残宽 2.85 米。外侧为陡坡，内侧坡度较平缓，墙体向外侧倒塌。长城自此小段止点拐向西南并下折。

第二小段：起点海拔 881 米，止点海拔 818 米。此小段长城长 121.65 米，保存较好。垛口底部尚存，微向内侧倾斜，垛口基础厚 0.75、残高 0.56～1.1 米。马道保存较好，宽 1.81 米。无女墙。墙体用大小不一的石块垒砌，部分石块之间缝隙填三合土。墙体顶部距外侧地表 2.93～3.78 米，距内侧地表 1.2 米。

第三小段：起点海拔 818 米，止点海拔 819 米。此小段长城全长 67 米，保存较差。墙体用大方形石块干垒，接缝处无三合土、泥土。此段墙体仅存 4 米，其余全部倒塌，墙体向外侧倒塌尤为严重，残宽 2.6 米。墙体顶部距内侧地表高 0.2～0.95 米，距外侧地表高 0.5～2.46 米。墙体拐向西北并下折。

第四小段：起点海拔 819 米，止点海拔 783 米。此小段长城长 63 米，保存较好。马道保存较好，宽 1.51 米。保存部分垛口基础，厚 0.74、残高 0.4 米。墙体顶部距外侧地表高 2.59～3.46 米，距内侧地表高 1.01～1.26 米。长城自此小段止点拐向西南并下折。

第五小段：起点海拔 783 米，止点海拔 773 米。此小段长城长 96.27 米，保存较差。墙体大部向外倒塌，外侧大部分已不存。墙体内侧保存较差，顶部距现地表最高 0.97 米，宽度不详。

第六小段：起点海拔 773 米，止点海拔 761 米。此小段长城长 66 米，保存较好。马道保存较好，平坦规整，由片石平铺而成，宽 1.34～1.62 米。垛口保存基础部分，残高 0.71～0.9 米。无女墙。墙体为条石垒砌而成，墙体内侧可见部分石块用三合土填缝，石块之间无三合土黏结。墙体内侧保存较好，墙壁稍内凹，距现地表最高 2.71 米。

第七小段：起点海拔 761 米，止点海拔 757 米。此小段长城长 74 米，保存较好。保存部分垛口基础，厚 0.69、宽 0.75 米。墙体顶部距外侧地表最高 3.58 米，距内侧地表最高 2.04 米。

第八小段：起点海拔 757 米，止点海拔 759 米。此小段长城长 14.77 米，保存一般。

第九小段：起点海拔 759 米，止点海拔 753 米。此小段长城长 11 米，保存较差，墙体倒塌严重。

赤霞峪长城 8 段墙体两侧生长高大植物，墙体完全隐藏于树木之中，墙体上及两侧地表覆盖厚约 20 厘米的落叶。墙体尤其是垛口倒塌的原因主要是自然塌落，估计是垒砌不牢固之故。不见人为因素毁坏的痕迹。

赤霞峪长城 8 段墙体上自东向西分布有赤霞峪长城 1 号烟灶和赤霞峪长城 2 号烟灶。

赤霞峪长城 9 段（总第 9 段，编码 120225382102170009）

此段长城墙体类别为石墙。位于山脊处，自赤霞峪长城 3 号敌台东北角（高程 753 米）起，沿山脊蜿蜒向西北修建，至赤霞峪长城 10 段石墙起点（高程 731 米）截止。长 115.04 米，东南—西北走向。（彩图二五）

长城墙体内外两侧用大石块干垒而成，中间填碎小石块，墙体内部和两侧大石块间用小石片、石块垫平。墙体整体保存较差，其中 104.5 米保存较差，10.54 米保存较好。

按照《长城资源调查工作手册》的技术要求，根据墙体的保存状况、拐折点分布情况，此段长城墙体又细分为 3 小段，分述如下。

第一小段：起点海拔 759 米，止点海拔 745 米。此小段长城长 10.54 米，保存较好。墙体内侧坍塌较严重。墙体上宽 2、下宽 2.6 米。马道保存较好，宽 1.2 米。垛口上部残失，仅存基础，基础残高 0.4、厚 0.8 米。内侧墙体坍塌严重，墙体顶部距外侧地表最高 3.61 米，距内侧地表最高 0.8 米，长城自此小段止点下折。

第二小段：起点海拔 745 米，止点海拔 739 米。此小段长城长 67.5 米，保存较差。墙体顶部宽 2.1 米。马道保存较好，宽 1.3 米。垛口大部分倒塌，仅基础隐约可见，厚 0.8 米。墙体顶部距外侧地表最高 1.8 米，距内侧地表最高 0.8 米。

第三小段：起点海拔 745 米，止点海拔 731 米。此小段长城长 37 米，保存较差。马道与垛口分辨不清，墙体有一处长 1.8 米的缺口，坍塌严重。

墙体倒塌主要因为此处山体坡度较大，墙体全部利用自然基础，垒砌不够牢固导致自然塌落。两侧生长高大植物，不见人为因素毁坏的痕迹。

此段长城墙体北侧自东向西分布有赤霞峪长城 1 号、赤霞峪长城 2 号烽火台。

赤霞峪长城 10 段（总第 10 段，编码 120225382102170010）

此段长城墙体类别为石墙。自赤霞峪长城 9 段石墙止点（高程 731 米）起，沿山脊蜿蜒向西南修建，至赤霞峪长城 4 号敌台东侧（高程 767 米）截止。长 325.93 米，东北—西南走向。（彩图二六）

此段长城墙体约一半保存较好，长 145.34 米；52.71 米保存一般，127.88 米保存较差。墙体全部用大石块干垒，无黏结物，石块下部用小薄石块填缝，以保持墙体与地表垂直。

根据《长城资源调查工作手册》的技术要求，按照墙体的保存状况、拐折点分布情况，此段长城墙体又细分为 5 小段，分述如下。

第一小段：起点海拔 735 米，止点海拔 725 米。此小段长城长 51 米，保存较好。墙体外侧保存较好，内侧略有倒塌。墙体上部宽 2.5、高出现地表 1.25 米。垛口上部残失，形状无法分辨，基础残高 0.7、厚 0.4 米。马道宽 1.5 米。

第二小段：起点海拔 725 米，止点海拔 720 米。此小段长城长 52.71 米，保存一般。墙体顶部距外侧地表最高 3.3 米，距内侧地表最高 1.4 米。垛口基础高 1、厚 0.6 米。长城自此小段止点下折。

第三小段：起点海拔 720 米，止点海拔 715 米。此小段长城长 94.34 米，保存较好。垛口和马道倒塌，具体形态不详。长城自此小段止点上折。

第四小段：起点海拔 715 米，止点海拔 765 米。此小段长城长 112.88 米，保存较差。墙体全部坍塌，形成一乱石堆积。

第五小段：起点海拔 765 米，止点海拔 767 米。此小段长城长 15 米，保存较差。墙体全部坍塌，损毁严重。

此段长城墙体倒塌主要因为墙体垒砌不够牢固，自然塌落所致。两侧生长高大植物，未对墙体构成破坏。不见人为因素毁坏的痕迹。

赤霞峪长城 11 段（总第 11 段，编码 1202253821021700011）

此段长城墙体类别为石墙。自赤霞峪长城 4 号敌台东侧（高程 767 米）起，沿山脊蜿蜒向西南修建，至赤霞峪长城 12 段山险起点（高程 743 米）截止。长 167.76 米，东北—西南走向。（彩图二七）

此段长城墙体用大石块干垒，无黏结物，石块下部用小薄石块填缝，以保持墙体与地表垂直。大部分墙体保存较好，其中 104.62 米保存较好，35.14 米保存一般，28 米保存较差。

按照《长城资源调查工作手册》的技术要求，根据墙体的保存状况、拐折点分布情况，此段长城墙体又细分为 3 小段，分述如下。

第一小段：起点海拔 769 米，止点海拔 759 米。此小段长城长 35.14 米，保存一般。部分墙体基础倒塌，马道上部倒塌有大量碎石，马道为石板平铺而成，宽 1.84 米。保存垛口基础，残高 0.98、厚 0.8 米。墙体顶部距内侧地表高 0.75 米。长城自此小段止点拐向西南。

第二小段：起点海拔 759 米，止点海拔 758 米。此小段长城长 28 米，保存较差。墙体内外两侧均有倒塌，部分墙体保存马道。

第三小段：起点海拔 758 米，止点海拔 743 米。此小段长城长 104.62 米，保存较好。此段长城有一个垛口可测量尺寸，宽 0.65、高 1.38 米，马道宽 1.51 米。墙体顶部距内侧地表最高 2.07 米，距外侧地表最高 3.62 米。

此段长城墙体部分倒塌，应是垒砌不牢固所致，附近生长许多高大树木，部分墙体上及两侧堆积厚厚的树叶及树枝，黄褐色的石块上布满黑色的苔藓。不见人为因素毁坏痕迹。

此段长城墙体东北与赤霞峪长城 4 号敌台西侧相连，西南与赤霞峪长城 12 段山险相接，赤霞峪长城 1 号居住址距墙体内侧约 2 米。

赤霞峪长城 12 段（总第 12 段，编码 1202253821061700012）

此段长城墙体类别为山险。自赤霞峪长城 11 段石墙止点（高程 743 米）起，至赤霞峪长城 13 段起点（高程 738 米）截止，长 15.57 米，东—西走向。（彩图二八）

此段山险位于一处较高的山包上，外侧山坡十分陡峭，坡度在 75°左右，无法攀爬，修建长城时巧妙地利用这种峭壁，未进行人为加工，既节省了人力物力，又达到同样的防御功效。此山险保存较好，依然可以看出险峻的气势。

由于近几年封山育林，此段山险生长许多高大树木，不见人为因素毁坏的痕迹。

赤霞峪长城 13 段（总第 13 段，编码 1202253821021700013）

此段长城墙体类别为石墙。自赤霞峪长城 12 段山险止点（高程 738 米）起，沿山脊修建，至赤霞峪长城 5 号敌台东侧（高程 690 米）截止。长 289.69 米，东北—西南走向。（彩图二九）

长城墙体全部用石块干垒而成，其中 260.59 米保存较好，29.1 米保存一般。

根据《长城资源调查工作手册》的技术要求，按照墙体的保存状况、拐折点分布情况，此段长城墙体又细分为4小段，分述如下。

第一小段：起点海拔738米，止点海拔724米。此小段长城长91米，保存较好。马道用较平整的大石块平铺而成，一般铺成两排，宽1.21米。部分墙体随地势变化，马道垒砌成台阶状，台阶高0.58~0.73米。部分墙体垛口保存较好，用大石块垒砌内、外壁，中间填碎小石块，垛口残高1.63米，部分垛口向内侧倒塌，石块堆积在马道上。墙体顶部距内侧地表最高1.18米，距外侧地表最高3.6米。长城自此小段止点拐向西南并下折。

第二小段：起点海拔724米，止点海拔696米。此小段长城长116.59米，保存较好。墙体两侧用大石块垒砌，中间填小碎石块。马道用大块的平整石块铺成，宽1.56米。垛口大部分向内侧倒塌，高1.63、厚0.73米。墙体顶部距外侧地表最高3.46米，距内侧地表最高1.53。长城自此小段止点拐向西北并下折。

第三小段：起点海拔696米，止点海拔681米。此小段长城长53米，保存较好。马道宽1.58米。垛口尚清晰可辨，部分垛口高1.58米，垛口基础厚0.89米。墙体顶部距外侧地表高3.45~3.98米，距内侧地表最高1.49米。长城自此小段止点上折。

第四小段：起点海拔681米，止点海拔690米。此小段长城长29.1米，保存一般。墙体顶部距现地表高0.2~1.4米，马道及垛口已不存，墙体大部分向外侧倒塌，部分石块滚落。

此段长城墙体大部分保存较好，垛口、马道清晰可辨，垛口向内侧倒塌，应与垒砌时向内侧收分过多有关。墙体两侧生长高大树木，上部无植物生长。

部分保存一般的墙体，应与坡度过陡、垒砌不牢固有关。山谷的中部，有一近2米的缺口，有明显被人为拆移的痕迹，应是村民出入山谷将墙体拆毁的结果，这是人类活动破坏长城明显的例子。

赤霞峪长城14段（总第14段，编码120225382102170014）

此段长城墙体类别为石墙。自赤霞峪长城5号敌台东侧（高程690米）起，沿山脊修建，至赤霞峪长城15段山险起点（高程563米）截止。长501米，东南—西北走向。（彩图三〇）

此段墙体用石块干垒而成，石缝之间无三合土等黏结物，所处山脊垂直落差较大，为保持长城墙体的牢固，采用了一种新的台阶状的垒砌方法（详见本段长城第九小段介绍）。

此段墙体保存状况整体参差不齐，254.04米墙体保存较好，51.94米保存一般，195.02米保存较差。

根据《长城资源调查工作手册》的技术要求，按照墙体的保存状况、拐折点分布情况，此段长城墙体又细分为16小段，分述如下。

第一小段：起点海拔690米，止点海拔697米。此小段长城长29米，保存较差。墙体倒塌严重，墙体上部宽1.3米，外侧高出现地表2.5米，内侧高出现地表1米。长城自此小段止点下折。

第二小段：起点海拔697米，止点海拔688米。此小段长城长15米，保存较差。墙体向外侧倒塌严重。墙体上部宽0.9米，外侧高出地表1米，内侧高出地表1.2米。长城墙体自此小段止点拐向西南。

第三小段：起点海拔688米，止点海拔688米。此小段长城长41米，保存较差。墙体损毁严重，全部向内侧倒塌，墙体顶部距外侧地表最高2米。长城墙体自此小段止点下折。

第四小段：起点海拔688米，止点海拔661米。此小段长城长37.82米，保存较好。马道宽1.2米。垛口保存较好，高0.4、宽1米。墙体顶部距内侧地表最高1.2米，距外侧地表最高2.6米。长城自此小段止点拐向西南并下折。

第五小段：起点海拔 661 米，止点海拔 656 米。此小段长城长 22 米，保存较好。马道宽 1.3 米，垛口残高 0.6 米。墙体顶部距内侧地表最高 1.5 米，距外侧地表最高 2.9 米。长城墙体自此段止点拐向南并下折。

第六小段：起点海拔 656 米，止点海拔 642 米。此小段长城长 38.64 米，保存较好。垛口分辨不清。马道残宽 1 米。墙体内侧部分损毁，外侧保存较好，墙体顶部距地表最高 2.5 米。

第七小段：起点海拔 642 米，止点海拔 625 米。此小段长城长 39.17 米，保存较好。马道宽 1.2 米，垛口高 0.5、宽 1 米。墙体顶部距外侧地表最高 2.78 米，距内侧地表最高 0.8 米。

第八小段：起点海拔 625 米，止点海拔 619 米。此小段长城长 27.4 米，保存较好。垛口宽 1 米，马道宽 1 米。墙体顶部距内侧地表最高 1.2 米，距外侧地表最高 2.7 米。长城自此小段止点下折。

第九小段：起点海拔 619 米，止点海拔 616 米。此小段长城长 6 米，保存较好。此段长城墙体修建很有特点，即：随山势坡度的加大，墙体每间隔 1 米左右修建一高约 1 米的台阶，这与以往墙体随山势平行修建完全不同。此段长城共有 5 级台阶，台阶上马道宽 1.4 米。

第十小段：起点海拔 616 米，止点海拔 614 米。此小段长城长 8 米，保存较好。垛口分辨不清。长城自此小段止点下折。

第十一小段：起点海拔 614 米，止点海拔 605 米。此小段长城长 23 米，保存较好。长城自此小段止点拐向西南并下折。

第十二小段：起点海拔 605 米，止点海拔 599 米。此小段长城长 51.94 米，保存一般。此小段长城墙体修建方法与第九小段相同，分台阶状修建，共 9 级台阶，每级高 1.2 米，（彩图三一）马道宽 1.5 米。垛口情况不明。墙体顶部距外侧地表最高 2 米。长城自此小段止点拐向西南并下折。

第十三小段：起点海拔 599 米，止点海拔 582 米。此小段长城长 28 米，保存较差，仅存墙体基础。长城自此小段止点拐向西南并下折。

第十四小段：起点海拔 582 米，止点海拔 568 米。此小段长城长 38.01 米，保存较好。长城自此小段止点拐向西南。

第十五小段：起点海拔 568 米，止点海拔 566 米。此小段长城长 14 米，保存较好。马道宽 1.4 米，垛口残高 0.4 米。墙体顶部距外侧地表最高 2.8 米，距内侧地表最高 1.85 米。长城自此小段止点拐向西南。

第十六小段：起点海拔 566 米，止点海拔 563 米。此小段长城长 82.02 米，保存较差。马道与垛口分辨不清。墙体顶部距外侧地表最高 1.6 米，距内侧地表最高 1.8 米。两侧为悬崖峭壁，赤霞峪水库清晰可见。

从毁损情况看，赤霞峪长城 14 段墙体基本向内侧倒塌，应是山体坡度太大、基础不牢固所致，未发现人为因素破坏的痕迹。

赤霞峪长城 15 段（总第 15 段，编码 120225382106170015）

此段长城墙体类别为山险。自赤霞峪长城 14 段石墙止点（高程 563 米）起，沿山脊延伸至赤霞峪长城 16 段石墙起点（高程 539 米）截止。长 67.4 米，东—西走向。（彩图三二）

此段山险保存较好，基本保持原貌。不见人为加工痕迹，全部利用陡峭的山体，所处位置为一处较高的山包，外侧为十分陡峭的山崖，无法攀爬。

由于近几年封山育林，此段山险生长许多高大树木，对险峻的地貌略有影响。所处悬崖，人迹罕至，不见人为因素毁坏的痕迹。

赤霞峪长城16段（总第16段，编码120225382102170016）

此段长城墙体类别为石墙。自赤霞峪长城15段山险止点（高程539米）起，沿山脊修建，至赤霞峪长城6号敌台东侧（高程539米）截止。长63.43米，东—西走向。（彩图三三）

此段长城用大石块垒砌外部墙体，干垒，无黏结物，石块下部用小薄石块填缝，以保持墙体与地表垂直。

此段长城墙体整体保存一般，其中27.59米保存一般，12.76米保存较好，23.08米保存较差。

根据《长城资源调查工作手册》的技术要求，按照墙体的保存状况、拐折点分布情况，此段长城墙体又细分为4小段，分述如下。

第一小段：起点海拔541米，止点海拔537米。此小段长城长23.08米，保存较差。墙体损毁严重，向外侧坍塌，垛口与马道分辨不清。长城自此小段止点拐向西北。

第二小段：起点海拔537米，止点海拔541米。此小段长城长12.76米，保存较好。垛口高0.4米，马道宽1.5米。墙体顶部距外侧地表最高3米，距内侧地表最高1.7米。长城自此小段止点拐向西北。

第三小段：起点海拔541米，止点海拔541米。此小段长城长8米，保存一般。垛口坍塌，分辨不清。墙体顶部距内侧地表最高1.5米，距外侧地表最高2米。

第四小段：起点海拔541米，止点海拔539米。此小段长城长19.59米，保存一般。垛口大部分已倒塌，主要向内侧倒塌，将墙体上的马道覆盖，残存垛口基础厚0.85～0.92米，马道宽1.47～1.52米。

此段长城墙体外侧为陡坡，内侧坡度相对平缓，垛口多向内侧倒塌，部分石块可能受风化影响，形成许多小碎石块。不见人为因素毁坏的痕迹。

赤霞峪长城17段（总第17段，编码120225382102170017）

此段长城墙体类别为石墙。自赤霞峪长城6号敌台东侧（高程539米）起，沿山谷而建，至赤霞峪长城7号敌台东侧（高程478米）止。长147.23米，东—西走向。（彩图三四）

此段长城墙体采用石块干垒而成，无黏结物，石块下部用小薄石块填缝，以保持墙体与地表垂直。

此段长城墙体整体保存较差，其中40.8米保存较好，8.97米保存一般，97.46米保存较差。

根据《长城资源调查工作手册》的技术要求，按照墙体的保存状况、拐折点分布情况，此段长城墙体又细分为7小段，分述如下。

第一小段：起点海拔538米，止点海拔537米。此小段长城长8.97米，保存一般。垛口上部倒塌，仅存基础，厚0.8、高0.2米。马道为石板平铺而成，宽1.2米。墙体顶部距外侧地表最高2.5米，距内侧地表最高1.35米。长城自此小段止点拐向西。

第二小段：起点海拔537米，止点海拔535米。此小段长城长10米，保存较差，垛口、马道分辨不清。

第三小段：起点海拔535米，止点海拔534米。此小段长城长19米，保存较差。垛口、马道分辨不清。长城自此小段止点拐向西南并下折。

第四小段：起点海拔534米，止点海拔529米。此小段长城长10米，保存较差。墙体向内侧倒塌严重。长城自此小段止点下折。

第五小段：起点海拔529米，止点海拔518米。此小段长城长8米，保存较差。墙体外侧凹凸不平，垛口、马道分辨不清。墙体顶部距外侧地表最高2.45米，距内侧地表最高1.6米。长城自此小段止点拐向西南并下折。

第六小段：起点海拔 518 米，止点海拔 487 米。此小段长城长 50.46 米，保存较差。墙体向内侧坍塌。垛口上部倒塌，仅存基础，残高 0.95 米。马道宽 1.8 米。墙体顶部距外侧地表最高 2.9 米，距内侧地表最高 2.3 米。

第七小段：起点海拔 487 米，止点海拔 478 米。此小段长城长 40.8 米，保存较好。此小段长城有一显著变化，即随着墙体内侧地势平坦，墙体垒砌加宽，致使马道最宽达 3.8 米。

赤霞峪长城 17 段位于山谷处，内、外侧山势较陡峭。墙体外侧向内倾斜且墙面凹凸不平，季节性河流对长城墙体部分基础造成冲刷，对墙体构成严重的安全隐患。未发现人为因素毁坏的痕迹。

赤霞峪长城 18 段（总第 18 段，编码 120225382102170018）

此段长城墙体类别为石墙。自赤霞峪长城 7 号敌台东侧（高程 478 米）起，沿山谷修建，至赤霞峪长城 19 段山险起点（高程 501 米）截止。长 131.72 米，东北—西南走向。（彩图三五）

此段长城墙体整体保存较差，其中 41.59 米保存较好，90.13 米保存较差。

根据《长城资源调查工作手册》的技术要求，按照墙体的保存状况、拐折点分布情况，此段长城墙体又细分为 3 小段，分述如下。

第一小段：起点海拔 478 米，止点海拔 481 米。此小段长城长 15.66 米，保存较好。垛口上部倒塌，仅存基础，残高 0.4 米。马道宽 3.7 米。墙体顶部距内侧地表最高 2 米，距外侧地表最高 2.7 米。长城自此小段止点上折。

第二小段：起点海拔 481 米，止点海拔 488 米。此小段长城长 25.93 米，保存较好。马道保存尚好，用厚 0.12 米左右，长、宽 0.3~0.5 米的石板铺成，马道在此小段加宽至 4.81~5.12 米。墙体顶部距内侧地表最高 1.6 米。长城自此小段止点上折。

第三小段：起点海拔 488 米，止点海拔 501 米。此小段长城长 90.13 米，保存较差。垛口与马道分辨不清，墙体外侧残高 1.5 米。

此段长城墙体用石块干垒而成，部分墙体加宽，原因是此段长城扼守山谷口部，地理位置很重要，由此谷可进入赤霞峪，是防御重点。赤霞峪长城 7 号敌台位于此段墙体起点处，但敌台与墙体并未完全连接，而是墙体包住敌台一半，为 2.3 米；垛口墙体与长城墙体不是一个整体，是在墙体外侧又重新垒砌一道石墙，从而可以推断这三种遗迹在修建上有先后关系，即先建敌台，后修筑墙体，最后修建垛口。

此段长城墙体内侧部分倒塌，主要因为墙体垒砌不够牢固自然塌落所致。墙体外侧向内倾斜且墙面凹凸不平，季节性河流对长城墙体部分基础造成冲刷，对墙体构成严重的安全隐患。未发现人为因素毁坏的痕迹。

赤霞峪长城 19 段（总第 19 段，编码 120225382106170019）

此段长城墙体类别为山险。自赤霞峪长城 18 段石墙止点（高程 501 米）起，沿悬崖峭壁，至古强峪长城 1 号敌台东侧（高程 622 米）截止。长 169.69 米，东北—西南走向。（彩图三六）

此段山险保存较好，基本保持原貌。该山险利用悬崖峭壁，上下高差 100 多米，内、外侧是陡峭的崖壁，未经过人工修整。此段山险生长高大乔木和低矮灌木，人从长城外侧根本无法攀爬。

由于近几年封山育林，此段山险生长许多高大乔木，极为险峻，人迹罕至，未发现人为毁坏痕迹。

赤霞峪长城二道边 1 段（总第 20 段，编码 120225382102170020）

此段长城墙体类别为石墙。自赤霞峪长城 9 段北约 0.2 千米（高程 678 米）起，沿山谷修建，至赤霞峪长城 9 段北约 205 米（高程 681 米）截止。长 22.45 米，东南—西北走向。（彩图三七）

此段长城二道边墙体位于山谷口，主要为防御山口的敌人自谷底进入，东西两侧地势陡峭，南北两侧地势险峻，地理位置非常重要。

该长城二道边墙体保存较差，墙体完全倒塌，顶部垛口、马道形态不详，残高1.1米。

此长城二道边墙体全部采用长20~40厘米的石块干垒而成，石块之间不见三合土或黄土等黏结物，与长城主线墙体"大石块垒砌外壁、小石块填充内部"的垒砌方式不同，事实证明此段长城二道边墙体垒砌方法十分失败，墙体顶部塌落，石块滚落山谷。未发现人为因素破坏的痕迹。

（二）敌台

赤霞峪长城1号敌台（总第1号，编码120225352101170001）

该敌台位于天津市蓟县下营镇赤霞峪村东北2.8千米、赤霞峪长城1段起点的一处山顶，北、东、南侧山势陡峭，西侧地势相对平缓，与长城墙体相接。

敌台为石质，墙体用大小不一的石块干垒而成，外墙壁用平整的石块垒砌，墙壁平整，内部用大小不一的石块填充，无泥土等黏结物。敌台平面呈近圆形，剖面呈梯形，直径7~7.75、残高1.5米。方向为0°。中心高程826米。（图二；彩图三八）

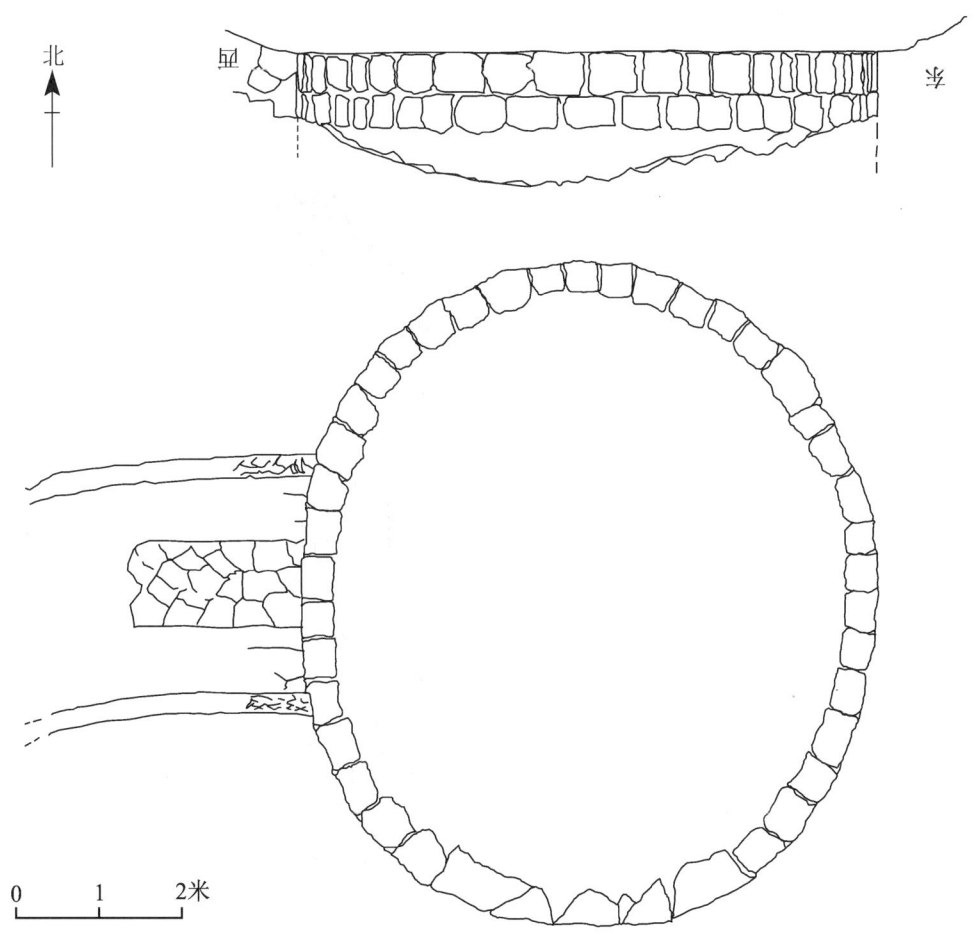

图二 赤霞峪长城1号敌台平面、北壁正视图

此敌台自明代修建以来无任何修缮，保存较差。上部全部倒塌，结构不详，下部用自然山石为基础。现场散落的石块将敌台围成一个圆形的大石堆，条石基础仅存2层，用长60~80、厚30~50厘米

的大方石垒砌。从周边不见青砖这种情况推测，此敌台应该是实心。

敌台南、西侧长有高大树木，顶部为石块堆积，部分石块上覆盖黑色苔藓。

从敌台所处位置及倒塌的痕迹看，可能是因为垒砌不牢固，加之剧烈的地质灾害，造成敌台上部建筑全部毁坏。

该敌台西侧地势较平缓，与赤霞峪长城 1 段墙体相连，西南距赤霞峪长城 2 号敌台约 0.4 千米。

赤霞峪长城 2 号敌台（总第 2 号，编码 120225352101170002）

该敌台位于天津市蓟县下营镇赤霞峪村东北 2.4 千米、赤霞峪长城 8 段起点的一处山顶上。

敌台平面为长方形，东西长 10.8、南北宽 8.8 米，剖面呈梯形，残高 1.5 米。方向为 50°。中心高程 890 米。敌台东部、南部被碎石块覆盖，部分地段经过清理可分辨出敌台的石砌基础，西部尚可分辨出部分石砌基础，北部石砌基础保存较好，保存条石 6 层，每层高约 0.26~0.5、长 0.22~1.1 米。（图三；彩图三九、四〇）

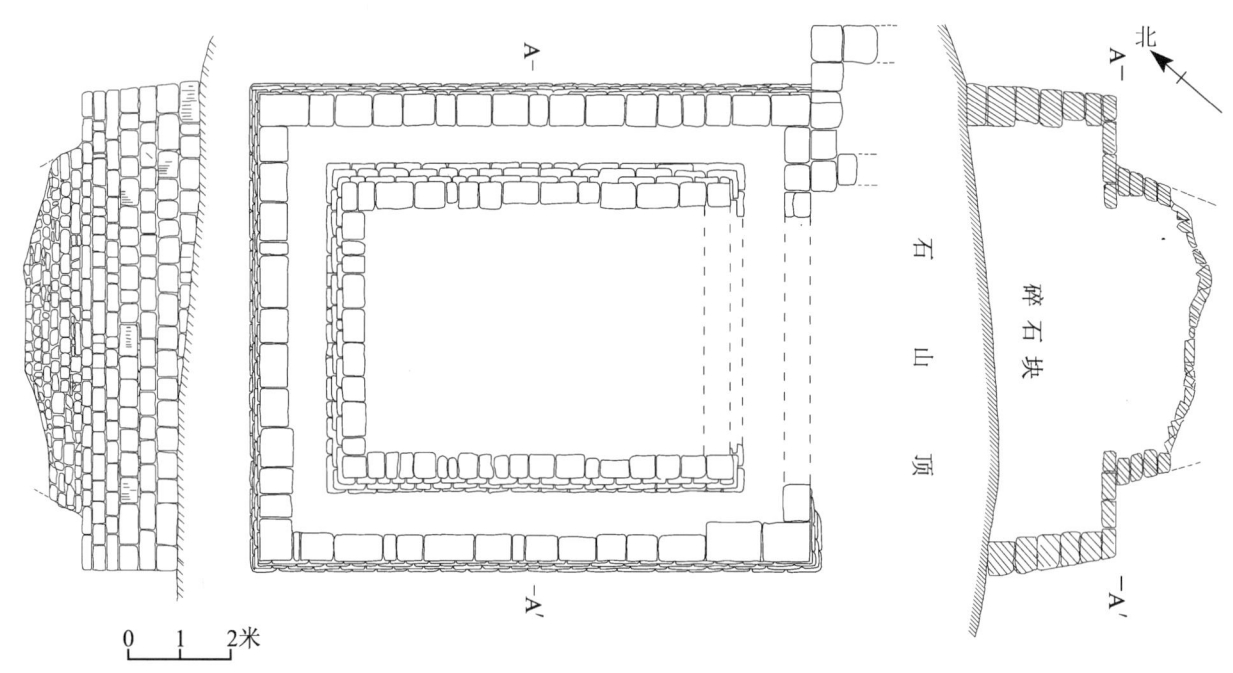

图三　赤霞峪长城 2 号敌台平、剖面及西壁正视图

敌台自明代修建以来无任何修缮，保存差。上部砖石质建筑毁坏，仅存基础部分。墙体用修整过的方形石块规整垒砌，部分石块之间用小石片填缝以保持水平，石块间缝隙用三合灰填充，下部采用自然山石为基础。敌台现已倒塌成一高约 1.5 米的砖石堆积，原建筑结构不详。

敌台东、西壁与长城墙体相接连，北壁与长城墙体不在同一直线上，北壁内凹约 1.15 米，使敌台南部凸出于长城墙体，具体尺寸因大部分被砖石覆盖而不详。这种现象可以初步推断敌台与长城墙体修建年代有早晚之分，极有可能是敌台修建早于长城墙体。

敌台南部保存较好的登城步道，保存 7 级台阶，台阶宽 0.95~0.98、高 0.2~0.25 米。登城步道下面保存一段马道，土质，较硬，两侧修有石护坡。敌台西南 65 米保存一个石砌水窖，命名为赤霞峪长城 1 号水窖，敌台与水窖之间保留一段道路，长约 9、宽约 1.5 米，为石板、青砖铺砌，路面平整并修有石护坡。

敌台地处山顶，北、东、西侧地势较陡峭，南侧地势平缓。敌台上部、东壁、南壁生长低矮的灌木，整体生长野草，周边生长高大的灌木林和橡树等植被。从敌台毁坏程度及现场少有整块青砖看，损毁的原因可能为自然坍塌和人为拆毁。

该敌台东北距赤霞峪1号敌台约0.4千米；西南距赤霞峪长城1号水窖约65米，距赤霞峪长城3号敌台约0.5千米。

赤霞峪长城3号敌台（总第3号，编码120225352101170003）

该敌台位于天津市蓟县下营镇赤霞峪村东北2.2千米、赤霞峪长城9段起点的一处山脊上。内外两侧是陡坡，周边生长有高大的灌木林和橡树等植被，在赤霞峪村中可清楚地望到此敌台。

敌台保存较差，只存基础部分，上部包砖全部损毁，建筑形制不详，自明代修建以来无任何修缮。

该敌台为砖石质。平面为近正方形，东西长9.8、南北宽9.6米。剖面呈梯形，残高2.9。方向为0°。（图四）中心高程757米。敌台基础用长20～55、宽30～55、高15～35厘米的条石垒砌，部分条石上可清晰地看到削凿痕迹，条石之间用三合土黏结。四壁基础保存参差不齐，东壁保存最好，保存7层条石，高1.9～2.1米；北壁大部分被砖石覆盖，西部保存6层条石，高1.5米；西壁中部保存2层条石，高0.7米，南部保存5层条石，高1.5米；南壁完全被砖石覆盖。从保存现状看，敌台基础应垒砌7层条石，高2.1米。（彩图四一、四二）

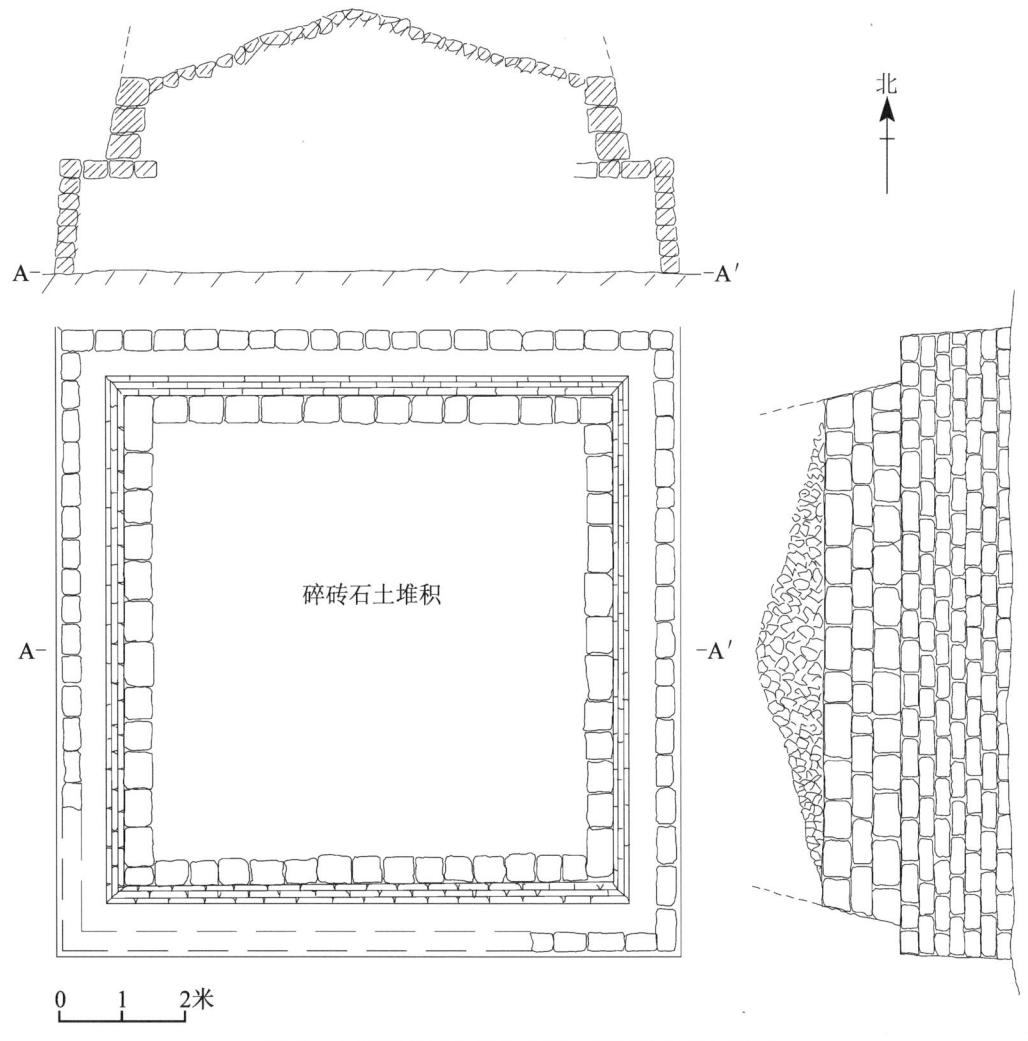

图四 赤霞峪长城3号敌台平、剖面及东壁正视图

敌台基础上应为青砖垒砌的墙壁，青砖大部分被人为拆移，仅存 3 层条石垒砌的内芯，平面呈正方形，长 8.4 米，残高 0.8 米。从保留的敌台剖面看，上部包砖厚 0.7 米，青砖长 35.5、宽 17.5、厚 8.5 厘米，青砖之间用三合灰黏结。

敌台不与长城墙体连接，位于墙体的内侧，长城墙体自敌台东北角、西北角、西南角绕过，东北角距长城墙体 2 米，北壁距长城墙体 2.5 米，西北角距长城墙体 2 米，西南角距长城墙体 6 米。

敌台上部全部坍塌，包砖被拆，应是人为破坏造成；敌台基础上荆棘等灌木生长茂密，根系已对敌台基础造成了一定的破坏，而且这种破坏将随着时间会逐渐加大。

该敌台东北距赤霞峪长城 2 号敌台约 0.5 千米，西南距赤霞峪长城 4 号敌台约 0.4 千米。

赤霞峪长城 4 号敌台（总第 4 号，编码 120225352101170004）

该敌台位于天津市蓟县下营镇赤霞峪村北 1.9 千米、赤霞峪长城 11 段起点的一处山脊上。周边生长有高大的灌木林和橡树等植被。

敌台砖石质。平面推测呈长方形，剖面呈梯形。方向为 0°。（图五）中心高程 770 米。敌台自明代修建以来无任何修缮，上部全部毁坏，四壁被凌乱砖石覆盖，尺寸无法测量，形态不详。敌台仅存基础，用加工过的条石垒砌，条石上垒砌包砖，包砖用三合灰黏结，仅东南角保存 6 层条石，残高 1.6

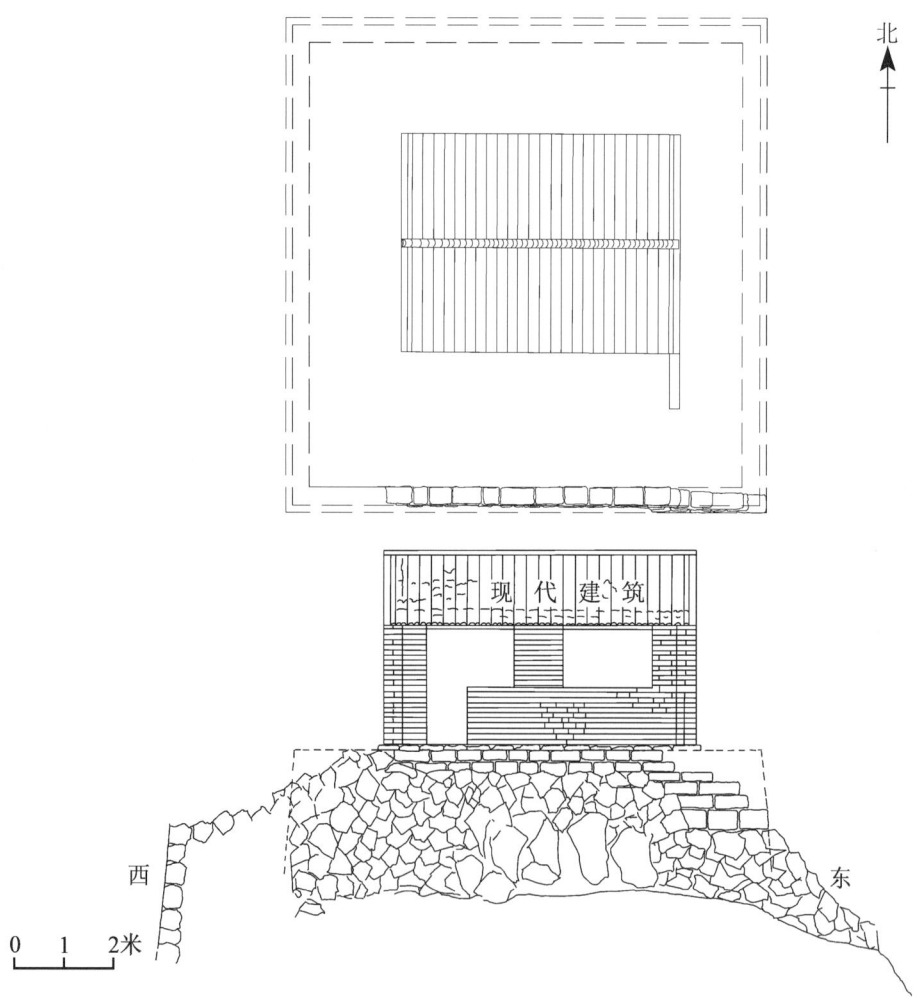

图五　赤霞峪长城 4 号敌台平面、南壁正视图

米；基础中部保存一座青砖小屋，2 间，墙壁用敌台上的青砖垒砌，小屋可能是现代看林人所盖；基础上荆棘等灌木很多，没有乔木。基础周围找到 2 块石质建筑构件，平面呈长方形，中间有孔。另发现一块垛顶砖，长 38、宽 18、厚 10 厘米。从敌台的面积较大、青砖散落较多推测，该敌台原建筑可能有铺舍。（彩图四三）

敌台东南角、东壁与长城墙体相连接，东北角长城墙体拐弯贴北壁到西南又拐向南。东北距赤霞峪长城 3 号敌台约 0.4 千米，西南距赤霞峪长城 5 号敌台约 0.5 千米。

敌台上生长杂草，周边生长高大的灌木林和橡树等植被，根系生长对敌台构成直接破坏。从敌台上青砖被用来修盖民房看，损毁原因主要是人为拆毁。

赤霞峪长城 5 号敌台（总第 5 号，编码 120225352101170005）

此敌台位于天津市蓟县下营镇赤霞峪村北 1.9 千米、赤霞峪长城 14 段起点的一处山脊上。周边生长高大的灌木林和橡树等植被。

敌台为砖石质。位于赤霞峪长城 4 段墙体内侧，北壁紧靠长城墙体。自明代修建以来无任何修缮，坍塌严重，全部毁坏，现场被散乱的砖石覆盖，未见基础条石，基础情况不详。从堆积边缘推测，敌台平面应为长方形，通过现场测量，敌台堆积东西长约 15、南北宽约 11、高 1.5 米。方向为 0°。（图六）中心高程 690 米。墙体内侧废墟上长满草本植物与荆棘。现场发现的青砖长 36、宽 18、厚 9 厘米。

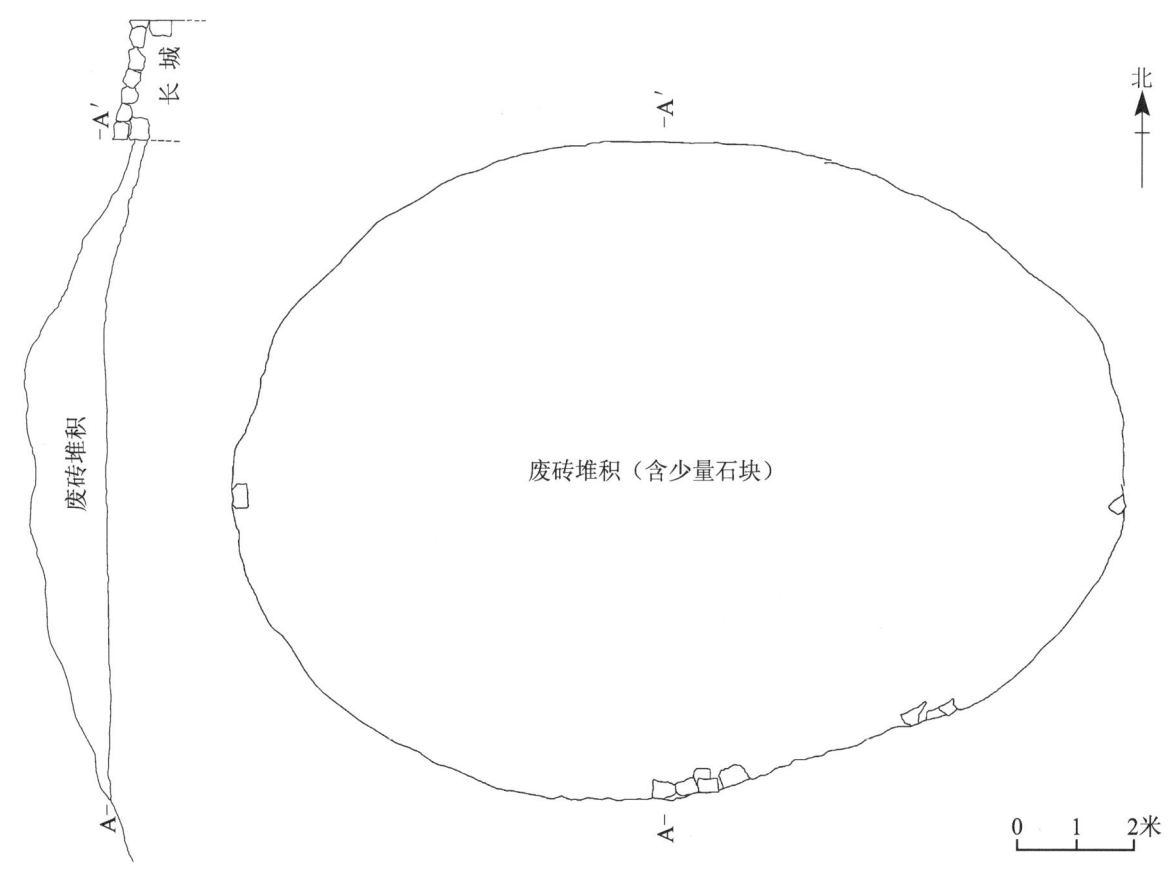

图六　赤霞峪长城 5 号敌台平、剖面图

敌台东北距赤霞峪长城 4 号敌台约 0.5 千米，西南距赤霞峪长城 6 号敌台约 0.6 千米。（彩图四四）

敌台全部坍塌，损毁严重，已成废墟。其损毁原因应为自然坍塌和人为拆毁所致。上部生长大量灌木、杂草及乔木，根系生长势必对敌台基础构成危害。

赤霞峪长城 6 号敌台（总第 6 号，编码 120225352101170006）

此敌台位于天津市蓟县下营镇赤霞峪村北 1.3 千米、赤霞峪长城 17 段起点的一处山谷中部，周边生长有高大的灌木林和橡树等植被。

敌台为砖石质。建于长城墙体上，北壁依借长城墙体外侧，东西走向的长城墙体从此穿越。敌台只存基础部分，上部包砖全毁，顶部长满杂草，堆积碎石、土、砖块。北侧为陡坡，植被为杂草、树木。西部长城墙体倒塌堆积在山坡上，南侧为山坡，生长杂草，东部长城墙体倒塌，形成堆积，堆积中很少有完整的青砖。

敌台平面呈正方形，剖面呈梯形，上窄下宽。方向为 355°。（图七）中心高程 536 米。自明代修建以来无任何修缮，保存一般。敌台建筑材料为石块，基础用不规则的条石垒砌，基础下部边长 8 米，上部残存部分边长 7.4 米，收分 0.6 米，基础最多保存 10 层条石。西北角、东北角位于长城墙体上，西北角高出长城墙体顶部约 1 米，东北角高出长城墙体顶部 0.75 米，东南角保存 8 层条石。敌台北壁残高 2.7 米，南壁残高 2.5 米，（彩图四五）东壁残高 2.4 米，（彩图四六）西壁残高 2.5～2.6 米，（彩图四七）西南角倒塌，被碎砖石覆盖。敌台基础条石上部垒砌包砖，青砖之间缝隙用三合灰黏结。垒砌敌台的青砖长 36、宽 18、厚 8.5 厘米，垒砌敌台基础的条石长 20～70、宽 25～35、厚 25～30 厘米。

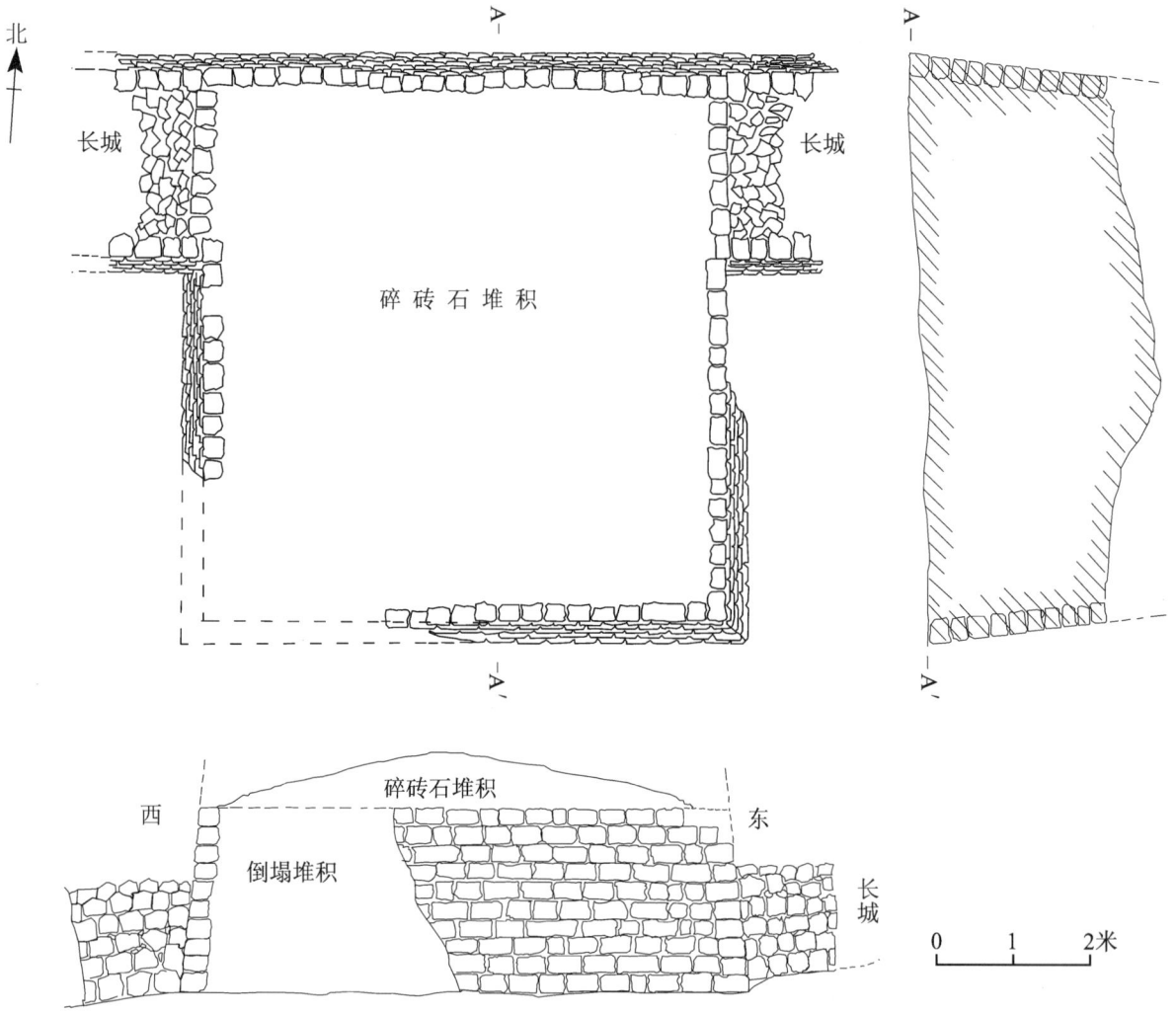

图七　赤霞峪长城 6 号敌台平、剖面及南壁正视图

此敌台东北距赤霞峪长城 5 号敌台约 0.6 千米，西南距赤霞峪长城 7 号敌台约 0.14 千米。

敌台上部包砖荡然无存，现场碎砖散落，极少见完整青砖，这种情况应该为人为拆毁所致；基础条石部分倒塌，可能与垒砌不牢固和地质灾害有关。敌台顶部杂草丛生，有零星灌木生长，根系对现存敌台基础构成严重威胁。

赤霞峪长城 7 号敌台（总第 7 号，编码 120225352101170007）

此敌台位于天津市蓟县下营镇赤霞峪村北 1.2 千米、赤霞峪长城 18 段起点的一处山脊上。北侧为陡坡，南侧为深谷，东西侧为山险，周边生长高大的灌木林和橡树等植被。

敌台为砖石质。长城墙体东西向从敌台南部经过，与敌台南壁相距 1.9 米。敌台上部全部坍塌，只存基础部分。平面呈长方形，东西长 8.2、南北宽 7 米。剖面上窄下宽，呈梯形。方向为 340°。（图八）中心高程 479 米。

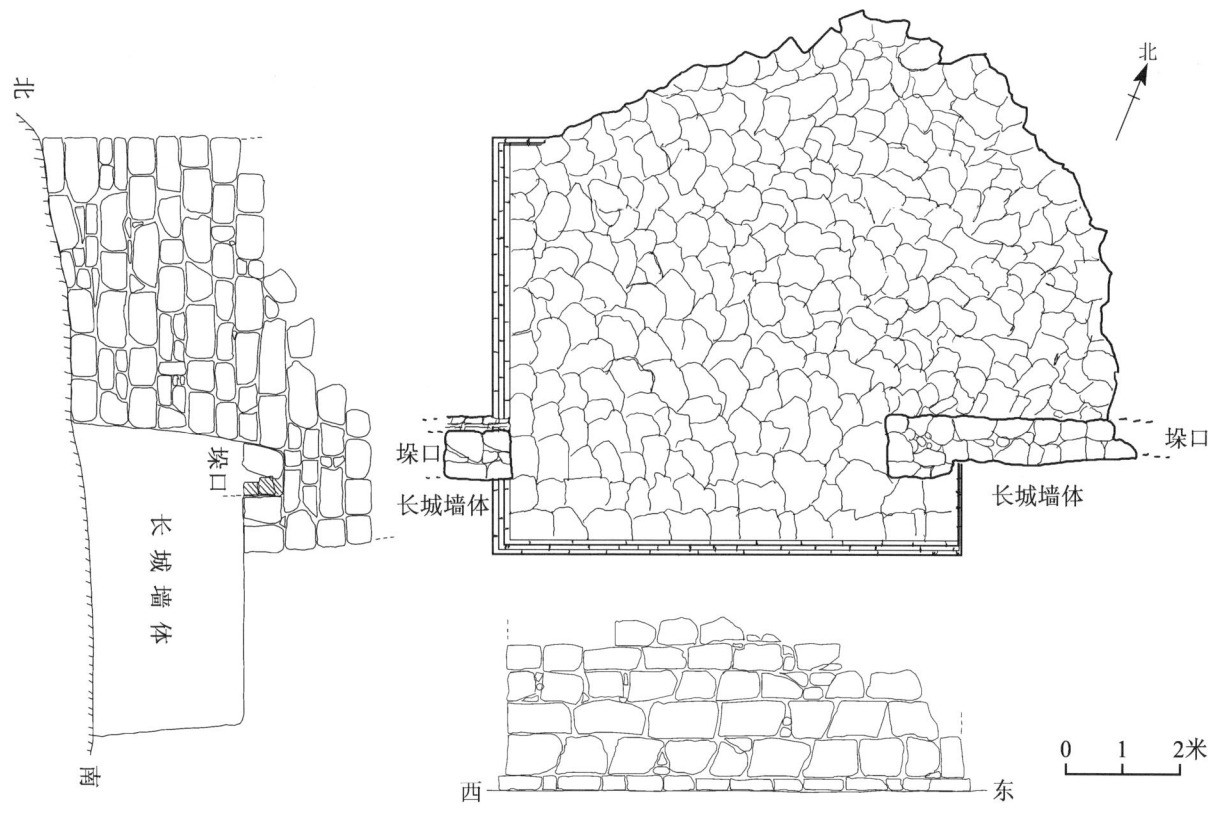

图八　赤霞峪长城 7 号敌台平面，西、南壁正视图

敌台自明代修建以来无任何修缮，保存一般。敌台南半部叠压长城墙体 1.9 米，北部垒砌在长城墙体外侧山体上，整个敌台凸出于长城墙体之外，这与多数敌台外侧与长城墙体平齐不同，功能类似马面。（彩图四八、四九）敌台基础用大石块垒砌，中间用小石块填充、找平，石块间缝隙未见黏结物，干垒。敌台西壁和南壁基础保存较好，北壁和东壁全部塌落，残高 2.45~3.4 米。从敌台西侧发现大量青砖碎块推测，敌台上部应该为包砖或有青砖建筑，现已找不出任何迹象。

此敌台东北距赤霞峪长城 6 号敌台约 0.14 千米，西南距古强峪长城 1 号敌台约 0.3 千米。

敌台上部全部倒塌，现场碎砖、石块散落，应该为人为拆毁所致，基础条石部分倒塌，可能与垒砌不牢和地质灾害有关。敌台顶部杂草丛生，零星灌木生长，根系对现存敌台基础构成严重威胁。

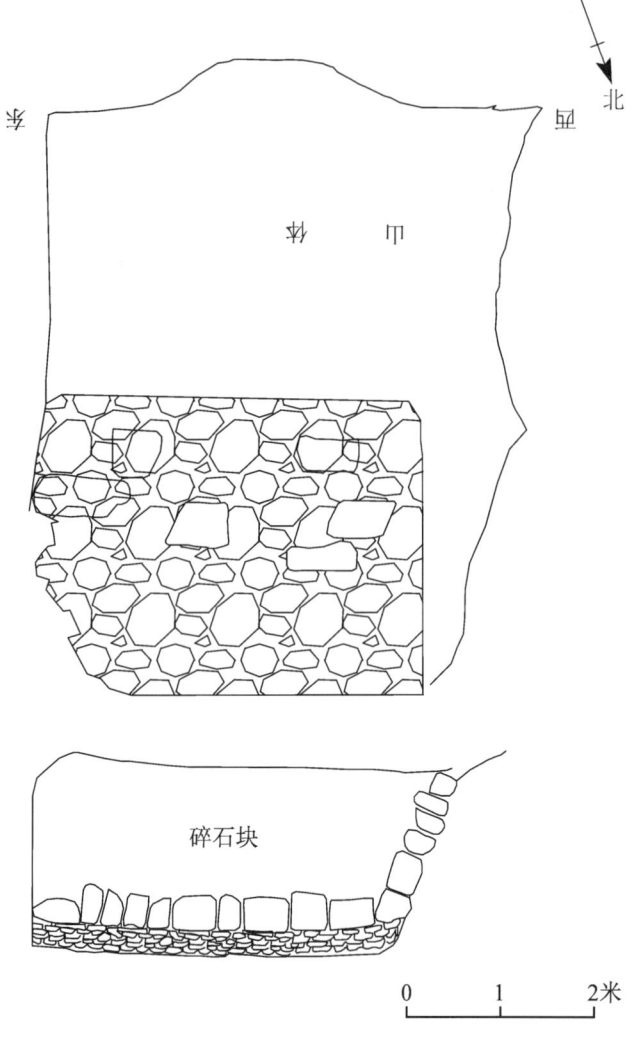

图九　赤霞峪长城 1 号烽火台平面、北壁正视图

（三）烽火台

赤霞峪长城 1 号烽火台（总第 1 号，编码 120225353201170086）

此烽火台位于天津市蓟县下营镇赤霞峪村东北 2.3 千米、赤霞峪长城 9 段北侧山坡上。东南侧紧贴山体，西北侧为谷底，北、东、南侧为山险。

该烽火台自明代修建以来无任何修缮，保存一般。平面近长方形，东西长 4.5、南北宽 1.6、高 6 米，面积约 7.2 平方米。方向为 20°。（图九）中心高程 685 米。烽火台采用大小不一的石块干垒，石块缝隙之间用黄黏土黏结，墙体向上略有收分。西壁和北壁保存较为完整，西壁上部石块塌落。敌台上部较平坦，长满灌木、杂草等植被。（彩图五○）

该烽火台西邻赤霞峪长城 2 号烽火台，距赤霞峪长城 9 段墙体约 0.3 千米。

垒砌烽火台的部分石块倒塌，应该是山坡上的雨水冲刷、烽火台内包泥土含水量增大膨胀所致。烽火台顶部杂草丛生，有大量乔木、灌木生长，根系对现存烽火台构成严重威胁。

赤霞峪长城 2 号烽火台（总第 2 号，编码 120225353201170087）

此烽火台位于天津市蓟县下营镇赤霞峪村东北 2.2 千米、赤霞峪长城 9 段北侧山坡上。西侧为谷底，北、东、南侧为山险。

该烽火台自明代修建以来无任何修缮，保存较好。平面呈半椭圆形，长径 6、短径 2、高 5.8 米，面积约 12 平方米。方向为 20°。（图一○）中心高程 694 米。依靠山体，外侧全部用大小不一的石块垒砌，石块缝隙之间用黄黏土黏结，墙体向上略有收分。北壁保存较好，其他墙壁略有倒塌。（彩图五一）上部平坦，长满灌木、杂草等植被。

此烽火台东邻赤霞峪长城 1 号烽火台，距赤霞峪长城 9 段墙体约 0.3 千米。

此烽火台与山体相接部分裸露，应该是山坡上的雨水冲刷致使山坡泥土流失所致，长此以往必对烽火台墙壁造成破坏。烽火台顶部杂草丛生，大量乔木、灌木生长，根系对烽火台构成严重威胁。

（四）居住址

赤霞峪长城 1 号居住址（总第 6 号，编码 120225354107170006）

此居住址位于天津市蓟县下营镇赤霞峪村东北、赤霞峪长城 11 段内侧 1.8 米山脊处。内侧为缓坡。

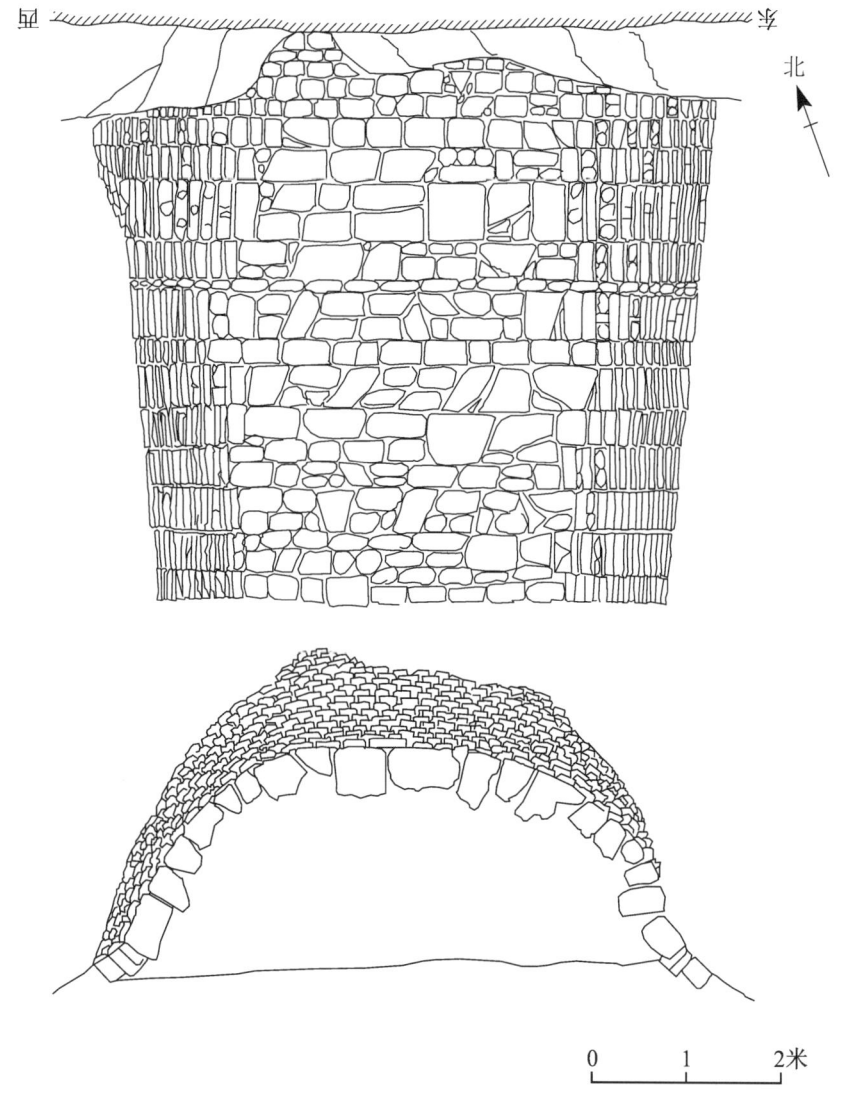

图一〇　赤霞峪长城 2 号烽火台平面、北壁正视图

此居住址自明代修建以来无任何修缮，保存较差，仅存基础。平面呈长方形，共 2 间，东西长 6、南北宽 3.8 米，面积约 22.8 平方米。方向为 30°。（图一一）中心高程 753 米。四壁破坏严重，北墙残高约 1 米；东、西墙外壁破坏严重，残高约 0.5 米；南墙残高约 0.3、墙宽 0.5 米。西间较大，东间较小，两间房屋无门相通，用一石墙相隔，隔墙残高 0.5、宽 0.5 米。东间的房门朝南，宽 0.7 米；西间门朝西，宽 0.65 米。（彩图五二）居住址的墙壁用石块垒砌，石块中间缝隙填黄黏土黏结。

居住址墙壁大部分倒塌，应该与垒砌石块较小、垒砌不牢固有关。居住址人为破坏因素不明显。居住址内生长两棵大树，对其本体构成实质性破坏。

（五）水窖

赤霞峪长城 1 号水窖（总第 5 号，编码 120225354199170005）

此水窖位于天津市蓟县下营镇赤霞峪村东北、赤霞峪长城 2 号敌台西南 65 米长城墙体内侧的平地上。东侧 5 米处为陡坡，西侧坡度较缓，水窖周边生长高大的乔木及低矮的灌木。

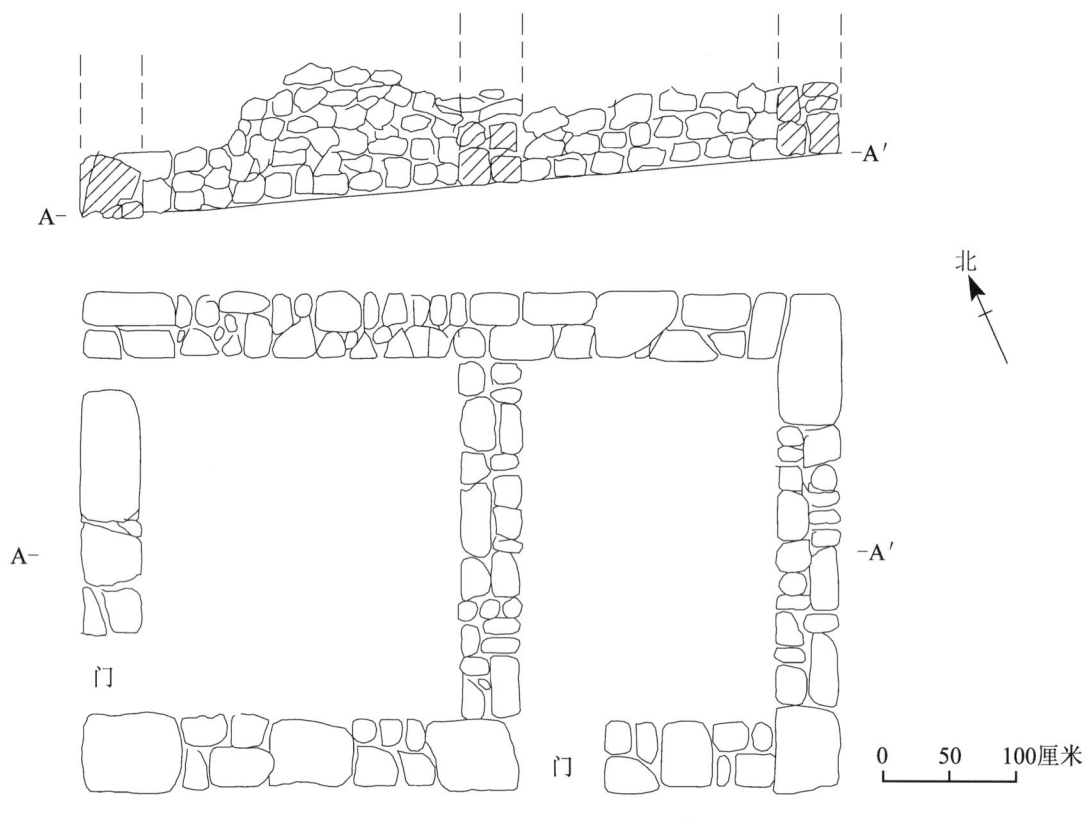

图一一　赤霞峪长城 1 号居住址平面、剖视图

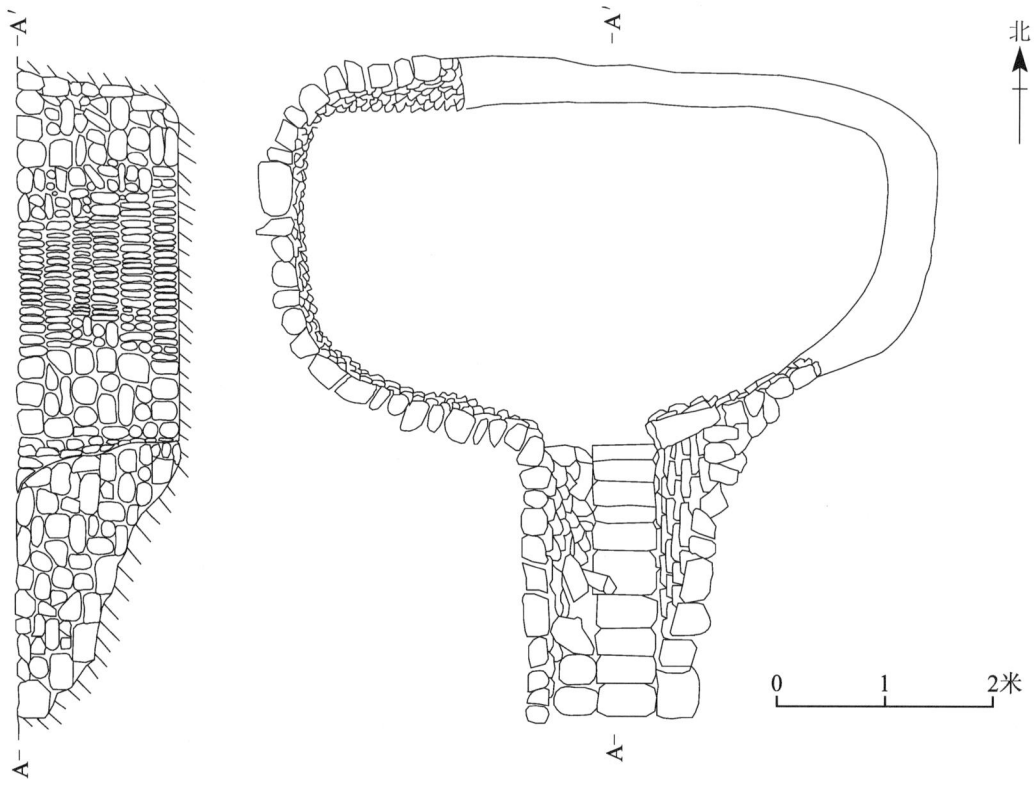

图一二　赤霞峪长城 1 号水窖平面、剖视图

该水窖自明代修建以来无任何修缮，保存一般。平面呈圆角长方形，东西长 5.5、南北宽 2.8、深 1.5 米，面积约 14 平方米。方向为 0°。（图一二）中心高程 874 米。水窖用石块垒砌，石块较小，保留 13 层，每层大石块之间用小石块填充，石块之间无黏结物，干垒而成。水窖的东壁、北壁保存完好，南壁与西壁塌落于水窖底部。（彩图五三）水窖北部有取水的台阶坡道，（彩图五四）保存 9 级，用大而规整的条石垒砌，非常坚固，台阶两侧用石块或青砖垒砌护坡，青砖长 35、宽 18.5、厚 8.5 厘米。水窖与赤霞峪长城 2 号敌台之间有一宽约 1.5 米的道路，很平整，应是居住敌台的士兵为方便取水而修筑。

垒砌水窖的部分石块倒塌，应该是山坡上的雨水冲刷、烽火台内包泥土含水量增大膨胀所致。水窖周边生长高大的乔木及低矮的灌木，根系对水窖石壁造成严重破坏，对水窖本体构成严重威胁。

（六）烟灶

赤霞峪长城 1 号烟灶（总第 3 号，编码 120225354199170003）

此烟灶位于天津市蓟县下营镇赤霞峪村东北、赤霞峪长城 8 段墙体上。

该烟灶自明代修建以来无任何修缮，保存一般。灶体用石块垒砌，石块大小不一，共砌 5 层，大石块之间用小石块填充，干垒，无黏结物。

烟灶平面呈长方形，东西长 1.4、南北宽 1.15、高 0.75～0.95 米，面积约 1.61 平方米。方向为 0°。（图一三）中心高程 765 米。上部损毁较严重，形态不详。北壁紧靠长城墙体垛口，东、南壁与西壁保存较完整，南壁下部偏西有宽 0.25、高 0.4 米灶门 1 个。灶烟上部破坏严重，内部结构不详。烟灶南壁有东西宽 0.3 米的人行通道，以便士兵在长城墙体上通过及点燃灶内烟火。（彩图五五）此烟灶西距赤霞峪长城 2 号烟灶 25 米。

烟灶损毁原因主要是自然坍塌和人为拆毁。上部石块被拆毁、移位现象突出，人为因素破坏极其明显。

赤霞峪长城 2 号烟灶（总第 4 号，编码 120225354199170004）

此烟灶位于天津市蓟县下营镇赤霞峪村东北、赤霞峪长城 8 段的墙体上，靠近赤霞峪长城 3 号敌台。

该烟灶自明代修建以来无任何修缮，保存一般。灶体用石块垒砌，石块大小不一，共砌墙体 4 层，每层大石块之间用小石块填充，石块之间无黏结物，干垒。

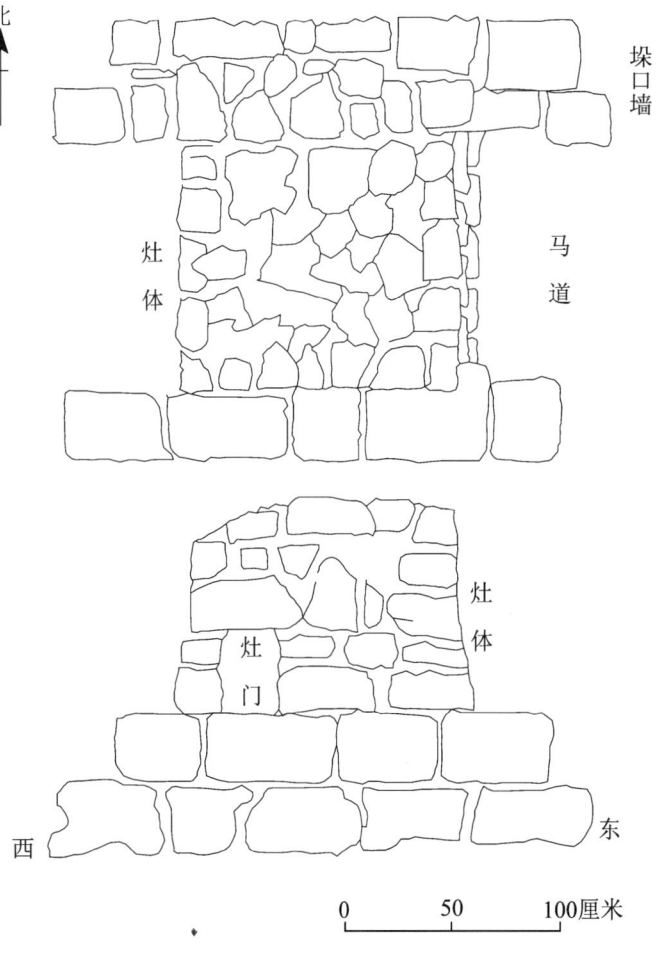

图一三 赤霞峪长城 1 号烟灶平面、南壁正视图

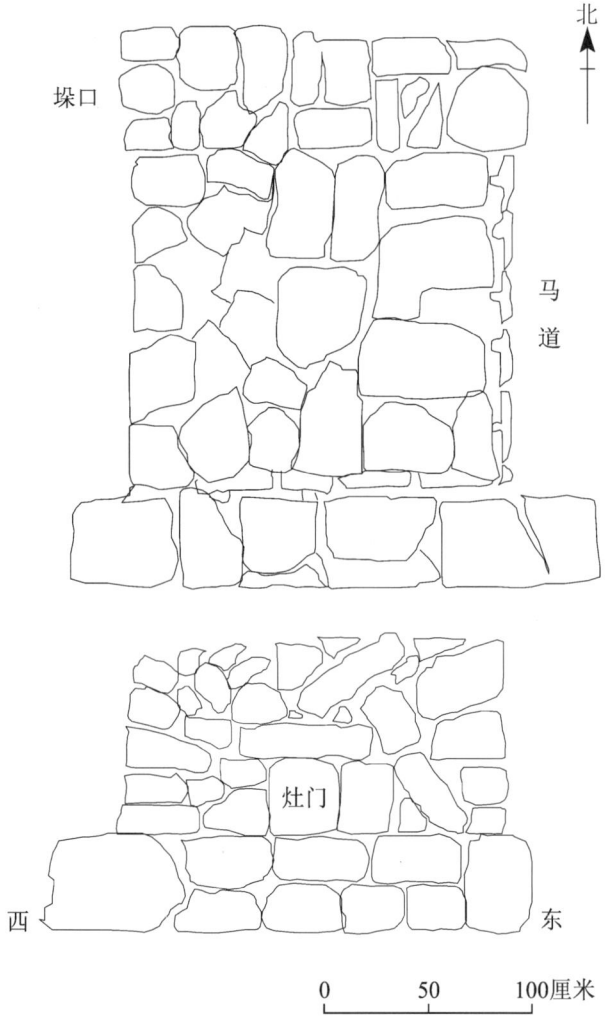

垛口

马道

灶门

西   东

0   50   100厘米

图一四 赤霞峪长城 2 号烟灶平面、南壁正视图

烟灶平面呈近正方形，东西长 1.65、南北宽 1.6、高 0.9~1 米，面积约 2.64 平方米。方向为 0°。（图一四）中心高程 756 米。灶体北壁紧靠长城墙体垛口，西壁塌落，东壁与南壁保存较完整，南壁中下部留灶门 1 个，宽 0.35、高 0.45 米。烟灶上部破坏严重，内部结构不详。烟灶南壁至长城墙体内侧边缘，有东西宽 0.4 米人行通道与长城马道相通，以便士兵从长城墙体上通过及点燃灶内烟火。（彩图五六）灶门内，部分石块还可看出烟熏痕迹，说明烟灶曾经使用过。此烟灶东距赤霞峪长城 1 号烟灶 25 米。

烟灶损毁原因主要是自然坍塌和人为拆毁。上部石块破坏严重，被拆毁、移位现象突出，人为因素破坏极其明显。

（七）寨堡

赤霞峪寨堡（编码 120225353102170001）

此寨堡又称"耻瞎峪寨"，当地人俗称"东寨"，位于天津市蓟县下营镇赤霞峪村北的高台地上，北距赤霞峪长城 14 段 1.4 千米，该寨堡地处峡谷口，地理位置非常重要。中心高程 217 米。

此寨堡朝向为南—北。平面为不规则四边形，周长 448 米。南墙长 102、东墙长 127、北墙长 104、西墙长 115 米，占地面积约 13208 平方米。（图一五－1）

该寨堡自明代修建以来无任何修缮，保存较差。内外全部被民房占压，地表建筑基本无存。墙体用大小不一的石块干垒而成，现大部分被村民作为民房的围墙使用。该寨堡原有东、南、西三座城门，以及东南、东北两座角楼。

寨堡南面墙体比其他三面墙体相对完整，保存较好，长 102 米。（彩图五七）东南角保存一角楼基础，平面呈长方形，南北长 8、东西宽 5.4、残高 2.1 米，外面墙体用长 20~90 厘米的石块垒砌，石块之间缝隙用三合土黏结，内部用小碎石块填充。（图一五－2；彩图五八）角楼本应与南墙相连接，但村民已将南墙内部拆毁（仅保留外部墙体），使之孤立于墙体，该角楼现保存于村民吕尚军家。南墙东部有一部分为村民吕宝军家院墙，在其院西侧保留部分南墙的剖面，其他部分现为村民院墙或被柴草占压。南墙西部，现大部分为村民院墙，保存较好，垒砌方法与角楼基本相同。南墙西部居中位置保留一排水口遗迹，距现地表高 0.8 米，呈长方形，长 0.19~0.20、高 0.37 米。（图一五－3；彩图五九）南墙西部保留 1.3~2.06 米的墙体，其上部村民用石块进行了加高。

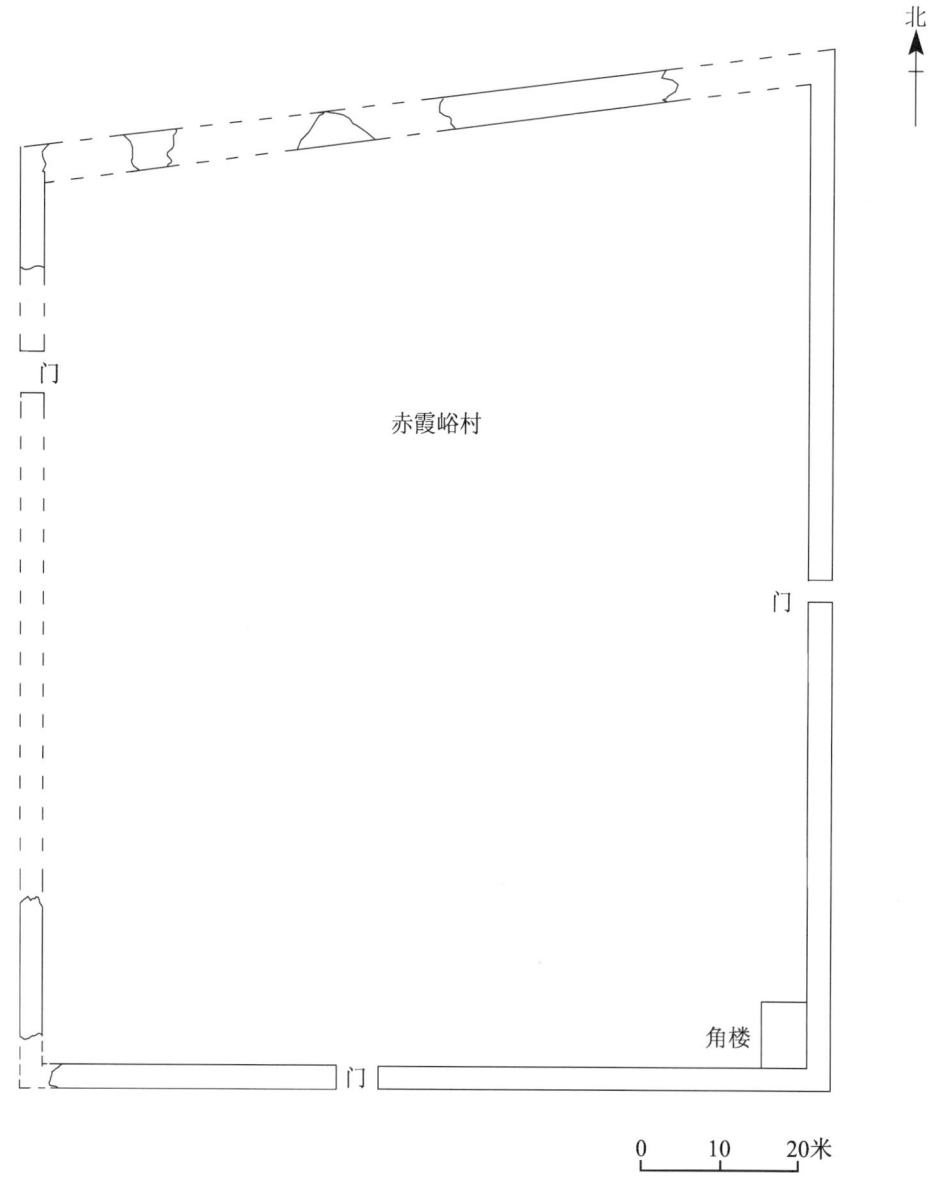

北

门

赤霞峪村

门

角楼

门

0　10　20米

图一五 - 1　赤霞峪寨堡平面图

东墙保存一般，长 127 米，现大部分无存，仅存村东南道路西边及部分村民院墙部分，东北角被村民杨瑞贤盖房占压。据当地村民讲，东北角原来也有一角楼。现已无存，形状不详。

北墙部分墙体保存相对较好，长 104 米，尤其是村民杨瑞年家后院，保存一段很好的墙体。这段墙体保留有垛口和马道，垛口厚 1、残高 1 米，马道宽 3 米。（图一五 - 4）墙体顶部距内侧地表最高 1.6 米，墙体剖面呈梯形，下宽 4.8 米。寨堡西北角约 12 米被村民杨景柱家住房占压。

西墙长 115 米，现大部分为村民之间的隔院墙，多被重修加固，保持原貌的墙体较少。西南角为杨景仙家西院墙。（彩图六〇）

据多个当地村民讲，该寨堡原有三个城门，即：东、南、西三面城门。目前，该村还在使用穿过东、南寨墙的道路，所以，存在东、南寨门是可信的；西部面临高岗，出入不便，对存在西门的说法存疑。东门高程 226 米，南门高程 225 米。

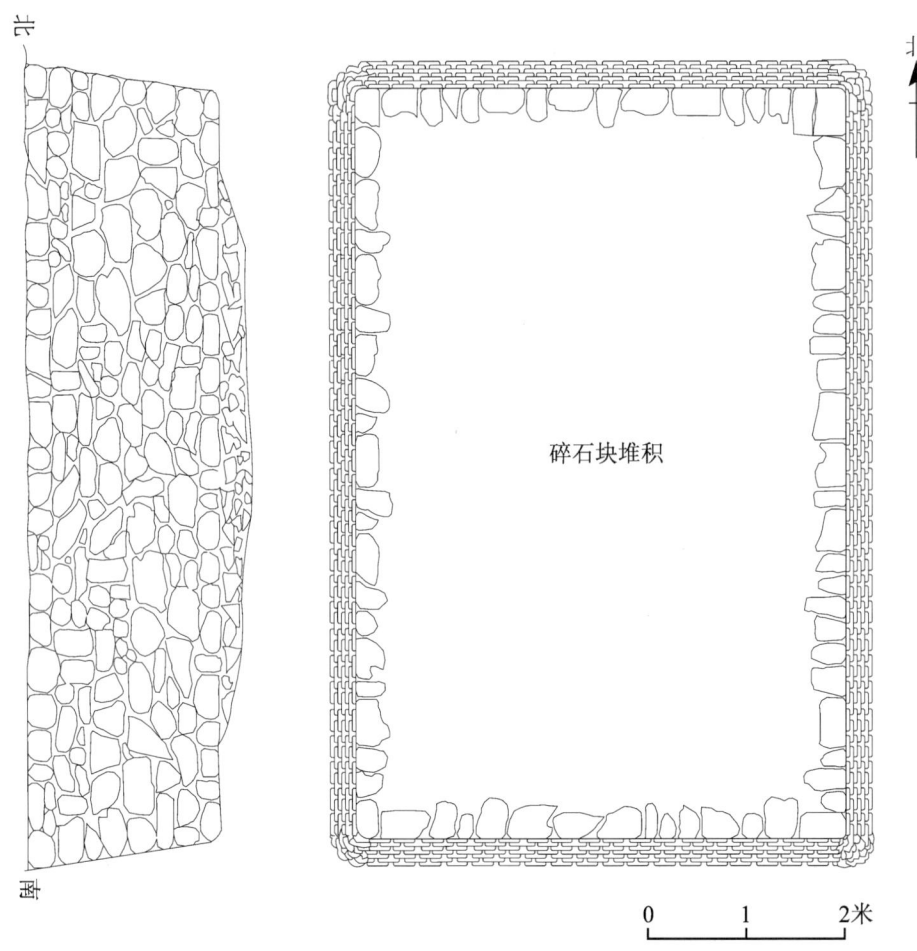

图一五 - 2　赤霞峪寨堡东南角楼平面、西壁正视图

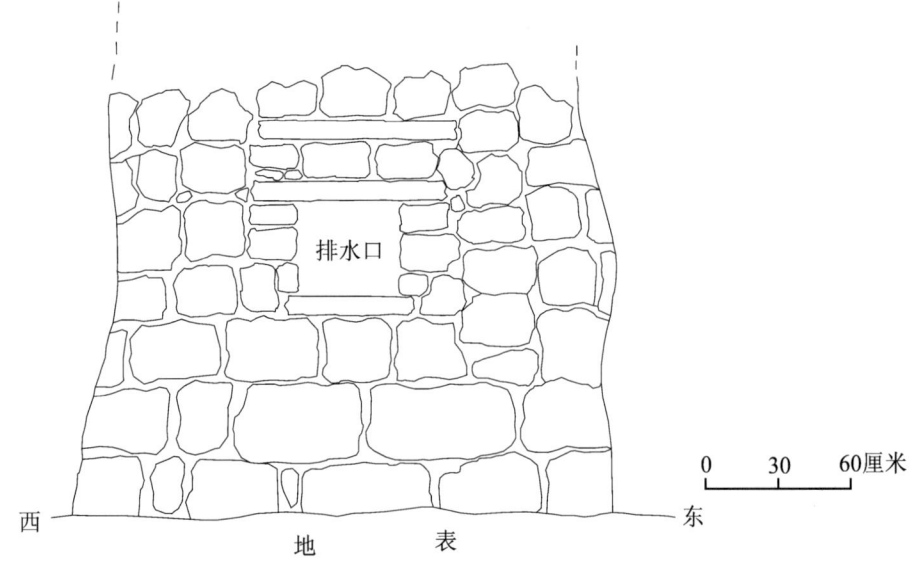

图一五 - 3　赤霞峪寨堡南墙排水口立面图

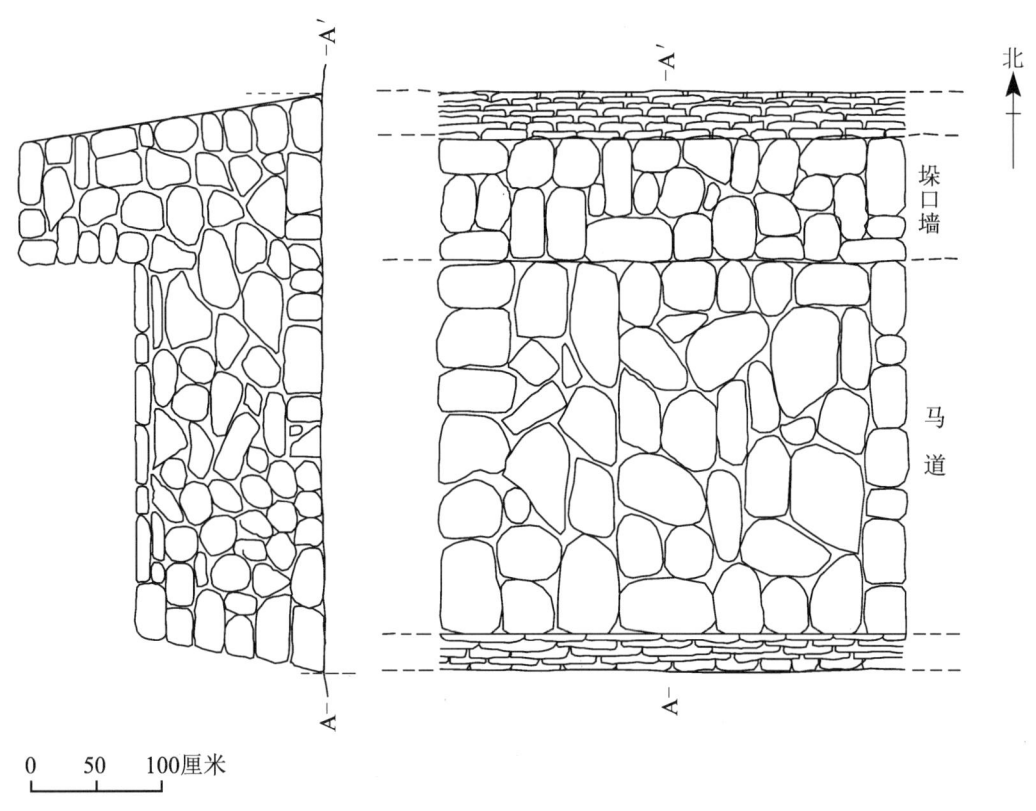

图一五 - 4 赤霞峪寨堡北墙平、剖面图

寨堡内现存角楼 1 座（中心高程 226 米），位于寨堡东南角，保存基础。平面呈长方形，南北长 8、东西宽 5.4、残高 2.1 米，外侧墙壁用长 20 ～90 厘米的石块垒砌，石块之间缝隙用三合土黏结，内部用小碎石块填充。角楼应与南侧墙体相连接。

据当地村民讲，东北角也应有一座角楼，已无存，形状不详。

寨堡各角的高程分别为：东南角 220 米，东北角 234 米，西北角 23 米。

此寨堡内现居住人口约 200 人，寨堡被村民的住房全部占压，村民盖房、修院墙等将大部分墙体破坏得面目全非，人为破坏因素明显。另外，墙体上及附近生长许多高大树木，对墙体构成了潜在威胁。

二 古强峪长城

（一）墙体

古强峪长城墙体自天津市蓟县下营镇古强峪村东北 0.8 千米、古强峪长城 1 号敌台东侧（高程 622 米）起，至蓟县下营镇船舱峪村西北 1 千米、梨木台风景区售票处（高程 268 米）截止，（地图四）共划分 19 段，其中墙体 11 段、山险墙 1 段、山险 7 段，全长 2164.86 米，其中长城主线长 2125.15 米（墙体 600.11 米、山险墙 157.49 米、山险 1367.55 米），二道边长城长 39.69 米（全部为墙体）。（附表二）此段长城大致走向为东南—西北。

附表二　古强峪长城墙体长度统计表

（单位：米）

名称	墙体																合计	
	墙												山险墙		山险			
	石墙							消失		小计								
	较好		一般		较差		差											
	测绘数据表面长度	文物数据表面长度	测绘数据表面长度	文物数据表面长度	测绘数据表面长度	文物数据表面长度	测绘数据表面长度	文物数据表面长度	测绘数据表面长度	文物数据表面长度	测绘数据表面长度	文物数据表面长度	测绘数据表面长度	文物数据表面长度	测绘数据表面长度	文物数据表面长度	测绘数据表面长度	文物数据表面长度
1段	—	—	—	—	—	—	—	—	—	—	0	0	—	—	543.03	172	543.03	172
2段	—	—	—	—	—	—	—	—	—	—	0	0	—	—	113.5	128	113.5	128
3段	—	—	23.07	24	—	—	—	—	—	—	23.07	24	—	—	—	—	23.07	24
4段	—	—	—	—	—	—	—	—	—	—	0	0	—	—	31.04	26	31.04	26
5段	—	—	—	—	50.96	47	—	—	—	—	50.96	47	—	—	—	—	50.96	47
6段	—	—	—	—	—	—	—	—	—	—	0	0	—	—	234.59	172	234.59	172
7段	67.21	48	14.12	12	—	—	—	—	—	—	81.33	60	—	—	—	—	81.33	60
8段	—	—	—	—	—	—	—	—	—	—	0	0	—	—	37.67	27	37.67	27
9段	—	—	68.23	62.2	10.84	8.8	—	—	—	—	79.07	71	—	—	—	—	79.07	71
10段	—	—	—	—	—	—	—	—	—	—	0	0	45.31	36	—	—	45.31	36
11段	—	—	—	—	96.57	91	—	—	—	—	96.57	91	—	—	—	—	96.57	91
12段	—	—	—	—	—	—	—	—	—	—	0	0	—	—	39.45	36	39.45	36
13段	41.76	39	—	—	—	—	—	—	—	—	41.76	39	—	—	—	—	41.76	39
14段	—	—	35.38	38	—	—	—	—	—	—	35.38	38	—	—	—	—	35.38	38
15段	—	—	—	—	—	—	—	—	—	—	0	0	112.18	72	—	—	112.18	72
16段	75.87	78	93.69	83	22.41	23	—	—	—	—	191.97	184	—	—	—	—	191.97	184
17段	—	—	—	—	—	—	—	—	—	—	0	0	—	—	368.27	190	368.27	190
主线小计	184.84	165	234.49	219.2	180.78	169.8	0	0	0	0	600.11	554	157.49	108	1367.55	751	2125.15	1413
二道边1段	—	—	—	—	11.6	28	—	—	—	—	11.6	28	—	—	—	—	11.6	28
二道边2段	—	—	—	—	28.09	11.7	—	—	—	—	28.09	11.7	—	—	—	—	28.09	11.7
总计	184.84	165	234.49	219.2	220.47	209.5	0	0	0	0	639.8	593.7	157.49	108	1367.55	751	2164.84	1452.7

古强峪长城 1 段（总第 21 段，编码 120225382106170021）

此段长城墙体类别为山险，自古强峪长城 1 号敌台东侧（高程 622 米）起，沿山脊至古强峪长城 2 号敌台西侧（高程 429 米）截止，长 543.03 米，东南—西北走向。（彩图六一）

此段长城为利用悬崖峭壁、未经过人工修整自然形成的山险。位于古强峪长城 1 号敌台与古强峪长城 2 号敌台之间，共有四个山峰，北面是悬崖，东、南、西三面的坡度在 80°左右，很难攀爬，调查人员也仅爬到了东部和中部、西部三个山峰，中部偏东的山峰根本无法攀爬。

此段山险保存较好，基本维持原貌，由于近几年封山育林，此段山险生长许多高大树木，未发现人为因素毁坏的痕迹。

古强峪长城 2 段（总第 22 段，编码 120225382106170022）

此段长城墙体类别为山险，自古强峪长城 2 号敌台东侧（高程 429 米）起，沿山顶悬崖峭壁，至古强峪长城 3 段墙体起点（高程 371 米）截止，长 113.5 米，东南—西北走向。（彩图六二）

山险保存较好，为利用悬崖峭壁，未经过人为修整而形成。地势非常陡峭，仅可从南坡或山顶上爬行，山险顶部南侧有明显的人类攀爬时开凿的脚窝，北侧为悬崖，极为陡峭。此段山险生长高大乔木和低矮灌木，峭壁及陡坡处长有苔藓。未发现人为因素毁坏的痕迹。

古强峪长城 3 段（总第 23 段，编码 120225382102170023）

此段长城墙体类别为石墙，自古强峪长城 2 段山险止点（高程 371 米）起，沿山脊修建，至古强峪长城 4 段山险起点（高程 368 米）截止，长 23.07 米，南—北走向。（彩图六三）

长城墙体用 40～70 厘米石块垒砌内外两侧墙壁，中间缝隙用碎石块和少量泥土填充，以保证墙体的结实稳固，石块之间无黏结物，干垒而成。（图一六 -1、2）

北←

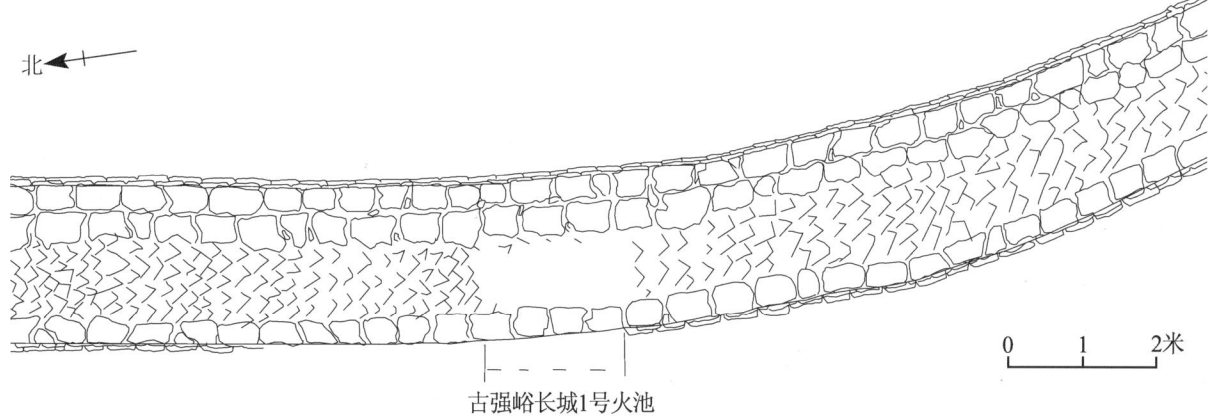

古强峪长城1号火池

0　　1　　2米

图一六 -1　古强峪长城 3 段墙体平面图

0　　1　　2米

图一六 -2　古强峪长城 3 段墙体东壁正视图

此段长城墙体保存一般，墙体部分坍塌，上部残缺不堪，上部宽2.1米。垛口上部倒塌，形态不详，仅存基础，厚0.8米。马道为大石板平铺而成，宽1~1.2米。墙体顶部距外侧地表高0.7~2.5米，距内侧地表高0.4~0.7米。

此段长城墙体位于山顶，南端紧靠山崖体，其他三面为山险，墙体上长有少量的杂草和灌木等植被，植物的生长对墙体有破坏作用。墙体有一段人为扒开的豁口，人为因素毁坏痕迹明显。

此段长城中部紧靠长城墙体内侧为古强峪长城3号敌台，敌台的南侧为古强峪长城1号火池。

古强峪长城4段（总第24段，编码120225382106170024）

此段长城墙体类别为山险，自古强峪长城3段墙体止点（高程368米）起，至古强峪长城5段墙体起点（高程368米）截止，长31.04米，东南—西北走向。（彩图六四）

山险位于山顶，东、北、西侧为峭壁，南侧为陡坡，尤其是北、西侧，岩壁垂直，人类无法攀登。山险完全利用险峻的自然地势作为阻挡敌人的天然屏障，不见人为加工痕迹。

山险基本保持原貌。近几年封山育林，内外两侧生长许多高大树木，加之剧烈的地质灾害的破坏，对山险险峻外观造成一定影响。未发现人为因素损坏的痕迹。

古强峪长城5段（总第25段，编码120225382102170025）

此段长城墙体类别为石墙，自古强峪长城4段山险止点（高程368米）起，至古强峪长城6段山险起点（高程338米）截止，长50.96米，东南—西北走向。（彩图六五）

此段长城建在南高北低的山顶上，东侧紧靠山崖，西侧为沟口，与沟口对面的古强峪长城5号敌台遥遥相望，南北两侧为悬崖，地势十分险要。墙体内外两侧用长40~80厘米的石块干垒而成，中间缝隙处用碎石块和少量黏土填充。

墙体保存较差，上部倒塌严重，坍塌处较多。墙体剖面呈梯形，上宽2.1、下宽2.3米。马道、垛口倒塌，形态不详。墙体外侧距地表高0.7~2.1米，内侧距地表高0.3~0.8米。此段长城墙体上自东向西分布有古强峪长城2号火池及古强峪长城1号、2号烟灶。

长城墙体倒塌主要因为基础未进行人工处理，垒砌不够牢固，加之一些剧烈的地质灾害，导致墙体塌落严重。墙体周边一些树木的生长及墙体上杂草的生长，对墙体构成严重的安全隐患。墙体石块大量残失，表明石块已被人类拆除挪作他用，人为因素损坏的痕迹明显。

古强峪长城6段（总第26段，编码120225382106170026）

此段长城墙体类别为山险，自古强峪长城5段止点（高程338米）起，至古强峪长城4号敌台东侧（高程276米）截止，长234.59米，东南—西北走向。（彩图六六）

山险保存较好。利用峡谷的两个陡坡而形成山险，其地理位置非常重要，处于峡谷部位。东部山险顶部距谷底76米，西部山险顶部距谷底14米，两侧为崖壁陡峭，难以攀爬，尤其是外侧，山体坡度近90°。谷底被建成公路，部分破坏了山险的原貌。

根据《长城资源调查工作手册》的技术要求，按照长城拐折点分布情况，此段山险又细分为2小段，分述如下。

第一小段：起点海拔338米，止点海拔262米。此段山险长133.3米，保存较好。此小段山险自起点开始下折，直至此小段山险止点。

第二小段：起点海拔262米，止点海拔276米。此段山险长101.29米，保存较好。此小段山险自起点开始上折，直至此小段山险止点。

由于近几年封山育林，此段山险生长许多高大乔木及低矮荆条等灌木，对险峻的外观构成一定影响。一条公路从谷底穿过，修建公路时开凿了两侧部分山石，破坏了山险的原本面貌，人为因素破坏极其明显。

古强峪长城 7 段（总第 27 段，编码 120225382102170027）

此段长城墙体类别为石墙，自古强峪长城 4 号敌台东侧（高程 276 米）起，至古强峪长城 8 段山险起点（高程 314 米）截止，长 81.33 米，东南—西北走向。（图一七 –1、2）

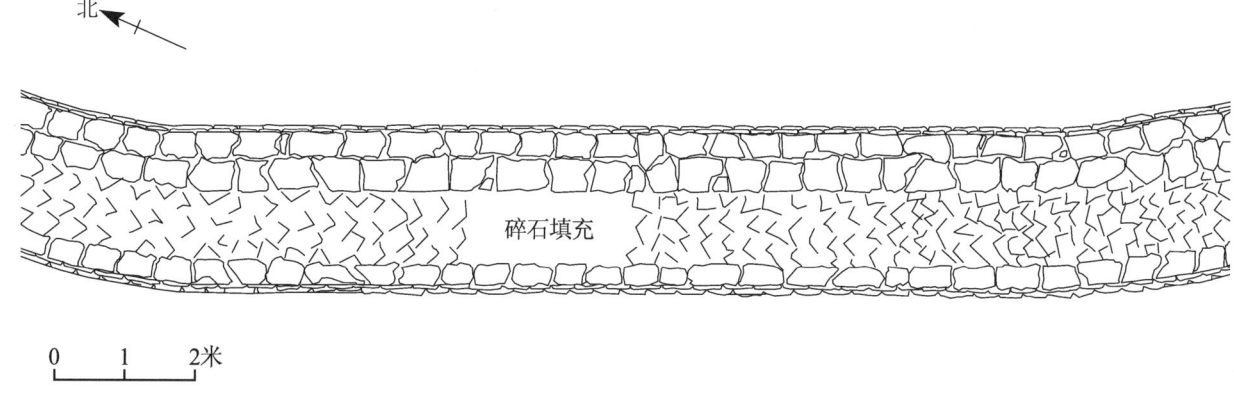

图一七 –1 古强峪长城 7 段墙体平面图

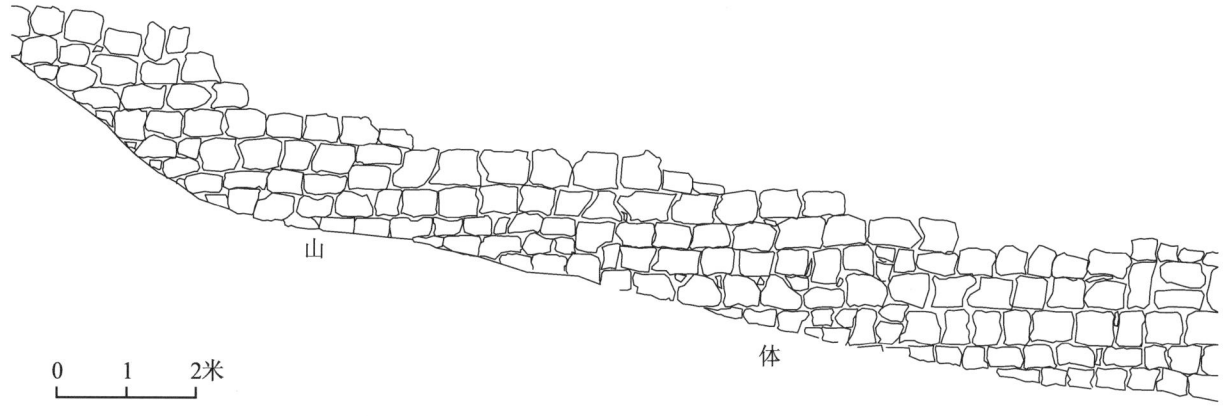

图一七 –2 古强峪长城 7 段墙体西壁正视图

此段长城墙体地处山脊，内、外侧山势比较陡峭。墙体用石块干垒而成。具体垒砌方法为首先用平整的大石块垒砌内外两侧墙壁，然后用碎石块、黏土填充墙体中间部位。

此段长城墙体整体保存较好，其中 67.21 米保存较好，仅部分墙体内侧坍塌，尤以止点处倒塌严重，14.12 米保存一般。（彩图六七）

根据《长城资源调查工作手册》的技术要求，按照长城墙体保存状况、拐折点分布情况，此段长城墙体又细分为 3 小段，分述如下。

第一小段：起点海拔 276 米，止点海拔 288 米。此小段长城长 15 米，保存较好。墙体上部宽 1.7～2 米，保存部分垛口基础及马道，垛口基础宽 0.8 米，马道宽 0.9～1.2 米。墙体顶部距外侧地表高 1.5～2.5 米，墙体内侧紧靠山体，高 0～1 米。

第二小段：起点海拔 288 米，止点海拔 288 米。此小段长城长 52.21 米，保存较好。墙体上部宽 2～2.5 米，保存垛口基础、马道。垛口上部倒塌，仅存基础，厚 0.8 米。马道为石板平铺而成，宽 1.2～1.7 米。墙体顶部距外侧地表高 0.4～2.5 米，距内侧地表高 0～1.5 米。此小段长城墙体北部部分倒塌。

第三小段：起点海拔288米，止点海拔288米。此小段长城墙体长14.12米，保存一般。墙体倒塌较严重，上部宽度无法测量，垛口、马道残失，形态、宽度不详。

此段长城墙体倒塌主要因为基础未进行人工处理，垒砌不够牢固，加之一些剧烈的地质灾害，导致部分墙体塌落严重。有人为拆移石块垒砌树木护坡的现象，人为因素破坏墙体的现象严重。

古强峪长城8段（总第28段，编码120225382106170028）

此段长城墙体类别为山险，自古强峪长城7段石墙止点（高程314米）起，至古强峪长城9段石墙起点（高程333米）截止，长37.67米，南—北走向。

山险完全利用峡谷形成的险峻地势作为天然屏障，看不出人为加工痕迹，山势较陡峭，外侧为悬崖峭壁，内侧坡度很陡，垂直高度较高，人类难以攀爬。

山险南端与古强峪长城7段石墙相连接，北端与古强峪长城9段石墙相连接。保存较好，基本保持原貌。由于近几年封山育林，生长许多高大乔木及低矮灌木等植被，对山险的险峻外观产生一定影响。人工植树造林，将此段陡坡垒砌成若干小圆形树木护坡，人为因素影响较为严重。

古强峪长城9段（总第29段，编码120225382102170029）

此段长城墙体类别为石墙，自古强峪长城8段山险止点（高程333米）起，沿山脊修建，至古强峪长城5号敌台西侧（高程340米）截止，长79.09米，东南—西北走向。（彩图六八）

此段长城墙体基础经过加工，墙体用石块干垒而成，墙体中间用碎石块和少量黏土填充，以加固墙体。

此段长城墙体整体保存一般，部分墙体内侧倒塌，石块滚落谷底。其中68.23米保存一般，10.84米保存较差。

根据《长城资源调查工作手册》的技术要求，按照长城墙体保存状况、拐折点分布情况，此段长城墙体又细分为4小段，分述如下。

第一小段：起点海拔336米，止点海拔335米。此小段长城墙体长28.6米，保存一般。墙体上宽2、下宽2.15米，略有收分。部分墙体保存马道和垛口，马道为平整的石板平铺而成，宽1.2米；垛口仅存基础，上部残失，基础厚0.8米。墙体顶部距外侧地表高1～2.5米，距内侧地表高0～1米。长城自此小段止点拐向西南。

第二小段：起点海拔335米，止点海拔329米。此小段长城墙体长17.6米，保存一般。长17.6米。墙体上部宽2米，部分墙体保存垛口和马道。马道为石板平铺而成，宽1.2米。垛口上部倒塌，形态不详，仅存基础，基础厚0.8米。墙体顶部距外侧地表高1～2.9米，距内侧地表高0.4～1.5米。此小段长城墙体向南6米处为古强峪长城1号烟灶，向南9米处为古强峪长城2号烟灶。长城自此小段止点处拐向西南。（图一八）

第三小段：起点海拔335米，止点海拔335米。此小段长城墙体长10.86米，保存较差，长10.86米，墙体全部坍塌，形成一长条形石块堆积。墙体高度、宽度及垛口、马道尺寸无法测量，形态不详。

第四小段：起点海拔335米，止点海拔340米。此小段长城墙体长22.03米，保存一般。部分墙体保存垛口基础，基础厚0.8米。墙体顶部距外侧地表高1.65～2.70米，内侧与山体相平。

此段长城墙体东南与古强峪长城5号敌台相连，西北与古强峪长城10段山险墙相连接。

此段长城地处山脊，西端紧靠山崖，墙体内、外侧山势较陡峭。墙体倒塌主要因为墙体垒砌不够牢固自然塌落所致。加之一些剧烈的地质灾害，对墙体构成严重的安全隐患。部分墙体石块被人为拆除或移位，人为因素破坏的痕迹明显。

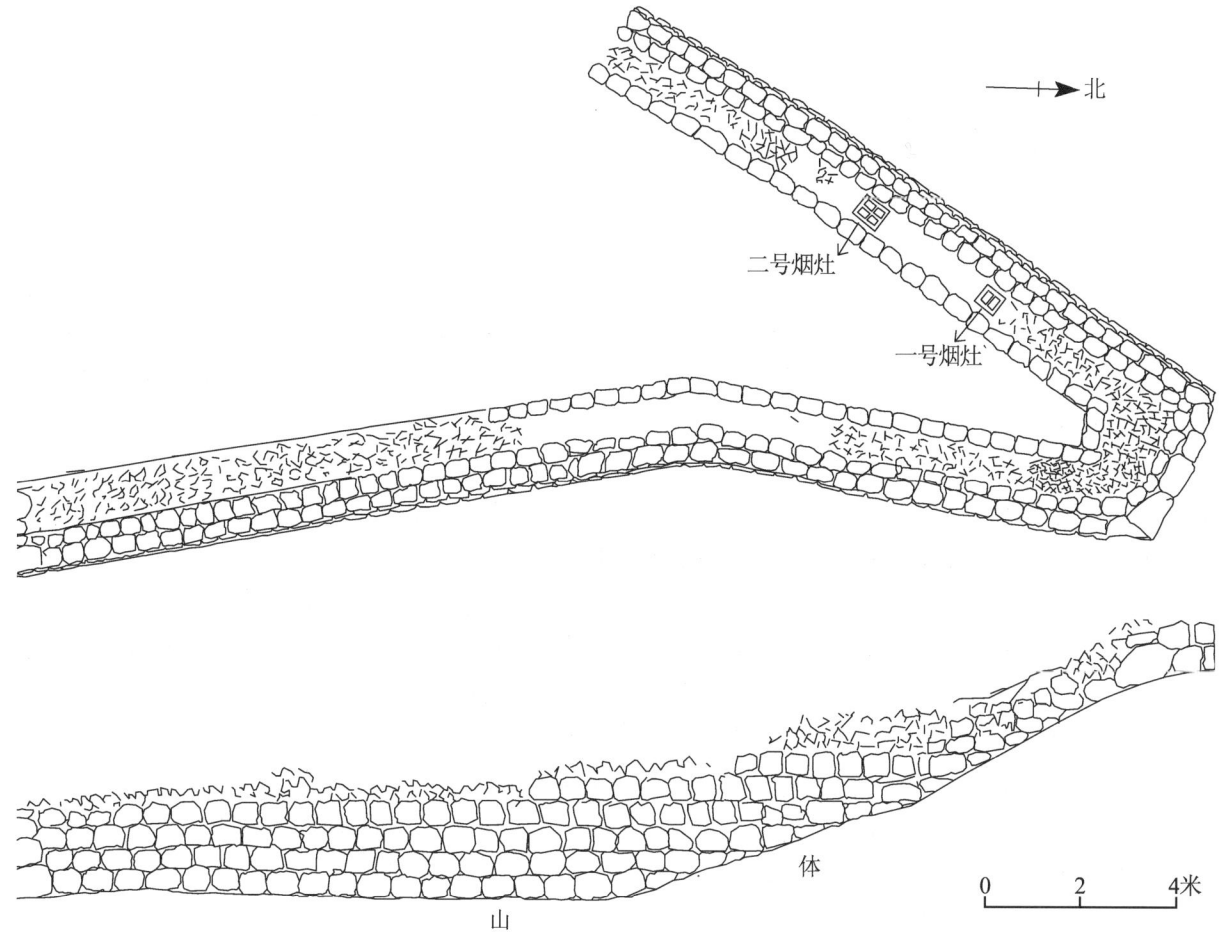

二号烟灶

一号烟灶

北

0　　2　　4米

体

山

图一八　古强峪长城 9 段墙体平面、东壁正视图

古强峪长城 10 段（总第 30 段，编码 120225382105170030）

此段长城墙体类别为山险墙，自古强峪长城 5 号敌台西侧（高程 340 米）起，至古强峪长城 11 段石墙起点（高程 364 米）截止，长 45.31 米，东—西走向。（彩图六九）

此段山险墙为混合基础，保存较好。地处山顶，寸草不生，墙体内、外侧山势陡峭，垂直高度较大，人难以攀爬。中部有一段长 2、高 1.59 米的人工砌筑的墙体（海拔 350 米），墙体用石块干垒而成，墙体中间用碎石块和少量黏土填充，保存较好。

对此段山险墙造成破坏的主要原因，为剧烈的地质灾害造成部分山石滚落。未发现人为因素破坏墙体的痕迹。

古强峪长城 11 段（总第 31 段，编码 120225382102170031）

此段长城墙体类别为石墙，自古强峪长城 10 段山险墙止点（高程 364 米）起，沿山脊修建，至古强峪长城 12 段山险起点（高程 415 米）截止，长 96.57 米，东南—西北走向。（彩图七〇）

此段长城墙体为人工基础，墙体用石块干垒而成，中间用碎石块填充，墙体垒砌方式发生变化，部分地段墙体呈台阶状垒砌。

此段长城墙体整体保存较差，损坏严重，墙体大部分向外侧倒塌，中部扭曲变形。仅有一处垛口保存完整，高 1 米，马道宽 1.2～1.6 米。

根据《长城资源调查工作手册》的技术要求，按照长城墙体保存状况、拐折点分布情况，此段长城墙体又细分为6小段，分述如下。

第一小段：起点海拔364米，止点海拔380米。此小段长城长26.57米，保存较差。损毁严重，垛口、马道分辨不清，墙体向外侧倒塌。

第二小段：起点海拔380米，止点海拔384米。此小段长城长17米，保存较差。损毁严重，外侧墙体倒塌得扭曲变形。长城自此小段止点拐向西北并上折。

第三小段：起点海拔384米，止点海拔398米。此小段长城长15米，保存较差。墙体垒砌方式发生变化，即由随地势平行垒砌变为随地势呈台阶状垒砌，共垒砌3级高约1米的台阶。墙体损毁较严重，上部宽2.2米，部分墙体勉强可以分辨出垛口和马道，马道为平整的石板平铺而成，宽1.6米。垛口上部倒塌，仅存基础，残高0.8、厚0.6米。

第四小段：起点海拔398米，止点海拔403米。此小段长城长13米，保存较差。墙体垒砌方式与第三小段相同，呈台阶状垒砌，保存4级高1.5米的台阶。墙体倒塌严重，上部宽度及垛口、马道尺寸无法测量，垛口、马道形态不详。墙体顶部距外侧地表最高2米，距内侧地表最高2米。

第五小段：起点海拔403米，止点海拔413米。此小段长城长15米，保存较差。有一长2米的山险墙。墙体上部宽1.9米，部分墙体可观测到垛口和马道的形态、尺寸，马道为石板平铺而成，石板之间缝隙用黄土填充，宽1.2米。垛口保存较完整，为平整石块垒砌而成，中间无射孔，宽0.7、高1米。墙体顶部距外侧地表最高2.5米，距内侧地表最高1.6米。

第六小段：起点海拔413米，止点海拔415米。此小段长城长10米，保存较差。

此段长城地处山脊，西端紧靠崖体，墙体内、外侧山势较陡峭。墙体倒塌主要因为垒砌不够牢固，加之一些剧烈的地质灾害，导致自然塌落。因距离风景旅游区较近，垒砌墙体的石块被拆除、移位现象突出，人为因素破坏的痕迹明显。

古强峪长城12段（总第32段，编码120225382106170032）

此段长城墙体类别为山险，自古强峪长城11段石墙止点（高程415米）起，依陡峭地势，至古强峪长城13段石墙起点（高程440米）截止，长39.45米，南—北走向。（彩图七一）

此段山险地处山顶，地势陡峭，两侧为山崖，垂直高度较大，人类难以攀爬。保存较好，基本维持原貌，完全利用自然山势，看不出人为加工痕迹。

由于近几年封山育林，此段山险四周生长许多高大乔木及低矮荆棘等灌木，对山险险峻外观构成一定影响。山险人迹罕至，未发现人为因素损坏的痕迹。

古强峪长城13段（总第33段，编码120225382102170033）

此段长城墙体类别为石墙，自古强峪长城12段山险止点（高程440米）起，沿险峻山脊修建，至古强峪长城6号敌台东北角（高程445米）截止，长41.76米，东—西走向。（彩图七二）

此段长城墙体基础经过人工铲平、漫坡，墙体用石块干垒而成，垒砌方法与其他段长城墙体相同。墙体整体保存较好。墙体向内侧轻微倒塌，外侧保存较完整。墙体上部宽2.3米，垛口、马道保存较好，垛口上部倒塌，保存基础，厚0.6、残高0.8米。马道为石板平铺而成，宽1.7米。墙体顶部距外侧地表最高2.5米，距内侧地表最高1米。

此段长城地处山脊，西端紧靠山崖体，墙体内、外侧山势比较陡峭。墙体倒塌主要因为垒砌不够牢固，自然塌落所致。因距离风景旅游区较近，墙体被游人踩踏，石块被人为拆除、移位等现象严重，人为因素对长城破坏明显。

古强峪长城 14 段（总第 34 段，编码 120225382102170034）

此段长城墙体类别为石墙，自古强峪长城 6 号敌台东北角（高程 445 米）起，沿山脊修建，至古强峪长城 15 段山险墙起点（高程 440 米）截止，长 35.38 米，东南—西北走向。（彩图七三）

此段长城墙体为人工基础，墙体用石块干垒而成，垒砌方法与其他段长城墙体相同。墙体整体保存一般，部分墙体分辨不清，马道和垛口内侧部分倒塌，有明显人为因素损毁墙体的痕迹。

根据《长城资源调查工作手册》的技术要求，按照长城墙体保存状况、拐折点分布情况，此段长城墙体又细分为 2 小段，分述如下。

第一小段：起点海拔 445 米，止点海拔 437 米。此小段长城长 21 米，保存一般。墙体上部宽 2.4 米，垛口、马道保存较好，垛口为平整大石块干垒而成，宽 0.6、高 0.9 米。马道为修整过的平整石板平铺而成，石板之间用黄土勾缝，马道宽 1.8 米。墙体顶部距外侧地表最高 2.8 米，距内侧地表最高 2.4 米。

第二小段：起点海拔 437 米，止点海拔 440 米。此小段长城长 14.38 米，保存一般。同前一小段墙体形态区别不大。墙体上部宽 2.3 米，可观测出垛口、马道的尺寸、形态。垛口高 0.8、厚 0.6 米，马道宽 1.7 米。墙体顶部距外侧地表最高 2.5 米，距内侧地表最高 1 米。

此段长城墙体位于山脊，西端紧靠崖体，墙体内、外侧山势比较陡峭。墙体倒塌主要因为垒砌不够牢固，自然塌落所致。因距离风景旅游区较近，攀登长城的游人较多，人为因素对墙体破坏明显。

古强峪长城 15 段（总第 35 段，编码 120225382105170035）

此段长城墙体类别为山险墙，自古强峪长城 14 段石墙止点（高程 440 米）起，顺山势而行，至古强峪长城 16 段石墙起点（高程 449 米）截止，长 112.18 米，东南—西北走向。（彩图七四）

山险墙地处山顶，整体保存较好，主要为利用自然地势形成的山险稍加人工修整，部分地段上部垒砌低矮石墙。墙体内、外侧山势陡峭，垂直高度较大，人类难以攀爬。

由于近几年封山育林，山险墙两侧生长许多高大乔木及荆棘等低矮灌木，加之一些剧烈的地质灾害，部分山石滚落，对山险墙外部环境造成一定影响。此山险墙地势险峻，人迹罕至，人为因素破坏不明显。

古强峪长城 16 段（总第 36 段，编码 120225382102170036）

此段长城墙体类别为石墙，自古强峪长城 15 段山险墙止点（高程 449 米）起，沿山脊修建，至古强峪长城 17 段山险起点（高程 453 米）截止，长 191.97 米，东南—西北走向。（彩图七五）

此段长城为混合基础，既有自然基础，又有人工铲平、漫坡基础。墙体用石块干垒而成，垒砌方法与其他段长城墙体基本相同，用大而平整的石块垒砌两侧墙壁，中间用碎石块填充形成完整墙体。墙体垒砌方式出现了新变化，即由过去随山势变化平行垒砌墙体的方式，改变为部分地段随山势变化垂直垒砌成台阶状墙体。

此段长城墙体整体保存一般，墙体向内侧倒塌严重，垛口残高约 1 米，马道保存较好，垒砌垛口的石块基本倒塌在马道上。其中 93.69 米保存一般，75.87 米保存较好，22.41 米保存较差。根据《长城资源调查工作手册》的技术要求，按照长城墙体保存状况、拐折点分布情况，此段长城墙体又细分为 7 小段，分述如下。

第一小段：起点海拔 449 米，止点海拔 443 米。此小段长城长 35 米，保存较好。墙体上部宽 1.8 米，垛口、马道保存较好，垛口上部倒塌，仅存基础，基础厚 0.6、残高 0.5 米。马道为平整石板平铺，石板之间缝隙用黄泥勾缝，马道宽 1.2 米。墙体顶部距外侧地表最高 2.6 米，距内侧地表最高 1.7 米。长城自此小段止点上折。

第二小段：起点海拔443米，止点海拔441米。此小段长城长16.41米，保存较差。墙体损毁严重，部分墙体向外侧倒塌、垛口、马道倒塌，分辨不清，尺寸无法测量，形态不详。

第三小段：起点海拔441米，止点海拔443米。此小段长城长31米，保存一般。

第四小段：起点海拔443米，止点海拔449米。此小段长城长6米，保存较好。有一段人为加工痕迹明显的山险墙。长城自此小段止点上折。

第五小段：起点海拔449米，止点海拔469米。此小段长城长34.87米，保存较好。墙体垒砌方式与一般墙体不同，随山势高度变化垒砌成台阶状，共发现高约1米的台阶9个。墙体上部宽2米，垛口、马道保存较好，垛口仅存基础，基础厚0.8、残高0.6米。马道为修整过的石板平铺而成，宽1.2米。墙体顶部距内侧地表最高0.5米。长城自此小段止点处直角向西拐并下折。

第六小段：起点海拔469米，止点海拔469米。此小段长城长6米，保存较差。墙体损毁严重，马道、垛口全部倒塌，分辨不清，尺寸无法测量，形态不详。墙体顶部距外侧地表最高2米。

第七小段：起点海拔469米，止点海拔453米。此小段长城长62.69米，保存一般。长城自此小段止点到达古强峪长城17段山险。

此段长城地处山脊，西端紧靠山崖体，墙体内、外侧山势较陡峭。墙体倒塌主要因为垒砌不够牢固，自然塌落所致；加之一些剧烈的地质灾害，对墙体构成严重的安全隐患。未发现人为因素损坏的痕迹。

古强峪长城17段（总第37段，编码120225382106170037）

此段长城墙体类别为山险，自古强峪长城16段石墙止点（高程453米）起，至天津市蓟县下营镇古强峪村东北0.65千米、梨木台风景区售票处（高程268米）截止，长368.27米，东南—西北走向。（彩图七六）

此段山险位于梨木台风景区入口处山顶，保存较好，基本维持原貌。主要利用险要峭壁作为阻挡敌人的屏障，看不出人为加工痕迹，地势险峻，两侧为悬崖，人类无法攀爬。

由于地处梨木台风景区，山险四周生长许多高大乔木及荆棘等低矮灌木，对山险险峻的环境构成一定的影响，梨木台风景区修建出入风景区的公路，对山险造成一定破坏。

古强峪长城二道边1段（总第38段，编码120225382102170038）

此段长城二道边墙体类别为石墙，自古强峪长城6号敌台东南约60米（高程423米）起，沿山脊修建，至古强峪长城6号敌台东南约65米（高程425米）截止，长11.6米，东北—西南走向。（彩图七七）

此段长城二道边为自然基础，墙体用石块干垒而成，垒砌方法与其他长城墙体相同。

此段长城二道边墙体建立在自然山体上，基础未加修整。墙体修建的地理位置比较重要，位于古强峪长城6号敌台东南的一处山脊，西与古强峪长城6号敌台南侧一处山脊相连，东、南、北三面临悬崖，东部可俯瞰太平沟底。不与长城主线墙体相连。

长城二道边墙体整体保存较差，上部宽1.17米，剖面呈长方形，上下等宽，墙体南侧高出地表0.7~1米，北侧高出地表0.8~0.93米，看不出修建垛口的痕迹，中部有一段长4.7米的墙体向南侧倒塌。

长城二道边墙体倒塌主要因为垒砌不够牢固，自然塌落所致。加之一些剧烈的地质灾害，对墙体构成严重的安全隐患。未发现人为损坏痕迹。

古强峪长城二道边2段（总第39段，编码120225382102170039）

此段长城二道边墙体类别为石墙，自古强峪长城9段西北15米（高程324米）起，沿山脊修建，至古强峪长城9段西北43.09米（高程329米）截止，长28.09米，东南—西北走向。（彩图七八）

此段长城二道边墙体位于山脊，东、西端与陡峭的山险相连，北侧地势陡峭，东南与古强峪长城9段相距15米，其功能主要是为保护此段长城主线。二道边墙体与长城主线之间地势平坦，种植树木。

此段长城二道边为人工基础，墙体用石块干垒。具体垒砌方法为墙体基础用大石块垒砌，两侧墙壁也用大石块垒砌，中间用碎石块填充。墙体外侧逐渐收分，收分为 0.3 ~ 0.6 米。

此段长城二道边墙体保存较差，大部分向外侧坍塌，仅存部分墙体，墙体宽 1.2 ~ 3.1 米，墙体顶部距外侧地表高 1.1 ~ 2.4 米，内侧与地表基本持平，墙体垛口全部倒塌消失，尺寸、形态不详。

墙体倒塌主要因为垒砌不够牢固，自然塌落所致。加之剧烈的地质灾害，对墙体构成严重的安全隐患。此段墙体上的石块有人为拆移垒砌植树护坡的痕迹，人为因素破坏明显。

（二）敌台

古强峪长城 1 号敌台（总第 8 号，编码 120225352101170008）

该敌台位于天津市蓟县下营镇古强峪村东北 0.7 千米、古强峪长城 1 段山险起点的一处山脊上。西侧为陡坡，东、南、北侧为山险，周边生长高大的灌木林和橡树等植被。

敌台为石质。平面呈长方形，东西长 8.5、南北宽 8.2 米。剖面呈梯形。方向为 0°。中心高程 622米。（图一九；彩图七九、八〇）

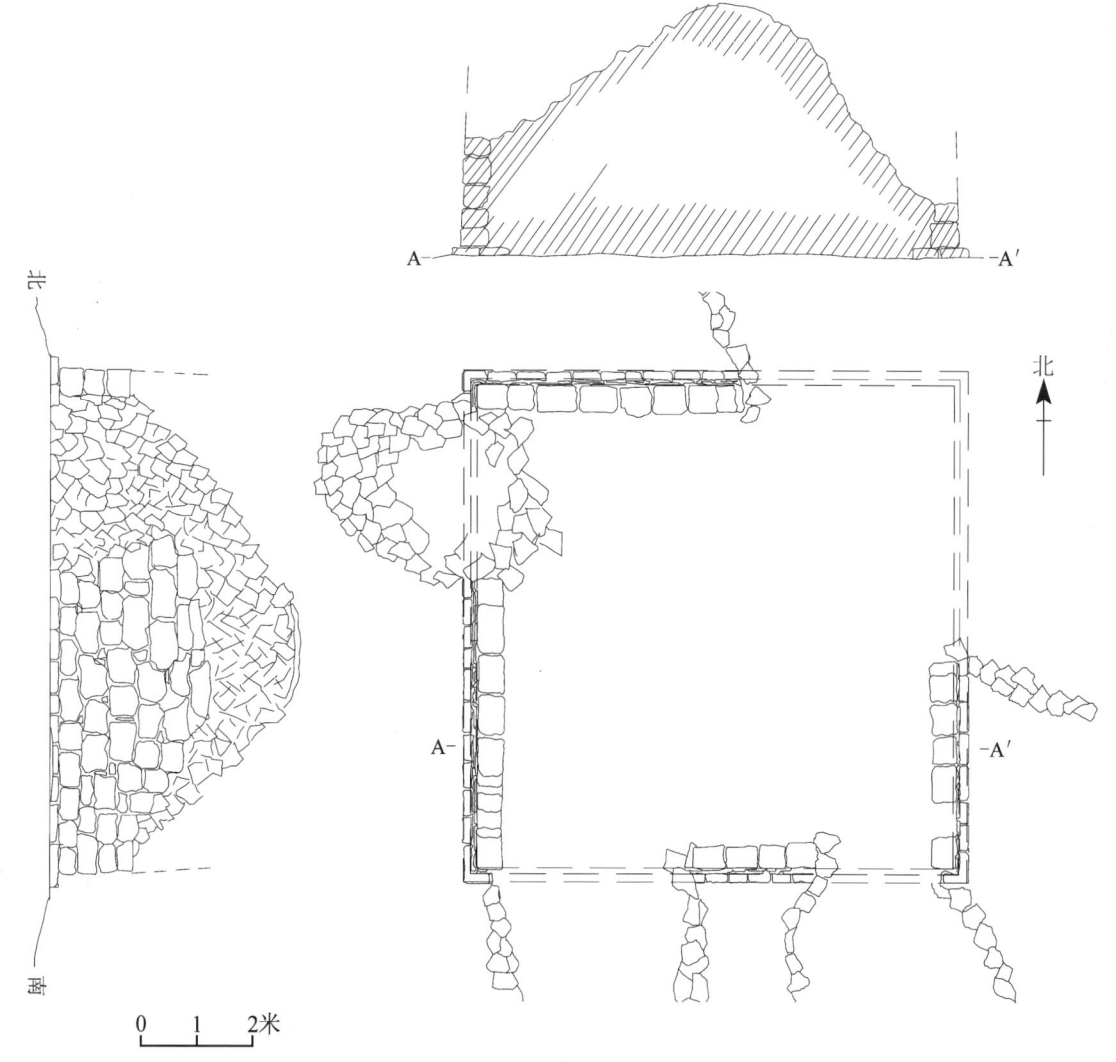

图一九　古强峪长城 1 号敌台平、剖面及西壁正视图

敌台自明代修建以来无任何修缮，保存较差。东、南壁坍塌，西、北壁稍好，四壁上部已残，顶部为圆锥状。四周长有树木。

敌台为实心，建筑材料为石块，基础用大石块干垒，中间用小石块填充，石块之间缝系未见黏结物。基础底部有一层厚0.15米、伸出墙壁0.1米的护墙石块。

敌台上部全部倒塌，仅存基础。西、北壁保存较完整，西壁中间最高2.7米，北壁东半部已塌落，最高1.2米。东、南壁坍塌，东南角保存3层石块，残高1.1米，西南角保存5层砌石，高1.4米。敌台中心为石块堆积的圆锥状，夹杂有泥土，高4.2米，上面长满杂草和灌木等植被。敌台上发现极少量碎瓦片，内饰布纹，厚1.5厘米。由发现的瓦片推测，敌台上原应建有铺舍等建筑。

此敌台东北距赤霞峪长城7号敌台约0.3千米，西北距古强峪长城2号敌台约0.5千米。

敌台全部坍塌，仅存基础。上部垒砌的石块全部散落现场，这种情况应该为人为拆毁所致。基础条石部分倒塌，可能与敌台垒砌不牢固和地质灾害有关。敌台顶部生长杂草和零星灌木，根系对现存敌台基础构成严重威胁。

古强峪长城2号敌台（总第9号，编码120225352101170009）

该敌台位于天津市蓟县下营镇古强峪村北0.6千米、古强峪长城2段山险起点的一处山顶上。东、西侧为陡坡，北侧为山险，南侧为谷底，周边生长高大的灌木林和橡树等植被。

敌台为石质。平面呈长方形，南北长6.9、东西宽5.1米。剖面呈梯形。方向为340°，中心高程429米。（图二〇；彩图八一、八二）

敌台建在山岩上，不与长城相连，自明代修建以来无任何修缮，保存较差。敌台上部全部坍塌，只存基础部分。敌台建筑材料为石块，基础用大石块干垒，中间用小石块填充，石块之间缝系未见黏结物。

敌台基础平面为长方形，敌台北壁基础条石全部倒塌；西壁基础保存最高，为1.3米；南壁只存2层基础条石，高0.7米；东壁基础条石全部倒塌。敌台南部保存台阶状登城步道，（彩图八三）步道为条石垒砌，保存4级，每级高0.3、宽0.2~0.3米。

敌台上东北部有一居住址，单间，残存基础部分，平面呈长方形，南北长4.6、东西宽3.6、残高约0.6米，墙体宽0.6米，居住址内及敌台上全部堆积碎石、杂土，长满荆棘。从现场未发现青砖、瓦等建筑材料推测，此敌台应全部用石块垒砌，未用青砖包砌，实心，敌台修葺得较为粗糙，石块用料也不规则。

该敌台东南距古强峪长城1号敌台约0.5千米，西距古强峪长城3号敌台约0.13千米。

敌台上部全部坍塌，只存基础部分，现场石块散落，应与人为拆毁有关。基础条石部分倒塌，可能与敌台垒砌不牢固和地质灾害有关；敌台顶部生长大量的灌木和杂草，根系对现存敌台基础构成严重威胁。

古强峪长城3号敌台（总第10号，编码120225352101170010）

该敌台位于天津市蓟县下营镇古强峪村西北0.5千米的一处山脊上、古强峪长城3段墙体内侧。南侧为山崖，东侧和西侧为山谷，北侧为山险，周边生长灌木林和橡树等植被。

敌台为石质。平面呈长方形，南北长3.3、东西宽2.8、残高0.8米。剖面呈梯形。方向为270°。中心高程365米。（图二一；彩图八四）

敌台自明代修建以来无任何修缮，保存一般。敌台上部全部倒塌，仅存部分基础，基础为实心。建筑材料为石块，四壁用大石块干垒，中间用小石块填充，石块之间缝隙未见黏结物。

敌台东壁紧贴长城墙体，保存较好；西、南壁仅西南角塌落一角，南壁塌落长约0.5米，西壁塌落长约1.3米。

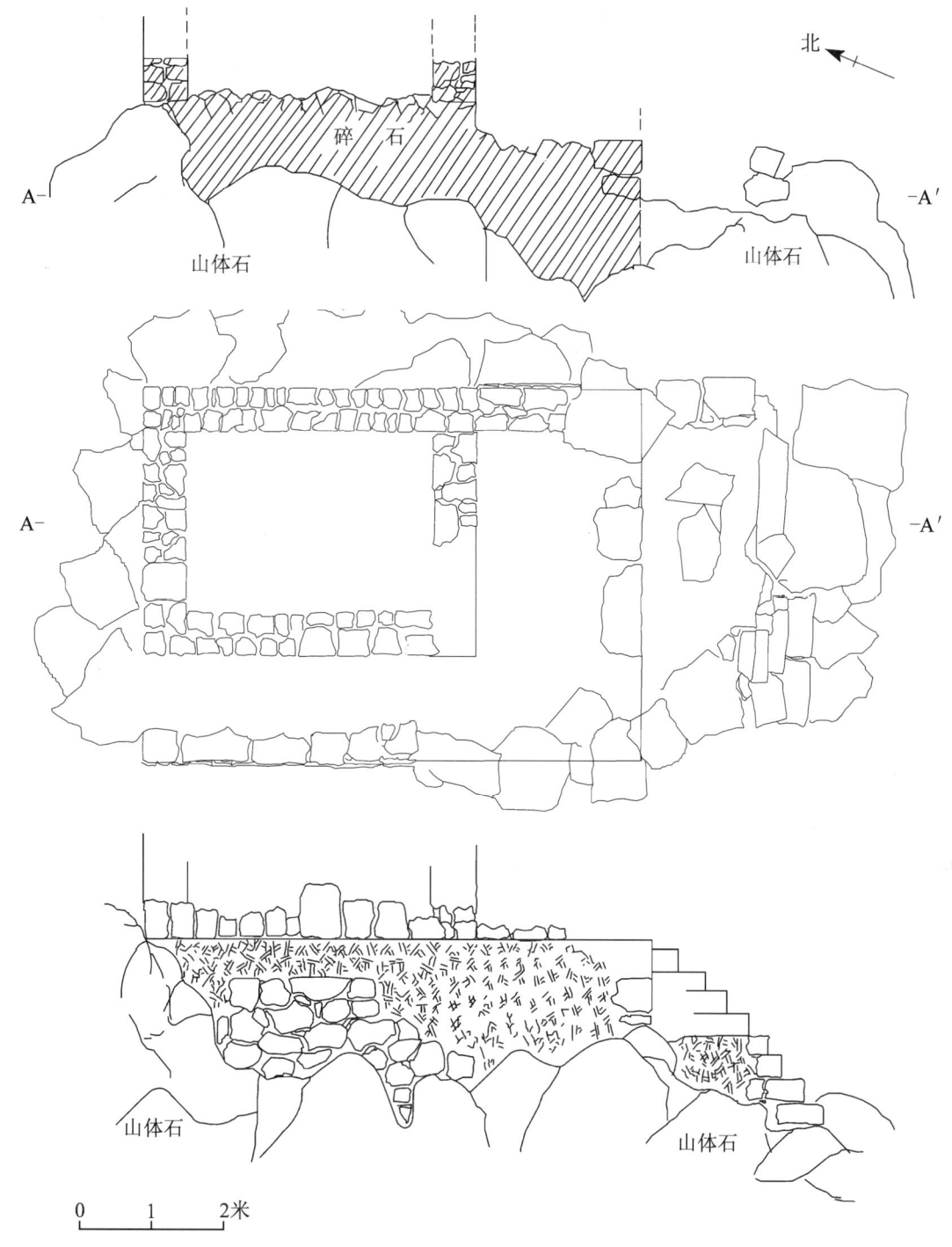

图二〇　古强峪长城 2 号敌台平、剖面及西壁正视图

长城墙体由敌台东侧南北向经过，北邻古强峪长城 1 号火池，东距古强峪长城 2 号敌台约 0.13 千米，西北距古强峪长城 4 号敌台约 0.3 千米。

敌台上部全部坍塌，只存基础部分，现场石块散落，可见将敌台石块拆移埋设界桩的现象，应该为人为拆毁、破坏所致。基础条石部分倒塌，可能与垒砌不牢固和地质灾害有关；敌台顶部生长杂草和零星灌木，根系对现存敌台基础构成严重威胁。

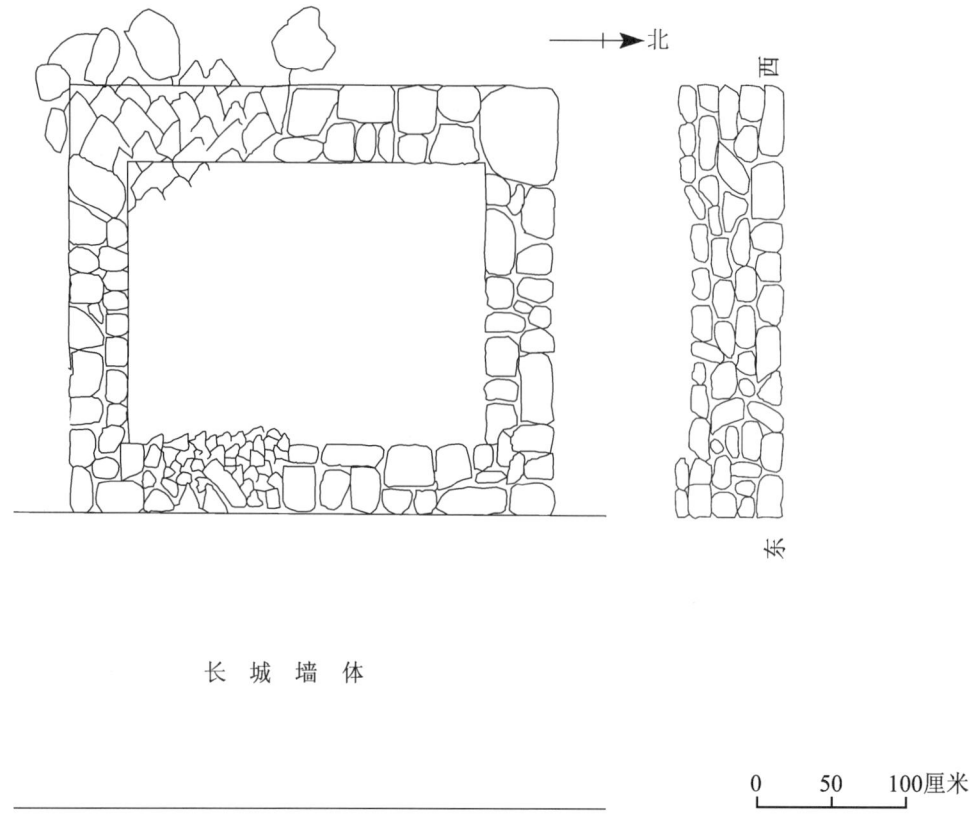

长 城 墙 体

0　　　50　　　100厘米

图二一　古强峪长城 3 号敌台平面、北壁正视图

古强峪长城 4 号敌台（总第 11 号，编码 120225352101170011）

该敌台位于天津市蓟县下营镇古强峪村北 0.6 千米、古强峪长城 7 段起点一处山顶上。西侧为山崖，北侧、东侧和南侧为山谷，周边生长高大灌木林和橡树等植被。

敌台为石质。平面呈长方形，南北长 6.25、东西宽 6 米。剖面呈梯形。方向为 0°。中心高程 276 米。（图二二；彩图八五）

敌台垒砌在山体岩石上，自明代修建以来无修缮，保存较差。上部全部倒塌，形成一直径 4.3 米的圆形石块堆积，堆积顶部较平，被泥土覆盖，上面长满杂草和荆棘。通过简单清理，可见敌台保存部分基础。敌台基础为实心，建筑材料为石块，四壁用修整过的平整大石块干垒，中间用大小不一的石渣、小石块等填充，石块之间缝系未见黏结物。北壁紧贴长城墙体，西壁和东壁全部塌落，南壁保存较好，高约 0.5 ~ 1.3 米。长城墙体紧靠敌台北壁，呈东—西走向。

该敌台东距古强峪长城 3 号敌台约 0.3 千米，西北距古强峪长城 5 号敌台约 0.1 千米。

敌台上部全部倒塌，只存基础部分，现场石块散落，这种情况应该为人为拆毁所致。基础条石部分倒塌，可能与垒砌不牢固和地质灾害有关；顶部生长杂草和零星灌木，根系对现存敌台基础构成严重威胁。

古强峪长城 5 号敌台（总第 12 号，编码 120225352101170012）

该敌台位于天津市蓟县下营镇古强峪村西北 0.7 千米的一处山脊上。东侧为山险，南侧为陡坡，西侧为山谷，周边生长有高大的灌木林和橡树等植被。

敌台为砖石质。平面呈长方形，底部东西长 8、南北宽 5 米，顶部东西长 5、南北宽 2.5 米，残高 4.8 米。剖面呈梯形。方向为 5°。中心高程 340 米。（图二三；彩图八六）

图二二　古强峪长城 4 号敌台平面、南壁正视图

　　敌台建筑材料为石块，从倒塌的堆积观察，敌台基础用大石块干垒，中间用小石块填充，石块之间缝隙未见黏结物。敌台上部为青砖包砌，青砖全部被拆毁，青砖之间缝隙用三合灰黏结。

　　敌台建在山体上，自明代修建以来无任何修缮，保存很差。上部大部分坍塌，现场残存乱石堆积正视呈梯形，底部基础勉强可辨。敌台上部形态不详，包砌的青砖脱落至敌台下面山体的陡坡上约 10余米的地方，形成大量砖块堆积。青砖长 36、宽 18、厚 8.5 厘米，青砖上粘有三合灰，可见敌台包砖之间缝隙用三合灰黏结。顶部堆积少量杂土，长满野草。

　　敌台北距长城墙体约 3 米，东距古强峪长城 4 号敌台约 0.1 千米，西南距古强峪长城 6 号敌台约0.2 千米。北侧分布有古强峪长城 1 号、2 号烟灶。

　　敌台只存基础部分。上部垒砌的石块全部倒塌，现场石块散落，这种情况应该为人为拆毁所致。基础条石部分倒塌，可能与垒砌不牢固和地质灾害有关；敌台顶部生长杂草和零星灌木，根系对现存敌台基础构成严重威胁。

　　古强峪长城 6 号敌台（总第 13 号，编码 120225352101170013）

　　该敌台位于天津市蓟县下营镇古强峪村西北 0.7 千米、长城墙体内侧一处山脊上。南侧为较平坦的山体，东西两侧为山体陡坡，周边生长小树、野草和橡树等植被。

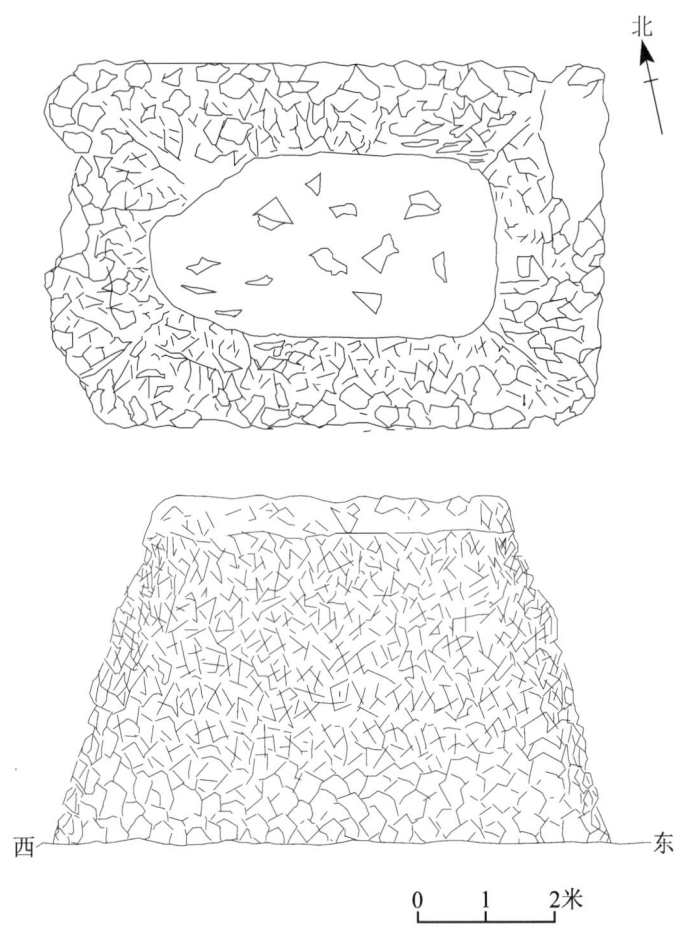

图二三　古强峪长城 5 号敌台平面、南壁正视图

　　敌台为砖石质。平面呈近正方形，东西长 9、南北宽 8.8 米。剖面呈梯形。方向为 10°。中心高程 447 米。(图二四；彩图八七；八八)

　　敌台建筑材料为石块和青砖，基础用不规则的石块、条石干垒，中间用小石块填充石块之间缝隙，未见黏结物。

　　敌台自明代修建以来无任何修缮，保存较差。上部全部倒塌，只存部分基础，大部分为倒塌堆积，未发现包砖现象，堆积中有大量碎石、杂土、极少量的瓦片及砖块，残高 3.75 米，顶部较圆，长满野草。敌台北壁基础残存最高为 2.9 米，南壁西端高 1.8 米，东西两壁全部倒塌。敌台基础上窄下宽，收分 0.2 米。瓦片为板瓦，外为素面，内饰布纹，平面呈梯形，长 24、厚 1.5 厘米，一端大一端小，窄边长 17、宽边长 20 厘米。未发现完整的青砖，青砖宽 14、厚 5 厘米，长度不详。由现场发现的青砖和瓦片推测，此敌台上部应该建有铺舍等砖瓦建筑。

　　敌台建于长城墙体内侧，北距长城墙体约 2 米，南侧为古强峪长城 3、4 号烟灶，东距古强峪长城 5 号敌台约 0.2 千米，西北距船舱峪长城 1 号敌台约 1.2 千米。

　　敌台上部全部倒塌，包砖全无，现场石块碎砖散落，极少见完整青砖，这种情况应该为人为拆毁所致。基础条石部分倒塌，可能与垒砌不牢固和地质灾害有关；敌台顶部杂草丛生，零星灌木生长，根系对现存敌台基础构成严重威胁。

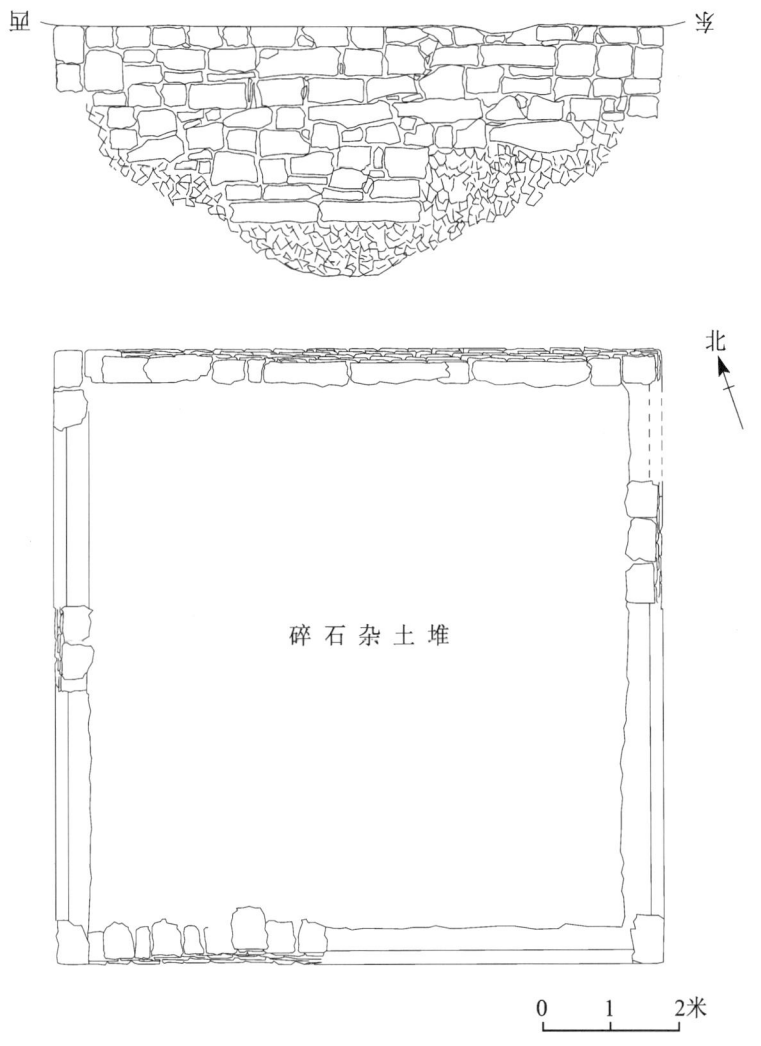

图二四 古强峪长城 6 号敌台平面、北壁正视图

（三）烟灶

古强峪长城 1 号烟灶（总第 9 号，编码 120225354199170009）

该烟灶位于天津市蓟县下营镇古强峪村北、古强峪长城 5 号敌台北侧，建于长城墙体上。南距古强峪长城 2 号烟灶 3 米。西侧依长城，南侧为陡坡，东西侧为山谷，植被为杂草、灌木等。

该烟灶自明代修建以来无任何修缮，保存一般。平面呈长方形，南北长 1.95、东西宽 1.2、高 0.75~1.2 米，面积约 2.34 平方米。方向为 50°。中心高程 330 米。（图二五；彩图八九）

烟灶建筑材料为石块，灶体用规格不同的石块垒砌在长城马道上，内贴垛口，共砌 8 层，四壁用规整石块干垒，中间用小石块填充，石块之间缝隙无黏结物。东壁中部偏南高约 0.55 米处垒砌宽 0.25、高 0.35 米的灶门。顶部人为破坏严重，形态不详。

此烟灶损毁原因主要为自然坍塌和人为拆毁，上部石块被拆毁、移位现象突出，人为因素破坏极其明显。

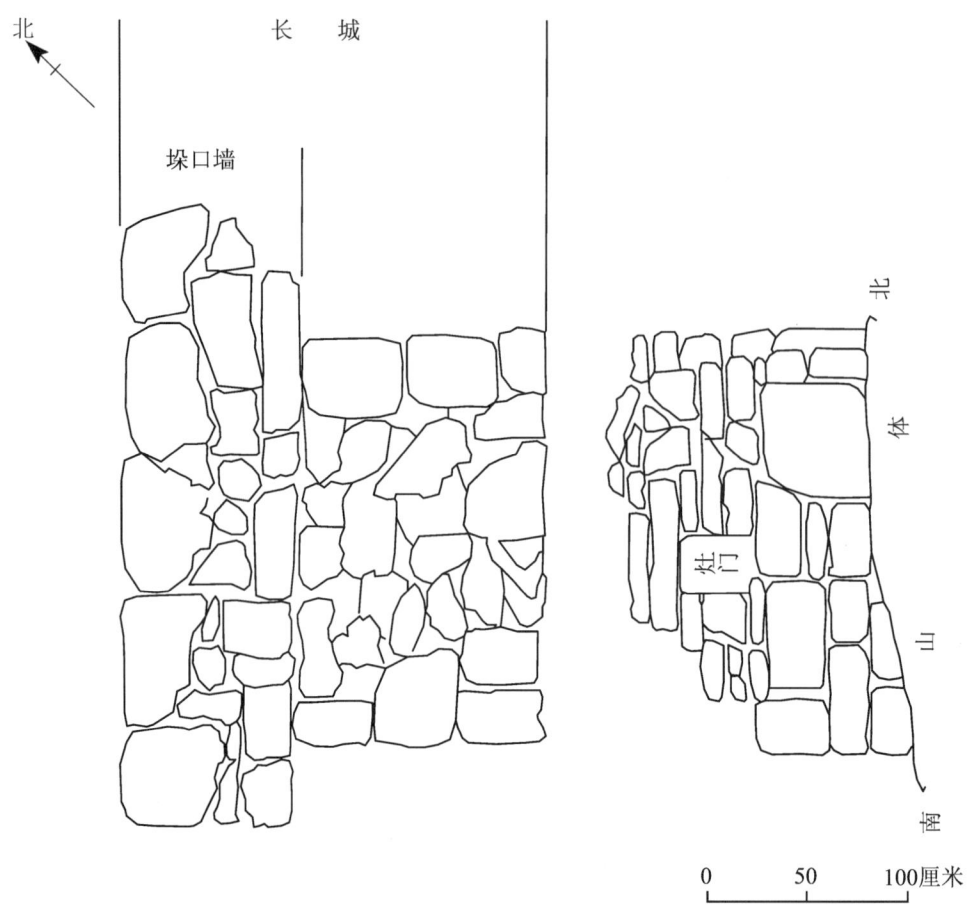

图二五　古强峪长城 1 号烟灶平面、东壁正视图

古强峪长城 2 号烟灶（总第 10 号，编码 120225354199170010）

该烟灶位于天津市蓟县下营镇古强峪村北、古强峪长城 5 号敌台北，建于长城墙体上，北距古强峪长城 1 号烟灶 3 米，南距古强峪长城 5 号敌台 4 米。东西侧为陡坡谷底，陡坡上长满灌木、杂草等植被。

该烟灶自明代修建以来无任何修缮，保存一般。平面呈长方形，东西长 1.9、南北宽 1.5、高约 0.75 米，面积约 2.85 平方米。方向为 50°。中心高程 332 米。（图二六；彩图九〇）

烟灶建筑材料为石块，灶体用石块垒砌在长城马道上，北侧紧贴垛口内侧，共砌 5 层，用规整石块干垒，中间用小石块填充，缝隙中无黏结物。东壁下偏东位置垒砌灶门，宽 0.35、高 0.45 米，顶部人为破坏严重，形态不详。

烟灶顶部损坏，上部石块被拆毁、移位现象突出，人为破坏因素极其明显。部分石块塌落，不排除自然坍塌所致。

古强峪长城 3 号烟灶（总第 11 号，编码 120225354199170011）

该烟灶位于天津市蓟县下营镇古强峪村西北、古强峪长城 6 号敌台南部，北邻古强峪长城 2 号火池，南距古强峪长城 4 号烟灶 5.2 米。东西两侧为山体陡坡，南北两侧为较平缓的山体，四周及灶上长满野草。

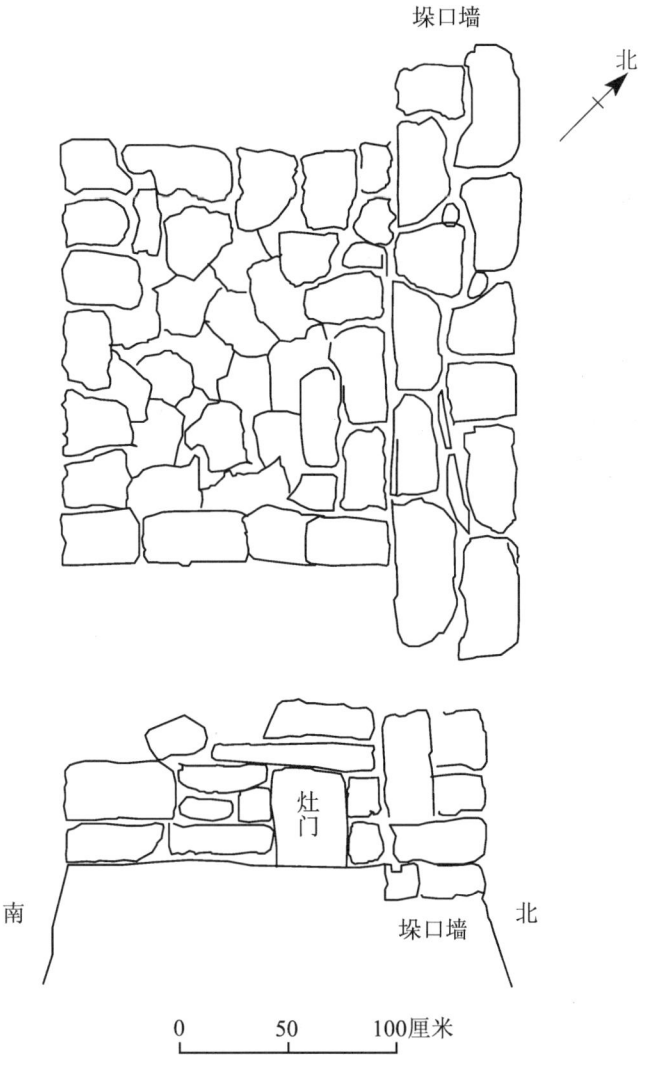

图二六 古强峪长城 2 号烟灶平面、东壁正视图

该烟灶自明代修建以来无任何修缮，保存一般。平面呈近正方形，南北长 2.2、东西 2.1 米，剖面呈长方形，残高 0.25 ~ 0.5 米，面积约 4.62 平方米。方向为 10°。中心高程 439 米。（图二七；彩图九一）

烟灶建筑材料为石块，灶体用石块垒砌在长城马道上，用不规则的石块干垒而成，中间用小石块填充，缝隙中无黏结物。烟灶内堆满碎石，长有野草。烟灶四壁设灶门，北灶门宽 0.25、残高 0.3 米，无盖顶；南灶门宽 0.25 米，有盖顶，高 0.25 米；东灶门宽 0.4、高 0.3 米，有盖顶；西灶门宽 0.25、高 0.25 ~ 0.3 米，无盖顶。顶部破坏严重，形态不详。部分石块有火烧的迹象，说明烟灶曾经使用过。

烟灶损毁原因主要是自然坍塌和人为拆毁，上部石块被拆毁、移位现象突出，人为因素破坏极其明显。

古强峪长城 4 号烟灶（总第 12 号，编码 120225354199170012）

该烟灶位于天津市蓟县下营镇古强峪村西北、古强峪长城 6 号敌台南部，北距古强峪长城 3 号烟灶 5.2 米。东、南、西侧为山险、谷底，烟灶周围长满荆条、杂草等植被。

烟灶自明代修建以来无任何修缮，保存情况一般。平面呈长方形，南北长 1.75、东西宽 1.4、高 0.9 米，面积约 2.45 平方米。方向为 0°。中心高程 437 米。（图二八；彩图九二）

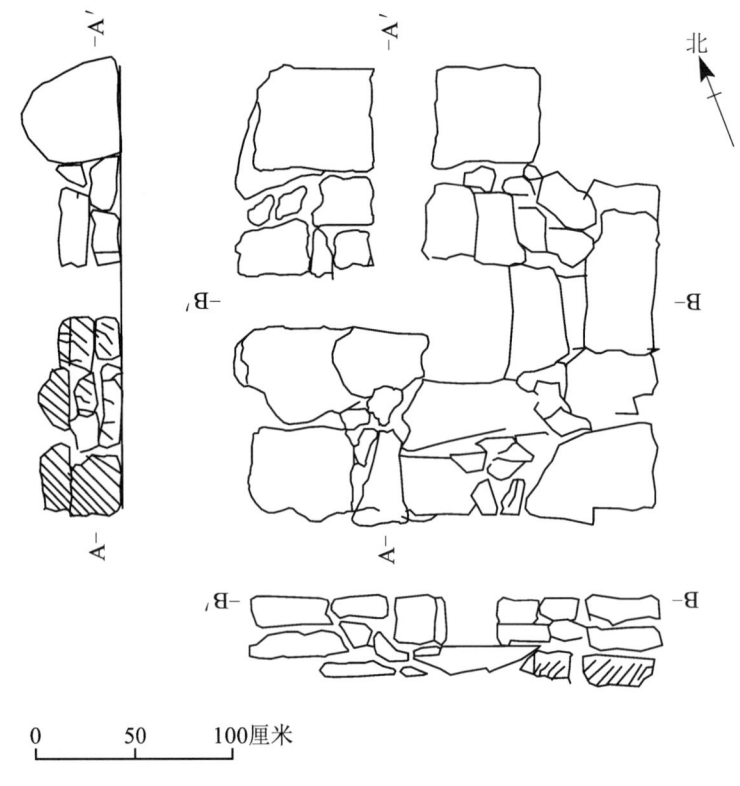

0　　　50　　　100厘米

图二七　古强峪长城 3 号烟灶平面、剖视图

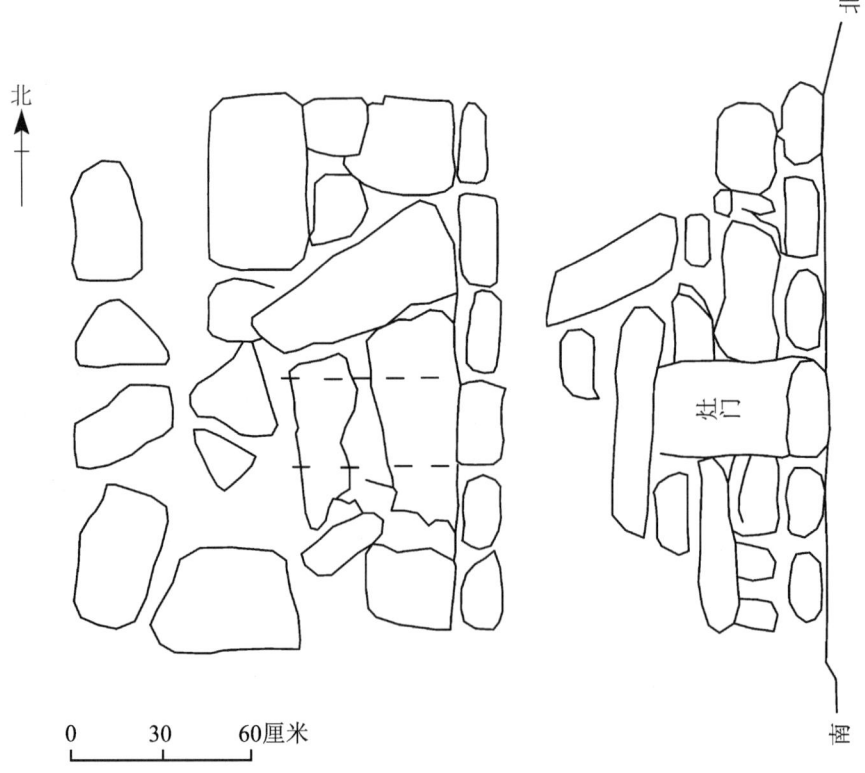

0　　　30　　　60厘米

图二八　古强峪长城 4 号烟灶平面、东壁正视图

烟灶建筑材料为石块，位于长城马道上，灶体全部用石块垒砌，共5层，用不规则的石块干垒，中间用小石块填充，缝隙中无黏结物。灶体人为破坏严重，仅东壁保存较好，中部偏南垒砌宽0.3、高0.45米灶门。东、南、西壁仅存一层。顶部破坏严重，形态不详。

烟灶坍塌严重，上部全无，上部石块被拆毁、移位现象突出，人为破坏因素极其明显。另有部分倒塌应该是垒砌方法不当、自然坍塌所致。

（四）火池

古强峪长城1号火池（总第7号，编码120225354199170007）

该火池位于天津市蓟县下营镇古强峪村东北、古强峪长城3号敌台北侧，东侧紧贴古强峪长城墙体，南侧紧贴古强峪长城3号敌台。南侧为山崖，北、东与西侧侧为山险，地上灌木、杂草丛生。

该火池自明代修建以来无任何修缮，保存一般。平面呈长方形，南北长1.9、东西宽0.95、残高0.25米，面积约1.8平方米。方向为0°。中心高程366米。（图二九；彩图九三）

火池建筑材料为石块，池体用石块干垒，石块大小不一，火池内用大小不一的石块平铺，石块之间缝隙无黏结物。火池的西壁和南壁墙体仅保留一层，高约0.25米。火池上部人为破坏严重，火池结构不详。

火池上部破坏严重，残存基础部分，上部石块被拆毁、移位现象突出，人为因素破坏极其明显。

古强峪长城2号火池（总第8号，编码120225354199170008）

该火池位于天津市蓟县下营镇古强峪村北、古强峪长城6号敌台南侧，北距古强峪长城6号敌台5.6米，南邻古强峪长城3号烟灶。东、西侧为山险，植被有杂草、灌木等。

该烟灶自明代修建以来无任何修缮，保存相对完整。平面呈簸箕形，南北通长2.4、南侧宽2.54、北侧宽1.9米，面积约10.44平方米。方向为0°。中心高程440米。（图三〇；彩图九四）

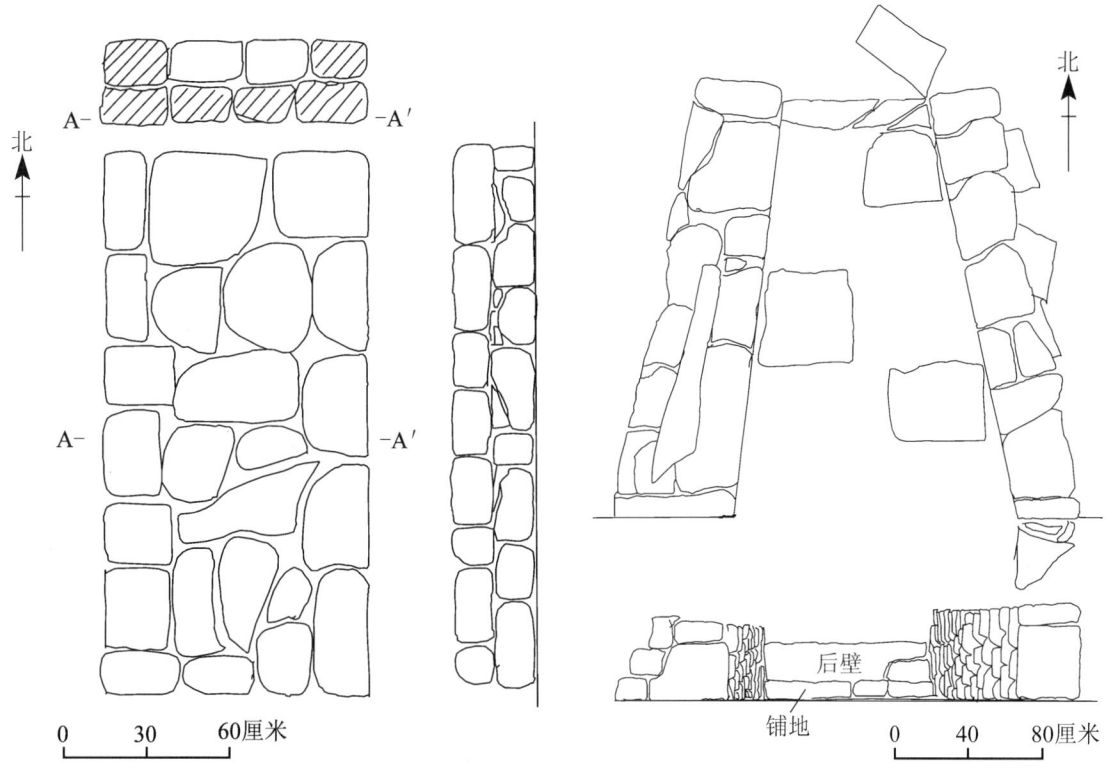

图二九　古强峪长城1号火池平、剖面及东壁正视图　　　图三〇　古强峪长城2号火池平面、南壁正视图

火池建筑材料为石块，池体用大小不一的石块干垒，火池内用大小不一的石块平铺，石块之间缝隙无黏结物。火池东、西、北壁尚存，无南壁，火口向南，部分稍塌落。东壁宽0.34、残高0.5米；西壁宽0.66、残高0.45米；北壁宽0.1、残高0.3米。火池底部用不规则石板平铺。

火池部分稍有塌落，上部石块被拆毁、移位，人为因素破坏明显。

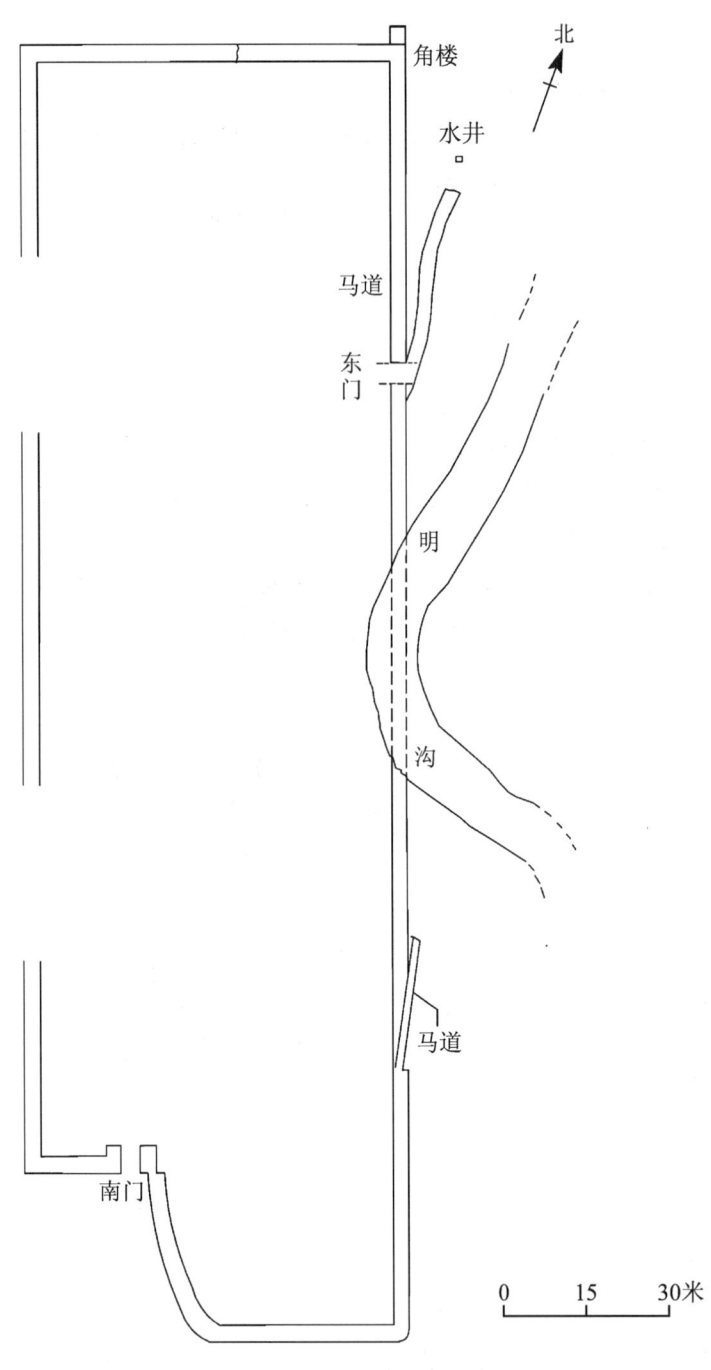

图三一-1　古强峪寨堡平面图

（五）寨堡

古强峪寨堡（编码12022535310217 0002）

该寨堡当地村民俗称"中寨"，位于天津市蓟县下营镇古强峪村北部，北距长城约0.8千米，该寨堡地处峡谷口，扼守太平沟，是出入太平沟的必经之路，地理位置非常重要。（彩图九五）

该寨堡平面呈刀把形，南部凸出，周长603米，寨堡占地面积约为15350平方米。方向为340°。中心高程225米。（图三一-1）

寨堡自明代修建以来无任何修缮，保存较差。寨堡全部被村民的住房占压，寨堡内外地表建筑被破坏得荡然无存，墙体大部分被拆毁或改造成村民院墙，仅存部分墙体。墙体用大小不一的石块干垒，石块之间缝隙无黏结物，墙体现存最高3.98、最低0.2米。寨堡内尚存东北角楼，（彩图九六）寨堡外东北侧保存水井一口。

南墙：长70米，保存较完整，大部分压于村民院墙之下，大部分仅保留墙体外侧，墙体内侧被破坏。墙体自东南角向西40米处呈弧形北折，与南门相接，此段墙体保存较好。南门位于南墙中部，在坐标点（东经117°32′50.90″、北纬40°10′41.40″，高程225米）保留南门东侧墙体，（图三一-2；彩图九七）墙体厚3.3、残高1.43米。南门西侧墙体及西南面墙体全部破坏，地表看不出任何痕迹，图上寨堡西南角是调查时寻访当地几个年纪大的村民，现场推测出的。

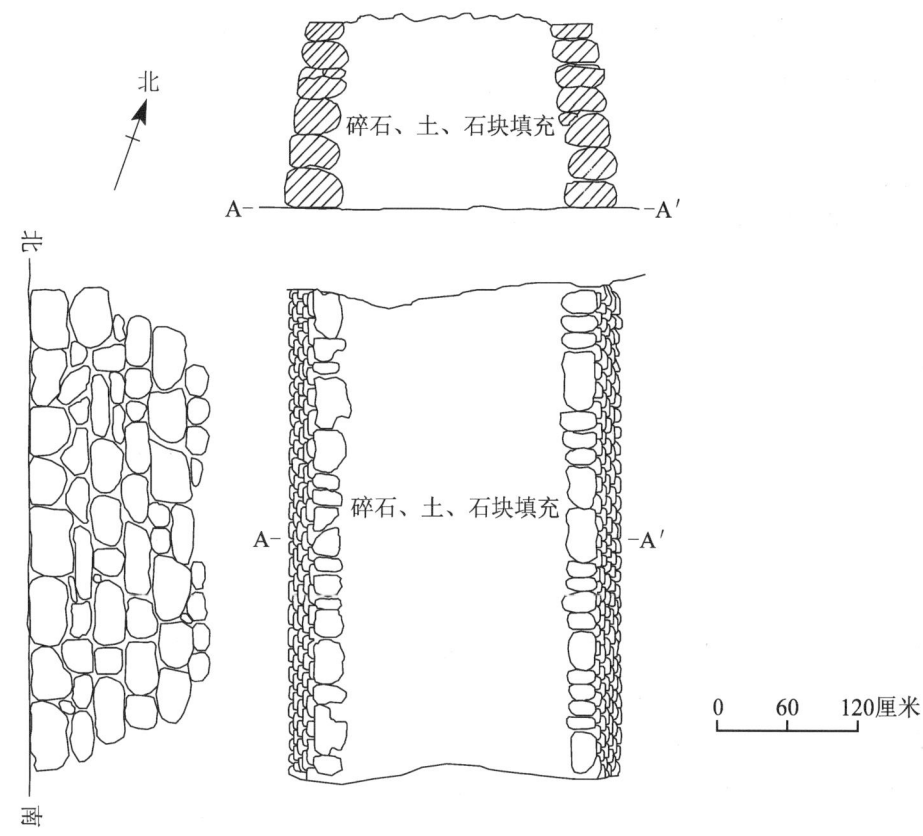

图三一-2 古强峪寨堡南门东侧墙体平、剖面及西壁正视图

东墙：长230米，保存最完整，（彩图九八）现为村民的院墙，南部一段墙体保存高近4米。在坐标点（东经117°32′50.60″、北纬40°10′43.40″，高程229米）到坐标点（东经117°32′53.40″、北纬40°10′44.30″，高程223米）的寨堡墙体外侧，保存一条完整的马道，（彩图九九），宽1.5、长23米，外侧用石块砌护坡。马道建造的位置很奇怪，不是建于寨堡的内侧，而是建于寨堡面向季节性河道（明沟）的外侧，原因有待进一步研究。东墙中部被太平沟流下的季节性洪水冲毁。据当地老乡讲，东墙中部开有城门。（彩图一〇〇）东墙北部现存一口水井（编号120225354199170001），高程225米。口呈方形，（图三一-3；彩图一〇一）边长0.8米，井口用大块平整的石板垒砌，井口距水面4米，水面以下深度不详，井身用光滑的大河卵石垒砌。水井与东墙之间，保留一条斜向寨墙的汲水道。（彩图一〇二）据当地村民讲，台阶路（汲水道）与寨墙的交接处即为东门所在，由此可见，东门似乎专为寨堡取水所建。寨墙东北角保存完好，墙体高0.95~2.2、宽3米。东墙上采集到半块青块，砖宽19、厚8.5厘米，长度不详。

北墙：长70米，墙体东部保存较好，西部被村民修建的水泥路所压，靠近北墙东北部，发现角楼基础，残高0.9米，用双层石块对砌。据说此寨还有西北角楼，已不复存在。

西墙：长230米，破坏最严重，除刀把凸出部分尚存部分基础外，其他部分地面上已看不出痕迹，据说寨堡西北角被压于村民李德利家屋下，其余部分大致位于公路东侧。

据当地村民介绍，寨堡内曾建真武庙、老爷庙、水娘庙，现地表无任何迹象，位置也无从考证。

寨堡西南角高程 228 米，东南角高程 226 米，刀把拐点高程 226 米，东门高程 225 米，东北角高程 232 米，西北角高程 225 米。

此寨堡常住人口约 100 人，现为村民住宅和道路。据当地村民讲，寨堡在 20 世纪五六十年代还保存较好，现该寨堡被村民的住房全部占压，村民盖房、修院墙等将大部分墙体破坏得面目全非。寨堡遭到破坏的主要原因是人为破坏。寨堡东侧季节性河流对寨堡也造成了较大破坏，西墙被冲毁约三分之一。

三　船舱峪长城

（一）墙体

船舱峪长城墙体自天津市蓟县下营镇船舱峪村西北 1 千米、梨木台风景区售票处（高程 268 米）起，至蓟县下营镇船舱峪村西北 4.2 千米处的九沟寨山谷山险（高程 391 米）截止，（地图五）共划分 48 段，其中墙体 26 段、山险墙 4 段、山险 18 段。全长 5805.05 米，全部为长城主线，其中石墙 3226.55 米、山险墙 491.63 米、山险 2086.84 米。（附表三）此段长城大致走向为东南—西北。

船舱峪长城 1 段（总第 40 段，编码 1202253 82102170040）

此段长城墙体类别为石墙，自天津市蓟县下营镇船舱峪村西北 1 千米、梨木台风景区售票处（高程 268 米）起，沿山脊修建，至船舱峪长城 2 段山险起点（高程 351 米）截止，长 95.13 米，东南—西北走向。（彩图一〇三）

此段长城原墙体用石块干垒而成，石块之间缝隙无三合土或泥土黏结，现墙体为梨木台景区在原墙体上重新修复，石块之间缝隙用水泥黏结，垛口抹满水泥。

此段长城为现代重修，基础未加修整，墙体整体保存较好。自沟口起点起 10 米全部经过现代重修，其余墙体为在原基础上重修，墙体内侧除部分倒塌外，基本保存原貌，墙体外侧、马道及垛口全为现代重新修筑，垛口用水泥抹平。此段长城墙体现代气息浓厚，与原貌相去甚远。

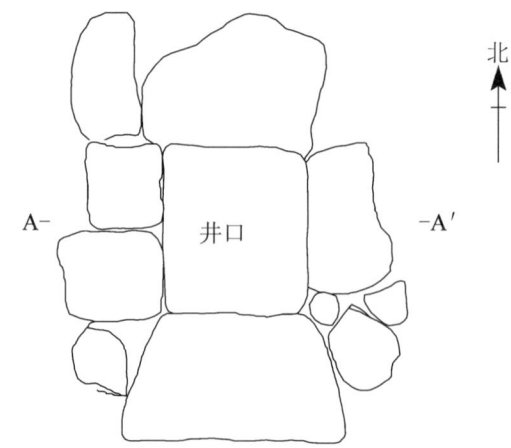

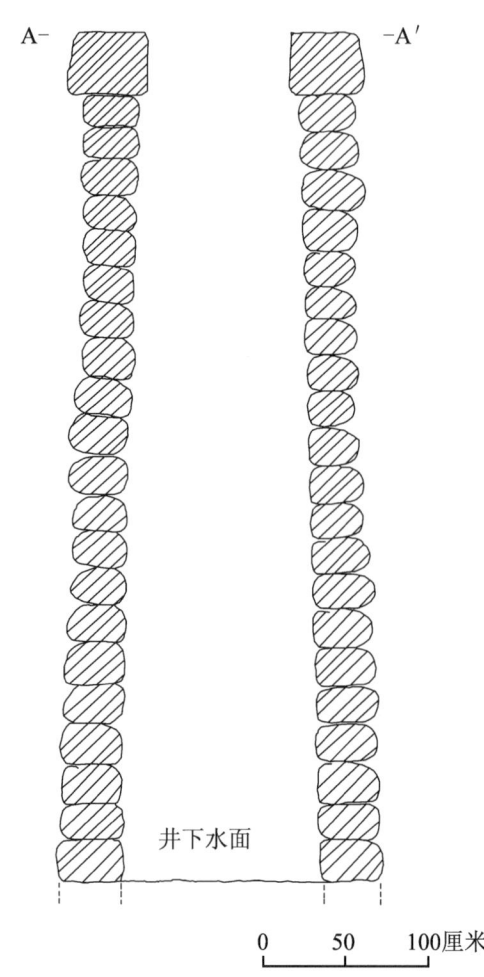

图三—3　古强峪寨堡水井平、剖面图

附表三　船舱岭长城墙体长度统计表

（单位：米）

名称	墙体												山险墙		山险		合计	
	石墙								消失墙		小计							
	较好		一般		较差		差											
	测绘数据	文物数据	测绘数据	文物数据	测绘数据	文物数据	测绘数据	文物数据	测绘数据	文物数据	测绘数据	文物数据	测绘数据	文物数据	测绘数据	文物数据	测绘数据	文物数据
	表面长度	表面长度	表面长度	表面长度	表面长度	表面长度	表面长度	表面长度	表面长度	表面长度	表面长度	表面长度	表面长度	表面长度	表面长度	表面长度	表面长度	表面长度
1段	95.13	101.5	—	—	—	—	—	—	—	—	95.13	101.5	—	—	—	—	95.13	101.5
2段	—	—	—	—	—	—	—	—	—	—	0	0	—	—	62.37	54	62.37	54
3段	—	—	8.34	8.5	7.52	8.5	—	—	—	—	15.86	17	—	—	—	—	15.86	17
4段	—	—	—	—	—	—	—	—	—	—	0	0	—	—	43.07	33	43.07	33
5段	—	—	31.35	32.3	5.1	5.2	—	—	—	—	36.45	37.5	—	—	—	—	36.45	37.5
6段	—	—	—	—	—	—	—	—	—	—	0	0	—	—	209.09	282	209.09	282
7段	136.31	112	—	—	9.5	9	—	—	—	—	145.81	121	—	—	—	—	145.81	121
8段	69.3	67	269.69	169	190.45	185	33.41	29	—	—	562.85	450	—	—	—	—	562.85	450
9段	7.13	7	102.99	94	72.49	71	—	—	—	—	182.61	172	—	—	—	—	182.61	172
10段	—	—	92.05	78	—	—	213.42	193	—	—	305.47	271	—	—	—	—	305.47	271
11段	59.44	53	280.37	265	79.43	73	—	—	10.38	15	429.62	406	—	—	—	—	429.62	406
12段	—	—	—	—	135	120	—	—	—	—	135	120	—	—	—	—	135	120
13段	—	—	—	—	—	—	—	—	—	—	0	0	117.73	87	—	—	117.73	87
14段	65.87	68	32.24	26	47.66	46	45.27	40	—	—	191.04	180	—	—	—	—	191.04	180
15段	—	—	—	—	—	—	—	—	—	—	0	0	46.94	52	—	—	46.94	52
16段	—	—	—	—	—	—	—	—	—	—	0	0	—	—	76.9	73	76.9	73
17段	—	—	26.22	22	—	—	—	—	—	—	26.22	22	—	—	—	—	26.22	22
18段	28.76	25	42.72	42	—	—	—	—	—	—	71.48	67	—	—	—	—	71.48	67
19段	—	—	—	—	—	—	—	—	—	—	0	0	—	—	108.8	92	108.8	92
20段	40.8	33	—	—	12.64	13	—	—	—	—	53.44	46	—	—	—	—	53.44	46
21段	—	—	—	—	—	—	—	—	—	—	0	0	—	—	37.11	33	37.11	33
22段	—	—	23.46	20	—	—	—	—	—	—	23.46	20	—	—	—	—	23.46	20
23段	—	—	—	—	—	—	—	—	—	—	0	0	—	—	125.23	127	125.23	127
24段	20.3	19	—	—	14.67	19	—	—	—	—	34.97	38	—	—	—	—	34.97	38
25段	—	—	—	—	—	—	—	—	—	—	0	0	176.55	172	—	—	176.55	172

续表

名称	石墙 较好 测绘数据(表面长度)	石墙 较好 文物数据(表面长度)	石墙 一般 测绘数据	石墙 一般 文物数据	石墙 较差 测绘数据	石墙 较差 文物数据	石墙 差 测绘数据	石墙 差 文物数据	墙体 消失 测绘数据(消)	墙体 失 文物数据	小计 测绘数据	小计 文物数据	山险墙 测绘数据	山险墙 文物数据	山险 测绘数据	山险 文物数据	合计 测绘数据	合计 文物数据
26段	—	—	—	—	—	—	—	—	—	—	0	0	—	—	50.41	50	50.41	50
27段	—	—	17.54	16	—	—	—	—	—	—	17.54	16	—	—	—	—	17.54	16
28段	—	—	—	—	—	—	—	—	—	—	0	0	—	—	106.19	43	106.19	43
29段	—	—	—	—	—	—	—	—	—	—	0	0	—	—	132.26	91	132.26	91
30段	—	—	55.73	53	40.7	38	—	—	—	—	96.43	91	—	—	—	—	96.43	91
31段	—	—	—	—	—	—	—	—	—	—	0	0	—	—	82.42	82	82.42	82
32段	—	—	9.56	10	—	—	—	—	—	—	9.56	10	—	—	—	—	9.56	10
33段	—	—	—	—	—	—	—	—	—	—	0	0	—	—	16.14	14	16.14	14
34段	—	—	—	—	—	—	—	—	—	—	0	0	—	—	238.29	170	238.29	170
35段	35.7	36	—	—	20.79	15	—	—	—	—	56.49	51	—	—	—	—	56.49	51
36段	—	—	—	—	—	—	—	—	—	—	0	0	—	—	371.53	348	371.53	348
37段	—	—	14.62	14	—	—	—	—	—	—	14.62	14	—	—	—	—	14.62	14
38段	—	—	—	—	—	—	—	—	—	—	0	0	—	—	123.15	100	123.15	100
39段	43.58	47	—	—	—	—	—	—	—	—	43.58	47	—	—	—	—	43.58	47
40段	—	—	—	—	—	—	—	—	—	—	0	0	—	—	33.6	20	33.6	20
41段	—	—	—	—	—	—	—	—	—	—	0	0	150.41	136	—	—	150.41	136
42段	233.54	184	178.53	130	—	—	—	—	—	—	412.07	314	—	—	—	—	412.07	314
43段	—	—	136.31	109	—	—	—	—	—	—	136.31	109	—	—	—	—	136.31	109
44段	—	—	—	—	—	—	—	—	—	—	0	0	—	—	188.46	133	188.46	133
45段	—	—	7.41	6	—	—	—	—	—	—	7.41	6	—	—	—	—	7.41	6
46段	—	—	—	—	—	—	—	—	—	—	0	0	—	—	81.82	39	81.82	39
47段	—	—	85.93	82	—	—	—	—	—	—	85.93	82	—	—	—	—	85.93	82
48段	—	—	—	—	37.2	26	—	—	—	—	37.2	26	—	—	—	—	37.2	26
总计	835.86	752.5	1185.41	979.8	865.6	799.7	329.3	288	10.38	15	3226.55	2835	491.63	447	2086.84	1784	5805.02	5066

按照《长城资源调查工作手册》的技术要求，根据墙体的保存状况、拐折点分布情况，此段长城墙体又细分为3小段，分述如下。

第一小段：起点海拔268米，止点海拔332米。此小段长城墙体长37.5米，保存较好。马道、女墙及垛口为现代重修，上部宽2米，马道为石板平铺而成，宽1.2米，石板之间用水泥勾缝。垛口用平整的石块垒砌而成，石块之间缝隙用水泥黏结，高1、宽0.7、厚0.5米。女墙宽0.8、高0.4~0.6米。墙体顶部距外侧地表高2~2.8米，距内侧地表高0.3~0.5米。此小段长城为东—西走向，地势东低西高呈陡坡状。长城自此小段止点处拐向西。

第二小段：起点海拔332米，止点海拔346米。此小段长城墙体长37.83米，保存较好。地势南低北高呈陡坡状，墙体上部宽2米，马道为石板平铺而成，宽1.2米，石板之间用水泥勾缝。垛口用平整的石块垒砌而成，石块之间缝隙用水泥黏结，高1、宽0.8、厚0.7米。女墙厚0.8、高0.4~0.6米。墙体顶部距外侧地表高2.1~2.6米，内侧与山体地表同高。长城自此小段止点处拐向西北。

第三小段：起点海拔346米，止点海拔346米。此小段长城墙体长19.8，保存较好，墙体上部宽2.5米，马道为石板平铺而成，石板之间用水泥勾缝，宽1.6米。垛口用平整的石块垒砌而成，石块之间缝隙用水泥黏合，高1、宽0.8、厚0.7米。女墙宽0.8、高0.4~0.6米。墙体顶部距外侧地表高2.5~2.8米，距内侧地表高0.3~1.1米。

此段长城位于山谷沟口处，墙体内、外侧为悬崖或山沟陡坡，山势比较陡峭。此段墙体为在明代基础上重修，完全出于旅游开发目的，重修未按原样、原貌。部分墙体外壁上附电杆，墙体上架设信号塔之类的物体，人为因素损坏和现代修缮痕迹明显。

船舱峪长城2段（总第41段，编码120225382106170041）

此段长城墙体类别为山险，自船舱峪长城1段石墙止点（高程351米）起，顺山势，至船舱峪长城3段墙体起点（高程366米）截止，长62.37米，东—西走向。（彩图一〇四）

山险位于山顶，完全利用陡峭山体作为阻挡敌人的天然屏障，保存较好，基本保持原貌，东、西侧为山崖、缓坡，南、北侧为悬崖峭壁，山险顶部有4~5米见方比较平坦的空地。

船舱峪长城3段（总第42段，编码120225382102170042）

此段长城墙体类别为石墙，自船舱峪长城2段山险止点（高程366米）起，至船舱峪长城4段山险起点（高程365米）截止，长15.86米，东–西走向。（彩图一〇五）

长城墙体为自然基础，用石块干垒而成，垒砌方法与其他段长城墙体基本相同。墙体整体保存一般。自5.5米处开始倒塌严重，仅存基础部分，倒塌墙体长8.5米。外侧保存较高，内侧保存较低。墙体上部宽2.1米，可见少数垛口基础痕迹，垛口基础厚0.8米。马道全部倒塌，尺寸无法测量，形态不详。墙体顶部距外侧地表高0~2米，距内侧地表高0.2~0.3米。

此段长城墙体地处山脊，内、外侧为山险或山沟陡坡，东、西端紧靠山崖，山势较陡峭。墙体倒塌主要因为垒砌不牢固，自然塌落所致；加之剧烈的地质灾害，对墙体构成严重的安全隐患。部分墙体石块被移位或拆除，人为因素损坏明显。

船舱峪长城4段（总第43段，编码120225382106170043）

此段长城墙体类别为山险，自船舱峪长城3段石墙止点（高程365米）起，至船舱峪长城5段石墙起点（高程374米）截止，长43.07米，东北—西南走向。（彩图一〇六）

山险位于山顶，充分利用险峻地势作为阻挡敌人的天然屏障，保存较好，基本保持原貌。山险东、西侧为山崖，南、北侧为悬崖峭壁，山险顶部有人为修整的平坦土地，长有杂草和少量高大乔木和低矮灌木等植被。

由于距梨木台风景区较近，此段山险四周山沟和陡坡上除生长杂草、灌木外人工栽植了松树等植被，对山险的险峻外观造成一定影响，人为因素破坏较为明显。

船舱峪长城 5 段（总第 44 段，编码 120225382102170044）

此段长城墙体类别为石墙，自船舱峪长城 4 段山险止点（高程 374 米）起，沿山脊修建，至船舱峪长城 6 段山险起点（高程 374 米）截止，长 36.45 米，东—西走向。（彩图一○七）

长城墙体位于两山险之间，南、北侧为山沟陡坡，两端为悬崖峭壁。墙体利用自然基础，用石块干垒而成，垒砌方法与其他段长城墙体相同。

墙体整体保存一般，东西两段保存较好，东段长 18 米，西段长 14.3 米。中间有一段长 5.2 米墙体倒塌，基础尚存。墙体外侧保存较高，内侧保存较低。墙体上部宽 2.4 米，部分墙体保存垛口和马道。垛口上部倒塌，仅存基础，宽 1 米；马道用修整过的平整石板平铺而成，宽 1.40 米。墙体顶部距外侧地表高 1～3 米，距内侧地表高 0.4～1 米。此段长城北约 20 米处为船舱峪长城 1 号烽火台。

墙体倒塌主要因为垒砌不牢固，自然塌落所致；加之剧烈的地质灾害，对墙体构成严重的安全隐患。部分墙体石块被移位，人为因素损坏明显。

船舱峪长城 6 段（总第 45 段，编码 120225382106170045）

此段长城墙体类别为山险，自船舱峪长城 5 段石墙止点（高程 374 米）起，至船舱峪长城 7 段石墙起点（高程 534 米）截止，长 209.09 米，东北—西南走向。（彩图一○八）

山险位于山顶，由 3 座山峰组成，东、西侧为山崖，南、北侧为悬崖峭壁，保存较好，基本保持原貌。西南与船舱峪长城 7 段相连，地势极险峻，充分利用陡峭的悬崖不经人为加工和修整，起到防御敌人的作用。

山险顶部有人为修整的平坦土地，上面长有杂草和少量高大乔木和低矮灌木等植被。四周的山沟和陡坡上亦生长杂草、灌木和人工栽植的松树等，山险林密，未发现人为因素破坏。

船舱峪长城 7 段（总第 46 段，编码 120225382102170046）

此段长城墙体类别为石墙，自船舱峪长城 6 段山险止点（高程 534 米）起，至船舱峪长城 1 号敌台西南角（高程 579 米）截止，长 145.81 米，东南—西北走向。（彩图一○九）

长城墙体基础经过人为加工，墙体用石块干垒而成，垒砌方法与其他段长城墙体基本相同，用平整的大石块垒砌两侧墙壁，中间用碎石块填充。第四小段墙体垒砌方式发生了变化，由以往墙体修筑与山势平行，变为随山势高度变化垒砌成台阶状。

长城墙体整体保存较好，部分墙体垛口、马道清晰可见。垛口大部分残损，上部倒塌，仅存基础，垛口坍塌的石块堆积在马道上；马道较完整。其中 136.31 米保存较好，9.5 米保存较差。

根据《长城资源调查工作手册》的技术要求，按照长城墙体保存状况、拐折点分布情况，此段长城墙体又细分为 4 小段，分述如下。

第一小段：起点海拔 534 米，止点海拔 534 米。此小段长城长 7 米，保存较好。上部宽 2 米，部分墙体垛口、马道清晰可见。垛口为平整石块干垒，石块之间缝隙无黏结物，高 1.5、宽 0.65、厚 0.6 米。马道为平整的大石板平铺而成，宽 1.4 米。墙体顶部距外侧地表最高 4.1 米，距内侧地表最高 1.8 米。

第二小段：起点海拔 534 米。止点海拔 535 米。此小段长城长 9.5 米，保存较差。马道保存较完整，（彩图一一○）石板平铺而成，宽 1.4 米。垛口大部分损毁，部分保存基础，宽 0.7、残高 0.45 米。

第三小段：起点海拔535米，止点海拔541米。此小段长城长16米，保存较好。上部宽2.1米，马道、垛口保存较好，（彩图———）马道宽1.6米，垛口高1.5、厚0.5米。墙体顶部距内侧地表最高1.2米，距外侧地表最高3.9米。长城自此小段止点拐向北并上折。

第四小段：起点海拔541米，止点海拔579米。此小段长城长113.31米，保存较好。有长3.5米的墙体外侧向外倒塌，部分垛口倒塌。此小段长城墙体垒砌方式发生变化，为随山势高度变化垒砌成台阶状，共有17级台阶，阶高1.2米。墙体上部宽2.6米，保存较好的马道、垛口。马道为石板平铺而成，内侧一般用大石板平铺，靠外侧或石板缝隙用小石块铺成，马道宽1.8米。垛口上部大部分倒塌，仅存基础，基础残高1、厚0.8米。墙体顶部距内侧地表最高1.2米，距外侧地表最高2.5米。

墙体倒塌是由于墙体垒砌不牢固，加之剧烈的地质灾害所致。墙体上部生长少量的杂草和低矮灌木，根系对墙体构成新的安全隐患。未发现人为因素破坏墙体。

船舱峪长城8段（总第47段，编码120225382102170047）

此段长城墙体类别为石墙，自船舱峪长城1号敌台西南角（高程579米）起，沿山脊修建，至船舱峪长城2号敌台南侧（高程641米）截止，长562.85米，东南—西北走向。（彩图一一二）

长城墙体位于山脊，墙体内、外侧山势较陡峭，利用自然基础，墙体为石块干垒而成，垒砌方法与其他段长城墙体基本相同。

此段长城墙体大部分保存一般，少部分保存较好，部分坍塌较严重，向内外两侧均有倒塌，垛口倒塌在马道上，部分垛口宽、高清晰可辨，梨木台景区在长城墙体上开了一个宽1.1米的登城豁口。此段墙体269.69米保存一般，190.45米保存较差，69.3米保存较好，33.41米保存差。

根据《长城资源调查工作手册》的技术要求，按照长城墙体保存状况、拐折点分布情况，此段长城墙体又细分为16小段，分述如下。

第一小段：起点海拔579米，止点海拔575米。此小段长城长23.47米，保存一般。墙体顶部距外侧地表最高3.3米，距内侧地表最高2.2米。长城自此小段止点拐向西北。

第二小段：起点海拔575米，止点海拔575米。此小段长城长10米，保存一般。垛口损坏严重。长城自此小段止点拐向西南并下折。

第三小段：起点海拔575米，止点海拔566米。此小段长城长54.18米，保存一般。墙体内侧倒塌10米，墙体顶部距外侧地表最高2.3米。长城自此小段止点拐向西北。

第四小段：起点海拔566米，止点海拔558米。此小段长城长79.12米，保存较差。墙体向内侧倒塌，损毁严重，马道、垛口分辨不清。墙体外侧残高2.35米。长城自此小段止点拐向西北。

第五小段：起点海拔558米，止点海拔555米。此小段长城长39.16米，保存一般。梨木台景区在长城墙体上开了一个登城豁口，宽1.1米。长城自此小段止点拐向北并上折。

第六小段：起点海拔555米，止点海拔566米。此小段长城长40.82米，保存一般。长城自此小段止点拐向西北。

第七小段：起点海拔566米，止点海拔565米。此小段长城长12米，保存较差。墙体顶部距外侧地表最高2.4米，墙体内侧倒塌，损坏严重。长城自此小段止点拐向北并下折。

第八小段：起点海拔565米，止点海拔561米。此小段长城长15.75米，保存一般。长城自此小段止点拐向北并上折。

第九小段：起点海拔561米，止点海拔576米。此小段长城长33.41米，保存差。墙体基本消失，仅存基础，上部尺寸无法测量，垛口、马道形态不详。长城自此小段止点拐向西并下折。

第十小段：起点海拔576米，止点海拔570米。此小段长城长27米，保存较好。墙体上部宽2.1

米，垛口、马道保存较好。垛口上部倒塌，仅存基础，厚 0.7 米。马道为平整石块平铺而成，宽 1.4 米。墙体顶部距外侧地表最高 2.2 米，距内侧地表最高 0.4 米。长城自此小段止点拐向北并上折。

第十一小段：起点海拔 570 米，止点海拔 614 米。此小段长城长 70.33 米，保存较差。墙体向内侧倒塌严重，马道与垛口分辨不清。墙体顶部距外侧地表最高 1.8 米。长城自此小段止点呈直角拐向西。（彩图一一三）

第十二小段：起点海拔 614 米，止点海拔 617 米。此小段长城长 15 米，保存较好。墙体上部宽 2 米，部分垛口保存完整，垛口为平整的大石块干垒而成，厚 0.6、高 1.4 米。马道为修整过的平整石板平铺而成，石板之间用黄泥勾缝，马道宽 1.6 米。墙体顶部距外侧地表最高 3.4 米，距内侧地表最高 1.2 米。长城自此小段止点拐向北。

第十三小段：起点海拔 617 米，止点海拔 618 米。此小段长城长 8 米，保存一般。长城自此小段止点拐向西北并上折。

第十四小段：起点海拔 618 米，止点海拔 618 米。此小段长城长 27.3 米，保存较好。长城自此小段止点拐向西北并上折。

第十五小段：起点海拔 618 米，止点海拔 625 米。此小段长城长 29 米，保存较差。墙体内侧倒塌。墙体顶部距外侧地表最高 1.9 米。长城自此小段止点拐向北并上折。

第十六小段：起点海拔 625 米，止点海拔 633 米。此小段长城长 78.31 米，保存一般。部分墙体内侧倒塌严重。墙体顶部距外侧地表最高 2.4 米，距内侧地表最高 1.2 米，垛口残高 0.5 米。

此段长城墙体为明代修筑，梨木台风景区在长城墙体上修筑旅游用登城口，再无其他修缮。

墙体倒塌主要因为垒砌不牢固，自然塌落所致；加之剧烈的地质灾害，对墙体构成严重的安全隐患。墙体上部生长少量的杂草和低矮灌木，根系对墙体构成新的安全隐患。为方便游客参观，在长城墙体上开了一个宽 1.1 米的登城豁口，游客踩踏、乱刻乱画等不良行为成为对长城墙体破坏重要人为因素。

船舱峪长城 9 段（总第 48 段，编码 1202253821021700 48）

此段长城墙体类别为石墙，自船舱峪长城 2 号敌台东北角（高程 641 米）起，至船舱峪长城 3 号敌台东南角（高程 616 米）截止，长 182.61 米，东南—西北走向。（彩图一一四）

此段长城位于山脊，墙体内、外侧山势较陡峭，利用自然基础，墙体为石块干垒而成，垒砌方法与其他段长城墙体基本相同。

此段长城墙体整体保存一般，外侧倒塌较少，部分墙体向内侧倒塌较严重，中部有一小段在人工修整过的峭壁上垒砌的低矮石墙，已坍塌。此段墙体 7.13 米保存较好，102.99 米保存一般，72.49 米保存较差。

根据《长城资源调查工作手册》的技术要求，按照长城墙体保存状况、拐折点分布情况，此段长城墙体又细分为 9 小段，分述如下。

第一小段：起点海拔 644 米，止点海拔 645 米。此小段长城长 7.13 米，保存较好。墙体上部宽 2.1 米，垛口上部倒塌，仅存基础，基础厚 0.7、残高 0.3 米。马道为石板平铺而成，宽 1.5 米。墙体顶部距外侧地表最高 2.6 米，距内侧地表最高 2.3 米。长城自此小段止点向西北下折。

第二小段：起点海拔 645 米，止点海拔 643 米。此小段长城长 15 米，保存一般。墙体内侧有 4 米倒塌。墙体上部宽 2.1 米，垛口上部倒塌，仅存基础，基础厚 0.7、残高 0.5 米。马道为石板平铺而成，宽 1.5 米。长城自此小段止点拐向西并上折。

第三小段：起点海拔 643 米，止点海拔 650 米。此小段长城长 20 米，保存一般。墙体大部分向内侧倒塌，倒塌程度不等。墙体上部宽 2.1 米，垛口上部倒塌，仅存基础，基础厚 0.7、残高 0.4 米。马道为石板平铺，宽 1.5 米。长城自此小段止点拐向西北并上折。

第四小段：起点海拔 650 米，止点海拔 638 米。此小段长城长 18 米，保存一般。墙体上部宽 1.9 米，垛口上部倒塌，仅存基础，基础厚 0.7、残高 0.7 米。马道为修整过的石板平铺而成，石板之间用黄泥勾缝，马道宽 1.2 米，部分马道倒塌。墙体顶部距外侧地表最高 3.4 米，距内侧地表最高 1.30 米，长城自此小段止点拐向西北并下折。

第五小段：起点海拔 638 米，止点海拔 684 米。此小段长城长 30 米，保存较差。墙体向内、外两侧均有坍塌。长城自此小段止点拐向西并上折。

第六小段：起点海拔 684 米，止点海拔 628 米。此小段长城长 21 米，保存较差。此段长城墙体下部岩石经过人工修整，光滑陡峭，上部垒砌石墙，倒塌严重，地面散落碎石，形成一长条形石块堆积。墙体高、宽分辨不清，尺寸无法测量。长城自此小段止点拐向西北并下折。

第七小段：起点海拔 628 米，止点海拔 615 米。此小段长城长 21.49 米，破坏严重，保存较差。墙体向内侧倒塌严重。墙体顶部距外侧地表最高 2.2 米。长城自此小段止点拐向西并下折。

第八小段：起点海拔 615 米，止点海拔 612 米。此小段长城长 22 米，保存一般。墙体上部宽 1.8 米，垛口上部倒塌，仅存基础，基础厚 0.7、高 0.7 米。马道为平整的石板平铺，宽 1.1 米。墙体顶部距外侧地表最高 3.1 米，距内侧地表最高 2.3 米。长城自此小段止点拐向北并上折。

第九小段：起点海拔 612 米，止点海拔 616 米。此小段长城长 27.99 米，保存一般。墙体上部宽 2.1 米，垛口上部倒塌，仅存基础，基础厚 0.7、高 1.2 米。马道为修整过的石板平铺，石板之间缝隙用小石块填充，马道宽 1.4 米。墙体顶部距外侧地表最高 2.6 米，距内侧地表最高 0.5 米。

墙体倒塌主要因为垒砌不牢固，自然塌落所致；加之剧烈的地质灾害，对墙体构成严重的安全隐患。部分墙体的石块被人为移位，人为因素损坏痕迹明显。

船舱峪长城 10 段（总第 49 段，编码 120225382102170049）

此段长城墙体类别为石墙，自船舱峪长城 3 号敌台东南角（高程 616 米）起，至船舱峪长城 4 号敌台南侧（高程 708 米）截止，长 305.47 米，东南—西北走向。（彩图一一五）

此段长城墙体位于山脊，东南与船舱峪长城 3 号敌台东南角相距约 4 米，西北与船舱峪长城 4 号敌台南侧相连接。墙体内、外侧山势比较陡峭，多采用自然基础，个别地段经过人为铲平处理。墙体为石块干垒而成，垒砌方法与其他段长城墙体相同。墙体上生长少量杂草、灌木等。

此段长城墙体整体保存差，内、外两侧倒塌较严重。墙体 92.05 米保存一般，213.42 米保存差，倒塌比例约占此段长城的 70%，未倒塌约占 30%，墙体起伏较大，折点较多。

根据《长城资源调查工作手册》的技术要求，按照长城墙体保存状况、拐折点分布情况，此段长城墙体又细分为 9 小段，分述如下。

第一小段：起点海拔 616 米，止点海拔 616 米。此小段长城长 8 米，保存一般。呈弧形，保存一般。墙体内侧距船舱峪长城 3 号敌台 3.6 米。长城自此小段止点拐向西北。

第二小段：起点海拔 616 米，止点海拔 613 米。此小段长城长 10 米，保存一般。垛口大部分倒塌，仅部分墙体可观测到垛口基础，基础厚 0.6 米。墙体顶部距外侧地表最高 2.9 米，内侧与山体地面同高。长城自此小段止点上折并拐向西。

第三小段：起点海拔 613 米，止点海拔 621 米。此小段长城长 21 米，保存一般。墙体上部宽 1.9 米，部分墙体可清晰观测到垛口和马道。垛口上部全部倒塌，仅存基础，垛口基础宽 0.7、高 0.5 米。马道为修整过的平坦石板平铺，宽 1.2 米。墙体顶部距外侧地表最高 3.1 米，内侧与山体地面同高。

长城自此小段止点拐西北并上折。

第四小段：起点海拔 621 米，止点海拔 638 米。此小段长城长 49 米，保存差。基础经过人为修整。墙体倒塌严重，石块散落形成一长条形堆积，墙体高度、宽度分辨不清，尺寸无法测量。长城自此小段止点上折并拐向北。

第五小段：起点海拔 638 米，止点海拔 636 米。此小段长城长 11 米，保存差。墙体向内、外两侧坍塌严重，石块散落形成一长条形堆积，墙体高度、宽度已分辨不清，尺寸无法测量。长城自此小段止点拐向北并下折。

第六小段：起点海拔 636 米，止点海拔 639 米。此小段长城长 14 米，保存差。墙体向内、外两侧坍塌严重，石块散落形成一长条形堆积，墙体高度、宽度已分辨不清，尺寸无法测量。长城自此小段止点拐向北并上折。

第七小段：起点海拔 639 米，止点海拔 640 米。此小段长城长 39 米，保存差。墙体上部向内、外侧倒塌，仅存基础。长城自此小段止点拐向北并上折。

第八小段：起点海拔 640 米，止点海拔 680 米。此小段长城长 100.42 米，保存差。为山险墙，基础经过人工修整。墙体倒塌严重，石块散落形成一长条形堆积，墙体高度、宽度分辨不清，尺寸无法测量。长城自此小段止点拐向东北并上折。

第九小段：起点海拔 680 米，止点海拔 708 米。此小段长城内侧为山顶一块平地，外侧为山崖陡坡，生长杂草、灌木等植被。长 53.05 米，保存一般；部分墙体外侧倒塌，墙体顶部距内、外侧地表最高 1.9 米。

墙体倒塌主要因为垒砌不牢固，自然塌落所致；加之剧烈的地质灾害，对墙体构成严重的安全隐患；部分墙体上生长杂草和树木，根系生长严重影响了墙体的稳固。未发现人为因素破坏墙体的痕迹。

船舱峪长城 11 段（总第 50 段，编码 120225382102170050）

此段长城墙体类别石墙，自船舱峪长城 4 号敌台南侧（高程 708 米）起，顺山势沿山脊修建，至船舱峪长城 5 号敌台南侧（高程 750 米）截止，长 429.62 米，东南—西北走向。（彩图一一六）

此段长城墙体位于山脊，内、外侧山势较陡峭，利用自然基础，墙体用石块干垒而成，垒砌方法与其他段长城墙体基本相同。墙体上生长少量杂草、灌木等植被。

此段长城墙体东南与船舱峪长城 4 号敌台相连，西北与船舱峪长城 5 号敌台相接。墙体整体保存一般，向内、外侧坍塌，内侧倒塌较严重。墙体 59.44 米保存较好，280.37 米保存一般，79.43 米保存较差，墙体中部 10.38 米消失。

根据《长城资源调查工作手册》的技术要求，按照长城墙体保存状况、拐折点分布情况，此段长城墙体又细分为 12 小段，分述如下。

第一小段：起点海拔 708 米，止点海拔 690 米。此小段长城长 26 米，保存较差。墙体内侧倒塌较严重，形成一长条形石块堆积，墙体高度、宽度分辨不清，尺寸无法测量。长城自此小段止点拐向西北并下折。

第二小段：起点海拔 690 米，止点海拔 687 米。此小段长城长 59.44 米，保存较好。墙体上部宽 2.1 米，垛口、马道清晰可见。垛口上部倒塌，仅存基础，基础高 0.9、宽 0.6 米。马道为石板平铺而成，宽 1.5 米。墙体顶部距外侧地表最高 2.7 米，距内侧地表最高 1.6 米。长城自此小段止点拐向西北。

第三小段：起点海拔 687 米，止点海拔 687 米。此小段长城长 29 米，保存较差。墙体内侧倒塌严重，仅存基础，高度、宽度分辨不清，尺寸无法测量。长城自此小段止点拐向西北。

第四小段：起点海拔 687 米，止点海拔 710 米。此小段长城长 65 米，保存一般。墙体向内、外侧倒塌，宽度无法测量。墙体顶部距外侧地表最高 2.2 米，距内侧地表最高 0.9 米。长城自此小段止点上折。

第五小段：起点海拔 710 米，止点海拔 700 米。此小段长城长 25 米，保存一般。墙体向内、外侧倒塌，宽度无法测量。垛口全部倒塌于马道上，墙体上堆满石块，垛口、马道尺寸无法测量，形态不详。长城自此小段止点上折并呈直角拐向正北。

第六小段：起点海拔 700 米，止点海拔 707 米。此小段长城长 23 米，保存一般。墙体向内、外侧倒塌，宽度无法测量。部分墙体可观测到垛口，垛口仅存基础，基础宽 0.8、高 0.7 米。墙体顶部距外侧地表最高 1.5 米，距内侧地表最高 1.1 米。长城自此小段止点下折并拐向西北。

第七小段：起点海拔 707 米，止点海拔 707 米。此小段长城长 16 米，保存一般。墙体向内外两侧倒塌，墙体上部宽 2.2 米。除个别地段可观测到垛口，大部分垛口已倒塌，仅存基础，基础厚 0.8、高 0.7 米。马道为石板平铺而成，宽 1.4 米。长城自此小段止点上折。

第八小段：起点海拔 707 米，止点海拔 709 米。此小段长城长 10.38 米，墙体消失。消失原因为地质灾害。长城自此小段止点拐向北并上折。

第九小段：起点海拔 707 米，止点海拔 720 米。此小段长城长 42 米，保存一般。墙体向内、外侧倒塌，宽度无法测量。部分墙体可观测到垛口，大部分垛口已倒塌，仅存基础，基础厚 0.8、高 0.4 米。墙体顶部距外侧地表最高 2.3 米，距内侧地表最高 1.2 米。长城自此小段止点拐向西北并上折。

第十小段：起点海拔 720 米，止点海拔 722 米。此小段长城长 24.43 米，保存较差。墙体内侧倒塌较严重，形成一长条形石块堆积，墙体高度、宽度分辨不清，尺寸无法测量。长城自此小段止点拐向正北。

第十一小段：起点海拔 722 米，止点海拔 744 米。此小段长城长 91.37 米，保存一般。长城自此小段止点拐向西北并上折。

第十二小段：起点海拔 744 米，止点海拔 750 米。此小段长城长 18 米。保存一般。墙体向内、外侧倒塌，宽度无法测量。部分墙体可观测到垛口，大部分垛口已倒塌，仅存基础，基础宽 0.8、高 0.5 米。墙体顶部距外侧地表最高 1.8 米，距内侧地表最高 0.7 米。此小段止点与船舱峪长城 5 号敌台东北角相接。

墙体倒塌主要因为垒砌不牢固，自然塌落所致，加之剧烈的地质灾害，对墙体构成严重的安全隐患；部分墙体上生长杂草和树木，根系的生长严重影响墙体的稳固。未发现人为因素破坏墙体的痕迹。

船舱峪长城 12 段（总第 51 段，编码 1202253821021700 51）

此段长城墙体类别为石墙，自船舱峪长城 5 号敌台南侧（高程 750 米）起，沿山脊修建，至船舱峪长城 13 段山险墙起点（高程 775 米）截止，长 135 米，南—北走向。（彩图一一七）

此段长城位于山脊，东南与船舱峪长城 5 号敌台相连，西北与船舱峪长城 13 段山险墙起点相接，墙体内、外侧山势较陡峭，基础经过人为加工。墙体用石块干垒而成，垒砌方法与其他长城墙体基本相同。墙体上生长少量的杂草、灌木等植被。

此段长城墙体整体保存较差，内、外侧倒塌严重，长城中部有 3 米长的墙体两侧分辨不清，高度、宽度无法测量，两端墙体外侧全部倒塌，仅存基础部分。

根据《长城资源调查工作手册》的技术要求，按照长城墙体保存状况、拐折点分布情况，此段长城墙体又细分为 3 小段，分述如下。

第一小段：起点海拔 755 米，止点海拔 744 米。此小段长城长 28 米，保存较差。墙体大部分向外侧倒塌，部分向内侧倒塌，形成一长条形石块堆积，墙体高度、宽度分辨不清，尺寸无法测量。长城自此小段止点拐向西北并上折。

第二小段：起点海拔 744 米，止点海拔 770 米。此小段长城长 89 米，有 3 米山险墙，保存较差。墙体倒塌严重，高度、宽度分辨不清，尺寸无法测量。长城自此小段止点拐向东北并上折。

第三小段：起点海拔 770 米，止点海拔 775 米。此小段长城长 18 米，保存较差。墙体向内、外侧倒塌，宽度无法测量。垛口全部倒塌于马道上，墙体上堆满石块，垛口、马道尺寸无法测量，形态不详。

墙体倒塌主要因为垒砌不牢固，自然塌落所致；加之剧烈的地质灾害，对墙体构成严重的安全隐患。部分墙体上生长杂草和树木，根系的生长严重影响墙体的稳固。未发现人为因素破坏墙体的痕迹。

船舱峪长城 13 段（总第 52 段，编码 120225382105170052）

此段长城墙体类别为山险墙，自船舱峪长城 12 段墙体止点（高程 775 米）起，顺山势，至船舱峪长城 14 段墙体起点（高程 790 米）截止，长 117.73 米，南—北向。（彩图一一八）

此段山险墙位于天津市蓟县下营镇船舱峪村西北，南与船舱峪长城 12 段墙体相连，北与船舱峪长城 14 段墙体起点相接，由三座山峰组成，保存较好，有明显人工加工痕迹，大部分将岩石削成垂直的壁面，形成劈山墙。部分地段在劈山墙上部垒砌少量石块，形成干垒石墙，石墙大部分保存较差，山险墙中部有 6 米倒塌，两端保存较完整。山险墙地势极险峻，北侧为陡峭悬崖，人类很难攀爬，东侧坡度很陡。

由于近几年封山育林，此段山险墙上部及两侧生长许多高大树木，加之剧烈的地质灾害影响，部分墙体山石滚落或被雨水冲走。此段山险墙中垒砌的墙体的部分石块被移位，人为因素损坏明显。

船舱峪长城 14 段（总第 53 段，编码 120225382102170053）

此段长城墙体类别为石墙，自船舱峪长城 13 段山险墙止点（高程 790 米）起，沿山脊修建，至船舱峪长城 15 段山险墙起点（高程 812 米）截止，长 191.04 米，东南—西北走向。（彩图一一九）

此段长城位于山脊，西与船舱峪长城 13 段山险墙止点相连，北与船舱峪长城 15 段山险墙起点相接，墙体内、外侧山势较陡峭。基础经过人为加工，墙体用石块干垒而成，垒砌方法与其他段长城墙体基本相同，用平整的大石块垒砌两侧墙壁，中间用碎石块填充，石块之间缝隙无黏结物。墙体上生长少量的杂草、灌木等植被，外侧为悬崖峭壁，内侧为陡坡，生长杂草和树木。

此段长城墙体整体保存较差，其中 65.87 米保存较好，占此段长城墙体的三分之一左右，32.24 米保存一般，47.66 米保存较差，45.27 米保存差。中部有一段长 14 米的墙体，全部向外倒塌，其余有部分墙体外侧倒塌。墙体剖面呈梯形，上窄下宽，有收分。

根据《长城资源调查工作手册》的技术要求，按照长城墙体保存状况、拐折点分布情况，此段长城墙体又细分为 8 小段，分述如下。

第一小段：起点海拔 790 米，止点海拔 798 米。此小段长城长 26 米，保存差。墙体向内、外侧倒塌严重，高度、宽度分辨不清，尺寸无法测量。垛口全部倒塌于马道上，墙体上堆满石块，垛口、马道形态不详。长城自此小段止点拐向西北。

第二小段：起点海拔 798 米，止点海拔 798 米。此小段长城长 23 米，保存较差。墙体向内侧倒塌严重，高度、宽度无法测量。垛口全部倒塌于马道上，墙体上堆满石块，马道、垛口分辨不清，尺寸无法测量，形态不详。墙体顶部距外侧地表最高 2.5 米。长城自此小段止点拐向北并下折。

第三小段：起点海拔 798 米，止点海拔 788 米。此小段长城长 23 米，保存较好。墙体上部宽 2 米，垛口、马道保存尚可。垛口上部倒塌，仅存基础，基础厚 0.8、高 0.5 米。马道为石板平铺而成，宽1.2米。墙体顶部距外侧地表最高2.9米，距内侧地表最高0.2米。长城自此小段止点拐向北并上折。

第四小段：起点海拔788米，止点海拔806米。此小段长城长42.87米，保存较好。墙体上部宽2.4米，垛口、马道清晰可见。垛口上部倒塌，仅存基础，基础厚0.9、高0.4米。马道为平整的石板平铺而成，宽1.8米。墙体顶部距外侧地表最高2.4米，距内侧地表最高0.5米。长城自此小段止点拐向北并下折。

第五小段：起点海拔806米，止点海拔802米。此小段长城长24.66米，保存较差。墙体内、外侧倒塌较严重，形成一长条形石块堆积，墙体高度、宽度分辨不清，尺寸无法测量。长城自此小段止点拐向北并上折。

第六小段：起点海拔802米，止点海拔810米。此小段长城长19.27米，保存差。墙体上部宽2.7米，部分墙体可观测到垛口。垛口上部全部倒塌，仅存基础，基础厚1.1、高0.9米。马道为石板平铺而成，宽1.6米。墙体顶部距外侧地表最高2.7米，距内侧地表最高0.45米。长城自此小段止点拐向西北并上折。

第七小段：起点海拔810米，止点海拔813米。此小段长城长16米，保存一般。长城自此小段止点近直角（角度接近90°）拐向西并下折。

第八小段：起点海拔813米，止点海拔812米。此小段长城长16.24米，保存一般。长城自此小段止点拐向西并下折。

墙体倒塌主要因为垒砌不牢固，自然塌落所致；加之剧烈的地质灾害，对墙体构成严重的安全隐患。部分墙体上生长杂草和树木，根系的生长严重影响墙体的稳固。未发现人为破坏墙体的痕迹。

船舱峪长城15段（总第54段，编码120225382105170054）

此段长城墙体类别为山险墙，自船舱峪长城14段石墙止点（高程812米）起，至船舱峪长城16段山险起点（高程801米）截止，长46.94米，东南—西北走向。（彩图一二〇）

此段山险墙位于天津市蓟县下营镇船舱峪村西北，西与船舱峪14段墙体止点相连，北与船舱峪16段山险起点相接，整体保存较好。有明显人工痕迹，部分地段将岩石削成垂直的壁面，形成劈山墙；部分地段在劈山墙上部垒砌少量石块，形成干垒而成的低矮石墙。山险墙地势极为险峻，外侧为断崖，内侧为陡坡，生长杂草、灌木等植被。

根据《长城资源调查工作手册》的技术要求，按照长城墙体保存状况、拐折点分布情况，此段长城墙体又细分为3小段，分述如下。

第一小段：起点海拔812米，止点海拔807米。此小段长城长15米，保存较好。为在劈山墙基础上干垒成低矮的石墙。墙体宽0.9、残高0.3～0.7米。

第二小段：起点海拔807米，止点海拔807米。此小段长城长6米，保存较好。长城自此小段止点拐向西并下折。

第三小段：起点海拔807米，止点海拔801米。此小段长城长25.94米，保存较好。

由于近几年封山育林，山险墙上部及两侧生长许多高大树木，加之剧烈的地质灾害，部分墙体山石滚落或被雨水冲走，自然因素对山险墙外观产生一定影响。此段山险墙地势险要，人迹罕至，人为因素破坏不明显。

船舱峪长城16段（总第55段，编码120225382106170055）

此段长城墙体类别为山险，自船舱峪长城15段山险墙止点（高程801米）起，顺山势，至船舱峪长城17段石墙起点（高程850米）截止，长76.9米，东南—西北走向。（彩图一二一）

此段山险西与船舱峪长城 15 段山险墙止点相连，北与船舱峪长城 17 段石墙起点相接，完全利用陡峭山崖，看不出人为加工修整的痕迹。顶部凹凸不平，遍地山石，上面长满杂草与灌木。东、西两侧为峭壁，西南为山谷，坡度较缓，两端为山崖。四周长有杂草与树木。

此段山险保存较好，基本保持原貌，近年来植树造林，山险两侧有许多高大树木，影响了山险外观，未发现其他人为因素破坏痕迹。

船舱峪长城 17 段（总第 56 段，编码 1202253821021700056）

此段长城墙体类别为石墙，自船舱峪长城 16 段山险止点（高程 850 米）起，至船舱峪长城 6 号敌台东北角（高程 862 米）截止，长 26.22 米，东南—西北走向。（彩图一二二）

此段长城位于山脊，东南与船舱峪长城 16 段山险止点相连，西北与船舱峪长城 18 段墙体起点相接。墙体内、外侧山势较陡峭，基础经过人工铲平处理，墙体为石块干垒而成，垒砌方法与其他段长城墙体相同。

此段长城墙体整体保存一般，顶部有倒塌，垛口保存较完整。墙体用石块干垒而成，底部宽、顶部窄，剖面为梯形，墙体外侧高，内侧低。

根据《长城资源调查工作手册》的技术要求，按照长城墙体保存状况、拐折点分布情况，此段长城墙体又细分为 2 小段，分述如下。

第一小段：起点海拔 850 米，止点海拔 858 米。此小段长城长 17.38 米，保存一般。墙体宽度分辨不清，尺寸无法测量。垛口仅存基础，厚 0.6 米、残高 0.6 米。墙体顶部距外侧地表最高 2.8 米。长城自小段止点拐向西北。

第二小段：起点海拔 858 米，止点海拔 862 米。此小段长城长 8.84 米，保存一般。此小段长城止点距船舱峪长城 6 号敌台东北角 7 米。

墙体倒塌主要因为垒砌不够牢固，自然塌落所致；加之剧烈的地质灾害，对墙体构成严重的安全隐患。部分墙体上生长杂草和树木，根系的生长严重影响墙体的稳固。未发现人为因素破坏的痕迹。

船舱峪长城 18 段（总第 57 段，编码 1202253821021700057）

此段长城墙体类别为石墙，自船舱峪长城 6 号敌台东北角（高程 862 米）起，至船舱峪长城 19 段山险起点（高程 870 米）截止，长 71.48 米，东南—西北走向。（彩图一二三）

此段长城地处山脊，墙体内侧较缓，外侧较陡峭，东南与船舱峪长城 6 号敌台相连，西北与船舱峪长城 19 段山险起点相接。基础经过人工铲平处理，墙体为石块干垒而成，垒砌方法与其他段长城墙体相同。

从整体看，此段长城墙体大部分保存一般，部分墙体外侧倒塌，中部有 12 米墙体内侧倒塌。其中 28.76 米保存较好，42.72 米保存一般。墙体不与敌台相接，距起点 16 米处墙体呈弧形绕过船舱峪长城 6 号敌台。

根据《长城资源调查工作手册》的技术要求，按照长城墙体保存状况、拐折点分布情况，此段长城墙体又细分为 4 小段，分述如下。

第一小段：起点海拔 862 米，止点海拔 860 米。此小段长城长 16.72 米，保存一般。船舱峪长城 6 号敌台西北角距垛口内侧 1.5 米，墙体顶部距外侧地表最高 2.5 米，内侧与马道地表平。长城自此小段止点拐向西北。

第二小段：起点海拔 860 米，止点海拔 861 米。此小段长城长 12 米，保存一般。墙体内侧倒塌严重，形成一长条形石块堆积，墙体高度、宽度分辨不清，尺寸无法测量。墙体顶部距外侧地表最高 2.4 米。长城自此小段止点拐向西北。

第三小段：起点海拔 861 米，止点海拔 863 米。此小段长城长 14 米，保存一般。墙体倒塌严重，高度、宽度分辨不清，尺寸无法测量。保存少部分垛口，垛口上部倒塌，基础仅存部分，残高 0.5 米，厚度无法测量。长城自此小段止点拐向北并上折。

第四小段：起点海拔 863 米，止点海拔 870 米。此小段长城长 28.76 米，保存较好。墙体上部宽 1.9 米，部分墙体可清晰观测到垛口和马道。垛口上部全部倒塌，仅存基础，厚 0.7、高 0.6 米。马道为修整过的平整石板平铺而成，宽 1.2 米。墙体顶部距外侧地表最高 2.5 米，距内侧地表最高 0.3 米。

墙体倒塌主要因为垒砌不够牢固，自然塌落所致；加之剧烈的地质灾害，对墙体构成严重的安全隐患；部分墙体上生长杂草和树木，根系的生长严重影响墙体的稳固。未发现人为因素破坏墙体的痕迹。

船舱峪长城 19 段（总第 58 段，编码 1202253821061700058）

此段长城墙体类别为山险，自船舱峪长城 18 段石墙止点（高程 870 米）起，顺山势，至船舱峪长城 20 段石墙起点（高程 841 米）截止，长 108.8 米，东南—西北走向。（彩图一二四）

此段山险整体保存较好，利用陡峭悬崖作为阻挡敌人的天然屏障。东南与船舱峪长城 18 段山险墙止点相连，西北与船舱峪长城 20 段石墙起点相接，东南高，西北低，凹凸不平，乱石林立，上面长满杂草与灌木。东北侧为山崖峭壁，西南侧为山沟陡坡，四周长有野草、荆条等灌木和人工栽植的松柏。

根据《长城资源调查工作手册》的技术要求，按照长城墙体保存状况、拐折点分布情况，此段山险又细分为 2 小段，分述如下。

第一小段：起点海拔 870 米，止点海拔 876 米。此小段山险长 40.2 米，保存较好。长城自此小段止点拐向北。

第二小段：起点海拔 876 米，止点海拔 841 米。此小段山险长 68.6 米，保存较好。

此段山险基本保持原貌，近年来植树造林，山险两侧生长着许多高大树木，影响了山险外观。未发现人为因素破坏的痕迹。

船舱峪长城 20 段（总第 59 段，编码 1202253821021700059）

此段长城墙体类别为石墙，自船舱峪长城 19 段山险止点（高程 841 米）起，沿山脊修建，至船舱峪长城 21 段山险起点（高程 848 米）截止，长 53.44 米，南—北走向。（彩图一二五）

此段长城墙体基础经过人工铲平处理。墙体为石块干垒而成，垒砌方法与其他段长城墙体相同。

此段长城墙体除起点至 13 米处内侧全部倒塌仅存基础外，大部分保存较好。墙体保存较完整，垛口尚在。墙体外侧为陡坡，内侧坡度较缓。从断面看，墙体剖面呈梯形，底宽顶窄，有收分。40.8 米保存较好，12.64 米保存较差。

根据《长城资源调查工作手册》的技术要求，按照长城墙体保存状况、拐折点分布情况，此段长城墙体又细分为 2 小段，分述如下。

第一小段：起点海拔 841 米，止点海拔 841 米。此小段长城长 12.64 米，保存较差。墙体倒塌严重，形成一长条形石块堆积，墙体宽度分辨不清，尺寸无法测量。垛口与马道分辨不清，尺寸无法测量，形态不详。墙体顶部距外侧地表最高 2.3 米。长城自此小段止点拐向北并上折。

第二小段：起点海拔 841 米，止点海拔 848 米。此小段长城长 40.8 米，保存较好。墙体上部宽 2 米，可清晰观测到垛口和马道。垛口上部全部倒塌，仅存基础，宽 0.5 米。马道为修整过的平坦石板平铺而成，宽 1.5 米。

墙体倒塌主要因为垒砌不够牢固，自然塌落所致。加之剧烈的地质灾害，对墙体构成了严重的安全隐患。部分墙体上生长杂草和树木，根系的生长严重影响墙体的稳固。少部分墙体石块有拆移的痕迹，人为因素破坏较小。

此段长城墙体位于山脊，南与船舱峪长城 19 段山险止点相连，北与船舱峪长城 21 段山险起点相接。墙体内、外侧山势较陡峭，内侧分布船舱峪长城 2 号水窖、船舱峪长城 1 号居住址、船舱峪长城 4~6 号烟灶。

船舱峪长城 21 段（总第 60 段，编码 120225382106170060）

此段长城墙体类别为山险，自船舱峪长城 20 段墙体止点（高程 848 米）起，顺山势，至船舱峪长城 22 段墙体起点（高程 852 米）截止，长 37.11 米，东南—西北走向。（彩图一二六）

此段山险东南与船舱峪长城 20 段墙体止点相连，西北与船舱峪长城 22 段墙体起点相接，整体保存较好。利用陡峭的悬崖作为阻挡敌人的天然屏障，顶部东南低西北高，高低不平，东北侧为悬崖，西南侧为陡峭山坡，较难攀爬。四周长有野草及荆条等灌木和人工栽植的松柏。

此段山险基本保持原貌，近年来植树造林，山险两侧生长许多高大树木；加之剧烈的地质灾害，部分山石滚落，影响了山险外观。此段山险人迹罕至，未发现人为因素破坏的痕迹。

船舱峪长城 22 段（总第 61 段，编码 120225382102170061）

此段长城墙体类别为石墙，自船舱峪长城 21 段山险止点（高程 852 米）起，沿山脊修建，至船舱峪长城 23 段山险起点（高程 848 米）截止，长 23.46 米，东南—西北走向。（彩图一二七）

此段长城位于山脊，东南与船舱峪长城 21 段山险止点相连，西北与船舱峪长城 23 段山险起点相接，墙体内、外侧山势较陡峭。基础经过人工铲平处理，墙体为石块干垒而成，垒砌方法与其他段长城墙体相同。

此段长城墙体保存一般，内侧倒塌严重，石块散落。部分墙体仅存基础，墙体高度、宽度分辨不清，尺寸无法测量。

墙体倒塌主要因为垒砌不够牢固，自然塌落所致；加之剧烈的地质灾害，对墙体构成了严重的安全隐患。墙体石块被移位、拆除，人为因素破坏的痕迹明显。

船舱峪长城 23 段（总第 62 段，编码 120225382106170062）

此段长城墙体类别为山险，自船舱峪长城 22 段墙体止点（高程 848 米）起，至船舱峪长城 24 段墙体起点（地高程 877 米）截止，长 125.23 米，东南—西北走向。（彩图一二八）

此段山险位于山顶，东南与船舱峪长城 22 段墙体止点相连，西北与船舱峪长城 24 段墙体起点相接，整体保存较好，充分利用陡峭悬崖作为阻挡敌人的天然屏障。山险顶部为东—西走向，较平，南北为锥状。山顶较窄，长有杂草、灌木。东北侧为悬崖峭壁，西南侧为山体陡坡，两端为山崖，较难攀爬。四周长有野草及荆条等灌木和人工栽植的松柏。

根据《长城资源调查工作手册》的技术要求，按照长城墙体拐折点分布情况，此段山险又细分为 2 小段，分述如下。

第一小段：起点高程 848 米，止点高程 890 米。此段长城长 69 米，保存较好。长城自此小段止点拐向西。

第二小段：起点高程 890 米，止点高程 877 米。此段长城长 56.23 米，保存较好。

此段山险基本保持原貌，近年来植树造林，山险两侧生长着许多高大树木，影响了山险外观。未发现人为因素破坏的痕迹。

船舱峪长城 24 段（总第 63 段，编码 120225382102170063）

此段长城墙体类别为石墙，自船舱峪长城 23 段山险止点（高程 877 米）起，沿山脊修建，至船舱峪长城 25 段山险墙起点（高程 872 米）截止，长 34.97 米，东南—西北走向。（彩图一二九）

此段长城地处山脊，东南与船舱峪长城 23 段山险止点相连，西北与船舱峪长城 25 段山险墙起点相接。墙体内、外侧山势较陡峭，基础经过人为加工，墙体用石块干垒而成，垒砌方法与其他段长城墙体基本相同，用平整的大石块垒砌两侧墙壁，中间用碎石块填充，石块之间缝隙无黏结物。墙体上生长少量的杂草、灌木等。墙体外侧为悬崖峭壁，内侧为陡坡，植被为杂草和树木。

此段长城墙体长 20.3 米保存较好，14.67 米保存较差。墙体两端保存较完整，内侧有少量倒塌，中部有 6 米长倒塌严重，墙体外有一小道由倒塌处直上墙体，两侧有人为砍伐树木的痕迹。墙体剖面呈梯形。墙体内侧有船舱峪长城 3 号水窖。

根据《长城资源调查工作手册》的技术要求，按照长城墙体保存状况、拐折点分布情况，此段长城墙体又细分为 2 小段，分述如下。

第一小段：起点海拔 877 米，止点海拔 870 米。此小段长城长 14.67 米，保存较好。长城自此小段止点上折。

第二小段：起点海拔 870 米，止点海拔 872 米。此小段长城长 20.3 米，保存较差。墙体内、外侧倒塌严重，形成一长条形石块堆积，墙体高度、宽度分辨不清，尺寸无法测量。两侧有人为砍伐树木的痕迹。

墙体顶部倒塌主要因为垒砌不够牢固，自然塌落所致；加之剧烈的地质灾害，对墙体构成严重的安全隐患。为方便出入长城，有一条小路贯穿长城墙体，墙体部分石块被拆除，两侧有砍伐树木的痕迹，人为因素破坏墙体及外部环境的痕迹较为明显。

船舱峪长城 25 段（总第 64 段，编码 120225382105170064）

此段长城墙体类别为山险墙，自船舱峪长城 24 段墙体止点（高程 872 米）起，沿山脊，至船舱峪长城 26 段山险起点（高程 894 米）截止，长 176.55 米，东南—西北走向。（彩图一三〇）

此段山险墙位于山顶，东南与船舱峪长城 24 段墙体止点相连，西北与船舱峪长城 26 段山险相接，基本保持原貌。东北侧为悬崖峭壁，西南侧为山体陡坡，较难攀爬，顶部长有杂草、灌木等植被。

此段长城利用陡峭崖体稍加人工修整，使之更加陡峭，个别地段以人工修整过的崖体为基础，在上面用石块垒砌墙体。此段山险墙整体保存较好。

根据《长城资源调查工作手册》的技术要求，按照长城墙体保存状况、拐折点分布情况，此段长城又细分为 4 小段，分述如下。

第一小段：起点海拔 872 米，止点海拔 927 米。此小段山险墙长 110 米，保存较好。长城自此小段止点拐向西北并下折。

第二小段：起点海拔 927 米，止点海拔 900 米。此小段山险墙长 38.55 米，保存较好。长城自此小段止点处拐向西北。

第三小段：起点海拔 900 米，止点海拔 895 米。此小段山险墙长 11 米，保存较好。长城自此小段点止拐向西北。

第四小段：起点海拔 895 米，止点海拔 894 米。此小段山险墙长 17 米，保存较好。此段长城是以人工修整过的崖体为基础，用石块垒砌的墙体，有 5 米向外侧倒塌，墙体上有一个宽 1 米的人为破坏的豁口。

山险墙中部内侧有船舱峪长城 2 号居住址。另外还有两处不明性质的遗迹：

第一处遗迹：平面呈长条状，起点高程 872 米（此段山险墙起点），止点高程 918 米。现场碎石散落，宽 1.5 米，高度无法测量，两侧有砍伐树木的痕迹。此遗迹不是墙体，因石块较多，用途也许只能留在以后进行清理再判定。

第二处遗迹：平面呈椭圆形，南北长 4、东西宽 3 米，中心高程 918 米。采石痕迹明显，由于当时现场调查时对长城的认知水平所限，此遗迹功能并未判断出，现在判断此处应该是一处采石场。现场仅留下文字记录，没有彩图和图纸。

墙体倒塌主要因为垒砌不够牢固，自然塌落所致；加之剧烈的地质灾害，对墙体构成严重的安全隐患。部分墙体上生长杂草和树木，根系的生长严重影响墙体的稳固。未发现人为因素破坏墙体的痕迹。

船舱峪长城 26 段（总第 65 段，编码 120225382106170065）

此段长城墙体类别为山险，自船舱峪长城 25 段山险墙止点（高程 894 米）起，顺山势，至船舱峪长城 27 段墙体起点（高程 923 米）截止，长 50.41 米，东南—西北走向。（彩图一三一）

此段山险位于山脊，东南与船舱峪长城 25 段山险墙止点相连，西北与船舱峪长城 27 段墙体起点相接，整体保存较好。利用陡峭悬崖作为阻挡敌人的天然屏障，东西宽、南北窄呈锥状，顶部有大块岩石耸立，高低不平，东北侧为山崖峭壁，西南侧为山体陡坡，较难攀爬。四周长有野草及荆条等灌木和人工栽植的松柏。

此段山险基本保持原貌，近年来植树造林，山险两侧生长许多高大树木；加之剧烈的地质灾害使部分山石滚落，影响了山险外观。未发现人为因素破坏的痕迹。

船舱峪长城 27 段（总第 66 段，编码 120225382102170066）

此段长城墙体类别为石墙，自船舱峪长城 26 段山险止点（高程 923 米）起，沿山脊修建，至船舱峪长城 28 段山险起点（高程 926 米）截止，长 17.54 米，东南—西北走向。（彩图一三二）

此段长城位于山脊，东南与船舱峪长城 26 段山险止点相连，西北与船舱峪长城 28 段山险起点相接。墙体内、外侧山势比较陡峭。基础经过人工铲平处理，墙体为石块干垒而成，垒砌方法与其他段长城墙体相同。

此段长城墙体保存一般，平面大致呈直线，剖面呈梯形，底宽顶窄。墙体内侧倒塌，宽度无法测量，外侧及垛口保存较好。垛口上部倒塌，仅存基础，厚 0.6、残高 0.5 米。墙体顶部距外侧地表最高 2.2 米，距内侧地表最高 1 米。内侧有船舱峪长城 1 号火池。

墙体倒塌主要因为垒砌不够牢固，自然塌落所致；加之剧烈的地质灾害，对墙体构成严重的安全隐患；部分长城墙体上生长杂草和树木，根系的生长严重影响长城墙体的稳固。垒砌墙体的石块被移位，人为因素破坏痕迹明显。

船舱峪长城 28 段（总第 67 段，编码 120225382106170067）

此段长城墙体类别为山险，自船舱峪长城 27 段石墙止点（高程 926 米）起，顺山势，至船舱峪长城 7 号敌台南侧（高程 961 米）截止，长 106.19 米，南—北走向。（彩图一三三）

此段山险地处山脊，南与船舱峪长城 27 段墙体止点相连接，北与船舱峪长城 7 号敌台南侧相接，整体保存较好。利用陡峭山脊作为阻挡敌人的天然屏障，南低北高，坡度较大。顶部高低不平，长有杂草、灌木，散布乱石。东侧为悬崖峭壁，西侧为陡坡，较难攀爬。四周长有野草及荆条等灌木和人工栽植的松柏。

此段山险基本保持原貌。近年来植树造林，山险两侧生长许多高大树木；加之剧烈的地质灾害使部分山石滚落，影响了山险外观。未发现人为因素破坏痕迹。

船舱峪长城 29 段（总第 68 段，编码 120225382106170068）

此段长城墙体类别为山险，自船舱峪长城 7 号敌台南侧（高程 961 米）起，至船舱峪长城 30 段石墙起点（高程 935 米）截止，长 132.26 米，东—西走向。（彩图一三四）

此段山险位于山脊，东与船舱峪长城 7 号敌台西侧相连，西与船舱峪长城 30 段石墙起点相接，整体保存较好。利用陡峭悬崖作为阻挡敌人的天然屏障，东高西低，顶部长有杂草、灌木，散布乱石。北侧为悬崖峭壁，南侧为陡坡，较难攀爬。四周长有野草及荆条等灌木和人工栽植的松柏。

此段山险基本保持原貌。近年来植树造林，山险两侧生长许多高大树木，一些剧烈的地质灾害造成部分山石滚落，影响了山险外观。山险周边有修整迹象，人为因素损坏痕迹明显。

船舱峪长城 30 段（总第 69 段，编码 120225382102170069）

此段长城墙体类别为石墙，自船舱峪长城 29 段山险止点（高程 935 米）起，沿山脊修建，至船舱峪长城 31 段山险起点（高程 936 米）截止，长 96.43 米，东南—西北走向。（彩图一三五）

此段长城位于山脊，东南与船舱峪长城 29 段山险止点相连，西北与船舱峪长城 31 段山险起点相接。墙体内侧为陡坡，外侧为山谷，山势比较陡峭。

长城墙体基础经过人为加工，墙体用石块干垒而成，垒砌方法与其他段长城墙体基本相同，用平整的大石块垒砌两侧墙壁，中间用碎石块填充，石块之间缝隙无黏结物。墙体上生长少量的杂草、灌木等。墙体外侧为悬崖峭壁，内侧为陡坡，植被为杂草和树木。

此段长城墙体大部分保存一般，长 55.73 米。前段少部分墙体内侧倒塌，后段墙体保存较差，长 40.7 米。墙体内、外侧均有坍塌，马道与垛口分辨不清。

根据《长城资源调查工作手册》的技术要求，按照长城墙体保存状况、拐折点分布情况，此段长城墙体又细分为 3 小段，分述如下。

第一小段：起点高程 935 米，止点高程 926 米。此小段长城长 25 米，保存一般。墙体上部宽 2.1 米，垛口全部倒塌。墙体上堆满石块，马道与垛口分辨不清，尺寸无法测量，形态不详。墙体顶部距外侧地表最高 2.5 米，距内侧地表最高 2.5 米。长城自此小段止点拐向西北。

第二小段：起点高程 926 米，止点高程 931 米。此小段长城长 40.7 米，保存较差。墙体倒塌严重，石块散落，宽度分辨不清，尺寸无法测量。部分垛口基础尚存，宽 0.6 米。墙体顶部距外侧地表最高 2.2 米。长城自此小段止点拐向西并上折。

第三小段：起点高程 931 米，止点高程 936 米。此小段长城长 30.73 米，保存一般。墙体内、外侧均有倒塌，部分墙体倒塌严重，石块散落，高度、宽度分辨不清，尺寸无法测量。垛口全部倒塌，形态不详。部分马道尚存，由石板平铺而成，宽 1.2 米。墙体顶部距外侧地表最高 1.6 米，距内侧地表最高 1.6 米。

墙体倒塌主要因为垒砌不够牢固，自然塌落所致；加之剧烈的地质灾害，对墙体构成严重的安全隐患。部分墙体上生长杂草和树木，根系的生长严重影响了墙体的稳固。部分墙体石块被拆移，人为因素破坏痕迹明显。

船舱峪长城 31 段（总第 70 段，编码 120225382106170070）

此段长城墙体类别为山险，自船舱峪长城 30 段石墙止点（高程 936 米）起，至船舱峪长城 32 段墙体起点（高程 953 米）截止，长 82.42 米，东南—西北走向。（彩图一三六）

此段山险位于山脊，东南与船舱峪长城 30 段墙体止点相连，西北与船舱峪长城 32 段墙体起点相接，整体保存较好。利用陡峭悬崖作为阻挡敌人的天然屏障，东高西低，顶部较平。东北侧为悬崖峭壁，西南侧为陡坡，较难攀爬。四周长有野草及荆条等灌木和人工栽植的松柏。山险西南角有两座现代居住址，周围有人工修整的一块平地，现场观察，此山险附近曾经有现代人居住过。

根据《长城资源调查工作手册》的技术要求，按照长城墙体拐折点分布情况，此段山险又细分为 2 小段，分述如下。

第一小段：起点高程 936 米，止点高程 953 米。此小段山险长 75.42 米，保存较好。长城自此小段止点拐向西北。

第二小段：起点高程 953 米，止点高程 953 米。此小段山险长 7 米，保存较好。

此段山险基本保持原貌。近年来植树造林使山险两侧生长许多高大树木；加之剧烈的地质灾害使部分山石滚落，影响了山险外观。现代居住址、修整的平地对山险外观造成一定影响。

船舱峪长城 32 段（总第 71 段，编码 120225382102170071）

此段长城墙体类别为石墙，自船舱峪长城 31 段山险止点（高程 953 米）起，沿山谷口部修建，至船舱峪长城 33 段山险起点（高程 951 米）截止，长 9.56 米，南—北走向。（彩图一三七）

此段长城位于两座山体之间的山谷，南与船舱峪长城 31 段山险止点相连，北与船舱峪长城 33 段山险起点相接。墙体内、外侧为山谷陡坡，山势比较陡峭。墙体基础经过人工铲平处理，墙体为石块干垒而成，垒砌方法与其他段长城墙体相同。

此段长城墙体整体保存一般。墙体内侧保存较完整，外侧全部倒塌，高度、宽度分辨不清，尺寸无法测量。墙体顶部距内侧地表高 1～2 米。

墙体顶部倒塌主要因为垒砌不够牢固，自然塌落所致；季节性地表径流对墙体部分基础造成冲刷；加之剧烈的地质灾害，对墙体构成严重的安全隐患。垒砌墙体的石块有明显的拆除、移位现象，人为因素破坏痕迹明显。

船舱峪长城 33 段（总第 72 段，编码 120225382106170072）

此段长城墙体类别为山险，自船舱峪长城 32 段石墙止点（高程 951 米）起，顺山势，至船舱峪长城 8 号敌台东南角（高程 961 米）截止，长 16.14 米，南—北走向。（彩图一三八）

此段山险位于山脊，南与船舱峪长城 32 段墙体止点相连，北到船舱峪长城 8 号敌台东南角止，整体保存较好。利用陡峭悬崖作为阻挡敌人的天然屏障，顶部相对较平整，呈缓坡状向北延伸，东、北侧为悬崖峭壁，南、西侧为陡坡，较难攀爬。四周长有野草及荆条等灌木和人工栽植的松柏。此段山险上保存船舱峪长城 1 号火池。

此段山险基本保持原貌。近年来植树造林，山险两侧生长许多高大树木，影响了山险外观。未发现人为因素破坏的痕迹。

船舱峪长城 34 段（总第 73 段，编码 120225382106170073）

此段长城墙体类别为山险，自船舱峪长城 8 号敌台东南角（高程 961 米）起，顺山势，至船舱峪长城 35 段石墙起点（高程 862 米）截止，长 238.29 米，东南—西北走向。（彩图一三九）

此段山险地处山脊，位于船舱峪长城 8 号敌台西侧，南与船舱峪长城 33 段山险止点相连，北与船舱峪长城 35 段石墙起点相接，整体保存较好。利用陡峭悬崖作为阻挡敌人的天然屏障，顶部较平，宽约 4～6 米，东南高西北低。有一条供游览的小路，宽 0.5～0.8 米。山险顶部长满杂草、树木等植被。东北侧为悬崖峭壁，西南侧为陡坡，较难攀爬。四周长有野草及荆条等灌木和人工栽植的松柏。

此段山险基本保持原貌。近年来植树造林使山险两侧生长许多高大树木，加之剧烈的地质灾害使部分山石滚落，影响了山险险峻外观。山险顶部小路是为游人修建，对山险造成一定影响，有明显人为因素损坏的痕迹。

船舱峪长城 35 段（总第 74 段，编码 120225382102170074）

此段长城墙体类别为石墙，自船舱峪长城 34 段山险止点（高程 862 米）起，顺山势修建，至船舱峪长城 36 段山险起点（高程 860 米）截止，长 56.49 米，东南—西北走向。（彩图一四〇）

此段长城位于山脊，南与船舱峪长城 34 段山险止点相连，北与船舱峪长城 36 段山险起点相接。

山势较陡峭，墙体内侧为缓坡，外侧为山谷陡坡，植被为杂草和树木。墙体基础经过人为加工，墙体用石块干垒而成，垒砌方法与其他段长城墙体基本相同。墙体上生长少量的杂草、灌木等植被。

此段长城墙体两端保存相对较为完整，中部有一段长 6 米的墙体外侧坍塌。墙体外侧有一宽 1 米的豁口，与墙体外的一条小道相通。墙体大部分保存较好，长 35.7 米，保存较差的墙体长 20.79 米。

根据《长城资源调查工作手册》的技术要求，按照长城墙体保存状况、拐折点分布情况，此段长城墙体又细分为 2 小段，分述如下。

第一小段：起点海拔 862 米，止点海拔 860 米。此小段长城长 35.7 米，保存较好。墙体顶部距外侧地表最高 2.2 米，距内侧地表最高 1.5 米。长城自此小段止点拐向西并上折。

第二小段：起点海拔 860 米，止点海拔 860 米。此小段长城长 20.79 米，保存较差。墙体倒塌严重，形成一长条形石块堆积，高度、宽度分辨不清，尺寸无法测量。

墙体倒塌主要因为垒砌不够牢固，自然塌落所致；季节性地表径流冲刷部分墙体基础；加之剧烈的地质灾害，对墙体构成严重的安全隐患；部分墙体上生长杂草和树木等植被，根系的生长严重影响墙体的稳固。墙体豁口处有小道相通，人为因素破坏痕迹明显。

船舱峪长城 36 段（总第 75 段，编码 120225382106170075）

此段长城墙体类别为山险，自船舱峪长城 35 段石墙止点（高程 860 米）起，顺山势，至船舱峪长城 37 段石墙起点（高程 818 米）截止，长 371.53 米，东北—西南走向。（彩图一四一）

此段山险地势处为山顶，东北与船舱峪长城 35 段石墙止点相连，西南与船舱峪长城 37 段石墙起点相接，利用陡峭悬崖作为阻挡敌人的天然屏障。整体保存较好。顶部较平，东北高西南低，有一条为游人修的小道，宽 0.5～0.8 米。两侧为山崖陡坡，四周长有野草、荆条等灌木和人工栽植的松柏。山险中部保存船舱峪长城 2 号火池。

根据《长城资源调查工作手册》的技术要求，按照此段山险拐折点的分布情况，此段长城墙体又细分为 3 小段，分述如下。

第一小段：起点海拔 860 米，止点海拔 875 米。此小段长 45 米，保存较好。有一条上山小路通过。长城自此小段止点拐向西北并下折。

第二小段：起点海拔 875 米，止点海拔 831 米。此小段长 293.53 米，保存较好。有一条上山小路通过。长城自此小段止点拐向西南并下折。

第三小段：起点海拔 831 米，止点海拔 818 米。此小段长 33 米，保存较好。有一条上山小路通过。

此段山险基本保持原貌，近年来植树造林，山险两侧生长许多高大树木，影响了山险外观。因修小道，山险遭到人为因素破坏。

船舱峪长城 37 段（总第 76 段，编码 120225382102170076）

此段长城墙体类别为石墙，自船舱峪长城 36 段山险止点（高程 818 米）起，至船舱峪长城 38 段山险起点（高程 815 米）截止，长 14.62 米，东北—西南走向。（彩图一四二）

此段长城位于山脊，北与船舱峪长城 36 段山险止点相连，向南延伸至船舱峪长城 38 段山险起点。墙体内侧为缓坡，外侧为山谷陡坡，山势较陡峭。墙体基础大部分经过人工铲平处理，墙体用石块干垒而成，具体垒砌方法为用大石块垒砌两侧墙壁，用小石块和碎石片、土填充中间部位，形成完整墙体。墙体剖面呈不规则梯形，下部较宽，有收分。

此段长城墙体整体保存一般。两端相对中部稍完整，中部有长 5 米的大豁口，墙体坍塌。墙体外侧有一条登城步道，（彩图一四三）台阶状，长 6、宽 0.8 米。墙体上垛口、马道尚存，上面长有杂草、树木等植被。墙体内侧有船舱峪长城 2 号火池。

墙体顶部倒塌主要因为垒砌不够牢固，自然塌落所致；季节性地表径流对墙体基础造成冲刷；墙体上生长的少量杂草、灌木等根系的生长，加之剧烈的地质灾害，对墙体构成严重的安全隐患。在墙体豁口处修建登城步道，人为因素破坏痕迹明显。

船舱峪长城 38 段（总第 77 段，编码 120225382106170077）

此段长城墙体类别为山险，自船舱峪长城 37 段石墙止点（高程 815 米）起，顺山势，至船舱峪长城 39 段石墙起点（高程 768 米）截止，长 123.15 米，东北—西南走向。（彩图一四四）

此段山险位于山顶，北与船舱峪长城 37 段石墙止点相连，南与船舱峪长城 39 段石墙起点相接。完全利用陡峭山崖，看不出人为加工修整的痕迹。山险顶部较平，东北高西南低，东西两侧为山崖陡坡。有一条供游览的小路纵贯山险，小路呈之字形，宽 0.5～0.7 米。四周地面有石块、杂草与树木。山险上有古代翻越山脊人工开凿的脚窝痕迹。

该山险整体保存较好，基本保持险要陡峭的原貌。近年来植树造林，山险两侧生长许多高大树木，加之剧烈的地质灾害使部分山石滚落，影响了山险外观，小路的修建与山险极不协调，破坏了山险的外部环境，人为因素破坏痕迹明显。

船舱峪长城 39 段（总第 78 段，编码 120225382102170078）

此段长城墙体类别为石墙，自船舱峪长城 38 段山险止点（高程 768 米）起，至船舱峪长城 40 段山险起点（高程 761 米）截止，长 43.58 米，东北—西南走向。（彩图一四五）

此段长城位于山脊，北与船舱峪长城 38 段山险止点相连，向南延伸至船舱峪长城 40 段山险起点。墙体内侧为缓坡，外侧为山谷陡坡，山势比较陡峭。两侧植被为杂草、树木。

此段长城为自然基础，从部分墙体断面观察，墙体用石块干垒而成，垒砌方法与其他段长城墙体基本相同，内外两侧用石块垒砌两道墙体外侧边，中间用小石块和碎石片、土填充，形成完整墙体。墙体剖面呈不规则梯形，下部较宽，有收分。

此段长城墙体整体保存较好。平面呈弧形，东段墙体保存较为完整，可观测到垛口、马道的形态尺寸。西段墙体倒塌严重，有长 20 米的缺口，石块滚落山谷。墙体内侧有宽 1 米的豁口，与小道相通。

根据《长城资源调查工作手册》的技术要求，按照长城墙体拐折点分布情况，此段长城墙体又细分为 2 小段，分述如下。

第一小段：起点海拔 768 米，止点海拔 760 米。此小段长城长 23.58 米，保存较好。墙体上部宽 1.7 米，可观测到垛口和马道。垛口上部倒塌，仅保留基础，厚 0.5、残高 1 米。马道用修整过的不规则石板平铺而成，宽 1.2 米。（彩图一四六）墙体顶部距内侧地表最高 2.2 米，距外侧地表最高 3.8 米。长城自此小段止点拐向西并上折。

第二小段：起点海拔 760 米，止点海拔 761 米。此小段长城长 20 米，保存较好。墙体向内、外侧均有倒塌。上部宽度无法测量，垛口残失，形态不详。

垒砌不牢固、地质灾害是造成墙体倒塌的主要原因，季节性地表径流对墙体基础造成冲刷，植物根系的生长构成对墙体的安全隐患。墙体被扒开一个豁口，石块被拆除、移位，人为因素破坏痕迹明显。

船舱峪长城 40 段（总第 79 段，编码 120225382106170079）

此段长城墙体类别为山险，自船舱峪长城 39 段石墙止点（高程 761 米）起，顺山势，至船舱峪长城 9 号敌台东北侧（高程 761 米）截止，长 33.6 米，东北—西南走向。（彩图一四七）

此段长城地处山顶，东北与船舱峪长城 39 段石墙止点相连，西南与船舱峪长城 9 号敌台东北相接，完全利用陡峭山崖，看不出人为加工修整的痕迹。顶部东北高西南低，高低不平，上面长满杂草与灌木。东西两侧为山沟陡坡，四周地面散布石块，生长杂草与树木，有一条宽 0.4~0.6 米的小路直达顶部。山险上有古代人们为翻越山脊人工开凿的脚窝痕迹。

该山险整体保存较好，基本保持险要陡峭的原貌。近年来植树造林，山险两侧生长许多高大树木，影响了山险外观，未发现其他人为因素破坏痕迹。

船舱峪长城 41 段（总第 80 段，编码 120225382105170080）

此段长城墙体类别为山险墙，自船舱峪长城 9 号敌台东北角（高程 761 米）起，顺山势，至船舱峪长城 42 段石墙起点（高程 728 米）截止，长 150.41 米，东北—西南走向。（彩图一四八）

此段山险墙位于山脊，北与船舱峪长城 9 号敌台东北角相连，南与船舱峪长城 42 段石墙起点相接。地势险峻，山险墙顶部崎岖不平，东北高西南低，西侧为山崖，东侧为陡坡，上有一条呈之字形的小路，宽 0.4~0.6 米，长有荆棘等灌木。

此段山险墙整体保存较好，有明显人工修整痕迹，大部分将岩石削成垂直的壁面，形成劈山墙。根据《长城资源调查工作手册》的技术要求，按照长城墙体拐折点分布情况，此段山险墙又细分为 2 小段，分述如下。

第一小段：起点海拔 761 米，止点海拔 728 米。此段山险墙长 115.41 米，保存较好。长城自此小段止点拐向西。

第二小段：起点海拔 728 米，止点海拔 728 米。此段山险墙长 35 米，保存较好。

由于近几年封山育林，山险墙上部及两侧生长许多高大树木，加之剧烈的地质灾害影响，部分墙体山石滚落或被雨水冲走。此段山险墙所处地势陡峭，人迹罕至，未发现人为因素破坏的痕迹。

船舱峪长城 42 段（总第 81 段，编码 120225382102170081）

此段长城墙体类别为石墙，自船舱峪长城 41 段山险墙止点（高程 728 米）起，顺山势沿山脊修建，至船舱峪长城 43 段石墙起点（高程 666 米）截止，长 412.07 米，东—西走向。（彩图一四九、一五〇）

此段长城位于山脊，东与船舱峪长城 41 段山险墙止点相连，向西延伸至船舱峪长城 43 段石墙起点。墙体内侧为陡坡，外侧为险峻悬崖，山势比较陡峭。生长杂草、树木等植被。

长城墙体基础经过人工铲平，从部分墙体断面观察，墙体用石块干垒而成，下宽上窄，有收分。墙体垒砌方法与其他段长城墙体基本相同，墙体内外两侧用大石块垒砌两道墙体外侧边，中间用小石块和碎石片、土填充，形成完整墙体。

长城墙体整体保存较好，起点至 2 米处的墙体外侧倒塌；垛口大部分倒塌；墙体内侧保存较完整，可观测到垛口、马道，有一条与墙体平行的小路。墙体中部与止点处各有一缺口，缺口宽 1 米，与墙体内侧的小路相通。距墙体内侧 4 米保存船舱峪长城 3 号居住址。其中保存较好的墙体长 233.54 米，保存一般的墙体长 178.53 米。

根据《长城资源调查工作手册》的技术要求，按照长城墙体保存状况、拐折点分布情况，此段长城墙体又细分为 9 小段，分述如下。

第一小段：起点海拔 728 米，止点海拔 728 米。此小段长城长 16 米，保存一般。有 2 米长的墙体外侧倒塌，垛口全部倒塌，尺寸无法测量，形态不详。部分地段可观测到马道，为修整过的平整石板平铺而成，宽 1.2 米。墙体顶部距外侧地表最高 1.7 米，距内侧地表最高 0.5 米。长城自此小段止点拐向南并下折。

第二小段：起点海拔 728 米，止点海拔 694 米。此小段长城长 135.53 米，保存一般。长城自此小段止点拐向西并上折。

第三小段：起点海拔 694 米，止点海拔 702 米。此小段长城长 17 米，保存较好。长城自此小段止点拐向西并直行。

第四小段：起点海拔 702 米，止点海拔 705 米。此小段长城长 19 米，保存较好。墙体上部宽 2.1 米；垛口上部全部倒塌，仅存基础，厚 0.6、高 0.4 米。马道为修整过的不规则平整石板平铺而成，保存较完整，宽 1.5 米。墙体顶部距内侧地表最高 1 米，距外侧地表最高 2.2 米。长城自此小段止点拐向西南并下折。

第五小段：起点海拔 705 米，止点海拔 678 米。此小段长城长 55 米，保存较好。部分垛口上部倒塌，垛口基础厚 0.5 米。部分墙体可观测到马道，为修整过的平整石板平铺而成，宽 1.4 米。墙体顶部距内侧地表最高 0.9 米，距外侧地表最高 1.8 米。长城自此小段止点拐向西并直行。

第六小段：起点海拔 678 米，止点海拔 680 米。此小段长城长 94.54 米，保存较好。墙体上部宽 1.7 米，部分地段可观测到垛口和马道。垛口上部倒塌，仅存基础，厚 0.5 米。马道为修整过的平整石板平铺而成，宽 1.2 米。墙体顶部距内侧地表最高 1.5 米，距外侧地表最高 1.8 米。长城自此小段止点拐向西南。

第七小段：起点海拔 680 米，止点海拔 670 米。此小段长城长 48 米，保存较好。长城自此小段止点拐向西北并呈近 90° 上折。

第八小段：起点海拔 670 米，止点海拔 675 米。此小段长城长 7 米，保存一般。长城自此小段止点拐向西并下折。

第九小段：起点海拔 675 米，止点海拔 666 米。此小段长城长 20 米，保存一般。

垒砌不牢固、地质灾害是造成墙体大部分倒塌的主要原因，季节性地表径流对墙体基础造成冲刷，植物根系的生长，对墙体构成严重的安全隐患。为方便游客游览，人为将长城墙体扒开一个豁口，个别地段墙体石块被拆除、移位，人为因素破坏痕迹明显。

船舱峪长城 43 段（总第 82 段，编码 1202253821021 70082）

此段长城墙体类别为石墙，自船舱峪长城 42 段石墙止点（高程 666 米）起，至船舱峪长城 44 段山险起点（高程 602 米）截止，长 136.31 米，东南—西北走向。（彩图一五一）

此段长城位于山脊，东南与船舱峪长城 42 段石墙止点相连，向西北延伸至船舱峪长城 44 段山险起点。墙体内侧为陡坡，外侧为险峻悬崖，山势比较陡峭。生长杂草、树木等植被。

此段长城为自然基础，从部分墙体断面观察，墙体为石块干垒而成，垒砌方法与其他段长城墙体基本相同。墙体剖面呈不规则梯形，有收分，上部较窄。

此段长城墙体整体保存较差，距起点 4 米处有一条小路横穿墙体，宽约 1 米，此处墙体破坏严重，碎石散落。墙体内侧有一条与墙体平行的小路。

根据《长城资源调查工作手册》的技术要求，按照长城墙体保存状况、拐折点分布情况，此段长城墙体又细分为 2 小段，分述如下。

第一小段：起点海拔 666 米，止点海拔 608 米。此小段长城长 90.85 米，保存较差。长城自此小段止点拐向西北并下折。

第二小段：起点海拔 608 米，止点海拔 602 米。此小段长城长 45.46 米，保存较差。墙体倒塌严重，碎石散落。上部宽度无法测量；垛口全部倒塌，尺寸无法测量，形态不详。

垒砌不牢固、地质灾害是造成墙体大部分倒塌的主要原因，季节性地表径流对墙体基础造成冲刷，植物根系的生长，对墙体构成新的安全隐患。未发现人为因素破坏墙体的痕迹。

船舱峪长城 44 段（总第 83 段，编码 120225382106170083）

此段长城墙体类别为山险，自船舱峪长城 43 段石墙止点（高程 602 米）起，顺山势，至船舱峪长城 45 段石墙起点（高程 435 米）截止，长 188.46 米，东北—西南走向。（彩图一五二）

此段山险地处山顶，东北与船舱峪长城 43 段石墙止点相连，西南与船舱峪长城 45 段石墙起点相接，完全利用陡峭山崖，看不出人为加工修整的痕迹。北侧为悬崖峭壁，南侧坡度较缓，顶部相对平坦，经过人为加工修整过。由此推断山险与长城墙体之间，应该经常有人巡逻。

该山险整体保存较好，基本保持险要陡峭的原貌。因地势险峻陡峭，人迹罕至，人为与自然因素破坏均不明显。

船舱峪长城 45 段（总第 84 段，编码 120225382102170084）

此段长城墙体类别为石墙，自船舱峪长城 44 段山险止点（高程 435 米）起，至船舱峪长城 46 段山险起点（高程 432 米）截止，长 7.41 米，南—北走向。（彩图一五三）

此段长城位于一处山口，南与船舱峪长城 44 段山险止点相连，向北延伸至船舱峪长城 46 段山险起点。墙体内侧为陡坡，外侧为险峻悬崖，山势比较陡峭。修建此段长城墙体的目的就是将通往山口内外的道路堵死，以起到防御的作用。

此段长城为自然基础，从部分墙体断面观察，墙体用石块干垒而成，垒砌方法与其他段长城墙体基本相同，墙体缝隙之间用碎石填充，不见黄黏土或三合土黏结。墙体剖面呈不规则梯形，有收分，上部较窄。

此段长城墙体整体保存较差，大部分倒塌严重，全部向内侧（西侧）倒塌。墙体垒砌很窄，上部宽 1.23~1.51 米，不见垛口痕迹。墙体保存很矮，残高 0.42~0.86 米。

大部分墙体倒塌严重，主要因为墙体垒砌较窄，垒砌方法不正确，外侧墙体大部分为大石块垒砌，内侧大部分为小石块垒砌，稳定性不同，内侧墙体受力外张，最终导致墙体坍塌。此段长城所处位置人迹罕至，没有人为因素破坏的迹象。

船舱峪长城 46 段（总第 85 段，编码 120225382106170085）

此段长城墙体类别为山险，自船舱峪长城 45 段石墙止点（高程 432 米）起，顺山势，至船舱峪长城 47 段石墙起点（高程 462 米）截止，长 81.82 米，东南—西北走向。（彩图一五四）

段山险位于山顶，东南与船舱峪长城 45 段石墙止点相连，西北与船舱峪长城 47 段石墙起点相接，完全利用陡峭的山崖，看不出人为加工修整的痕迹。山险外侧为悬崖陡峭，深 70 米以上，人类无法攀登，内侧相对平缓。山险顶部地势不平，人无法站立，只能攀爬而过。

山险整体保存较好，基本保持险要陡峭的原貌。近年来植树造林，山险两侧生长许多高大树木，加之剧烈的地质灾害使部分山石滚落，影响了山险外观。此段山险人迹罕至，未发现人为因素破坏的痕迹。

船舱峪长城 47 段（总第 86 段，编码 120225382102170086）

此段长城墙体类别为石墙，自船舱峪长城 46 段山险止点（高程 462 米）起，至船舱峪长城 10 号敌台东侧（高程 412 米）截止，长 85.93 米，东南—西北走向。（彩图一五五）

此段长城位于山脊，东南与船舱峪长城 46 段山险止点相连，向西北延伸至船舱峪长城 10 号敌台。墙体内侧为陡坡，外侧为险峻悬崖，山势比较陡峭。

此段长城墙体为自然基础，从部分断面观察，墙体用石块干垒，上窄下宽，有收分。墙体垒砌方法与其他段长城墙体基本相同，用大石块垒砌墙体内、外侧边，中间用碎石填充，不见黄黏土或三合土黏结。

此段长城垒砌方式出现两个变化：其一，改变以往墙体与山势平行垒砌，为随山势变化呈台阶状垒砌；其二，在陡峭的地方墙体垒砌极窄。

此段长城墙体整体保存较差，墙体有两处坍塌比较严重，均向外侧倒塌，墙体内侧保存较好。此段墙体比较有特色，一方面墙体在垒砌过程中，随山势向下，因坡度太陡，将墙体垒砌成若干逐渐向下的台阶，高 0.81~1.23 米，可使墙体自身重心不致随坡度向下集中，有利墙体的牢固。另一方面，部分墙体紧靠陡峭崖壁垒砌，墙体很窄，宽仅 0.82 米，相当于垛口，岩体成了墙体，即节省了石料，又起到墙体的作用。此段墙体剖面呈不规则梯形，上部较窄，上宽 2.23~2.41、下宽 2.78~3.01 米，收分 0.6 米左右，残高 0.82~1.71 米。部分墙体可看出垛口痕迹，垛口用大石块干垒而成，上部全部倒塌，仅存基础，厚 0.7~0.9、残高 0.2~1.2 米。

垒砌不牢固、地质灾害是造成墙体大部分倒塌的主要原因，季节性地表径流对墙体基础造成冲刷，植物根系的生长，对墙体构成新的安全隐患。未发现人为破坏墙体的痕迹。

船舱峪长城 48 段（总第 87 段，编码 120225382102170087）

此段长城墙体类别为石墙，自船舱峪长城 10 号敌台东侧（高程 412 米）起，至天津市蓟县下营镇船舱峪村西北 4.2 千米处九沟寨山谷山险起点（高程 391 米）截止，长 37.2 米，东南—西北走向。（彩图一五六）

此段长城墙体位于山脊，东南与船舱峪长城 10 号敌台相连，向西北延伸至九沟寨山谷山险，下临山谷。墙体内侧为陡坡，外侧为险峻悬崖，是扼守山谷的重要屏障，山势比较陡峭，地理位置十分重要。

此段长城为自然基础，从部分断面观察，墙体用石块干垒而成。墙体垒砌方法与其他段长城墙体基本相同，用大石块垒砌两道墙体外侧边，中间用小石块和碎石片、土填充，用三合土为石块之间的黏结物。墙体剖面呈不规则梯形，有收分，上部较窄。

此段长城墙体整体保存差，大部分坍塌，石块散落两侧或滚落沟底，现场形成一长条形石块堆积，仅存基础部分，宽 2.35、高 0.4~0.6 米，仅有一段约 3 米的墙体保留 1.45 米高。墙体上长满杂草和树木。

垒砌不牢固、地质灾害是造成墙体大部分倒塌的主要原因，季节性地表径流对墙体基础造成冲刷，植物根系的生长，对墙体构成新的安全隐患。从垒砌墙体的石块散落没有规律看，应与人为拆除、破坏有关，人为因素破坏较严重。

（二）敌台

船舱峪长城 1 号敌台（总第 14 号，编码 120225352101170014）

该敌台位于天津市蓟县下营镇船舱峪村西北 1.3 千米、船舱峪长城 8 段墙体起点的一处山顶上，北侧为近断崖的陡坡，西、南侧为山体陡坡，敌台东部下有面积很小的一块地势较平坦，东侧为断崖，敌台周边生长小树、野草和橡树等植被。

该敌台为砖石质。平面呈长方形，剖面呈梯形。方向为 10°。中心高程 581 米。（图三二；彩图一五七、一五八）

敌台一部分建在长城墙体拐弯处上，自明代修建以来无任何修缮，保存较差。敌台上部全部倒塌，可观测出敌台分上、下两部分，即下部条石基础和上部包砖。下部条石基础平面呈椭圆形，东西长 17.6 米，南北尺寸不详。剖面呈梯形。北壁保存较好，残高 3.7 米，收分 0.8 米，东壁残高 1.8 米，

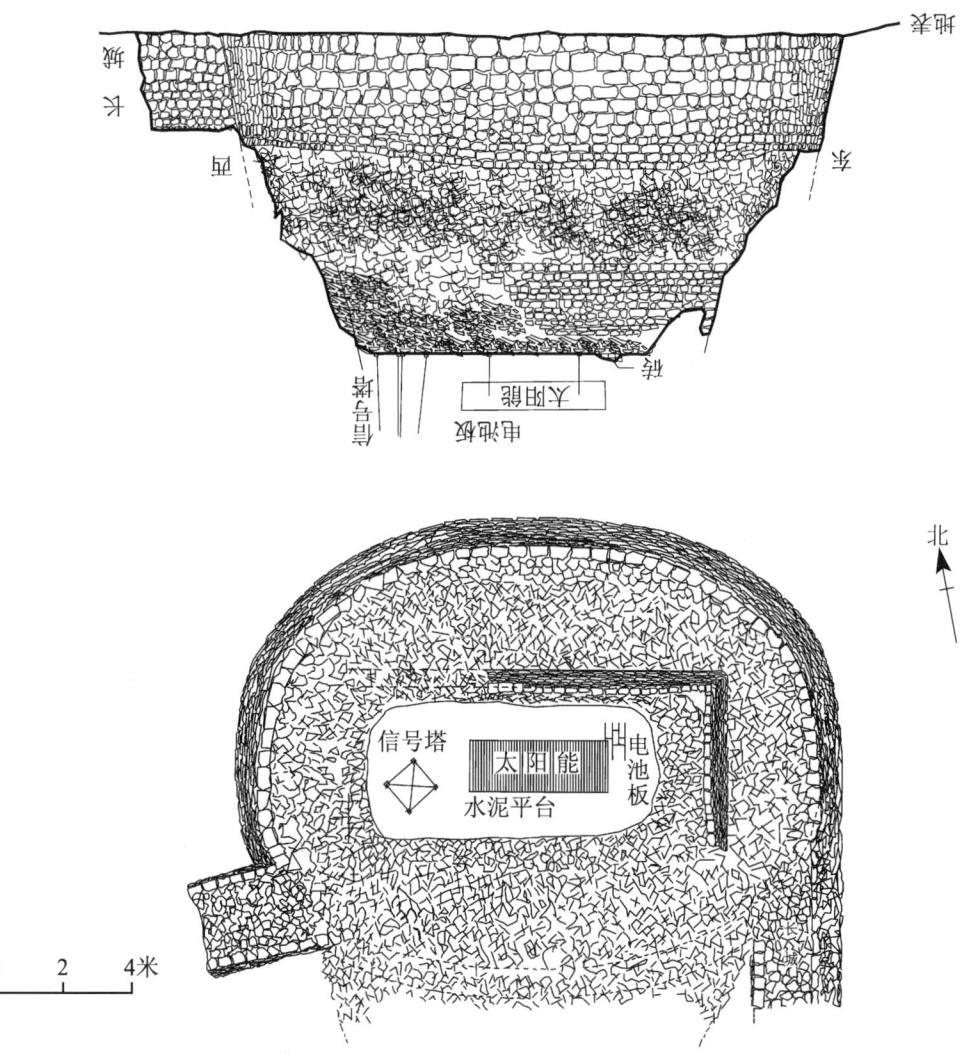

图三二　船舱峪长城 1 号敌台平面、北壁正视图

西壁残高 2.5 米，南壁全部倒塌。敌台东南角、西南角与长城墙体相连，上面堆积碎砖石，部分地方长有野草。敌台基础四壁用不规则的石块、条石干垒，中间用小石块填充，石块之间缝隙未见黏结物。包砖部分建在条石基础之上，从现状推测，平面应为长方形，东西长，南北短，现只存东北角一部分，具体尺寸不详，残存最高 2 米，顶部堆积碎砖石。敌台上部有现代修建的一个水泥平台，上面设一座信号塔及太阳能发电板。敌台东北角条石基础上保存一小段包砖墙，仅存 2 层，平垒，高 0.2 米，南北向，用三合灰黏结，砖长 40、宽 19、厚 10 厘米。敌台高 8.9 米。该敌台东南距古强峪长城 6 号敌台约 1.2 千米，西北距船舱峪长城 2 号敌台约 0.56 千米。

敌台全部坍塌，只存基础部分，现场石块散落，这种情况应该为人为拆毁所致。基础条石部分倒塌，可能与敌台垒砌不牢固和地质灾害有关。敌台顶部修建信号塔，其基础破坏了敌台本体；敌台上生长杂草和灌木，根系对现存基础构成严重威胁。人为和自然因素对敌台的潜在威胁仍不可忽视。

船舱峪长城 2 号敌台（总第 15 号，编码 120225352101170015）

该敌台位于天津市蓟县下营镇船舱峪村西北 1.5 千米一处山顶上、船舱峪长城 9 段墙体起点处，西侧和东侧为陡坡谷底，南、北侧为山险，周边生长小树、野草和橡树等植被。

敌台为砖石质。平面呈长方形，东西长 9.5、南北宽 8.5、高约 1.5 米。剖面呈梯形。方向为 50°。中心高程 645 米。（图三三；彩图一五九、一六〇）

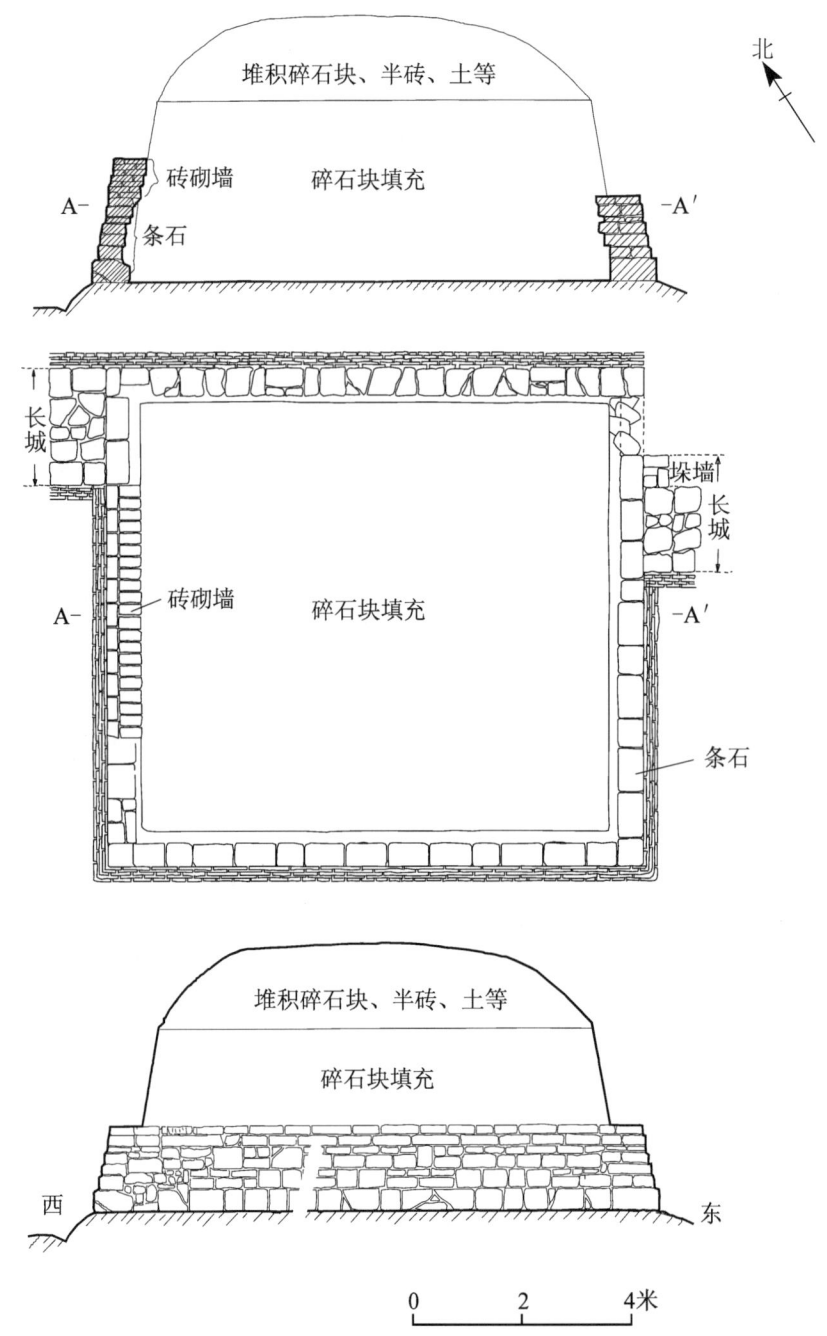

图三三　船舱峪长城 2 号敌台平、剖面及南壁正视图

此敌台自明代修建以来无任何修缮，保存一般。上部全部倒塌，仅存东、南、西部基础。上部第一、二层用条石垒砌，石块之间缝隙用黄黏土和三合灰混合黏结。敌台北壁、西南角条石基础上部垒

砌青砖，现仅存一层，西南角往东2.25米处的墙体从断面可见高约0.7米，青砖缝隙之间用三合灰黏结。敌台为实心，内部用大小不一的石块填充。顶部已被泥土覆盖，长满杂草。该敌台北距船舱峪长城3号敌台约0.18千米，南距船舱峪长城1号敌台约0.56千米，长城墙体由敌台北部东西向经过。

敌台上部包砖基本残失，现场碎砖散落，不见完整青砖。这种情况应该为人为拆移青砖所致。顶部杂草丛生，大量灌木生长，根系的生长对现存敌台基础构成严重威胁。

船舱峪长城3号敌台（总第16号，编码120225352101170016）

该敌台位于天津市蓟县下营镇船舱峪村西北1.6千米一山脊上、船舱峪长城10段起点处。西侧为缓坡，南、北侧为山崖，周边生长小树、杂草和橡树等植被。

该敌台为石质。平面呈近正方形，南北长约7、东西宽约6.7米。剖面呈梯形。方向为330°。中心高程620米。（图三四；彩图一六一、一六二）

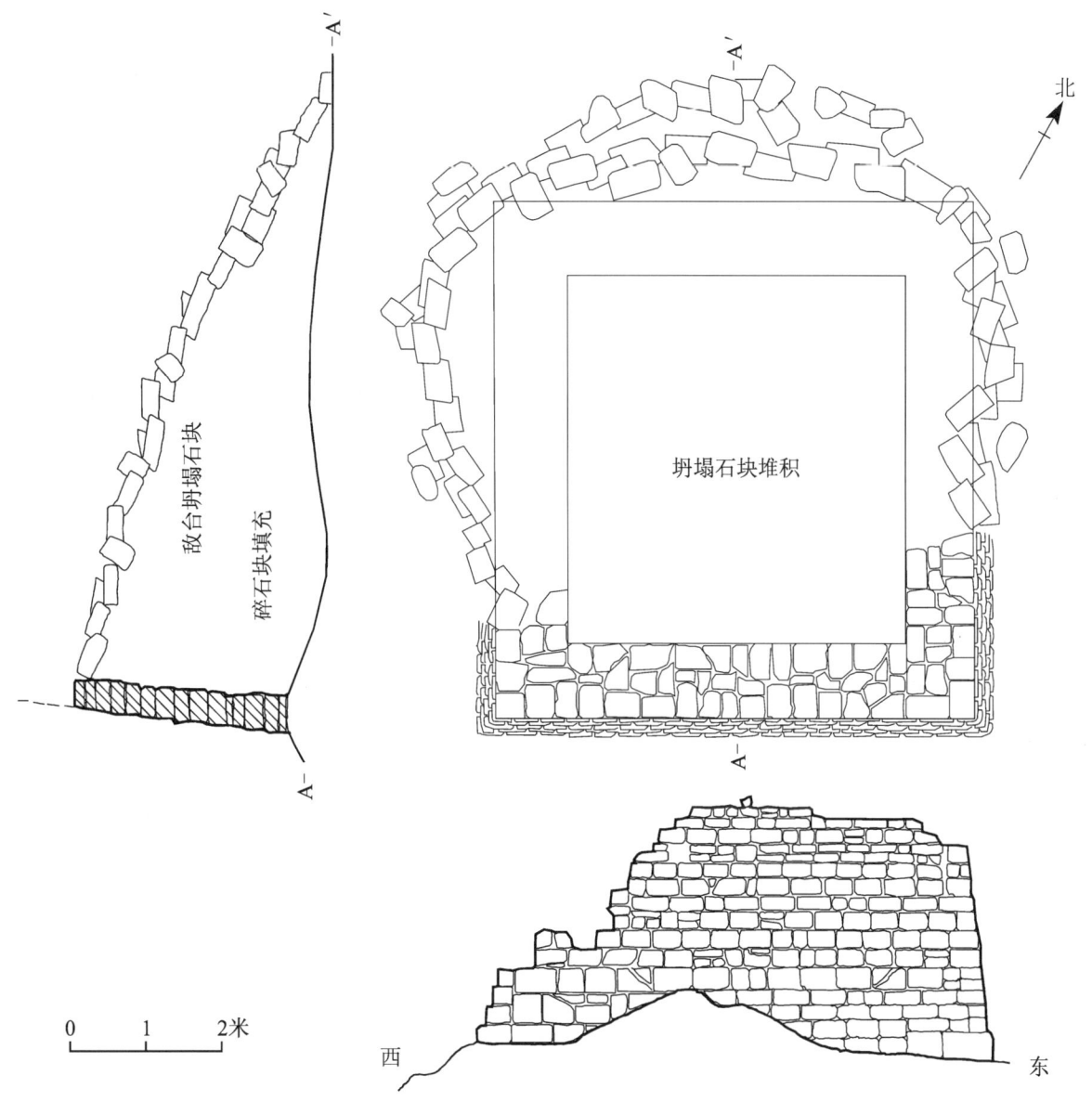

图三四　船舱峪长城3号敌台平、剖面及南壁正视图

　　此敌台自明代修建以来无任何修缮，保存一般。敌台上部全部倒塌，仅存基础。该敌台为实心。墙体用大小不一的石块干垒，石块之间缝隙无黏结物。敌台北壁和西壁坍塌；东壁部分坍塌，东南部仅存一部分，底部长 3.7、上部长 2.25 米；南壁保存较好，部分石块移位，与东壁接触部位出现裂缝，高约 3.5 米。现场不见青砖、瓦片，推测此敌台应为实心。

　　长城墙体由敌台东部呈圆弧形绕过，与敌台不相连，距敌台东南角 3.6 米。敌台西北角 14 米处有船舱峪长城 1 号烟灶，东北有船舱峪长城 2 号烽火台和船舱峪长城 1 号水窖。该敌台北距船舱峪长城 4 号敌台约 0.3 千米，南距船舱峪长城 2 号敌台约 0.18 千米。

　　此敌台南壁保存较好，其他各壁均有倒塌，现场可以清楚地看出是从北壁倒塌，带动东、西壁及内部石块倒塌。这种情况应该为垒砌不当、自然坍塌所致。人为因素破坏不明显。

　　船舱峪长城 4 号敌台（总第 17 号，编码 120225352101170017）

　　该敌台位于天津市蓟县下营镇船舱峪村西北 2 千米一处山顶、船舱峪长城 11 段起点，南、北与长城相连，南、西侧为缓坡，北侧为陡坡，东侧为山险断崖，周边生长小树、杂草和橡树等植被。

　　该敌台为砖石质。平面呈长方形，南北长 8.2、东西宽 7.5、高 2.9 米。剖面呈梯形。收分 0.2 米。方向为 10°。中心高程 709 米。（图三五；彩图一六三～一六七）

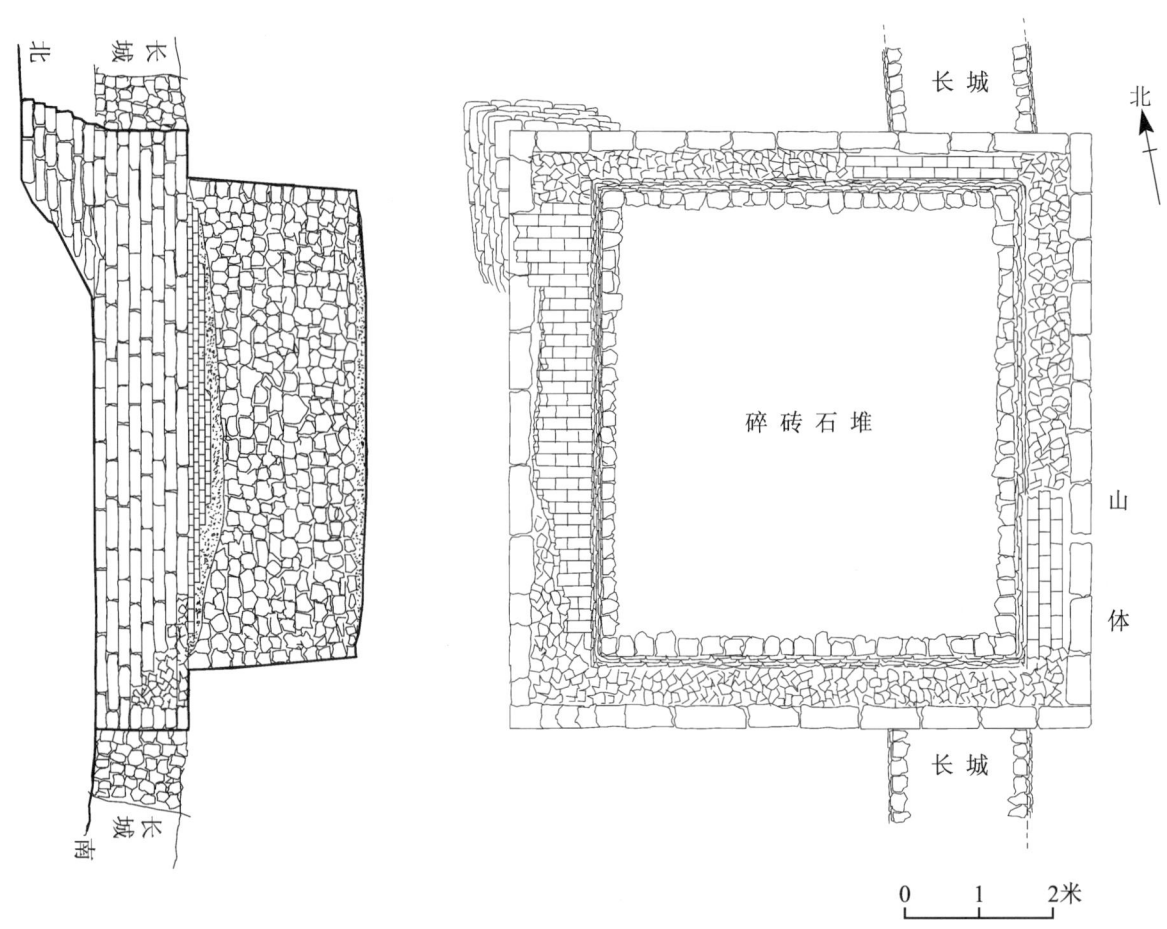

0　　　1　　　2米

图三五　船舱峪长城 4 号敌台平面、西壁正视图

敌台南、北侧与长城墙体相连。从现状看应是先建敌台，后垒砌长城墙体。自明代修建以来无任何修缮，保存较好。顶部基本倒塌，仅存部分包砖和条石基础。

敌台条石基础用大小不一的石块干垒，石块之间缝隙无黏结物。西壁高1.6米；北壁高0.8～1.2米；东壁最高处1.5米，有一部分建在山体岩石上；南壁下部被倒塌的砖石块堆积叠压，只能观测到上部，下部形态不详。条石基础上残存包砖，最宽1.3米，共4层，高0.4米，西、北、东壁有包砖，南壁被堆积所压。四壁包砖厚度不同，北壁厚0.8、西壁厚1.4、南壁厚1、东壁厚1.1米。西北角下部有高1.2米的垫层，可能是建台时此处较低，垫起后同其他地面同高后建台。敌台上部包砖内部填充石块保存基本完好，现高2.9米，用不规则的块石干垒而成，顶部稍隆起，有杂土，长满野草。基础条石长20～15、宽30～40、厚20厘米左右，青砖长40、宽18、高10厘米。敌台顶部发现一块完整的方砖，边长40、厚6厘米。敌台南、北侧与长城相连，西北侧距船舱峪长城5号敌台约0.4千米，南距船舱峪长城3号敌台约0.3千米，西10米为船舱峪长城2号烟灶。

敌台保存相对较好，顶部坍塌，墙体外侧包砖基本残失，仅存基础及内部垒砌的石块，现场石块、碎砖块散落，基本不见完整青砖。这种情况应该为人为拆除青砖挪作他用所致，人为破坏因素明显。基础条石部分倒塌，可能与敌台垒砌不牢有关；顶部生长大量杂草和灌木，根系对现存敌台基础构成严重威胁。

船舱峪长城5号敌台（总第18号，编码120225352101170018）

该敌台位于天津市蓟县下营镇船舱峪村西北2.4千米一处山脊、船舱峪长城第12段墙体起点处，东、北、西侧为陡坡，南侧相对较平缓，周边生长小树、杂草和橡树等植被。

敌台为砖石质。平面呈长方形，南北长10、东西宽7、高5米。剖面呈梯形。方向为35°。中心高程750米。（图三六；彩图一六八、一六九）

敌台自明代修建以来无任何修缮，保存很差。敌台上部包砖全部倒塌，仅存部分条石基础，形成一废墟堆积。敌台东北侧、南侧与长城墙体相连，包砖基石全部倒塌，西北部能看清条石2块，其余可能压在堆积中，堆积中大部分为碎石、碎砖，顶部有少量的杂土，并长满野草。砖长38、宽18、厚9.5厘米，粘有三合灰，背面为素面，有沟纹，条石长60～80、宽30～40、厚20～25厘米，条石一面加工平整，一面未经过加工，凸凹不平。西南部堆积中发现一石构件，应为敌台上的建筑材料。敌台南4米处有船舱峪长城3号烟灶，西北距船舱峪长城6号敌台约0.65千米，东南距船舱峪

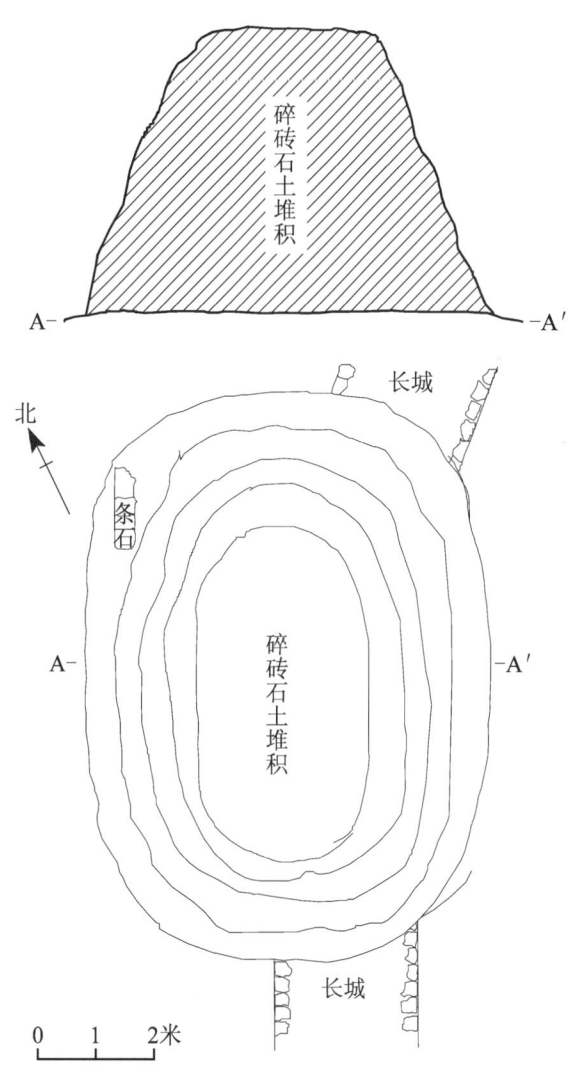

图三六　船舱峪长城5号敌台平、剖面图

长城 4 号敌台约 0.4 千米。

敌台上部包砖、基础条石基本残失，现场碎砖、石块散落，极少见完整青砖，这种情况应该为人为拆除青砖挪作他用所致。敌台顶部杂草丛生，大量高大乔木、灌木生长，根系对敌台基础构成严重威胁。

船舱峪长城 6 号敌台（总第 19 号，编码 120225352101170019）

该敌台位于天津市蓟县下营镇船舱峪村西北 2.8 千米一处山顶、船舱峪长城 18 段墙体起点，敌台四面为陡坡谷底，周边生长小树、杂草和橡树等植被。

敌台为砖石质。平面呈长方形，东西长 9.6、南北宽 8、高约 4.5 米。剖面呈梯形。方向为 310°。中心高程 867 米。（图三七；彩图一七〇～一七三）

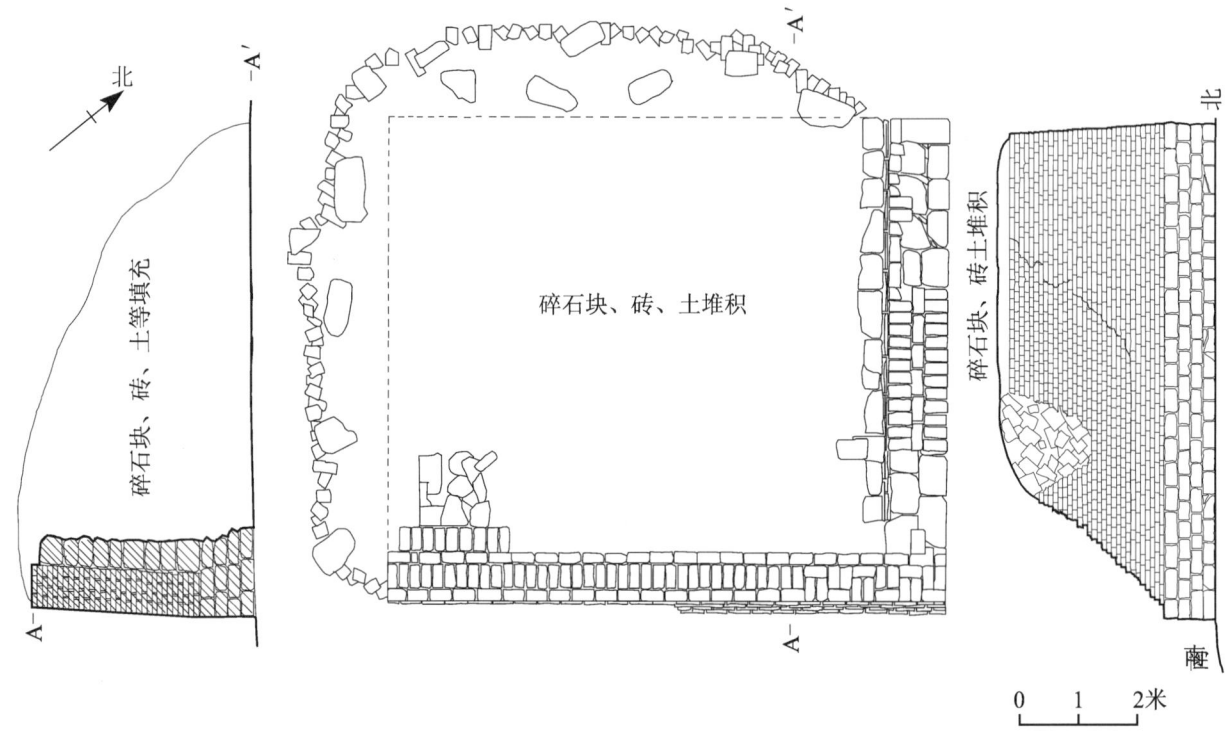

图三七　船舱峪长城 6 号敌台平、剖面及东壁正视图

敌台自明代修建以来无任何修缮，保存一般。顶部基本倒塌，堆满碎砖石、泥土等，仅存部分包砖和条石基础。敌台西、南壁坍塌；北壁大部分坍塌，中间部分残高 0.6 米；东壁保存最好，高 4.5 米，东南角上部随南壁坍塌。

敌台为实心。建筑材料为青砖和石块。基础为条石垒砌，共 4 层，高 1 米，条石之间缝隙用三合土黏结。上部外壁用青砖包砌，厚 0.8 米，现存最高 3.2 米；内部用石块干垒四壁，中间用碎石块、土等填充，石块长 30～80 厘米，青砖长 37.5、宽 17.5、厚 10 厘米。敌台周围发现三角形墙顶砖 1 块，方砖 3 块。敌台西南距船舱峪长城 1 号居住址 13.1 米，西 12 米处依次分布船舱峪长城 4～6 号烟灶。东南角距船舱峪长城 18 段墙体 4.8 米，东北角距船舱峪长城 18 段墙体 1 米，西北距船舱峪长城 7 号敌台约 0.8 千米，东南距船舱峪长城 5 号敌台约 0.65 千米。

敌台西、南壁坍塌，东壁保存较好，北壁部分坍塌，现场碎砖散落，人为因素破坏明显。现场可以清楚地看出倒塌是从南壁开始，带动东、西壁倒塌。这种情况推测应为垒砌不牢固，自然坍塌所致。

敌台顶部杂草丛生，大量灌木生长，根系对现存敌台基础构成严重威胁。

船舱峪长城 7 号敌台（总第 20 号，编码 120225352101170020）

该敌台位于天津市蓟县下营镇船舱峪村西北 3.4 千米一处山脊、船舱峪长城 29 段山险起点处，敌台北侧为断崖，东侧为断崖、山险，南、西侧为陡坡，周边生长小树、杂草和橡树等植被。

敌台为石质。平面呈长方形，东西长 8、南北宽 6 米，西南角残存最高 1.5 米。剖面呈梯形。方向为 330°。中心高程 961 米。（图三八；彩图一七四、一七五）

此敌台自明代修建以来无任何修缮，保存较差。敌台建在山体上，北侧借山体岩石做部分墙体，不与长城相连。顶部全部塌毁，仅存部分条石基础，现场形成一圆形碎石堆积，高约 4.7 米。上面堆满不规则石块，有少量内饰布纹的碎瓦片，厚 1.5 厘米，不见青砖，可推测此敌台不存在包砖现象。敌台上部应该有简易建筑。

敌台条石基础保存情况不一，部分只保存一层条石，部分全部消失，部分条石被乱石堆积覆盖。敌台用大小不一的石块干垒，石块之间缝隙无黏结物。上部情况不详。此敌台南距船舱峪长城 6 号敌台约 0.8 千米，西距船舱峪长城 8 号敌台约 0.3 千米。

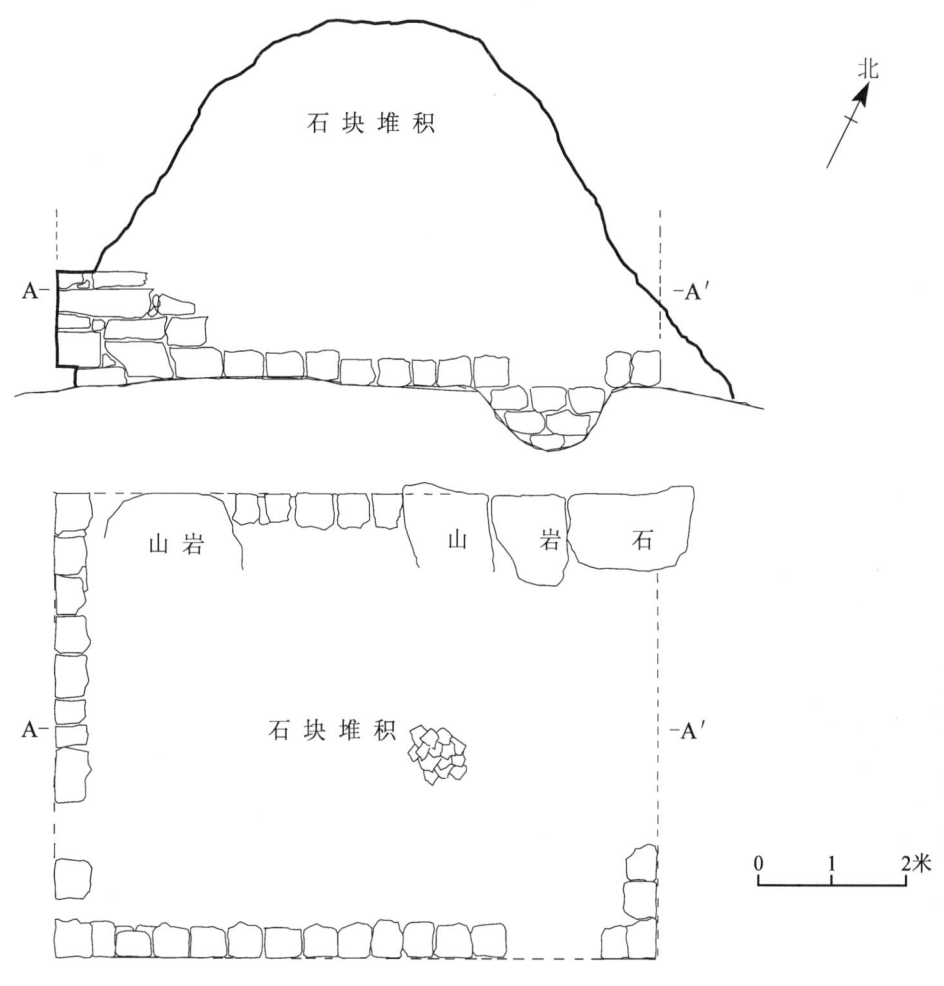

图三八 船舱峪长城 7 号敌台平、剖面图

敌台全部坍塌，只存基础部分；敌台垒砌十分粗糙，垒砌敌台的石块仅经过简单加工，大小不一。敌台损毁的主要原因应该是垒砌不牢、偷工减料所致；敌台顶部杂草丛生，有大量灌木生长，根系对敌台基础构成严重威胁。敌台所处位置地势险峻，人迹罕至，人为因素破坏痕迹不明显。

船舱峪长城 8 号敌台（总第 21 号，编码 120225352101170021）

该敌台位于天津市蓟县下营镇船舱峪村西北 3.5 千米一处山顶、船舱峪长城第 34 段山险起点。南、东侧为断崖，北侧为陡坡，西侧为陡坡谷底，周边生长小树、杂草和橡树等植被。

敌台为砖石质。平面呈长方形，南北长 9.6 米，东西长度不详，收分 0.5 米，残高 4.6 米。剖面呈梯形。方向为 295°。中心高程 963 米。（图三九；彩图一七六～一八〇）

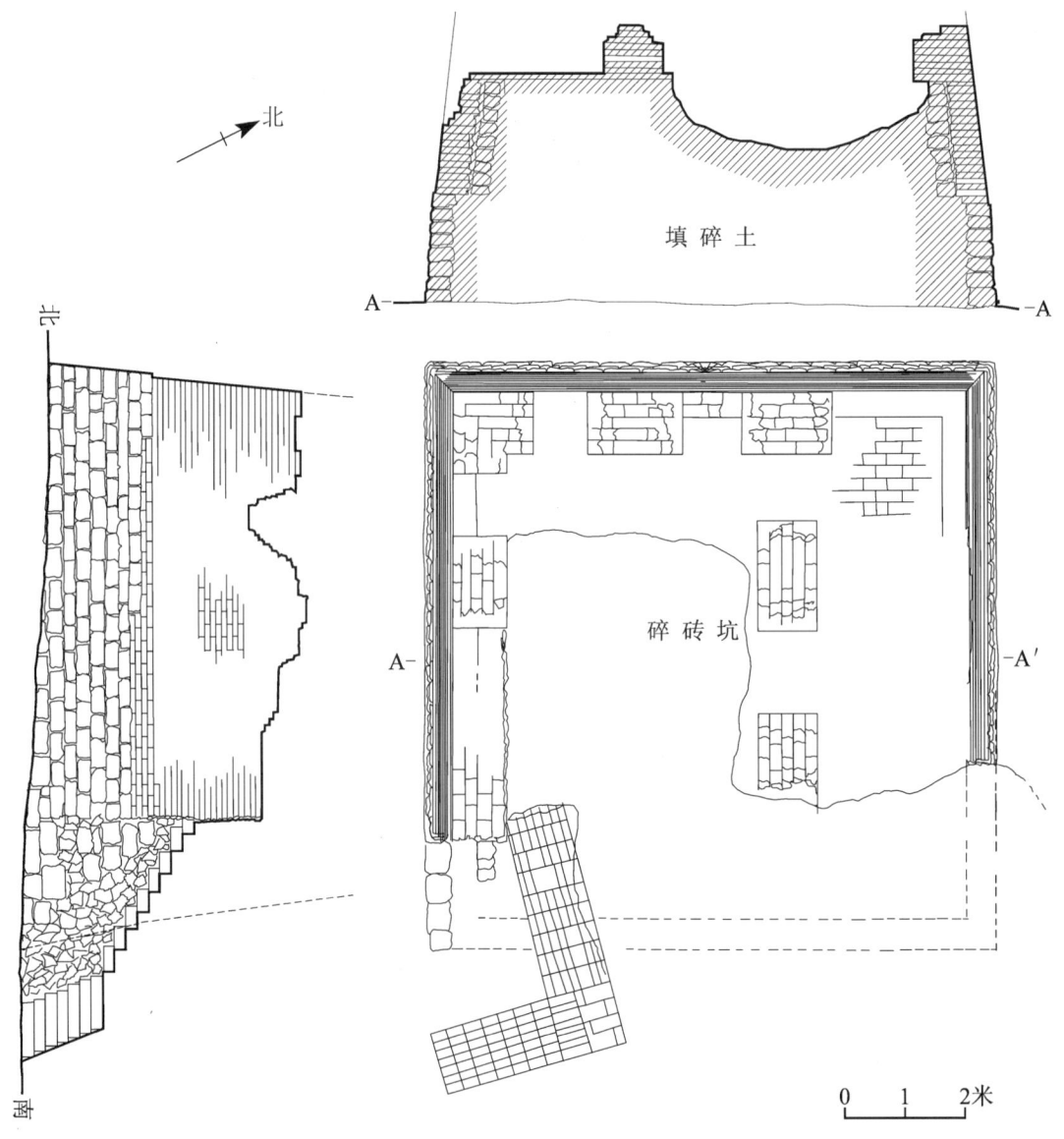

图三九　船舱峪长城 8 号敌台平、剖面及西壁正视图

此敌台建在山体上，下部用加工过的条石作基础，上部砖包，内部填碎石，石条、包砖用三合灰黏结垒砌，自明代修建以来无任何修缮，保存较好。

敌台南壁倒塌，其他三壁保存较好。顶部东侧保存砖铺平台，南半部倒塌，西部有一碎砖坑，平台上垛口残高 0.8 米，（彩图一八一）西、北部保存较好。敌台南部建登台步道，（彩图一八二）保存较好，呈台阶状，用砖垒砌，三合灰黏结，阶宽 1、高 0.2 米。

条石基础高 1.6~1.8 米，条石外壁与上部包砖外壁有 0.05 米的出分，包砖内有一层石砌的墙壁，用不规则的石块干垒，中间填碎石及少量泥土。青砖长 40、宽 19、厚 10 厘米，条石长 20~120、宽 30~50、厚 20~40 厘米。

此敌台东距船舱峪长城 7 号敌台约 0.3 千米，西距船舱峪长城 9 号敌台约 0.88 千米，南部有船舱峪长城 1 号火池。

敌台南壁坍塌，其他三壁保存较好，现场碎砖散落，人为因素破坏明显。可以看出倒塌首先从西壁开始。这种情况推测应该为垒砌不当，自然坍塌所致。敌台顶部生长杂草、灌木，根系对敌台基础构成潜在威胁。

船舱峪长城 9 号敌台 （总第 22 号，编码 120225352101170022）

该敌台位于天津市蓟县下营镇船舱峪村西北 3.8 千米一处山顶、船舱峪长城 41 段山险墙起点处。南、北侧为悬崖峭壁，东、西侧为山体陡坡，周边生长小树、杂草和橡树等植被。

敌台为石质。平面呈正方形，边长 7.8 米、残高 3.8 米。剖面呈梯形。方向为 340°。中心高程 766 米。（图四〇；彩图一八三~一八六）

此敌台自明代修建以来无任何修缮，保存较差。墙体用不规则的石块干垒而成，中间用碎石填充，石块之间缝隙无黏结物。南半部全部向外坍塌；北半部保存较好，北壁保存较完整。东、西壁保存长 3.5 米与 4 米。上部有一残碎瓦片，内饰布纹；推测敌台上部应该有简易建筑。敌台为实心，附近不见青砖，推测敌台未经青砖包砌。

该敌台西南 10 米处呈一字形自北向南分布船舱峪长城 7~10 号烟灶。东距船舱峪长城 8 号敌台约 0.88 千米，西距船舱峪长城 10 号敌台约 1 千米。

敌台南壁坍塌，其他三壁保存较好，现场初步判断应该是敌台南壁首先倒塌，带动东、西壁及敌台内部石块倒塌，此种情况应该是敌台垒砌不牢固、自然坍塌所致。人为因素破坏痕迹不明显。

船舱峪长城 10 号敌台 （总第 23 号，编码 120225352101170023）

该敌台位于天津市蓟县下营镇船舱峪村西北 4.2 千米一处山脊、船舱峪长城 48 段墙体起点处，东、西、南侧是缓坡，北侧为山谷，周边生长小树、杂草和橡树等植被，沟底有公路。

敌台为砖石质。平面呈正方形，边长 8.8、残高 2.4 米。剖面呈梯形。方向为 0°。中心高程 412 米。（图四一；彩图一八七、一八八）

此敌台自明代修建以来无任何修缮，保存较差。敌台建在山体岩石上，基础用不规则大石块垒砌，中间用碎石填充，石块之间缝隙用三合灰土黏结。北、西、南壁被人为破坏，上部包砖及基础条石无存，仅存中间填充的碎石。北壁中间堆积约 1.6 米高的碎石块、土等，顶部碎石、杂土堆积，长有杂草、荆条，旁有宽约 0.9 米的走道。敌台南壁和西壁堆积坍塌的碎石块以及碎三合灰颗粒、碎青砖等，仅北壁可以看到石块缝隙之间用三合灰土黏结。

敌台东、西侧与长城相连接，东距船舱峪长城 9 号敌台 1 千米，西距青山岭长城 1 号敌台约 75 米。

敌台西、北、南壁破坏严重，青砖、条石大部分被拆除，人为因素破坏痕迹明显。敌台顶部杂草丛生，大量灌木生长，根系对现存敌台基础构成严重威胁。

船舱峪长城 11 号敌台 （总第 24 号，编码 120225352101170024）

该敌台位于天津市蓟县下营镇船舱峪村东北、船舱峪寨堡东 0.15 千米的山崖上，东侧较平坦，其

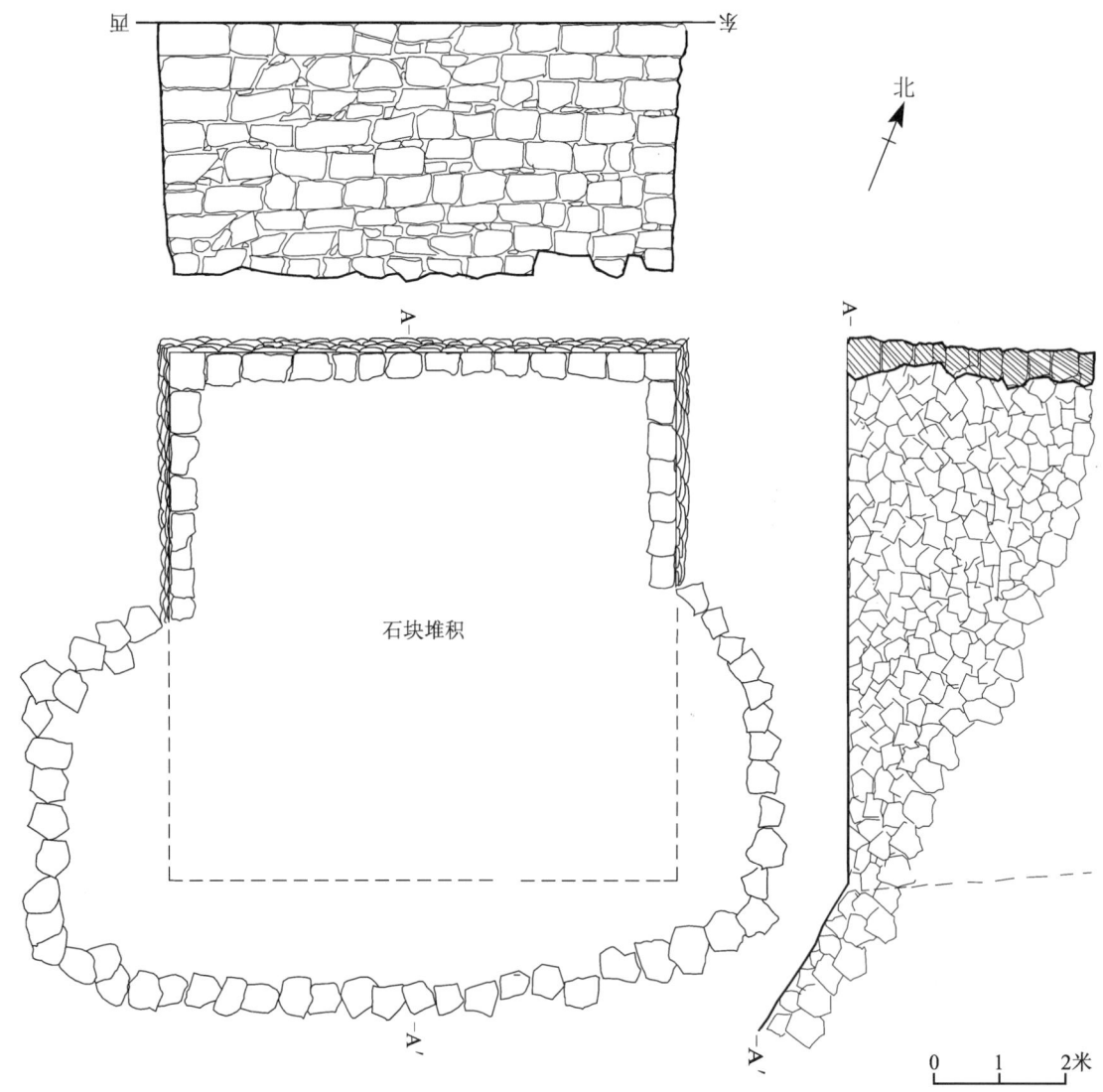

图四○　船舱峪长城 9 号敌台平、剖面及北壁正视图

他三侧为山沟陡坡，周边生长小树、杂草和橡树等植被。

　　该敌台为石质。平面呈正方形，边长 8、残高 2 米。剖面呈梯形。方向为 25°。中心高程 301 米。（图四二；彩图一八九～一九二）

　　此敌台自明代修建以来无任何修缮，保存较差。敌台建在山体岩石上，基础用不规则大石块干垒，为实心，中间用碎石填充，石块之间缝隙未用任何黏结物。

　　敌台墙体用石块干垒而成，四壁倒塌，南、北壁残高 0.4～1.2 米；西壁中部有一段长 3 米的墙体倒塌，残高 0.4～1 米；东壁倒塌严重，仅存基础，高 0～0.3 米。西南部堆积高出基础 1.3 米。敌台残高 2 米。敌台南 5 米处发现一护墙，西南—东北走向，长 11、宽 0.35～0.5、高 0.5～1.5 米，用石块干垒。该敌台西与船舱峪寨堡相距约 80 米。

　　敌台四壁坍塌，东壁仅存基础，损毁原因主要为自然坍塌和人为拆毁。

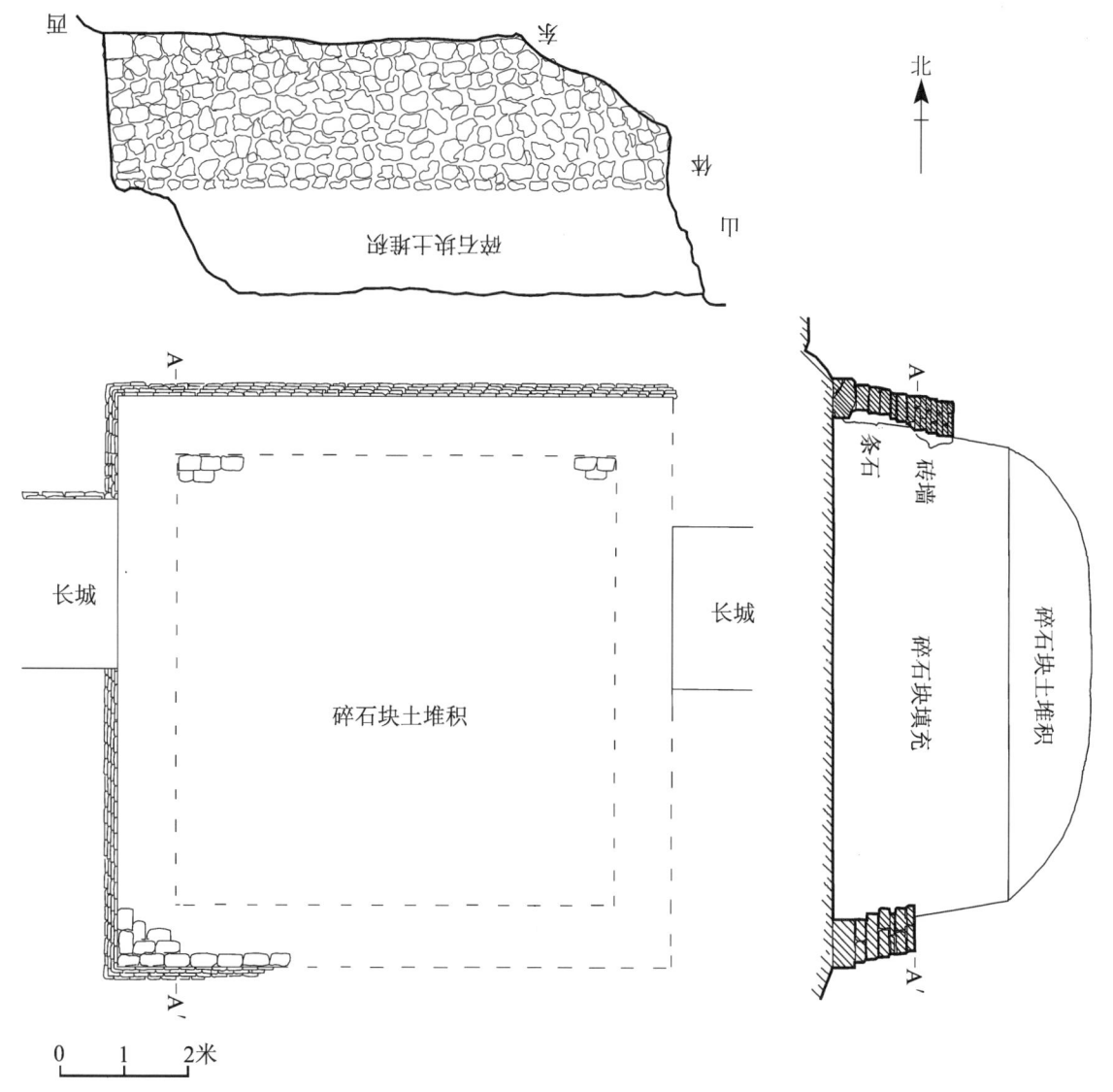

图四一 船舱峪长城 10 号敌台平、剖面及北壁正视图

（三）烽火台

船舱峪长城 1 号烽火台（总第 13 号，编码 120225353201170088）

该烽火台位于天津市蓟县下营镇船舱峪村北、船舱峪长城 5 段北约 20 米，西侧为山崖，东、南、北侧为山沟、陡坡，植被为杂草、灌木。

该烽火台自明代修建以来无任何修缮，保存情况一般。平面呈近椭圆形，南北 6.3、东西 2~4 米，面积约 19 平方米。方向为 0°。中心高程 362 米。（图四三；彩图一九三）

烽火台建筑材料为石块，墙体用不太规则的石块干垒而成，中心用碎石块和黏土填充，无任何黏结物。墙体建在山体岩石上，南、北壁倒塌，只留下部基础；东壁保存较好，平面为弧形，残高 0.3~2.7 米，墙体下山体岩石高 2.5 米；西壁紧靠崖体。烽火台上面长满杂草及灌木。

此烽火台保存较差，坍塌严重，损毁原因主要是垒砌不牢固自然坍塌，加之山顶雨水冲刷所致。人为因素破坏痕迹不明显。

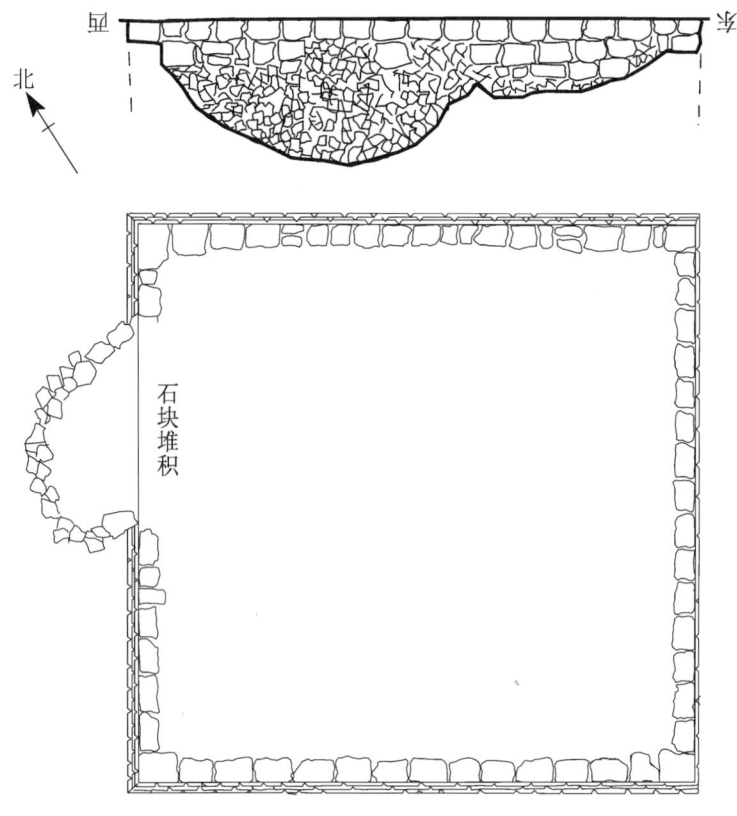

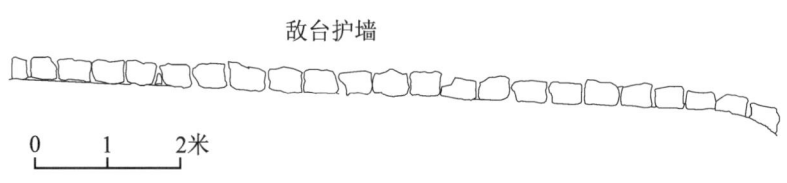

图四二　船舱峪长城 11 号敌台平面、北壁正视图

船舱峪长城 2 号烽火台（总第 14 号，编码 120225353201170089）

该烽火台位于天津市蓟县下营镇船舱峪村北、船舱峪长城 3 号敌台东北，东 6.8 米为船舱峪长城 1 号水窖，东侧为陡坡谷底，西侧为长城墙体，南、北侧为山崖。植被为杂草、灌木。

该烽火台自明代修建以来无任何修缮，保存一般。平面呈近长方形，南北长 6.9、东西宽 1.55～2、高 2.75 米，面积约 13 平方米。方向为 0°。中心高程 642 米。（图四四；彩图一九四）

烽火台建筑材料为石块，墙体用不规则的石块干垒而成，中心用碎石块填充，无任何黏结物。烽火台南壁和西壁紧贴山体，北壁和东壁为在山体岩石上用石块垒砌，东部中间墙体塌落，上部覆盖泥土。

此烽火台毁损的主要原因是季节性地表径流冲刷，加之垒砌不牢固、自然坍塌所致。人为因素破坏痕迹不明显。

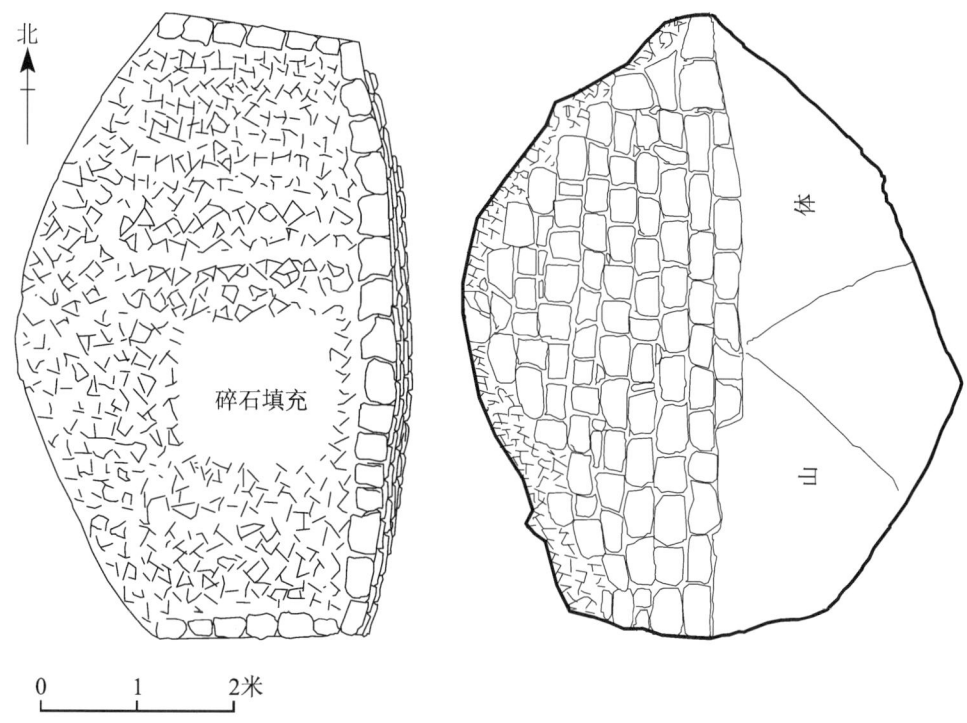

碎石填充

山体

0　　　1　　　2米

图四三　船舱峪长城 1 号烽火台平面、东壁正视图

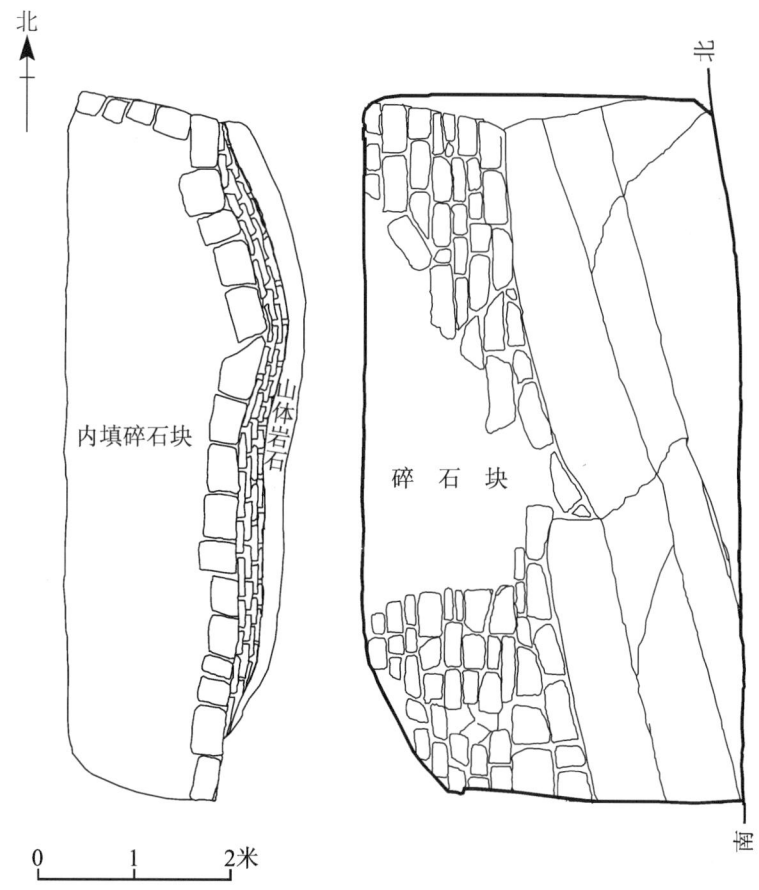

北

内填碎石块

山体岩石

碎 石 块

北

南

0　　　1　　　2米

图四四　船舱峪长城 2 号烽火台平面、东壁正视图

（四）火池

船舱峪长城 1 号火池（总第 18 号，编码 120225354199170018）

该火池位于天津市蓟县下营镇船舱峪村西北，船舱峪长城 7、8 号敌台之间的船舱峪长城 33 段山险上，南、北侧为近断崖的陡坡，东、西侧为山体岩石。四面长满野草。

该火池自明代修建以来无任何修缮，保存一般。平面呈近正方形，东西长 2.2 米、南北宽约 2、残高 0.3 ~ 0.5 米，面积约 4.4 平方米。方向为 0°。中心高程 946 米。（图四五；彩图一九五）

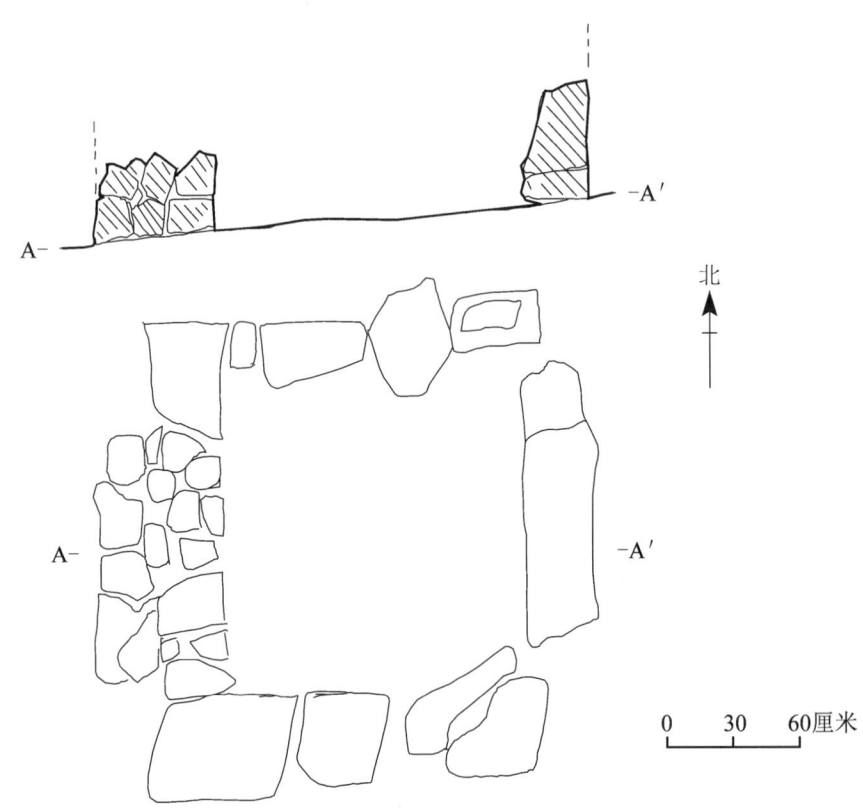

图四五　船舱峪长城 1 号火池平、剖面图

火池建筑材料为石块，池体用不规则的石块干垒，中心用碎石块填充，无任何黏结物。火池残破，上部坍塌，只存基础，最高处残存砌石 2 层，高 0.45 米，旁边倒塌较多石块。火池内堆满乱石，长有野草。火池墙体损毁严重，墙壁残破，残宽 0.3 ~ 0.6 米。

船舱峪长城 2 号火池（总第 19 号，编码 120225354199170019）

该火池位于天津市蓟县下营镇船舱峪村西北、船舱峪长城 37 段墙体内侧，火池东侧为长城墙体，南、北、西侧为山坡，植被为杂草、灌木和高大乔木等。

该火池自明代修建以来无任何修缮，保存较差。平面呈近半圆形，南北 3.2、东西 2.4 米，西壁残存最高 0.45 米，面积约 7.68 平方米。方向为 330°。中心高程 923 米。（图四六；彩图一九六）

火池建筑材料为石块，池体用不规则石块干垒，中心用碎石块填充，无任何黏结物。火池上部坍塌，只存基础，东壁借长城墙体，西壁最高处残存砌石 2 层，高 0.45 米。火池内长满野草，堆积少量乱石。

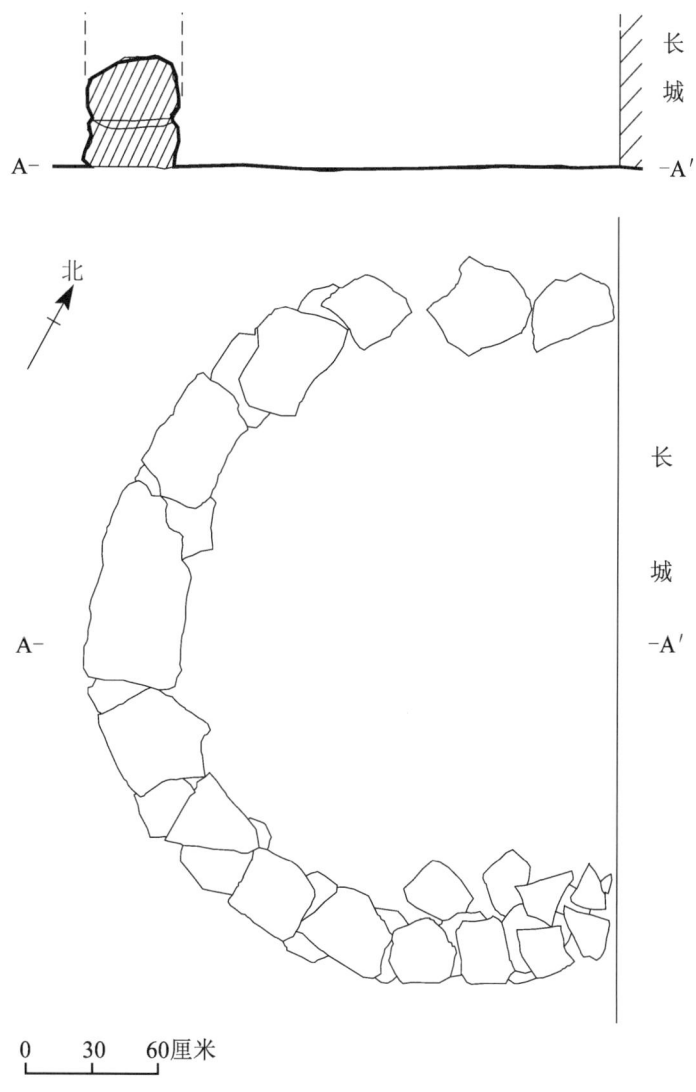

图四六 船舱峪长城 2 号火池平、剖面图

（五）居住址

船舱峪长城 1 号居住址（总第 20 号，编码 120225354107170020）

该居住址位于天津市蓟县下营镇船舱峪村西北、船舱峪长城 6 号敌台西南，距船舱峪长城 6 号敌台东北角 13.1 米，东壁紧贴长城墙体，西侧为平地，南侧为山险，居住址周围长满杂草，北侧有两棵小树。

该居住址自明代修建以来无任何修缮，保存一般。平面呈近正方形，南北长 3、东西宽 2.7、残高 0.8 米，面积约 8.1 平方米。方向为 0°。中心高程 856 米。（图四七；彩图一九七）

该居住址建筑材料为石块，墙体用大小不一的石块垒砌，缝隙之间用黄黏土黏结。居住址墙体塌落，门位于南壁西侧，南壁长约 1.16 米，保存一层砌石；东壁紧贴长城垛口，高约 0.8 米；西壁和北壁保存较完整，残高 0.5 ~ 0.8 米。居住址内地面较平，长满杂草。内有一石构件。

此居住址损毁原因主要是自然坍塌和人为拆毁。上部石块被拆毁、移位现象突出，人为破坏因素极其明显。墙体基础部分倒塌，与垒砌不牢固、自然塌落有关。居住址内杂草丛生，有零星灌木生长，根系的生长对居住址基础构成严重威胁。

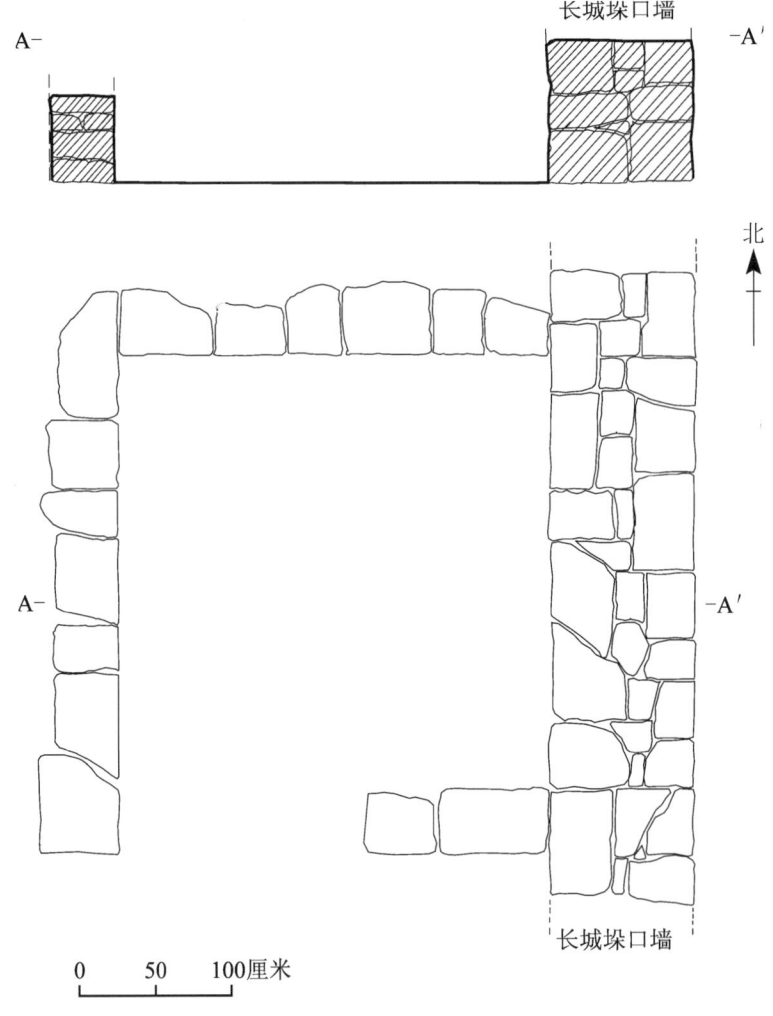

图四七　船舱峪长城 1 号居住址平、剖面图

船舱峪长城 2 号居住址（总第 21 号，编码 120225354107170021）

该居住址位于天津市蓟县下营镇船舱峪村西北、船舱峪长城 25 段山险墙中部，东、西侧为陡坡，南、北侧为缓坡。植被为杂草、灌木和高大乔木等。

该居住址自明代修建以来无任何修缮，保存较差。平面呈长方形，东西长 2.6、南北宽 2.4、残高 0.6 米，墙体残宽 0.4 ~ 0.6 米，面积约 6.24 平方米。方向为 350°。中心高程 905 米。（图四八；彩图一九八）

居住址建在北高南低的山体上，建筑材料为石块，墙体用大小不一的块石、条石垒砌而成，缝隙之间用黄黏土黏结。

居住址上部坍塌，只保存基础，北壁高 0.6、宽 0.4 ~ 0.6 米；东壁宽 0.5 米左右；西壁保存较低，高 0.3 ~ 0.4、宽 0.4 ~ 0.6 米；南壁长约 1.16 米，保存一层砌石，高 0.3 ~ 0.4、宽 0.4 ~ 0.6 米。居住址内长满野草，地面为山体，其他结构不详。

　　此居住址上部石块被部分拆移，人为因素破坏明显。部分墙体基础倒塌，与垒砌不牢固、自然塌落有关。居住址内野草、灌木丛生，根系的生长对居住址基础构成严重威胁。

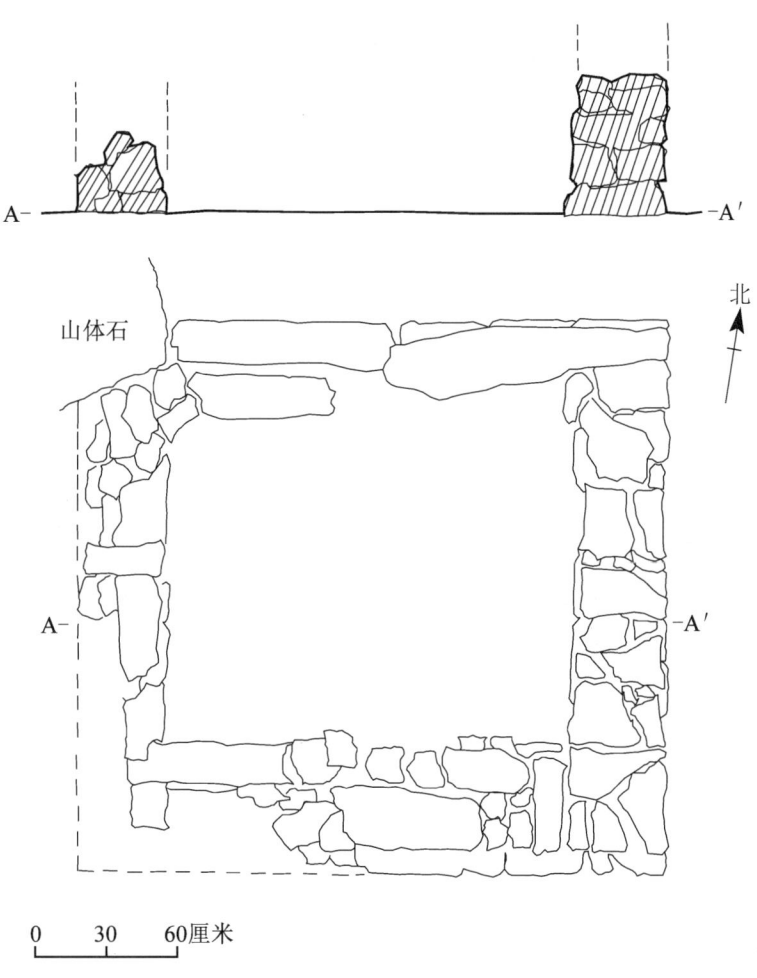

图四八　船舱峪长城 2 号居住址平、剖面图

船舱峪长城 3 号居住址（总第 22 号，编码 120225354107170022）

　　该居住址位于天津市蓟县下营镇船舱峪村西北、船舱峪长城 42 段石墙中部内侧 4 米处。北壁紧贴山体，其他三侧为陡坡。植被为杂草、灌木和高大乔木等。

　　该居住址自明代修建以来无任何修缮，保存一般。平面呈正方形，边长 3.8、高 0.8 米，面积约 14.4 平方米，四壁收分 0.3 米。方向为 10°，中心高程 708 米。（图四九；彩图一九九）

　　该居住址建筑材料为石块，墙体用大小不一的碎石块垒砌，缝隙之间用黄黏土黏结。西壁倒塌严重，中部有 1 米长的墙体残失；其他三壁上部坍塌，仅存基础。东、西壁宽 0.6 米，南、北壁墙宽 0.5 米，东壁残高 0.3~0.8 米，南壁残高 0.3 米，西壁仅存基础，北壁残高 0.8 米。居住址内有少量的石块，距南壁 0.7 米有东—西走向的护墙石，仅存一层。南壁中部至护墙石之间保留出入居住址的台阶，由石块垒砌，共 4 级。居住址地面较平，中间有少量乱石堆积，长满杂草。

　　此居住址墙体上部石块被拆毁、移位，人为破坏因素极其明显。墙体基础部分倒塌，与垒砌不牢固、自然塌落有关；居住址内杂草、灌木丛生，根系的生长对居住址基础构成严重威胁。

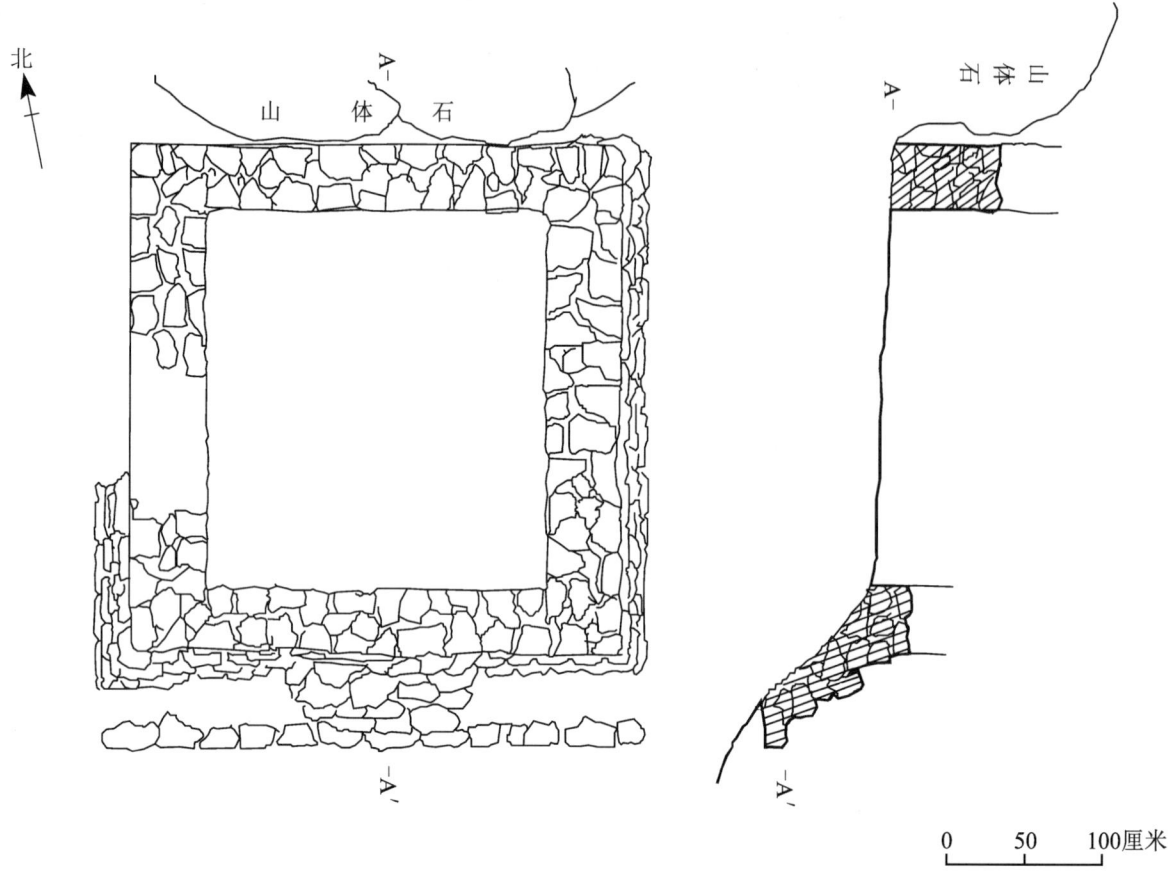

图四九　船舱峪长城3号居住址平、剖面图

（六）水窖

船舱峪长城1号水窖（总第15号，编码120225354199170015）

该水窖位于天津市蓟县下营镇船舱峪村北、船舱峪长城3号敌台东北，西6.8米为船舱峪长城2号烽火台，西侧、南侧为山崖，东侧为山谷，北侧地势较平整。水窖周围长满杂草，3米之外长满树木，西面山上为长城墙体。

该水窖自明代修建以来无任何修缮，保存较好。平面呈长方形，南北长2.8、东西宽1.85米，面积约5.18平方米。方向为330°。中心高程640米。（图五〇；彩图二〇〇）

该水窖建筑材料为石块，窖体西壁紧贴山体，其他三壁用不太规则的石块垒砌，缝隙之间用黄黏土黏结。南壁垒砌3层，东壁2层，北壁用一块条石垒砌，水窖深0.3～0.45米。

水窖保存较好，未见坍塌，自然和人为因素破坏不明显。

船舱峪长城2号水窖（总第16号，编码120225354199170016）

该水窖位于天津市蓟县下营镇船舱峪村北、船舱峪长城20段墙体内侧，西侧为山崖，其他三侧为缓坡。水窖周围长满杂草，东侧长有两棵橡树。

该水窖自明代修建以来无任何修缮，保存较好。平面呈长方形，南北长3.7、东西宽1.82～2.1、深0.65米。面积约7.7平方米。方向为330°。中心高程803米。（图五一；彩图二〇一）

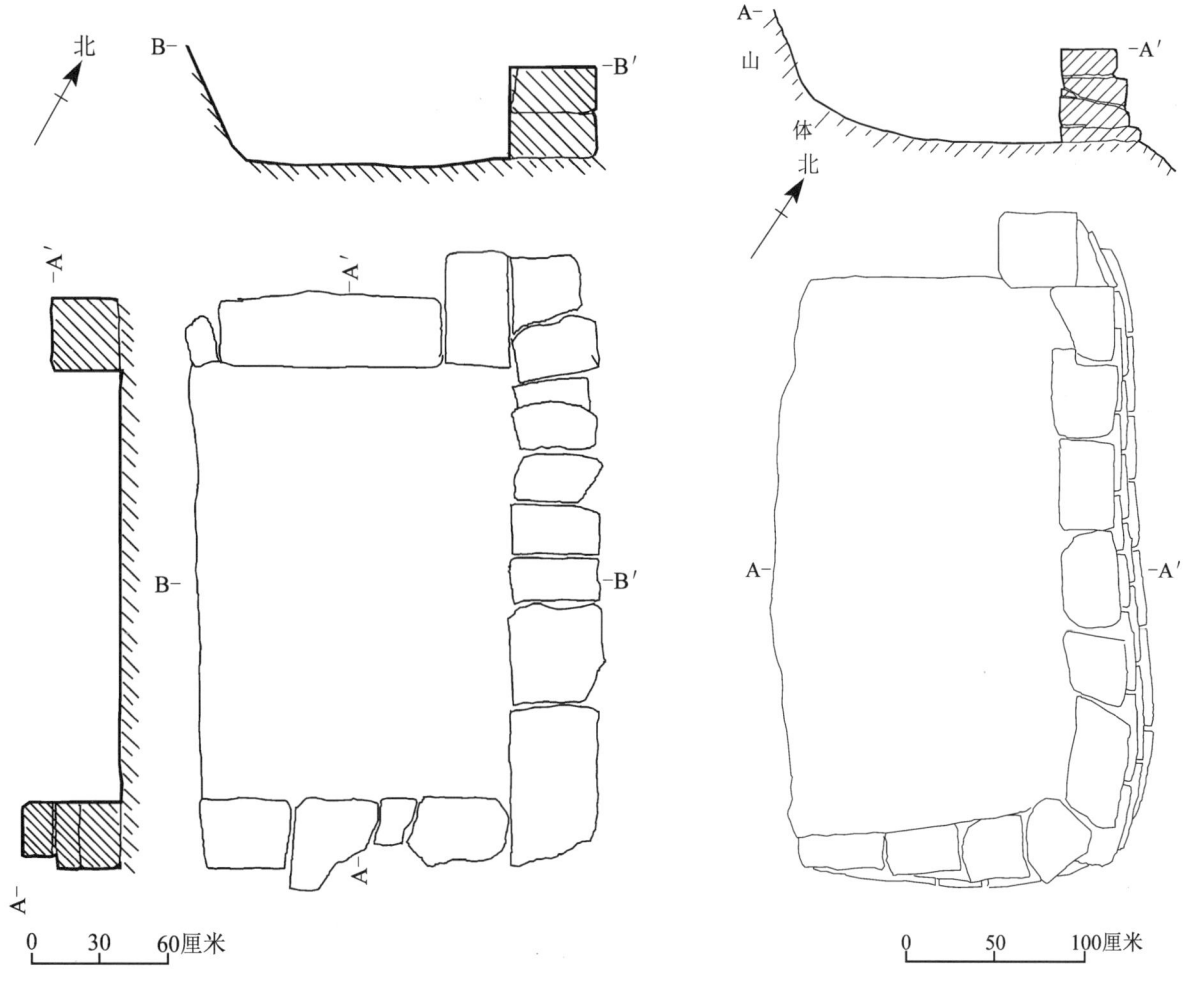

图五○ 船舱峪长城1号水窖平、剖面图　　　图五一 船舱峪长城2号水窖平、剖面图

该水窖建筑材料为石块，四壁用不太规则的块石垒砌而成，缝隙之间用黄黏土黏结。东、南壁各4层，保存较好；北、西壁紧贴山体岩石。

此水窖保存较好，未见坍塌，自然和人为因素破坏不明显。

船舱峪长城3号水窖（总第17号，编码120225354199170017）

该水窖位于天津市蓟县下营镇船舱峪村西北、船舱峪长城24段墙体西侧一山体断崖处，地处山脊，西、南侧为断崖，东、北侧为陡坡。植被有杂草、灌木和高大乔木等。

该水窖自明代修建以来无任何修缮，保存较好，略有塌落。平面呈近半圆形，东西2.8、南北1.6米，口大底小，收分约0.1米。面积约4.4平方米。北部残深1.1米，东部残深0～1米。方向为330°。中心高程900米。（图五二；彩图二○二）

该水窖建筑材料为石块，用不规则的块石、片石干垒而成，石块之间缝隙用黄黏土黏结。西、南部借山体岩石为壁，水窖内存杂土、野草。有现代用来蓄水残留的塑料布。

此水窖因雨水冲刷、泥土挤压，部分石块塌落；水窖内杂草丛生，有零星灌木生长，根系的生长对水窖构成潜在威胁。当地村民仍继续使用该水窖，不加保护必将对其造成毁灭性破坏。

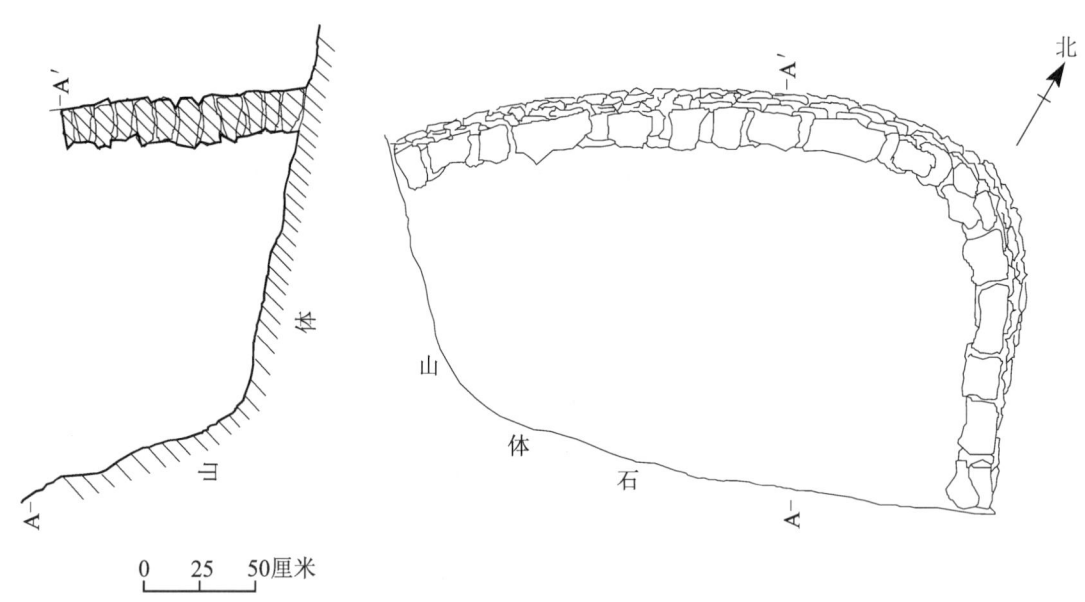

0　　25　　50厘米

图五二　船舱峪长城3号水窖平、剖面图

（七）烟灶

船舱峪长城1号烟灶（总第23号，编码120225354199170023）

该烟灶位于天津市蓟县下营镇船舱峪村北、船舱峪长城3号敌台西北14米，南侧为长城，其他三侧为缓坡。周围长满树木，地面长满杂草。

该烟灶自明代修建以来无任何修缮，保存一般。平面呈圆形，直径2.3米，面积约3.6平方米。方向为320°。中心高程612米。（图五三；彩图二〇三、二〇四）

烟灶建筑材料为石块，灶体用大小不一的石块干垒，石块之间缝隙无任何黏结物。北壁人为破坏严重，上部坍塌，形态结构不详，仅存基础部分；南壁中下部砌灶门一个，灶门平面呈梯形，底宽0.6、上宽0.4、高0.4米。北壁中部高出地表0.6米处砌灶门，平面呈长方形，宽0.45、高0.3米。东壁被破坏，其他三壁保存较好，高0.7～1.4米。

此烟灶损毁原因主要是自然坍塌和人为拆毁，上部石块被拆毁、移位现象突出，人为因素破坏极其明显。

船舱峪长城2号烟灶（总第24号，编码120225354199170024）

该烟灶位于天津市蓟县下营镇船舱峪村西北、船舱峪长城4号敌台西约10米，南北两侧为陡坡，东西两侧为东高西低的缓坡，植被有杂草、灌木和高大乔木等。

该烟灶自明代修建以来无任何修缮，保存较差。平面呈近正方形，东西长2.1、南北宽2米，面积约4.2平方米，残高0.5～1米。方向为0°。中心高程705米。（图五四；彩图二〇五、二〇六）

烟灶建筑材料为石块，灶体用大小不一的石块干垒，石块之间缝隙无任何黏结物。烟灶内填满乱石，顶部坍塌，堆积乱石，形态不详。烟灶设3个灶门，即南、北、西灶门。北灶门宽0.3、高0.4米，灶门内堆积杂土，深度不详。南灶门宽0.25、高0.4米，杂土堆积，进深不详。西灶门宽0.2、高0.4米，堆积杂土，深度不详。该烟灶应为船舱峪长城4号敌台报警所用，烟灶部分石块有明显火烧、烟熏痕迹，说明此烟灶曾经使用过。

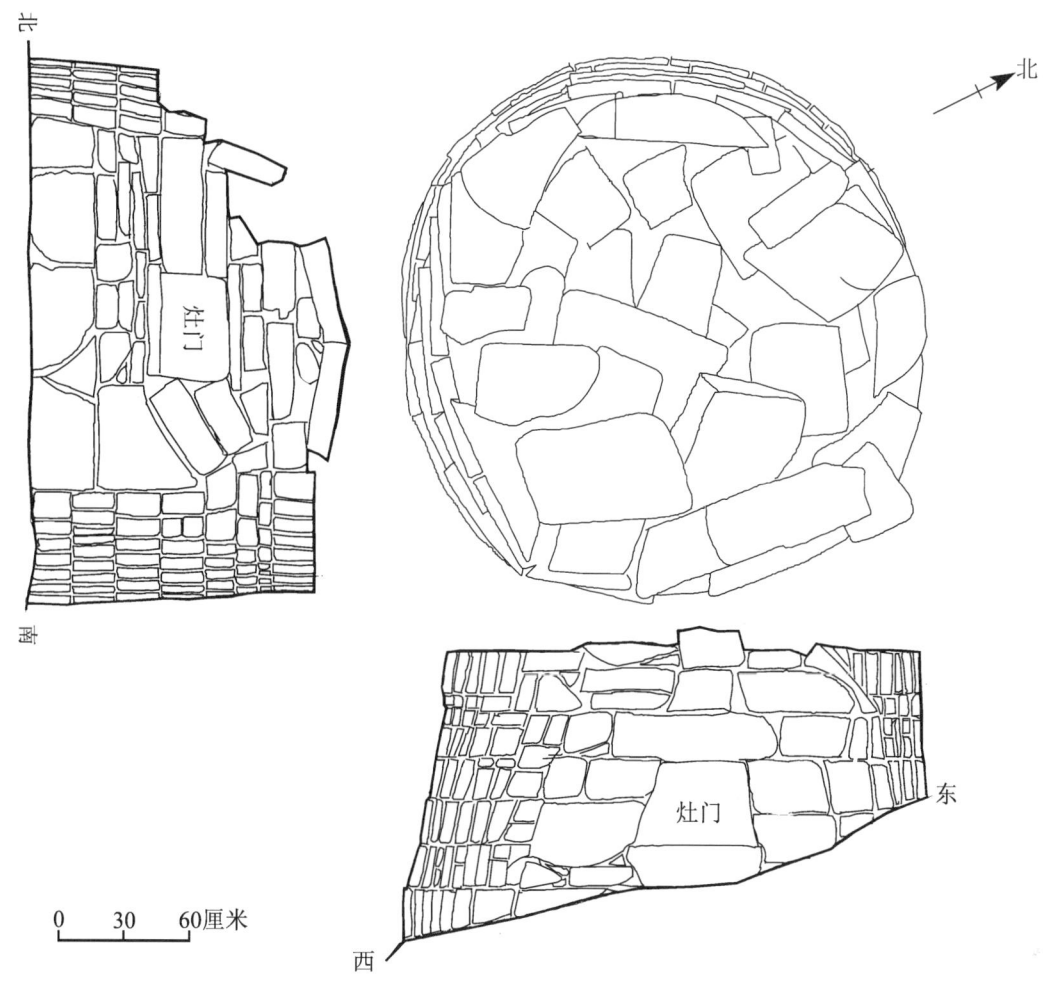

图五三 船舱峪长城 1 号烟灶平面，西、南壁正视图

此烟灶损毁原因主要是自然坍塌和人为拆毁。上部石块被拆毁，人为因素破坏极其明显。

船舱峪长城 3 号烟灶（总第 25 号，编码 120225354199170025）

该烟灶位于天津市蓟县下营镇船舱峪村西北、船舱峪长城 5 号敌台南 4 米处，北侧为船舱峪长城 5 号敌台，东、南、西侧为缓波。植被为杂草、灌木和高大乔木等。

该烟灶自明代修建以来无任何修缮，保存较差。平面呈正方形，边长 1.6、高 0.15～0.5 米，面积约 2.56 平方米。方向为 5°。中心高程 754 米。（图五五；彩图二○七）

烟灶建筑材料为石块，灶体用大小不一的石块干垒，石块之间缝隙无任何黏结物。烟灶四壁和上部被破坏，四壁保存较矮，部分仅存基础，西壁保存最高，为 0.5 米，保存灶门 1 个，宽 0.5、高 0.17～0.25 米，灶门深 0.6 米。烟灶上部坍塌，乱石堆积，高低不平，形态结构不详。

此烟灶损毁原因主要是自然坍塌和人为拆毁，上部石块被拆毁、移位现象突出，人为因素破坏极其明显。

船舱峪长城 4 号烟灶（总第 26 号，编码 120225354199170026）

该烟灶位于天津市蓟县下营镇船舱峪村西北、船舱峪长城 6 号敌台西 12 米，西距船舱峪长城 5 号烟灶 4.7 米，东侧为船舱峪长城 6 号敌台，南、西、北侧为缓坡。植被为杂草、灌木和高大乔木等。

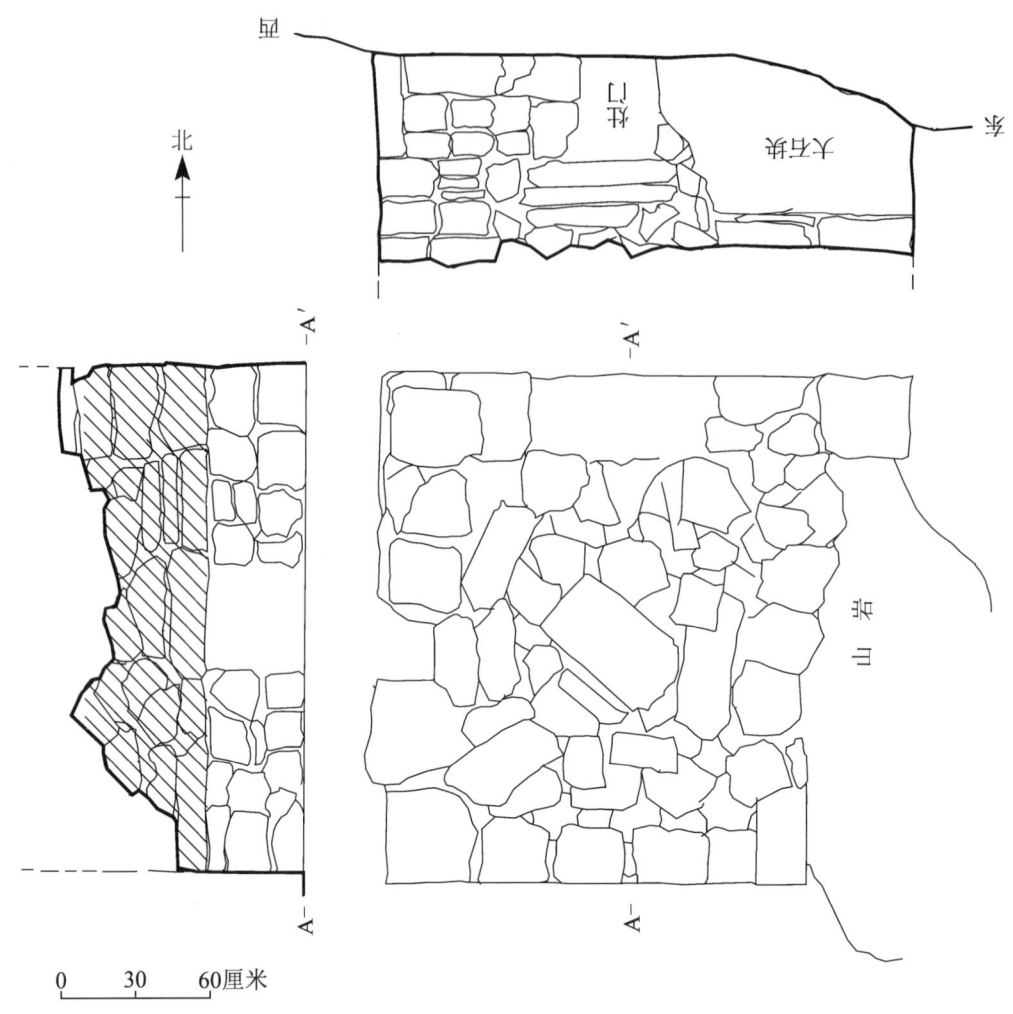

图五四　船舱峪长城 2 号烟灶平、剖面及北壁正视图

　　该烟灶自明代修建以来无任何修缮，保存较差。平面呈长方形，东西长 2.94、南北宽 2.4 米，面积约 7 平方米。方向为 0°。中心高程 856 米。（图五六；彩图二〇八）

　　烟灶建筑材料为石块，灶体用大小不一的石块干垒，石块之间缝隙无任何黏结物。顶部因人为破坏坍塌严重，乱石堆积，形态结构不详。经过简单清理，观测到烟灶仅存一层基础石块，灶门数量及结构形态无法辨别。

　　此烟灶损毁原因主要是人为拆毁，上部石块被拆毁、移位现象突出，人为因素破坏极其明显。

船舱峪长城 5 号烟灶（总第 27 号，编码 120225354199170027）

　　该烟灶位于天津市蓟县下营镇船舱峪村西北、船舱峪长城 6 号敌台西 16.7 米，东距船舱峪长城 4 号烟灶 4.7 米，西距船舱峪长城 6 号烟灶 5.4 米，东侧为长城墙体，南、西、北侧为缓坡。周围生长杂草、灌木和高大乔木等植被。

　　该烟灶自明代修建以来无任何修缮，保存较差。平面呈长方形，南北长 3.1、东西宽 2.8 米，面积 8.68 平方米。方向为 0°。中心高程 855 米。（图五七；彩图二〇九）

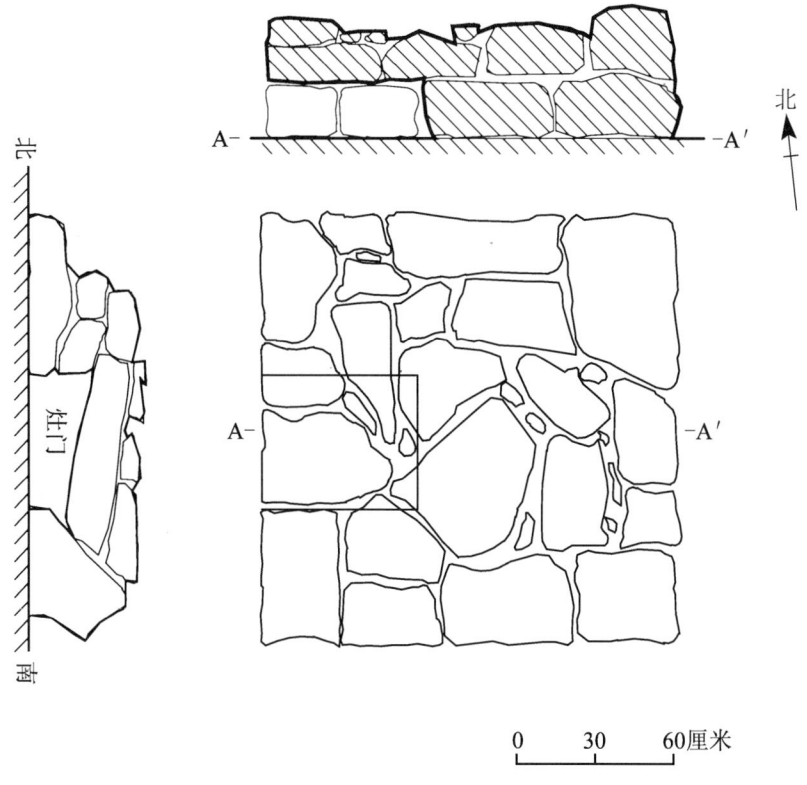

图五五　船舱峪长城 3 号烟灶平面、剖视及西壁正视图

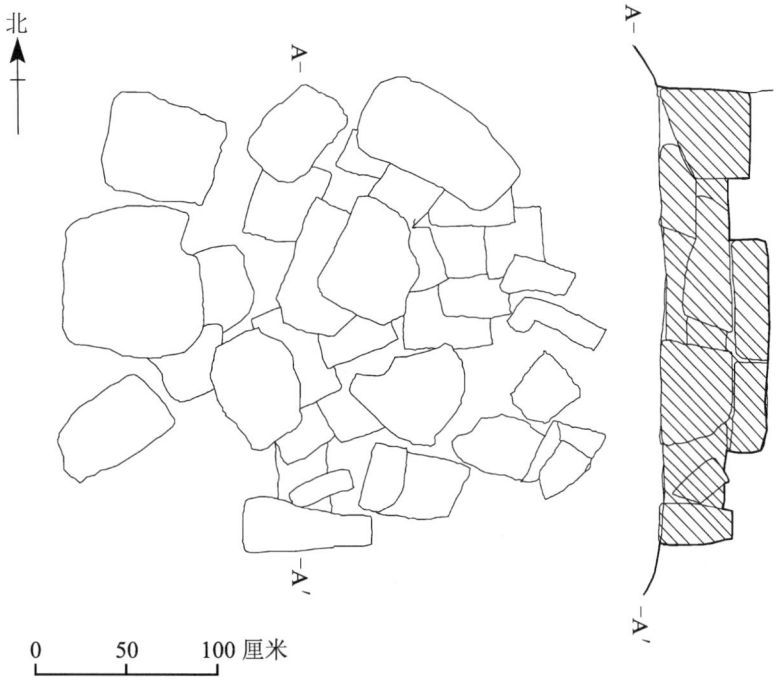

图五六　船舱峪长城 4 号烟灶平、剖面图

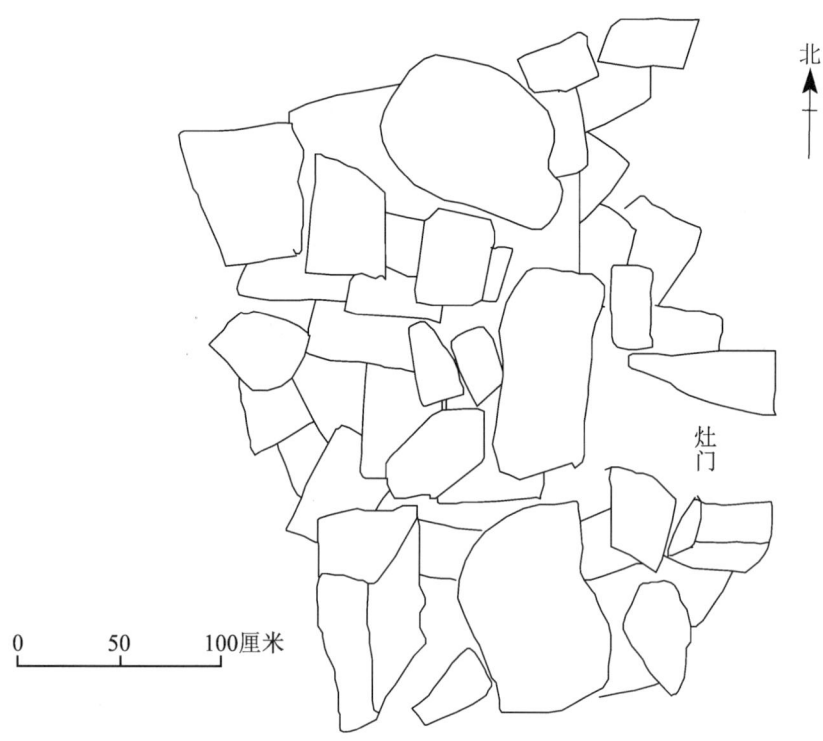

图五七　船舱峪长城 5 号烟灶平面图

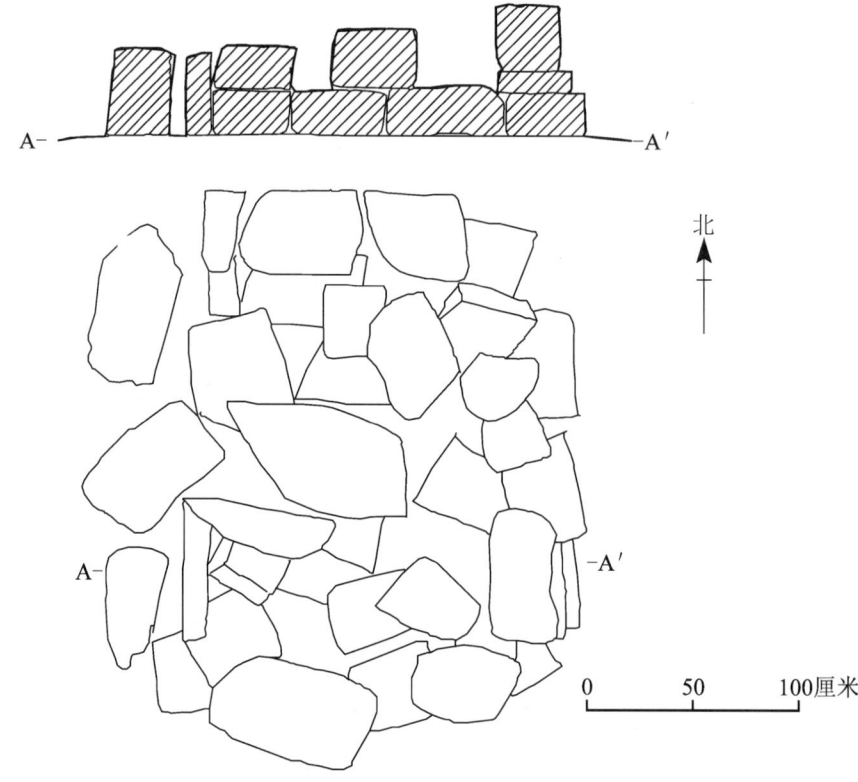

图五八　船舱峪长城 6 号烟灶平、剖面图

烟灶建筑材料为石块，灶体用大小不一的石块干垒，石块之间缝隙无任何黏结物。因人为破坏，烟灶顶部坍塌，乱石堆积，形态结构不详；基础仅存一层，东壁保存灶门，宽 0.5 米。

此烟灶损毁原因主要是人为拆毁，上部石块被拆毁、移位现象突出，人为因素破坏极其明显。

船舱峪长城 6 号烟灶（总第 28 号，编码 1202253541991700028）

该烟灶位于天津市蓟县下营镇船舱峪村西北、船舱峪长城 6 号敌台西 22.1 米，东距船舱峪长城 5 号烟灶 5.4 米，南、西、北侧为缓坡。植被为杂草、灌木和高大乔木等。

该烟灶自明代修建以来无任何修缮，保存较差。平面呈圆角长方形，南北长 2.7、东西宽 2.3、残高 0.5 米，面积约 6.2 平方米。方向为 0°。中心高程 847 米。（图五八；彩图二一〇）

烟灶建筑材料为石块，灶体用大小不一的石块干垒，石块之间缝隙无任何黏结物。因人为破坏，上部坍塌，乱石堆积，形态结构不详。仅存部分基础，中部保存 2 层石块，东南角保存 3 层石块。烟灶周围山坡上长满树木落满树叶。

此烟灶损毁原因主要是自然坍塌和人为拆毁，上部石块被拆毁、移位现象突出，人为因素破坏极其明显。

船舱峪长城 7 号烟灶（总第 29 号，编码 1202253541991700029）

该烟灶位于天津市蓟县下营镇船舱峪村西北、船舱峪长城 9 号敌台西南 10 米处，南距船舱峪长城 8 号烟灶 5.2 米，北侧与山体同高，东、西侧为悬崖峭壁，南侧坡度较缓。周围植被为杂草、灌木和高大乔木等。

该烟灶自明代修建以来无任何修缮，保存较差。平面呈长方形，剖面不规则，东西长 2.4、南北宽 2.2、残高 0.2～0.4 米，面积约 5.2 平方米。方向为 300°。中心高程 758 米。（图五九；彩图二一一）

烟灶建在山体岩石上，高低不平，建筑材料为石块，灶体用大小不一的石块干垒，石块之间缝隙无任何黏结物。上部坍塌，乱石堆积，形态结构不详，仅存基础部分。此烟灶为南、北双灶门，南北相通，保存完整，灶门平面呈长方形，宽 0.36、高 0.1～0.2 米。

此烟灶损毁原因主要是人为拆毁，上部石块被拆毁现象突出，人为因素破坏极其明显。

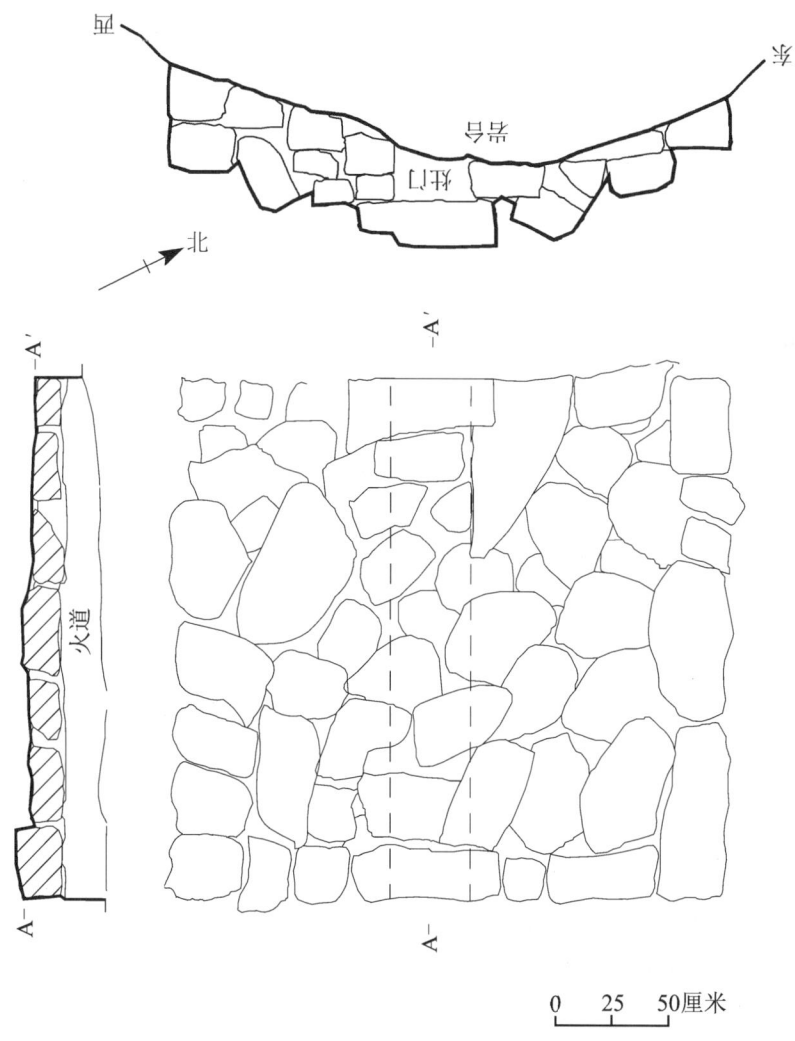

图五九　船舱峪长城 7 号烟灶平、剖面及北壁正视图

船舱峪长城 8 号烟灶（总第 30 号，编码 120225354199170030）

该烟灶位于天津市蓟县下营镇船舱峪村西北、船舱峪长城 9 号敌台西侧，北距船舱峪长城 7 号烟灶约 5.2 米，南距船舱峪长城 9 号烟灶 3.8 米，东、西侧为悬崖峭壁，南侧为陡坡。植被为杂草、灌木和高大乔木等。

该烟灶自明代修建以来无任何修缮，保存一般。平面呈长方形，南北长 2.1、东西宽 1.8 米，面积约 3.8 平方米，残高 0.2～0.9 米。方向为 305°。中心高程 756 米。（图六〇；彩图二一二）

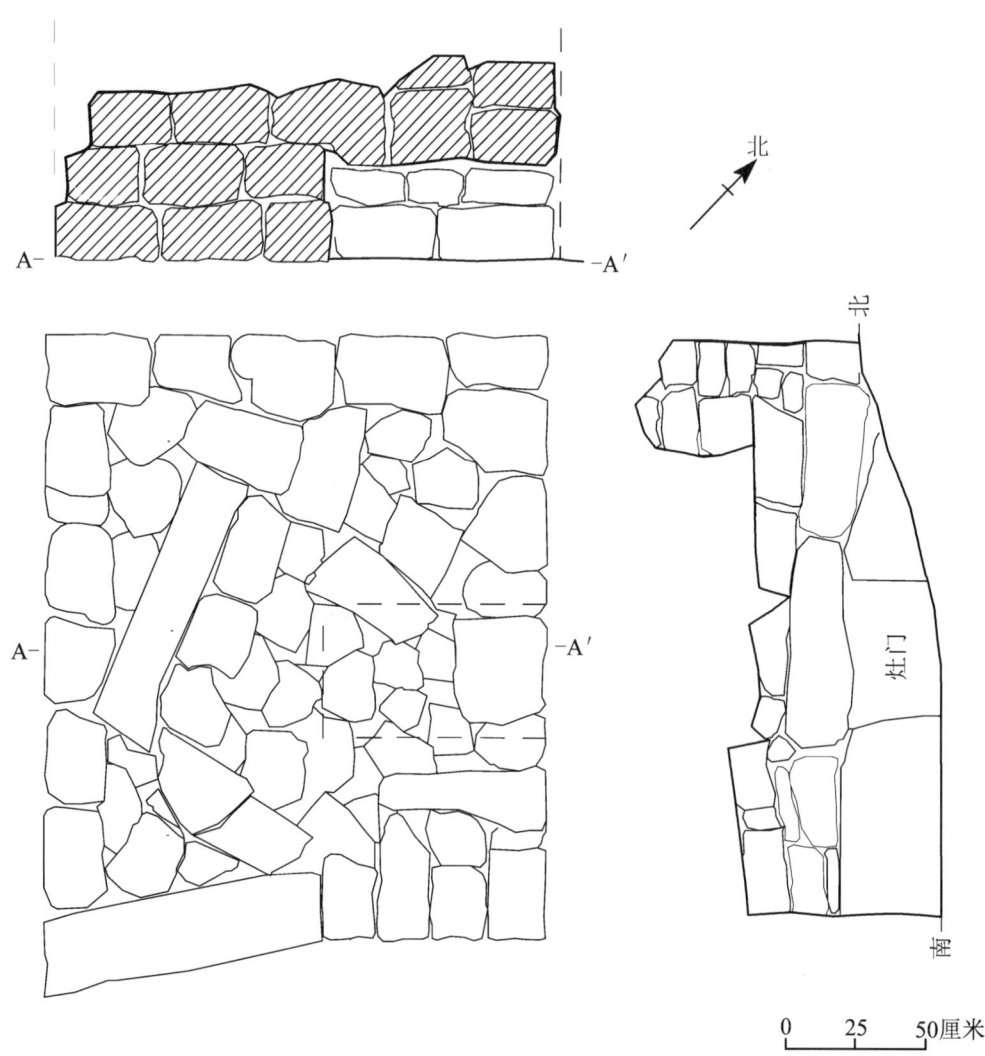

图六〇 船舱峪长城 8 号烟灶平、剖面及东壁正视图

烟灶建在山体岩石上，高低不平，烟灶建筑材料为石块，灶体用大小不一的石块干垒，石块之间缝隙无任何黏结物。烟灶为单灶门，位于东壁，平面呈长方形，宽 0.46、高 0.3、进深 0.8 米。东壁残高 0.7～0.9 米；南壁高 0.7 米；西壁仅存基础；北壁高 0.9 米。烟灶上部坍塌，堆积乱石，形态结构不详。

此烟灶损毁原因主要是自然坍塌和人为拆毁，上部石块被拆毁、移位现象突出，人为因素破坏极其明显。

船舱峪长城 9 号烟灶（总第 31 号，编码 120225354199170031）

该烟灶位于天津市蓟县下营镇船舱峪村西北、船舱峪长城 9 号敌台西侧，北距船舱峪长城 8 号烟灶 3.8 米，南距船舱峪长城 10 号烟灶 6 米，东、西侧为悬崖峭壁，南、北侧为陡坡。周围植被为杂草、灌木和高大乔木等。

该烟灶自明代修建以来无任何修缮，保存情况一般。平面呈长方形，南北长 2、东西宽 1.9、残高 0.3 ~ 1.2 米，面积约 3.8 平方米。方向为 300°。中心高程 753 米。（图六一；彩图二一三）

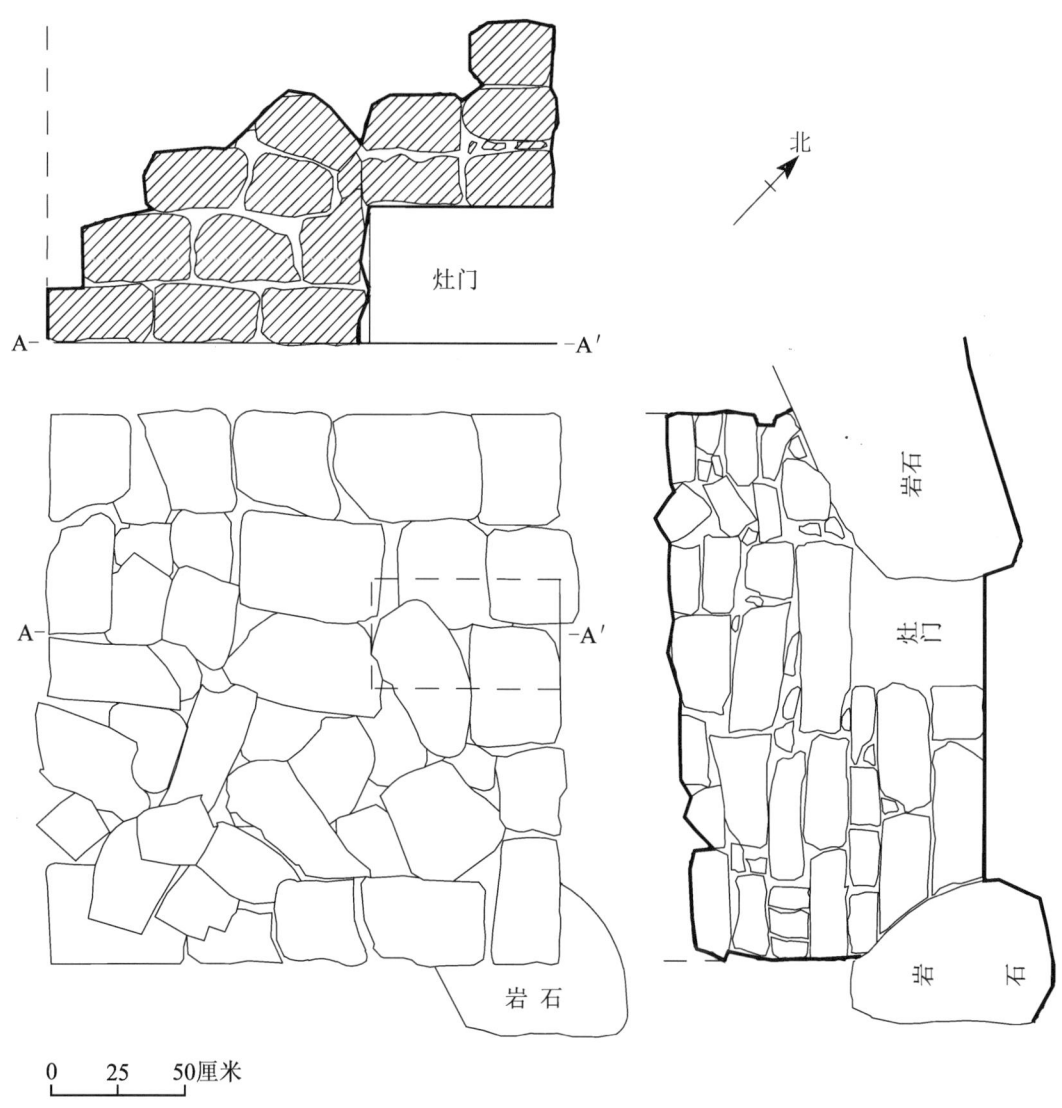

图六一 船舱峪长城 9 号烟灶平、剖面及东壁正视图

烟灶建在山体岩石上，高低不平，建筑材料为石块，灶体用大小不一的石块干垒，石块之间缝隙无任何黏结物。灶体用山体岩石做基础。西壁倒塌严重，仅存基础，其他三壁保存较完整。灶门位于东壁，平面呈长方形，宽0.4、高0.5、进深0.7米，在山体岩石上用石块干垒。西壁仅存基础，南壁残高0.2~1.2米，东壁残高1.1~1.2米，北壁残高0.2~0.5米。烟灶上部坍塌，乱石堆积，形态结构不详。

烟灶损毁原因主要是自然坍塌和人为拆毁，上部石块被拆毁、移位现象突出，人为因素破坏极其明显。

船舱峪长城 10 号烟灶（总第 32 号，编码 120225354199170032）

该烟灶位于天津市蓟县下营镇船舱峪村西北、船舱峪长城 9 号敌台西侧，北邻船舱峪长城 9 号烟灶。东高西低，北侧、南侧、西侧为山体陡坡。植被为杂草、灌木和高大乔木等。

该烟灶自明代修建以来无任何修缮，保存较差。平面呈正方形，剖面不规则，边长1.6、残高0.1~0.6米，面积约2.56平方米。方向为320°。中心高程752米。（图六二；彩图二一四）

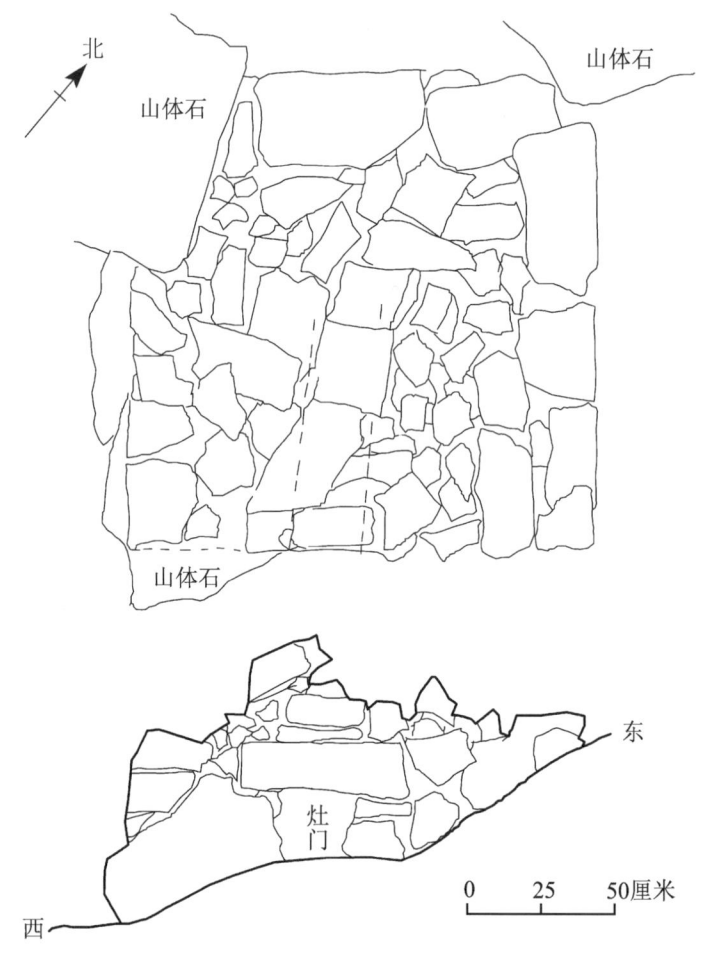

图六二　船舱峪长城 10 号烟灶平面、南壁正视图

烟灶建于高低不平的山体岩石上,建筑材料为石块,灶体用大小不一的石块干垒,石块之间缝隙无任何黏结物。烟灶上部坍塌,乱石堆积,形态结构不详。仅存基础部分,灶体南壁能观测到灶门,保存较完整,高0.24、宽0.2~0.26、进深约0.7米。

烟灶损毁原因主要是自然坍塌和人为拆毁,上部石块被拆毁、移位现象突出,人为因素破坏极其明显。

(八)寨堡

船舱峪寨堡 (编码120225353102170003)

该寨堡又名"蚕椽寨",当地村民称为"西寨",位于天津市蓟县下营镇船舱峪村北,古河道由该寨堡西侧墙体外流过,东侧紧靠山根,有一条公路南北向从寨堡中穿过。此处为山间平地,地势较平坦。中心高程236米。

此寨堡朝向正南。平面为近长方形,(图六三-1)周长399米,其中南墙长57、东墙长151、北墙长41、西墙长150米,占地面积约7374.5平方米。

此寨堡墙体类别为石墙,用大小不一的石块干垒,石块之间缝隙无黏结物。自明代修建以来未经过任何修缮,现被村民的住房全部占压,墙体被用作邻居间的院墙,保存较好,部分毁损,现存最高4.3米,最低0.3米。

东墙:长151米,下部保存基本完好,被村民种地作坝墙使用,宽2.5米,墙体顶部距内侧地表高0.5~1.5米。(彩图二一五)

南墙:长57米,中间段墙体因修公路、村民建房被拆除上部35米,该墙体东部保存17米,墙体宽3、高0.5~1.5米。由17米处往西保留城门一座,即南寨门。西南角往东保存一段长15米的墙体,墙体宽3、高0.2~3米。(彩图二一六)

西墙:长150米,保存较好。墙体宽2.5米,墙体顶部距外侧地表高1~4.3米。东北角往南有一段墙体被村民当作院墙,长23米,上部保存垛口和马道,垛口高0.8米,马道宽1.8米。(彩图二一七)由西南角往北79米处留一小门,小门宽1.8米。

北墙:长41米,保存较好。西北角修公路被拆除9米,东北角紧贴角楼长5.6米往西墙体向外砌出宽0.8米,其余墙体宽2.5、高1~1.9米。(彩图二一八)

寨堡内尚保存角楼2座,分别位于寨堡的东北角和西南角。

东北角楼:建在船舱峪寨堡东北角一东高西低的阶状台地上,四周长有许多柿树,保存较好。平面呈正方形,边长8.4米,剖面呈梯形,(图六三-2)中间凹进,用不规则的石块干垒,垒砌的层次不明显。方向为0°。高程250米。角楼南部、西部同寨堡墙体相连。从南部看,是先修建寨堡墙体后修角楼,从北部看是先修角楼后修建寨堡墙体。角楼西墙倒塌,其他三面基本完整,用不规则大小不等的石块干垒,(彩图二一九~二二一)角楼北墙高4.5~5.4米,东墙、南墙高4.5米,西墙因倒塌高度不详。角楼顶部保存一石砌方框,平面为长方形,(彩图二二二)南北长4.5米,东西宽度不详,深0.8米,东、南墙收分0.5米,西墙收分不详,北墙收分0.8米。角楼顶部长满野草。

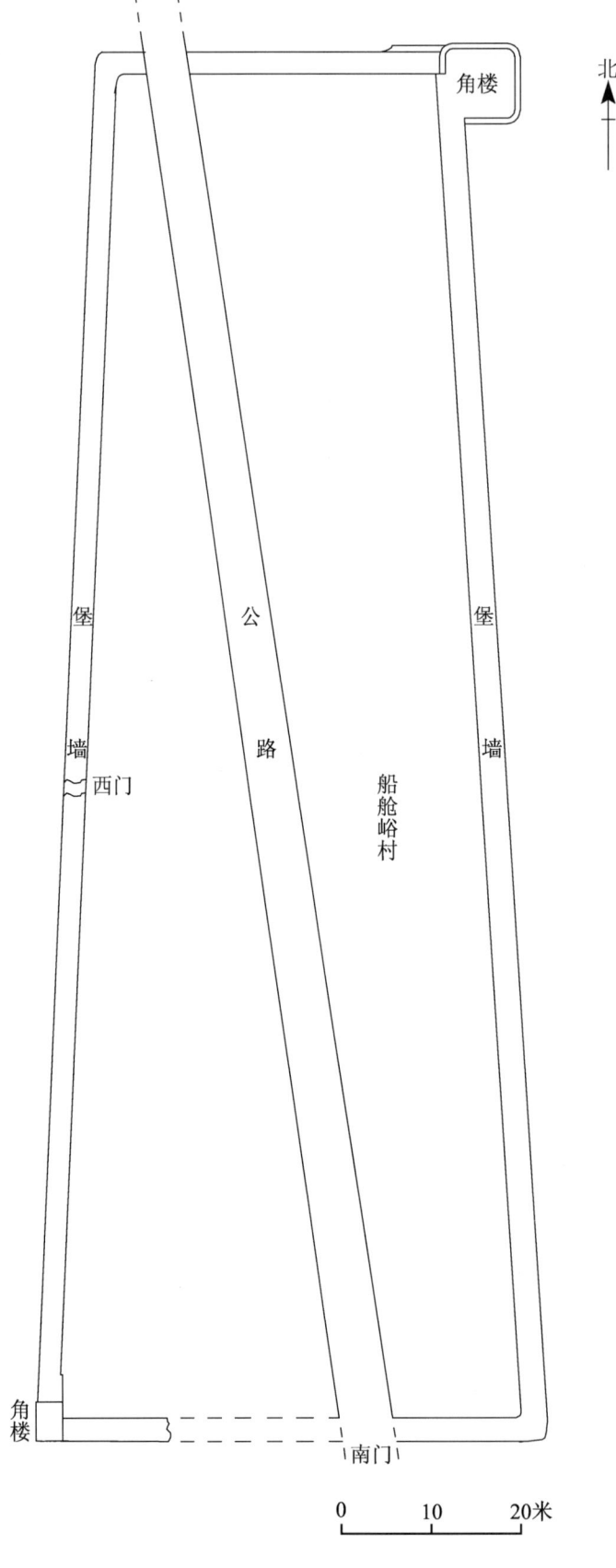

图六三－1　船舱峪寨堡平面图

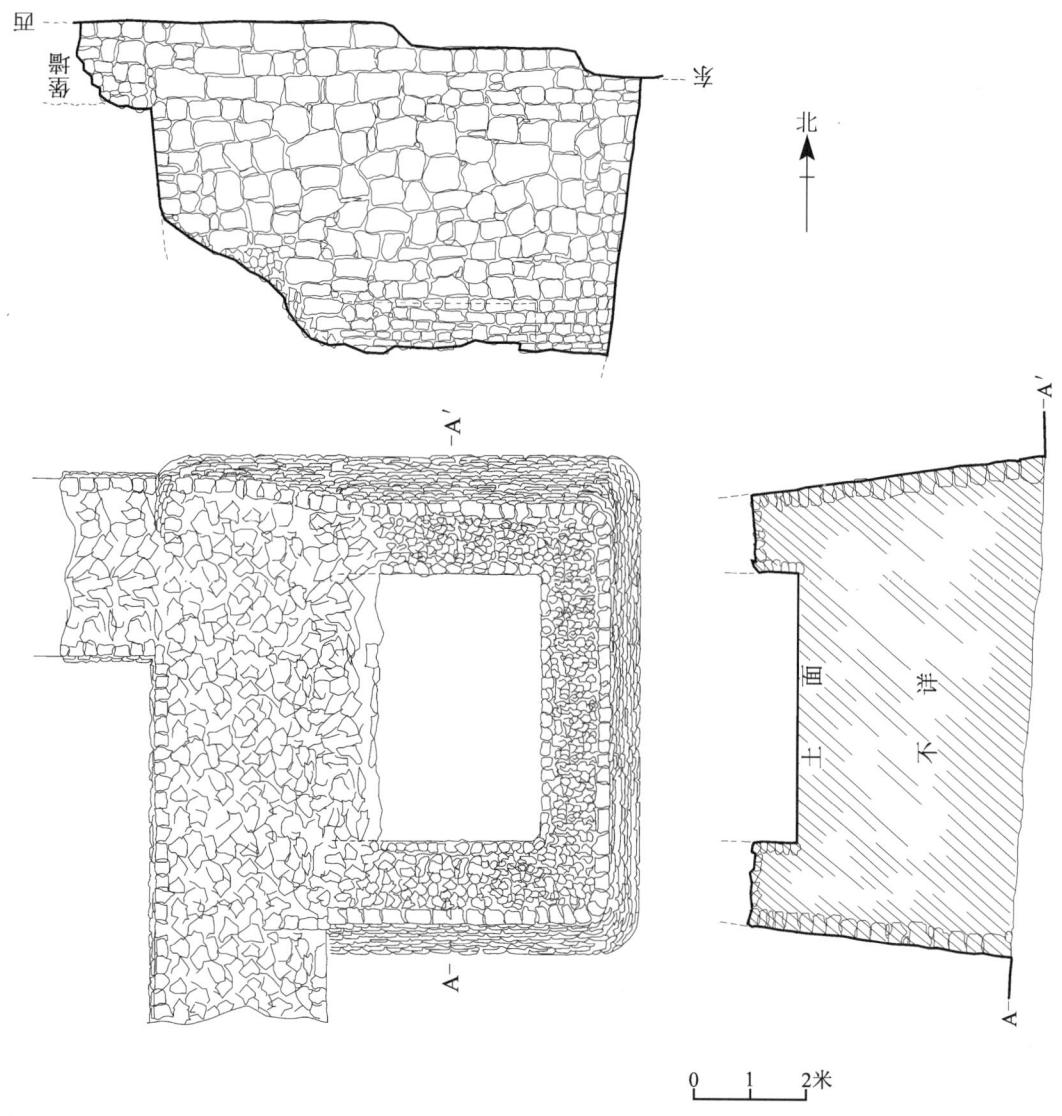

图六三－2　船舱峪寨堡东北角楼平、剖面及北壁正视图

　　西南角楼：保存一般。（彩图二二三）墙体用石块干垒，上窄下宽，中心用石块填充，高3米。北墙紧靠寨堡墙体，两墙同宽；东墙紧靠寨堡墙体西端，角楼南墙与寨堡墙体为一体，寨堡墙宽2.6米。南部为乡间土路。该角楼平面呈长方形，南北长4.5、东西宽3米，剖面为梯形。方向20°。（图六三－3）中心高程233米。顶部较平，上有黏土，长满杂草。

　　该寨堡损毁主要原因是人为破坏，村民盖房、修路、修院墙等将大部分墙体拆除、占压，寨堡被破坏得面目全非。

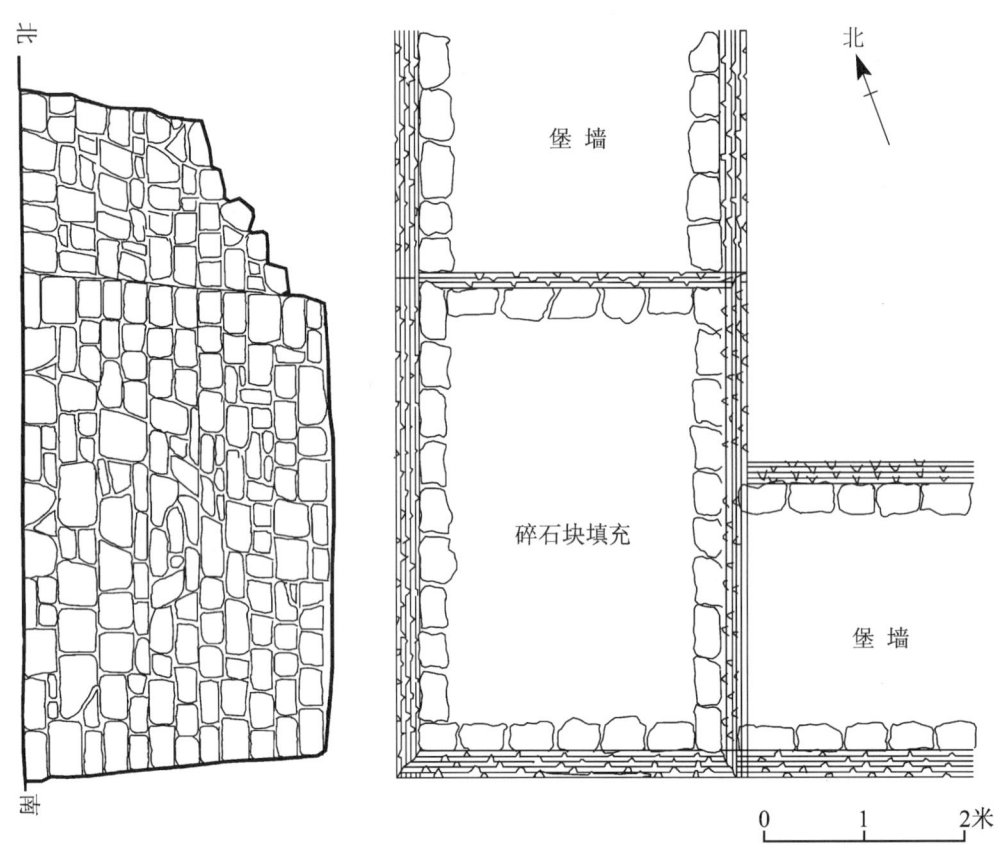

图六三－3　船舱峪寨堡西南角楼平面、西壁正视图

四　青山岭长城

（一）墙体

青山岭长城墙体自天津市蓟县下营镇青山岭村东北 0.9 千米、天津市九沟寨旅游度假村南 0.1 千米（高程 391 米）起，至蓟县下营镇青山岭村西北 3.4 千米、车道峪长城 1 段山险起点处（高程861 米）截止，（地图六）共划分 18 段，其中墙体 9 段、山险 9 段。全长 8019.44 米，其中长城主线长 6306.43 米（墙体 1590.4 米、山险 4716.03 米），二道边长城长 1713.01 米（墙体 1622.01 米、山险 49 米、山险墙 42 米）。（附表四）此段长城大致走向为东南—西北。

青山岭长城 1 段（总第 88 段，编码 120225382106170088）

此段长城墙体类别为山险，自天津市蓟县下营镇青山岭村东北 0.9 千米、九沟寨旅游度假村南 0.1千米（高程 391 米）向北下折，进入常州沟底后，向西北上折，至青山岭村东北 0.95 千米、青山岭长城长城 1 号敌台北侧（高程 486 米）截止，长 38.83 米，东南—西北走向。（彩图二二四）

此段山险充分利用陡峭山体作为阻挡敌人的天然屏障，没有人为加工修整的痕迹。山险起点为通往常州沟的必经之地，船舱峪长城 48 段墙体在此截止，其下为深 20 多米的悬崖，十分陡峭。山上生长大量高大乔木、灌木，人类无法攀爬。山险起点处为通往常州村的公路，修路时将部分山石破坏，

附表四　青山岭长城墙体长度统计表

（单位：米）

表中各类别下"测绘数据"与"文物数据"均为表面长度。

名称	较好·测绘数据	较好·文物数据	好·测绘数据	好·文物数据	一般·测绘数据	一般·文物数据	较差·测绘数据	较差·文物数据	差·测绘数据	差·文物数据	消失·测绘数据	消失·文物数据	墙体小计·测绘数据	墙体小计·文物数据	山险墙·测绘数据	山险墙·文物数据	山险·测绘数据	山险·文物数据	合计·测绘数据	合计·文物数据
1段	—	—	—	—	—	—	—	—	—	—	—	—	0	0	—	—	38.83	230	38.83	230
2段	—	—	—	—	—	—	—	—	—	—	—	—	0	0	—	—	266.14	150	266.14	150
3段	—	—	—	—	—	—	—	—	—	—	—	—	0	0	—	—	19.47	19	19.47	19
4段	—	—	—	—	27.97	28	—	—	—	—	—	—	27.97	28	—	—	—	—	27.97	28
5段	—	—	—	—	—	—	—	—	—	—	—	—	0	0	—	—	122.34	92	122.34	92
6段	—	—	—	—	—	—	—	—	—	—	—	—	0	0	—	—	248.22	190	248.22	190
7段	11.19	11	—	—	57.41	47	—	—	—	—	—	—	68.6	58	—	—	—	—	68.6	58
8段	65.34	53	—	—	—	—	—	—	—	—	—	—	65.34	53	—	—	—	—	65.34	53
9段	—	—	—	—	—	—	—	—	—	—	—	—	0	0	—	—	411.61	330	411.61	330
10段	592.87	556	—	—	349.5	356	203.69	172	—	—	—	—	1146.06	1084	—	—	—	—	1146.06	1084
11段	—	—	—	—	50.75	42	—	—	—	—	—	—	50.75	42	—	—	—	—	50.75	42
12段	—	—	—	—	—	—	—	—	—	—	—	—	0	0	—	—	687.03	599	687.03	599
13段	—	—	—	—	—	—	—	—	—	—	—	—	0	0	—	—	1762.46	1160	1762.46	1160
14段	—	—	—	—	—	—	—	—	—	—	—	—	0	0	—	—	1159.93	764	1159.93	764
15段	—	—	—	—	—	—	30.33	24	—	—	—	—	30.33	24	—	—	—	—	30.33	24
16段	—	—	—	—	—	—	201.35	191	—	—	—	—	201.35	191	—	—	—	—	201.35	191
主线小计	669.4	620	—	—	485.63	473	435.37	387	0	0	0	0	1590.4	1480	0	0	4716.03	3534	6306.43	5014
二道边1段	136.27	132	—	—	—	—	334.11	290	—	—	—	—	470.38	422	—	—	49	49	519.38	471
二道边2段	—	—	—	—	529.92	522	608.71	611	—	—	13	13	1151.63	1146	42	42	—	—	1193.63	1208
总计	805.67	752	—	—	1015.55	995	1378.19	1288	0	0	13	13	3212.41	3048	42	42	4765.03	3583	8019.44	6693

其他地段基本保持原貌。

由于近几年封山育林，山险两侧生长许多高大树木，加之剧烈的地质灾害，部分山石滚落，对山险的险峻外观产生一定影响。通往常州村的公路从沟底穿过，修建公路时开凿了两侧部分山石，对山险造成严重破坏，人为因素破坏明显。

青山岭长城 2 段（总第 89 段，编码 120225382106170089）

此段长城墙体类别为山险，自天津市蓟县下营镇青山岭村东北、青山岭长城 1 号敌台北侧（高程 486 米）起，向北顺山势，至青山岭长城 2 号敌台南侧（高程 524 米）截止，长 266.14 米，南—北走向。（彩图二二五）

此段山险充分利用陡峭山体作为阻挡敌人的天然屏障，南与青山岭长城 1 号敌台北侧相接，向北延伸至青山岭长城 2 号敌台，没有人为加工修整的痕迹。

山险基本保持原貌。山险起点向北 20 米，有一个东西向山谷，宽约 30 米。青山岭长城 2 号敌台南 20 米有一观景台，平面呈正方形，边长 10 米。山险顶部较为平坦，有一小路由山险中部蜿蜒通往山险顶部。山险东侧紧邻常州沟底，东、西侧为悬崖峭壁，南、北侧为陡坡，人很难攀爬。山险上长满杂草、高大树木等植被。

由于近几年封山育林，山险两侧已经生长许多高大树木；加之剧烈的地质灾害，部分山石滚落，对山险的险峻外观产生一定影响。山险上修建的观景台和参观道路，与山险周边环境极不协调，对山险及外部环境造成一定破坏，人为因素破坏痕迹明显。

青山岭长城 3 段（总第 90 段，编码 120225382106170090）

此段长城墙体类别为山险，自青山岭长城 2 号敌台南侧（高程 524 米）起，向北顺山势，至青山岭长城 4 段石墙体起点（高程 509 米）截止，长 19.47 米，南—北走向。（彩图二二六）

此段山险充分利用陡峭山体作为阻挡敌人的天然屏障，南与青山岭长城 2 号敌台北侧相接，向北延伸至青山岭长城 4 段墙体。

山险基本保持原貌。南—北走向，南高北低，东、西侧为悬崖峭壁，南、北侧为陡坡，人很难攀爬。山险上长满杂草、高大树木等植被。

此段山险所处位置险峻，人迹罕至，自然和人为因素破坏痕迹不明显。

青山岭长城 4 段（总第 91 段，编码 120225382102170091）

此段长城墙体类别为石墙，自青山岭长城 3 段山险止点（高程 509 米）起，向北沿山脊修建，至青山岭长城 5 段山险起点（高程 513 米）截止，长 27.97 米，南—北走向。（彩图二二七）

墙体为自然基础，墙体用毛石干垒而成，垒砌方法与其他段长城墙体基本相同，内、外两侧用大石块垒砌两侧，中间填充小石块和碎石片，石块之间缝隙未用泥土、三合灰等黏结物。

此段墙体南低北高，整体保存一般。墙体上部被乱石覆盖，垛口与马道分辨不清，尺寸无法测量，形态不详。墙体上部宽 1 米，顶部距外侧地表最高 2.6 米，内侧紧贴山体与地面同高。墙体中部有 2 米向外侧倒塌。

墙体倒塌的主要原因是自然塌落，从现场塌落的石块较其他段多推测，塌落原因应是墙体垒砌较窄、基础垒砌不牢固、墙体较高所致。未发现人为因素破坏墙体的痕迹。

青山岭长城 5 段（总第 92 段，编码 120225382106170092）

此段长城墙体类别为山险，自青山岭长城 4 段石墙止点（高程 513 米）起，向上折顺山势，至山顶的青山岭长城 3 号敌台南侧（高程 561 米）截止，长 122.34 米，南—北走向。（彩图二二八）

此段山险充分利用陡峭的山体作为阻挡敌人的天然屏障，南与青山岭长城 4 段墙体相接，向北延伸至青山岭长城 3 号敌台南侧，没有人为加工修整痕迹。

山险基本保持原貌。东、西两侧山势十分陡峭，东侧为悬崖峭壁，西侧为山谷陡坡，人很难攀爬。山险顶部南北长、东西窄，修建一小道，可从山险下部蜿蜒曲折通往顶部。山险上长满杂草、高大树木等植被。

由于近几年封山育林，山险两侧生长许多高大树木，加之剧烈的地质灾害，部分山石滚落，对山险的险峻外观产生一定影响。山险上修建的参观道路，与山险周边环境极不协调，对山险及外部环境造成一定破坏，人为因素破坏痕迹明显。

青山岭长城 6 段（总第 93 段，编码 120225382106170093）

此段长城墙体类别为山险，自青山岭长城 3 号敌台南侧（高程 561 米）起，沿山体向西南下折，顺山势，至青山岭长城 7 段石墙起点（高程 370 米）截止，长 248.22 米，东北—西南走向。（彩图二二九）

山险充分利用陡峭的山体作为阻挡敌人的天然屏障，北与青山岭长城 3 号敌台相邻，向西南延伸至青山岭长城 7 段墙体起点，没有人为加工修整的痕迹。

山险基本保持原貌，两侧为陡坡，地势陡峭，长满杂草、灌木等植被。

此段山险所处位置险峻，人迹罕至，自然和人为因素破坏痕迹不明显。

青山岭长城 7 段（总第 94 段，编码 120225382102170094）

此段长城墙体类别为石墙，位于山谷处，自青山岭长城 6 段山险止点（高程 370 米）起，沿季节性河流的河道旁修建，向西上折，东低西高，至青山岭长城 4 号敌台东侧（高程 419 米）截止，长 68.6 米，东—西走向。（彩图二三〇）

此段石墙基础经过人为铲平，墙体用石块干垒而成，垒砌方法与其他段长城墙体基本相同，内外两侧用大石块垒砌外侧边，中间用小石块和碎石片、土、三合灰颗粒填充，外侧用三合灰勾缝，稍带收分。垒砌方法有两个显著特点：其一，用巨石作基础（这些巨石基本未加移动，仅稍加修整），然后在巨石上用人工修整的条石做护墙石，之后垒砌墙体；其二，改变了以往常见的墙体与山势平行的垒砌方式，改为随山势变化把墙体垒砌成台阶状。

此段墙体大部分保存一般，少部分保存较好。前 11.19 米保存较好，后 57.41 米保存一般。根据《长城资源调查工作手册》的技术要求，按照墙体的保存状况，此段长城墙体又细分为 2 小段，分述如下。

第一小段：起点海拔 370 米，止点海拔 375 米。长 11.19 米，保存较好。从起点至 11.9 米处墙体位于河谷，除中部有部分墙体略向外侧倒塌外，整体保存较为完整。此小段长城用天然巨石做基础，上面用加工过的条石做护墙石，距内、外侧墙体 0.9~1 米，与墙体之间缝隙用碎石填充。垒砌护墙石的条石共 4 层，高 1.4、厚 0.35 米。长城墙体上部宽 2.7 米，垛口、马道保存较好垛口上部倒塌，仅存基础，厚 0.7 米。马道为修整的石板平铺，宽 2 米。墙体顶部距外侧地表最高 1.6 米，距内侧地表高 0.8~1 米。

第二小段：起点海拔 375 米，止点海拔 419 米。长 57.41 米，保存一般。墙体外侧部分倒塌严重。此小段长城改变了以往常见的墙体与山势平行的垒砌方式，改为随山势变化把墙体垒砌成台阶状的方式。墙体上部宽 2.3 米，部分墙体可观测到垛口和马道的形态，垛口上部倒塌，仅存基础，厚 0.7 米。马道为平整的大石板平铺而成，石板之间缝隙用小石块、小石板填充，宽 1.6 米。

墙体倒塌主要因为垒砌不牢固，自然塌落所致；季节性地表径流冲刷部分墙体基础，对墙体构成严重的安全隐患。未发现人为因素破坏墙体的痕迹。

青山岭长城 8 段（总第 95 段，编码 120225382102170095）

此段长城墙体类别为石墙，自青山岭长城 4 号敌台东侧（高程 419 米）起，沿山势修建，拐向西并上折，东低西高，至青山岭长城 9 段山险（高程 443 米）截止，长 65.34 米，东—西走向。（彩图二三一）

此段长城基础经过人为铲平、漫坡，墙体用石块干垒而成，从部分断面观察，墙体垒砌的方法与其他段长城墙体基本相同，内外两侧用大石块垒砌两道外壁，中间用小石块和碎石片、土、三合灰颗粒填充，内、外侧用三合灰勾缝。墙体上窄下宽，略带收分。

此段长城墙体整体保存较好，东低西高。墙体外侧保存较好，部分向内侧倒塌。自起点至止点，内、外侧紧贴墙体基础部位各有一道护墙石，为修整过的条石铺成台阶状，宽 0.9~1 米。墙体上部宽 2.3 米，部分墙体保留垛口和马道。垛口上部倒塌，仅存基础，厚 0.7 米。马道为不规则石板平铺而成，宽 1.6 米。墙体顶部距外侧地表最高 2.7 米，距内侧地表最高 1.7 米。

墙体倒塌主要因为垒砌不牢固，自然塌落所致；季节性地表径流冲刷部分墙体基础及墙体上部杂草、灌木的根系，对墙体构成了严重的安全隐患。未发现人为因素破坏墙体的痕迹。

青山岭长城 9 段（总第 96 段，编码 120225382106170096）

此段长城墙体类别为山险，自青山岭长城 8 段墙体止点（高程 443 米）起，向西顺山势，至青山岭长城 5 号敌台东侧（高程 641 米）截止，长 411.61 米，东—西走向。（彩图二三二）

山险充分利用陡峭的山脊作为阻挡敌人的天然屏障，东侧与青山岭长城 8 段墙体止点相接，向西延伸至青山岭长城 5 号敌台东侧，没有人为加工修整的痕迹。

山险基本保持原貌，山石林立、杂草丛生，两侧为悬崖峭壁，长满杂草、高大树木等植被。

山险所处位置险峻，人迹罕至，自然和人为因素破坏痕迹不明显。

青山岭长城 10 段（总第 97 段，编码 120225382102170097）

此段长城墙体类别为石墙，自青山岭长城 5 号敌台东侧（高程 641 米）起，一路向北上折，南低北高，至青山岭长城 6 号敌台南侧（高程 688 米）截止，长 1146.06 米，东南—西北走向。（彩图二三三）

此段长城基础经过人为铲平、漫坡，墙体用石块干垒，从部分墙体断面观察，垒砌方法与其他段长城墙体基本相同，内外两侧用大石块垒砌两道外侧边，中间用小石块和碎石片、土、三合灰颗粒填充，外侧用三合灰勾缝，略带收分。

此段长城墙体大部分保存较好，部分墙体向内、外侧有倒塌，部分墙体垛口倒塌在马道上，有五分之一保存较差。其中保存较好的墙体长 592.87 米，保存一般的墙体长 349.5 米，保存较差的墙体长 203.69 米。

根据《长城资源调查工作手册》的技术要求，按照墙体的保存状况、拐折点的分布情况，此段长城墙体又细分为 24 小段，分述如下。

第一小段：起点海拔 641 米，止点海拔 643 米。此小段长城长 34.16 米，保存较好。部分墙体向内侧倒塌。墙体上部宽 2.9 米，垛口、马道清晰可辨。垛口上部倒塌，保存基础，厚 0.7、高 0.7 米。马道为平整的石板平铺而成，宽 2.2 米。墙体顶部距外侧地表最高 4.3 米，距内侧地表最高 3.3 米。长城自此小段止点拐向北并下折。

第二小段：起点海拔 643 米，止点海拔 638 米。此小段长城长 41 米，保存一般。部分墙体向内、外侧均有倒塌。墙体上部宽 2.9 米，保存较清晰的垛口和马道。垛口上部残失，仅存基础，厚 0.7、残高 0.7 米。马道为修整过的平整石板平铺而成，石板之间缝隙用小石块、小石板填充，宽 2.2 米。长城自此小段止点拐向北并上折。

第三小段：起点海拔 638 米，止点海拔 655 米。此小段长城长 31 米，保存一般。墙体大部分向内侧倒塌，垛口、马道分辨不清，尺寸无法测量，形态不详。墙体顶部距外侧地表最高 2.4 米。长城自此小段止点拐向西北并上折。

第四小段：起点海拔 655 米，止点海拔 671 米。此小段长城长 68 米，保存一般。墙体外侧为悬崖，内侧为陡坡。墙体大部分倒塌，上部尺寸无法测量。垛口倒塌于马道上，垛口、马道分辨不清，尺寸无法测量，形态不详。墙体顶部距外侧地表最高 1.9 米，距内侧地表最高 1.45 米。长城自此小段止点拐向西北直行。

第五小段：起点海拔 671 米，止点海拔 669 米。此小段长城长 52 米，保存一般。墙体向内、外侧均有倒塌。墙体上部宽 2 米。部分墙体可分辨出垛口和马道。垛口上部残失，仅保存基础，厚 0.7、高 0.4 米。马道为修整过的平整石板平铺而成，石板之间缝隙用小石块、小石板填充，马道宽 1.3 米。墙体顶部距外侧地表最高 3 米，距内侧地表最高 0.3 米。长城自此小段止点拐向西北并上折。

第六小段：起点海拔 669 米，止点海拔 679 米。此小段长城长 33 米，保存较差。墙体向内、外侧倒塌严重，马道、垛口分辨不清，尺寸无法测量，形态不详。墙体顶部距外侧地表最高 1.4 米。长城自此小段止点拐向西北直行。

第七小段：起点海拔 679 米，止点海拔 681 米。此小段长城长 75.21 米，保存较好。墙体上部宽 2.4 米，保存较清晰的垛口和马道。垛口上部残失，仅存基础，厚 0.6、高 0.5 米。马道为修整过的平整石板平铺而成，石板之间缝隙用小石块、小石板填充，马道宽 1.8 米。墙体上有一个烟灶，为青山岭长城 1 号烟灶。长城自此小段止点拐向西北直行。

第八小段：起点海拔 681 米，止点海拔 681 米。此小段长城长 10 米，保存较好。墙体上部宽 2.4 米，垛口和马道保存较清晰。垛口仅存基础，厚 0.6、高 0.5 米。马道为石板平铺而成，宽 1.8 米。墙体上有一个烟灶，为青山岭长城 2 号烟灶。长城自此小段止点拐向西北直行。

第九小段：起点海拔 681 米，止点海拔 685 米。此小段长城长 32 米，保存一般。部分墙体向内、外侧均有倒塌，上部宽 2 米。部分墙体可分辨出垛口和马道，垛口上部残失，仅存基础，厚 0.85、高 0.5 米。马道为修整过的平整石板平铺而成，石板之间缝隙用小石块、小石板填充，马道宽 1.6 米。墙体顶部距外侧地表最高 1.8 米，距内侧地表最高 0.4 米。墙体上有青山岭长城 3 号烟灶。长城自此小段止点拐向西北并上折。

第十小段：起点海拔 685 米，止点海拔 686 米。此小段长城长 22 米，保存一般。墙体倒塌严重，上部无法测量，马道、垛口分辨不清，尺寸无法测量，形态不详。墙体顶部距外侧地表最高 2.6 米，距内侧地表最高 1 米。长城自此小段止点拐向西北直行。

第十一小段：起点海拔 686 米，止点海拔 684 米。此小段长城长 37.29 米，保存较好。垛口倒塌严重，大部分倒塌于马道上，垛口、马道分辨不清，尺寸无法测量，形态不详。墙体顶部距外侧地表最高 2.9 米，距内侧地表最高 0.9 米。长城自此小段止点拐向西北并下折。

第十二小段：起点海拔 684 米，止点海拔 670 米。此小段长城长 89.3 米，保存较好。墙体上部宽 2.1 米，垛口、马道清晰可辨。垛口上部倒塌，形态不详，保存基础，厚 0.7、高 0.4 米。马道为修整过的平整石板平铺而成，宽 1.4 米。墙体顶部距外侧地表最高 2.7 米，距内侧地表最高 1.3 米。长城自此小段止点拐向西北并下折。

第十三小段：起点海拔 670 米，止点海拔 660 米。此小段长城长 27 米，保存较好。墙体增宽至 2.9 米，保存较清晰的垛口和马道。垛口上部残失，仅存基础，厚 0.8、高 1.1 米。马道为修整过的平整石板平铺而成，石板之间缝隙用小石块、小石板填充，马道宽 2.1 米。墙体顶部距外侧地表最高 3.9

米，距内侧地表最高 2.3 米。墙体内侧保存有青山岭长城 1 号水窖。长城自此小段止点拐向西北并下折。

第十四小段：起点海拔 660 米，止点海拔 652 米。此小段长城长 66 米，保存较好。墙体上部宽 3 米，垛口和马道清晰可辨。垛口上部残失，形态不详，仅存基础，厚 0.7、高 0.5 米。马道为修整过的平整石板平铺而成，石板之间缝隙用小石块、小石板填充，马道宽 2.3 米。墙体顶部距外侧地表最高 3.8 米，距内侧地表最高 2.9 米。墙体上保存有青山岭长城 4 号烟灶。墙体外侧有出入青山岭长城二道边 1 段的登城步道。长城自此小段止点拐向西北并上折。

第十五小段：起点海拔 652 米，止点海拔 657 米。此小段长城长 45.62 米，保存较好。部分墙体坍塌，上部宽 2.9 米。部分墙体可分辨出垛口和马道，垛口上部残失，仅存基础，厚 0.7、残高 0.2 米。马道为修整过的平整石板平铺而成，石板之间缝隙用小石块、小石板填充，马道宽 2.2 米。墙体顶部距外侧地表最高 3.4 米，距内侧地表最高 3 米。长城自此小段止点拐向西北。

第十六小段：起点海拔 657 米，止点海拔 658 米。此小段长城长 23 米，保存一般。墙体大部分向内侧倒塌，垛口、马道分辨不清，尺寸无法测量，形态不详。墙体顶部距外侧地表最高 4 米。长城自此小段止点拐向西北并下折。

第十七小段：起点海拔 658 米，止点海拔 650 米。此小段长城长 41 米，保存一般。墙体向内、外侧均有倒塌，垛口倒塌在马道上，垛口、马道分辨不清，尺寸无法测量，形态不详。墙体顶部距外侧地表最高 4.1 米，距内侧地表最高 2.8 米。长城自此小段止点拐向西北并上折。

第十八小段：起点海拔 650 米，止点海拔 659 米。此小段长城长 39.5 米，保存一般。墙体向内、外侧均有倒塌，垛口倒塌在马道上，垛口、马道分辨不清，尺寸无法测量，形态不详。墙体顶部距外侧地表最高 2.5 米，距内侧地表最高 2.1 米。长城自此小段止点拐向西北并下折。

第十九小段：起点海拔 659 米，止点海拔 652 米。此小段长城长 28 米，保存较差。墙体顶部距外侧地表最高 3.8 米，内侧坍塌。垛口上部残失，仅存基础，厚 0.8、高 0.5 米。长城自此小段止点拐向北并下折。

第二十小段：起点海拔 652 米，止点海拔 628 米。此小段长城长 85 米，保存较差。墙体大部分向内、外侧均有倒塌，部分墙体可分辨出垛口和马道。垛口上部残失，形态不详，仅存基础，厚 0.8、高 0.5 米。马道为修整过的平整石板平铺而成，宽 1.9 米。墙体顶部距外侧地表最高 3 米，距内侧地表最高 3 米。长城自此小段止点拐向北并上折。

第二十一小段：起点海拔 628 米，止点海拔 627 米。此小段长城长 19 米，保存较好。垛口倒塌在马道上，垛口、马道分辨不清，尺寸无法测量，形态不详。墙体顶部距外侧地表最高 3.9 米，距内侧地表最高 2.2 米。长城自此小段止点拐向北并下折。

第二十二小段：起点海拔 627 米，止点海拔 622 米。此小段长城长 26 米，保存较差。墙体内、外侧大部分倒塌，上部宽 3.2 米。墙体顶部距外侧地表最高 2.6 米，距内侧地表最高 1.7 米。有两条小路横穿长城，墙体被人为为破坏。长城自此小段止点拐向北并上折。

第二十三小段：起点海拔 622 米，止点海拔 627 米。此小段长城长 31.69 米，保存较差。墙体大部分向内、外侧倒塌，上部宽 3.2 米。墙体顶部距外侧地表最高 2.6 米，距内侧地表最高 1.7 米。长城自此小段止点拐向北并上折。

第二十四小段：起点海拔 627 米，止点海拔 688 米。此小段长城长 189.29 米，保存较好。墙体上部宽 3.2 米，部分墙体向内、外侧倒塌。垛口消失。墙体顶部距外侧地表最高 2.5 米，距内侧地表最高 1.3 米。墙体外侧为悬崖，内侧为陡坡。长城自此小段止点拐向北并上折。

此段墙体东与青山岭长城 5 号敌台西侧相接，向西北延伸至青山岭长城 11 段山险。东南距青山岭长城 5 号敌台 0.18 千米，内侧 1 米为青山岭长城 1 号居住址，向西北依次分布青山岭长城 2 号居住址、青山岭长城 1~3 号烟灶、青山岭长城 3 号居住址、青山岭长城 4 号烟灶、青山岭长城 4 号居住址、青山岭长城 1 号水窖、青山岭长城 5 号居住址。外侧有与之平行的青山岭长城二道边 1 段墙体。

此段长城墙体整体保存较好，地处山脊，较陡峭，外侧为悬崖峭壁，内侧为陡坡。部分墙体坍塌严重，主要原因是墙体垒砌不牢固，自然塌落所致；季节性地表径流冲刷部分墙体基础，以及部分墙体上杂草、树木的根系对墙体构成严重的安全隐患。未发现人为因素破坏墙体的痕迹。

青山岭长城 11 段（总第 98 段，编码 120225382102170098）

此段长城墙体类别为石墙，自青山岭长城 6 号敌台南侧（高程 688 米）起，一路向西北上折，南低北高，至青山岭长城 12 段山险起点（高程 694 米）截止，长 50.75 米，为东南—西北走向。（彩图二三四）

墙体为人工基础，部分基础经过人工铲平。墙体用石块干垒而成，从部分墙体断面观察，垒砌方法与其他段长城墙体基本相同。墙体上窄下宽，呈梯形，有收分。

此段长城墙体位于山脊，外侧为悬崖峭壁，内侧为陡坡，整体保存一般。墙体向内、外侧均有倒塌，墙体上部尺寸无法测量。垛口与马道全部倒塌，分辨不清，尺寸无法测量，形态不详。墙体顶部距外侧地表最高 1.9 米，距内侧地表最高 1.2 米。

垒砌不牢固、地质灾害是造成墙体大部分倒塌的主要原因；季节性径流对墙体基础造成冲刷，植物根系对墙体构成新的安全隐患。部分墙体石块被拆除、移位等现象明显，有人为因素破坏的痕迹。

青山岭长城 12 段（总第 99 段，编码 120225382106170099）

此段长城墙体类别为山险，自青山岭长城 11 段石墙止点（高程 694 米）起，向西北顺山势，至青山岭长城 7 号敌台南侧（高程 968 米）截止，长 687.03 米，为东南—西北走向。（彩图二三五）

此段山险地处山脊，完全利用险要的地势作为阻挡敌人的天然屏障，未经过人为加工。地势险峻陡峭，所经之处外侧大部分为断崖，内侧为陡坡。该山险整体保存较好，基本保持险要陡峭的原貌。

山险东部与青山岭长城 11 段墙体止点相接，向西延伸至青山岭长城 7 号敌台南侧，北距青山岭长城 7 号敌台约 29 米，山险上有青山岭长城 9 号烟灶。

由于近几年封山育林，山险两侧生长许多高大树木，加之剧烈的地质灾害影响，部分山险山石滚落或被雨水冲走，对山险外观造成一定影响。部分山险外部环境被人为破坏。

青山岭长城 13 段（总第 100 段，编码 120225382106170100）

此段长城墙体类别为山险，自青山岭长城 7 号敌台南侧（高程 968 米）起，向北顺山势，至天津市蓟县下营镇青山岭村东北 1.65 千米的九山顶主峰北端（高程 1068 米）截止，长 1762.46 米，南—北走向。（彩图二三六）

此山险位于天津市蓟县下营镇青山岭村北，东距常州村约 2 千米，南与青山岭长城 7 号敌台南侧相接，向北延伸至九山顶风景区北端，由三山两沟组成，完全利用险要的地势作为阻挡敌人的天然屏障，未经过人为加工。山险地势险要，乱石林立，海拔较高，尤其九山顶（天津市最高峰，海拔 1068 米）一览群山，四周群山环抱，一峰突起，山顶有为游人修建的一条小道南北贯通。两沟深不可测，两侧为悬崖峭壁。该山险整体保存较好，部分被人为破坏，基本保持险要陡峭的原貌。

山险两侧生长许多高大树木，加之剧烈的地质灾害影响，部分山石滚落或被雨水冲走，对山险险峻外部环境造成一定影响。九山顶风景区内的部分山险上，修建了一条南北贯通的登山小路，对山险本体构成一定破坏，人为因素破坏痕迹明显。

青山岭长城 14 段（总第 101 段，编码 120225382106170101

此段长城墙体类别为山险，自青山岭长城 13 段起点即九山顶主峰北端（高程 1068 米）起，向西南，顺山势，至青山岭长城 15 段石墙起点（高程 893 米）截止，长 1159.93 米，东北—西南走向。（彩图二三七）

山险位于青山岭村北，东距常州村约 2 千米，完全利用陡峭的山体，看不出人为加工修整的痕迹。由九山顶到青山岭长城 15 段起点，中间山山不断，连绵起伏，北邻河北界，地势险峻陡峭，为悬崖峭壁。南侧大部分为陡坡、断崖。山险整体保存较好，基本保持险要陡峭的原貌。

山险上长满高大乔木及荆棘等灌木，野草丛生。因封山育林，地势险峻，人迹罕至，未发现人为因素破坏的痕迹。

青山岭长城 15 段（总第 102 段，编码 120225382102170102）

此段长城墙体类别为石墙，自青山岭长城 14 段山险止点（高程 893 米）起，一路向西北上折，南低北高，至青山岭长城 8 号敌台东侧（高程 885 米）截止，长 30.33 米，东南—西北走向。（彩图二三八）

此段长城为人工基础，可清晰看出部分基础经过人为铲平、漫坡。墙体用石块干垒而成，垒砌方法与其他各段长城墙体基本相同。墙体上窄下宽，有收分。

此段长城位于天津市蓟县下营镇青山岭村西北，南距青山岭长城 7 号敌台约 1063 米，外侧为陡坡，内侧坡度较缓，长满荆条等灌木，整体保存较差，内侧大部分坍塌，部分墙体向内、外侧均有倒塌，墙体上乱石堆积，上部宽 3.6 米。垛口与马道倒塌，分辨不清，尺寸无法测量，形态不详。墙体顶部距外侧地表最高 1.3 米，距内侧地表最高 1.2 米。

造成墙体大部分倒塌的主要原因是垒砌不牢固、地质灾害，季节性河流对墙体基础造成冲刷，植物根系对墙体构成新的安全隐患。部分墙体石块被拆除、移位等，人为因素破坏痕迹明显。

青山岭长城 16 段（总第 103 段，编码 120225382102170103）

此段长城墙体类别为石墙，自青山岭长城 8 号敌台东侧（高程 885 米）起，顺山势，至车道峪长城 1 段山险起点（高程 861 米）截止，长 201.35 米，为东—西走向。（彩图二三九）

此段长城东与青山岭长城 8 号敌台东侧相接，向西延伸至车道峪长城 1 段山险，地处山脊，外侧为陡坡，内侧坡度较缓。墙体内侧 4 米处有青山岭长城 2 号火池。

此段长城为自然基础，墙体用石块干垒而成，垒砌方法与其他段长城墙体基本相同。墙体剖面呈梯形，上窄下宽，有收分。此段长城墙体保存较差，大部分向内外两侧倒塌，垛口与马道分辨不清。

根据《长城资源调查工作手册》的技术要求，按照墙体的保存状况、拐折点分布情况，此段长城墙体又细分为 3 小段，分述如下。

第一小段：起点海拔 885 米，止点海拔 867 米。此小段长城长 75 米，保存较差。墙体向内、外侧倒塌，垛口、马道基本倒塌，上部乱石堆积，墙体、垛口及马道的宽度无法测量，形态不详。墙体顶部距外侧地表最高 1.4 米。长城自此小段止点拐向西南并下折。

第二小段：起点海拔 867 米，止点海拔 847 米。此小段长城长 70.35 米，保存较差。墙体向内、外侧倒塌，形成一长条形堆积，墙体高度、宽度无法测量，垛口、马道分辨不清。有一条小道横穿长城，墙体被人为扒开一个豁口。长城自此小段止点拐向西南并上折。

第三小段：起点海拔 847 米，止点海拔 861 米。此小段长城长 56 米，保存较差。墙体向内、外侧倒塌，形成一长条形堆积，高度、宽度无法测量，垛口、马道分辨不清，形态不详。长城自此小段止点拐向西南并上折。

全砌不牢固、地质灾害是造成墙体大部分倒塌的主要原因。长城墙体被人为扒开一个豁口，人为因素破坏痕迹明显。

青山岭长城二道边1段（总第104段，编码120225382102170104）

此段长城二道边墙体类别为石墙（含山险），自青山岭长城6号敌台东南56米处（高程653米）起，至青山岭长城10段北侧11米（高程647米）截止，长519.38米，北—南走向。（彩图二四〇）

此段长城二道边位于长城主线外侧，不与主线相连，位于青山岭长城10段墙体北侧约11米处，地处山脊，外侧为陡坡。修建此段长城二道边的主要目的是青山岭长城10段墙体外侧是一个坡度较缓的山坡，坡下为一处山坳，敌人容易由此攀爬上来，所以依山势修筑此段二道边墙体。

此段长城二道边为混合基础，部分基础经过人为修整，基础削整得与地表近垂直，上面全砌石墙，这种做法与山险墙相似。墙体用石块干全而成，全砌方法与其他段长城墙体基本相同。

此段长城二道边墙体整体保存较差，其中保存较好的墙体长136.27米，保存较差的墙体长334.11米，山险长49米。

墙体外侧为平整的方形石块全砌，内侧大部分用不太规则石块全砌，干全而成，石块之间缝隙无三合土或黄土黏结。墙体剖面为梯形，上窄下宽，有收分，上部宽1.1~1.4米，下部宽2.5~3.3米。马道用平坦的石板铺成。（彩图二四一）未修建垛口。墙体顶部高出内侧地表0.2~1.4米，高出外侧地表1.8~6.65米。墙体外侧中部设排水孔，用来排放流进墙体内的雨水，由于墙体全砌太高，排水孔也可以缓解由于积水过多山体对墙体的压力。

根据《长城资源调查工作手册》的技术要求，按照墙体的保存状况、拐折点分布情况，此段长城墙体又细分为7小段，分述如下。

第一小段：起点海拔653米，止点海拔646米。此小段长城二道边长36米，保存较好。墙体上宽1.1米，顶部距外侧地表高6.12~6.65米，距内侧地表高1.2~1.3米。长城自此小段止点拐向西南。

第二小段：起点海拔646米，止点海拔622米。此小段长城二道边长132.59米，保存较差。大部分墙体坍塌，宽度、高度无法测量，马道形态不详。长城二道边自此小段止点拐向东南。

第三小段：起点海拔622米，止点海拔621米。此小段长城二道边长100.52米，保存较差。大部分墙体倒塌，从部分残存的墙体观察，墙体上部宽1.15米，顶部距外侧地表高1.8~3.4米。长城二道边自此小段止点拐向西南。

第四小段：起点海拔621米，止点海拔630米。此小段长城二道边长49米，保存较差。墙体大部分倒塌，在残存的墙体上发现一个排水口，（彩图二四二）位于墙体外侧，距外侧地表4米，排水孔为三块凸出石板加一块与墙体平行的石块组成，中空，平面呈长方形，长0.35、高0.2米，凸出墙体0.15米。长城二道边自此小段止点拐向东南。

第五小段：起点海拔630米，止点海拔637米。此小段长城二道边为山险，长49米，保存较好。利用山势的陡峭，未加人为修整。

第六小段：起点海拔637米，止点海拔635米。此小段长城二道边长52米，保存较差。墙体全部倒塌，仅存基础，宽度、高度无法测量。

第七小段：起点海拔635米，止点海拔647米。此小段长城二道边长100.27米，保存较好。基础岩石经过人为加工，基本与地面垂直，陡峭、光滑。墙体较窄，上部宽1.4米。墙体顶端距外侧地表高1.8~2.2米。

在高程 663 米处的青山岭长城 10 段主线墙体外侧,发现一处可进出长城二道边的登城步道,(彩图二四三)为石块干垒而成,宽 4、长 4.5 米,由于石块散乱,看不出是台阶还是坡道。

观察倒塌情况,墙体倒塌的主要原因是垒砌不够牢固、自然塌落所致;紧靠墙体内侧有许多高大树木生长,根系的生长破坏了墙体的稳固性。部分垒砌墙体的石块被拆除、移位,人为因素破坏痕迹明显。

青山岭长城二道边 2 段（总第 105 段,编码 120225382102170105）

此段长城二道边墙体类别为石墙（含山险墙）,自九山顶山崖北侧（高程 654 米）起,至九山顶山崖西侧（高程 894 米）截止,长 1193.63 米,东南—西北走向。(彩图二四四、二四五)

此段长城二道边为自然基础,墙体用石块干垒而成,垒砌方法与其他段长城墙体基本相同。长城二道边地处山脊,位于长城主线外侧,不与长城主线相连。外侧为陡坡,内侧坡度较缓,植被为杂草、树木。修建此长城二道边墙体是为了截断山谷底部出入的通道,防止敌人从谷口处入侵。地势较低的墙体外有挡马墙。

此段长城二道边墙体大部分保存较差,前半部分墙体倒塌较少,后半部分墙体倒塌严重,分辨不出宽与高。其中保存一般的墙体长 529.92 米,保存较差的墙体长 608.71 米,消失的墙体长 13 米,山险墙 42 米。

根据《长城资源调查工作手册》的技术要求,按照墙体的保存状况、拐折点分布情况,此段长城二道边墙体又细分为 23 小段,分述如下。

第一小段:起点海拔 654 米,止点海拔 651 米。此小段长城二道边长 15 米,保存一般。大部分墙体顶部向外侧倒塌,宽度无法测量。垛口、马道基本倒塌,尺寸无法测量,形态不详。墙体顶部距外侧地表最高 0.9 米,距内侧地表最高 1.1 米。长城二道边自此小段止点拐向东北并下折。

第二小段:起点海拔 651 米,止点海拔 646 米。此小段长城二道边为山险墙,长 14 米,保存一般。有人为加工痕迹,顺山势,大岩石林立,无人为破坏,两侧为山谷陡坡。长城二道边自此小段止点拐向东北并下折。

第三小段:起点海拔 646 米,止点海拔 636 米。此小段长城二道边长 20 米,保存一般。部分墙体向内、外侧倒塌,有一小道横穿墙体,上部宽 2.2 米。墙体顶部距外侧地表高 2.1 米,距内侧地表最高 1 米。长城二道边自此小段止点拐向东北并上折。

第四小段:起点海拔 636 米,止点海拔 643 米。此小段长城二道边长 41 米,保存较差。大部分墙体向内、外侧均有倒塌,形成一长条形石块堆积,两侧墙体分辨不清,宽度、高度无法测量。长城二道边自此小段止点拐向西北并下折。

第五小段:起点海拔 643 米,止点海拔 639 米。此小段长城二道边长 21 米,保存一般。部分墙体向内、外侧均有倒塌。墙体顶部距外侧地表最高 1 米,距内侧地表最高 0.8 米。长城二道边自此小段止点拐向北并上折。

第六小段:起点海拔 639 米,止点海拔 643 米。此小段长城二道边长 21 米,保存一般。部分墙体向内、外侧均有倒塌。墙体顶部距外侧地表最高 1.2 米,距内侧地表最高 1.4 米。长城二道边自此小段止点呈直角（角度近 90°）拐向西北并下折。

第七小段:起点海拔 643 米,止点海拔 634 米。此小段长城二道边长 20 米,保存一般。墙体内侧损毁,倒塌严重,墙体上部宽 2 米。墙体顶部距外侧地表最高 0.6 米。长城二道边自此小段止点拐向北并上折。

第八小段:起点海拔 634 米,止点海拔 641 米。此小段长城二道边长 30 米,保存一般。部分墙体向内、外侧均有倒塌,墙体上部宽 1.9 米。墙体顶部距外侧地表最高 0.6 米,距内侧地表最高 0.8 米。

长城二道边自此小段止点拐向西北并下折。

第九小段：起点海拔 641 米，止点海拔 639 米。此小段长城二道边长 34 米，保存较差。大部分墙体向内、外侧均有倒塌，形成一长条形石块堆积，从墙体基础两侧墙壁勉强可以观测到基础宽 2.4 米。长城二道边自此小段止点拐向北并上折。

第十小段：起点海拔 639 米，止点海拔 640 米。此小段长城二道边长 100.22 米，保存一般。部分墙体向内侧倒塌，墙体上部宽 2 米。墙体顶部距外侧地表最高 1.2 米。长城二道边自此小段止点拐向西北并下折。

第十一小段：起点海拔 640 米，止点海拔 633 米。此小段长城二道边长 39 米，保存一般。大部分墙体向内、外侧均有倒塌，形成一长条形石块堆积，从墙体基础的两侧墙壁勉强可以观测到基础宽 2 米。长城二道边自此小段止点拐向西北直行。

第十二小段：起点海拔 633 米，止点海拔 632 米。此小段长城二道边长 50 米，保存一般。大部分墙体向内、外侧均有倒塌，从墙体基础的两侧墙壁可以观测到基础宽 2 米。墙体内侧下方为停车场，外侧为陡坡。长城二道边自此小段止点拐向西北直行。

第十三小段：起点海拔 632 米，止点海拔 636 米。此小段长城二道边长 13 米，已消失。有一条公路横穿长城墙体，应为修筑九山顶旅游风景区山下停车场公路时人为拆毁。长城二道边自此小段止点拐向西北并上折。

第十四小段：起点海拔 636 米，止点海拔 655 米。此小段长城二道边长 88.7 米，保存一般。墙体上部宽 3.8 米。墙体顶部距外侧地表最高 1.2 米，距内侧地表最高 1.7 米。长城二道边自此小段止点拐向西北直行。

第十五小段：起点海拔 655 米，止点海拔 660 米。此小段长城二道边长 17 米，保存一般。墙体向内侧倒塌，墙体上部宽 2 米。墙体顶部距外侧地表最高 0.6 米。长城二道边自此小段止点拐向西北并下折。

第十六小段：起点海拔 660 米，止点海拔 653 米。此小段长城二道边长 40 米，保存一般。墙体内侧地势较平坦，外侧为陡坡。部分墙体上部向内侧倒塌，墙体上部宽 1.3 米。墙体顶部距外侧地表最高 0.6 米，距内侧地表最高 1.5 米。长城二道边自此小段止点拐向西并上折。

第十七小段：起点海拔 653 米，止点海拔 670 米。此小段长城二道边长 40 米，保存一般。墙体外侧倒塌严重，墙体上部宽 2.5 米。墙体顶部距内侧地表最高 0.4 米，内侧有青山岭长城 2 号水窖。长城二道边自此小段止点拐向西南并上折。

第十八小段：起点海拔 670 米，止点海拔 676 米。此小段长城二道边长 27 米，保存较差。大部分墙体向内、外侧均有倒塌，形成一长条形石块堆积，两侧墙壁分辨不清，宽度、高度无法测量。长城二道边自此小段止点拐向西北并上折。

第十九小段：起点海拔 676 米，止点海拔 757 米。此小段长城二道边长 237.71 米，保存较差。大部分墙体向内、外侧均有倒塌，形成一长条形石块堆积，两侧墙壁分辨不清，宽度、高度无法测量。墙体上有青山岭长城 1 号火池，内侧有青山岭长城 6 号烟灶。长城二道边自此小段止点拐向西北并上折。

第二十小段：起点海拔 757 米，止点海拔 827 米。此小段长城二道边长 173 米，保存较差。大部分墙体向内、外侧均有倒塌，两侧墙壁分辨不清，宽度、高度无法测量。长城二道边自此小段止点拐向西北并上折。

第二十一小段：起点海拔 827 米，止点海拔 862 米。此小段长城二道边长 96 米，保存较差。大部分墙体向内、外侧均有倒塌，形成一长条形石块堆积，两侧墙壁分辨不清，宽度、高度无法测量。长城二道边自此小段止点拐向西北并上折。

第二十二小段：起点海拔862米，止点海拔890米。此小段长城二道边长28米，保存一般。此段为山险墙，利用自然地势，人工削整岩壁。其上灌木茂密。长城二道边自此小段止点拐向西并上折。

第二十三小段：起点海拔890米，止点海拔894米。此小段长城二道边长28米，保存一般。部分墙体向内外侧均有坍塌，墙体上部宽1.1米。墙体顶部距内侧地表高0.8～1.4米。墙体外侧有一道挡马墙，（彩图二四六）东—西走向，长11、宽0.4、残高0.4米，用大小不一的石块干垒。长城二道边自此小段止点拐向西并上折。

此段长城二道边位于长城主线外侧，青山岭村北、九山顶山险外侧，不与主线相连。墙体中部内侧约2.5米处自南向北依次分布青山岭长城5号、8号、7号、6号烟灶及青山岭长城2号水窖、青山岭长城1号火池。

部分墙体坍塌严重，主要原因是垒砌不够牢固，自然塌落所致；季节性地表径流冲刷部分墙体基础，以及部分墙体上杂草、树木根系的生长，对墙体构成严重的安全隐患。为修筑九山顶旅游风景区山下停车场公路，拆毁一段长城墙体，人为因素破坏痕迹明显。

（二）敌台

青山岭长城1号敌台（总第25号，编码120225352101170025）

该敌台位于天津市蓟县下营镇青山岭村东北1千米、青山岭长城2段山险起点的一处山脊上，北侧约30米为山谷，东侧和西侧为峭壁，南侧为缓坡，周边生长小树、杂草和橡树等植被。

该敌台为石质。平面呈长方形，南北长7.5、东西宽6.25、高1.6米。剖面呈梯形。方向为0°。中心高程486米。（图六四；彩图二四七、二四八）

敌台自明代修建以来无任何修缮，保存较差。建筑材料为石块，垒砌时首先用碎石块、砂土等垫一土台作基础，然后在土台上用不规则的大石块垒砌。敌台为实心，中间用碎石填充，石块之间缝隙未用任何黏结物，干垒而成。基础平面呈正方形，上部边长6.25、底部边长8.25米，高1.25米。

敌台台体是在土台基础上用大小不一的石块干垒而成。北、东和西壁坍塌，现为乱石堆积，南壁仅保留一层。

该敌台不与长城墙体连接，北距青山岭长城2号敌台约0.26千米，东侧75米为船舱峪长城10号敌台，西侧为青山岭长城4号敌台。

敌台北、东和西壁坍塌，仅存基础，现场石块散落，这种情况应该为人为拆毁所致。基础条石部分倒塌，可能与垒砌不牢固和地质灾害有关；敌台顶部生长杂草和零星灌木，根系的生长对现存敌台基础构成严重威胁。

青山岭长城2号敌台（总第26号，编码120225352101170026）

该敌台位于天津市蓟县下营镇青山岭村北1.1千米、青山岭长城3段山险起点的一处山顶上，东、西、北侧为断崖，南侧为缓坡，周边生长小树、杂草和橡树等植被。

该敌台为砖石质。平面呈正方形，底部边长10米，顶部边长8.6米，顶部西南角残高9.8米，其余部分高9.2米。剖面呈梯形。方向为10°。中心高程533米。（图六五；彩图二四九～二五二）

敌台建在山体上，不与长城墙体相连接。自明代修建以来无任何修缮，保存较好。基础保存完整；上部包砖部分除顶部垛口损毁外，其余基本保存完好，略损坏或腐蚀。顶部有碎砖、杂土，较平。

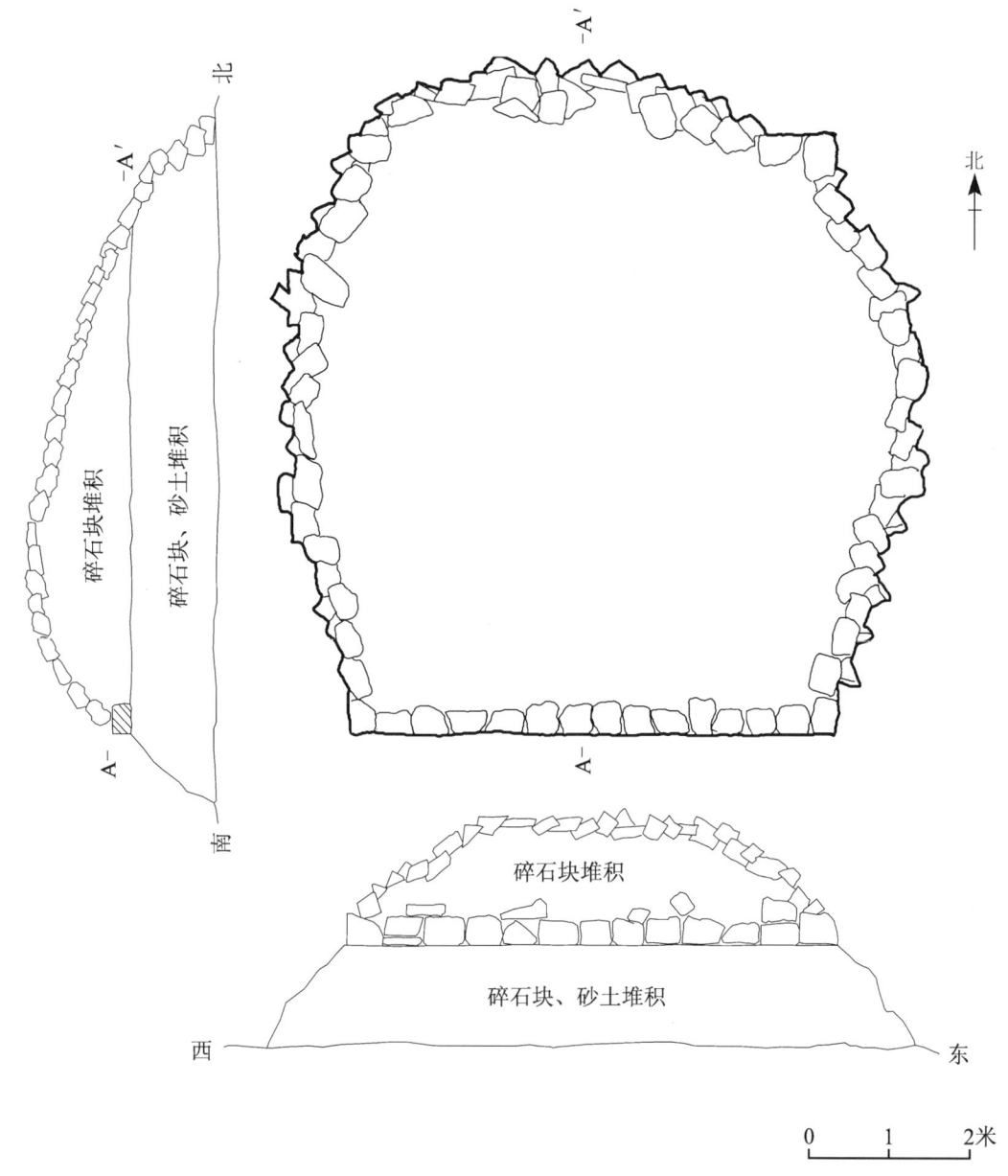

图六四　青山岭长城 1 号敌台平、剖面及南壁正视图

敌台建筑材料为青砖、石块，顶层四面出檐三层，夹一层斜放砖，后垒垛口，敌台坐于一层厚度不详的基础石上，上面用一层较厚的条石做底石，比上部条石四面宽出 0.8～10 厘米，从外部看，敌台基础用 5 层加工过的条石垒砌，高 1.7 米，用三合土黏结。条石上部垒砌包砖部分，包砖用三合土黏结。

敌台首层四壁设箭窗，各 3 个。南壁中间箭窗稍大且低，边框用条石垒砌，也可能是当时的门道。窗口为长方形，半圆券顶，每壁中间一个箭窗为两券两铺，另两个一券一铺。12 个箭窗相互连通，内部有 4 个柱子和登上顶层的台阶。

敌台顶层较平，堆积碎砖杂土，四壁设垛口，现已破坏，只留西南角。东西两侧设有排水孔，用条石凿成，东侧已毁，西侧排水孔高 0.2、宽 0.3 米，距敌台墙体 0.7 米。

敌台现为旅游景点，四周有现代石块水泥地面保护，宽 2 米，南部设月台 2 个，东壁基础被现代地面覆盖一部分。

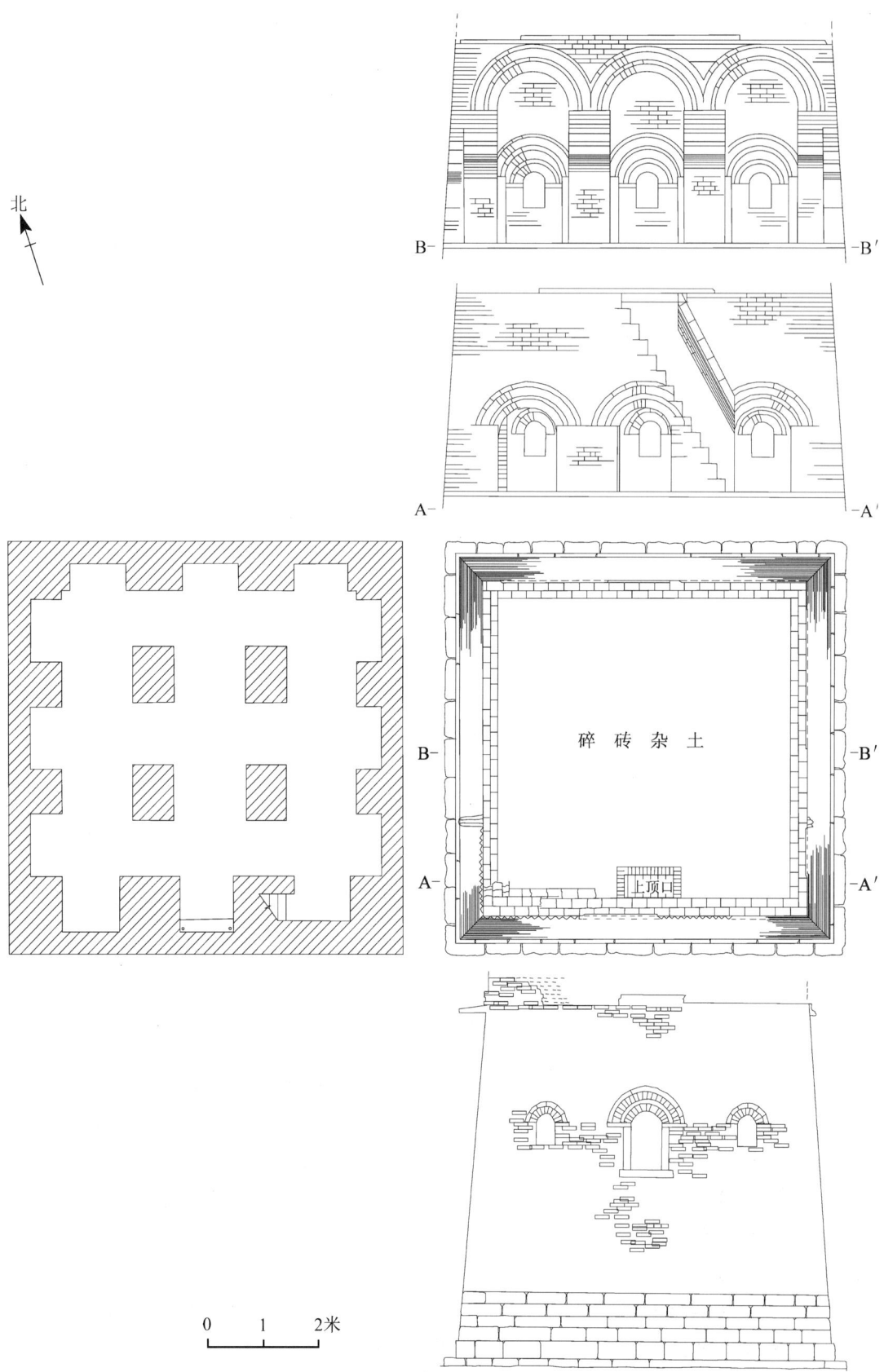

北

碎砖杂土

上顶口

0　1　2米

图六五　青山岭长城 2 号敌台平面、剖视及南壁正视图

垒砌敌台的青砖长39、宽20、厚9厘米，基础条石长20～150、宽30～50、厚30～50厘米。

敌台西南距青山岭长城1号敌台约0.26千米，东北距青山岭长城3号敌台约0.17千米。

敌台顶部垛口已损坏，其他部分保存完好，顶部生长灌木、杂草等植被，根系对敌台构成安全隐患。当地村民开始注意保护此敌台，一些简单的保护措施（如水泥地面、月台、栏杆）虽起到一定的作用，但对敌台自身存在的自然和人文环境又构成一定的破坏。另外，游客攀爬敌台的现象十分突出，对敌台构成一定破坏。

青山岭长城3号敌台（总第27号，编码120225352101170027）

该敌台位于天津市蓟县下营镇青山岭村北1.3千米、青山岭长城5段山险止点的一处山顶上，东、西侧为峭壁，南侧为缓坡，周边生长小树、杂草和橡树等植被。

敌台为石质。平面呈长方形，东西长8.5、南北宽8.1米。剖面呈梯形。方向为40°。中心高程561米。（图六六；彩图二五三、二五四）

敌台建筑材料为石块，墙体用大小不一较规则的石块干垒，用碎石块填充中间，石块之间未用任何黏结物。

敌台自明代修建以来无任何修缮，保存一般。南壁残高2.1米。敌台北、东、南和西壁中部分别坍塌4.45、4.1、2.5和2.4米，敌台周围堆积墙体上部坍塌下的石块，乱石堆积，敌台形状全无。敌台南壁残高2.1米，北壁残高1.75米。敌台顶部长有荆棘等低矮灌木。

敌台南距青山岭长城2号敌台约0.17千米、距青山岭长城1号敌台约0.4千米，3个敌台一字排列，相互照应。敌台不与长城墙体相连接。

敌台四壁坍塌，仅存基础，现场石块散落，这种情况应该为人为拆毁所致；基础条石部分倒塌，可能与垒砌不牢固和地质灾害有关；敌台顶部生长杂草和灌木，根系对现存敌台基础构成严重威胁。

青山岭长城4号敌台（总第28号，编码120225352101170028）

该敌台位于天津市蓟县下营镇青山岭村北1千米、青山岭长城8段墙体起点的一处山脊上，北侧为峭壁，东、南侧为缓坡，西侧为山脊，周边生长小树、杂草和橡树等植被。

敌台为砖石质。平面呈近正方形，南北长9.6、东西宽9、高2.5～4.25米。剖面呈梯形。方向为0°。中心高程409米。（图六七；彩图二五五～二五七）

敌台建在山体岩石上，建筑材料为青砖、石块和三合灰，基础用加工过的条石垒砌，条石之间的缝隙用三合灰黏结，条石上饰有人工打凿的条纹，敌台上部垒砌包砖，内部填碎石、三合灰。

敌台自明代修建以来无任何修缮，保存较好。北、东和南壁用加工过的条石垒砌，条石之间缝隙用三合灰黏结，条石上饰有人工打凿的条纹。北、东和南壁保存较好，西壁上部倒塌严重。敌台上部堆满碎石块和黄土，长满杂草和低矮灌木。敌台顶层北侧、东侧和南侧周边有宽1.2米的走道，中部堆积高2.25米的碎石块、土等，敌台南侧堆积上部坍塌的碎石块、半截砖块、三合灰颗粒等。

敌台东侧和西侧与长城墙体连接，东距青山岭长城2号敌台约0.1千米。

敌台北、东和西壁坍塌，仅存基础，现场石块散落，这种情况应该为人为拆毁所致。基础条石部分倒塌，可能与垒砌不牢固和地质灾害有关，属自然坍塌。

青山岭长城5号敌台（总第29号，编码120225352101170029）

该敌台位于天津市蓟县下营镇青山岭村北1.1千米、青山岭长城10段墙体起点的一处山顶上，北侧、东侧为峭壁，南侧和西侧为陡坡，周边生长小树、杂草和橡树等植被。

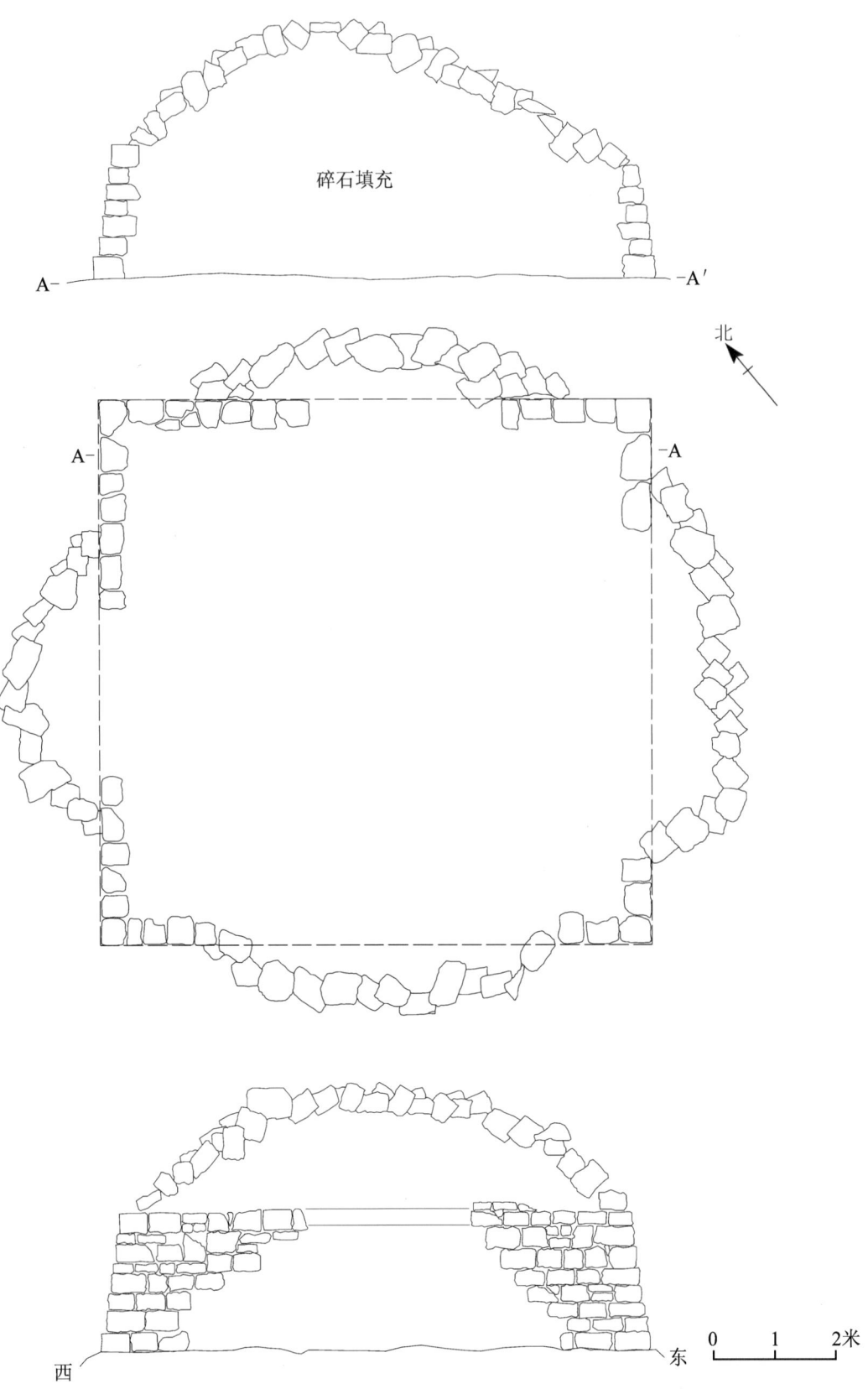

碎石填充

A—

A—

A'

A

北

西

东

0　1　2米

图六六　青山岭长城 3 号敌台平、剖面及南壁正视图

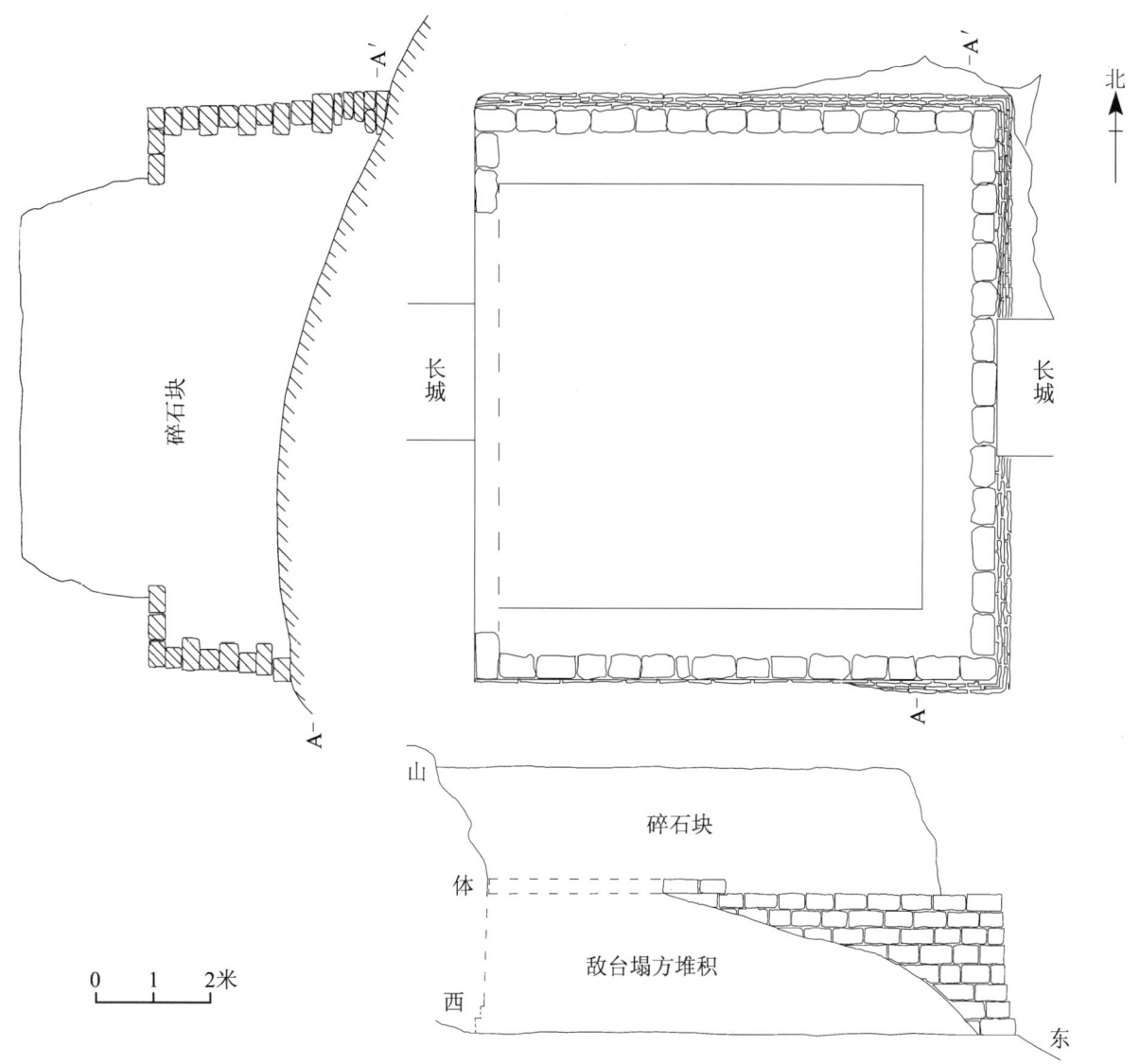

图六七 青山岭长城 4 号敌台平、剖面及南壁正视图

敌台为砖石质。平面呈正方形，边长 9、高 2.7 ~ 4 米。剖面呈梯形。方向为 0°。中心高程 641 米。（图六八；彩图二五八 ~ 二六一）

敌台建在山体岩石上，建筑材料为石块，基础用加工过的条石垒砌，条石之间缝隙用三合灰黏结，条石上有人工打凿的条纹。敌台上部垒砌包砖，内部填碎石、三合灰。

敌台自明代修建以来无任何修缮，保存一般。北壁上部略向外倾斜，东北角坍塌，最高处 3.9 米；东壁三分之二坍塌，仅留东南角，高 2.75 米；南壁保存较好，东南角高 4 米，西南角高 3.75 米；西壁坍塌，仅保留西南角，高约 3.7 米。上部石块堆积高 1 米。

敌台顶部有一层黄土圈，直径 2.1 米，土厚 0.1 米，长满杂草。通过现场观察，这层黄土圈形状规整，不似岁月风沙堆积所致，敌台所处山顶，泥土极少见，即使堆积也不会很厚、形状规整。由此推测这应是守卫敌台的士兵故意堆放、踩实，目的就是为了防寒，因为泥土的热传导比石块慢得多。这层土的形状、尺寸很可能就是当时士兵所用帐篷的形状、尺寸。相同的现象在车道峪长城 17 号敌台也存在。

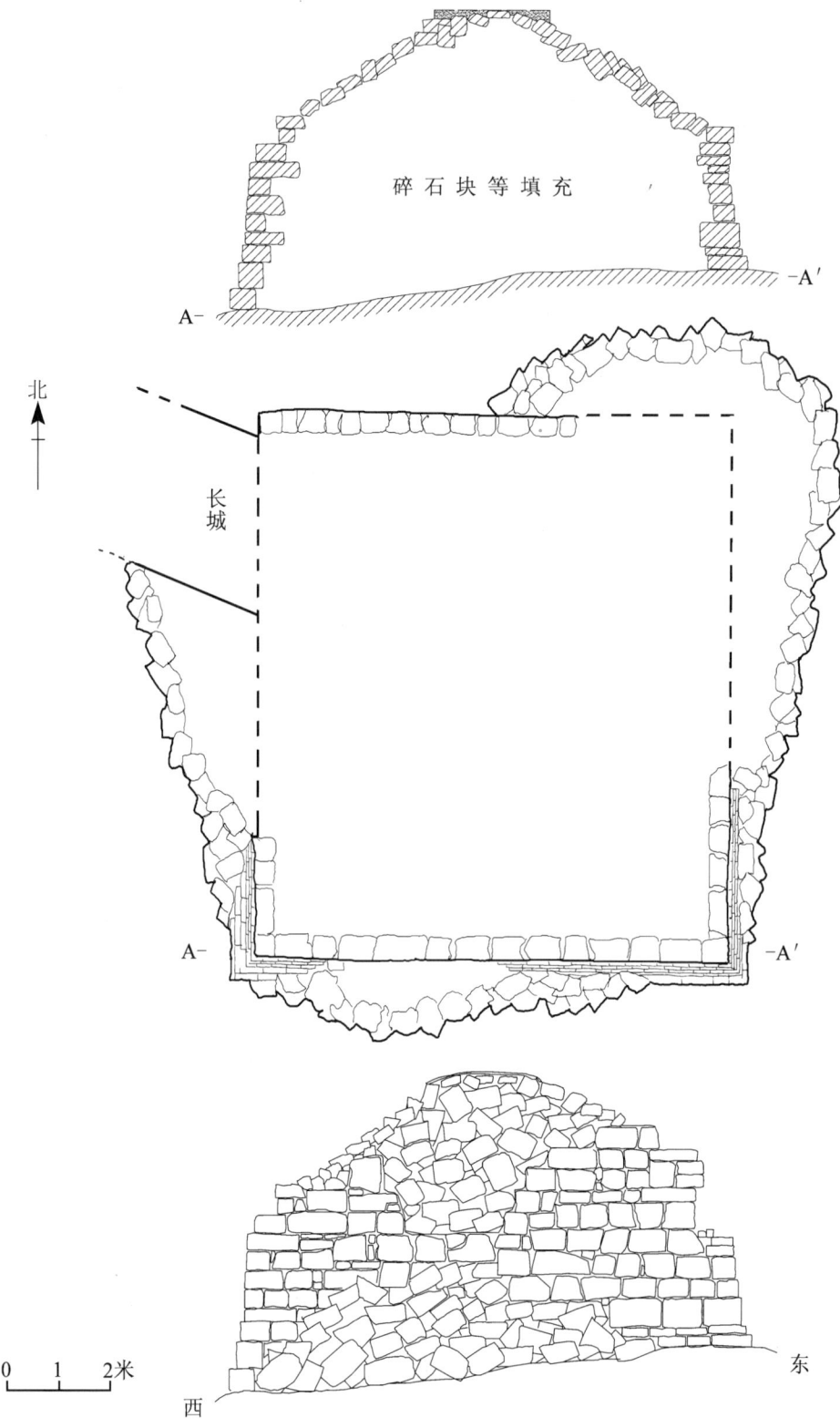

图六八　青山岭长城 5 号敌台平、剖面及南壁正视图

从敌台西北角与长城连接处看，是先建敌台，后修长城。

在敌台顶部采集陶罐口沿一件，已收集；瓷底残片一块，未收集。

敌台与长城在西北角相连接，东距青山岭长城 2 号敌台约 0.58 千米，距峭壁下长城墙体约 0.33 千米，西北距青山岭长城 6 号敌台约 1.1 千米。

敌台东壁和西壁坍塌，南、北壁损坏较轻，现场石块散落，这种情况应该为人为拆毁所致。基础条石部分倒塌，可能与垒砌不牢固和地质灾害有关，应该是自然坍塌；敌台顶部生长杂草和零星灌木，根系对现存敌台基础构成严重威胁。

青山岭长城 6 号敌台（总第 30 号，编码 120225352101170030）

该敌台位于天津市蓟县下营镇青山岭村西北 2 千米、青山岭长城 11 段起点墙体上，南北两侧为长城，东侧为悬崖，西侧为陡坡，周边生长小树、杂草和橡树等植被。

该敌台为砖石质。平面呈正方形，边长 10、残高 4.5 米。剖面呈梯形。方向为 0°。中心高程 696 米。（图六九；彩图二六二、二六三）

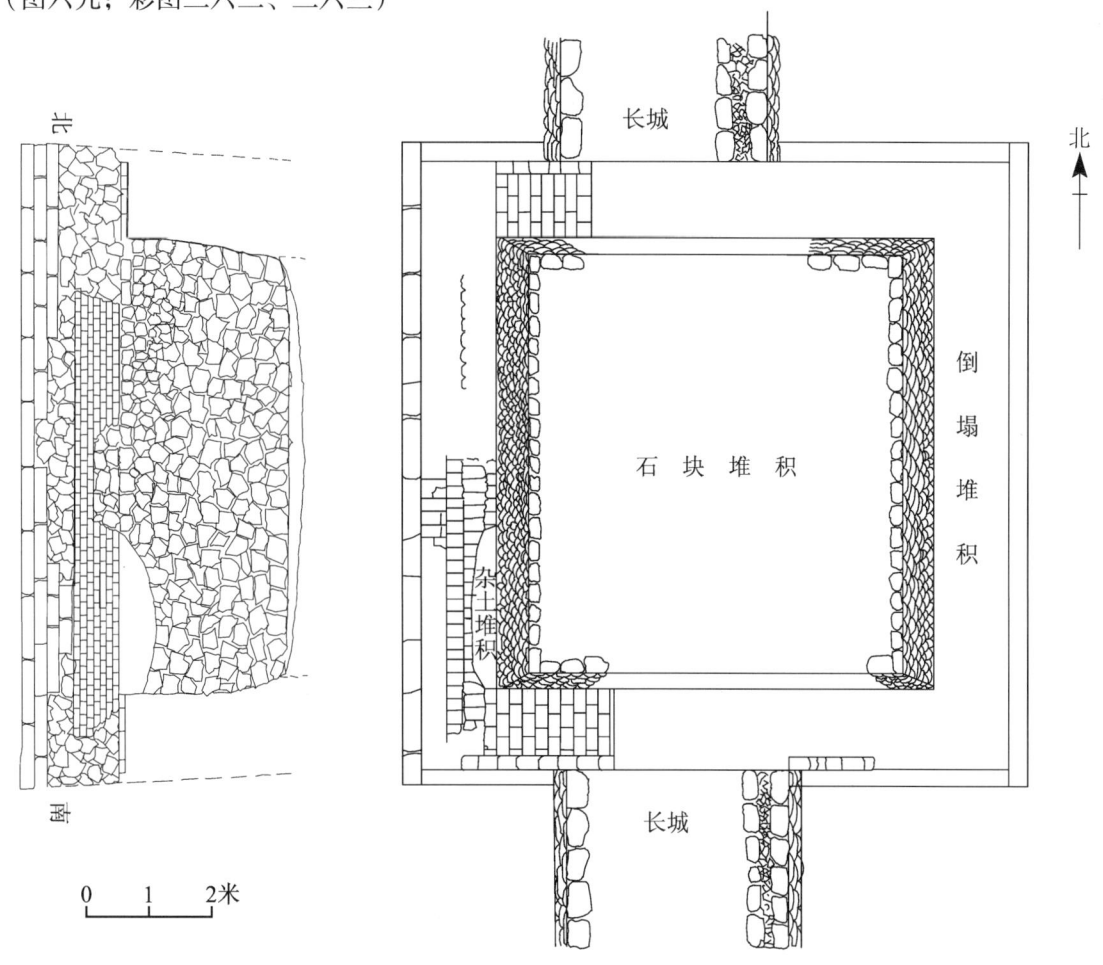

图六九 青山岭长城 6 号敌台平面、西壁正视图

敌台建筑材料为青砖、石块和三合灰，基础用人加工过的条石垒砌，上部包砖用三合灰黏结，包砖内部用不规则的石块干垒而成。

敌台自明代修建以来无任何修缮，保存较差。只保存部分条石基础和上部包砖内的石块垒砌部分，包砖全毁。基础只存西壁一部分，其余全部倒塌。上部外侧所包青砖已被拆毁殆尽；内部用不规则的石块干垒而成，边长 7 米，收分 0.5 米。东西两壁保存较好，南北两壁倒塌。顶部稍隆起，堆积乱石杂土，长满野草、树木、荆条等植被。

　　　垒砌敌台基础的条石长 100、宽 30、厚 20 厘米，上部包砌的青砖长 36、宽 18、厚 10 厘米，上粘三合灰。

　　　敌台南北两侧与长城墙体相接，东南距青山岭长城 5 号敌台约 1.1 千米，西北距青山岭长城 7 号敌台约 0.7 千米。

　　　敌台上部全部坍塌，包砖不存，损毁严重，只存基础部分，现场砖块、石块散落，这种情况应该为人为拆毁所致。基础条石部分倒塌，可能与垒砌不牢固和地质灾害有关；敌台顶部生长大量的杂草和灌木，根系对现存敌台基础构成严重威胁。

　　　青山岭长城 7 号敌台（总第 31 号，编码 120225352101170031）

　　　该敌台当地人称"北大楼"，位于天津市蓟县下营镇青山岭村西北 2.6 千米、青山岭长城 12 段山险止点的一处山顶上，东、西、北侧为山险、断崖，南侧为陡坡，周边生长小树、杂草和橡树等植被。

　　　敌台为砖石质。平面呈长方形，南北长 10.8、东西宽 9.8、残高 6.5 米，剖面呈梯形。方向为 5°。中心高程 968 米。（图七〇；彩图二六四～二六七）

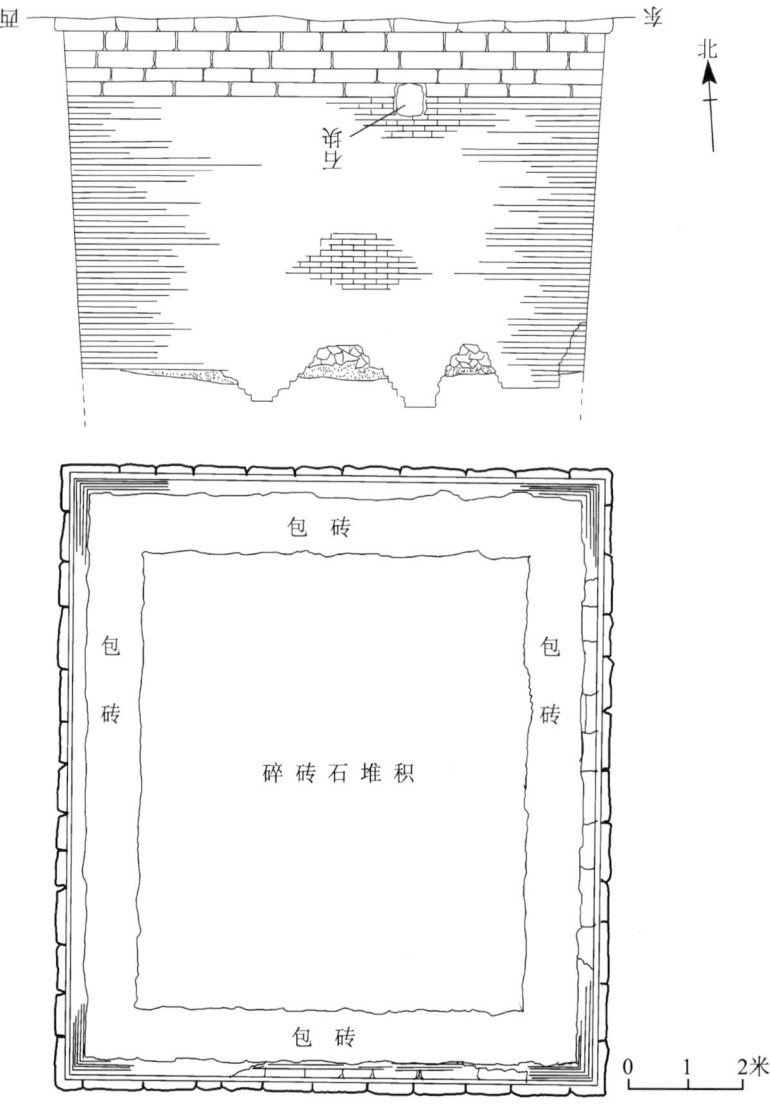

图七〇　青山岭长城 7 号敌台平面、北壁正视图

敌台建筑材料为青砖、石块，基础用加工过的条石黏合三合灰垒砌，上部包砖用三合灰黏结，包砖内部用不规则的石块干垒而成。

此敌台自明代修建以来无任何修缮，保存一般。基础条石保存完整，高1.15米。基础上垒砌青砖，东壁包砖破坏严重，最外一层包砖全无，南壁最外一层只存部分，其他两壁完好，包砖厚约1米。北壁残高约5.35、南壁残高约4.3、东壁残高约3.4、西壁高约4米。顶部已毁，北部保存少部分垛口。顶部堆积碎砖、乱石，略隆起，长有野草。

垒砌基础的条石长20~120、宽30~40、厚25~35厘米，上部包砌的青砖长37~38、宽18、厚8.5厘米。

敌台南北两侧与长城墙体相接，南距青山岭长城6号敌台约0.7千米，北距青山岭长城8号敌台约1.1千米，南29米为青山岭长城9号烟灶。

敌台基础完整，东壁损坏严重，包砖全无，南壁外侧保存部分包砖，西、北壁保存完好，顶部损毁，北壁只存部分垛口，现场石块、砖块散落，这种情况应该为人为拆毁所致。上部及外侧部分包砖倒塌，可能与垒砌不牢固和地质灾害有关，属自然坍塌；敌台顶部生长杂草和零星灌木，根系对现存敌台基础构成严重威胁。

青山岭长城8号敌台（总第32号，编码120225352101170032）

该敌台位于天津市蓟县下营镇青山岭村东北3.6千米的一处山脊上，介于青山岭长城15段止点与青山岭长城16段起点之间，北、南侧为缓坡，东、西侧为山脊，周边生长小树、杂草和橡树等植被。

敌台为石质。平面呈正方形，边长7米，中部高4米。剖面呈梯形。方向为30°。中心高程894米。（图七一；彩图二六八）

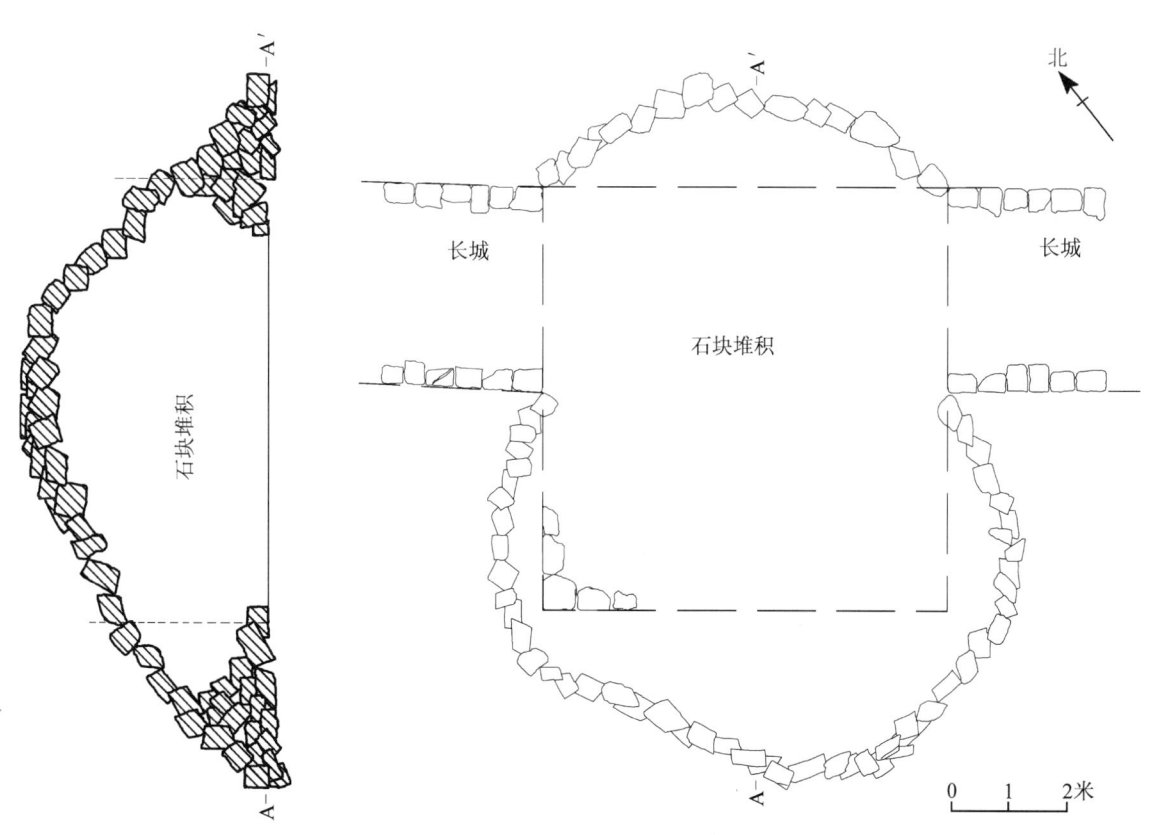

图七一　青山岭长城8号敌台平、剖面图

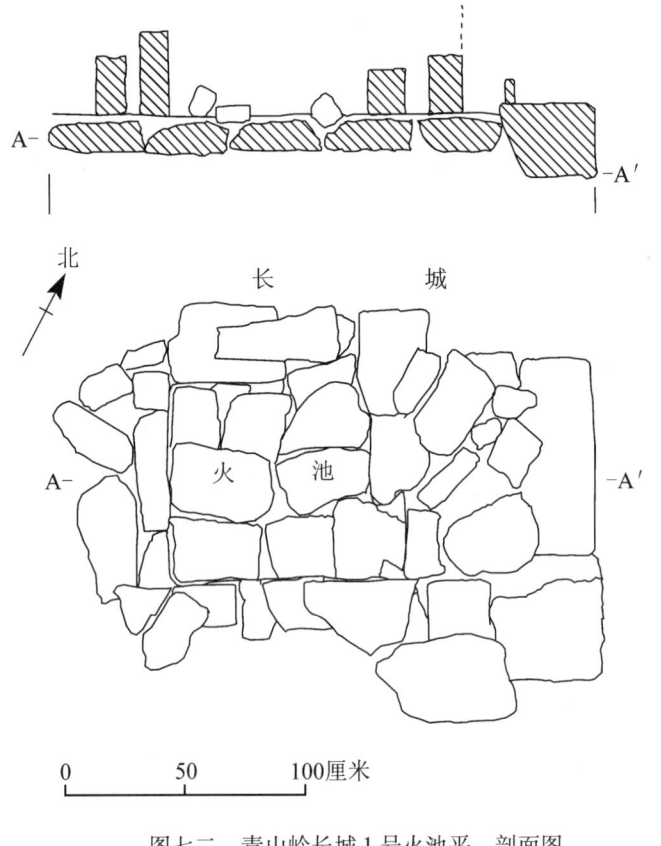

图七二　青山岭长城 1 号火池平、剖面图

敌台建筑材料为石块，用不规则石块干垒，中间用碎石填充，石块之间无黏结物。

此敌台自明代修建以来无任何修缮，保存较差。四壁全部坍塌，仅存西南角条石基础，共 5 层，高 1.1 米，干垒。敌台周围散落从上部坍塌的石块，地上长满杂草、树木等植被。

敌台西北角和东北角与长城墙体相连接，南距青山岭长城 7 号敌台约 1.1 千米，西距车道峪长城 1 号敌台约 0.88 千米，西侧有青山岭长城 2 号火池。

敌台四壁坍塌，仅存西南角条石基础，损坏严重。损毁原因应该是垒砌不当、自然坍塌。人为因素破坏痕迹不明显。

（三）火池

青山岭长城 1 号火池（总第 44 号，编码 120225354199170044）

该火池位于天津市蓟县下营镇青山岭村东北、青山岭长城二道边 2 段墙体上，北侧和南侧为山脊，东侧和西侧为陡坡，周围长满树木，地上杂草丛生。

该火池自明代修建以来无任何修缮，保存一般。平面呈长方形，东西长 2.3、南北宽 1.7 米，面积约 3.91 平方米。方向为 340°。中心高程 683 米。（图七二；彩图二六九）

火池建长城墙体之上，建筑材料为石块，池体用大小不一的石块垒砌，西壁中间用厚 10～15 厘米的石板立砌，两边用小石块垒砌，石块之间未用任何黏结物，干垒而成。北壁保存较好，高 0.4 米；东壁坍塌；南壁保存较好，高 0.35 米；西壁为石板立垒，高 0.35 米。火膛平面为长方形，长 1、宽 0.8 米，底部铺一层泥土，厚 0.05 米。

火池部分石块倒塌，应是垒砌不牢固所致，近年游客攀爬长城，造成火池石块松动、塌落，人为因素破坏不容忽视。

青山岭长城 2 号火池（总第 45 号，编码 120225354199170045）

该火池位于天津市蓟县下营镇青山岭村西北、青山岭长城 16 段墙体内侧 4 米处，北侧和南侧为山脊，东侧和西侧为缓坡，周围长满树木，地上杂草丛生。

该火池自明代修建以来无任何修缮，保存一般。平面呈簸箕形，东西长 2.6、南北宽 2.5 米，面积约 6.5 平方米，南侧敞开天墙，东西两壁残高 0.3～1 米，北壁高 1.4 米，墙宽 0.5 米。方向为 30°，中心高程 842 米。（图七三；彩图二七〇）

火池建在长城墙体上，建筑材料为石块，池体用大小不一的石块干垒，石块之间未用任何黏结物。东、西壁上部倒塌，北壁保存较好。火池内有少量的倒塌石块，四周较平，长满野草及荆条等灌木。

火池损毁原因主要是自然坍塌和人为拆毁。上部石块被移位现象突出，人为因素破坏明显。基础

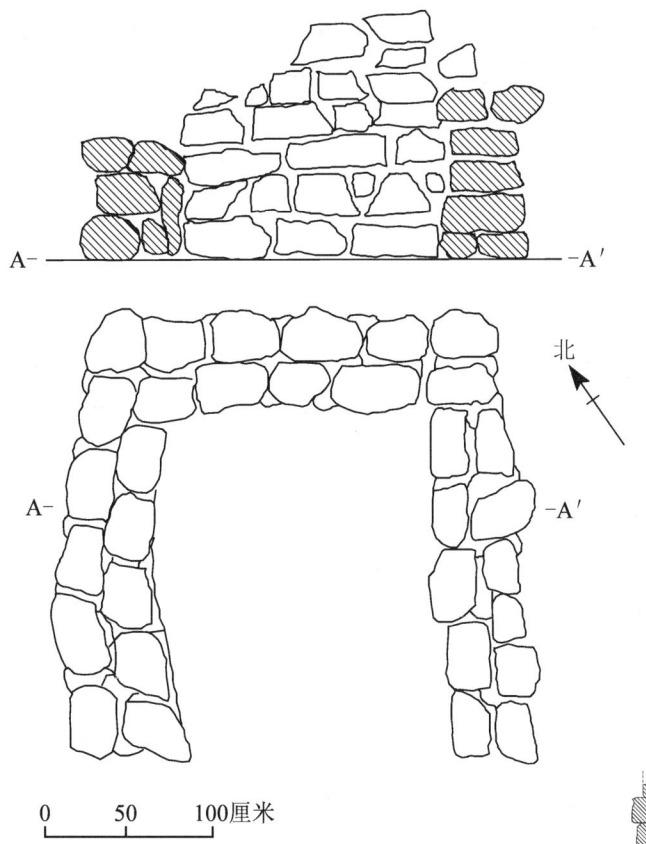

图七三　青山岭长城 2 号火池平面、剖视图

部分倒塌，与垒砌不牢固、自然塌落有关；火池内及周边杂草丛生，大量灌木生长，根系对现存基础构成严重威胁。

（四）居住址

青山岭长城 1 号居住址（总第 46 号，编码 120225354107170046）

该居住址位于天津市蓟县下营镇青山岭村北、青山岭长城 10 段墙体南侧一处山脊上，南距青山岭长城 10 段墙体 1 米，东南距青山岭长城 5 号敌台约 0.18 千米，北侧为峭壁，东侧和西侧为山脊，南侧为陡坡，周围长满树木，地上杂草丛生。

该居住址自明代修建以来无任何修缮，保存情况一般。平面呈长方形，南北长 5、东西宽 4.1 米，面积约 20.5 平方米。方向为 40°。

中心高程 674 米。（图七四；彩图二七一）

居住址建筑材料为石块，墙体用大小不一的石块干垒，石块之间未用任何黏结物。居住址四壁坍塌，塌落的石块堆积在墙体周围和居住址内部，残高 0.4 ~ 0.75 米。四壁基础尚存，北壁保存较好，高 0.5 米；东壁仅存东北角，高 0.75 米；南壁、西壁坍塌，仅存西北角，高 0.4 米。

居住址损毁原因主要是自然坍塌和人为拆毁。上部石块被拆毁、移位现象突出，人为因素破坏极其明显。基础部分倒塌，与垒砌不牢固、自然塌落有关，属自然坍塌；居住址内杂草丛生、零星灌木生长，根系对现存居住址基础构成严重威胁。

青山岭长城 2 号居住址（总第 47 号，编码 120225354107170047）

该居住址位于天津市蓟县下营镇青山

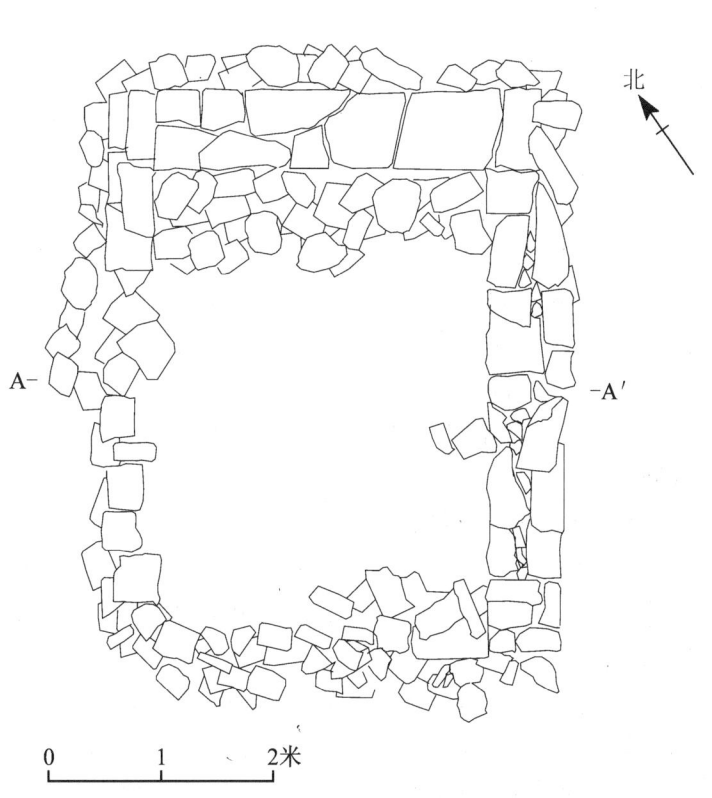

图七四　青山岭长城 1 号居住址平、剖面图

岭村西北、青山岭长城 10 段墙体内侧，东距青山岭长城 1 号居住址约 72 米，西距青山岭长城 1 号烟灶约 53 米，南侧为陡坡，北侧为长城墙体及山险，东侧为缓坡，西侧较平，周围长满树木，地上杂草丛生。

该居住址自明代修建以来无任何修缮，保存较差。平面呈近梯形，东边长 18 米，西边长 26 米，南北宽 6.2 米，面积约 136 平方米。方向为 40°。中心高程 682 米。（图七五；彩图二七二、二七三）

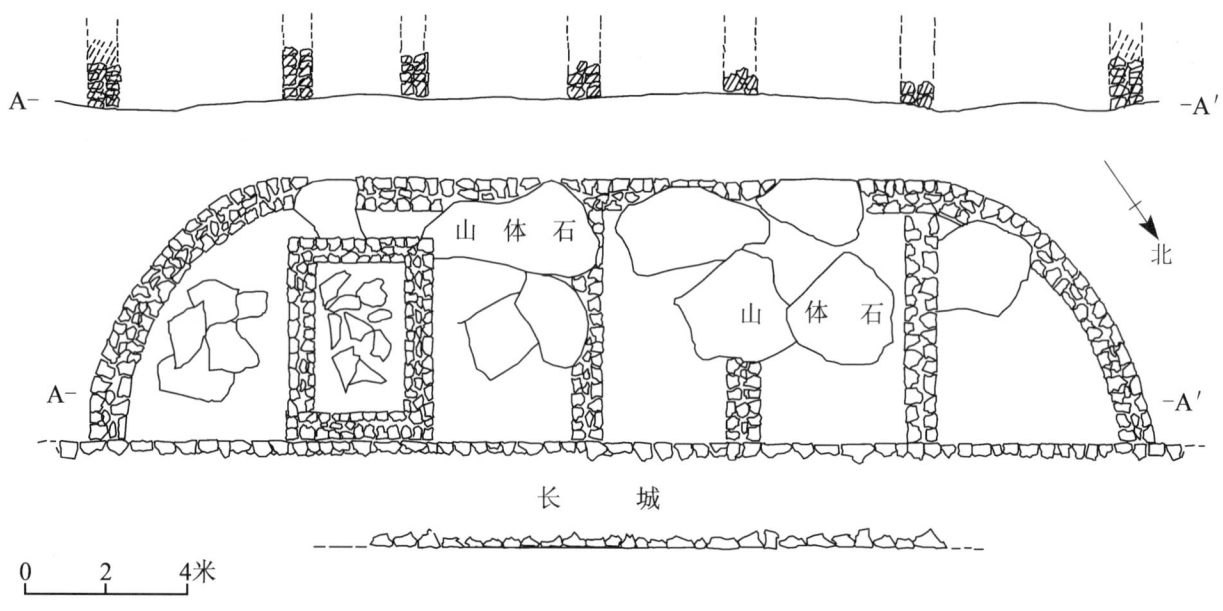

图七五　青山岭长城 2 号居住址平、剖面图

居住址建在北高南低的缓坡上，位于长城墙体内侧，北侧借长城墙体。建筑材料为石块，墙体用大小不一的石块干垒，石块之间未用任何黏结物。四壁坍塌，保存基础部分，上部全毁，尺寸无法测量，形态不详。残存最高 1.1 米，共 6 间，最东一间及最西一间的外部墙体呈弧形，平面呈近三角形。东侧第二间较小，内长 3.4、宽 2.2 米。其余 3 间基本相同，内长 5.4、宽 3.2～3.5 米。墙体宽 0.7～0.8 米，用不规则的块石干垒而成，部分墙体基础借山体岩石。居住址内堆积山体石块、杂土，长满野草、树木等植被，其他结构不详。

居住址上部石块被拆毁、移位现象突出，人为因素破坏极其明显。基础部分倒塌，与垒砌不牢固、自然塌落有关；居住址内杂草丛生，有零星灌木生长，根系对现存居住址基础构成严重威胁。

青山岭长城 3 号居住址（总第 48 号，编码 120225354107170048）

该居住址位于天津市蓟县下营镇青山岭村西北、青山岭长城 10 段墙体内侧，南邻青山岭长城 3 号烟灶，北邻青山岭长城 4 号居住址，南侧为山体陡坡，北侧为长城墙体，东侧为缓坡，西侧较平，周围长满树木，地上杂草丛生。

该居住址自明代修建以来无任何修缮，保存较差。平面呈不规则长方形，东西长约 3.7、南北宽约 3.2 米，面积约 11.84 平方米。方向为 355°。中心高程 673 米。（图七六；彩图二七四）

居住址建在东高西低的缓坡上，依靠长城墙体内侧，建筑材料为石块，墙体用大小不一的石块干垒，石块之间未用任何黏结物。东北角残高 0.85 米，其余部分倒塌为一片废墟，居住址内部堆积乱石

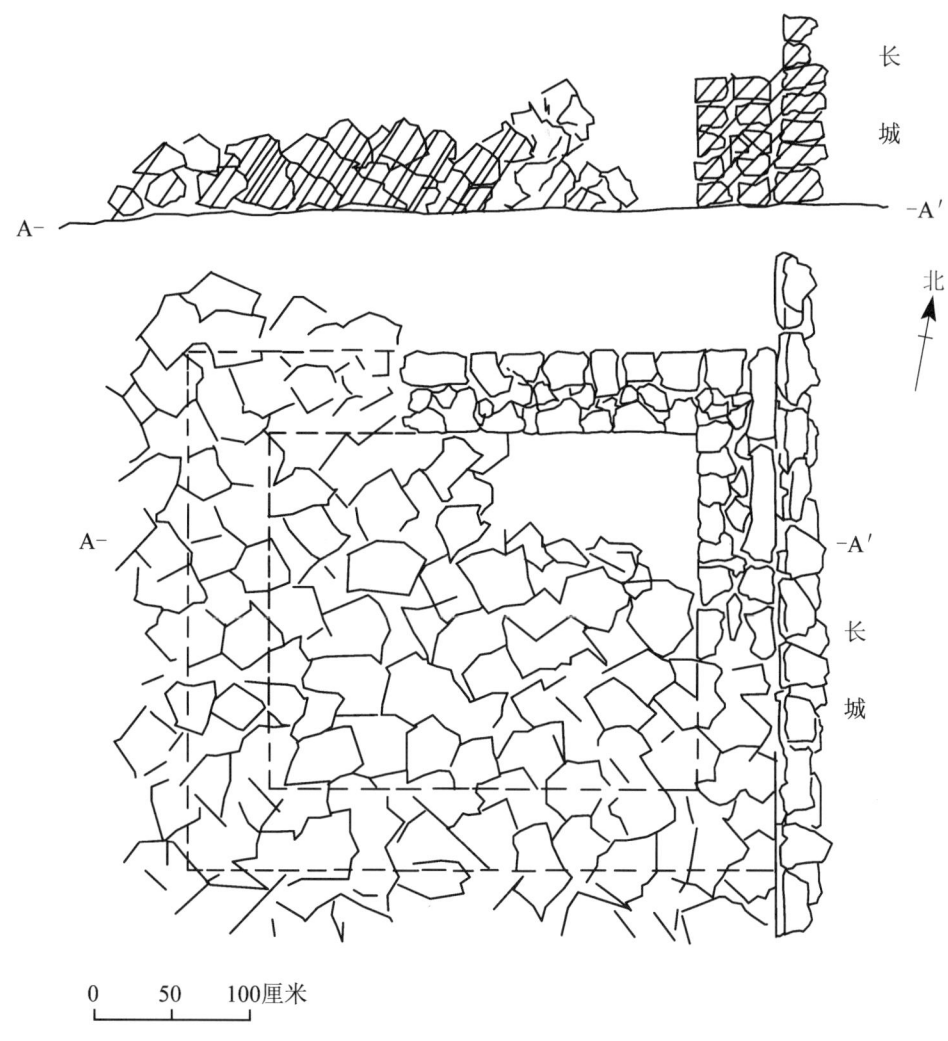

图七六　青山岭长城 3 号居住址平、剖面图

块，其余结构不详。墙体宽 0.5 米。

居住址四壁坍塌，仅存东北角基础。损毁原因主要是自然坍塌，与垒砌不牢固自然塌落有关。居住址内杂草丛生，有零星灌木生长，根系对现存居住址基础构成严重威胁。

青山岭长城 4 号居住址（总第 49 号，编码 120225354107170049）

该居住址位于天津市蓟县下营镇青山岭村西北、青山岭长城 10 段墙体西侧缓坡上，南距青山岭长城 3 号居住址约 55 米，北侧为长城墙体，东、南、西侧为缓坡，周围长满树木，地面杂草丛生。

该居住址自明代修建以来无任何修缮，保存很差，损坏严重，尺寸不详。现场形成圆形石块堆积，东西长 4.3、南北宽 4、高 0.5 米。方向为 320°。中心高程 660 米。（图七七；彩图二七五）

居住址建在南高北低的缓坡上，紧靠长城墙体内侧，建筑材料为石块，墙体用大小不一的石块干垒，石块之间未用任何黏结物。居住址墙体基本全部倒塌，现场为一圆形乱石堆积，南壁残存 2.96 米，保存两层砌石，高 0.5 米。四壁堆积乱石较多，中间堆积较少。

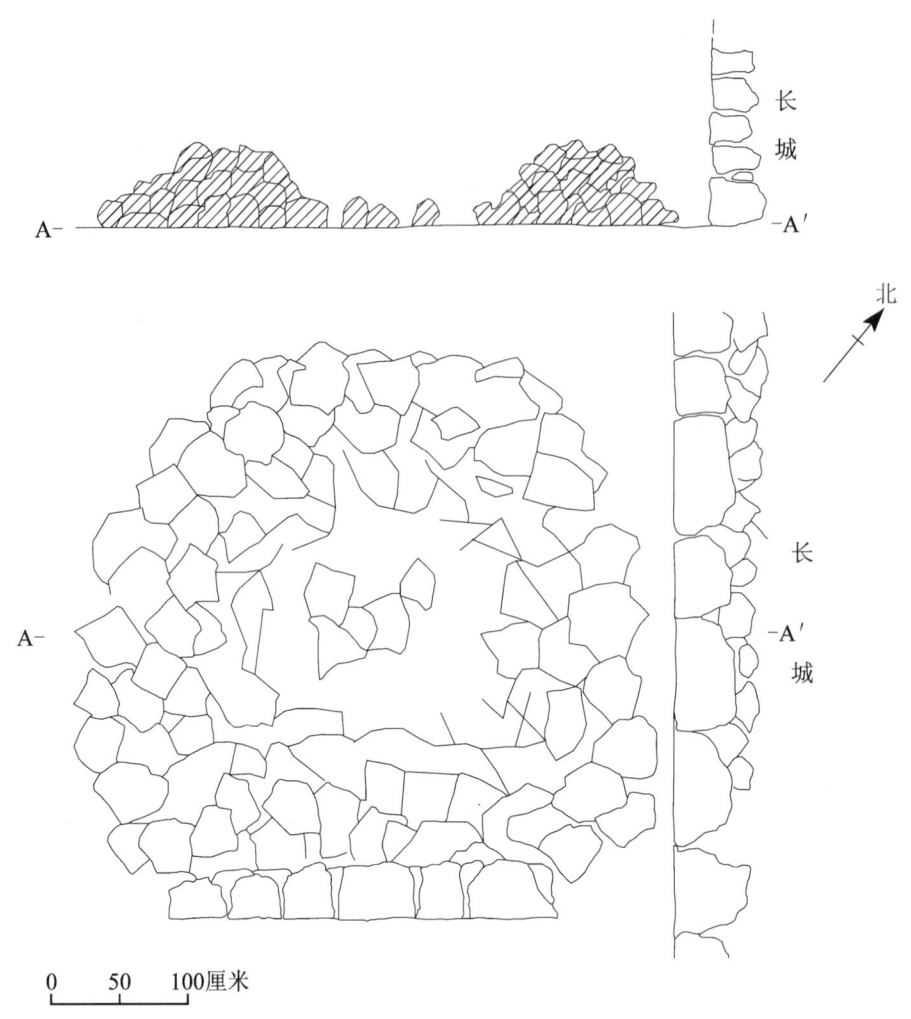

图七七　青山岭长城 4 号居住址平、剖面图

居住址损毁原因主要是自然坍塌和人为拆毁。上部石块被拆毁、移位现象突出，人为因素破坏极其明显。基础部分倒塌，与垒砌不牢固、自然塌落有关；居住址内杂草丛生，有零星灌木生长，根系对现存居住址基础构成严重威胁。

青山岭长城 5 号居住址（总第 50 号，编码 120225354107170050）

该居住址位于天津市蓟县下营镇青山岭村西北、青山岭长城 10 段与青山岭长城二道边 1 段墙体之间。地处山脊，南北两侧较平坦，东侧长城二道边墙体外侧为山谷，西侧为山体，周围长满树木，地上杂草丛生。

该居住址自明代修建以来无任何修缮，保存较差。平面呈长方形，南北长 4.2、东西宽 4 米；面积约 16.8 平方米。墙宽 0.7、残高 0.5 ~ 0.8 米。方向为 20°。中心高程 660 米。（图七八；彩图二七六）

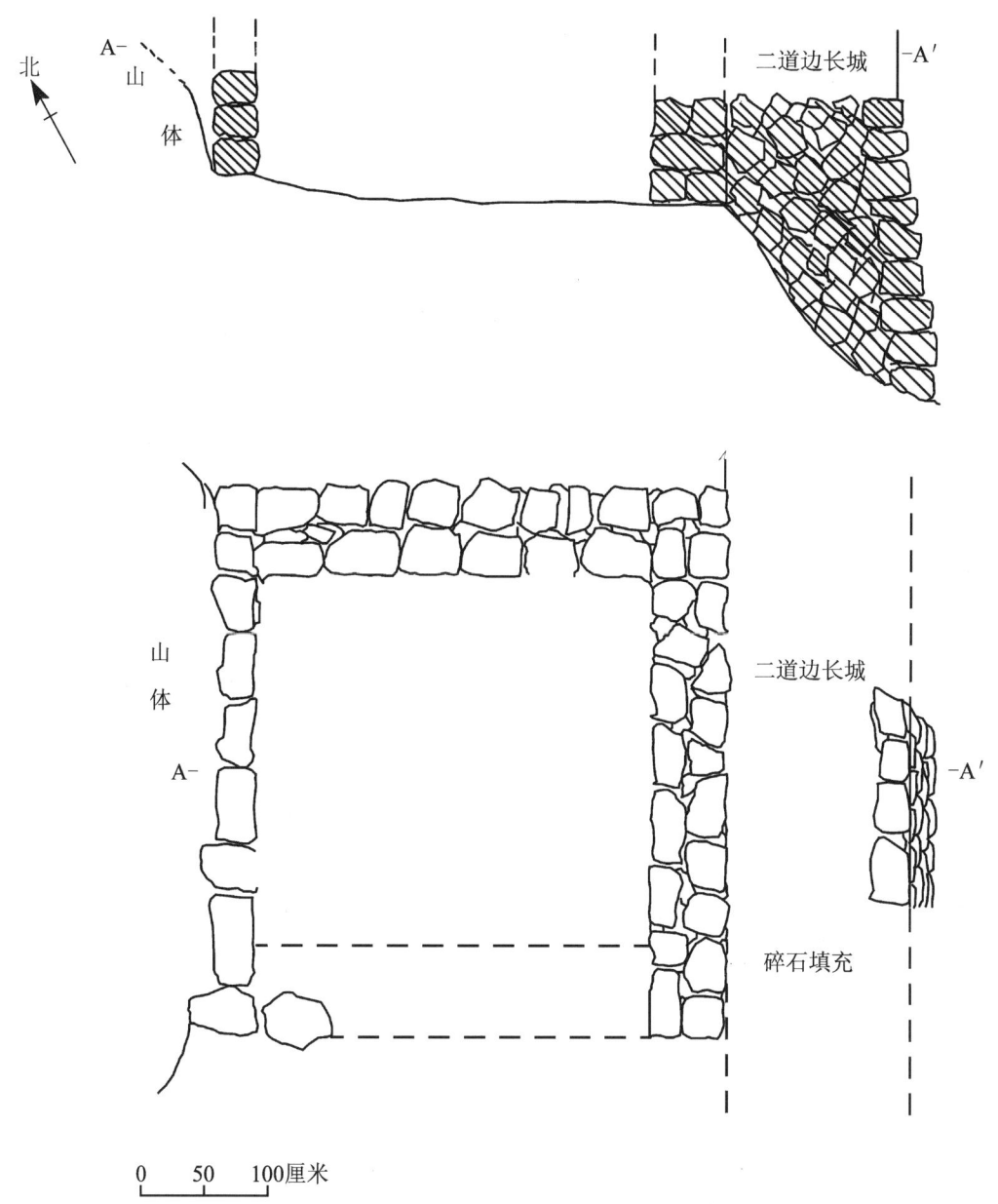

图七八　青山岭长城 5 号居住址平、剖面图

　　居住址紧贴长城墙体内侧，建筑材料为石块，墙体用大小不一的石块干垒，石块之间未用任何黏结物。居住址上部全部坍塌，乱石堆积，形态不详。仅存部分基础。南壁基础消失，西壁紧靠山体，东壁与二道边长城墙体相连，残高 0.5～0.8、宽 1 米。居住址内有少量的石块堆积。

　　此居住址损毁原因主要是自然坍塌，与垒砌不牢固、自然塌落所致。上部石块被拆毁、移位现象突出，人为因素破坏很明显。居住址内杂草丛生，有零星灌木生长，根系对现存居住址基础构成严重威胁。

青山岭长城 6 号居住址（总第 109 号，编码 120225354199170109）

　　该居住址位于天津市蓟县下营镇青山岭村西北、青山岭长城 16 段墙体内侧 4 米处。东、西侧较平坦，北侧为长城墙体，南侧为缓坡。四周长满灌木、杂草等植被。

　　该居住址自明代修建以来无任何修缮，保存一般。建筑材料为石块，墙体用大小不一的石块干垒，石块之间未用任何黏结物。

　　居住址平面呈长方形，南北长5.7、东西宽4.7米，面积26.79平方米，墙宽0.7米。方向为30°。中心高程831米。北壁保存较好，残高1~1.5米，其他三壁倒塌严重，东、西壁残高0.5~1.3米，南壁仅存基础部分，残高0~0.5米。（图七九-1；彩图二七七）

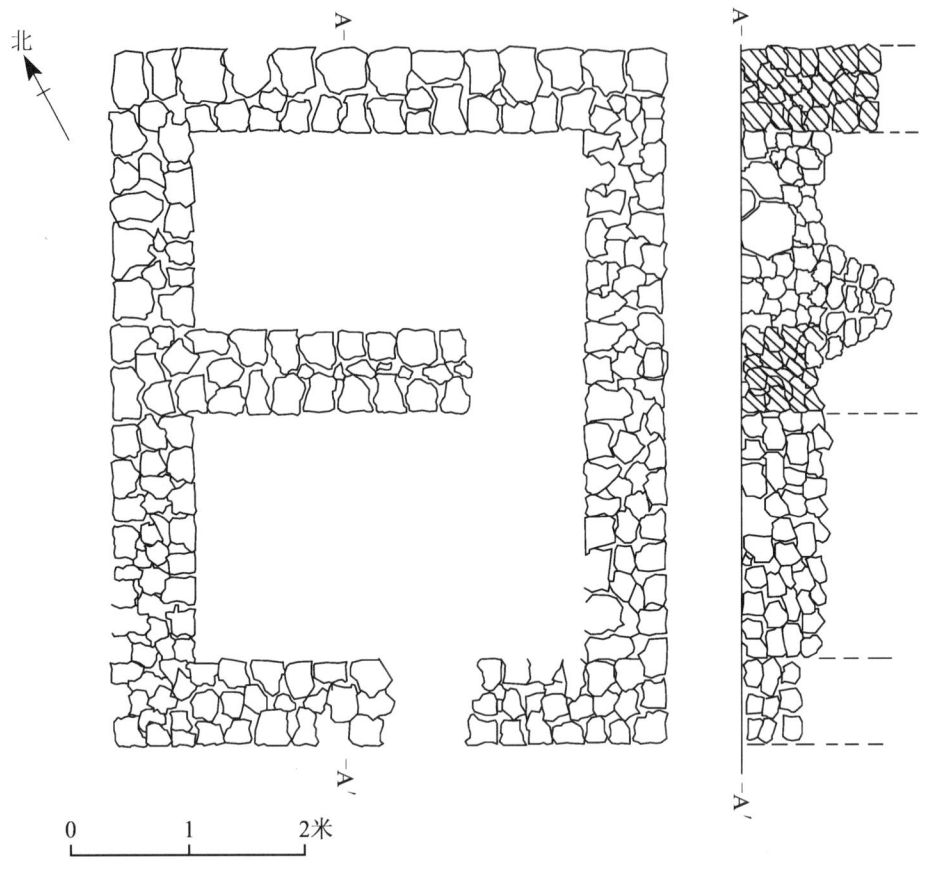

北

0　　　　1　　　　2米

图七九-1　青山岭长城6号居住址平面、剖视图

　　该居住址为一大一小2间。北侧房间较小，平面为长方形，东西长3.3、南北宽1.6米；南侧房间较大，平面为长方形，东西长3.3、南北宽2米。居住址内地面平坦，堆积少量石块。

　　居住址西距青山岭长城2号火池2米。南侧分布12道坝墙，长度不一，呈扇面状分布。（图七九-2）坝墙宽0.45米，由石块干垒而成，有收分。每道坝墙相隔4~5米，围成一个平台，高差为0.8米左右。从现场情况初步推测，这些平台应该是驻守的士兵耕种粮食蔬菜的田地。平台上及四周长满野草及灌木等植被。

　　此居住址损毁原因主要是自然坍塌，与垒砌不牢固、剧烈的地质灾害有关。居住址内杂草丛生，生长高大树木，根系的生长对现存居住址基础构成严重威胁。

（五）水窖

青山岭长城1号水窖（总第42号，编码120225354199170042）

　　该水窖位于天津市蓟县下营镇青山岭村西北、青山岭长城10段墙体内侧，北距长城墙体4.5米，地处山脊，北侧为峭壁，东、西侧为山脊，南侧为缓坡，周围有树木、杂草、碎石等。

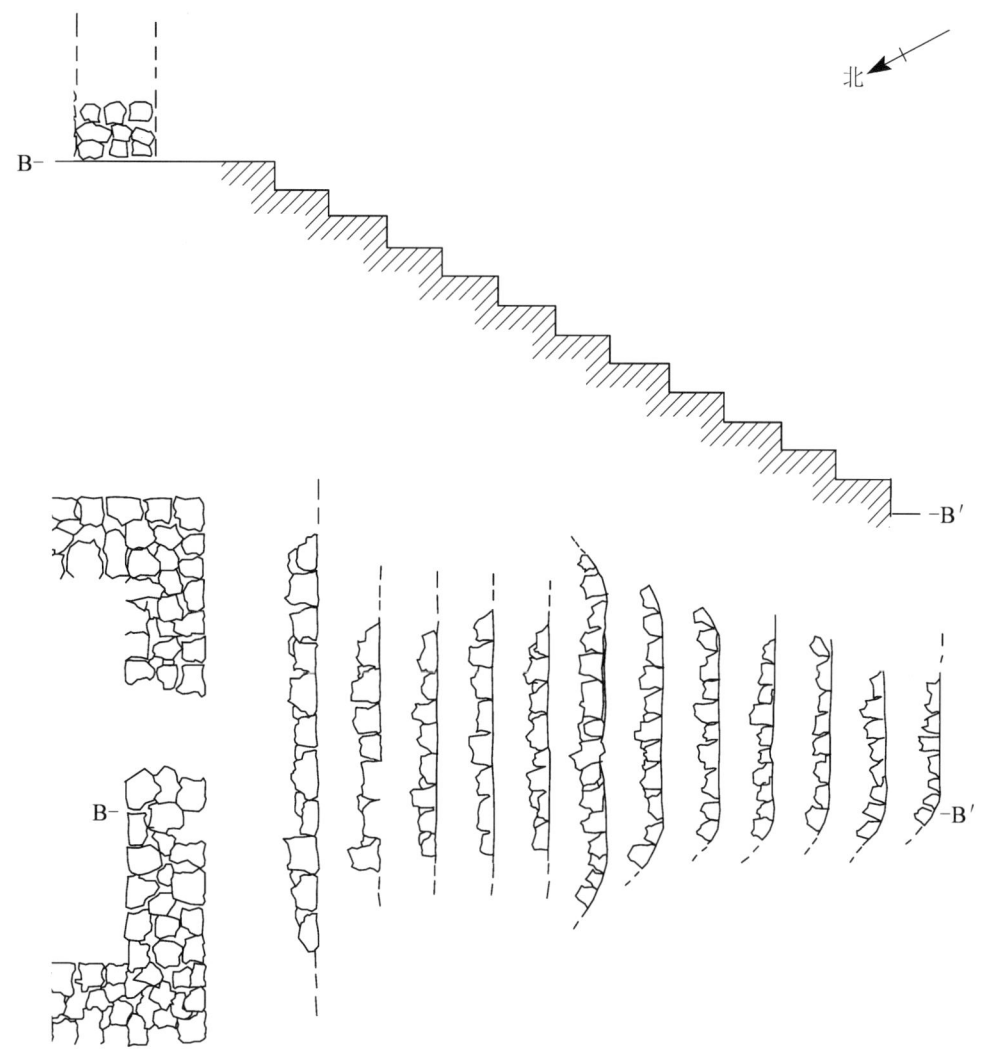

图七九-2 青山岭长城6号居住址南坝墙示意图

　　该水窖自明代修建以来无任何修缮,保存一般。平面呈正方形,边长2.7米,面积约7.29平方米。方向为30°。中心高程688米。(图八〇;彩图二七八)

　　水窖建在长城墙体内侧,建筑材料为石块,窖体用大小不一的石块垒砌而成,石块之间用黄黏土黏结。水窖上部坍塌,形态不详,仅保留水窖底部,四壁略收分,底部略带弧状。北壁保存较好,残深0.6米,其余三壁保存较差,残深0.3米。水窖内堆满上部坍塌的石块、落叶等杂物。水窖内西南角生长大树一棵。

　　此水窖损毁原因主要是自然因素,山上季节性地表径流的冲刷,对水窖四壁造成严重破坏。水窖内杂草丛生,有大量高大树木、灌木生长,根系的生长对水窖现状构成严重威胁。

　　青山岭长城2号水窖(总第43号,编码120225354199170043)

　　该水窖位于天津市蓟县下营镇青山岭村东北、青山岭长城二道边2段墙体南侧,北邻青山岭长城5号烟灶,东邻青山岭长城7号烟灶。地处山脊,北侧紧贴长城墙体,东侧为平缓地,南侧台下地面平缓,西侧为山崖,周围长满树木,地上杂草丛生。

　　该水窖自明代修建以来无任何修缮,保存较好。平面呈不规则长方形,南北长2.7~2.9、东西宽0.8~1.2、深1.5米,面积约2.8平方米。方向为10°。中心高程655米。(图八一;彩图二七九)

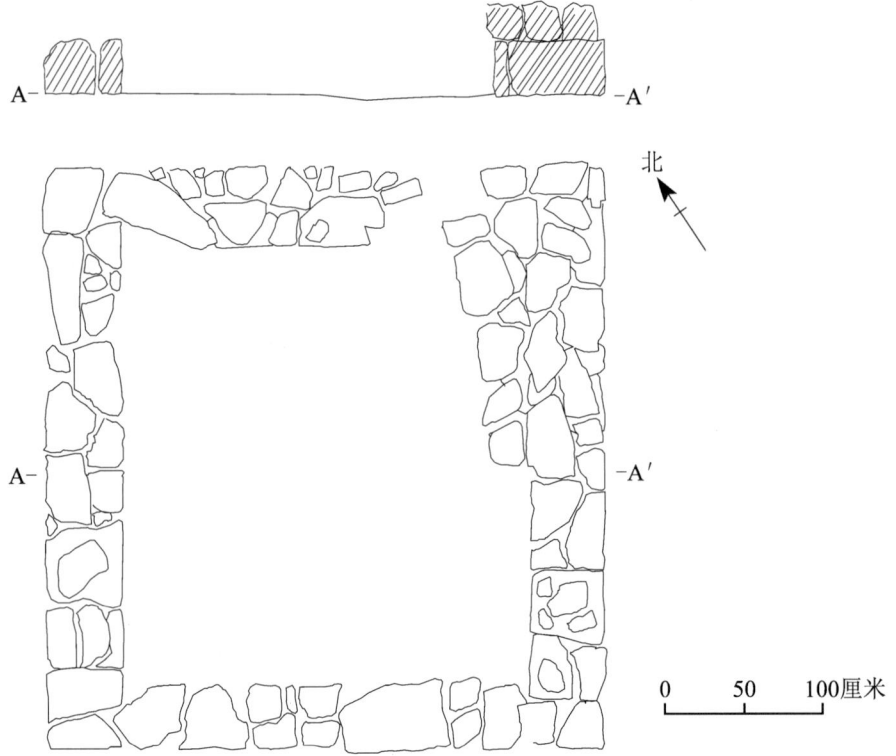

图八〇　青山岭长城 1 号水窖平、剖面图

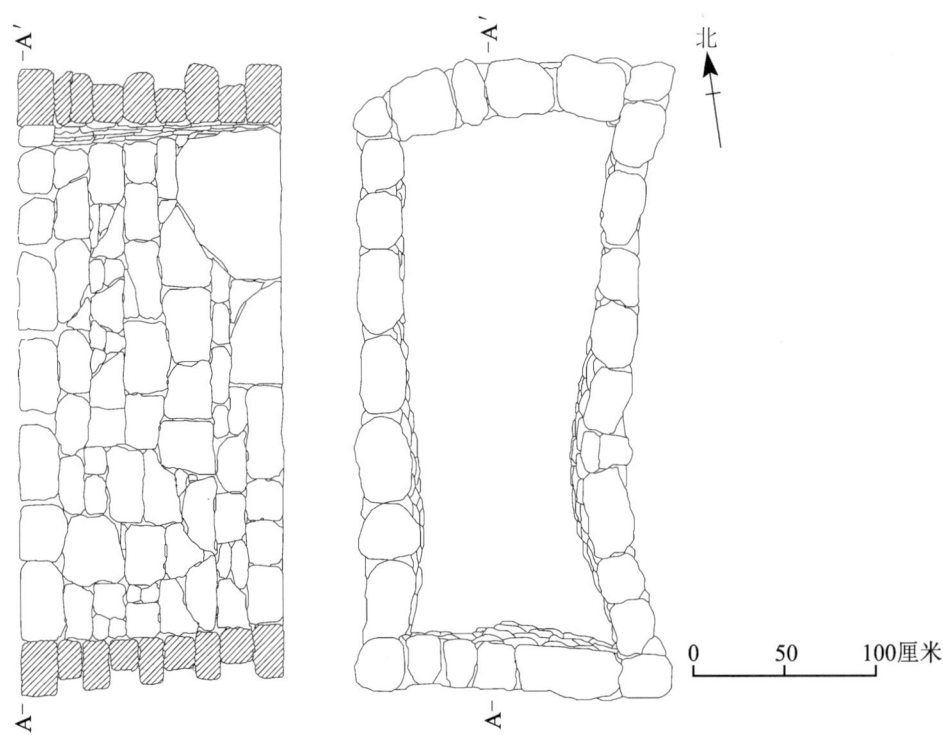

图八一　青山岭长城 2 号水窖平面、剖视图

水窖建在长城二道边墙体内侧，建筑材料为石块，窖体用大小不一的石块垒砌而成，石块之间用黄黏土黏结。水窖四壁较完整，上部石块略坍塌，四壁略收分，底略带弧状。北壁为弧状直壁，保存较好，高1.5米；东壁保存一般，中部向内稍倾，高1.5米；南壁和西壁保存较好，南壁由下略收分。水窖内堆满上部坍塌的石块、落叶等杂物。

水窖损毁的原因主要是自然因素，雨水冲刷山坡泥土挤压水窖石壁，使水窖严重变形，长此以往必将对水窖造成更大破坏。水窖内杂草丛生，长有两棵树，周围生长大量乔木、灌木等植被，根系对水窖构成严重威胁。

（六）烟灶

青山岭长城1号烟灶（总第33号，编码120225354199170033）

该烟灶位于天津市蓟县下营镇青山岭村北、青山岭长城10段墙体上，西距青山岭长城2号烟灶9米。地处山脊，北侧为陡坡，东西两侧为长城墙体，南侧较平。植被为杂草、灌木和高大乔木等。

该烟灶自明代修建以来无任何修缮，保存一般。平面呈长方形，东西长2米、南北宽1.4，面积约2.8平方米，残存最高1.1米。方向为40°。中心高程681米。（图八二；彩图二八〇、二八一）

烟灶建在长城墙体的马道上，建筑材料为石块。灶体用大小不一的石块干垒，缝隙之间无任何黏结物。烟灶上部坍塌，堆积乱石，形态结构不详。南壁保存较好，东西两壁全部倒塌。能看清灶门设在南壁，门宽0.3、高0.36米，深度不详。北壁依靠的长城垛口，现与烟灶同高。东西两壁是否有灶门无法判断。

此烟灶损毁的原因主要是自然坍塌和人为拆毁。上部石块被拆毁、移位现象突出，人为因素破坏极其明显。

青山岭长城2号烟灶（总第34号，编码120225354199170034）

该烟灶位于天津市蓟县下营镇青山岭村西北、青山岭长城10段墙体上，东距青山岭长城1号烟灶9米，西距青山岭长城3号烟灶约38米。地处山脊，北侧为陡坡，东西两侧为长城墙体，南侧较平缓。植被为杂草、灌木和高大乔木等。

该烟灶自明代修建以来无任何修缮，保存相对较好。平面呈正方形，边长1.6米，面积2.56平方米，残存最高1.3米。方向为40°。中心高程681米。（图八三；彩图二八二、二八三）

烟灶建在长城墙体的马道上，北依垛口。建筑材料为石块，灶体用大小不一的石块干垒，缝隙之间无任何黏结物。烟灶顶部破坏严重，堆积乱石，形态结构不详。四壁基础保存较好，东、西壁为直壁，南壁微弧内收，收分为0.1米。有东、西、南3个灶门，东灶门宽0.3、高0.35米；西灶门宽0.26、高0.36米；南灶门宽0.3、高0.36米。三灶门进深不详。

此烟灶损毁原因主要是自然坍塌。上部石块塌落严重，有人为拆移烟灶石块的现象，人为因素破坏也不容忽视。

青山岭长城3号烟灶（总第35号，编码120225354199170035）

该烟灶位于天津市蓟县下营镇青山岭村西北、青山岭长城10段墙体上，东距青山岭长城2号烟灶约38米。地处山脊，东侧为峭壁，北侧和南侧为山脊，西侧为陡坡。周边生长杂草、灌木和高大乔木等。

该烟灶自明代修建以来无任何修缮，保存较差。平面呈长方形，南北长1.8、东西宽1.3、高1.7米，面积约2.34平方米。方向为310°。中心高程685米。（图八四；彩图二八四~二八六）

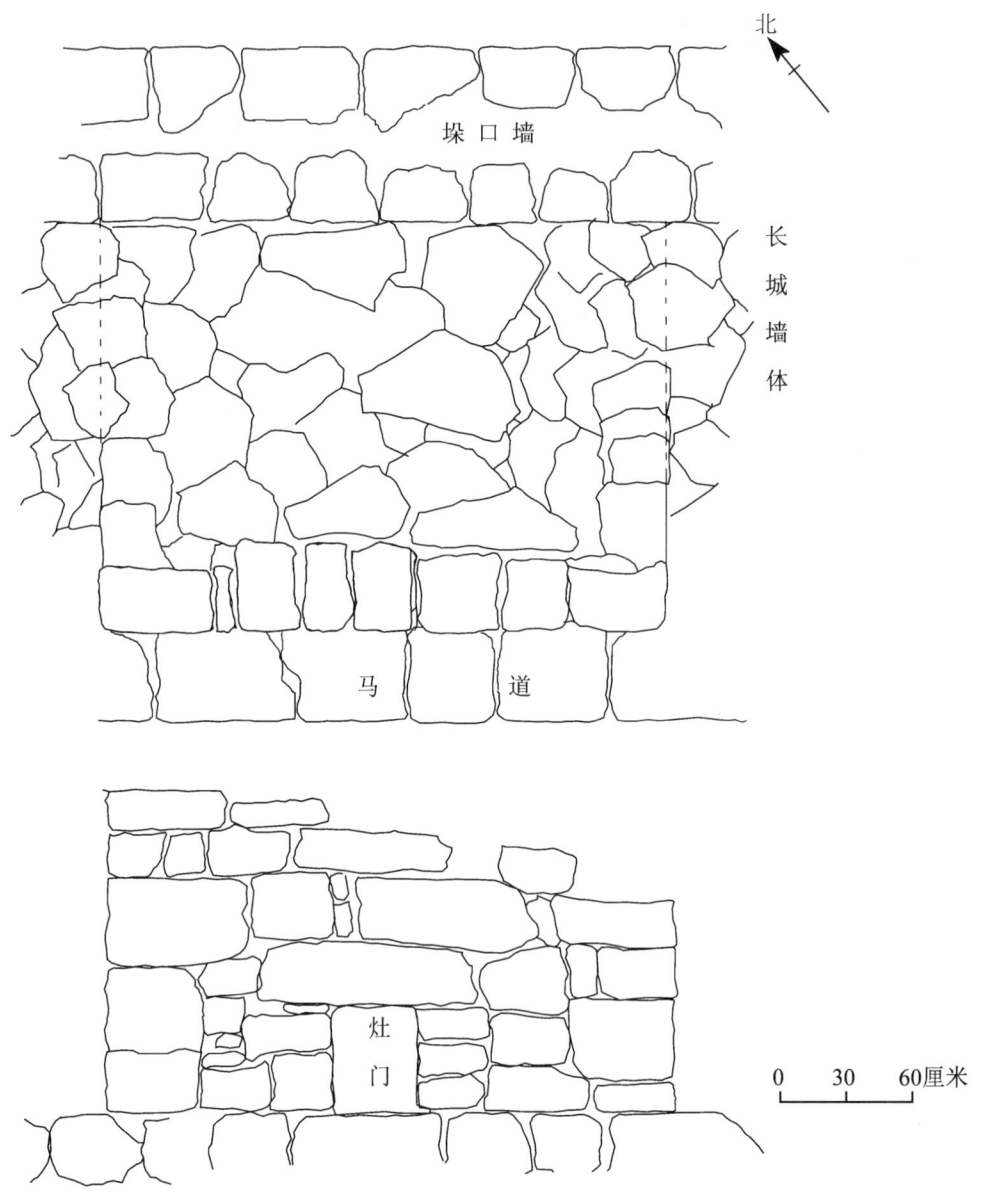

图八二　青山岭长城 1 号烟灶平面、南壁正视图

　　烟灶建在长城墙体的马道上，建筑材料为石块，墙体用大小不一的石块干垒，石块之间缝隙无任何黏结物。烟灶东壁紧贴垛口，上部坍塌；北壁和南壁保存较差，上部坍塌；西壁保存较好，高0.75～1.65 米。灶门开于西壁下部中间，宽、高 0.3 米。

　　烟灶损毁的原因主要是自然坍塌，与垒砌方法及使用方式有关。

　　青山岭长城 4 号烟灶（总第 36 号，编码 120225354199170036）

　　该烟灶位于天津市蓟县下营镇青山岭村西北、青山岭长城 10 段墙体马道上，东距青山岭长城 4 号居住址 58 米。地处山脊，东、西侧为陡坡，南、北侧为山脊。周围生长杂草、灌木和高大乔木等。

　　该烟灶自明代修建以来无任何修缮，保存一般。平面呈长方形，南北长 1.7、东西宽 0.8、高 1米，面积为 1.36 平方米。方向为 310°，中心高程 659 米。（图八五；彩图二八七、二八八）

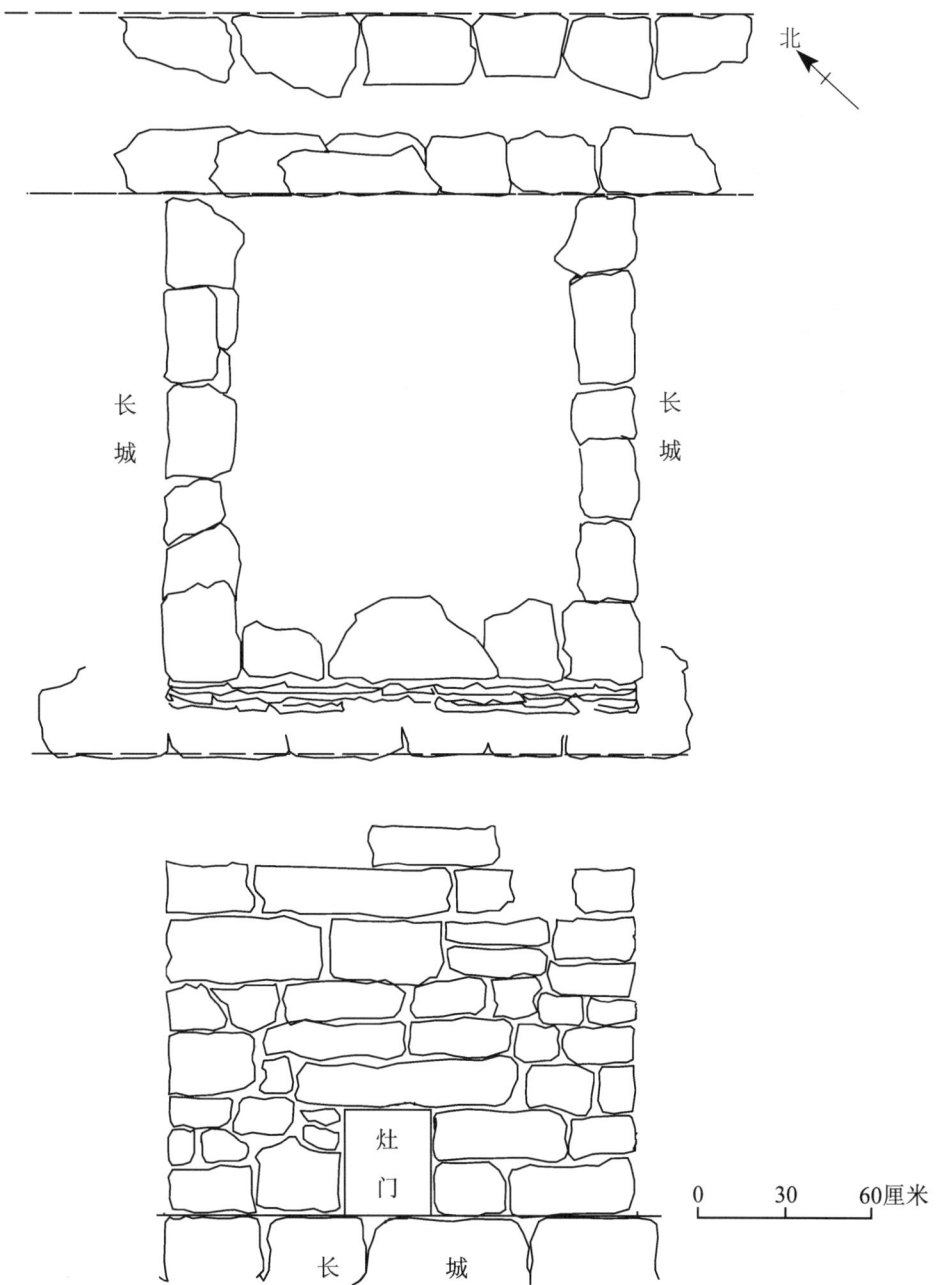

图八三 青山岭长城2号烟灶平面、南壁正视图

烟灶建在长城墙体的马道上，建筑材料为石块，灶体用大小不一的石块干垒，石块之间缝隙无任何黏结物。上部坍塌，形态不详。四壁保存尚可，东壁紧贴长城垛口，上部坍塌；北壁、南壁较完整，南壁保存较好，高1米，北壁保存较差，高0.6米。灶门开于西壁，高1、宽0.6米。

此烟灶损毁原因主要是自然坍塌，人为因素破坏不明显。

青山岭长城5号烟灶（总第37号，编码120225354199170037）

该烟灶位于天津市蓟县下营镇青山岭村北、青山岭长城二道边2段墙体西侧约2.5米。地处山脊，北、西和南侧为陡坡。周围长满杂草、灌木和高大乔木等。

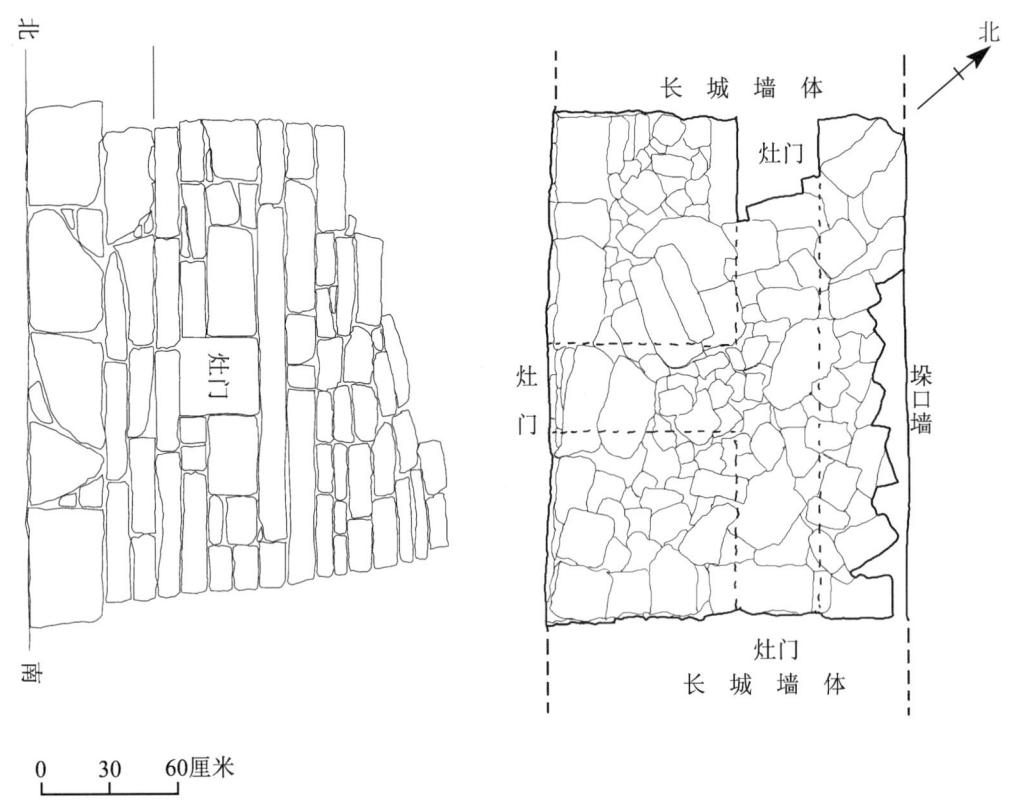

图八四　青山岭长城 3 号烟灶平面、西壁正视图

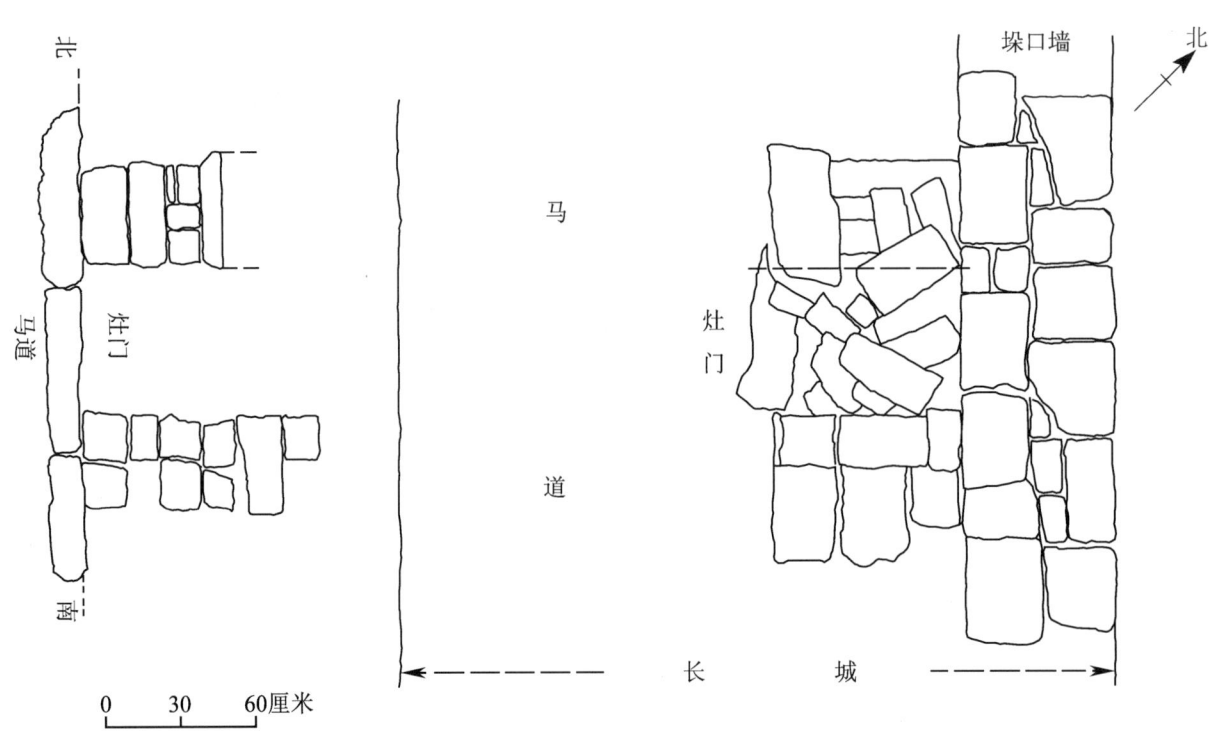

图八五　青山岭长城 4 号烟灶平面、西壁正视图

　　该烟灶自明代修建以来无任何修缮，保存一般。平面呈长方形，南北长 1.8、东西宽 1.1、高 0.7
米，面积约 1.98 平方米。方向为 270°。中心高程 703 米。（图八六；彩图二八九）

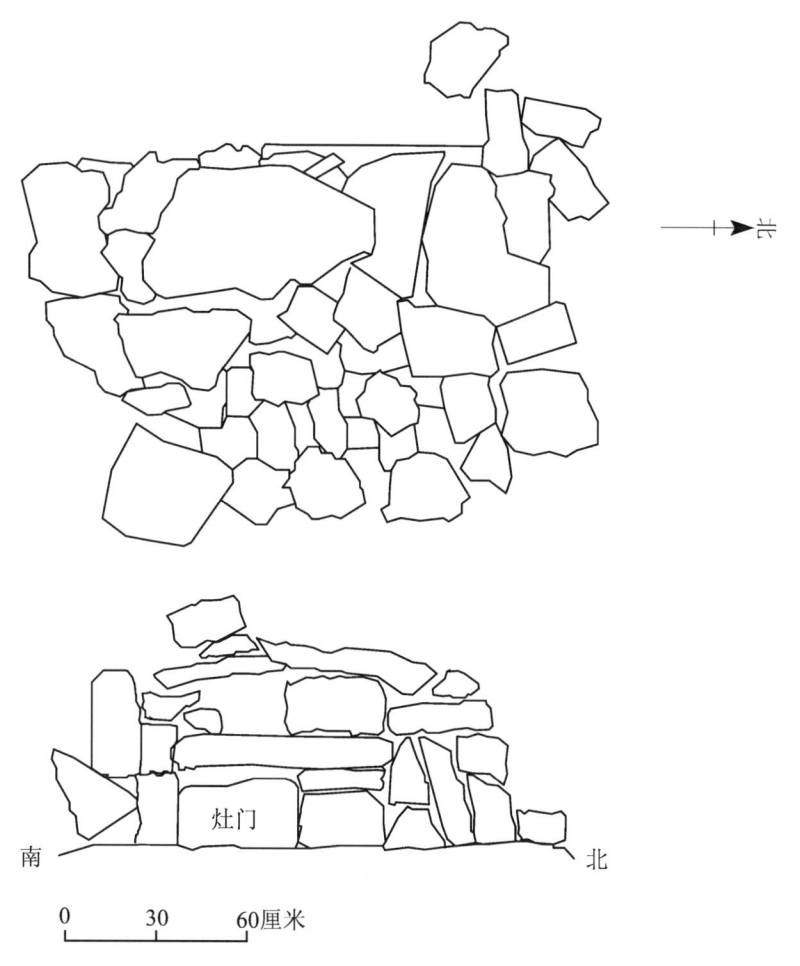

图八六　青山岭长城 5 号烟灶平面、东壁正视图

　　烟灶建在长城墙体的马道上，建筑材料为石块，先用石块在西侧干垒一层，在北侧干垒 2 层，然
后在上面平砌一长石，构成灶门。灶门位于东壁下部偏南，高 0.16 ～ 0.2、宽 0.35 米，石块之间缝隙
无任何黏结物，干垒而成。上部被人为和自然破坏，部分块石坍塌，形态不详。北壁堆积山上流落的
土，东壁高 0.5 米，西壁高 0.7 米。烟灶周围长满树木，地面落满树叶。

青山岭长城 6 号烟灶（总第 38 号，编码 120225354199170038）

　　该烟灶位于天津市蓟县下营镇青山岭村北、青山岭长城二道边 2 段西约 2.5 米，南距青山岭长城 7
号烟灶约 1.5 米。地处山脊，北、西、南侧为陡坡。周围长满杂草、灌木和高大乔木等。

　　该烟灶自明代修建以来无任何修缮，保存一般。平面呈长方形，东西长 1.45、南北宽 1 米，面积约
1.45 平方米，东壁高 0.4 米，西壁高 0.7 米。方向为 60°。中心高程 688 米。（图八七；彩图二九〇、
二九一）

　　烟灶建在山脊上，建筑材料为石块。烟灶用大小不一的石块干垒，石块之间缝隙无任何黏结物。
上部坍塌破坏，形态尺寸不详。此烟灶修建过程与墙体烟灶稍有不同，先在西侧用石块干垒一层，东
侧干垒 2 层，然后在上面平砌一块长石，构成灶门。灶门位于南壁下部中间，高 0.2、宽 0.15 ～ 0.2

米。东壁保存较差；西壁保存较好，用6层石块垒砌。烟灶周围长满树木，地面落满树叶。

烟灶损毁的原因主要是自然坍塌和人为拆毁。上部石块被拆毁、移位现象突出，人为因素破坏极其明显。

青山岭长城7号烟灶（总第39号，编码120225354199170039）

该烟灶位于天津市蓟县下营镇青山岭村北、青山岭长城二道边2段西约2米，南距青山岭长城8号烟灶约10米，北距青山岭长城6号烟灶1.5米。地处山脊，北、西、东侧为陡坡。周围长满杂草、灌木和高大乔木等。

该烟灶自明代修建以来无任何修缮，保存一般。平面呈长方形，东西长1.15、南北宽0.7、高0.46米，面积约0.81平方米。方向为320°。中心高程688米。（图八八；彩图二九二）

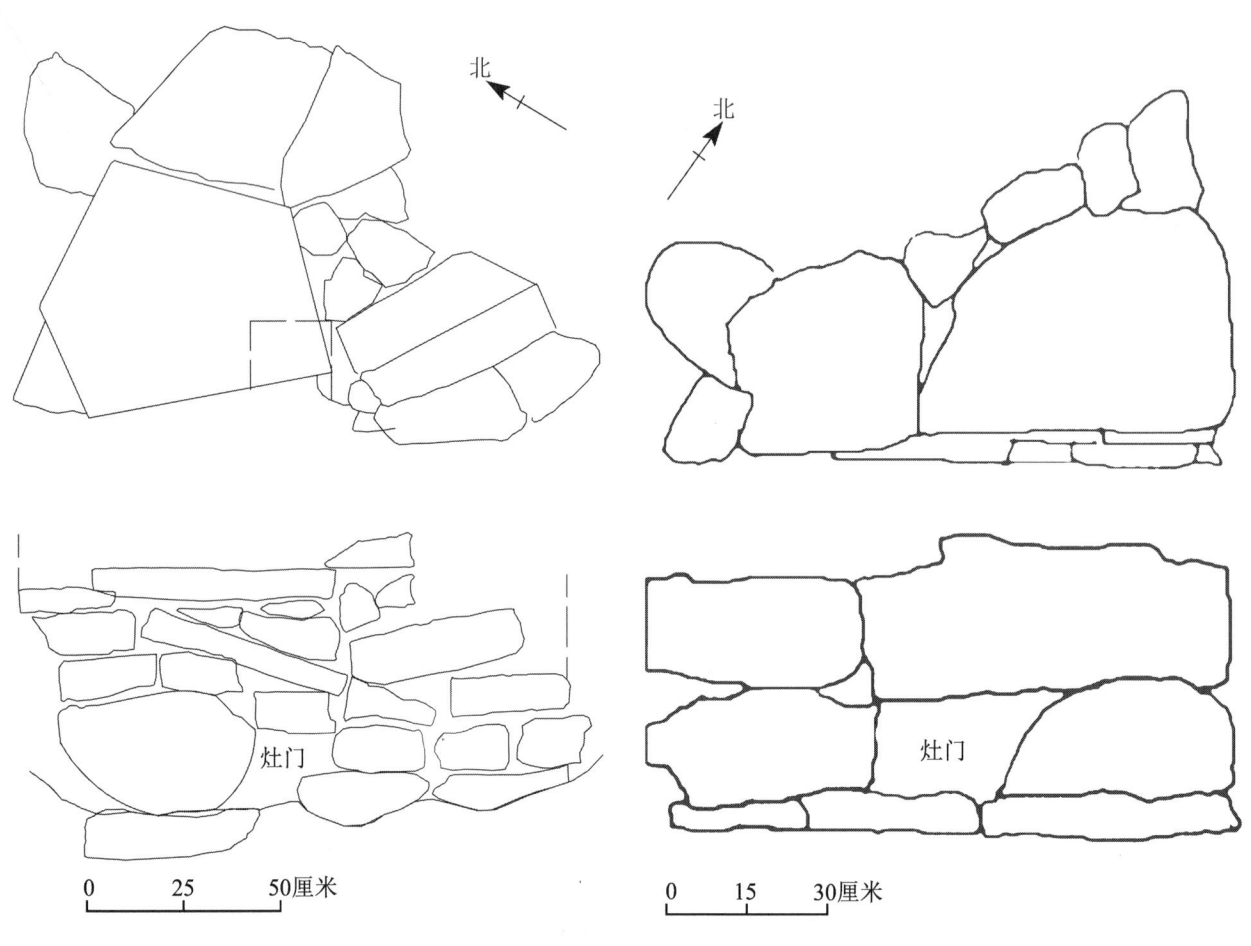

图八七　青山岭长城6号烟灶平面、南壁正视图　　图八八　青山岭长城7号烟灶平面、南壁正视图

烟灶建在山脊上，建筑材料为石块，灶体用大小不一的石块干垒，石块之间缝隙无任何黏结物。上部坍塌破坏，形态尺寸不详。灶体垒砌3层，先用石块在东、西两侧干垒2层，然后在上面平垒一块长石，构成灶门。灶门位于南壁下部中间，高0.15、宽0.2~0.3米。烟灶周围长满树木，地面落满树叶。

青山岭长城8号烟灶（总第40号，编码120225354199170040）

该烟灶位于天津市蓟县下营镇青山岭村北、青山岭长城二道边2段南约1米，北距青山岭长城7号烟灶10米。地处山脊，北、西、东侧为陡坡。周围长满杂草、灌木和高大乔木等。

该烟灶自明代修建以来无任何修缮，保存一般。平面呈长方形，南北长 1.06、东西宽 0.9 米，面积约 0.95 平方米。方向为 320°。中心高程 687 米。（图八九；彩图二九三）

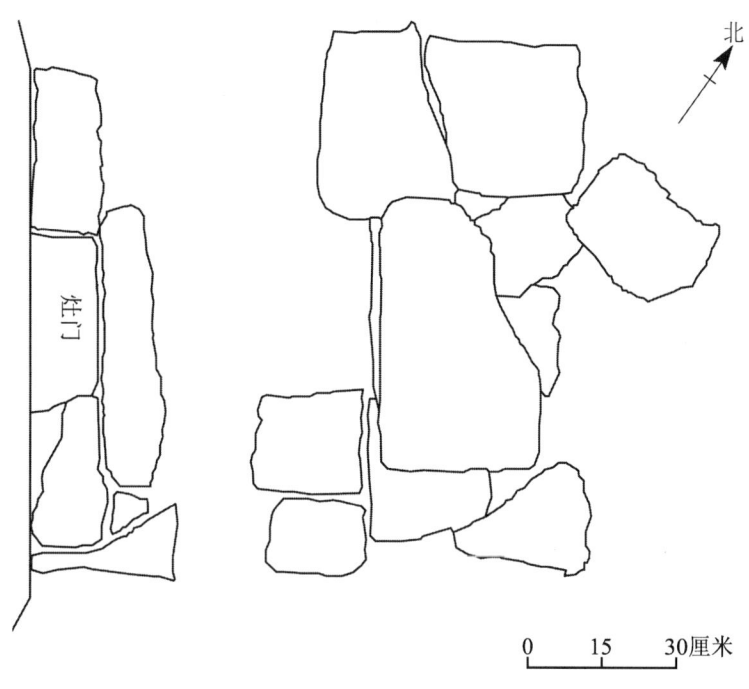

灶门

北

0　　15　　30厘米

图八九　青山岭长城 8 号烟灶平面、西壁正视图

烟灶建在山脊上，建筑材料为石块。灶体用大小不一的石块干垒，石块之间缝隙无任何黏结物。顶部破坏严重，已坍塌，形态不详。北壁高 0.15 米，仅存一层石块；东壁被破坏；南壁高 0.3 米；西壁高 0.3 米，存 2 层石块。灶门开于西壁下部中间，高 0.15、宽 0.35 米。南、北壁各用一石块垒砌，上面再垒砌一块长石。烟灶周围长满树木，地面落满树叶。

烟灶损毁原因主要是人为拆毁，上部石块被拆毁、移位现象突出，人为因素破坏极其明显。

青山岭长城 9 号烟灶（总第 41 号，编码 120225354199170041）

该烟灶位于天津市蓟县下营镇青山岭村西北、青山岭长城 12 段山险上，北距青山岭长城 7 号敌台 29 米。地处山脊，北、西、东侧为陡坡。周围长满杂草、灌木和高大乔木等。

该烟灶自明代修建以来无任何修缮，保存一般。平面呈近正方形，南北长 1.9、东西宽 1.8 米，面积约 3.42 平方米。方向为 40°。中心高程 945 米。（图九〇；彩图二九四、二九五）

烟灶建于北高南低的缓坡上，建筑材料为石块。灶体用不规则的石块干垒，石块之间缝隙无任何黏结物。上部坍塌，乱石堆积，形态不详。南、北、西三壁全部倒塌，只存部分东壁。东南角残存最高 1.1 米，其余部分倒塌，只存一层基础石块。灶门设在东壁，高 0.64、宽 0.26、残深 0.5 米；四壁用不规则的块石、条石垒砌，收分 0.1 米。上部长满荆条，堆积乱石，其他结构不详。四周长满野草荆条、树木等植被。

此烟灶损毁原因主要是自然坍塌，与烟灶垒砌不牢固有关，人为因素破坏不明显。

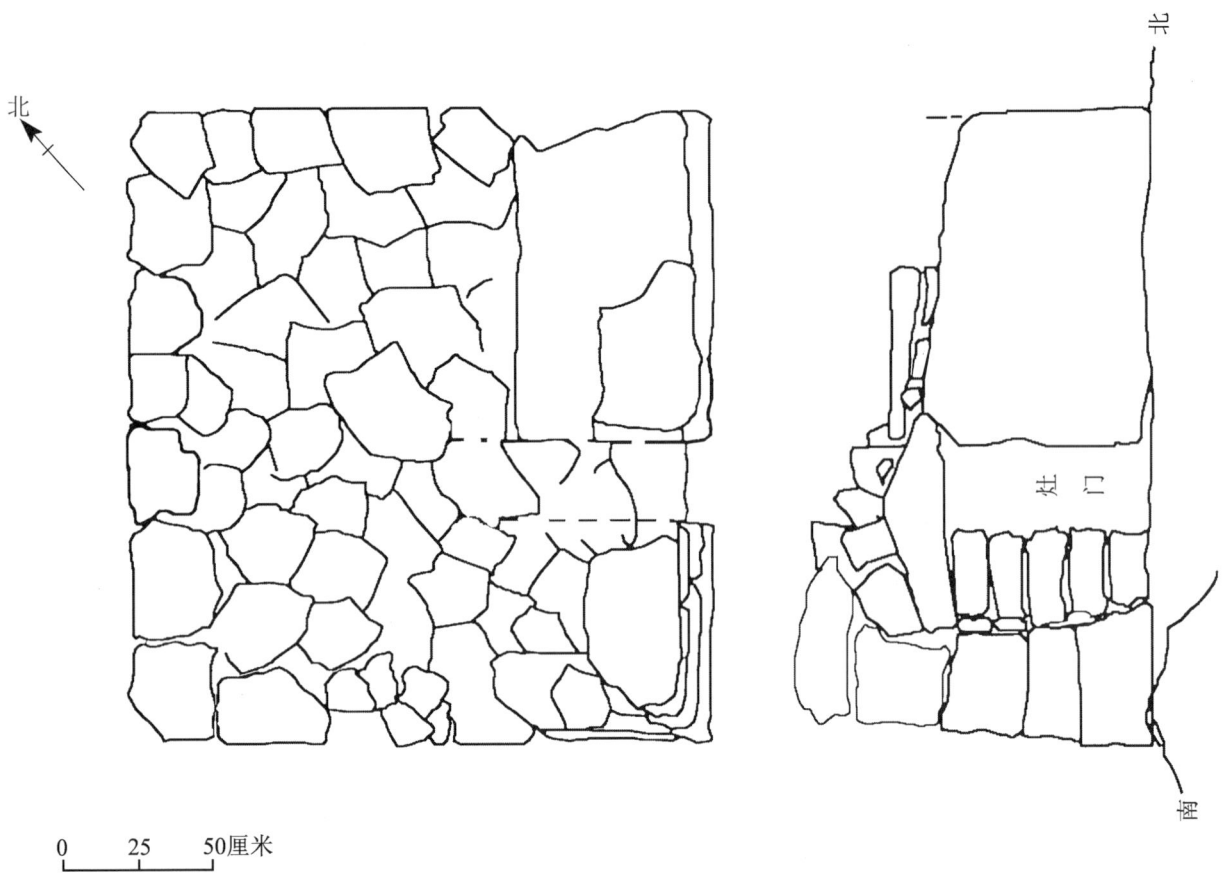

图九〇　青山岭长城 9 号烟灶平面、东壁正视图

（七）寨堡

青山岭寨堡（编码 120225353102170004）

此寨堡位于天津市蓟县下营镇青山岭村北 0.8 千米峡谷内的平台上。北约 0.3 千米为青山岭长城 1 号敌台，西有南北走向河道，南距公路 14 米，东侧紧靠山根，北侧为耕地，地势东高西低，长满杂草，寨堡内长有梨树、柿子树等。

此寨堡朝向正南，平面呈不规则长方形，周长 337 米，其中北墙长 53、东墙长 116、南墙长 52、西墙长 116 米，占地面积约 6150 平方米。方向为 0°。中心高程 362 米。（图九一；彩图二九六）

寨堡为石墙，墙体用大小不一的石块干垒，石块之间无黏结物。自明代修建以来未经任何修缮，现为村民果园，无民房。保存一般，四周墙体大部分毁损，上部堆满乱石，被村民种地作坝墙使用，寨堡墙体形状保存较完整，现存最高 1.5、最低 0.7 米。东墙长 116 米，略带弧，宽 3.2、残高 1～1.6 米；（彩图二九七）南墙长 52、宽 3.2、残高 0.5～0.8 米，（彩图二九八）寨堡门开于西南部，宽 2.5 米；（彩图三一四）西墙长 116 米，由西南角往北长 50 米墙宽 4 米，其余 66 米墙宽 3.2 米；（彩图二九九）北墙长 53、宽 3.2、残高 1～1.5 米。（彩图三〇〇）寨堡墙体上部倒塌，垛口和马道形态不详。

寨堡内现存居住址 10 座，编号 F1～F10 居住址墙体坍塌，残高 0.5～1.2 米。西南角保存角楼基础，残高 0.8 米，残存楼台基础，高 0.7 米。F1、F2 位于堡内北中部。F1 为 1 间，平面呈长方形，南北长 12、东西宽 10 米，墙宽 0.7 米。（彩图三〇一）F2 为 1 间，平面呈长方形，南北长 12、东西宽 8.5 米，墙宽 0.8 米。（彩图三〇二）

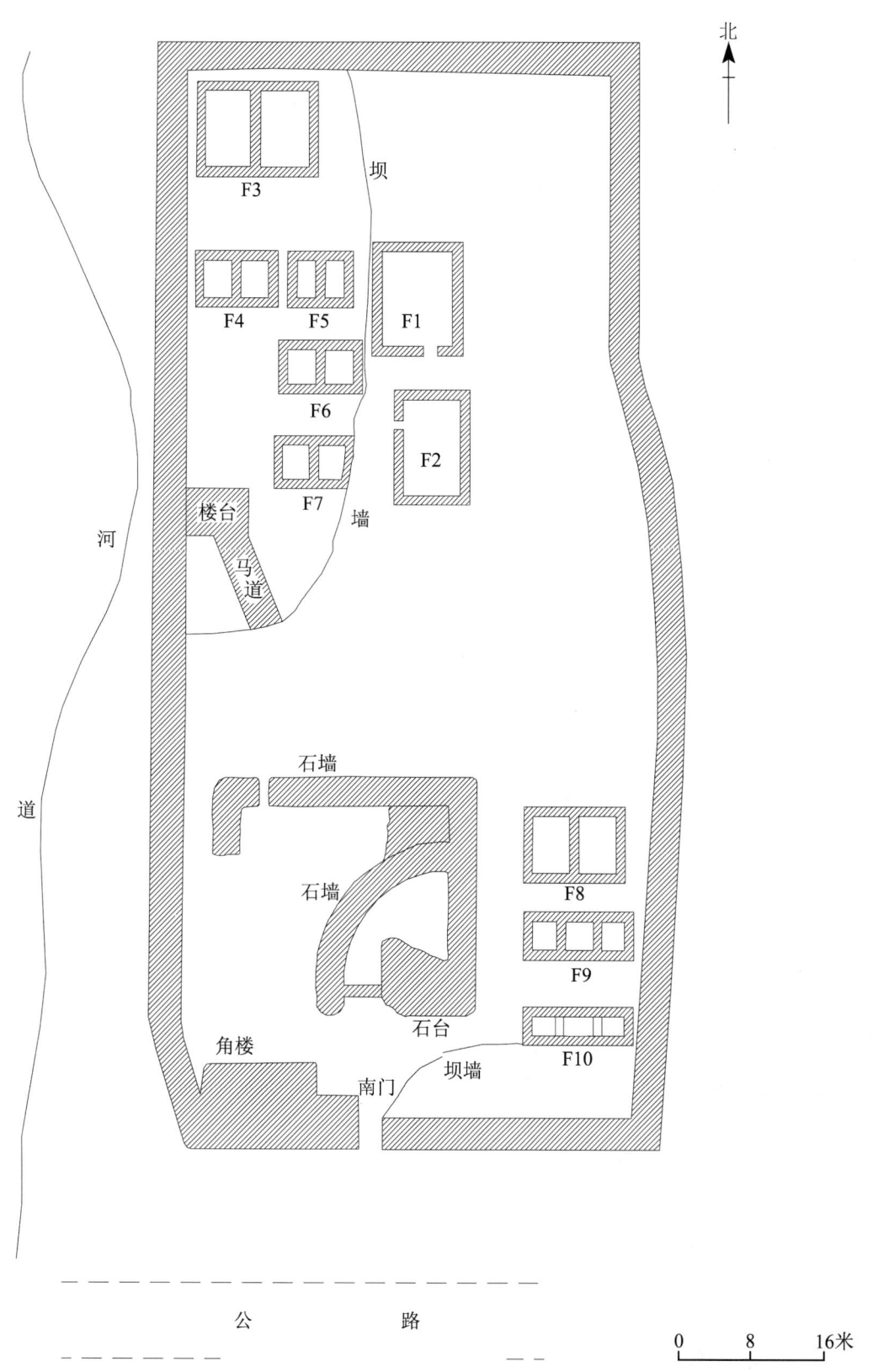

图九一 青山岭寨堡平面图

西北部有一椭圆形凹地，南北长 59、东西宽 20 米。凹地东部有一坝墙，高约 2.2 米。凹地内有居住址 5 座共 10 间，楼台 1 座。F3 为 2 间，平面呈长方形，东西长 13、南北宽 10 米，墙宽 0.8 米。（彩图三〇三）F4 为 2 间，平面呈长方形，东西长 9、南北宽 6 米，墙宽 1.2 米。（彩图三〇四）F5 为 2 间，平面呈长方形，东西长 7、南北宽 6 米，墙宽 1.2 米。（彩图三〇五）F4 与 F5 之间有一通道，宽 1 米。（彩图三〇六）F6 为 2 间，平面呈长方形，长 9、宽 5.5 米，墙宽 0.7 米。（彩图三〇七）F4、F5 与 F6 中间有一条东西向街道。（彩图三〇八）F7 为 2 间，平面呈长方形，东西长 8.5、南北宽 5.5 米，墙宽 0.7 米。（彩图三〇九）

楼台平面呈长方形，长 7、宽 5、高 0.8 米，南部设马道，马道长 9、宽 4、高 0.8 米。

东南部有居住址 3 座共 8 间。F8 为 2 间，平面呈长方形，东西长 11、南北宽 8 米，墙宽 1 米。（彩图三一〇）F9 为 3 间，平面呈长方形，东西长 12、南北宽 5 米，墙宽 0.8 米。（彩图三一一）F10 为 3 间，平面呈长方形，东西长 12、南北宽 4 米，墙宽 0.7 米。（彩图三一二）

西南角有角楼，南壁紧贴寨堡墙体，平面呈长方形，东西长 11、南北宽 6、残高 0.8 米。（彩图三一三）中南部有乱石堆一处。

寨堡西南角中心高程 361 米，东南角 367 米，东北角 366 米，西北角 360 米。

寨堡损毁主要原因应该是人为破坏。寨堡被村民种植果树，将寨堡内大部分墙体上的石块拆移得面目全非，使寨堡内大部分建筑无法判断其真实用途。寨堡、居住址的墙体附近生长许多高大果树，根系对墙体构成潜在的威胁。

五　车道峪长城

（一）墙体

车道峪长城墙体起自天津市蓟县下营镇车道峪村东北 3.2 千米、青山岭长城第 16 段止点（高程 861 米），至蓟县下营镇车道峪村西北 4.4 千米、车道峪长城 19 号敌台南侧（高程 770 米）截止，（地图七）截止，共划分 25 段，其中墙体 17 段、山险墙 3 段、山险 6 段。全长 5707.49 米，其中长城主线长 4523.03 米（墙体 3271.97 米、山险墙 39 米、山险 1212.06 米），二道边长城 1184.46 米（全部为墙体）。（附表五）此段长城大致为东南—西北走向。

车道峪长城 1 段（总第 106 段，编码 120225382106170106）

此段长城墙体类别为山险，自青山岭长城 16 段止点（高程 861 米）起，顺山势，至车道峪长城 2 段山险墙起点（高程 856 米）截止，长 337.55 米，东南—西北走向。（彩图三一五）

此段山险位于天津市蓟县车道峪村与青山岭长城交界处，东南与青山岭长城 16 段石墙相接，向西北延伸至车道峪长城 2 段山险墙，为巧妙利用陡峭山体的自然走势而形成的山险，地势险峻陡峭，北侧为悬崖峭壁，南侧为陡坡，顶部起伏不平，灌木丛生。此山险未经人为加工，保存较好，基本保持原貌。

由于近几年封山育林，山险两侧生长许多高大树木，直接影响了山险的险峻外观。地势陡峭，人迹罕至，未发现人为因素破坏的痕迹。

车道峪长城 2 段（总第 107 段，编码 120225382105170107）

此段长城墙体类别为山险墙，自车道峪长城 1 段山险止点（高程 856 米）起，顺山势，至车道峪长城 3 段山险起点（高程 853 米）截止，长 19.29 米，东—西走向。（彩图三一六）

附表五　车道峡长城墙体长度统计表

（单位：米）

注：墙体类别分为石墙各等级（好、较好、一般、较差、差、消失）、墙失小计、山险墙、山险及合计；各项均含"测绘数据 表面长度"与"文物数据 表面长度"。

名称	墙体 好 测绘数据 表面长度	墙体 好 文物数据 表面长度	墙体 较好 测绘数据 表面长度	墙体 较好 文物数据 表面长度	石墙 一般 测绘数据 表面长度	石墙 一般 文物数据 表面长度	较差 测绘数据 表面长度	较差 文物数据 表面长度	差 测绘数据 表面长度	差 文物数据 表面长度	消失 测绘数据 表面长度	墙失 消失 文物数据 表面长度	小计 测绘数据 表面长度	小计 文物数据 表面长度	山险墙 测绘数据 表面长度	山险墙 文物数据 表面长度	山险 测绘数据 表面长度	山险 文物数据 表面长度	合计 测绘数据 表面长度	合计 文物数据 表面长度
1段	—	—	—	—	—	—	—	—	—	—	—	—	0	0	—	—	337.55	270	337.55	270
2段	—	—	—	—	—	—	—	—	—	—	—	—	0	0	19.29	17	—	—	19.29	17
3段	—	—	—	—	—	—	—	—	—	—	—	—	0	0	—	—	171.59	160	171.59	160
4段	—	—	—	—	—	—	—	—	—	—	—	—	0	0	8.16	7	—	—	8.16	7
5段	—	—	—	—	—	—	—	—	—	—	—	—	0	0	—	—	167.58	75	167.58	75
6段	—	—	—	—	—	—	—	—	—	—	—	—	0	0	—	—	300.74	260	300.74	260
7段	—	—	—	—	—	—	—	—	—	—	—	—	0	0	—	—	173.21	170	173.21	170
8段	—	—	426.89	429	—	—	—	—	—	—	—	—	426.89	429	—	—	—	—	426.89	429
9段	—	—	115.68	110	—	—	—	—	—	—	—	—	115.68	110	—	—	—	—	115.68	110
10段	—	—	—	—	346.42	236	—	—	—	—	—	—	346.42	236	—	—	—	—	346.42	236
11段	—	—	—	—	161.1	110	—	—	—	—	—	—	161.1	110	—	—	—	—	161.1	110
12段	—	—	22.41	27	—	—	—	—	—	—	—	—	22.41	27	—	—	—	—	22.41	27
13段	—	—	—	—	—	—	—	—	—	—	—	—	0	0	—	—	61.39	35	61.39	35
14段	—	—	456.94	357	63.8	63	—	—	—	—	—	—	520.74	420	11.55	10	—	—	532.29	430
15段	—	—	549.06	520	406.56	381	115.8	104	—	—	35.2	36	1106.62	1041	—	—	—	—	1106.62	1041
16段	—	—	—	—	334.11	257	238	245	—	—	—	—	572.11	502	—	—	—	—	572.11	502
主线小计	—	—	1570.98	1443	1311.99	1047	353.8	349	0	0	35.2	36	3271.97	2875	39	34	1212.06	970	4523.03	3879
一道边1段	—	—	—	—	—	—	163.04	110	—	—	—	—	163.04	110	—	—	—	—	163.04	110
一道边2段	—	—	—	—	—	—	187.68	147	—	—	—	—	187.68	147	—	—	—	—	187.68	147
一道边3段	—	—	—	—	—	—	5.87	23	—	—	—	—	5.87	23	—	—	—	—	5.87	23
一道边4段	—	—	—	—	—	—	549.06	610	—	—	—	—	549.06	610	—	—	—	—	549.06	610
一道边5段	—	—	—	—	—	—	118.69	132	—	—	—	—	118.69	132	—	—	—	—	118.69	132
一道边6段	—	—	—	—	29.48	34	—	—	—	—	—	—	29.48	34	—	—	—	—	29.48	34
一道边7段	—	—	—	—	—	—	45.54	41	—	—	—	—	45.54	41	—	—	—	—	45.54	41
一道边8段	—	—	—	—	38.81	35	—	—	—	—	—	—	38.81	35	—	—	—	—	38.81	35
一道边9段	—	—	—	—	46.29	45	—	—	—	—	—	—	46.29	45	—	—	—	—	46.29	45
总计	—	—	1570.98	1443	1426.57	1161	1423.68	1412	0	0	35.2	36	4456.43	4052	39	34	1212.06	970	5707.49	5056

　　山险墙位于山脊，处于车道峪长城 1 段山险与车道峪长城 3 段山险之间的山谷谷底，北侧为悬崖峭壁，南侧为陡坡，顶部起伏不平，山险墙上长有树木、荆棘等植被。

　　山险墙有明显人工痕迹，大部分将岩石削整成垂直的壁面，形成劈山墙。在劈山墙上部垒砌少量石块，形成干垒石墙。大部分保存较差，仅存一层石块，为基础部分，高 0.3 米。

　　由于近几年封山育林，山险两侧生长许多高大树木，对山险墙外观产生影响；墙体倒塌主要因为垒砌不够牢固，自然塌落所致；加之剧烈的地质灾害，对墙体构成严重的安全隐患。未发现人为因素破坏的痕迹。

车道峪长城 3 段 （总第 108 段，编码 120225382106170108）

　　此段长城墙体类别为山险，自车道峪长城 2 段山险墙止点（高程 853 米）起，顺山势，至车道峪长城 4 段山险墙起点（高程 908 米）截止，长 171.59 米，东南—西北走向。（彩图三一七）

　　山险位于山脊，东部与车道峪长城 2 段山险止点相接，向西延伸至车道峪长城 4 段山险起点，保存较好，为巧妙利用陡峭山体的自然走势形成的山险。西侧为悬崖峭壁，东侧为陡坡，沟底为车道峪大峡谷，南、北侧坡度较缓。四周长满荆棘等低矮灌木。此段山险未经人为加工，基本保持原貌。

　　由于近几年封山育林，山险两侧生长许多高大树木，直接影响了山险的险峻外观。山险所在位置地势陡峭，人迹罕至，未发现人为因素破坏的痕迹。

车道峪长城 4 段 （总第 109 段，编码 120225382105170109）

　　此段长城墙体类别为山险墙，自车道峪长城 3 段山险止点（高程 908 米）起，顺山势，至车道峪长城 5 段山险起点（高程 907 米）截止，长 8.16 米，东北—西南走向。（彩图三一八）

　　此段山险墙地处山谷谷口，东北与车道峪长城 3 段山险止点相接，向西南延伸至车道峪长城 5 段山险起点，地势险峻陡峭，内、外侧为陡坡，东侧为车道峪大峡谷。

　　此段山险墙保存差，靠近与车道峪长城 3 段和车道峪长城 5 段山险连接处有明显人为削凿壁面的痕迹，可见用石块干垒的墙体，上部倒塌，仅存基础。山险墙中部外壁人工痕迹不明显，墙体坍塌消失，仅存部分人工垒砌墙体的迹象。山险墙两侧长有荆棘等低矮灌木。

　　由于近几年封山育林，山险墙两侧生长许多高大树木，直接影响了山险的险峻外观。墙体坍塌可能因为受到一些剧烈的地质灾害的影响。此处地势陡峭，人迹罕至，未发现人为因素破坏的痕迹。

车道峪长城 5 段 （总第 110 段，编码 120225382106170110）

　　此段长城墙体类别为山险，自车道峪长城 4 段山险墙止点（高程 907 米）起，顺山势，至车道峪长城 1 号敌台东侧（高程 961 米）截止，长 167.58 米，东北—西南走向。（彩图三一九）

　　此段山险位于车道峪长城 4 段山险墙与车道峪长城 1 号敌台之间的山体陡坡上，地势险峻陡峭，保存较好。为巧妙地利用陡峭山体的自然走势形成的山险，四周为陡坡，山坡上落满树叶和从山顶滚落的石块，长有树木、荆棘等植被。此段山险未经人为加工，基本保持原貌。

　　由于近几年封山育林，山险两侧生长许多高大树木，直接影响了此段山险的险峻外观。此处地势陡峭，人迹罕至，未发现人为因素破坏的痕迹。

车道峪长城 6 段 （总第 111 段，编码 120225382106170111）

　　此段长城墙体类别为山险，自车道峪长城 1 号敌台东侧（高程 961 米）起，顺山势，至车道峪长城 2 号敌台北侧（高程 889 米）截止，长 300.74 米，东北—西南走向。（彩图三二〇）

　　此段山险介于车道峪长城 1 号敌台与车道峪长城 2 号敌台之间，地势险峻陡峭，山体连绵起伏，乱石林立。西侧为峭壁，东侧为悬崖，山险上长满荆棘等灌木，东侧悬崖下为车道峪大峡谷。山险保存较好，基本保持原貌。

由于近几年封山育林，山险两侧生长许多高大树木，直接影响了此段山险的险峻外观。部分山险上的石块被移位，有明显人为因素破坏的痕迹。

车道峪长城 7 段（总第 112 段，编码 120225382106170112）

此段长城墙体类别为山险，自车道峪长城 2 号敌台北侧（高程 889 米）起，顺山势，至车道峪长城 8 段墙体起点（高程 868 米）截止，长 173.21 米，西南—东北走向。（彩图三二一）

山险位于车道峪村西北，西南与车道峪长城 2 号敌台北侧相接，向东北延伸至车道峪长城 8 段石墙起点，保存较好，为巧妙地利用陡峭山体的自然走势形成的山险，两端为山脊，中部为山谷，内、外侧山势陡峭，乱石林立，灌木茂密，荆棘丛生。山险保存较好，基本保持原貌。

由于近几年封山育林，山险两侧生长许多高大树木，直接影响了此段山险的险峻外观。部分山险上的石块被移位，有明显人为因素破坏的痕迹。

车道峪长城 8 段（总第 113 段，编码 120225382102170113）

此段长城墙体类别为石墙，自车道峪长城 7 段山险止点（高程 868 米）起，顺山势沿山脊修建，至车道峪长城 10 号敌台东北角（高程 830 米）截止，长 426.89 米，东南—西北走向。（彩图三二二）

此段长城位于山脊，东南与车道峪长城 7 段山险止点相接，向西北延伸至车道峪长城 10 号敌台东北角。地势险峻陡峭，墙体内侧为陡坡，外侧坡度较缓。

此段长城采用自然基础，墙体为石块干垒，从部分墙体断面观察，垒砌方法与其他段长城墙体基本相同，用大石块垒砌墙体两道外侧边，中间用小石块和碎石片、土填充，形成完整墙体。墙体上窄下宽，有收分。

此段长城墙体整体保存较好，仅有少部分坍塌，垛口和马道尚存。根据《长城资源调查工作手册》的技术要求，按照长城墙体拐折点分布情况，此段长城墙体又细分为 5 小段，分述如下。

第一小段：起点海拔 868 米，止点海拔 848 米。此小段长城长 107.11 米，保存较好。墙体上部宽 2.2、下部宽 2.6 米，收分 0.4 米。部分墙体保存垛口和马道，垛口上部倒塌，仅存基础，厚 0.7、残高 0.8 米。马道用修整过的平整石板平铺而成，宽 1.5 米。墙体顶部距外侧地表最高 3.5 米，距内侧地表最高 0.9 米。长城自此小段止点拐向西南并下折。

第二小段：起点海拔 848 米，止点海拔 842 米。此小段长城长 79.46 米，保存较好。墙体上部宽 2.6、下部宽 2.8 米，收分 0.2 米。保存较清晰的垛口和马道，垛口仅存基础，厚 0.8、残高 0.3 米。马道为修整过的石板平铺而成，宽 1.8 米。墙体顶部距外侧地表最高 3.1 米，距内侧地表最高 0.8 米。墙体内侧有车道峪长城 4 号和 5 号居住址。长城自此小段止点拐向西北并上折。

第三小段：起点海拔 842 米，止点海拔 844 米。此小段长城长 125.32 米，保存较好。东南距起点 314 米。长城自此小段止点拐向西并下折。

第四小段：起点海拔 844 米，止点海拔 821 米。此小段长城长 63 米，保存较好。墙体上部宽 2.8 米。部分墙体保存垛口和马道。垛口上部倒塌，仅存基础，宽 0.7、高 0.9 米。马道用修整过的平整石板平铺而成，石板之间用黄泥勾缝，宽 2.1 米。墙体顶部距外侧地表最高 4.1 米，距内侧地表最高 2.7 米。墙体上有车道峪长城 6 号居住址。长城自此小段止点拐向西上折。

第五小段：起点海拔 821 米，止点海拔 830 米。此小段长城长 52 米，保存较好。

墙体倒塌主要因为垒砌不够牢固，自然塌落所致；加之剧烈的地质灾害，对墙体构成严重的安全隐患。墙体上部生长少量杂草和低矮灌木，根系对墙体构成新的安全隐患。部分墙体的石块被人为移位，人为因素破坏明显。

车道峪长城 9 段（总第 114 段，编码 120225382102170114）

此段长城墙体类别为石墙，自车道峪长城 10 号敌台东北角（高程 830 米）起，顺山势，沿山脊修建，至车道峪长城 11 号敌台东南角（高程 823 米）截止，长 115.68 米，东北—西南走向。（彩图三二三）

此段长城位于山脊，东北与车道峪长城 10 号敌台东北角相接，向西南延伸至车道峪长城 11 号敌台东南角，地势险峻陡峭。

此段长城采用自然基础，墙体为石块干垒而成，从部分墙体断面观察，垒砌方法与其他段长城墙体基本相同。墙体上窄下宽，有收分。

此段长城墙体保存较好，仅少部分墙体坍塌，垛口和马道尚存。根据《长城资源调查工作手册》的技术要求，按照长城墙体拐折点分布情况，此段长城墙体又细分为 2 小段，分述如下。

第一小段：起点海拔 830 米，止点海拔 816 米。此小段长城长 71.68 米，保存较好。墙体上部宽 3.3 米，垛口和马道清晰可见。垛口上部倒塌，形态不详，仅存基础，厚 0.85、残高 0.5 米。马道为平整的石板平铺而成，宽 2.45 米。墙体顶部距外侧地表最高 3.3 米，距内侧地表最高 3.2 米。长城自此小段止点拐向西南并下折。

第二小段：起点海拔 816 米，止点海拔 823 米。此小段长城长 44 米，保存较好。

墙体倒塌主要因为垒砌不够牢固，自然塌落所致；加之剧烈的地质灾害，对墙体构成严重的安全隐患；墙体上部生长少量杂草和低矮灌木，根系对墙体构成新的安全隐患。未发现人为因素破坏的痕迹。

车道峪长城 10 段（总第 115 段，编码 120225382102170115）

此段长城墙体类别为石墙，自车道峪长城 11 号敌台东南角（高程 823 米）起，顺山势沿山脊修建，至车道峪长城 12 号敌台东北角（高程 656 米）截止，长 346.42 米，东北—西南走向。（彩图三二四）

此段长城地处山脊，东北与车道峪长城 11 号敌台东南角相接，向西南延伸至车道峪长城 12 号敌台东北角，地势险峻陡峭。

此段长城为自然基础，墙体用毛石干垒而成，具体垒砌方法为墙体内外两侧用大石块垒砌成十分平整的墙壁，中间填充小石块或碎石片，形成完整墙体，石块之间不用泥土、三合灰等黏结物。墙体上窄下宽，有收分。

此段长城墙体整体保存一般，墙体有三分之二向内外两侧坍塌。墙体上部宽 3.7 米。部分墙体保存垛口和马道，垛口上部倒塌，仅存基础，厚 0.9、残高 0.5 米。马道用修整过的平整石板平铺而成，宽 2.8 米。墙体顶部距外侧地表最高 3.8 米，距内侧地表最高 1.7 米。墙体内侧分布车道峪长城 7、8 号居住址。

墙体倒塌主要因为垒砌不够牢固，自然塌落所致；加之剧烈的地质灾害，对墙体构成严重的安全隐患；墙体上部生长少量杂草和低矮灌木，根系对墙体构成新的安全隐患。部分墙体石块被拆除、移位，人为因素破坏明显。

车道峪长城 11 段（总第 116 段，编码 120225382102170116）

此段长城墙体类别为石墙，自车道峪长城 12 号敌台东北角（高程 656 米）起，顺山势修建，至车道峪长城 14 号敌台东侧（高程 596 米）截止，长 161.1 米，东北—西南走向。（彩图三二五）

此段长城位于山脊，东北与车道峪长城 12 号敌台西北角相接，向西南延伸至车道峪长城 14 号敌台东侧。地势险峻陡峭，北侧为悬崖峭壁，南侧为陡坡，顶部起伏不平，灌木丛生，落叶满地。

此段长城为自然基础，墙体用石块干垒而成，垒砌方法与其他段长城墙体基本相同。墙体上窄下宽，有收分。

此段长城墙体整体保存一般，墙体从外侧向内侧坍塌，部分墙体坍塌严重，仅存基础部分。墙体上部宽 3.4 米。部分墙体保存垛口和马道，垛口上部倒塌，仅存基础，厚 0.9 米。马道用石板平铺而成，宽 2.5 米。墙体顶部距外侧地表最高 3.8 米，距内侧地表最高 1.7 米。

墙体倒塌主要因为垒砌不够牢固，自然塌落所致；加之剧烈的地质灾害，对墙体构成严重的安全隐患；墙体上部生长少量杂草和低矮灌木，根系对墙体构成了新的安全隐患。部分墙体石块被移位，人为因素破坏明显。

车道峪长城 12 段（总第 117 段，编码 120225382102170117）

此段长城墙体类别为石墙，自车道峪长城 14 号敌台东侧（高程 596 米）起，顺山势沿山谷底部修建，至车道峪长城 13 段山险墙起点（高程 628 米）截止，长 22.41 米，东—西走向。（彩图三二六）

此段长城位于北井峪峡谷内，地势陡峭，墙体内、外侧为陡坡。四周长有野草、灌木等植被。

此段长城基础经过铲平、漫坡处理，墙体用石块干垒而成，垒砌方法与其他段长城墙体基本相同。墙体上窄下宽，有收分。

此段长城墙体整体保存较好，墙体内侧略倒塌。此段长城有一个显著的特点就是墙体很宽，达 7 米，垛口和马道清晰可见。垛口上部倒塌，仅存基础，厚 0.8 米。马道用修整过的平整石板平铺而成，宽 6.2 米。墙体顶部距外侧地表最高 5.5 米，距内侧地表最高 4.5 米。距墙体外侧约 20 米为车道峪长城二道边 7 段墙体，距墙体内侧约 50 米为车道峪长城 11 号居住址。

墙体倒塌主要因为垒砌不够牢固，自然塌落所致；加之剧烈的地质灾害，对墙体构成严重的安全隐患。墙体上部生长少量杂草和低矮灌木，根系对墙体构成了新的安全隐患。部分墙体石块被拆除、移位，人为因素破坏明显。

车道峪长城 13 段（总第 118 段，编码 120225382106170118）

此段长城墙体类别为山险，自车道峪长城 12 段石墙止点（高程 628 米）起，顺山势，至车道峪长城 14 段石墙起点（高程 645 米）截止，长 61.39 米，东北—西南走向。（彩图三二七）

此段山险位于车道峪山谷西北、北井峪东—西走向的山体陡坡上，东北与车道峪长城 12 段石墙相接，向西南延伸至车道峪长城 14 段石墙起点。利用陡峭山体的险要地势形成的山险，由顶部到底部落差达 35 米，全为山体岩石，看不出人为加工修整的痕迹，地势非常险峻陡峭。此段山险长有树木、荆棘等植被，基本保持原貌。

由于近几年封山育林，山险两侧生长许多高大树木，直接影响了山险的险峻外观。此处地势陡峭，人很难攀爬，未发现人为因素破坏的痕迹。

车道峪长城 14 段（总第 119 段，编码 120225382102170119）

此段长城墙体类别为石墙（含山险墙），自车道峪长城 13 段山险止点（高程 645 米）起，顺山势修建，至车道峪长城 15 号敌台南侧（高程 827 米）截止，长 532.29 米，东南—西北走向。（彩图三二八）

此段长城墙体东南与车道峪长城 13 段山险止点相接，向西北延伸至车道峪长城 15 号敌台南侧，地势陡峭，外侧为悬崖陡壁，内侧为陡坡，长有荆条等灌木。

此段长城为自然基础，墙体用石块干垒，从部分墙体断面观察，垒砌方法与其他段长城墙体基本相同，用大石块垒砌墙体两道外侧边，中间用相对小的石块和碎石片、土填充，形成完整墙体。墙体上窄下宽，有收分。

此段长城墙体整体保存较好，部分墙体向内、外侧倒塌，垛口大部分尚存，残高不等。其中保存较好的墙体长 456.94 米，保存一般的墙体长 63.8 米。另有 11.55 米为山险墙。

根据《长城资源调查工作手册》的技术要求，按照长城墙体保存状况、拐折点分布情况，此段长城墙体又细分为 7 小段，分述如下。

第一小段：起点海拔 645 米，止点海拔 677 米。此小段长城长 63.8 米，保存一般。墙体内侧部分倒塌，上部宽 2.6 米。垛口和马道清晰可辨。垛口上部倒塌，仅存基础，厚 0.7 米。马道用修整过的平整石板平铺而成，宽 1.9 米。墙体顶部距外侧地表最高 2.7 米，距内侧地表最高 1.5 米。长城自此小段止点拐向西并上折。

第二小段：起点海拔 677 米，止点海拔 687 米。此小段长城长 41.56 米，保存较好。墙体上部宽 2.6 米，垛口和马道清晰可辨。垛口上部形态不详，仅存基础，厚 0.7 米。马道用石板平铺而成，宽 1.9 米。墙体顶部距外侧地表最高 2.7 米，距内侧地表最高 1.5 米。长城自此小段止点拐向西北并上折。

第三小段：起点海拔 687 米，止点海拔 707 米。此小段长城长 86.93 米，保存较好。墙体内侧部分倒塌，墙体上部宽 3 米。墙体顶部距外侧地表最高 2.5 米，距内侧地表最高 2 米。墙体内侧自东向西依次分布车道峪长城 12～14 号居住址。长城自此小段止点拐向北并上折。

第四小段：起点海拔 707 米，止点海拔 719 米。此小段长城为山险墙，长 11.55 米，保存较差。基础为自然岩石，稍加人工修整，上面有石块干垒而成的墙体，墙体内侧有车道峪长城 15 号居住址。长城自此小段止点拐向西北并上折。

第五小段：起点海拔 719 米，止点海拔 774 米。此小段长城长 112.38 米，保存较好。墙体垒砌方式发生变化，随山势高度变化而垒砌成台阶状，有 15 级台阶，阶高 1～1.3、宽 1.4 米。墙体上部宽 2.3 米，部分墙体保存垛口和马道。垛口上部倒塌，仅存基础，厚 0.7、高 0.6 米。马道用修整过的平整石块平铺而成，宽 1.6 米。墙体顶部距外侧地表最高 3 米，距内侧地表高 1.7 米。墙体内侧有车道峪长城 16 号居住址。长城自此小段止点拐向西北并上折。

第六小段：起点海拔 774 米，止点海拔 810 米。此小段长城长 163.01 米，保存较好。墙体内、外侧略倒塌，内侧自东向西依次分布车道峪长城 12～13 号居住址。长城自此小段止点拐向西北并上折。

第七小段：起点海拔 810 米，止点海拔 827 米。此小段长城长 53.06 米，保存较好。墙体内侧部分倒塌，上部宽 2.3 米，部分墙体保存垛口和马道。垛口上部倒塌，仅存基础，厚 0.7 米。马道用修整过的平整石板平铺而成，宽 1.6 米。墙体顶部距外侧地表最高 3 米，距内侧地表高 1.20 米。

墙体倒塌主要因为垒砌不够牢固，自然塌落所致；剧烈的地质灾害，对墙体构成严重的安全隐患；墙体上部生长少量杂草和低矮灌木，根系对墙体构成新的安全隐患。部分墙体石块被拆除、移位，人为因素破坏明显。

车道峪长城 15 段（总第 120 段，编码 120225382102170120）

此段长城墙体类别为石墙，自车道峪长城 14 段石墙止点（高程 827 米）、车道峪长城 15 号敌台南侧起，沿山脊修建，至车道峪长城 17 号敌台东南角（高程 815 米）截止，长 1106.62 米，东南－西北走向。（彩图三二九、三三〇）

此段长城墙体位于山脊，东南与车道峪长城 14 段石墙止点相接，向西北延伸与车道峪长城 17 号敌台东南角相连，地势陡峭，外侧为峭壁，内侧为陡坡，长有荆棘等低矮灌木。

此段长城为自然基础，墙体用石块干垒而成，从部分墙体断面观察，垒砌方法与其他段长城墙体基本相同，用大石块垒砌墙体两道外侧边，中间用小石块和碎石片、土填充，形成完整墙体。墙体上窄下宽，有收分。

此段长城墙体整体保存较好，其中保存较好的墙体长 549.06 米，保存一般的墙体长 406.56 米，保持较差的墙体长 115.8 米，有 35.2 米墙体消失。墙体内、外侧部分倒塌，部分墙体垛口保存较完整,垛口上发现瞭望孔一个。墙体内侧自东向西分布车道峪长城 14~21 号居住址。

根据《长城资源调查工作手册》的技术要求,按照长城墙体保存状况、拐折点分布情况,此段长城墙体又细分为 15 小段,分述如下。

第一小段:起点海拔 827 米,止点海拔 827 米。此小段长城长 13.68 米,保存较好。墙体呈弧形绕车道峪长城 15 号敌台,距敌台 0.5~1 米。墙体顶部距外侧地表最高 2.7 米,内侧与地表同高。长城自此小段止点拐向西北并下折。

第二小段:起点海拔 827 米,止点海拔 826 米。此小段长城长 44.49 米,保存较好。部分墙体保存垛口,垛口上部倒塌,仅存基础,厚 0.7、残高 0.3 米。墙体顶部距外侧地表最高 2.7 米,距内侧地表最高 1 米。长城自此小段止点拐向西北并下折。

第三小段:起点海拔 826 米,止点海拔 820 米。此小段长城长 35.2 米,墙体消失。长城自此小段止点拐向北并上折。

第四小段:起点海拔 820 米,止点海拔 839 米。此小段长城长 49.87 米,保存一般。墙体上部宽 2 米。墙体顶部距外侧地表最高 2.50 米,内侧与地表同高。长城自此小段止点拐向北并上折。

第五小段:起点海拔 839 米,止点海拔 860 米。此小段长城长 103.18 米,保存较好。部分墙体保存垛口和马道。垛口上部倒塌,形态不详,仅存基础,厚 0.75 米。马道用修整过的平整石板平铺而成,宽 1.5 米。墙体顶部距外侧地表最高 4 米。墙体中部发现豁口一个,宽 2.5 米,应被人为破坏所至。长城自此小段止点拐向西北并上折。

第六小段:起点海拔 860 米,止点海拔 914 米。此小段长城长 196.41 米,保存较好。垛口和马道保持较好,垛口保存完整,宽 0.7、高 1.8、厚 0.5 米,垛口上有瞭望孔一个,宽 0.4、高 0.4 米。(彩图三三一)马道用修整过的平整石板平铺而成,宽 1.6 米。墙体顶部距外侧地表最高 6 米,距内侧地表最高 1 米。墙体内侧距车道峪长城 16 号敌台约 30 米。长城自此小段止点拐向西北并下折。

第七小段:起点海拔 914 米,止点海拔 920 米。此小段长城长 64.16 米,保存较差。墙体内、外侧大部分倒塌。墙体顶部距外侧地表最高 1.5 米,距内侧地表最高 0.3 米。长城自此小段止点拐向西北直行。

第八小段:起点海拔 920 米,止点海拔 923 米。此小段长城长 9 米,保存较好。部分墙体保存较好的垛口和马道,垛口上部倒塌,仅存基础,厚 0.6 米。马道用修整过的平整石板平铺而成,宽 1.8 米。墙体顶部距外侧地表最高 4 米,距内侧地表最高 1 米。长城自此小段止点拐向西南并下折。

第九小段:起点海拔 923 米,止点海拔 912 米。此小段长城长 43.97 米,保存一般。墙体外侧部分倒塌,墙体上部宽 2.3 米。墙体顶部距外侧地表最高 2 米,距内侧地表最高 0.7 米。长城自此小段止点拐向西并下折。

第十小段:起点海拔 912 米,止点海拔 890 米。此小段长城长 112.4 米,保存较好。墙体上部宽 2.2 米。墙体顶部距外侧地表最高 3.4 米,内侧与地表同高。长城自此小段止点拐向西南并下折。

第十一小段:起点海拔 890 米,止点海拔 870 米。此小段长城长 23.3 米,保存较好。墙体上部宽 2.2 米。墙体顶部距外侧地表最高 3.4 米,内侧与地表同高。长城自此小段止点拐向西并下折。

第十二小段:起点海拔 870 米,止点海拔 864 米。此小段长城长 159.43 米,保存一般。墙体外侧部分倒塌,墙体上部宽 2.3 米。部分墙体保存垛口和马道,垛口上部倒塌,仅存基础,宽 0.7 米。马道用修整过的平整石板平铺而成,宽 1.5 米。墙体顶部距内侧地表最高 0.3 米。墙体内侧有车道峪长城 21 号居住址。长城自此小段止点拐向西北直行。

第十三小段:起点海拔 864 米,止点海拔 866 米。此小段长城长 46.6 米,保存较好。部分墙体向内、外侧均有倒塌，墙体上部宽 2.3 米。墙体顶部距外侧地表最高 1.5 米，距内侧地表最高 1.7 米。长城自此小段止点拐向西南并下折。

第十四小段：起点海拔 866 米，止点海拔 836 米。此小段长城以自然岩石为基础，长 51.64 米，保存较差。长城自此小段止点拐向北并下折。

第十五小段：起点海拔 836 米，止点海拔 815 米。此小段长城长 153.29 米，保存一般。墙体内、外侧部分倒塌。此小段长城止点与车道峪长城 17 号敌台东南角连接。长城自此小段止点拐向西北并下折。

墙体倒塌主要因为垒砌不够牢固，自然塌落所致；加之剧烈的地质灾害，对墙体构成严重的安全隐患。墙体上部生长少量杂草和低矮灌木，根系对墙体构成新的安全隐患。部分墙体的石块被拆除、移位，人为因素破坏明显。

车道峪长城 16 段（总第 121 段，编码 1202253821021700121）

此段长城墙体类别为石墙，自车道峪长城 17 号敌台东南角（高程 815 米）起，顺山势修建，至车道峪长城 19 号敌台南侧（高程 770 米）截止，长 572.11 米，东南—西北走向。（彩图三三二、三三三）

此段长城位于山脊，东南与车道峪长城 17 敌台东南角相接，向西北延伸至车道峪长城 19 号敌台南侧。地势陡峭，外侧为峭壁，内侧为陡坡。

此段长城基础经过铲平、漫坡处理，墙体用石块干垒而成，垒砌方法与其他段长城墙体基本相同。墙体上窄下宽，有收分。

此段长城墙体整体保存一般，其中保存一般的墙体长 334.11 米，保存较差的墙体长 238 米。墙体内、外侧部分倒塌，部分墙体向内侧坍塌，保存少量垛口。

根据《长城资源调查工作手册》的技术要求，按照长城墙体保存状况、拐折点分布情况，此段长城墙体又细分为 7 小段，分述如下。

第一小段：起点海拔 815 米，止点海拔 769 米。此小段长城长 86 米，保存较差。墙体内侧倒塌，宽度无法测量。墙体顶部距外侧地表最高 2 米。墙体外侧距车道峪长城二道边 9 段墙体 7 米，内侧有车道峪长城 5 号水窖。长城自此小段止点拐向西北并上折。

第二小段：起点海拔 769 米，止点海拔 804 米。此小段长城长 96 米，保存较差。墙体向内、外侧倒塌，高度、宽度无法测量。长城自此小段止点拐向西并直行。

第三小段：起点海拔 804 米，止点海拔 804 米。此小段长城长 102.39 米，保存一般。墙体内、外侧部分倒塌，高度、宽度无法测量。部分地段用自然岩石作为阻挡敌人的屏障，未垒砌墙体。长城自此小段止点拐向西下折。

第四小段：起点海拔 804 米，止点海拔 797 米。此小段长城长 56.83 米，保存一般。墙体内、外侧大部分倒塌，部分墙体可勉强测出高度、宽度，上部宽 2.2 米，墙体顶部距外侧地表最高 2.2 米，距内侧地表最高 0.6 米。距墙体外侧 2 米为车道峪长城二道边 9 段墙体，内侧为车道峪长城 18 号敌台。长城自此小段止点拐向西并下折。

第五小段：起点海拔 797 米，止点海拔 768 米。此小段长城长 56 米，保存较差。墙体内、外侧倒塌，部分地段用岩石作为墙体。长城自此小段止点拐向西北并下折。

第六小段：起点海拔 768 米，止点海拔 763 米。此小段长城长 88.51 米，保存一般。垛口上部倒塌，仅存基础，厚 0.7 米。马道为平整石板平铺而成，宽 1.5 米。墙体顶部距外侧地表最高 2.5 米，距内侧地表最高 1.6 米。长城自此小段止点拐向北并上折。

第七小段：起点海拔 763 米，止点海拔 770 米。此小段长城长 86.38 米，保存一般。墙体内、外侧部分倒塌，上部宽 2.3 米。部分地段用自然岩石作为阻挡敌人的屏障，未垒砌墙体。墙体顶部距外侧地表最高 2.2 米，距内侧地表最高 1.2 米。此小段长城止点为车道峪长城 19 号敌台的南侧。

墙体倒塌主要因为垒砌不够牢固，自然塌落所致；剧烈的地质灾害，对墙体构成严重的安全隐患；墙体上部生长少量杂草和低矮灌木，根系对墙体构成新的安全隐患。部分墙体石块被拆除、移位，人为因素破坏明显。

车道峪长城二道边 1 段（总第 122 段，编码 120225382102170122）

此段长城二道边墙体类别为石墙，自天津市蓟县下营镇车道峪村北 0.8 千米、车道峪小枣坡南山崖（高程 518 米）起，顺山势修建，至车道峪长城 6 号敌台西侧 20 米处（高程 548 米）截止，长 163.04 米，西南—东北走向。（彩图三三四）

此段长城二道边位于山脊，东南与车道峪小枣坡南山险相接，向西北延伸至车道峪长城 6 号敌台西侧 20 米处，地势陡峭，墙体外侧为峭壁，内侧为陡坡。

此段长城二道边为自然基础，墙体用石块干垒而成，垒砌方法与其他段长城墙体基本相同。墙体剖面为梯形，上窄下宽，有收分。

此段长城二道边墙体整体保存较差，大部分坍塌，形成一长条形乱石堆积，墙体高度无法测量。根据《长城资源调查工作手册》的技术要求，按照长城墙体拐折点分布情况，此段长城二道边墙体又细分为 6 小段，分述如下。

第一小段：起点海拔 518 米，止点海拔 527 米。此小段长城二道边长 27.65 米，保存较差。墙体坍塌，石块散落于两侧，墙体上部宽 1.8 米。垛口、马道倒塌，形态不详，尺寸无法测量。长城二道边自此小段止点拐向东北并上折。

第二小段：起点海拔 527 米，止点海拔 530 米。此小段长城二道边长 9 米，保存较差。墙体坍塌，上部宽 1.8 米。内侧有车道峪长城 3 号居住址，共 2 间。长城二道边自此小段止点拐向东北并上折。

第三小段：起点海拔 530 米，止点海拔 534 米。此小段长城二道边长 18.33 米，保存较差。墙体坍塌，上部宽 1.4 米。长城二道边自此小段止点拐向东北并直行。

第四小段：起点海拔 534 米，止点海拔 535 米。此小段长城二道边长 5 米，保存较差。墙体坍塌，上部宽 1.4 米。长城二道边自此小段止点拐向东北上折。

第五小段：起点海拔 535 米，止点海拔 539 米。此小段长城二道边长 86.27 米，保存较差。墙体坍塌，上部宽 1.4 米。垛口、马道倒塌，形态不详，尺寸无法测量。长城二道边自此小段止点拐向北并上折。

第六小段：起点海拔 539 米，止点海拔 548 米。此小段长城二道边长 16.79 米，保存较差。墙体坍塌，上部宽 1.4 米。内侧分布车道峪长城 3 号水窖、车道峪长城 5 号烟灶、车道峪长城 3 号居住址和车道峪长城 6 号敌台。

墙体倒塌主要是垒砌不够牢固，自然塌落所致；一些剧烈的地质灾害，对墙体构成严重的安全隐患；墙体上部生长少量杂草和低矮灌木，根系对墙体构成了新的安全隐患。部分墙体石块被拆除、移位，人为因素破坏明显。

车道峪长城二道边 2 段（总第 123 段，编码 120225382102170123）

此段长城二道边墙体类别为石墙，自天津市蓟县下营镇车道峪村北 1 千米熊羔子峪底部（高程 533 米）起，依山势而建，至蓟县下营镇车道峪村北 1.1 千米熊羔子峪顶部（高程 610 米）截止，长 187.68 米，东南—西北走向。（彩图三三五）

此段长城二道边位于车道峪北部山脊，南低北高，地势陡峭，外侧为峭壁，内侧为陡坡。此段长城二道边为自然基础，墙体用石块干垒而成，垒砌方法与其他段长城墙体基本相同。墙体上窄下宽，有收分。

此段长城二道边墙体整体保存较差，内、外侧上部坍塌，部分地段用自然岩石作为阻挡敌人的屏障，未垒砌墙体。垛口已不存在，尺寸无法测量，形态不详。墙体由起点至 24 米处，上部宽 3.2 米，自 24 米处起至终点止，内侧增宽，上部宽 4.6 米，内、外侧上部坍塌。墙体顶部距外侧地表高 0.7~1.3 米，距内侧地表高 0.3~0.7 米。内侧保存车道峪长城 4 号敌台。

墙体倒塌主要因为垒砌不够牢固，自然塌落所致；一些剧烈的地质灾害，对墙体构成严重的安全隐患；墙体上部生长少量杂草和低矮灌木，根系对墙体构成新的安全隐患。部分墙体石块被拆除、移位，人为因素破坏明显。

车道峪长城二道边 3 段（总第 124 段，编码 1202253821021170124）

此段长城二道边墙体类别为石墙，自天津市蓟县下营镇车道峪村北 1.1 千米南部山体峭壁（高程 843 米）起，至车道峪村北 1.1 千米北部山体陡坡（高程 839 米）截止，长 5.87 米，南—北走向。（彩图三三六）

此段长城二道边为混合基础，部分为自然基础，部分基础经过铲平、漫坡处理，墙体用石块干垒而成，垒砌方法与其他段长城墙体基本相同。剖面呈梯形，上窄下宽，有收分。

此段长城二道边位于车道峪村西北的山脊，东侧、北侧为陡坡，南侧为峭壁，周围长满树木、杂草等植被。

此段长城二道边保存较差，墙体中部全部坍塌，仅存南、北端墙体，南部墙体 1.5 米未坍塌，上部宽 1.4 米，下部宽 2 米，收分 0.6 米，墙体顶部距外侧地表最高 2.5 米；北部墙体 1.3 米未坍塌，上部宽 1.4 米，下部宽 1.8 米。垛口、马道倒塌，形态不详，尺寸无法测量。墙体顶部距外侧地表最高 2.2 米。西距车道峪长城 7 号敌台 6.5 米。

墙体倒塌主要因为垒砌不够牢固，自然塌落所致；一些剧烈的地质灾害，对墙体构成严重的安全隐患；墙体上部生长少量杂草和低矮灌木，根系对墙体构成新的安全隐患。部分墙体的石块被拆除、移位，人为因素破坏明显。

车道峪长城二道边 4 段（总第 125 段，编码 1202253821021170125）

此段长城二道边墙体类别为石墙，自天津市蓟县下营镇车道峪村北 3.2 千米、车道峪山崖北侧（高程 725 米）起，至车道峪村北 3.8 千米山体悬崖（高程 869 米）截止，长 549.06 米，东南—西北走向。（彩图三三七）

此段长城二道边位于车道峪村北的山崖上，地势陡峭。外侧为峭壁，内侧为陡坡，四周无长城主线墙体，长有荆条等灌木。此段长城墙体经过 13 号敌台西南侧。

墙体基础经过铲平、漫坡处理，墙体用石块干垒而成，垒砌方法与其他段长城墙体基本相同。墙体上窄下宽，有收分。

此段二道边长城墙体整体保存较差，大部分墙体向内、外侧坍塌，仅存少部分墙体。石块上长有苔藓。

根据《长城资源调查工作手册》的技术要求，按照长城墙体拐折点分布情况，此段长城二道边墙体又细分为 4 小段，分述如下。

第一小段：起点海拔 725 米，止点海拔 708 米。此小段长城二道边长 44.74 米，保存较差。墙体外侧全部倒塌，内侧部分倒塌，上部宽 2.2 米。垛口、马道倒塌，形态不详，尺寸无法测量。墙体顶部距内侧地表最高 1 米。长城二道边自此小段止点拐向西北并下折。

第二小段：起点海拔 708 米，止点海拔 684 米。此小段长城二道边长 72.59 米，保存较差。墙体外侧向外倒塌，内侧部分倒塌，墙体残宽 1 米。墙体顶部距外侧地表最高 1.2 米。有一小道横穿墙体。长城二道边自此小段止点拐西北并上折。

第三小段：起点海拔 684 米，止点海拔 891 米。此小段长城二道边长 341.73 米，保存较差。大部分墙体内、外侧坍塌，仅存部分墙体，上部宽 1.8~2 米。垛口、马道倒塌，形态不详，尺寸无法测量。墙体顶部距外侧地表最高 1.2 米，距内侧地表最高 1 米。部分地段用自然岩石作为阻挡敌人的屏障，未垒砌墙体。长城二道边自此小段止点拐向西并下折。

第四小段：起点海拔 891 米，止点海拔 869 米。此小段长城二道边长 90 米，保存较差。墙体内、外侧倒塌，形成一长条形石块堆积，高度、宽度分辨不清，尺寸无法测量。西侧距悬崖下的津围公路 3.7 千米。

墙体倒塌主要因为垒砌不够牢固，自然塌落所致；一些剧烈的地质灾害，对墙体构成严重的安全隐患；墙体上部生长少量杂草和低矮灌木，根系对墙体构成新的安全隐患。部分墙体的石块被拆除、移位，作为出入长城的通道，人为因素破坏明显。

车道峪长城二道边 5 段（总第 126 段，编码 120225382102170126）

此段长城二道边墙体类别为石墙，自天津市蓟县下营镇车道峪村北 2.9 千米东北侧山崖（高程 610 米）起，沿山脊修建，至蓟县下营镇车道峪村北 2.8 千米西北侧山崖（高程 640 米）截止，长 118.69 米，西北—东南走向。（彩图三三八）

此段长城二道边位于北井峪峡谷内，两端高，中间低，两端为山险，地势陡峭，外侧为峭壁，内侧为陡坡，四周长有荆条等灌木。

此段长城二道边基础经过铲平、漫坡处理，墙体用石块干垒而成，垒砌方法与其他段长城墙体基本相同。墙体上窄下宽，有收分。

此段长城二道边墙体保存较差，东部有 10 米倒塌，中部被山水冲出一个豁口，长 2 米。墙体上部宽 2 米，顶部距外侧地表最高 1 米，距内侧地表最高 1.7 米。南距车道峪长城 14 号敌台 96 米。

墙体倒塌主要因为垒砌不够牢固、季节性地表径流冲刷所致；一些剧烈的地质灾害，对墙体构成严重的安全隐患。部分墙体的石块被拆除、移位，有人为因素破坏的痕迹。

车道峪长城二道边 6 段（总第 127 段，编码 120225382102170127）

此段长城二道边墙体类别为石墙，自天津市蓟县下营镇车道峪村北 2.9 千米、北井峪峡谷东侧山崖（高程 588 米）起，沿山谷修建，至蓟县下营镇车道峪村北 2.8 千米、北井峪峡谷西侧山崖（高程 591 米）截止，长 29.48 米，东—西走向。（彩图三三九）

此段长城二道边位于北井峪峡谷内，两端高，中间低，地势陡峭，两端为山险，墙体外侧为峭壁，内侧为陡坡，长有荆条等灌木。

此段长城二道边基础经过铲平、漫坡处理，墙体用石块干垒而成，垒砌方法与其他段长城墙体基本相同。墙体剖面为梯形，上窄下宽，有收分。

此段长城二道边墙体保存一般，外侧保存较好，内侧部分倒塌，东部被水冲出约 6 米的豁口。墙体上部宽 2.3 米，垛口、马道倒塌，形态不详，尺寸无法测量。墙体顶部距外侧地表最高 1.2 米，距内侧地表最高 1 米。南距车道峪长城 14 号敌台 86 米，北距车道峪长城 5 段墙体 10 米。

墙体倒塌主要因为垒砌不够牢固，自然塌落所致；季节性地表径流冲刷对墙体破坏较明显；墙体上部生长少量杂草和低矮灌木，根系对墙体构成新的安全隐患。部分墙体的石块被拆除、移位，有人为因素破坏墙体的痕迹。

车道峪长城二道边 7 段（总第 128 段，编码 120225382102170128）

此段长城二道边墙体类别为石墙，自天津市蓟县下营镇车道峪村北 2.9 千米、北井峪峡谷东侧山崖（高程 590 米）起，沿山谷修建，至蓟县下营镇车道峪村北 2.8 千米、北井峪峡谷西侧山崖（高程 600 米）截止，长 45.54 米，东—西走向。（彩图三四〇）

此段长城二道边位于北井峪峡谷内，两端高，中间低，两端为山险，地势陡峭。墙体外侧为峭壁，内侧为陡坡，长有荆条等灌木。

此段长城二道边基础经过铲平、漫坡处理，墙体用石块干垒而成，垒砌方法与其他段长城墙体基本相同。墙体上窄下宽，有收分。

此段长城二道边墙体保存较差，内、外侧大部分倒塌，中部有一个被水冲出约 5 米的豁口。墙体上部宽 2 米，垛口、马道倒塌，形态不详，尺寸无法测量。墙体顶部距外侧地表最高 1.5 米，距内侧地表最高 2 米。南距车道峪长城 14 号敌台与车道峪长城 14 段石墙 20 米，北距车道峪长城 6 段山险 66 米。

墙体倒塌主要因为垒砌不够牢固、季节性地表径流冲刷所致；一些剧烈的地质灾害，对墙体构成严重的安全隐患。部分墙体的石块被拆除、移位，有人为因素破坏墙体的痕迹。

车道峪长城二道边 8 段（总第 129 段，编码 120225382102170129）

此段长城墙体类别为石墙，自天津市蓟县下营镇车道峪村北 4.1 千米东侧山崖（高程 764 米）起，沿山脊修建，至蓟县下营镇车道峪村北 4.1 千米西侧山崖（高程 759 米）截止，长 38.81 米，东—西走向。（彩图三四一）

此段长城二道边地处山脊，位于距车道峪长城 16 段石墙中部外侧 7 米处，东距车道峪长城 17 号敌台 86 米，地势陡峭。墙体外侧为峭壁，内侧为陡坡，长有荆条等灌木。

此段长城二道边基础经过铲平、漫坡处理，墙体用石块干垒而成，垒砌方法与其他段长城墙体基本相同。墙体上窄下宽，有收分。

此段长城二道边墙体保存一般，外侧倒塌，内侧保存较好，上部宽 3 米。垛口、马道倒塌，形态不详，尺寸无法测量。墙体顶部距内侧地表高 0.5～1.6 米。

墙体倒塌主要因为垒砌不够牢固，自然塌落所致；一些剧烈的地质灾害，对墙体构成严重的安全隐患。墙体上部生长少量杂草和低矮灌木，根系对墙体构成新的安全隐患。部分墙体的石块被拆除、移位，人为因素破坏明显。

车道峪长城二道边 9 段（总第 130 段，编码 120225382102170130）

此段长城二道边墙体类别为石墙，自天津市蓟县下营镇车道峪村北 4.2 千米东侧山崖（高程 800 米）起，沿山脊修建，至蓟县下营镇车道峪村北 4.2 千米西侧山崖（高程 799 米）截止，长 46.29 米，东—西走向。（彩图三四二）

此段长城二道边墙体位于距车道峪长城 16 段石墙中部外侧 2 米山腰处，地势陡峭，外侧为峭壁，内侧为陡坡。

此段长城二道边基础经过铲平、漫坡处理，墙体用石块干垒而成，垒砌方法与其他段长城墙体基本相同。墙体上窄下宽，有收分。

此段长城二道边墙体保存一般，向内呈半圆形，东半部保存完整，西半部外侧大部分倒塌。墙体用大小不一的石块干垒而成，外高内低。墙体顶部距外侧地表最高 5 米，距内侧地表高 0～0.5 米。东距车道峪长城 17 号敌台约 303 米。

墙体倒塌主要因为垒砌不够牢固，自然塌落所致；一些剧烈的地质灾害，对墙体构成严重的安全隐患；墙体上部生长少量杂草和低矮灌木，根系对墙体构成新的安全隐患。部分墙体的石块被拆除、移位，人为因素破坏明显。

（二）敌台

车道峪长城 1 号敌台（总第 33 号，编码 120225352101170033）

该敌台位于天津市蓟县下营镇车道峪村东北 3 千米、车道峪长城 6 段山险起点的一处山顶上，四面为陡坡，周边生长小树、杂草和橡树等植被。

敌台为石质。平面呈圆形，直径约 9 米，堆积高 4 米。剖面呈梯形。方向为 330°。中心高程961 米。（图九二；彩图三四三）

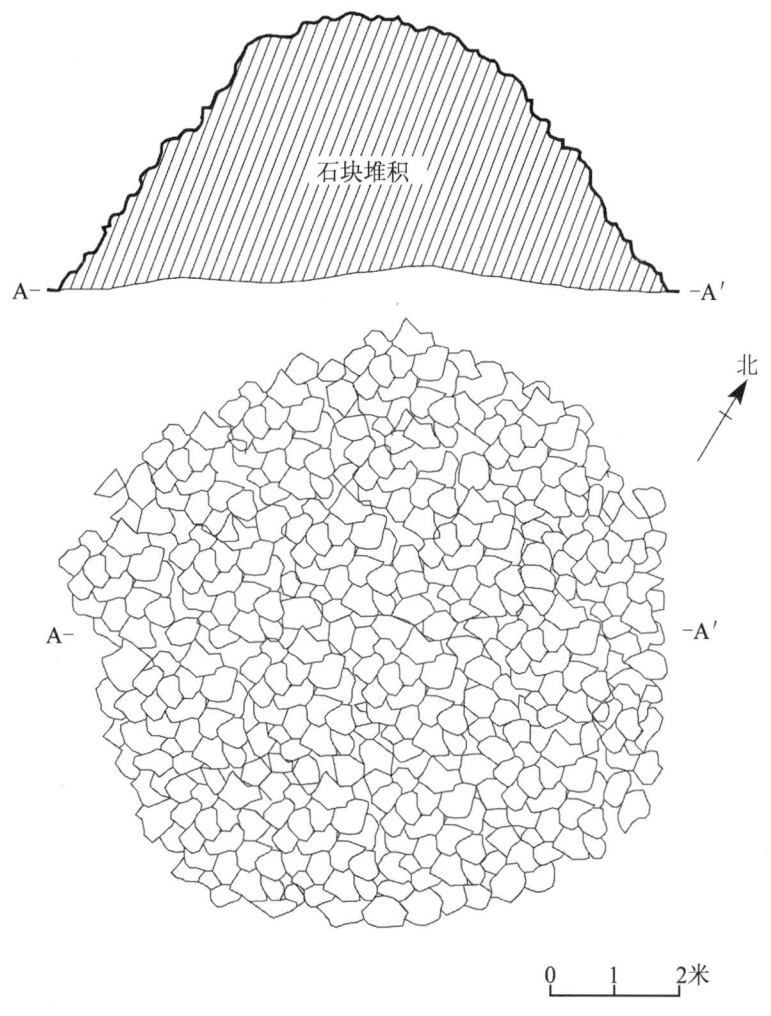

图九二　车道峪长城 1 号敌台平、剖面图

敌台自明代修建以来无任何修缮，保存较差，倒塌形成一不规则石块堆积。

敌台建筑材料为石块，墙体用不规则的石块干垒，中间用碎石填充，石块之间无黏结物。

该敌台西距车道峪长城 1 号水窖 5 米，东距青山岭长城 8 号敌台约 0.88 千米，西距车道峪长城 2号敌台约 0.3 千米。

敌台损坏严重，形成一石块堆积，现场石块散落。这种情况应该与垒砌不牢固和地质灾害有关，属自然坍塌；敌台周围生长杂草和大量高大树木，根系对敌台基础构成一定威胁。人为因素损毁不明显。

车道峪长城 2 号敌台（总第 34 号，编码 120225352101170034）

该敌台位于天津市蓟县下营镇车道峪村东北 2.8 千米、车道峪长城 6 段山险止点一处东—西走向的山脊上，西侧为悬崖，南、北、东侧为陡坡，周边生长小树、杂草和橡树等植被。

敌台为石质。平面呈长方形，东西长 8 米，南北宽度不详，高 6 米，收分 1 米。为实心。剖面呈梯形。方向为 0°。中心高程 889 米。（图九三；彩图三四四~三四六）

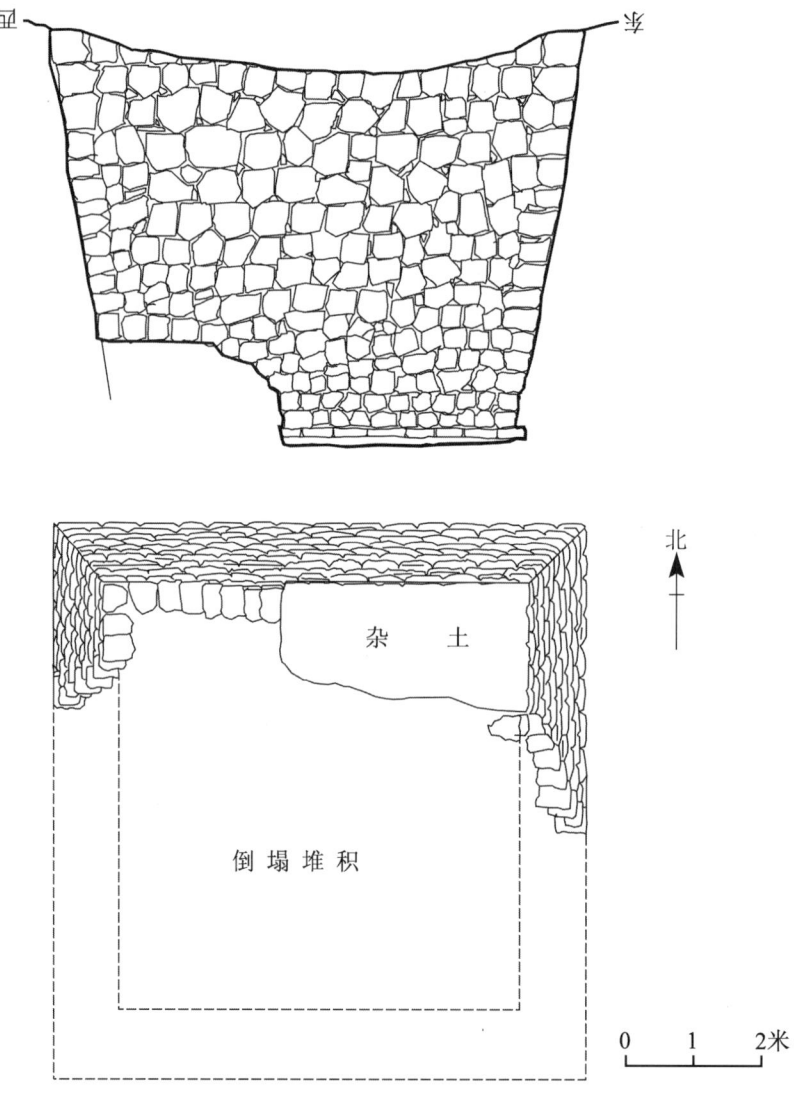

图九三　车道峪长城 2 号敌台平面、北壁正视图

此敌台自明代修建以来无任何修缮，保存一般。敌台北壁保存较好，除西部上部残失外，基本完整；东壁只存北侧约三分之一；南壁、西壁基本全部倒塌。敌台顶部有一层石板垒砌的出檐，出檐 0.15 米，堆积一层杂土。

敌台建筑材料为青砖、石块，墙体用不规则的大石块干垒，中间用碎石填充，石块之间无黏结物。顶部可见极少量的青砖，全部为残块，宽18、厚10厘米，长度不详。从仅在敌台顶部有青砖这种情况推测，顶部极有可能建有铺舍或居住址。

敌台北距车道峪长城1号敌台约0.3千米、距车道峪长城1号居住址6米，南距车道峪长城3号敌台约0.5千米，不与长城墙体相连。

敌台损坏较严重，东北角部分保存相对完整，其余上部倒塌，现场石块散落。敌台由南侧倒塌，这种情况应该属自然坍塌，主要原因是南壁垒砌不当，受内部石块挤压倒塌，敌台顶部生长杂草和零星灌木，根系对现存敌台基础构成严重威胁。人为因素破坏不明显。

车道峪长城3号敌台（总第35号，编码120225352101170035）

该敌台位于天津市蓟县下营镇车道峪村北2.3千米、熊羔子峪西侧一处山脊上，北侧和东侧为陡坡，南侧和西侧为缓坡，周边生长小树、杂草和橡树等植被。

敌台为石质。平面呈正方形，边长8.5、残高3.3米。剖面呈梯形。方向为30°。中心高程790米。（图九四；彩图三四七、三四八）

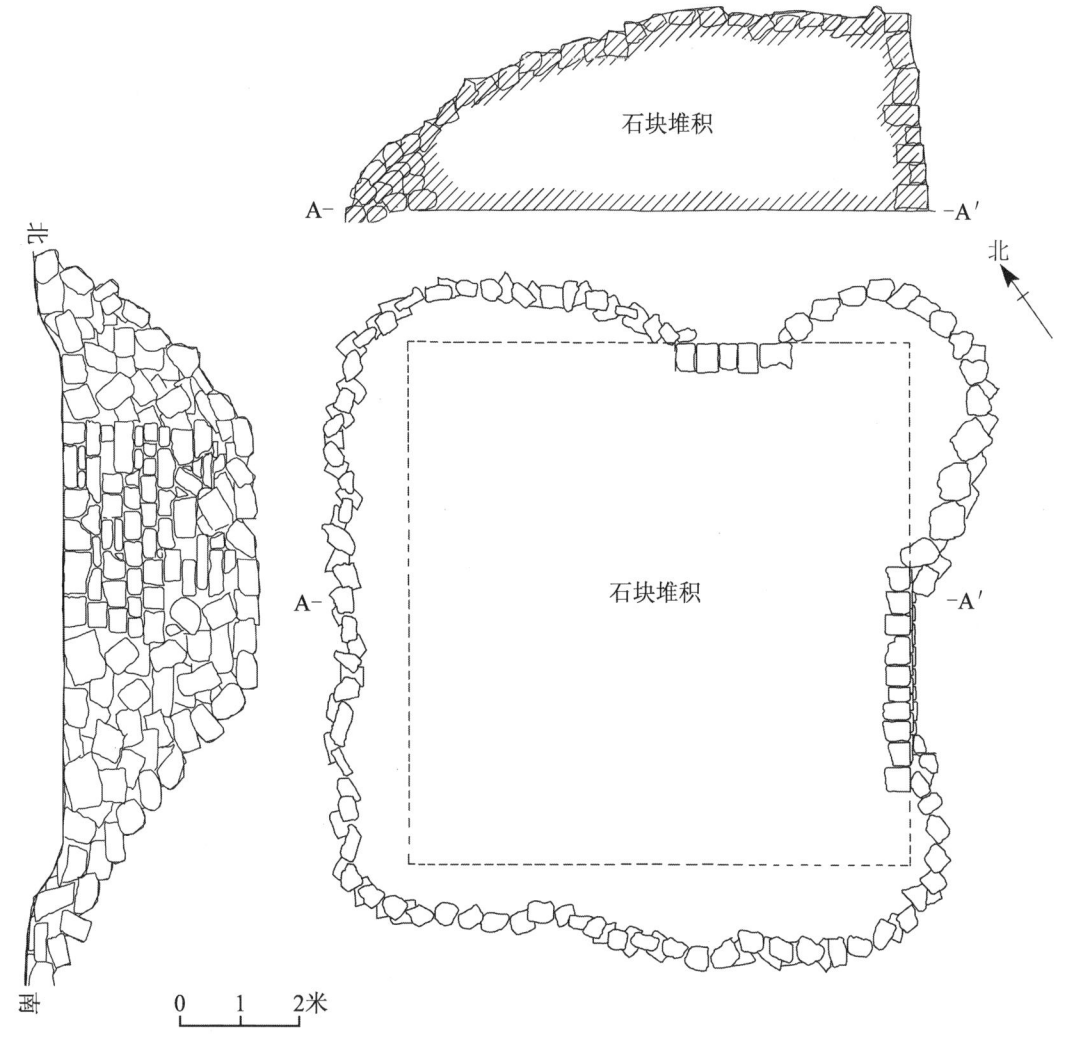

图九四　车道峪长城3号敌台平、剖面及西壁正视图

敌台建筑材料为石块，墙体用不规则的大石块干垒，中间用碎石填充，石块之间无黏结物，有收分。

敌台自明代修建以来无任何修缮，保存较差。北壁坍塌，仅存东部墙体，长 2、高 2.1 米，墙体上部略向外倾斜；东壁坍塌，仅存南部墙体，长 3.7、高 2.9 米；南壁和西壁坍塌。敌台周围堆积上部坍塌的石块。顶部有长、宽 4 米的土堆积，上面长满杂草。敌台东侧有一道护坡墙，长 3.6、高 0.75 米，距敌台 3～4 米。敌台上采集青花瓷片三块。

该敌台西距车道峪长城 2 号居住址 4 米、距车道峪长城 2 号水窖 16 米，西南距车道峪长城 4 号烟灶 19 米，向西南一字形分布车道峪长城 3 号、2 号、1 号烟灶。北距车道峪长城 2 号敌台约 0.2 千米，西北距车道峪长城 11 号敌台约 0.5 千米，南距车道峪长城 4 号敌台约 0.9 千米。敌台不与长城墙体相连接。

敌台损坏较严重，西、南、北壁坍塌，只存东壁，现场石块散落。这种情况应该为自然坍塌，与垒砌不牢固和地质灾害有关；敌台顶部生长杂草，周围长有高大树木，根系对敌台基础构成严重威胁。

车道峪长城 4 号敌台（总第 36 号，编码 120225352101170036）

该敌台位于天津市蓟县下营镇车道峪村东北 1.9 千米、熊羔子峪大山谷中的一处山脊上，北侧为峭壁，东侧和南侧为陡坡，西侧为山脊，东南向季节性河流呈弧形绕过敌台北侧，周边生长小树、杂草和橡树等植被。

敌台为石质。平面呈长方形，东西长 9、南北宽 8.5、残高 1.8 米。剖面呈梯形。为实心。方向为 305°。中心高程 525 米。（图九五；彩图三四九～三五二）

此敌台自明代修建以来无任何修缮，保存一般。敌台四面墙体保存较完整，上部堆积 3.35 米高的石块。

敌台建筑材料为石块，墙体用不规则的大石块垒砌在山体岩石上，先用较规整的石块垒砌墙体，中间用小碎石块填充，部分墙体用三合灰黏结垒砌。敌台四壁保存较好，顶部中间有一长方形堆土层，长 2.5、宽 1.2、高 0.05 米，上面长满杂草，由土层堆积形状规整，故推测其极可能是驻守的士兵堆积，目的是为了御寒（因为土的热传导比岩石要慢得多）。敌台南部大量堆积上部坍塌的石块。

车道峪长城二道边 2 段墙体与该敌台相连接，北距车道峪长城 3 号敌台约 0.9 千米，西南距车道峪长城 5 号敌台约 0.35 千米。

敌台基础完整，四壁损坏较小，自然和人为因素破坏较小。敌台顶部生长杂草，周围生长灌木，根系对敌台构成严重威胁。

车道峪长城 5 号敌台（总第 37 号，编码 120225352101170037）

该敌台俗称"洋磨台"，位于天津市蓟县下营镇车道峪村东北 1.5 千米一处山梁上，南、北侧为山体陡坡，西侧为缓坡，东侧较平缓，周边生长小树、杂草和橡树等植被。

该敌台为石质。平面呈正方形，下部基础边长 8.2 米，残存最高 3.4 米（含上部 0.4 米居住址墙体），收分 0.1 米。剖面呈梯形。方向为 35°。中心高程 672 米。（图九六；彩图三五三、三五四）

敌台建筑材料为石块，墙体用不规则的大石块干垒，中间用碎石填充，石块之间无黏结物。

敌台自明代修建以来无任何修缮，保存较差。北壁和西壁保存较好，残高 3 米；西壁保存基础部分；东、南壁全部倒塌，形成乱石堆积。敌台上建有一半地穴式居住址，平面呈正方形，（彩图三五五）边长 4 米，墙体用不规则的石块垒砌，石块之间用黄土黏结；墙体宽 0.6、内侧残高 0.6、外侧残高约 0.4 米；内空，底部呈锅底状，堆积乱石，长有野草，东南角有一棵小树。堆积中有少量碎砖块，尺寸无法测量。敌台其他结构不详。

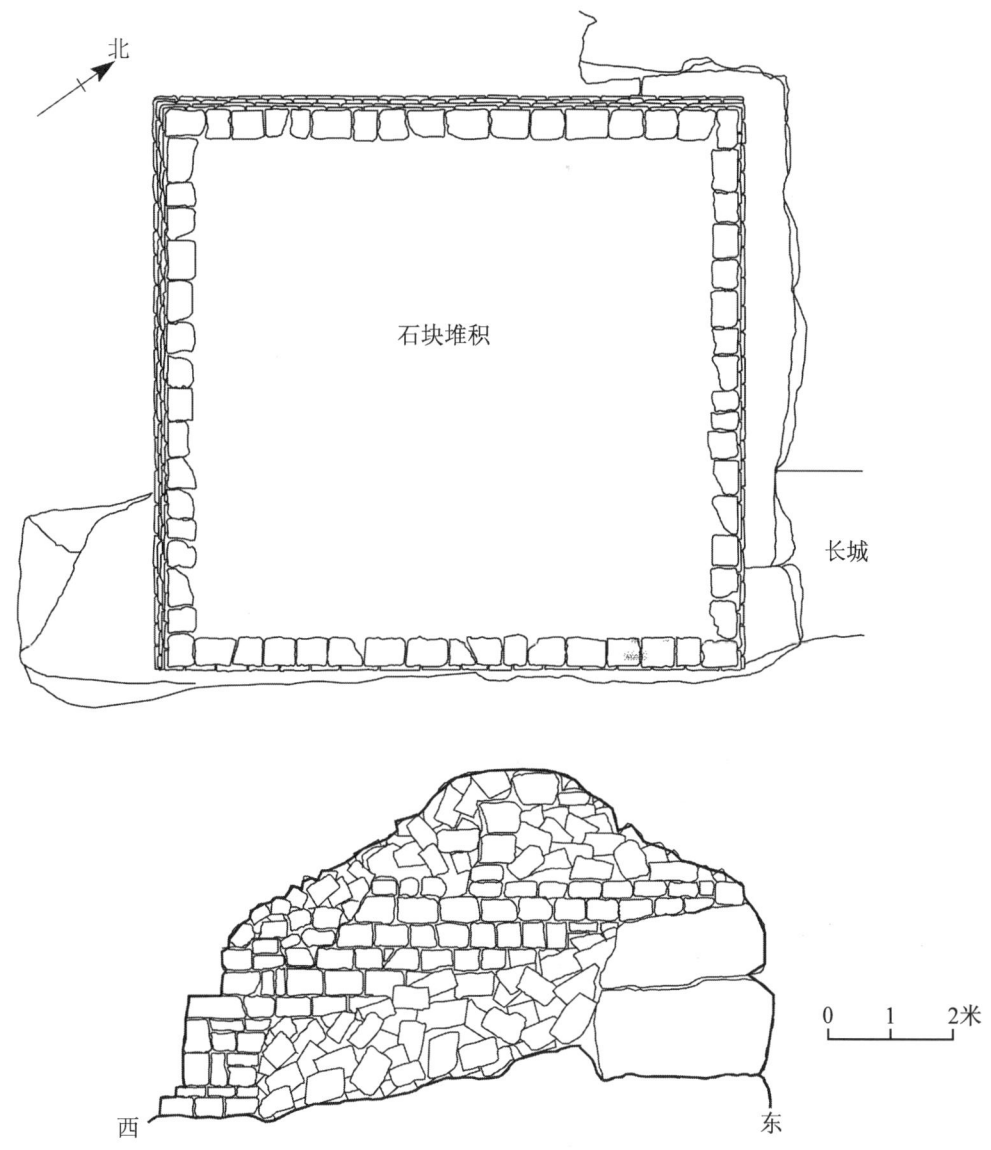

图九五　车道峪长城 4 号敌台平面、南壁正视图

该敌台东北距车道峪长城 4 号敌台约 0.35 千米，西南距车道峪长城 6 号敌台约 0.9 千米，东邻青山岭长城 7 号敌台，北邻车道峪寨堡敌台。

敌台损坏较严重，只存西、北壁基础，现场石块散落，敌台由南壁倒塌。这种情况应该属自然坍塌，主要因南壁垒砌不当，受内部石块挤压而倒塌。敌台顶部生长杂草和灌木，根系的生长对敌台基础构成严重威胁。人为因素破坏不明显。

车道峪长城 6 号敌台（总第 38 号，编码 120225352101170038）

该敌台位于天津市蓟县下营镇车道峪村北 1 千米小枣坡山脊上，南侧和北侧为山脊，较平，东侧为峭壁，西侧为缓坡，周边生长小树、杂草和橡树等植被。

敌台为石质。平面呈正方形，边长 7.5、残高 3.9 米。剖面呈梯形。方向为 10°。中心高程 559 米。（图九七；彩图三五六、三五七）

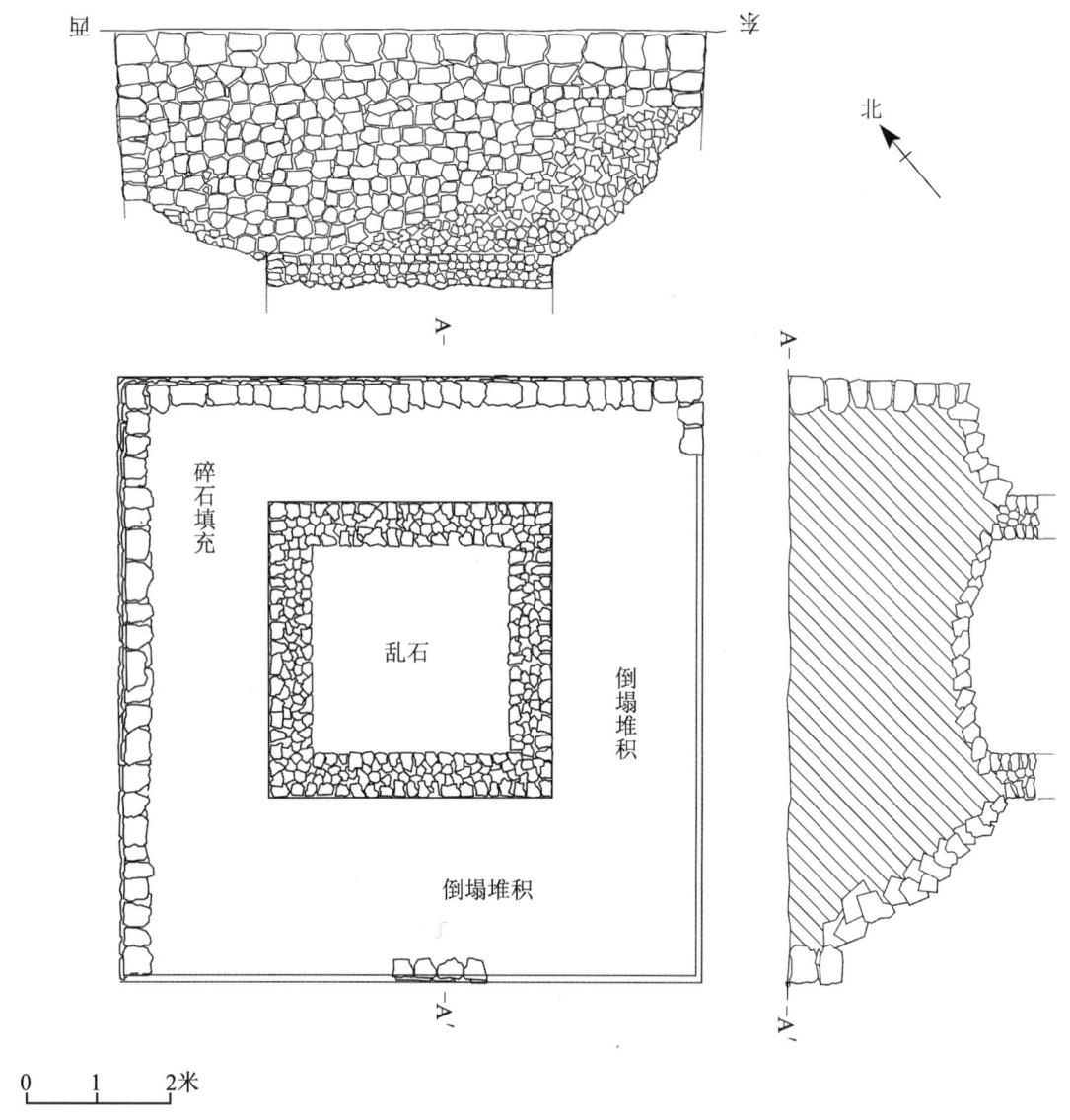

图九六　车道峪长城 5 号敌台平、剖面及北壁正视图

　　敌台建筑材料为石块，墙体用不规则的大石块干垒，中间用碎石填充，石块之间无黏结物。有收分。

　　敌台自明代修建以来无任何修缮，保存较差。仅存东北角八层墙体，高 2.5 米，其余坍塌。周围有一圈保护敌台的护坡墙，北墙距敌台 2.5 米，墙高 0.2 米；东墙距敌台 5 米，墙高 1 米；南墙距敌台 4.5 米，墙高 0.6 米。

　　该敌台中心南距车道峪长城 5 号烟灶 14 米，西南距车道峪长城 3 号水窖 25 米，西距车道峪长城二道边 1 段约 20 米，南距车道峪长城 7 号敌台约 0.2 千米，东北距车道峪长城 5 号敌台约 0.9 千米。南侧为车道峪长城 3 号居住址。长城墙体建于敌台西侧，距敌台 20 米。

　　敌台损坏严重，仅存东北角墙体，现场石块散落。这种情况应该与垒砌不牢固致自然坍塌及地质灾害有关。敌台顶部生长杂草，周围生长树木，根系对敌台基础构成严重威胁。

　　车道峪长城 7 号敌台（总第 39 号，编码 120225352101170039）

　　该敌台位于天津市蓟县下营镇车道峪村北 0.8 千米缓坡顶上，北侧和南侧为陡坡，东侧和西侧为山脊，周边生长小树、杂草和橡树等植被。

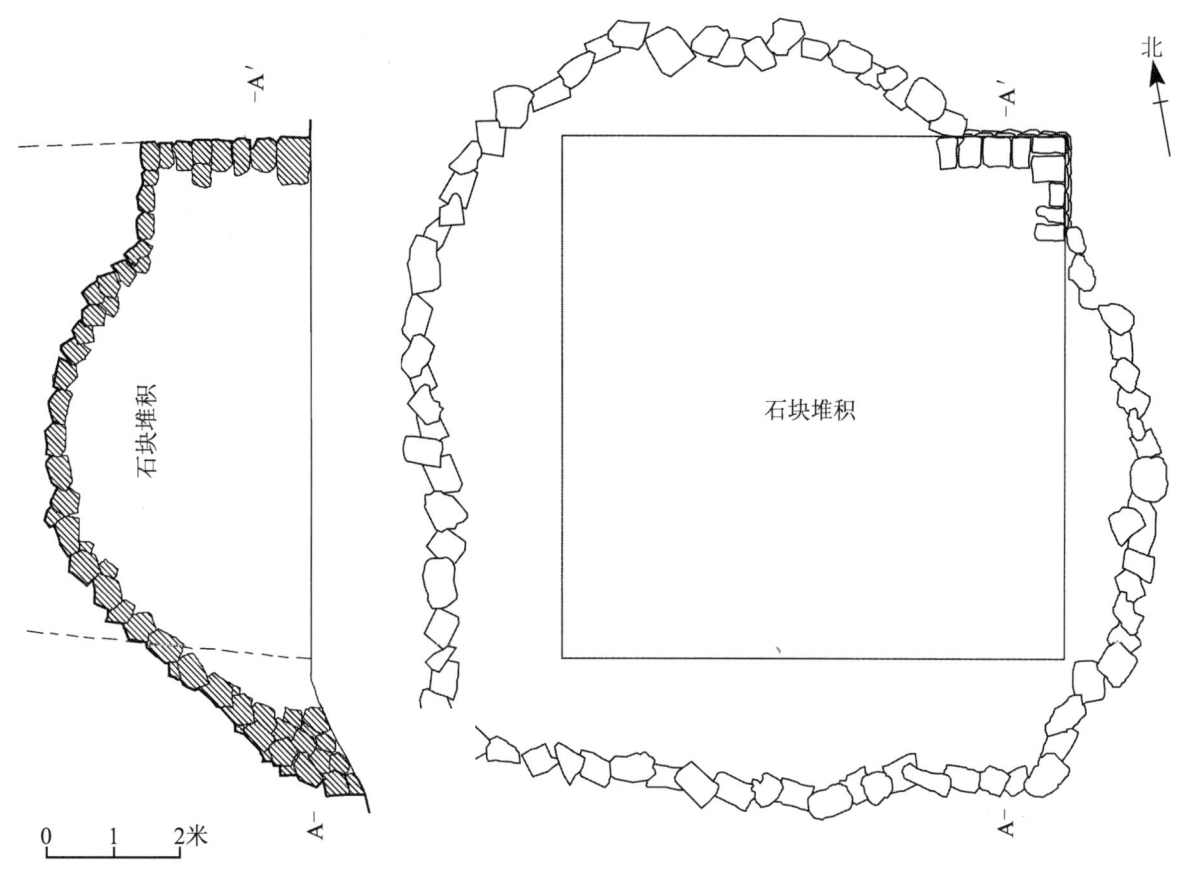

图九七 车道峪长城 6 号敌台平、剖面图

敌台为石质，平面呈长方形，剖面呈梯形。方向为 0°。中心高程 487 米。（图九八；彩图三五八）。

敌台建筑材料为石块，墙体用不规则的大石块干垒，中间用碎石填充，石块之间无黏结物。

敌台自明代修建以来无任何修缮，保存差。北、东、西壁坍塌；南壁仅存底层，东部保存墙体 3 层，高 0.9 米。敌台损坏严重，只存少量乱石堆积，平面形态无法判断，结构不详，尺寸无法测量。

敌台的东南侧有一段东西向护坡墙，长 12、宽 1.1 米，墙体坍塌，高度不详。

该敌台北距车道峪长城二道边 3 段约 1 米，北距车道峪长城 6 号敌台 0.2 千米，不与长城相连接。

敌台损坏严重，东、北、西壁坍塌严重，南壁只存底层墙体，现场石块散落。这种情况应该为自然因素破坏所致，与敌台垒砌不牢固和地质灾害有关；敌台顶部生长杂草和零星灌木，根系对敌台基础构成严重威胁。

车道峪长城 8 号敌台（总第 40 号，编码 120225352101170040）

该敌台位于天津市蓟县下营镇车道峪村西北 2.2 千米南北走向的山脊上，南侧较平缓，北侧为缓坡，东、西侧为陡坡，西北为谷底。周边生长小树、杂草和橡树等植被。

敌台为石质，平面呈正方形，底部边长 8 米，残高堆积 3.4 米。剖面呈梯形。方向为 0°。中心高程 569 米。（图九九；彩图三五九、三六〇）

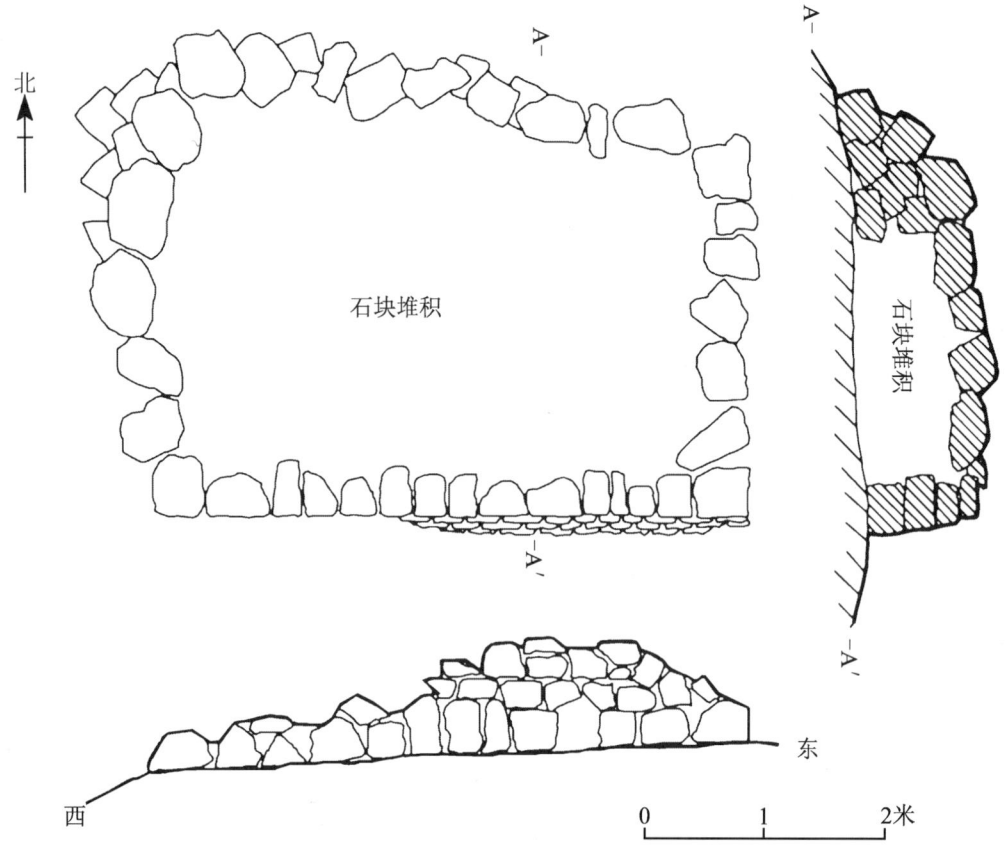

图九八　车道峪长城 7 号敌台平、剖面及南壁正视图

敌台保存较差，北壁残存最高 2.4 米，其他三壁基本全部倒塌，上部未发现包砖。

敌台建筑材料为石块，敌台用不规则的大石块干垒，中间用碎石填充，石块之间无黏结物，有收分。

敌台北壁残存最高 2.4 米，大部分倒塌，西北角高 1.25 米，东北角高 0.7 米。敌台南侧较平，北侧为缓坡，东、西侧为山体陡坡，西北有一小山谷，东临一条大沟。四周长满野草，生长零星树木。

该敌台南距车道峪长城 9 号敌台约 0.7 千米，东南距车道峪长城 4 号敌台约 1 千米，不与长城墙体相连接。

敌台损坏严重，只存北壁部分墙体，其余三壁全部坍塌，现场石块散落。这种情况应该为自然坍塌，与垒砌不牢固和地质灾害有关。垒砌墙体的石块移位明显，人为因素破坏不容忽视。

车道峪长城 9 号敌台（总第 41 号，编码 120225352101170041）

该敌台位于天津市蓟县车道峪村北 1.6 千米南—北走向的山脊上，南、北侧较平缓，西侧为缓坡，东侧为陡坡。周边生长小树、杂草和橡树等植被。

该敌台为石质。平面呈圆形，直径约 12 米，废墟堆积残高 1.5 米。剖面呈梯形。方向约为 30°。中心高程 531 米。（图一〇〇；彩图三六一）

敌台建筑材料为石块，用不规则的大石块干垒，中间用碎石填充，石块之间无黏结物。

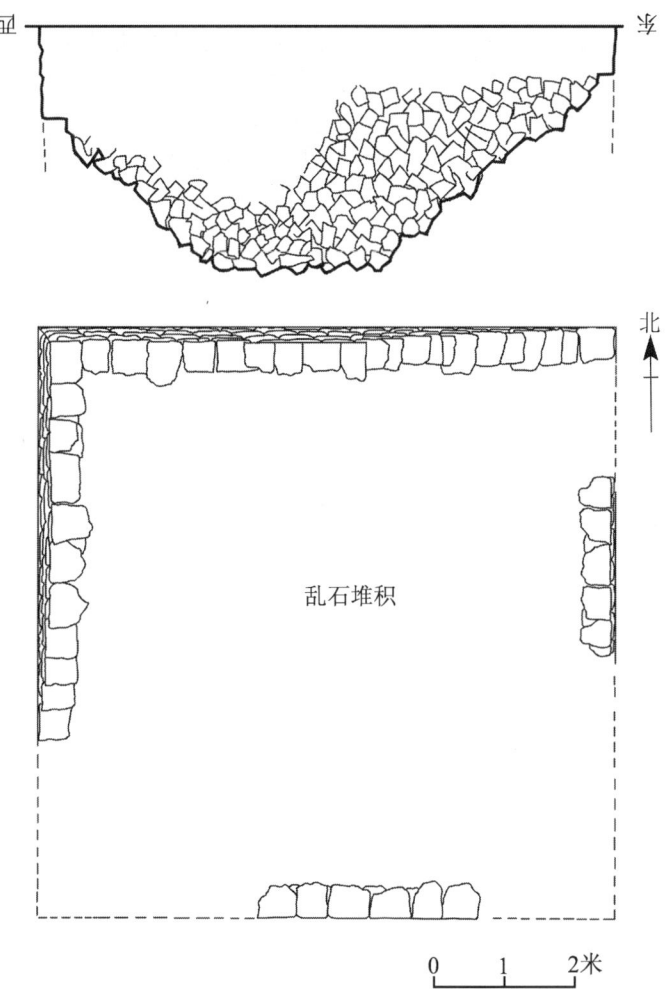

图九九　车道峪长城 8 号敌台平面、北壁正视图

　　敌台自明代修建以来无任何修缮，保存很差。敌台全部倒塌，为一片乱石堆积，内部结构不详。外部大石块被当地老百姓取走，残存内部填充的碎石。敌台南、北两侧相对较平缓，西侧为缓坡，东侧为陡坡，四周长满野草，有零星树木生长。堆积中未发现包砖，推测此敌台应全部为石砌，不存在包砖现象。

　　该敌台东南距车道峪长城 6 号敌台约 0.8 千米，北距车道峪长城 8 号敌台约 0.7 千米，不与长城墙体相连接。

　　敌台全部倒塌，形成乱石堆积，现场石块散落，这种情况应该为人为拆毁所致，也不排除敌台垒砌不牢固、剧烈地质灾害破坏导致坍塌的可能。

车道峪长城 10 号敌台（总第 42 号，编码 120225352101170042）

　　该敌台位于天津市蓟县下营镇车道峪村北 3.2 千米、车道峪长城 9 段起点的一处山脊上，北侧和南侧为陡坡，西侧和东侧为山脊。周边生长小树、杂草和橡树等植被。

　　敌台为石质。平面呈长方形，南北长 9、东西宽 8.5、高 3.3 米。剖面呈梯形。方向为 0°。中心高程 830 米。（图一〇一；彩图三六二、三六三）

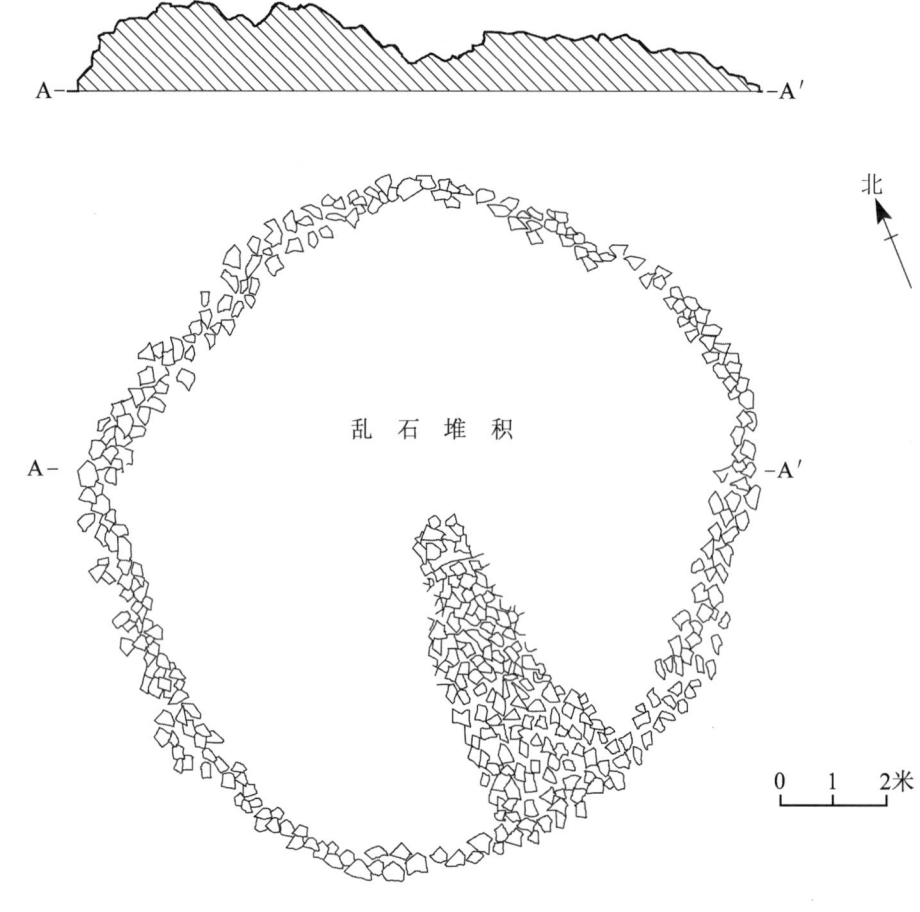

图一〇〇　车道峪长城9号敌台平、剖面图

　　敌台建筑材料为石块，墙体用不规则的大石块干垒，中间用碎石填充，石块之间无黏结物，有收分。

　　敌台自明代修建以来无任何修缮，保存较差。敌台北壁坍塌，仅存西北角，残存墙体长2.9、残高1.3米；东壁坍塌，仅存东南角和中部，从坍塌的石块中露出墙体，高度不详；南壁坍塌，仅存西南角、中部和东南角；西壁保存较好，南部坍塌，墙高3.3米。敌台周围堆积上部坍塌的石块。

　　该敌台东南距车道峪长城2号敌台约0.5千米，西北距车道峪长城11号敌台约0.1千米，敌台在西北角和东北角与长城墙体相连接。

　　敌台损坏严重，现场石块散落。这种情况应该为人为拆毁所致。另与敌台垒砌不牢固和地质灾害破坏有关；敌台顶部生长杂草，周围生长灌木，根系对现存敌台基础构成严重威胁。

　　车道峪长城11号敌台（总第43号，编码120225352101170043）

　　该敌台位于天津市蓟县下营镇车道峪村北3.2千米、车道峪长城10段起点一处山顶上，北侧为峭壁，东侧为陡坡，西侧和南侧为山脊，周边生长小树、杂草和橡树等植被。

　　敌台为石质。平面呈长方形，南北长6.2、东西宽4.6、高2.7米。剖面呈梯形。方向为0°。中心高程823米。（图一〇二；彩图三六四、三六五）

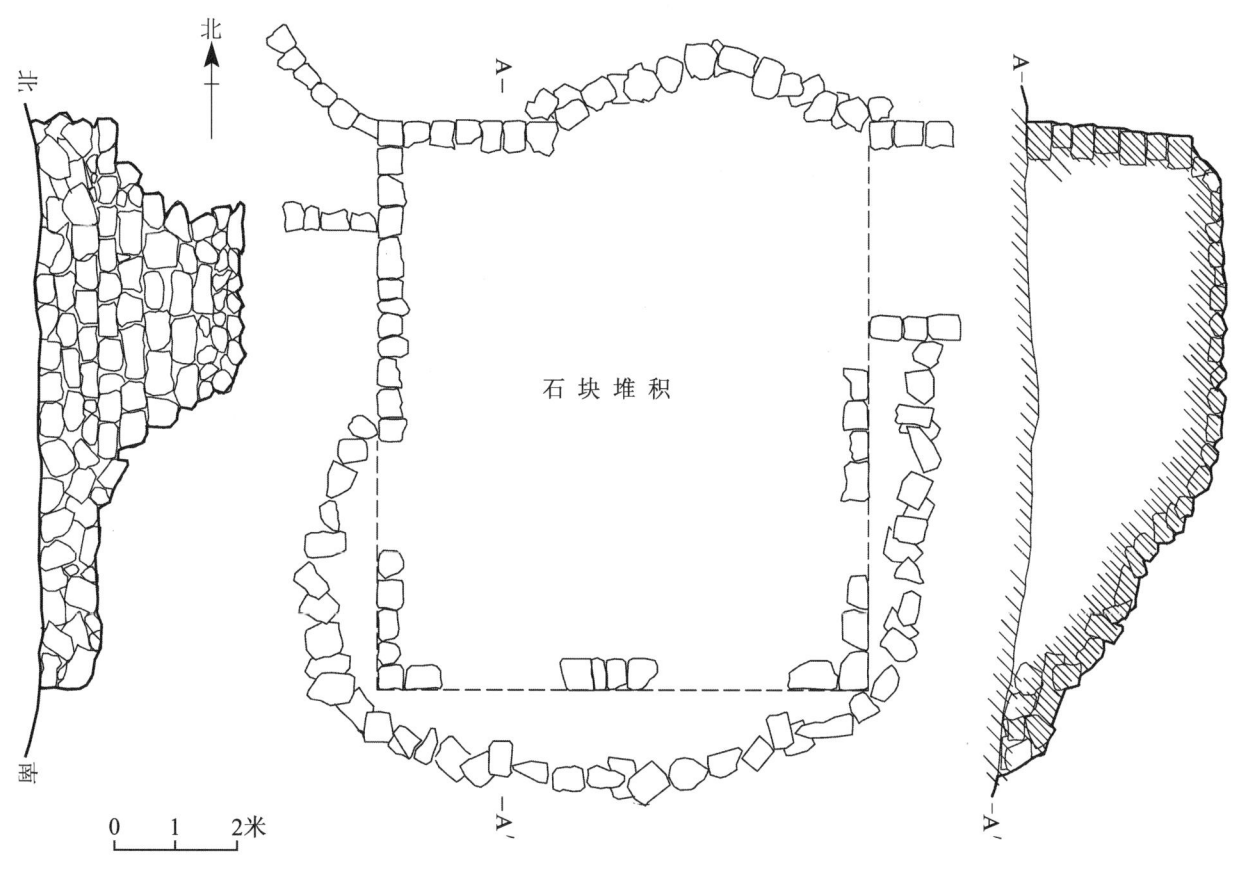

图一〇一　车道峪长城 10 号敌台平、剖面及西壁正视图

　　敌台建筑材料为石块，墙体用不规则的大石块干垒，中间用碎石填充，石块之间无黏结物，有收分。

　　此敌台自明代修建以来无任何修缮，保存一般。北壁保存较好，西北角坍塌；东壁保存较好，仅东北角上部坍塌。东南部与长城墙体相连接，墙体外侧呈圆弧状，南部中间保存较完整的登城步道，（彩图三六六）呈台阶状，共 11 级，长 3、宽 2.15 米；西南部与长城墙体相连接，长城墙体折向西，顶部长杂草。敌台周围堆积上部坍塌的墙体石块。

　　敌台东南距车道峪长城 10 号敌台约 0.1 千米，西南距车道峪长城 12 号敌台约 0.3 千米，西距车道峪长城 7 号居住址 55 米，西 0.21 千米为车道峪长城 8 号居住址。

　　敌台损坏较轻，仅西北角和东北角上部少部分坍塌。自然与人为因素破坏较小。敌台顶部生长杂草和零星灌木，根系对现存敌台基础构成潜在威胁。

车道峪长城 12 号敌台（总第 44 号，编码 120225352101170044）

　　该敌台位于天津市蓟县下营镇车道峪村北 3.3 千米、车道峪长城 11 段起点一处东北高西南低的山坡上，建于东北 - 西南走向的长城墙体中间，北侧为陡坡，南侧为缓坡，东、西侧为山谷，周边生长小树、杂草和橡树等植被。

　　敌台为砖石质。平面呈长方形，东西长 11 米，南北不详，残高 7.5 米。剖面呈梯形。方向为330°。中心高程 663 米。（图一〇三；彩图三六七、三六八）

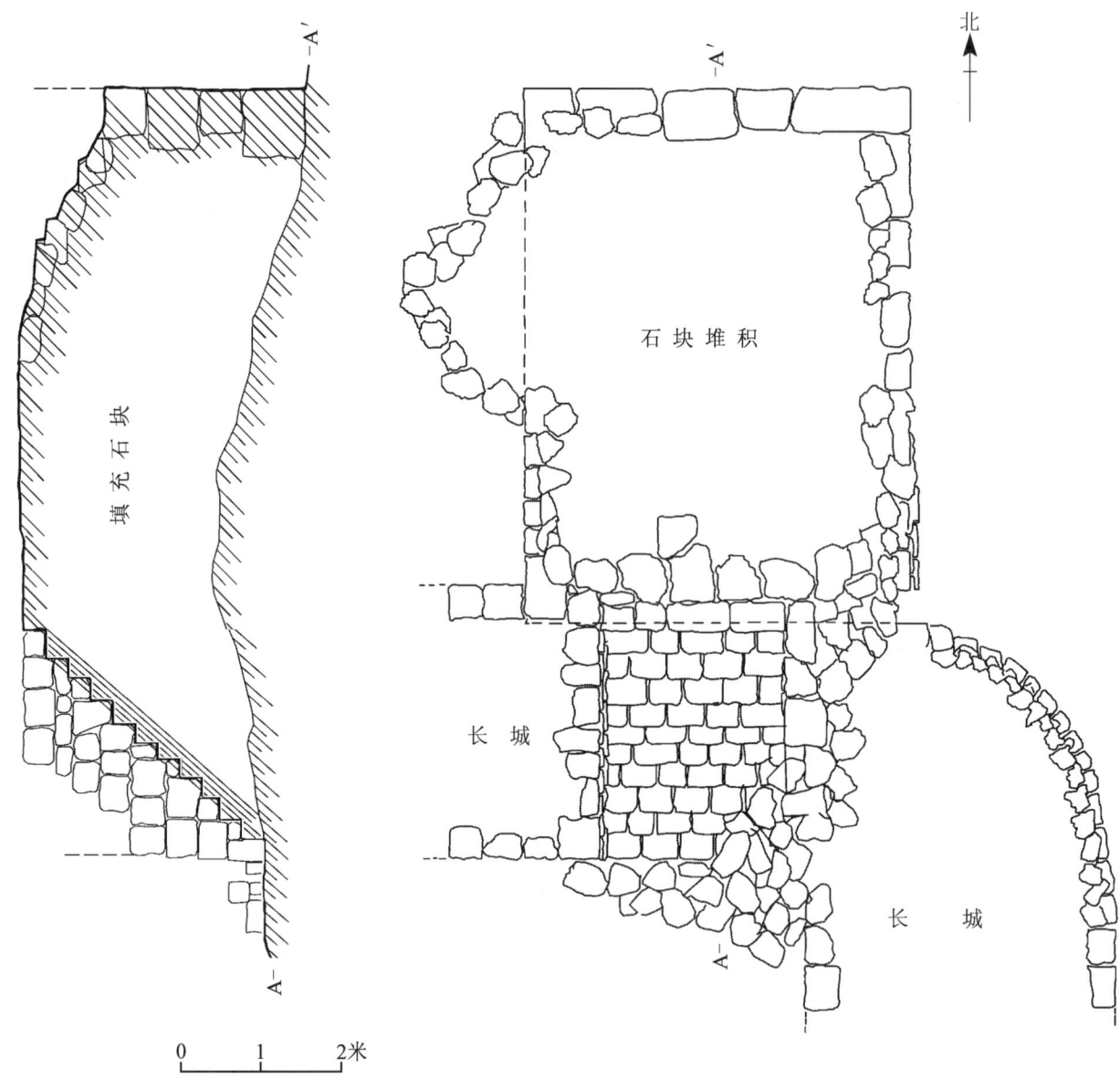

图一〇二　车道峪长城 11 号敌台平、剖面图

敌台建筑材料为青砖、石块（条）、三合灰。先用未经加工的块石干垒护坡墙，找平后垒砌条石基础，后垒包砖，交角处条石与砖之间又垒一块条石。包砖厚 1.2 米，现存最高 5.4 米，收分 0.5 米，包砖内填充乱石，顶部平面呈圆角长方形，相对较平，堆积乱石、碎砖，有一层厚约 0.3 米的杂土。包砖与条石均用三合灰黏结。

敌台自明代修建以来无任何修缮，保存较差，仅能看清敌台西壁，其他部分倒塌，被倒塌堆积所压。条石基础完整，包砖只存西壁一部分，上部堆积包砖内的乱石，顶较平，上堆积杂土，长满野草。西壁保存较好，因地壳运动裂开两条缝。

垒砌敌台基础的条石长 40~120、宽 40~60、厚 30~50 厘米，上部包砌的青砖长 37~38、宽 18、厚 9 厘米。

该敌台西南距车道峪长城 14 号敌台约 0.15 千米，东北距车道峪长城 11 号敌台约 0.3 千米，西 10 米为车道峪长城 9 号居住址。敌台东、西侧与长城墙体相连接。西侧为车道峪长城二道边 5 段墙体。

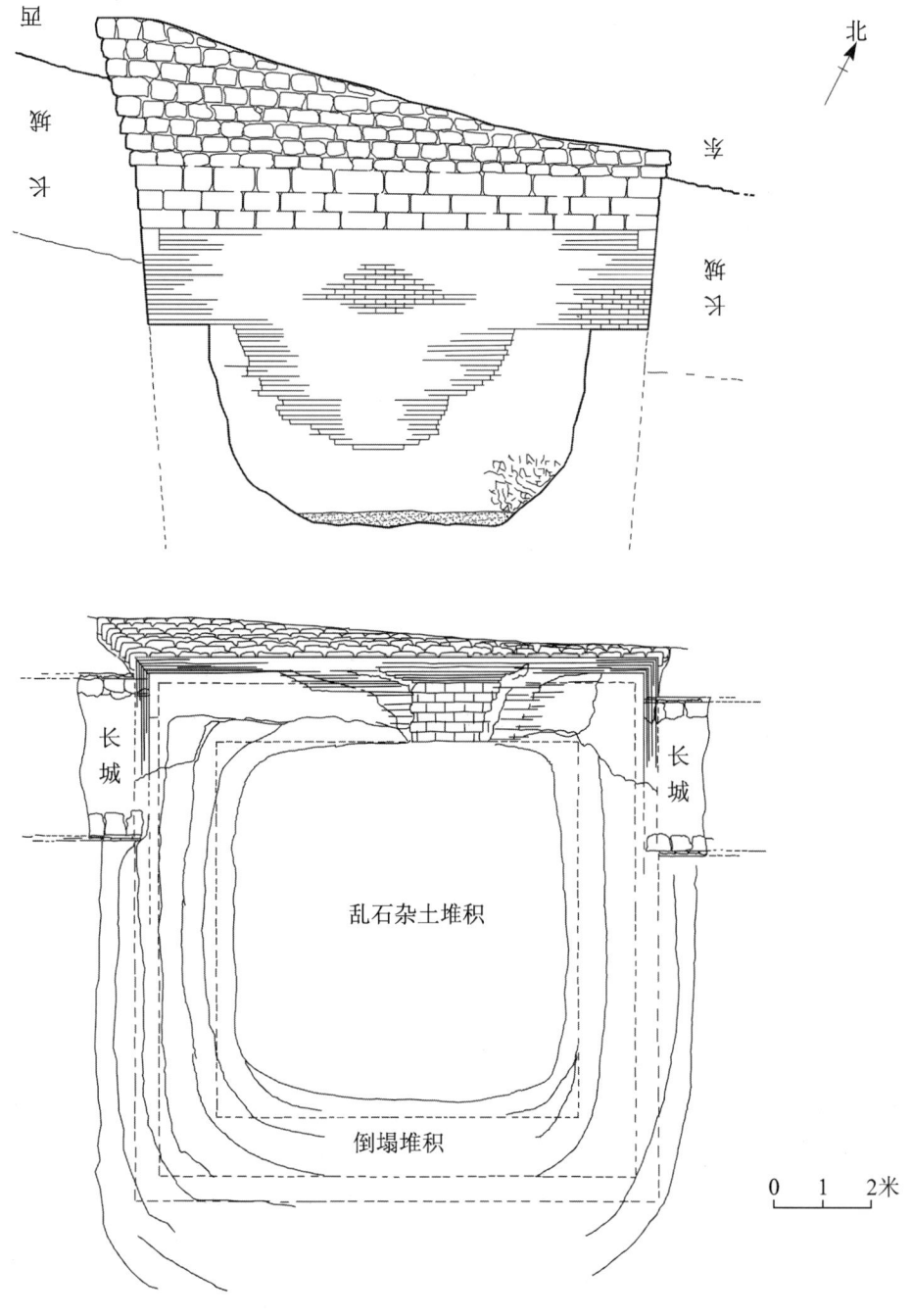

图一〇三 车道峪长城 12 号敌台平面、北壁正视图

敌台损坏严重，仅存西壁。现场石块、砖块散落，这种情况应该为人为拆毁敌台包砖所致，上部及外侧部分包砖倒塌，可能与敌台垒砌不牢固和地质灾害有关，属自然坍塌；敌台顶部生长杂草和零星灌木，根系对现存敌台基础构成严重威胁。

车道峪长城 13 号敌台（总第 45 号，编码 120225352101170045）

该敌台位于天津市蓟县下营镇车道峪村北 3.9 千米的一处山脊上，东北侧为悬崖，南侧为陡坡，西侧为缓坡，周边生长小树、杂草和橡树等植被。

　　该敌台为砖石质。平面呈正方形，边长 8、残高 3.56 米。剖面呈梯形。方向为 5°，中心高程 891 米。（图一〇四；彩图三六九～三七一）

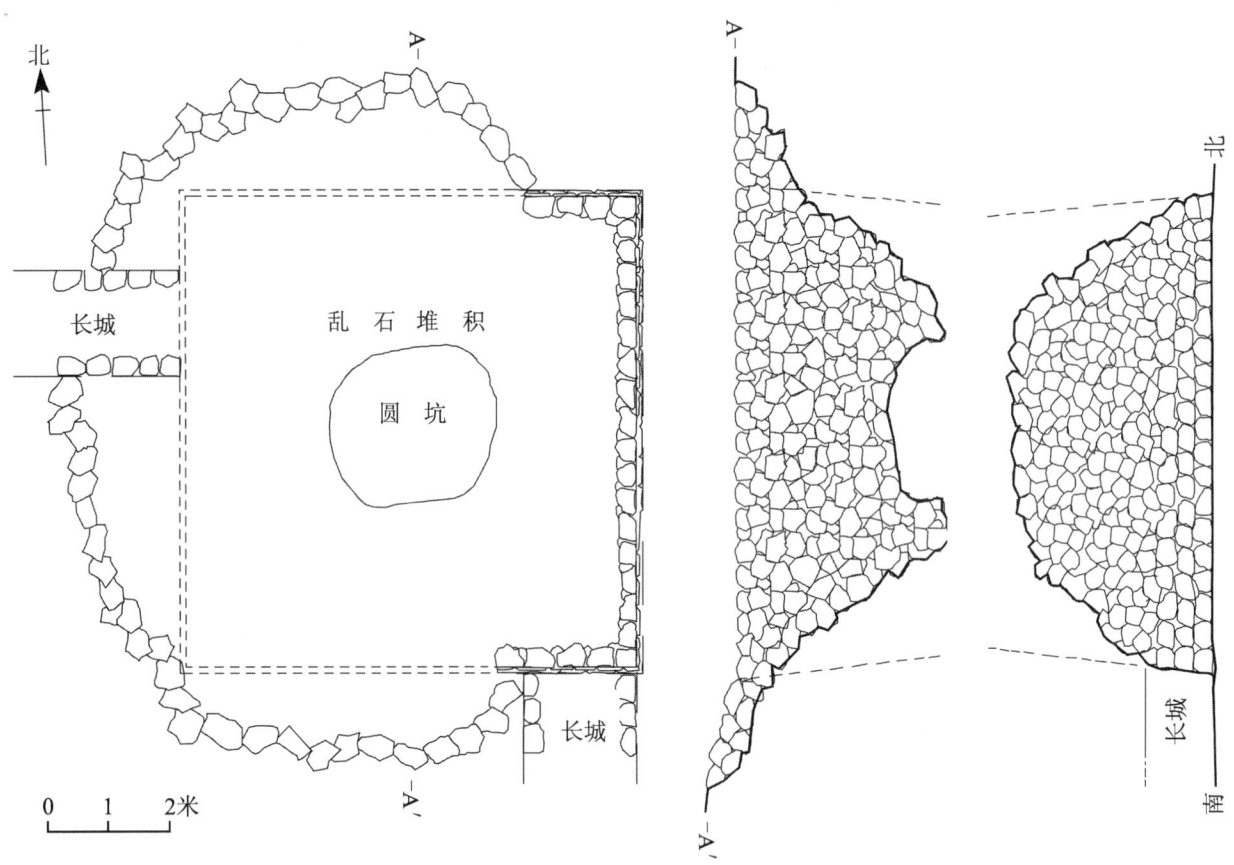

图一〇四　车道峪长城 13 号敌台平、剖面及东壁正视图

　　敌台建筑材料为石块，先用石块干垒护坡墙，找平后垒条石做基础，后垒包砖，交角处条石与砖之间又垒一块条石。包砖厚 1.2 米，残存最高 5.4 米，收分 0.5 米。包砖内填充乱石，顶部平面呈圆角长方形，相对较平，堆积乱石、碎砖和一层厚约 0.3 米的杂土。包砖与条石用三合灰黏结。

　　敌台自明代修建以来无任何修缮，保存较差。仅东北角、东南角与东壁保存较好，其他三壁坍塌，敌台顶部石块堆积上有直径 3 米的椭圆形坑，深 0.9 米，周围乱石堆积，推测应该是一处居住址。车道峪长城二道边 4 段自东南绕过敌台。

　　该敌台不与长城墙体相连接，南距车道峪长城 4 号水窖 10 米，西南距车道峪长城 10 号居住址 5 米，南距车道峪长城 12 号敌台约 0.7 千米，西距车道峪长城 16 号敌台约 0.6 千米。

　　敌台损坏严重，仅存东壁，现场石块散落，可看出敌台从西南角开始倒塌，这种情况应该为自然坍塌，与垒砌不牢固和剧烈的地质灾害有关；敌台顶部生长杂草和零星灌木，根系对现存敌台基础构成严重威胁。

车道峪长城 14 号敌台（总第 46 号，编码 120225352101170046）

　　该敌台位于天津市蓟县下营镇车道峪村北 3.1 千米、车道峪长城 12 段起点一处山顶上，东、西侧为缓坡，南、北侧为谷底，地势相对较平，周边生长小树、杂草和橡树等植被。

　　敌台为砖石质。平面呈近正方形，南北长 10.6、东西宽 10.4、残高 3.2 米。剖面呈梯形。方向为

20°。中心高程 582 米。（图一○五；彩图三七二、三七三）

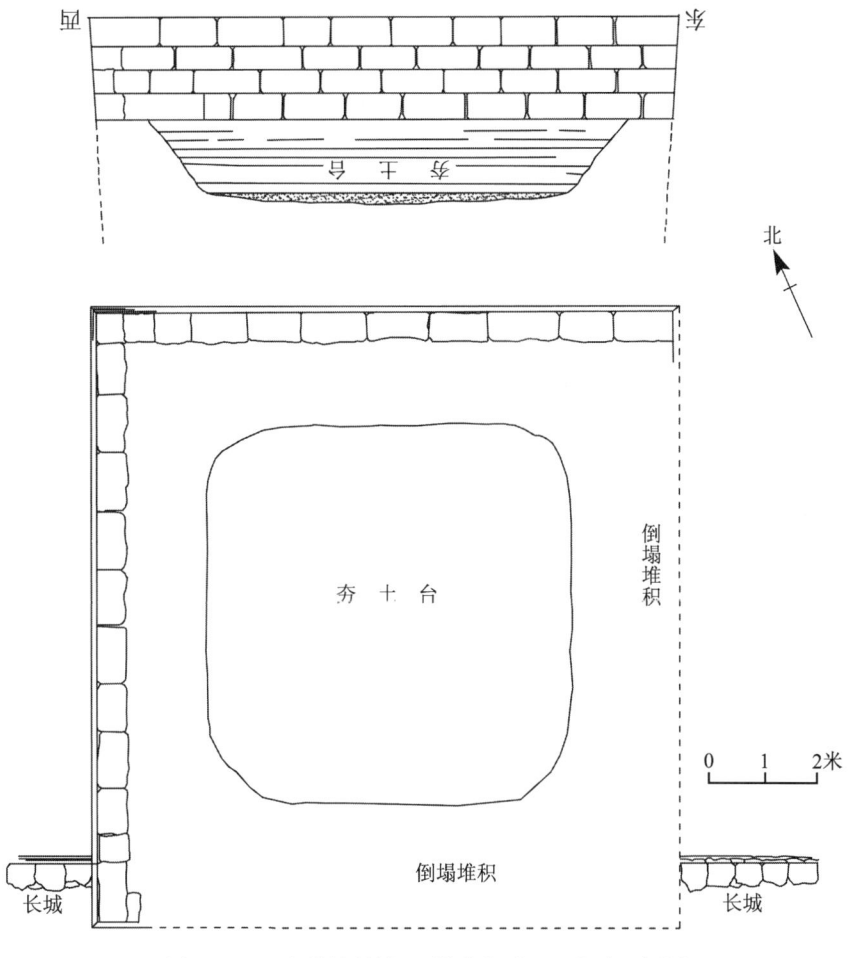

图一○五 车道峪长城 14 号敌台平面、北壁正视图

敌台建筑材料为青砖、石块、三合灰。敌台基础用条石垒砌，条石之间用三合灰黏结。上部用青砖包砌，包砖全毁，形态不详。

敌台自明代修建以来无任何修缮，保存较差。上部包砖全毁，只存基础部分条石和上部包砖内的填土。南部 1 米建在东西向的长城墙体内，残高 3.2 米，剖面呈梯形。条石基础高 1.7 米。顶部呈圆角方形，稍隆起，堆积杂土、三合灰渣，厚 0.2 米，上面长少量野草，东南角有一石构件。

敌台基础用 4 层条石黏合三合灰垒砌，高 1.7 米，收分 0.1 米，内填乱石，外侧大部分被堆积所压。上部包砖全无，残留的包砖内填土，高 1.5 米，平面呈圆角方形，下部为夯土，夯层厚 0.15 米，夯筑质量较好。东南部长城墙体上保存可能是攀登敌台的步道。

垒砌敌台的条石较大，长 40 ~12、宽 50、厚 40 ~50 厘米；倒塌堆积中的青砖长 37 ~38、宽 19、厚 9 厘米，上粘三合灰。有少量的瓦片，厚 1.5 厘米，内饰布纹。

敌台东北距车道峪长城 12 号敌台约 0.15 千米，西北距车道峪长城 15 号敌台约 0.6 千米，南 50 米为车道峪长城 11 号居住址，东、西两侧与长城墙体相连接。北侧为车道峪长城二道边 7 段墙体。

敌台损坏严重，仅存基础部分。外部包砖全无，顶部已毁，现场石块、砖块散落，这种情况应该为人为拆毁所致，人为因素破坏严重。敌台顶部生长杂草和零星灌木，根系对现存敌台基础构成严重威胁。

车道峪长城 15 号敌台（总第 47 号，编码 120225352101170047）

　　该敌台位于天津市蓟县下营镇车道峪村北 3.3 千米一处山脊上、车道峪长城 15 段墙体西侧，东侧为断崖，南、北两侧较平，西侧为陡坡，周边生长小树、杂草和橡树等植被。

　　敌台为石质。平面呈长方形，南北长 7.5 米，东西长度不详，东部残高 4 米。剖面呈梯形。方向为 0°。中心高程 832 米。（图一○六；彩图三七四～三七六）

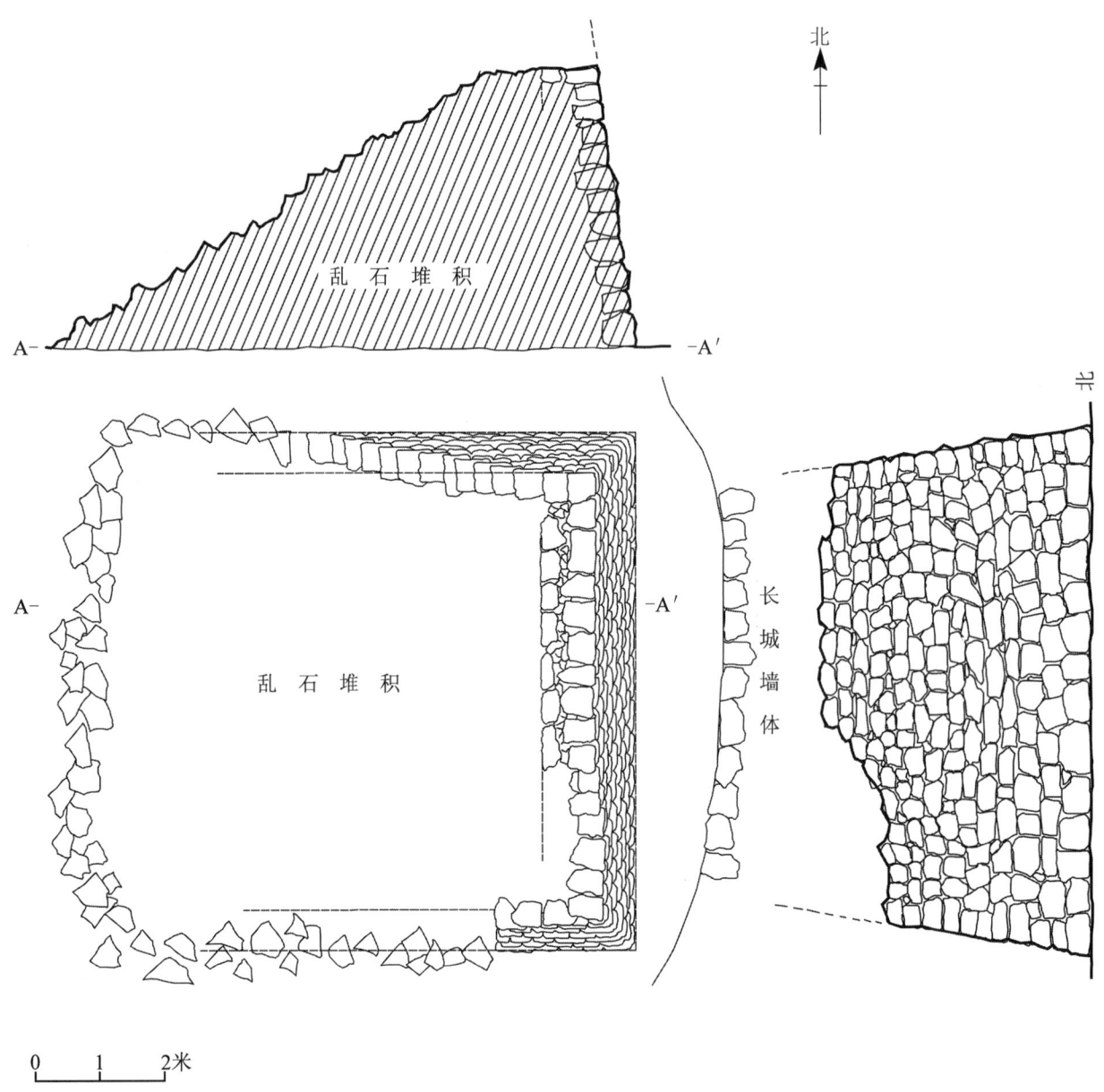

图一○六　车道峪长城 15 号敌台平、剖面及东壁正视图

　　敌台建筑材料为石块，墙体用不规则的大石块干垒，中间用碎石填充，石块之间无黏结物，有收分。

　　敌台自明代修建以来无任何修缮，保存较差。仅存东部一部分，其余三面全部倒塌，东高西低呈坡状堆积。敌台顶部东侧保存一部分墙体，宽 8 米，收分 0.6 米，敌台顶部有少量碎瓦片，厚 1.5 厘米，内饰布纹。

该敌台北距车道峪长城 16 号敌台、东南距车道峪长城 14 号敌台均约 0.6 千米，不与长城墙体相连接。敌台南 17 米起依次分布车道峪长城 14 号、13 号、12 号居住址。敌台北 24 米起依次分布车道峪长城 15～19 号居住址。

敌台损坏严重，仅存东部少部分墙体，为不规则状乱石堆积，现场石块散落，可看出敌台从西壁开始倒塌，这种情况应该为自然坍塌，与垒砌不牢固和剧烈的地质灾害有关。

车道峪长城 16 号敌台（总第 48 号，编码 120225352101170048）

该敌台位于天津市蓟县下营镇车道峪村北 3.7 千米一处北高南低的山体缓坡上，西侧为悬崖，东侧较平缓，周边生长小树、杂草和橡树等植被。

该敌台为石质。平面呈长方形，东西长 8.7、南北宽 8.1、高 5.9 米。剖面呈梯形。方向为 30°。中心高程 920 米。（图一〇七；彩图三七七～三八二）

敌台建筑材料为石块，墙体用不规则的大石块干垒，石块之间不见三合灰黏结。中间用乱石填充，部分墙体用三合灰抹缝，干垒而成。

敌台自明代修建以来无任何修缮，保存基本完整。顶部平面呈正方形，较平，中间有一石砌的方坑，坑底堆积大量杂土，长有野草、小树。顶部西南角、东北角出檐略破坏，其他部分完好。

敌台四壁垒砌十分光滑，不见登敌台的台阶，不借助工具很难攀爬到敌台的顶部，推测当时上下敌台应有软绳梯类的辅助工具。敌台上窄下宽，剖面呈梯形，收分 0.9～1.1 米。敌台南壁高 5.9、东西壁高 5.3、北壁高 5.1 米。

南壁底部中间设一火口，宽 0.4、高 0.15 米，进深不详。火口上部及周围石块火烧、烟熏痕迹清晰可见，初步推测这个遗迹的功能应与烟灶相似，也是报警工具。

敌台顶部较平，中间保存一方形坑，内凹，坑壁用石块干垒，垒砌整齐。坑东西长 3.1、南北宽 2.9、深 0.6 米，底部堆积杂土、少量乱石，长有野草和小树。经过现场观测，推测这个坑应为驻守敌台的士兵使用的"半地穴式"居住址，上部应有木构建筑，以遮蔽风雨，木构建筑已荡然无存。（彩图三八三）

敌台顶部东西两侧各设一排水孔，西侧的完整，东侧的残损。敌台四壁上部有一层高 0.1 米的板石出檐，突出四壁 0.12～0.15 米。

该敌台东北 7 米处为车道峪长城 20 号居住址，南 10.9 米为车道峪长城 6 号烟灶、23.8 米为车道峪长城 7 号烟灶，西北距车道峪长城 17 号敌台约 0.5 千米，南距车道峪长城 15 号敌台约 0.6 千米。敌台不与长城墙体相连接。

敌台仅顶部出檐略有损坏，人为和自然因素破坏较小。近年来旅游业兴起，游客攀爬敌台、乱刻乱画现象增多，对敌台构成的损毁不容忽视。

车道峪长城 17 号敌台（总第 49 号，编码 120225352101170049）

该敌台位于天津市蓟县下营镇车道峪村北 4.3 千米、车道峪长城 16 段起点一处山脊上，东、北、西侧均为悬崖，南侧为缓坡，周边生长小树、杂草和橡树等植被。

该敌台为石质。平面呈长方形，南北 9、东西宽 8、高 5.7 米。剖面呈梯形。方向为 0°。中心高程 815 米。（图一〇八；彩图三八四、三八五）

敌台建筑材料为石块，墙体用不规则大石块干垒，中间用乱石填充，石块之间无黏结物。

敌台自明代修建以来无任何修缮，保存较差。东壁保存较完整，仅北部倒塌，高 0.3～0.7 米；北壁上部倒塌，仅存基础部分，高 0.3～1 米；西壁北半部倒塌，南半部地势较低，用石块垒砌找平，然后垒砌墙体，高 1.5～2 米；南壁中部倒塌，高 1～3.3 米。

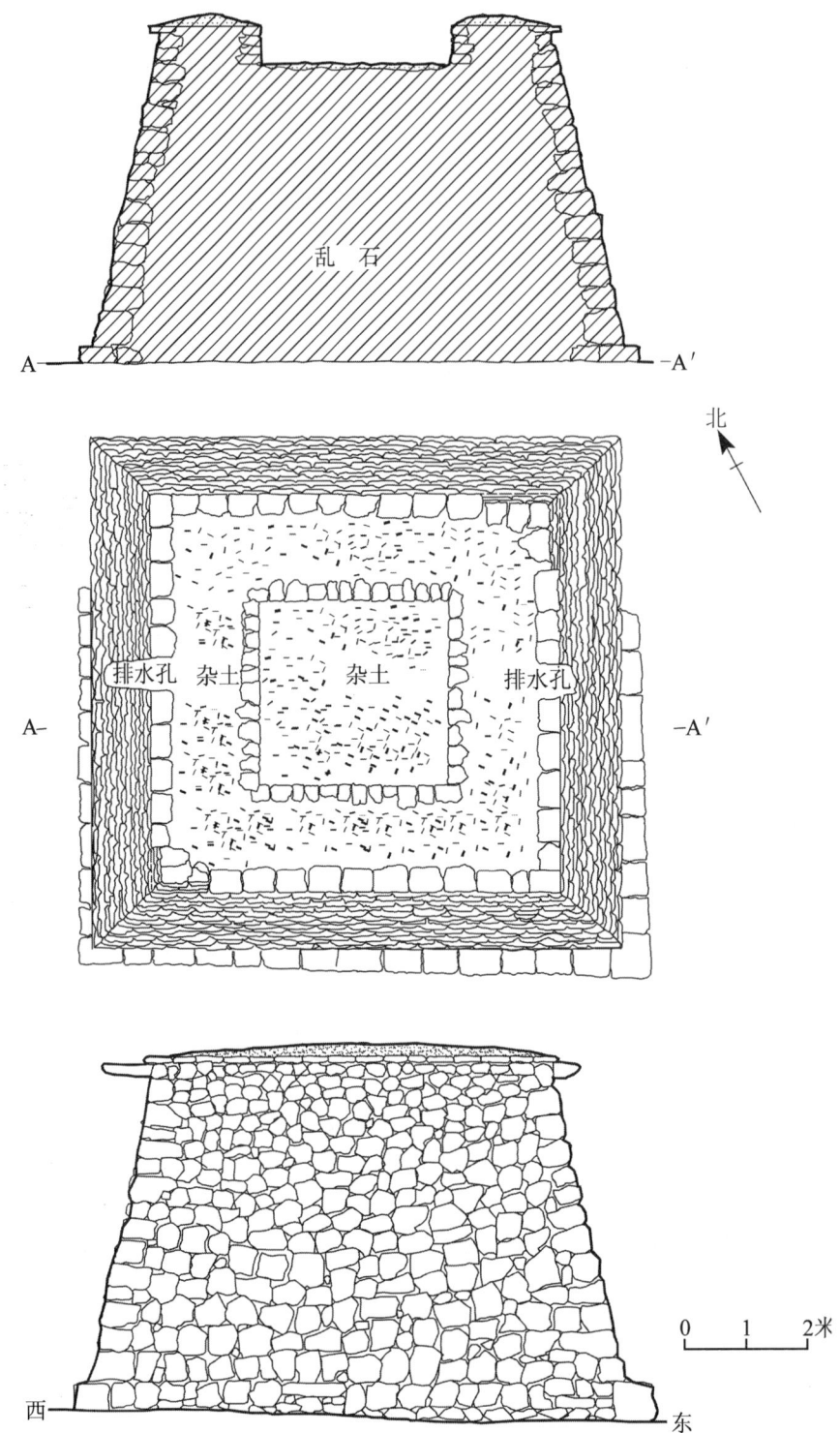

图一○七　车道峪长城16号敌台平、剖面及南壁正视图

　　该敌台西距车道峪长城18号敌台约0.3千米，东南距车道峪长城16号敌台约0.5千米，南壁与长城墙体相连接。东南0.2千米长城墙体内侧为车道峪长城21号居住址。

　　敌台损坏较重，北壁仅存基础，西壁、南壁均有倒塌。人为因素破坏较小，主要为自然坍塌，与敌台西南角垒砌不牢固和剧烈的地质灾害有关。

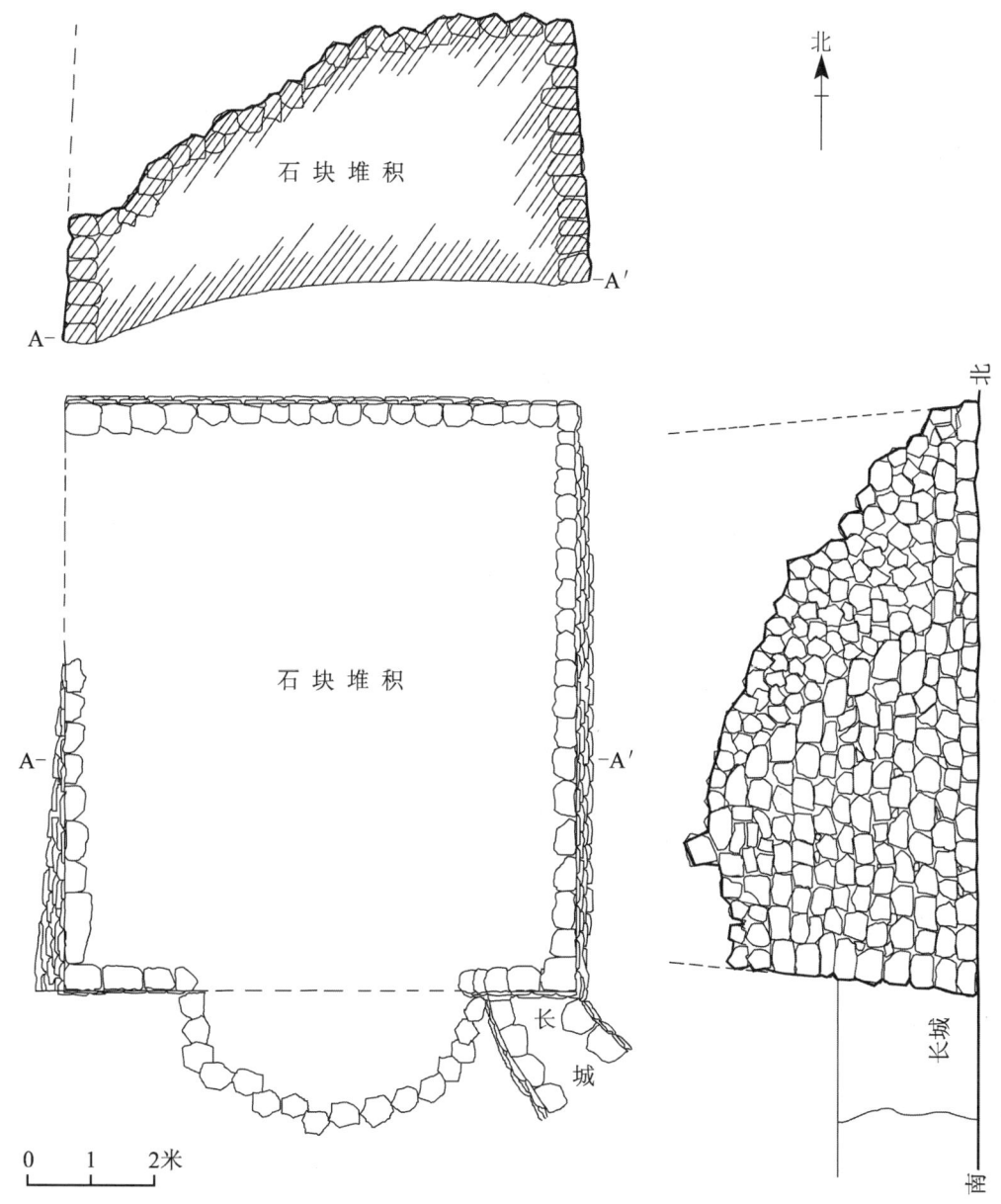

图一〇八　车道峪长城 17 号敌台平、剖面及东壁正视图

车道峪长城 18 号敌台（总第 50 号，编码 120225352101170050）

该敌台位于天津市蓟县下营镇车道峪村北 4.3 千米一处山脊上，北侧为峭壁，东侧、南侧和西侧为陡坡，周边生长小树、杂草和橡树等植被。

敌台为石质。平面呈正方形，边长 8.2、高 6.5 米。剖面呈梯形。方向为 30°，中心高程 781 米。（图一〇九；彩图三八六、三八七）

敌台建筑材料为石块，墙体用不规则大石块干垒，中间用乱石填充，石块之间缝隙用三合灰黏结。

敌台保存一般。北壁保存较好，仅东部上部和东北角坍塌，高 6.2 米；东壁坍塌，仅存中间下部，长 2.5、残高 2.8 米；南壁坍塌，仅存西南角，长 1.5、残高 2.85 米；西壁保存较好，仅西南角上部塌落，高 6.5 米。

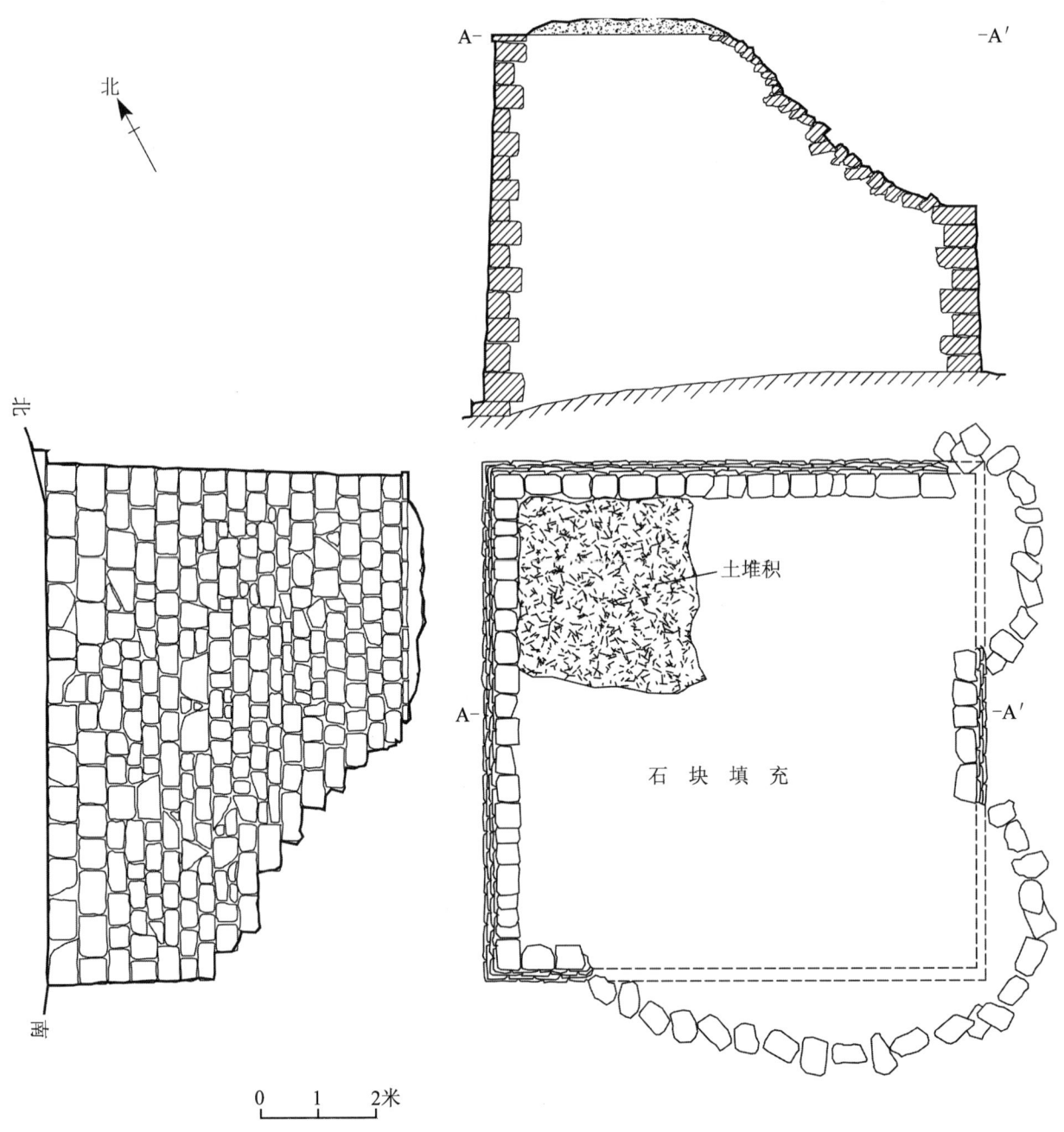

图一〇九　车道峪长城 18 号敌台平、剖面及西壁正视图

　　敌台底部有一层基础石，高 0.25 米，顶部有长 3、宽 3 米，厚 0.25 米的黄土，上面长有灌木、杂草。通过观察，这层黄土形状规整，不似岁月风沙堆积所致，况且此敌台所处山顶，泥土极少见，即使堆积也不会很厚。所以只有一种可能，即守卫敌台的士兵有意堆放、踩实，目的为了防寒，因为泥土的热传导比石块慢得多。黄土层的形状、尺寸，很可能就是当时士兵所用帐篷四周的形状、尺寸。

　　该敌台北部距车道峪长城 16 段 38 米，西北距车道峪长城 19 号敌台约 0.3 千米，东距车道峪长城 17 号敌台约 0.3 千米，东 32 米为车道峪长城 5 号水窖。敌台不与长城墙体相连接。

　　敌台东、南壁坍塌，四角塌落。这种情况应该为自然坍塌，与敌台垒砌不牢固和地质灾害有关，人为因素破坏较小。

车道峪长城 19 号敌台（总第 51 号，编码 120225352101170051）

该敌台位于天津市蓟县下营镇车道峪村西北 4.4 千米一处山脊上，介于车道峪长城 16 段与黄崖关长城 1 段之间，东、北、西侧为悬崖峭壁，南侧为缓坡，周边生长小树、杂草和橡树等植被。

敌台为石质。平面推测呈圆形，剖面为馒头形，乱石堆积高 3.8 米，直径等其他尺寸不详。方向为 0°。中心高程 770 米。（图一一○；彩图三八八）

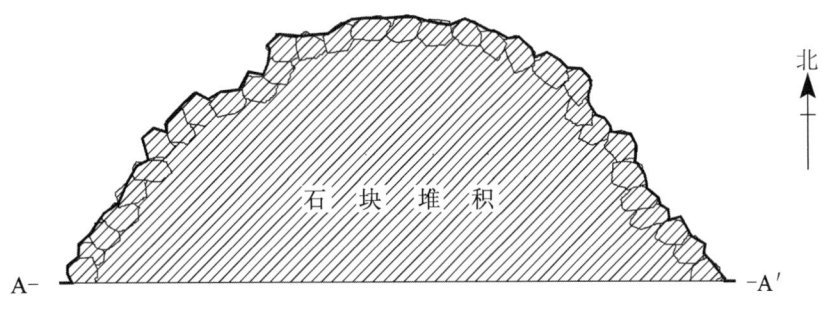

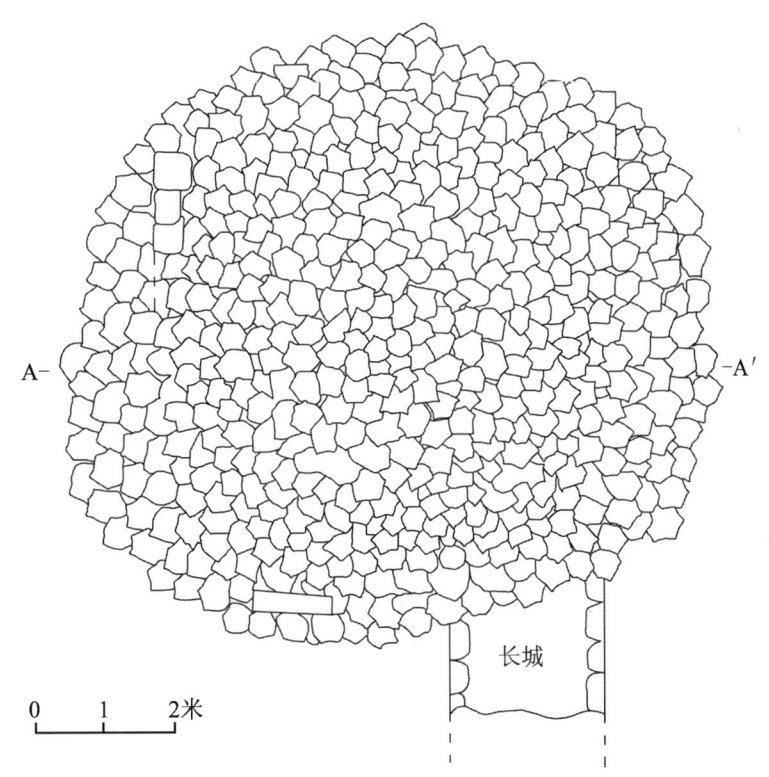

图一一○　车道峪长城 19 号敌台平、剖面图

敌台自明代修建以来无任何修缮，现已坍塌成为一堆废墟，破坏严重，保存差。敌台建筑结构不详，应为石块干垒而成。西北部仅存 3 层南北向墙体，长 1.5、高 0.8 米。不能准确分辨敌台的形状，具体尺寸无法测量。

敌台南与长城墙体相连接，西北距黄崖关长城 1 号敌台约 0.38 千米，东南距车道峪长城 18 号敌台约 0.3 千米。

敌台损坏严重，仅存 3 层砌石，已成废墟。现场石块散落，这种情况应该为自然坍塌，与敌台垒砌不牢固和地质灾害有关。

（三）居住址

车道峪长城 1 号居住址（总第 67 号，编码 120225354107170067）

该居住址位于天津市蓟县下营镇车道峪村东北、车道峪长城 2 号敌台北 6 米处。地处山脊，东、西两侧为峭壁悬崖，南、北侧为缓坡，周围长满树木，地上杂草丛生。

该居住址自明代修建以来无任何修缮，保存较差。平面呈长方形，南北长 5、东西宽 4 米，墙宽 0.7 米，面积约 20 平方米。方向为 10°。中心高程 889 米。（图一一一；彩图三八九）

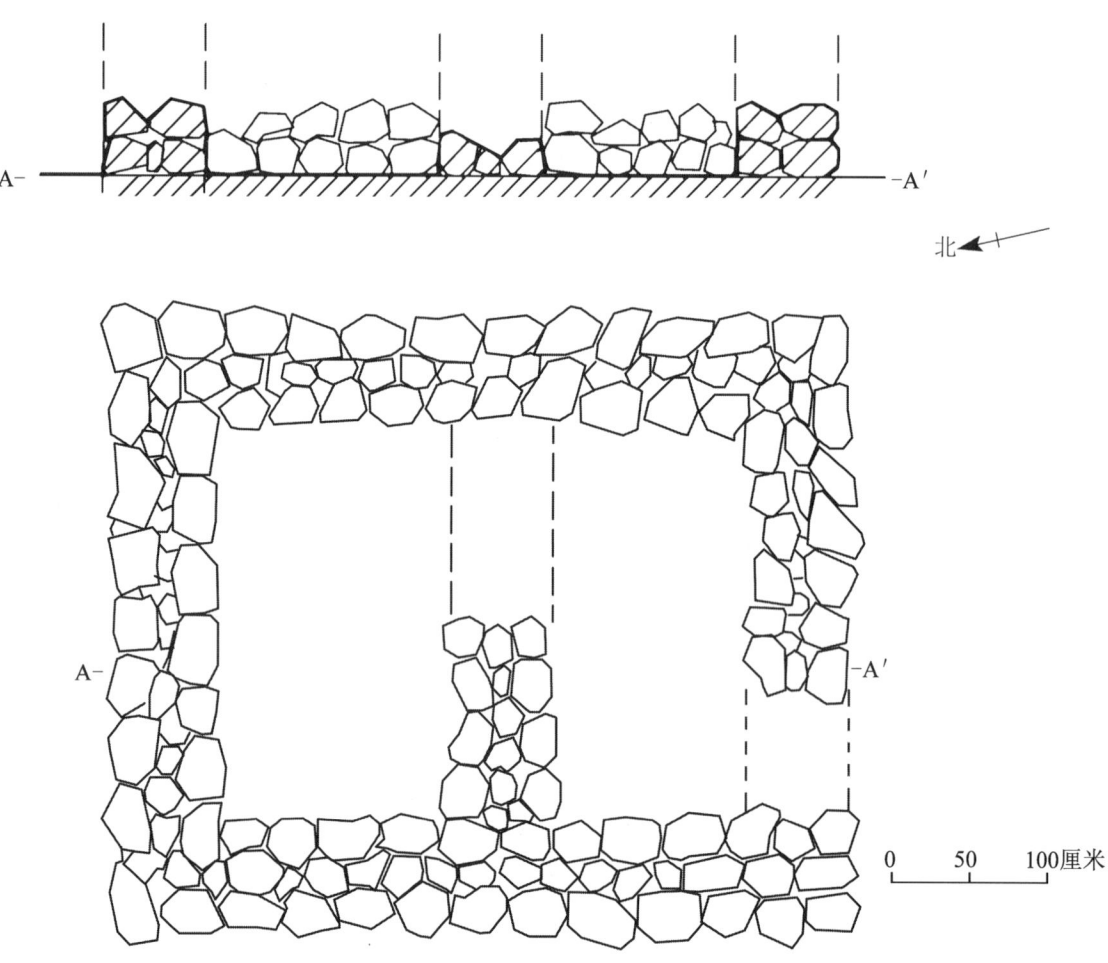

图一一一　车道峪长城 1 号居住址平、剖面图

居住址建筑材料为石块，墙体用大小不一的石块干垒，石块之间缝隙无黏结物。居住址破损严重，上部塌落，仅存基础部分，其他结构不详。居住址分南北 2 间。北侧房间较大，平面呈长方形，东西长 4、南北宽 3 米。南侧房间相对较小，平面呈长方形，东西长 4、南北宽 2 米。居住址墙宽 0.7 米，墙体上部坍塌，残高 0.2～0.5 米。房间隔墙的东半部已不存在。南墙西半部消失 0.7 米。居住址内平坦，堆积倒塌的石块。

居住址上部石块被拆毁、移位现象突出，人为因素破坏极其明显。墙体基础部分倒塌，与垒砌不牢固、自然塌落有关。居住址内杂草丛生，南壁生长高大树木，根系、树干的生长对居住址墙壁造成一定程度的破坏。

车道峪长城 2 号居住址（总第 68 号，编码 120225354107170068）

该居住址位于天津市蓟县下营镇车道峪村东北、车道峪长城 3 号敌台西 9 米，西南距车道峪长城 4 号烟灶 10 米，南距车道峪长城 2 号火池 4 米。地处山脊，北、东、西侧为峭壁，南侧为山脊，周围长满树木，杂草丛生。

该居住址自明代修建以来无任何修缮，保存较差。平面呈长方形，东西长 3.5、南北宽 3 米，面积 10.5 平方米，残高 0.3 ~ 0.65 米，墙宽 0.7 米。方向为 20°。中心高程 788 米。（图一一二；彩图三九〇）

居住址建筑材料为石块，墙体用大小不一的石块干垒，石块之间缝隙无黏结物。居住址四壁坍塌，仅存基础部分。南壁中部消失，其他结构不详。居住址内平坦，有少量倒塌的石块。

此居住址墙体基础部分倒塌，与垒砌不牢固、自然塌落有关。居住址内杂草丛生，有零星灌木生长，根系对现存居住址基础构成严重威胁。

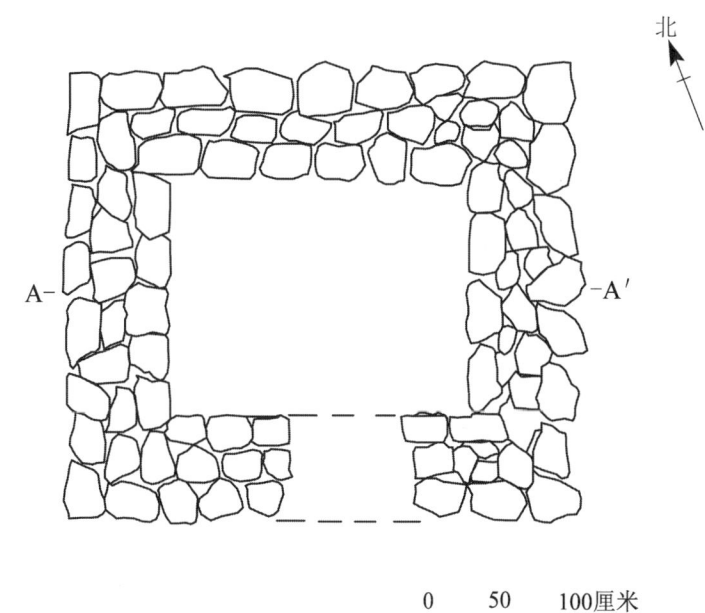

图一一二 车道峪长城 2 号居住址平、剖面图

车道峪长城 3 号居住址（总第 69 号，编码 120225354107170069）

该居住址位于天津市蓟县下营镇车道峪村北、车道峪长城二道边 1 段墙体西侧，地处山脊，北侧和南侧为陡坡，周围长满树木，地面杂草丛生。

该居住址自明代修建以来无任何修缮，保存较差。平面呈长方形，南北长 10、东西宽 4.7 米，面积约 47 平方米，墙宽 0.5、残高 0.35 ~ 1.15 米。方向为 330°。中心高程 529 米。（图一一三；彩图三九一）

居住址建筑材料为石块，墙体用大小不一的石块干，石块之间缝隙无黏结物。居住址四壁坍塌，仅存基础部分。东壁紧贴长城，东、南壁宽 0.5、残高 0.5 米，西壁已不存在。居住址共两间，地面较平整，南侧房间比北侧房间地面低 0.5 米，地面堆积坍塌的石块。

居住址上部石块被拆毁、移位现象突出，人为因素破坏极其明显。墙体基础部分倒塌，与垒砌不牢固、自然塌落有关。居住址内杂草丛生，有零星灌木生长，根系对现存居住址基础构成严重威胁。

车道峪长城 4 号居住址（总第 70 号，编码 120225354107170070）

该居住址位于天津市蓟县下营镇车道峪村北、车道峪长城 8 段墙体内侧，东侧和西侧为山脊，南侧为陡坡，周围长满树木，地上杂草丛生。

该居住址自明代修建以来无任何修缮，保存一般。平面呈长方形，东西长 3.9、南北宽 3.5 米，面积 13.65 平方米，墙宽 0.5、残高 0.6 米。方向为 330°。中心高程 851 米。（图一一四；彩图三九二）

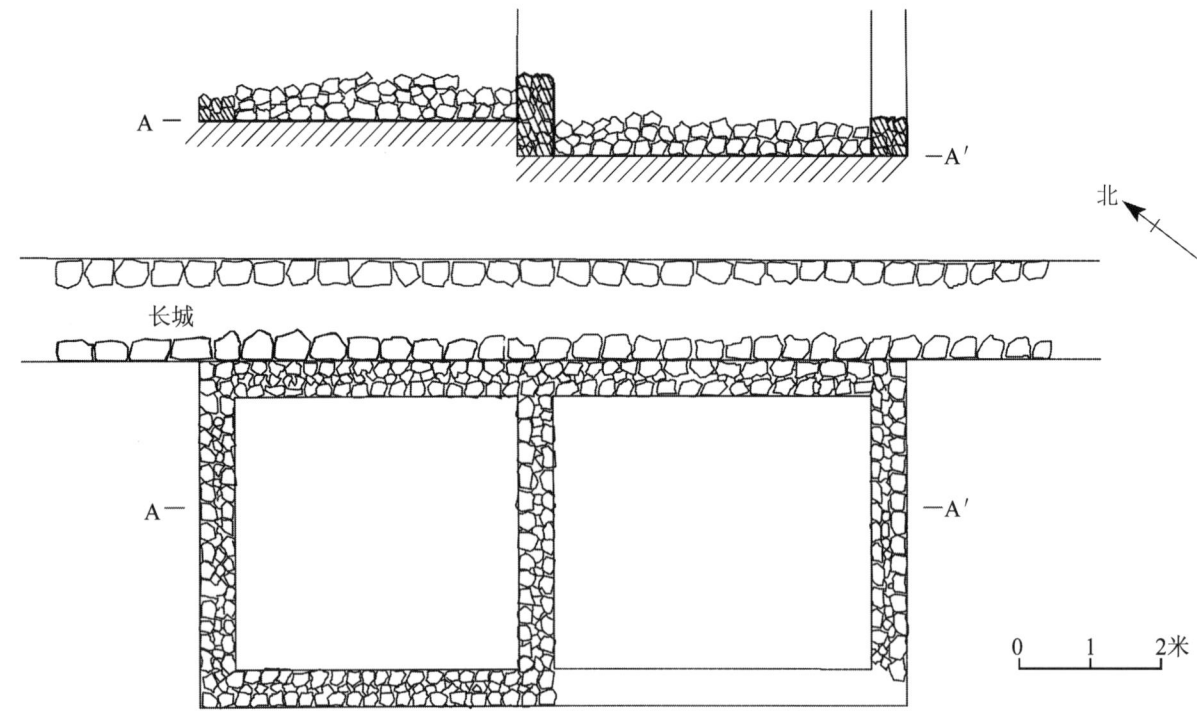

图一一三　车道峪长城 3 号居住址平、剖面图

居住址建筑材料为石块，墙体用大小不一的石块干垒，石块之间缝隙无黏结物。居住址墙体部分坍塌，北壁借用长城墙体内侧，西壁、南壁和东壁保存较好，残高 0.6 米。

居住址墙体基础部分倒塌，与垒砌不牢固、自然塌落有关；居住址内杂草丛生，有零星灌木生长，根系对现存居住址基础构成严重威胁。

车道峪长城 5 号居住址（总第 71 号，编码 120225354107170071）

该居住址位于天津市蓟县下营镇车道峪村北、车道峪长城 8 段墙体内侧，东侧和西侧为山脊，南侧为陡坡，周围长满树木，地上杂草丛生。

该居住址自明代修建以来无任何修缮，保存一般。平面呈长方形，南北长 3.2、东西宽 3 米，面积约 9.6 平方米，墙宽 0.5、残高 0.65 米。方向为 320°。中心高程 841 米。（图一一五；彩图三九三）

居住址建筑材料为石块，墙体用大小不一的石块干垒，石块之间缝隙无黏结物。居住址墙体部分坍塌，北墙借用长城墙体内侧，东、西、南墙保存较好，残高 0.65 米，南壁中部砌房门一个，宽 0.5 米。

此居住址墙体基础部分倒塌，与垒砌不牢固、自然塌落有关。居住址内杂草丛生，有灌木生长，根系对现存居住址基础构成一定的威胁。

车道峪长城 6 号居住址（总第 72 号，编码 120225354107170072）

该居住址位于天津市蓟县下营镇车道峪村北、车道峪长城 8 段墙体马道上，地处山脊，东侧为长城，北侧、南侧和西侧为缓坡，周围长满树木，地上杂草丛生。

该居住址自明代修建以来无任何修缮，保存一般。平面呈长方形，东西长 4、南北宽 2.2 米，面积约 8.8 平方米，高 0.8 米。方向为 0°。中心高程 821 米。（图一一六；彩图三九四）

居住址建筑材料为石块，墙体用大小不一的石块干垒，石块之间缝隙无黏结物。居住址建于长城墙体马道上，四壁除部分坍塌外，保存较好，墙宽 0.3 米，北侧紧贴长城垛口，南侧有东西向人行道，宽 0.6 米。南墙西部有房门一个，宽 1.02 米。

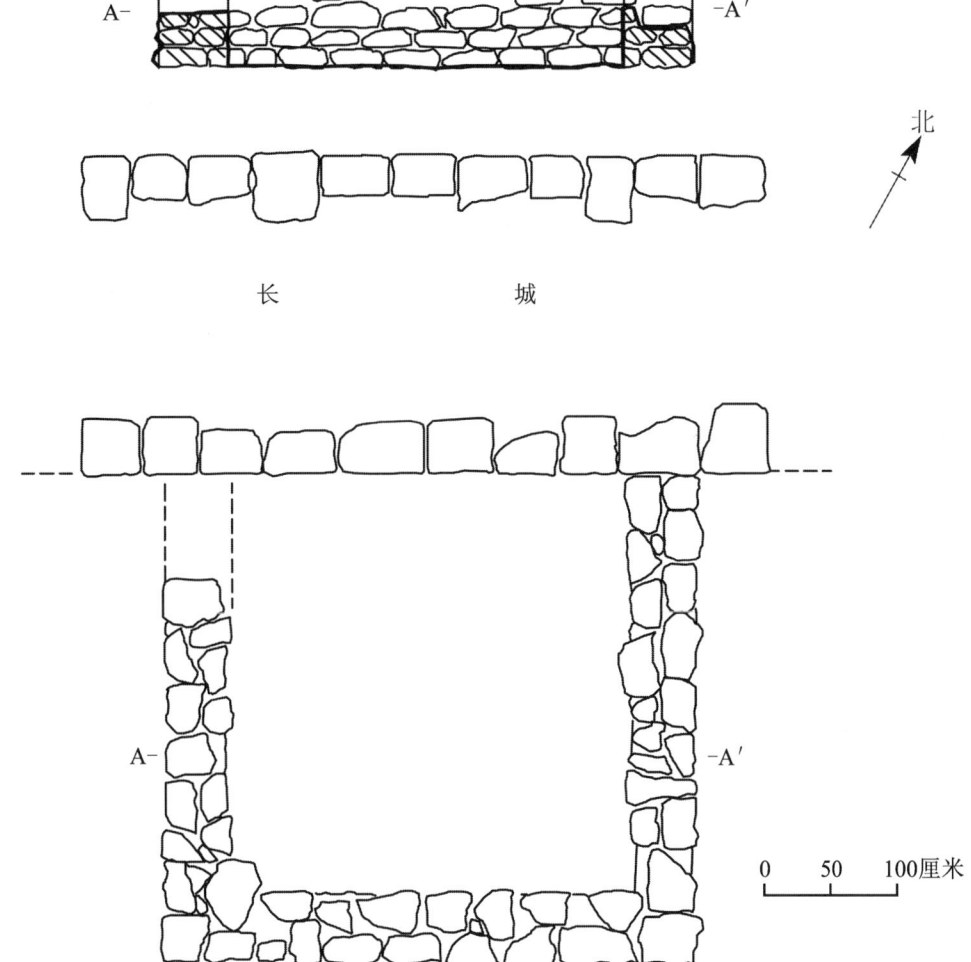

图一一四 车道峪长城 4 号居住址平面、剖视图

居住址内部石块被拆毁、移位，人为因素破坏明显。居住址内生长树木，根系对现存居住址基础构成严重的安全隐患。

车道峪长城 7 号居住址（总第 73 号，编码 120225354107170073）

该居住址位于天津市蓟县下营镇车道峪村北、车道峪长城 10 段墙体内侧，东距车道峪长城 11 号敌台约 55 米。地处山脊，东侧、南侧和西侧为陡坡，周围长满树木，杂草丛生。

该居住址自明代修建以来无任何修缮，保存一般。平面呈长方形，南北长 3.7、东西宽 3.3、高 0.65 米，面积 12.21 平方米。方向为 350°。中心高程 801 米。（图一一七；彩图三九五）

居住址建筑材料为石块，墙体用大小不一的石块干垒，石块之间缝隙无黏结物。居住址墙体部分坍塌，北壁借用长城墙体内侧；东壁坍塌；南壁和西壁保存较好，高 0.65 米。西壁南部和南壁西部各建房门一个，宽 0.75 米。居住址四周长满杂草和一些低矮树木。

此居住址墙体基础倒塌严重，与垒砌不牢固、自然塌落有关。居住址内杂草丛生，有大量树木生长，根系对现存居住址基础构成严重威胁。

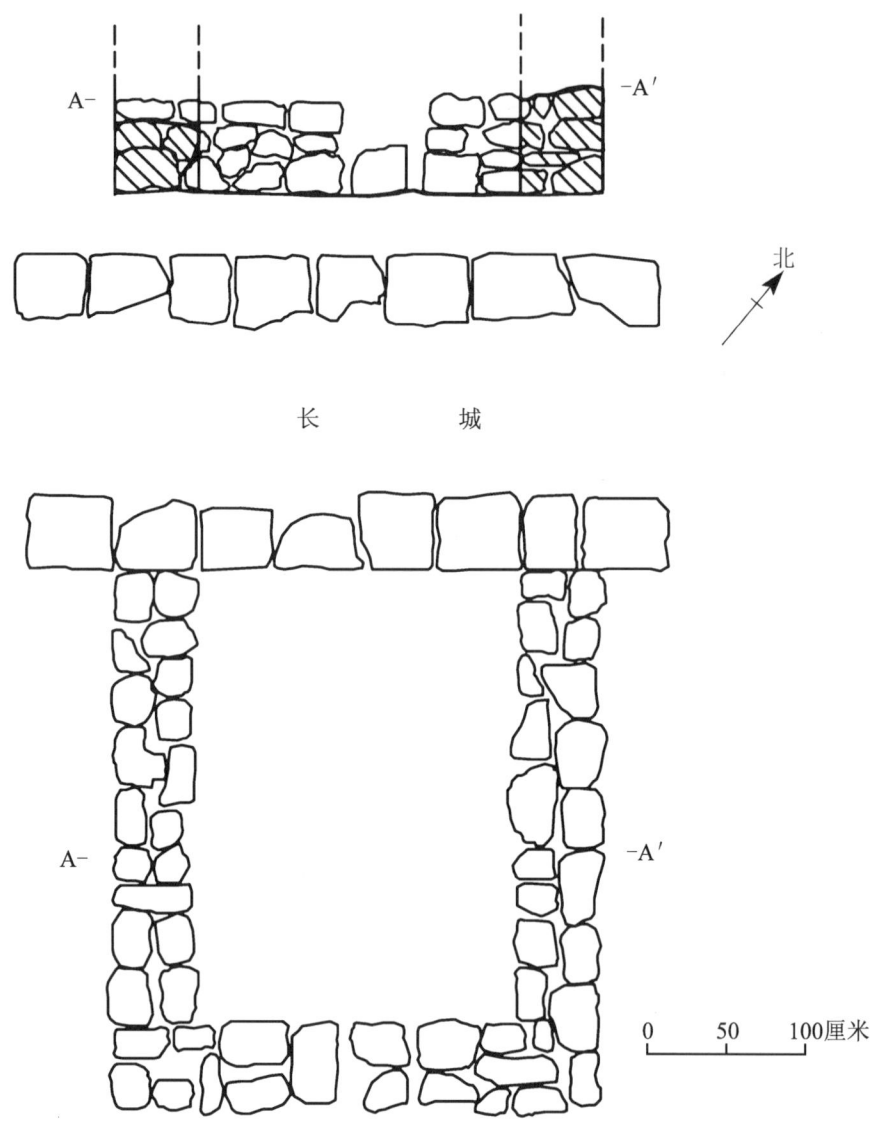

北

长　　　城

0　　　50　　　100厘米

图一一五　车道峪长城 5 号居住址平面、剖视图

车道峪长城 8 号居住址（总第 74 号，编码 120225354107170074）

该居住址位于天津市蓟县下营镇车道峪村北、车道峪长城 10 段墙体内侧，东距车道峪长城 11 号敌台约 0.21 千米。地处山脊，东侧为长城，北侧、南侧和西侧为缓坡，周围长满树木，杂草丛生。

该居住址自明代修建以来无任何修缮，保存较差。平面呈长方形，东西长 7、南北宽 5 米，面积约 35 平方米。方向为 350°。中心高程 662 米。（图一一八；彩图三九六）

居住址建筑材料为石块，墙体用大小不一的石块干垒，石块之间缝隙无黏结物。居住址墙体大部分坍塌，仅西壁保存较完整，残高 0.4 米。北壁借用长城墙体内侧，长城墙体高 1.7 米；东壁仅存南部，长 2.9、高 1.1 米；南壁消失。

居住址上部石块大部分倒塌，与垒砌不牢固、自然塌落有关；居住址内部及周围生长大量树木，根系对现存居住址基础造成破坏。

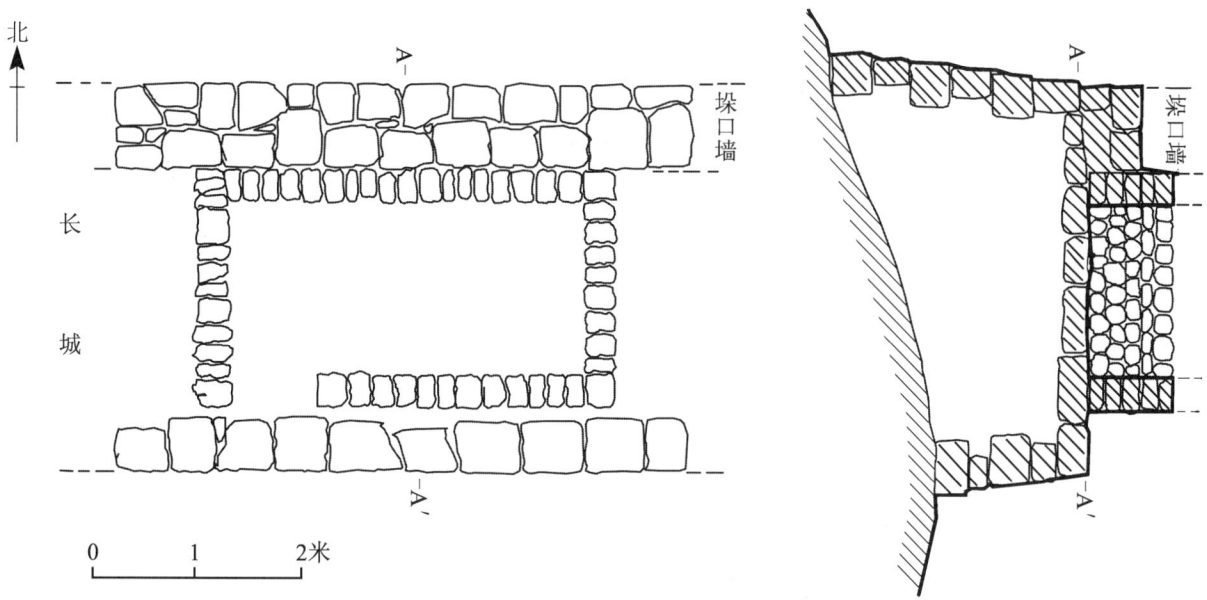

图一一六　车道峪长城 6 号居住址平、剖面图

车道峪长城 9 号居住址（总第 75 号，编码 120225354107170075）

该居住址位于天津市蓟县下营镇车道峪村北、车道峪长城 12 号敌台西侧，东距 12 号敌台 10 米。地处山脊，东侧、南侧和西侧为陡坡，周围长满树木，地上杂草丛生。

该居住址自明代修建以来无任何修缮，保存较差。平面呈长方形，东西长 4、南北宽 3.6 米，面积 14.4 平方米。方向为 325°。中心高程 648 米。（图一一九；彩图三九七）

居住址建筑材料为石块，墙体用大小不一的石块垒砌，石块之间缝隙用黄土黏结。居住址墙体部分坍塌，东部被倒塌的石块所压，北墙借用长城墙体内侧。从外部看，墙体保存最高 1.5 米。居住址内堆满乱石、杂土，长有野草、树木，其他结构不详。居住址西侧建一平台，为石块干垒而成，北靠长城，平面为长方形，东西长 2.8、南北宽 2.4、高 0.3～1 米，用途不详。

居住址上部部分墙体倒塌，与垒砌不牢固、自然塌落有关；居住址内杂草丛生，有高大树木生长，根系对现存居住址基础构成严重威胁。

车道峪长城 10 号居住址（总第 76 号，编码 120225354107170076）

该居住址位于天津市蓟县下营镇车道峪村北、车道峪长城 13 号敌台西南 5 米处，东北角距长城墙体 2.5 米，西北角紧贴长城。地处山脊，东侧、南侧和西侧为陡坡，周围长满树木，杂草丛生。

该居住址自明代修建以来无任何修缮，保存一般。平面呈长方形，东西长 6.7、南北宽 3.75 米，面积 21.1 平方米。方向为 350°。中心高程 884 米。（图一二〇；彩图三九八）

居住址建筑材料为石块，墙体用大小不一的石块干垒，石块之间缝隙无黏结物。墙体部分坍塌，东、北墙已不存，西、南墙保存较好，残高 0.5～1、宽 0.6 米。

居住址分东、西 2 间，隔墙仅存基础，宽 0.6、残高 0.2 米。东侧房间南北长 3.75、东西宽 3.6 米；西侧房间南北长 3.75、东西宽 3.1 米。居住址内地面较为平坦，有少量倒塌的石块。四周长满荆条等灌木。

居住址墙体基础部分倒塌，与垒砌不牢固、自然塌落有关。居住址内部及周围杂草丛生、生长高大树木，根系生长对现存居住址基础构成严重威胁。

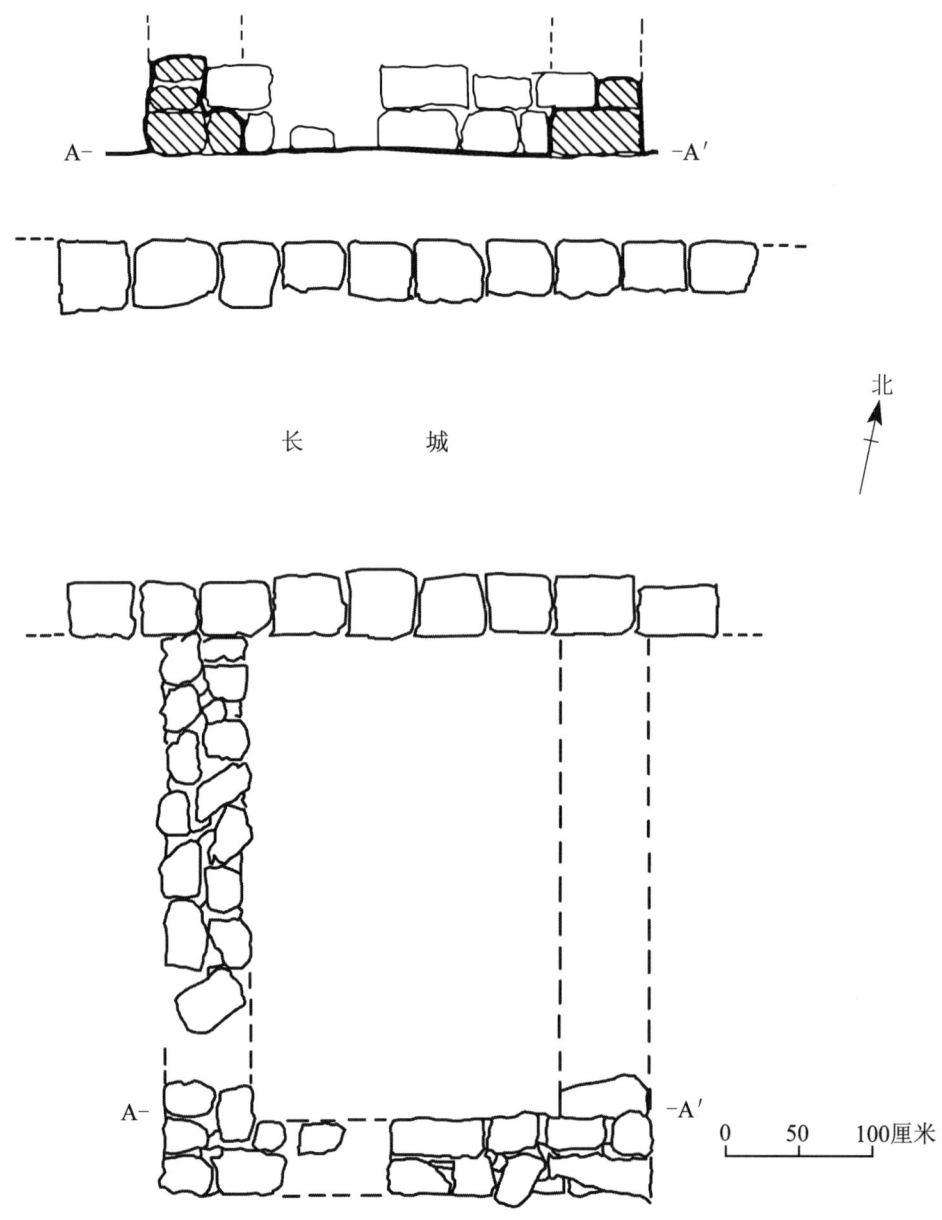

图一一七　车道峪长城 7 号居住址平、剖面图

车道峪长城 11 号居住址（总第 77 号，编码 120225354107170077）

该居住址位于天津市蓟县下营镇车道峪村北、北井峪峡谷内、车道峪长城 14 号敌台南 50 米，地处山脊，西侧为谷底，南、北侧略带缓坡，周围长满树木，杂草丛生。

该居住址自明代修建以来无任何修缮，保存较好。平面呈刀把形，东西长 7.9 米、南北宽 7.5，东南角向南凸出 1.7、宽 3 米，面积约 59.25 平方米。方向为 0°。中心高程 589 米。（图一二一；彩图三九九、四〇〇）

居住址建筑材料为石块，墙体用大小不一的石块干垒，石块之间缝隙无黏结物。居住址上部墙体坍塌不存，四周墙体部分坍塌，南墙上保存门与窗，整体保存较好。居住址依靠山体，高 1.5 ~ 1.7 米，东部紧靠山体，东墙中部部分倒塌，西、北墙残高 0.7 ~ 1.5 米，南墙残高 0.6 ~ 1.3 米。南墙中部偏西有一个房门，宽 1 米。南墙刀把中部距地面 0.5 米有一窗，宽 1 米，上部残失，高度不详。

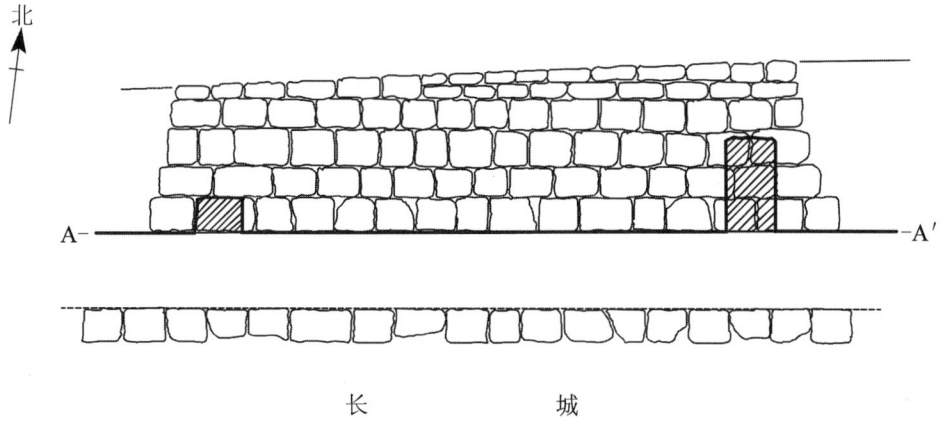

长 城

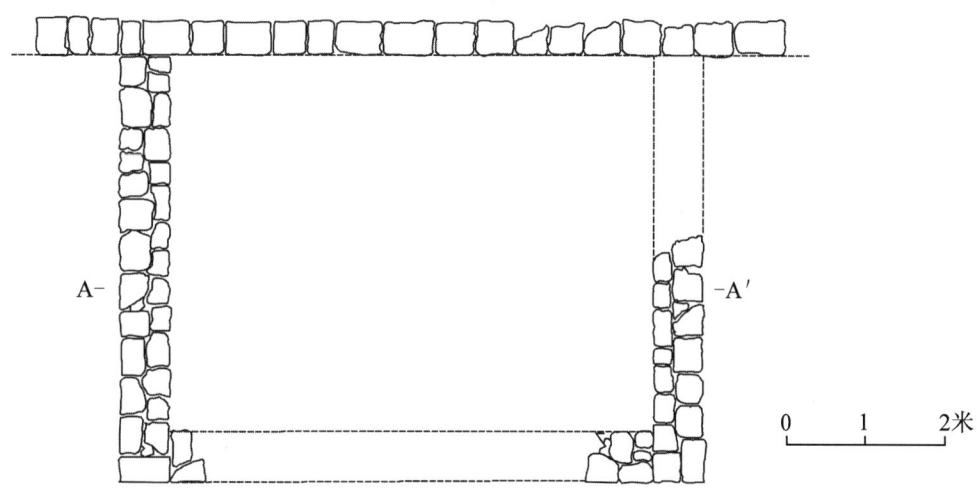

图一一八 车道峪长城 8 号居住址平面、剖视图

居住址上部石块被拆毁、移位现象突出，人为因素破坏极其明显。墙体基础部分倒塌，与垒砌不牢固、自然塌落有关。居住址内部杂草丛生、生长高大树木，根系对现存居住址基础造成一定损坏，对居住址构成严重威胁。

车道峪长城 12 号居住址（总第 78 号，编码 120225354107170078）

该居住址位于天津市蓟县下营镇车道峪村北、车道峪长城 14 段墙体内侧，长城墙体南北向从居住址东部通过，东墙紧贴车道峪长城 14 段墙体，北距车道峪长城 13 号居住址约 67 米。地处山脊西侧为陡坡，周围长满树木，杂草丛生。

该居住址自明代修建以来无任何修缮，保存一般。平面呈长方形，南北长 3.3、东西宽 3、残高 0.5 米，面积约 9.9 平方米。方向为 330°。中心高程 783 米。（图一二二；彩图四〇一）

居住址建筑材料为石块，墙体用大小不一的石块垒砌，石块之间用黄黏土黏结，这样垒砌的墙体比较坚固。墙体部分坍塌，四面墙体保存较好，宽 0.5 米。北墙保存较好，高 0.5 米；东墙紧贴长城墙体内侧，保存较好，高 0.4 米；西墙保存较差，残高 0.25 米；南墙保存一般，残高 0.3 米，东部有门一个，宽 1.1 米。居住址内、外堆积上部坍塌的石块。

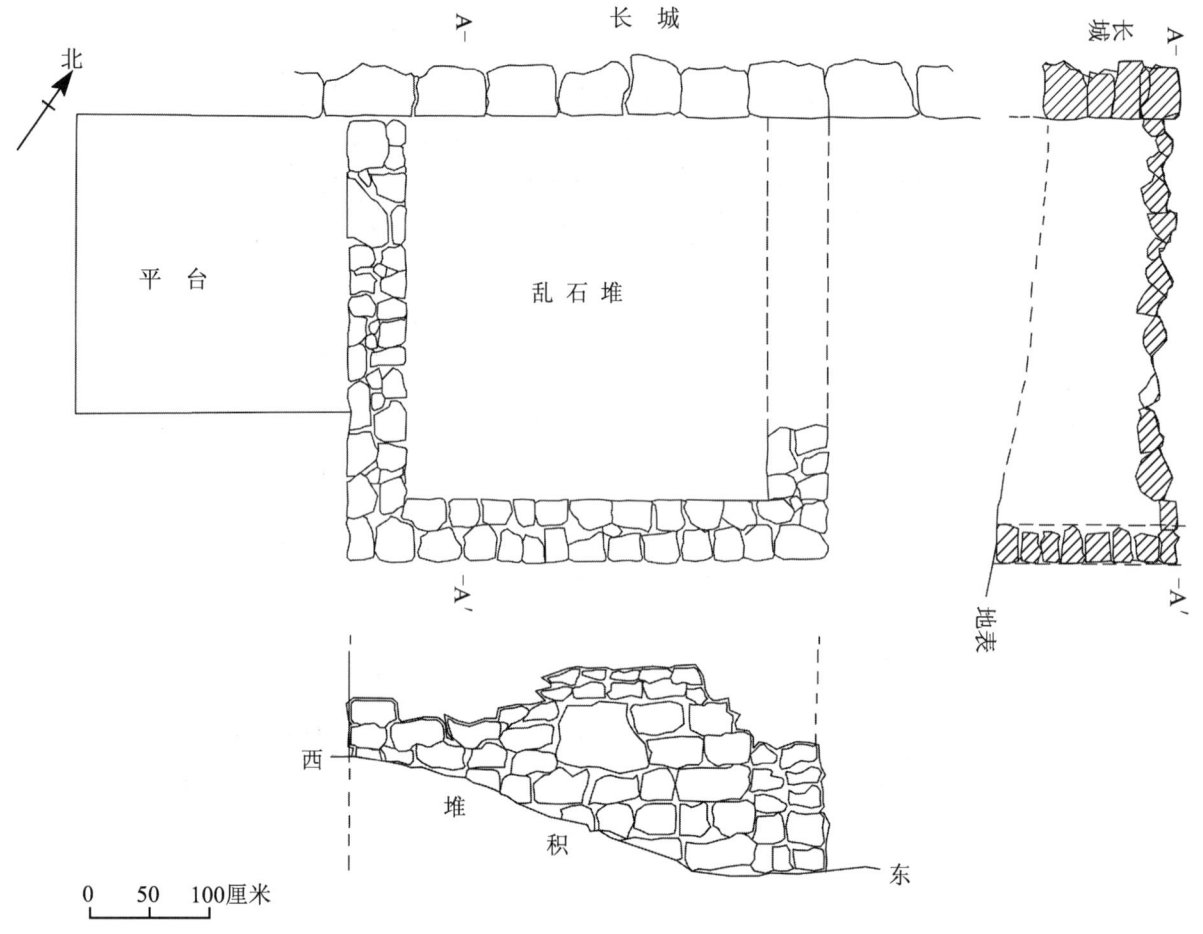

图——九　车道峪长城 9 号居住址平、剖面及南壁正视图

居住址上部石块被拆毁、移位现象突出，人为因素破坏极其明显。墙体基础部分倒塌，与垒砌不牢固、自然塌落有关；居住址内杂草丛生，有零星灌木生长，根系对现存居住址基础构成严重威胁。

车道峪长城 13 号居住址（总第 79 号，编码 120225354107170079）

该居住址位于天津市蓟县下营镇车道峪村北、车道峪长城 14 段墙体内侧，南距车道峪长城 12 号居住址约 67 米。地处山脊，西侧为陡坡，东侧为长城墙体，南、北两侧为缓坡，北高南低，周围长满树木，地上杂草丛生。

该居住址自明代修建以来无任何修缮，保存较差。平面呈长方形，东西长 4.5、南北宽 3.8 米，面积约 17.1 平方米。方向为 330°。中心高程 800 米。（图一二三；彩图四〇二）

居住址建筑材料为石块，墙体用大小不一的石块垒砌，石块之间用黄砂土黏结。居住址上部大部分坍塌，形态尺寸不详；墙体部分坍塌，仅存基础，东墙全部倒塌。房门设在南墙，残高 1 米；西墙基础下垒砌护坡石。居住址地面经过垫平，高于居住址外侧地面，居住址内堆积乱石、长满野草，长有一棵高大树木。四面墙体顶部距居住址内地面高约 0.3 米，距外侧地表高约 0.7 米，墙宽 0.5 米。

此居住址上部石块被拆毁、移位现象突出，人为破坏因素极其明显。墙体基础部分倒塌，与垒砌不牢固、自然塌落有关。居住址内部生长高大树木，根系对居住址墙体破坏严重。

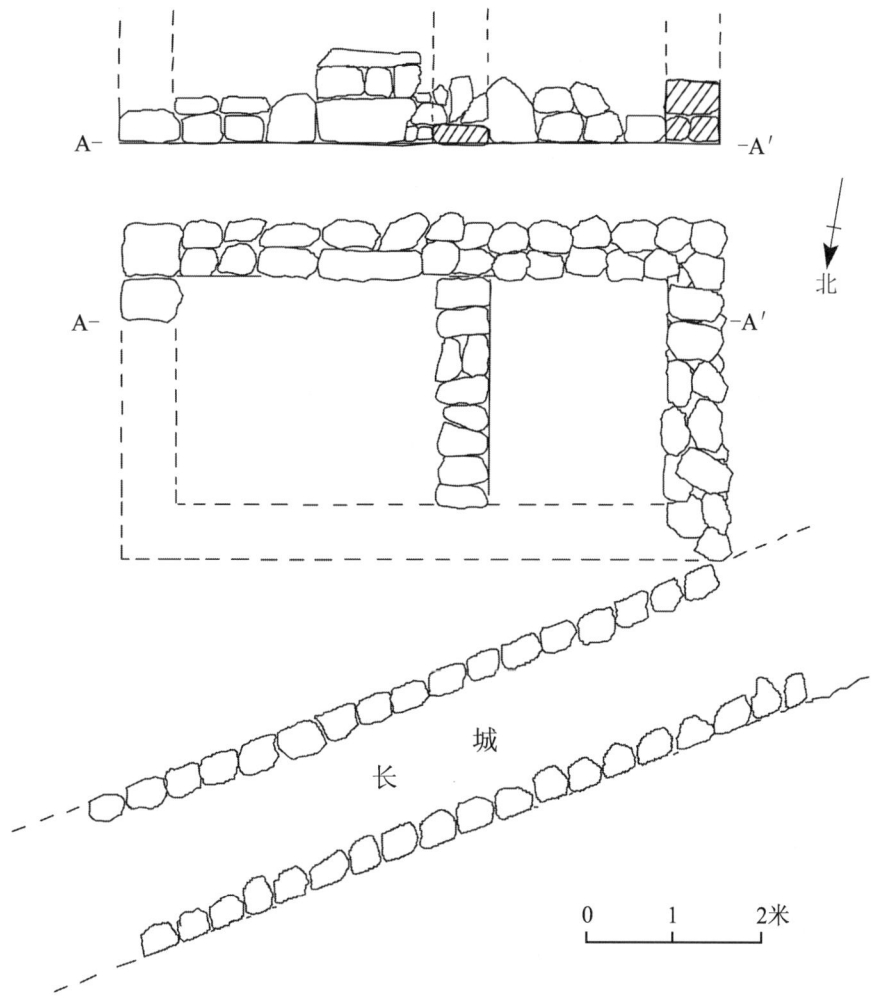

图一二〇 车道峪长城 10 号居住址平、剖面图

车道峪长城 14 号居住址（总第 80 号，编码 120225354107170080）

　　该居住址位于天津市蓟县下营镇车道峪村北、车道峪长城 15 号敌台南 17 米，东距长城墙体 1 米，南距车道峪长城 13 号居住址 65 米。地处山脊，西侧为陡坡，东侧为长城墙体，南、北侧为缓坡，北高南低，周围长满树木，地上杂草丛生。

　　该居住址自明代修建以来无任何修缮，保存一般。平面呈长方形，南北长 6、东西宽 5.3 米，面积约 31.8 平方米。方向为 0°。中心高程 827 米。（图一二四；彩图四〇三）

　　居住址建筑材料为石块，墙体用大小不一的石块垒砌，石块之间缝隙用黄砂土黏结。墙体部分坍塌，北墙保存较好，残高 0.6、宽 0.6 米；东墙保存由东北角往南长 2.75、宽 0.7、高 0.6 米，东墙外侧和长城墙体内侧之间有宽 1 米的过道；南墙依借山体岩石垒砌，长 3.1、宽 0.5 米，居住址门设在南墙，残高 1 米；西墙基础石块保存较完整，墙高 0.3、宽 0.6 米，因西墙下山势较低，故用石块往上垒砌基础，高 0.5 米。西墙体基础下垒砌护坡石。

　　居住址墙体上部石块倒塌，与垒砌不牢固、自然塌落有关；居住址内部杂草丛生，有高大树木生长，根系对现存居住址基础构成严重威胁。

车道峪长城 15 号居住址（总第 81 号，编码 120225354107170081）

　　该居住址位于天津市蓟县下营镇车道峪村北、车道峪长城 15 段墙体内侧 3.5 米，距车道峪长城 15

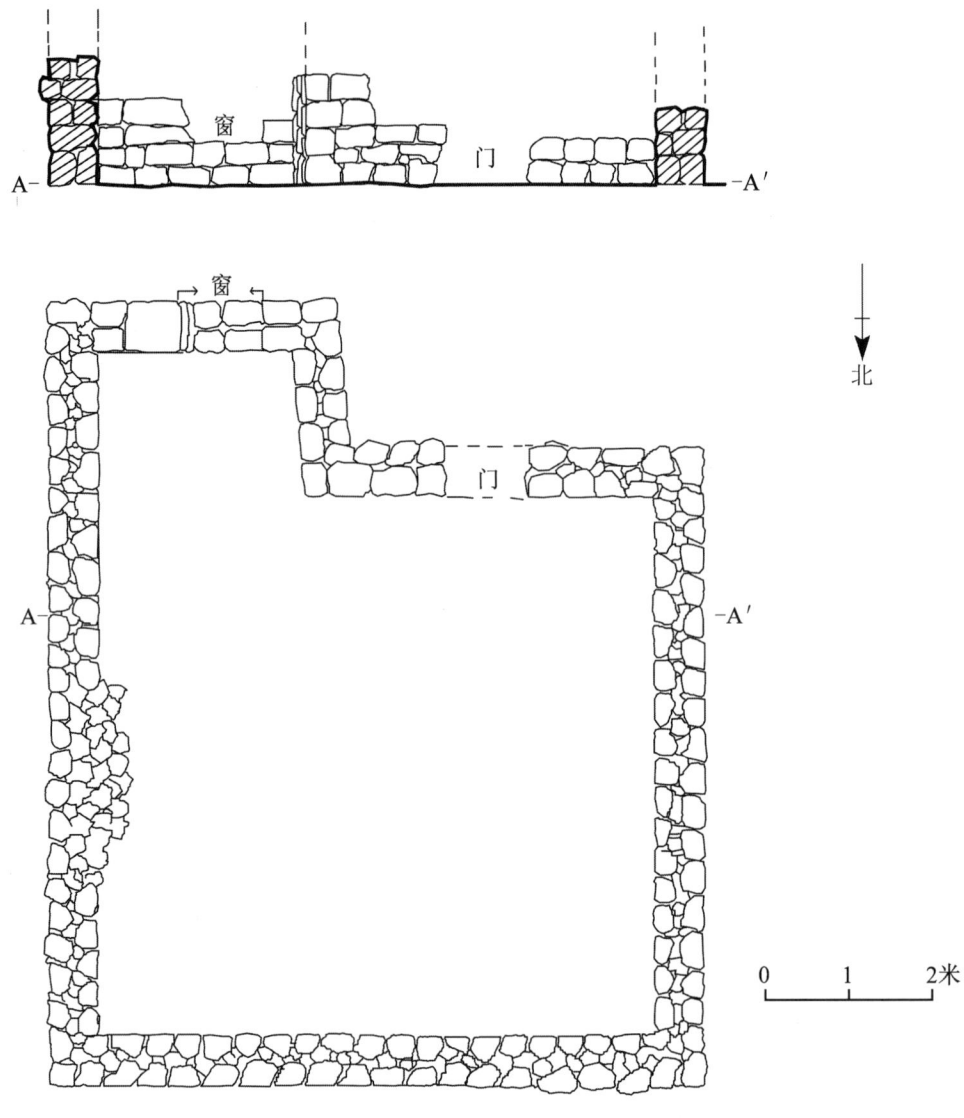

图一二一　车道峪长城 11 号居住址平面、剖视图

号敌台 24 米、车道峪长城 14 号居住址 38 米。地处山脊，西侧为陡坡，南、北侧为缓坡，南高北低东部为长城墙体，周围长满树木，地上杂草丛生。

该居住址自明代修建以来无任何修缮，保存一般。平面呈长方形，东西长 4.1 米，南北尺寸不详，面积约 16 平方米（依现场石块堆积范围）。方向为 335°。中心高程 827 米。（图一二五；彩图四〇四）

居住址建筑材料为石块，墙体用大小不一的石块垒砌，石块之间缝隙用黄土黏结。保存较差，仅存北部基础部分，其他三面全部倒塌，墙宽 0.45、残高约 0.65 米。居住址内堆积乱石，长有野草、树木。

居住址上部部分倒塌，与垒砌不牢固、自然塌落有关。居住址内杂草丛生，有零星高大树木生长，根系对现存居住址基础构成严重威胁。

车道峪长城 16 号居住址（总第 82 号，编码 120225354107170082）

该居住址位于天津市蓟县下营镇车道峪村北、车道峪长城 15 段墙体内侧，南距车道峪长城 15 号居住址约 93 米。地处山脊，南、北两侧为陡坡，北高南低，东、西侧为悬崖，周围长满树木，地上杂草丛生。

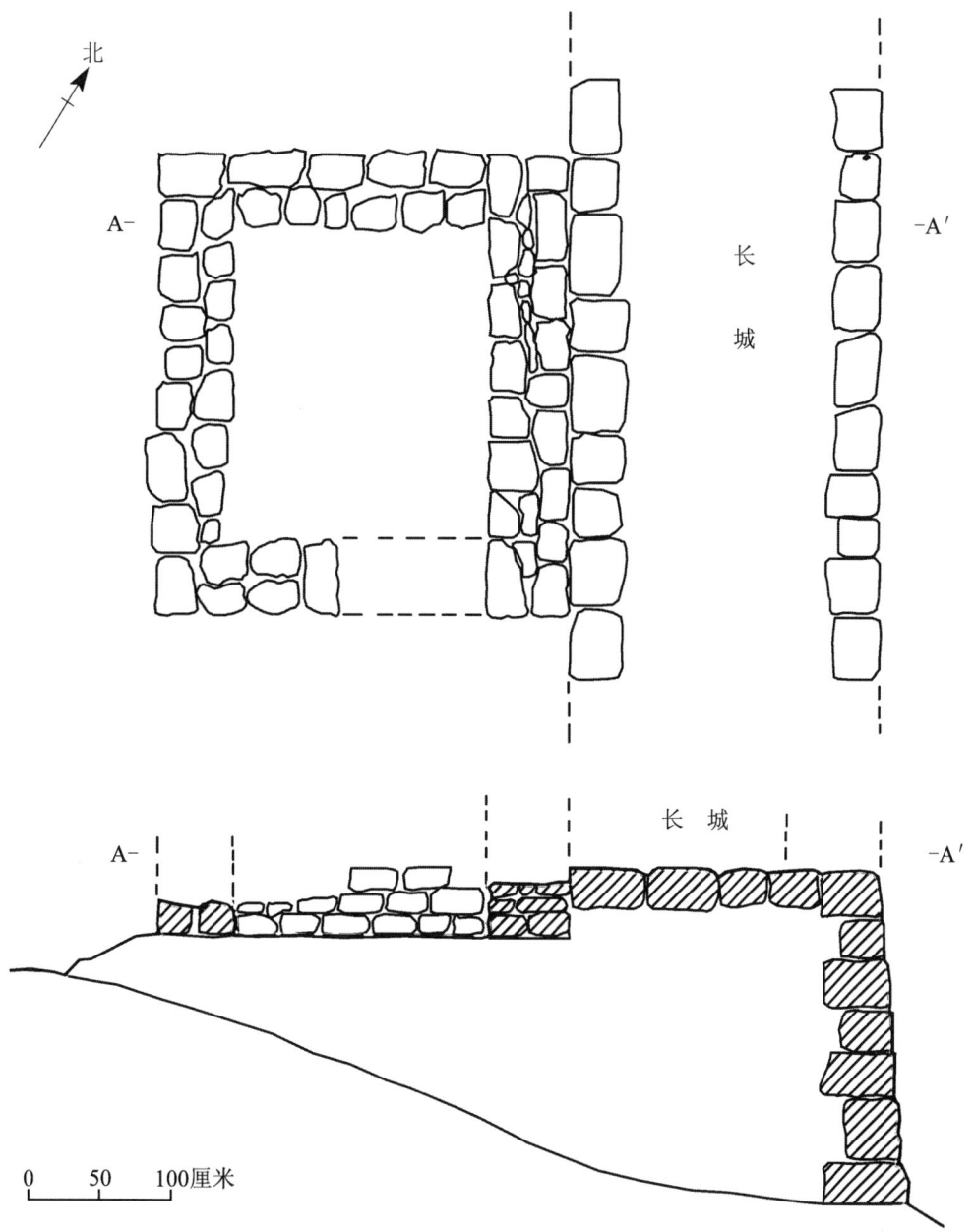

图一二二　车道峪长城 12 号居住址平面、剖视图

　　该居住址自明代修建以来无任何修缮，保存较差。平面呈长方形，南北长约 4.5、东西宽 3.6、残高约 0.3 米，面积约 16.2 平方米。方向为 355°。中心高程 829 米。（图一二六；彩图四〇五）

　　居住址建筑材料为石块，墙体用大小不一的石块干垒，石块之间缝隙无黏结物。墙体全部坍塌，形成乱石堆积，仅存北墙基础，墙宽 0.55 米。居住址内堆积乱石，其他结构不详。

　　居住址上部石块被拆毁、移位现象突出，人为因素破坏极其明显。墙体基础部分倒塌，与垒砌不牢固、自然塌落有关。居住址内杂草丛生，有零星灌木生长，根系对现存居住址基础构成严重威胁。

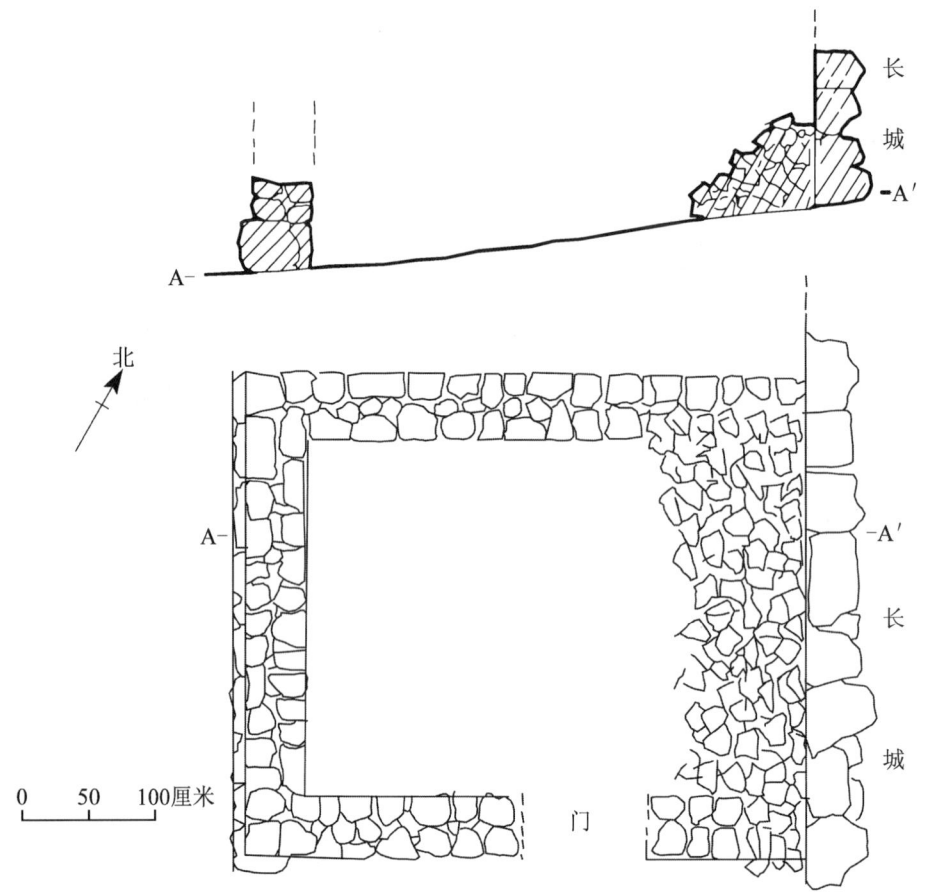

图一二三　车道峪长城 13 号居住址平、剖面图

车道峪长城 17 号居住址（总第 83 号，编码 120225354107170083）

该居住址位于天津市蓟县下营镇车道峪村北、车道峪长城 15 段墙体西 10.3 米，南距车道峪长城 16 号居住址 37 米、车道峪长城 15 号敌台约 0.15 千米。地处山脊，南、北侧为陡坡，北高南低，东、西侧为悬崖，周围长满树木，地上杂草丛生。

该居住址自明代修建以来无任何修缮，保存一般。平面呈长方形，东西长 3.9、南北宽 3.8 米，面积约 14.82 平方米，墙高 0.75、宽 0.5 米。方向为 25°。中心高程 855 米。（图一二七；彩图四〇六）

居住址建筑材料为石块，墙体用大小不一的石块垒砌，石块之间用黄黏土黏结。居住址整体保存较好，仅部分墙体坍塌。南墙东端有门一个，宽 0.8 米，墙体内、外侧堆积坍塌的石块。居住址内东北部长有一棵树，中部地面有坑一个，平面为长方形，长 1.5、宽 1.3、深 0.3 米，用途不详。居住址外南部有残破的灰瓦片数块，长度、宽度不详，厚 1.5 厘米。

居住址上部石块被拆毁、移位现象突出，人为因素破坏极其明显。墙体基础部分倒塌，与垒砌不牢固、自然塌落有关；居住址内杂草丛生，有零星高大树木生长，根系对现存居住址基础构成严重威胁。

车道峪长城 18 号居住址（总第 84 号，编码 120225354107170084）

该居住址位于天津市蓟县下营镇车道峪村北、车道峪长城 15 段墙体西侧 1.6 米，南距车道峪长城 17 号居住址约 50 米。地处山脊，南北两侧较平，西侧为缓坡，东侧较平与长城墙体相邻，周围长满树木，地上杂草丛生。

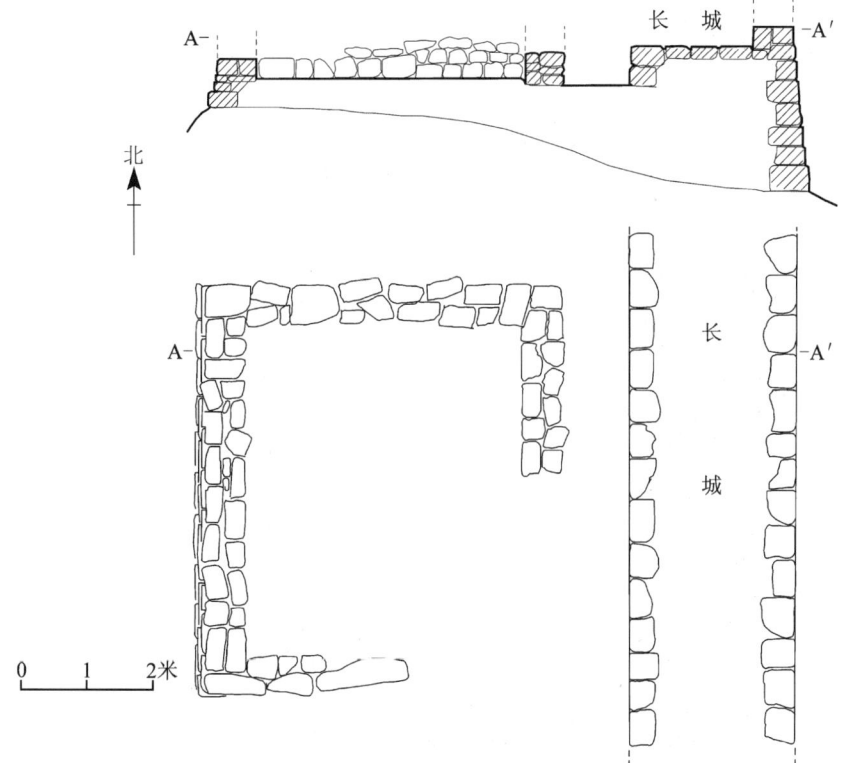

图一二四 车道峪长城 14 号居住址平面、剖视图

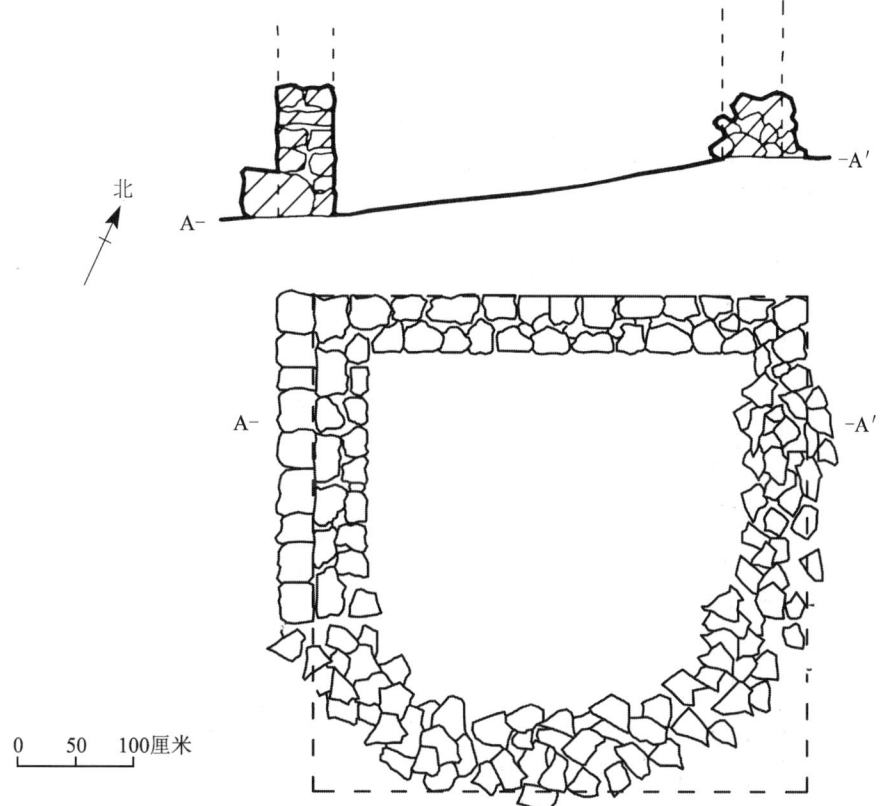

图一二五 车道峪长城 15 号居住址平、剖面图

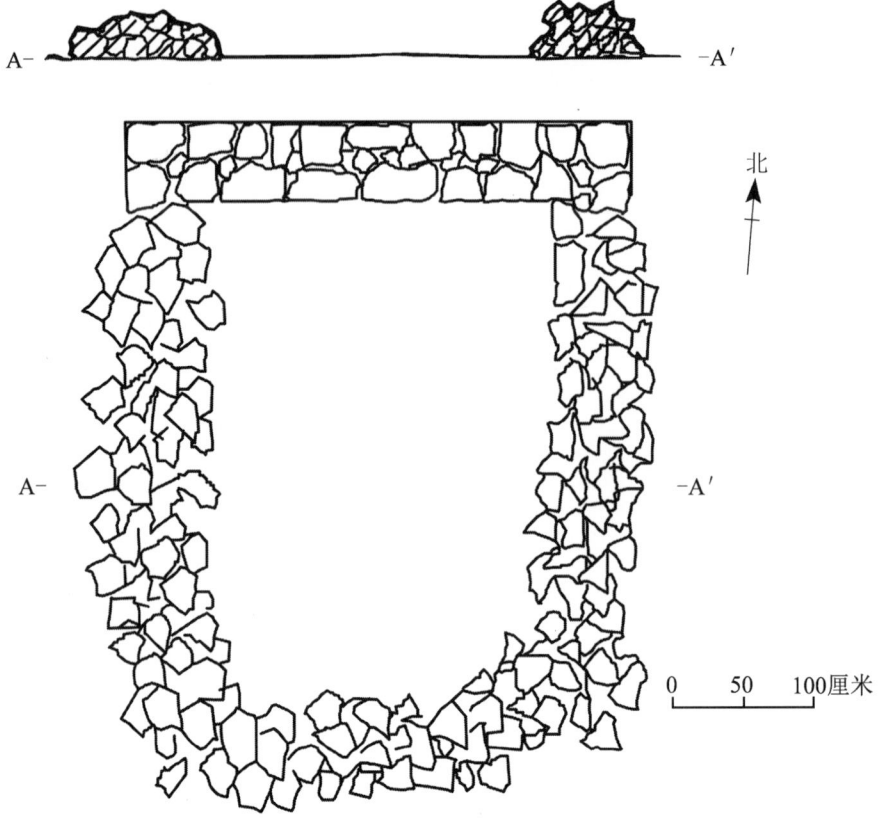

图一二六　车道峪长城 16 号居住址平、剖面图

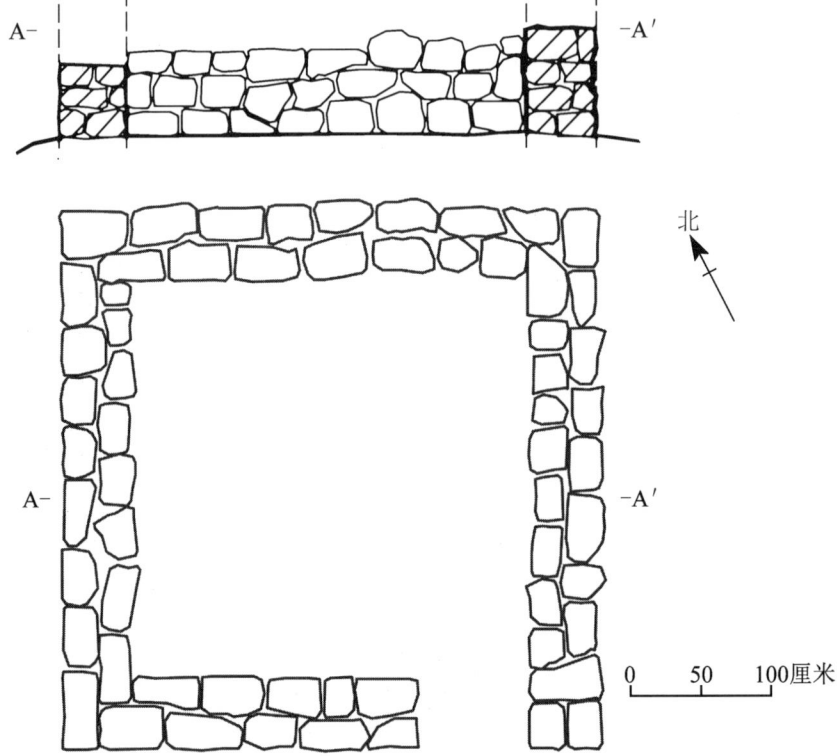

图一二七　车道峪长城 17 号居住址平面、剖视图

该居住址自明代修建以来无任何修缮，保存情况一般。平面呈长方形，东西长 4.1、南北宽 3.8、高 0.85 米，面积约 15.58 平方米。方向为 25°。中心高程 852 米。（图一二八；彩图四〇七）

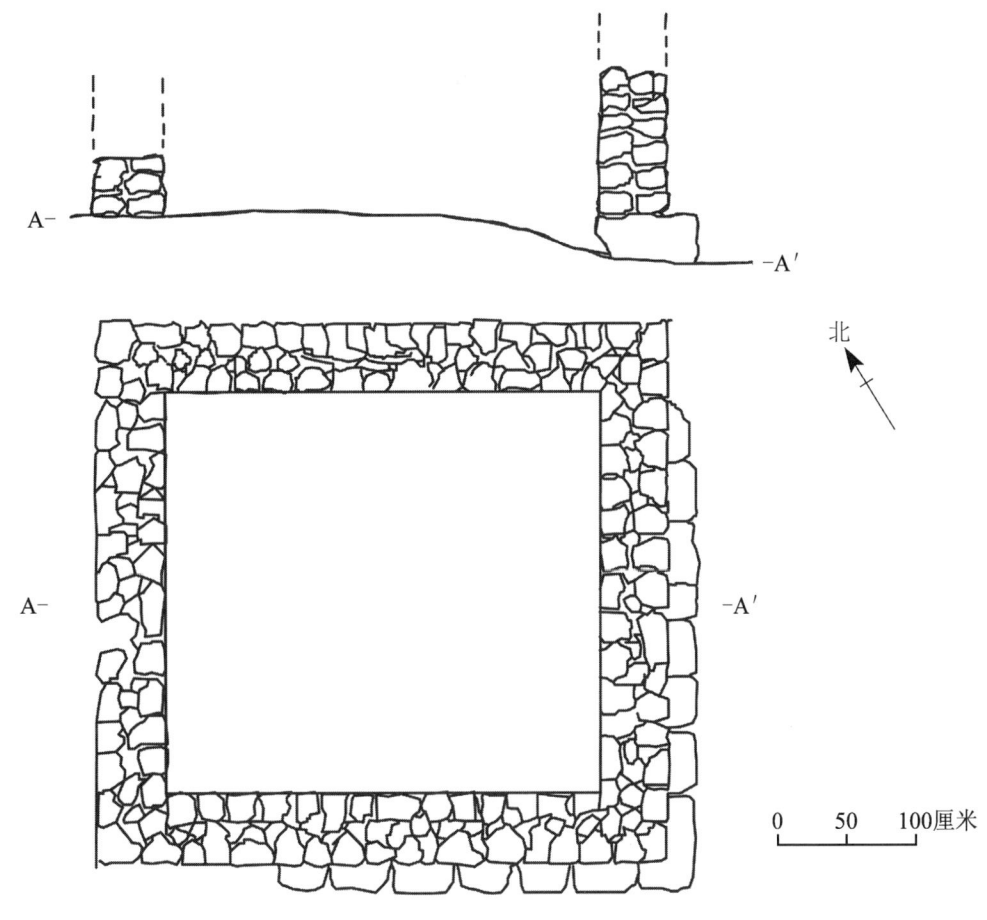

图一二八　车道峪长城 18 号居住址平、剖面图

居住址建筑材料为石块，墙体用大小不一的石块垒砌，石块之间缝隙均用黄黏土黏结。建在西北高东南低的缓坡上，东、南墙基础石块下垒砌护坡石。居住址顶部坍塌，四面墙体部分坍塌。东墙高 0.5～0.85、北墙高 0.7、西墙高 0.4、南墙高 0.5 米。

居住址基础倒塌，与其垒砌不牢固、自然塌落有关；居住址内部杂草丛生，有零星灌木生长，根系对现存居住址基础构成严重威胁。

车道峪长城 19 号居住址（总第 85 号，编码 120225354107170085）

该居住址位于天津市蓟县下营镇车道峪村北、车道峪长城 15 段墙体西侧 1.2 米，南距车道峪长城 18 号居住址约 60 米。地处山脊，北侧和南侧为山脊，西侧为陡坡，东侧为长城，周围长满树木，地上杂草丛生。

该居住址自明代修建以来无任何修缮，保存一般。平面呈长方形，东西长 4.4、南北宽 4 米，面积约 17.6 平方米。墙高 0.8、宽 0.55 米。方向为 0°。中心高程 866 米。（图一二九；彩图四〇八）

居住址建筑材料为石块，墙体用大小不一的石块垒砌，石块之间缝隙用黄黏土黏结。北、南和西墙均保存较好，东墙部分坍塌。

居住址上部石块被拆毁、移位现象突出，人为因素破坏极其明显。居住址内杂草丛生，有高大树木生长，根系对现存居住址基础构成严重威胁。

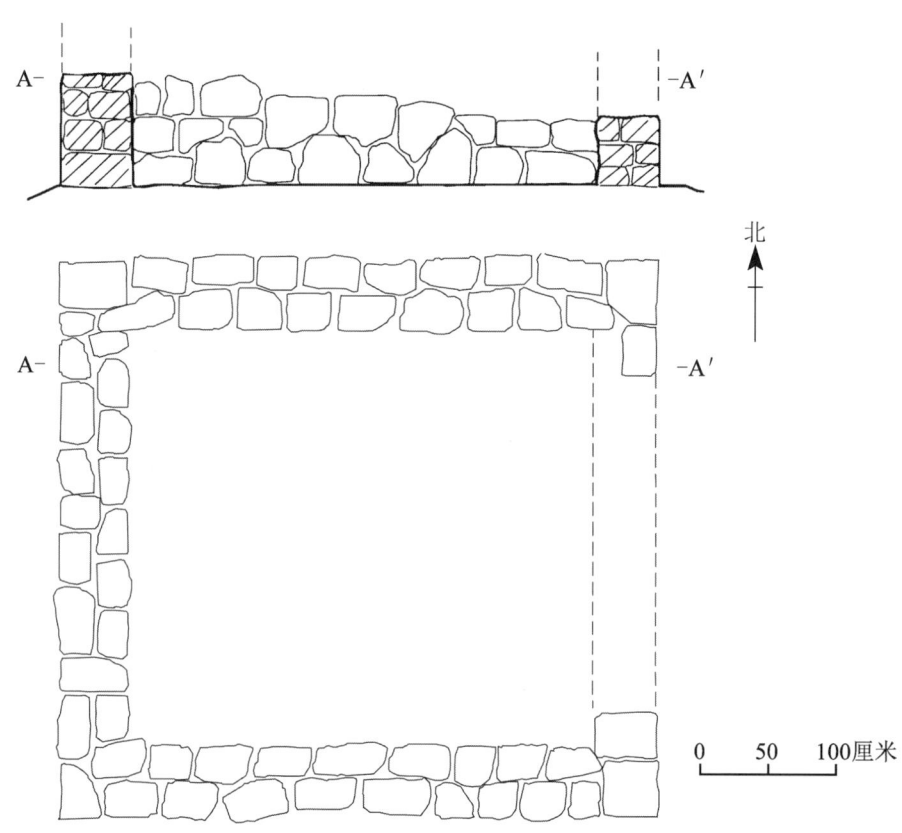

图一二九　车道峪长城 19 号居住址平面、剖视图

车道峪长城 20 号居住址（总第 86 号，编码 120225354107170086）

该居住址位于天津市蓟县下营镇车道峪村北、车道峪长城 16 号敌台东北 7 米，西距长城墙体 6.5 米。地处山脊，北侧和西侧为陡坡，东侧和南侧为缓坡，周围长满树木，地上杂草丛生。

该居住址自明代修建以来无任何修缮，保存较好。平面略呈刀把形，南北长 15、东西宽 10 米，面积约 150 平方米，东南部向外延伸 2.5 米。方向为 10°。中心高程 917 米。（图一三○；彩图四○九、四一○）

居住址建筑材料为石块，墙体用大小不一的石块干垒，石块之间缝隙无黏结物。墙宽 0.5 米。

居住址墙体部分坍塌，保存较好。分南、北两部分，共 3 间。南部 1 间，东南部向南延出长 2.5、宽 2.7 米，上部被破坏，从现状分析延出部分可能为进房门道，房间长 10、宽 7 米，四面墙体均保存较好，地面比北部居住址地面低 0.5 米，比东南部延出的门道高 0.3 米，墙宽 0.5、高 0.5 ~ 1.05 米。

北部为 2 间，西侧房间长 7、宽 6 米，四面墙体保存较好，高 0.5 ~ 0.8 米。东侧房间长 6、宽 3 米，高 0.3 米，地面比西侧房间高 0.3 米，西墙有门 1 个，宽 0.75 米。居住址内、外堆积顶部坍塌的石块。

居住址内部杂草丛生，周围及内部生长大量高大树木，根系、树干的生长对现存居住址基础构成严重威胁。

车道峪长城 21 号居住址（总第 87 号，编码 120225354107170087）

该居住址位于天津市蓟县下营镇车道峪村西北、车道峪长城 15 段墙体内侧 2.5 米，北距车道峪长城 17 号敌台约 0.2 千米。地处山脊，东、南、西侧为山险，周围长满树木，地上杂草丛生。

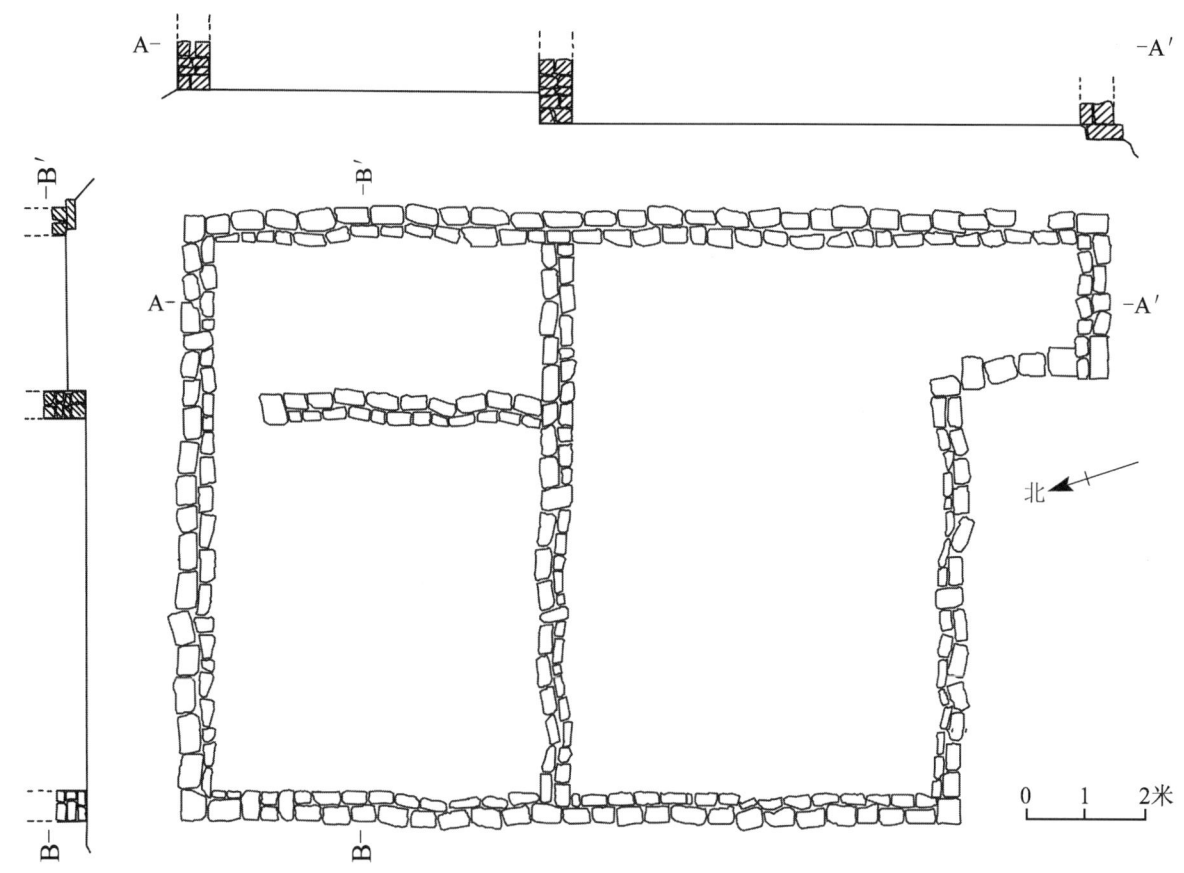

图一三〇　车道峪长城 20 号居住址平、剖面图

该居住址自明代修建以来无任何修缮，保存较差。平面呈正方形，边长 3.6 米，面积约 12.96 平方米，墙宽 0.5 米。方向为 10°。中心高程 874 米。（图一三一；彩图四一一）

居住址建筑材料为石块，墙体用大小不一的石块干垒，石块之间缝隙无黏结物。居住址墙体坍塌，仅存基础部分，残高 0.2 ~ 0.5 米，东墙中部有一块天然大岩石墙体用来当作垒砌墙体材料。居住址内地面平坦，经过人为加工垫高，比北墙外侧高出 0.5 米。北墙顶部距外侧地表高 1 米，距内侧地面高 0.5 米。

居住址上部石块被拆毁、移位现象突出，人为因素破坏极其明显。墙体基础部分倒塌，与垒砌不牢固、自然塌落有关；居住址内杂草丛生，有零星灌木生长，根系对现存居住址基础构成严重威胁。

车道峪长城 22 号居住址（总第 88 号，编码 120225354107170088）

该居住址位于天津市蓟县下营镇小平安村东约 0.3 千米，东距车道峪长城 11 号烟灶约 20 米。地处山脊，南侧和北侧为陡坡，西侧为缓坡，周围长满树木，地上杂草丛生。

该居住址自明代修建以来无任何修缮，保存一般。平面呈长方形，东西长 11、南北宽 9.7 米，面积约 106.7 平方米，墙高 0.2 ~ 1.5 米。方向为 5°。中心高程 578 米。（图一三二；彩图四一二）

居住址坐落在西低东高的山脊上，建筑材料为石块，墙体用大小不一的石块干垒，石块之间缝隙无黏结物。居住址四面墙体上部全部坍塌，仅保存基础部分。墙宽 0.9 米，居住址内隔墙宽 0.7 米，居住址分大小 4 间。

北墙两边低中间高，高 0.3 ~ 1 米；东墙外侧与地表同高，内高 0.5 米；南墙西南角和中部坍塌，残高 0.5 ~ 1 米；西墙南半部坍塌，北半部保存较好，略有收分，高 1 ~ 1.5 米，中部有一东西向的门道，长 2.9、宽 1.3 米，台阶状，下部有 5 级，上部分辨不清。

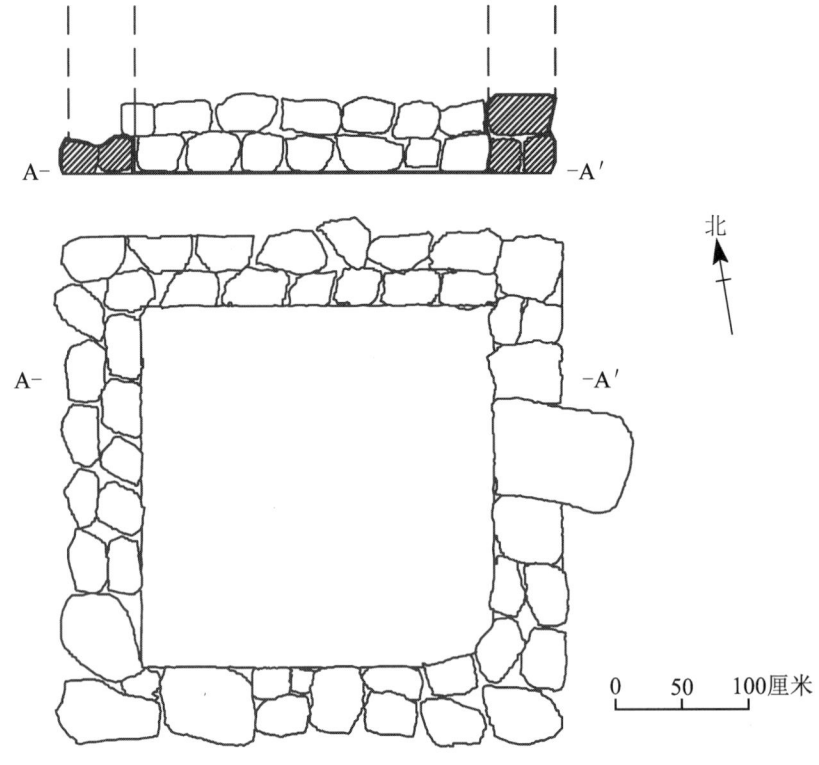

图一三一　车道峪长城 21 号居住址平面、剖视图

居住址北半部为 2 间房，西侧房间长 5、宽 4.3 米；东侧房间长 5.5、宽 4.3 米。南半部为 2 间房，西侧房间长 7.3、宽 5.4 米；东侧房间长 3.7、宽 5.4 米，西南角有房门 1 个，宽 1 米。

居住址上部石块被拆毁、移位现象突出，人为因素破坏极其明显。墙体基础部分倒塌，与垒砌不牢固、自然塌落有关；居住址内杂草丛生，有零星灌木生长，根系对现存居住址基础构成严重威胁。

（四）水窖

车道峪长城 1 号水窖（总第 62 号，编码 120225354199170062）

该水窖位于天津市蓟县下营镇车道峪村东北、车道峪长城 1 号敌台西 5 米。地处山脊，南、北、西侧为缓坡，东侧为敌台，周围长满树木，地上杂草丛生。

该水窖自明代修建以来无任何修缮，保存一般。平面呈不规则形，东西长 2.5、南北宽 2.3、深 0.5 米，面积约 5.5 平方米。方向为 300°。中心高程 958 米。（图一三三；彩图四一三）

水窖建在一缓坡相对较平的地方。建筑材料为石块，窖体用不规则的石块干垒，石块之间未用任何黏结物。东北部交角部分相对较齐，成直角，其他部分不规则，深 0.4～0.5 米，内空，堆满树叶、乱石，长有树木，坍塌严重，外部轮廓分辨不清。

水窖损毁原因主要是自然因素，山坡上季节性地表径流的冲刷，对窖体造成严重破坏。现水窖内杂草丛生，高大乔木、灌木生长，根系对水窖现状构成严重威胁。

车道峪长城 2 号水窖（总第 63 号，编码 120225354199170063）

该水窖位于天津市蓟县下营镇车道峪村东北、车道峪长城 3 号敌台西 16 米，东距车道峪长城 2 号火池 13 米，东南距车道峪长城 2 号居住址 9 米，南距车道峪长城 1 号火池、车道峪长城 4 号烟灶 8.4 米。地处山脊，南侧和西侧为缓坡，北侧为陡坡，周围长满树木，地上杂草丛生。

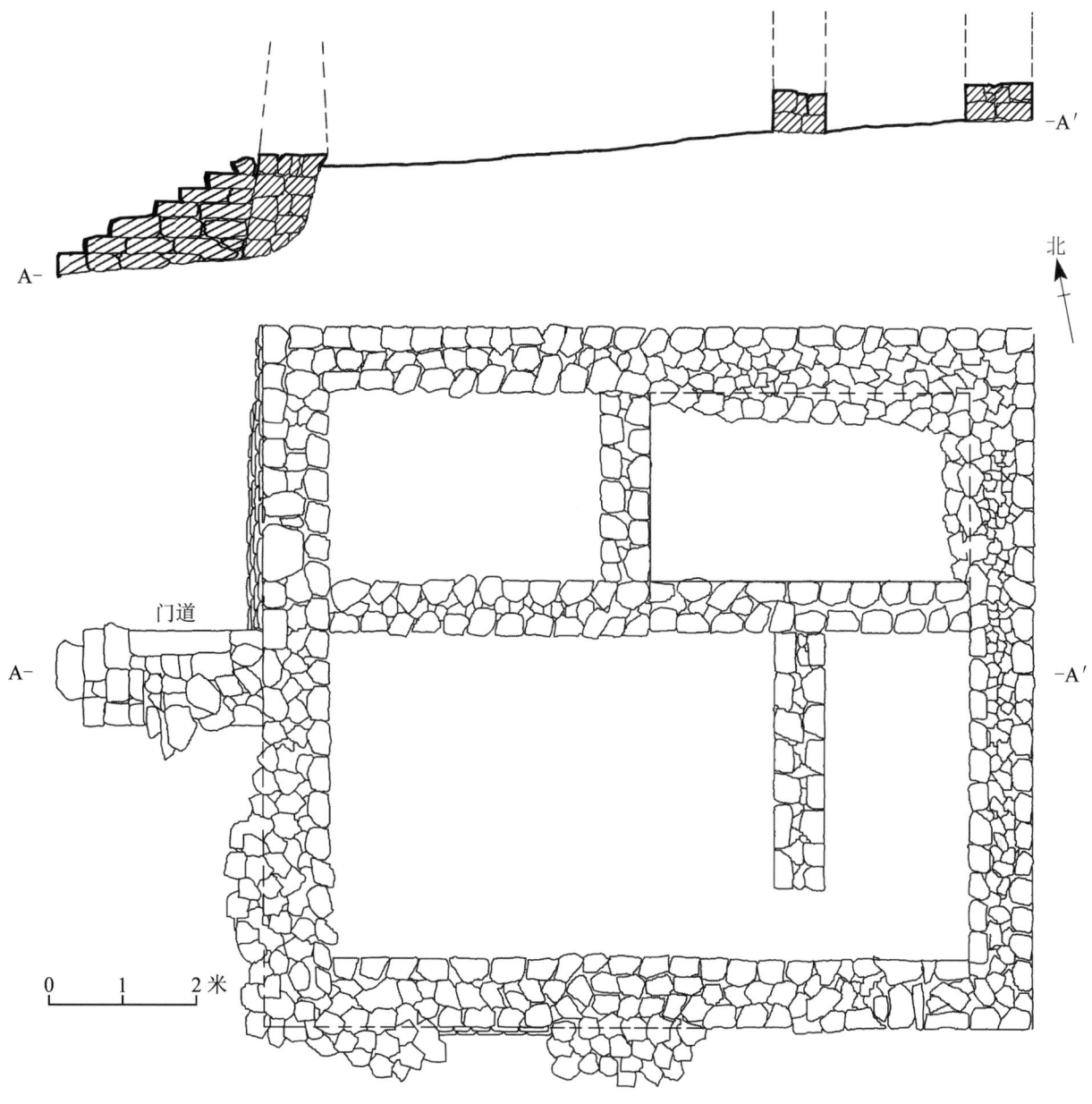

图一三二　车道峪长城 22 号居住址平、剖面图

该水窖自明代修建以来无任何修缮，保存较差。平面呈椭圆形，长径 5、短径 4.6 米，面积约 23 平方米。方向为 300°。中心高程 780 米。（图一三四；彩图四一四）

水窖建筑材料为石块，窖体用不规则的石块干垒，石块之间未用任何黏结物。四壁坍塌严重，窖内乱石堆积。是在山坡上挖一土圆坑垒砌而成，用以蓄水饮用，水窖边沿略呈斜坡状，东南部边沿用石块立砌，窖底有二石块，底略平，深 0.75 米。水窖周围长满树木，窖底堆积树叶。

水窖损毁原因主要是自然因素，山坡上雨水冲刷，对窖体造成严重破坏；水窖石块被移位、搬运现象突出，人为因素破坏较严重。

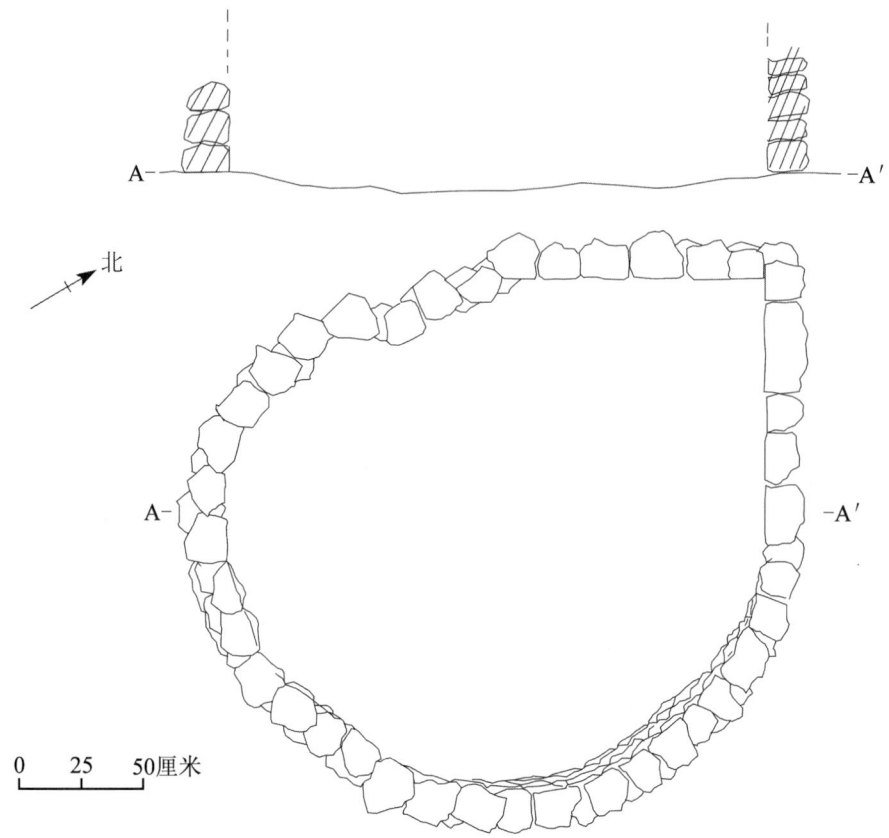

图一三三　车道峪长城 1 号水窖平、剖面图

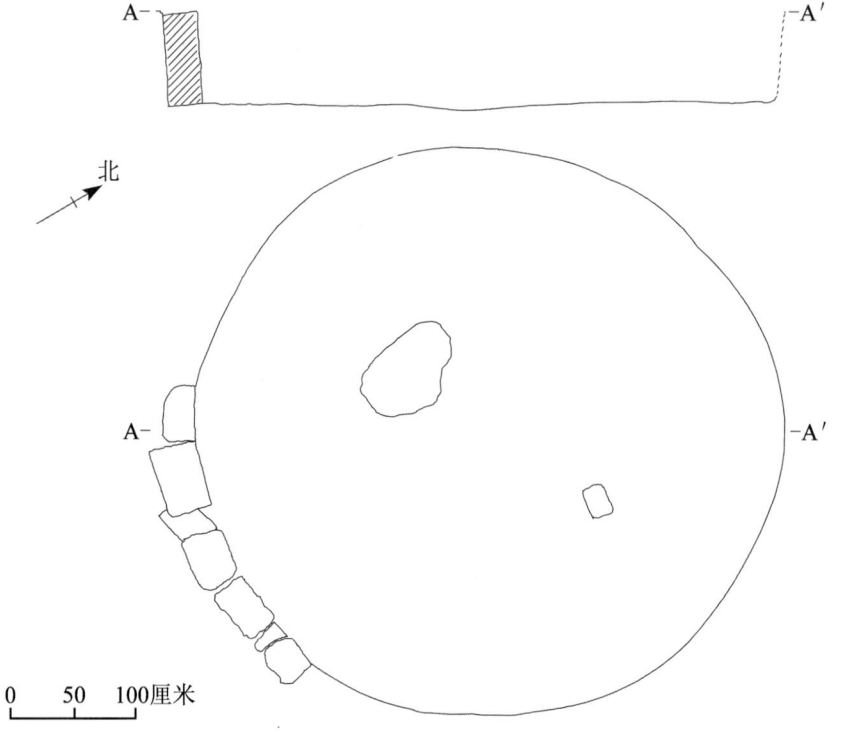

图一三四　车道峪长城 2 号水窖平、剖面图

车道峪长城 3 号水窖（总第 64 号，编码 120225354199170064）

该水窖位于天津市蓟县下营镇车道峪村北的小枣坡山脊上，北距车道峪长城 5 号烟灶 11 米、车道峪长城 6 号敌台中心点 25 米。地处山脊，北侧和南侧为山脊，较平，东、西侧为缓坡，东侧地势较平。周围长满树木，地上杂草丛生。

该水窖自明代修建以来无任何修缮，保存一般。平面呈不规则长方形，南北长 2.7、东西宽 2.2～2.35、深 1.36 米，面积约 6.21 平方米。方向为 0°。中心高程 551 米。（图一三五；彩图四一五）

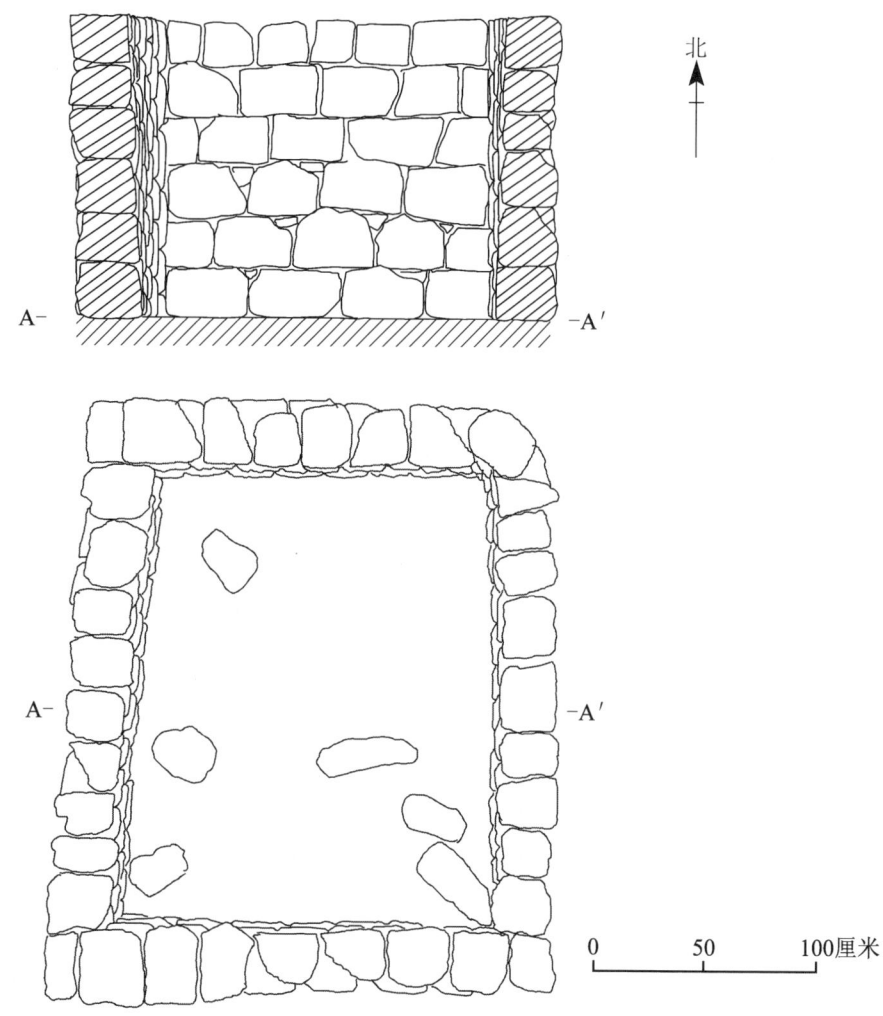

图一三五　车道峪长城 3 号水窖平面、剖视图

水窖建筑材料为石块，窖体用不规则的石块干垒，石块之间未用任何黏结物。水窖北、东和西墙保存较好，南墙东部略有坍塌，残高 0.5 米，底部平坦，有树 5 棵，长满杂草，堆积上部塌落的石块。

水窖损毁原因主要是自然因素，为垒砌不牢固，自然塌落；水窖底部生长高大树木，根系对水窖造成严重损害。

车道峪长城 4 号水窖（总第 65 号，编码 120225354199170065）

该水窖位于天津市蓟县下营镇车道峪村北、车道峪长城 13 号敌台南 10 米，西距长城墙体 3 米。地处山脊，北侧为山体，西侧为长城，南、东侧为陡坡，周围长满树木，地上杂草丛生。

　　该水窖自明代修建以来无任何修缮，保存较好。平面呈椭圆形，口大底小，外侧长径 4.1、短径 2.86 米，内侧长径 3.2、短径 2.5 米，面积约 11.73 平方米。方向为 0°。中心高程 880 米。（图一三六；彩图四一六）

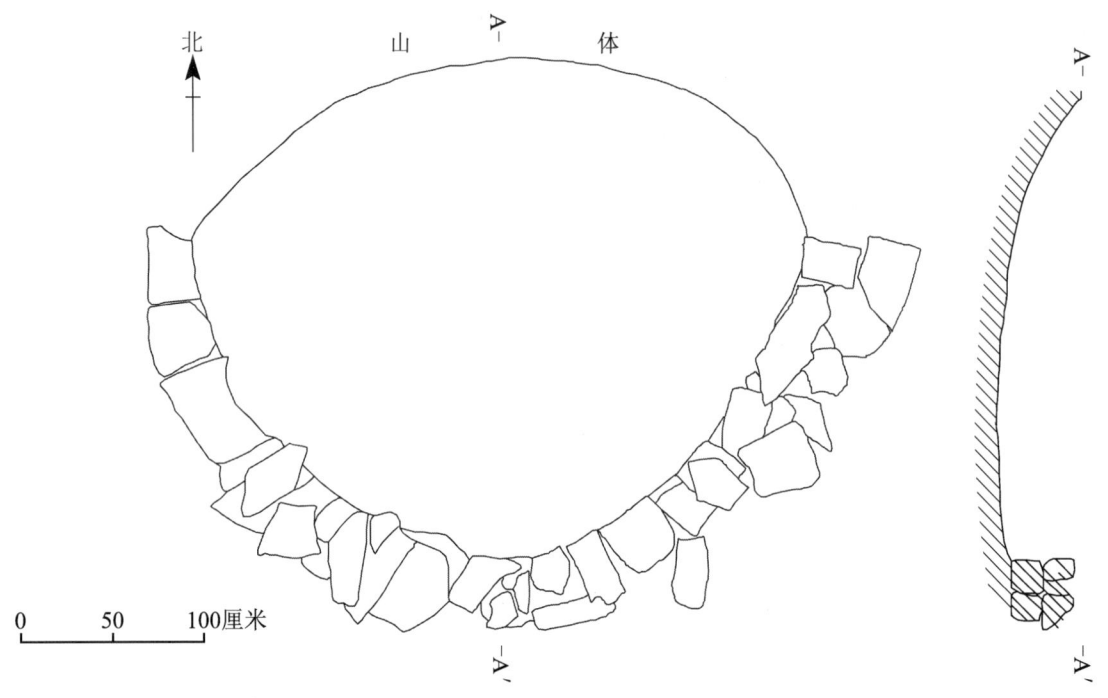

图一三六　车道峪长城 4 号水窖平、剖面图

　　水窖建筑材料为石块，窖体用不规则的石块干垒，石块之间未用任何黏结物。南半部用大小不一的石块干垒，上部石块被人为破坏塌落，残深 0.2～0.5 米；北半部依山体。底部较平坦。南、东侧为陡坡，长有荆条等灌木。

　　水窖损毁原因主要是自然因素，山坡上季节性地表径流的冲刷，对窖体造成严重破坏。水窖内杂草丛生，高大乔木、灌木生长，根系对水窖现状构成严重威胁。

车道峪长城 5 号水窖（总第 66 号，编码 120225354199170066）

　　该水窖位于天津市蓟县下营镇车道峪村西北、车道峪长城 16 段墙体南 6 米，东距车道峪长城 17 号敌台 90 米，西距车道峪长城 18 号敌台 32 米。地处山脊，东、西两侧为北高南低的缓坡，南、北侧为陡坡。周围长满树木，地上杂草丛生。

　　该水窖自明代修建以来无任何修缮，保存较好。平面呈长方形，东西长 4.1、南北宽 3.5、残深 0.4～0.9 米，面积约 14.35 平方米。方向为 30°。中心高程 763 米。（图一三七；彩图四一七）

　　水窖建筑材料为石块，窖体用不规则的石块干垒，内壁收分约 0.05 米，石块之间未用任何黏结物。墙体宽 0.6 米，北壁、西壁保存相对较好，北壁被倒塌的石块覆盖，外侧边缘不清；东壁、南壁保存较差，南壁内、外侧堆积倒塌乱石。水窖底部较平坦。

　　水窖上部石块塌落，北壁被乱石覆盖，损毁原因主要为自然因素破坏，季节性地表径流的冲刷，使水窖石壁坍塌；水窖内长满杂草，周围长满树木，根系对水窖构成潜在威胁。一些石块拆毁、移位现象明显，人为因素破坏不容忽视。

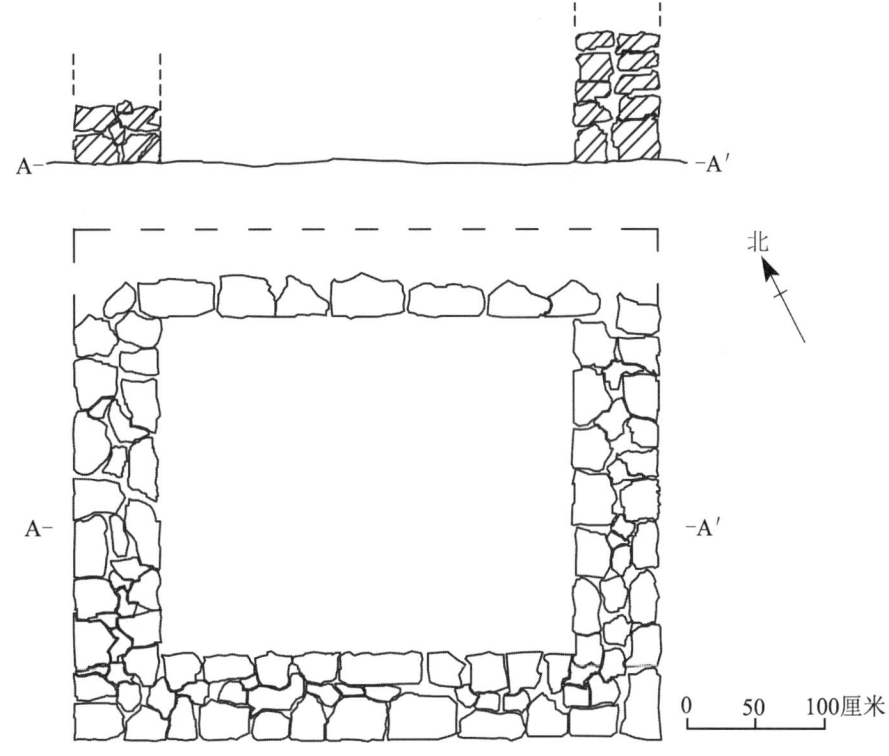

图一三七　车道峪长城5号水窖平、剖面图

（五）烟灶

车道峪长城1号烟灶（总第51号，编码120225354199170051）

该烟灶位于天津市蓟县下营镇车道峪村东北、车道峪长城3号敌台西南47米，东距车道峪长城2号烟灶5.9米、车道峪长城3号烟灶10.8米。地处山脊，东侧为长城，北、南、西侧为缓坡，周围长满树木，地上杂草丛生。

该烟灶自明代修建以来无任何修缮，保存较好。平面呈近正方形，南北长1.9、东西宽1.8、高0.8~1.5米，面积约3.42平方米。方向为330°。中心高程783米。（图一三八；彩图四一八、四一九）

烟灶建筑材料为石块，灶体用大小不一的石块干垒，石块之间未用任何黏结物。烟灶顶部及西南角略坍塌，四壁保存较完整。北壁保存较好，中下部砌灶门一个，平面呈正方形，边长0.3米，墙高0.85~1.5米；东壁保存较好，高0.85米；南壁保存较差，高0.8~0.85米，西南部略有坍塌；西壁保存较差，西南部略有坍塌，高0.8~1.5米，中下部砌灶门一个，宽0.4、高0.32米。地面堆积坍塌的石块，周围长满树木和杂草。

烟灶损毁原因主要是自然坍塌，上部石块塌落，与垒砌不牢固有关。人为拆移烟灶石块的现象也不容忽视。烟灶上部及周围生长高大树木，根系、树干的生长对烟灶本体造成巨大损坏。

车道峪长城2号烟灶（总第52号，编码120225354199170052）

该烟灶位于天津市蓟县下营镇车道峪村东北、车道峪长城3号敌台西30.5米，西距车道峪长城1号烟灶5.9米，东距车道峪长城3号烟灶4.8米。地处山脊，东、西侧为长城，北、南侧为缓坡，周围长满树木，地上杂草丛生。

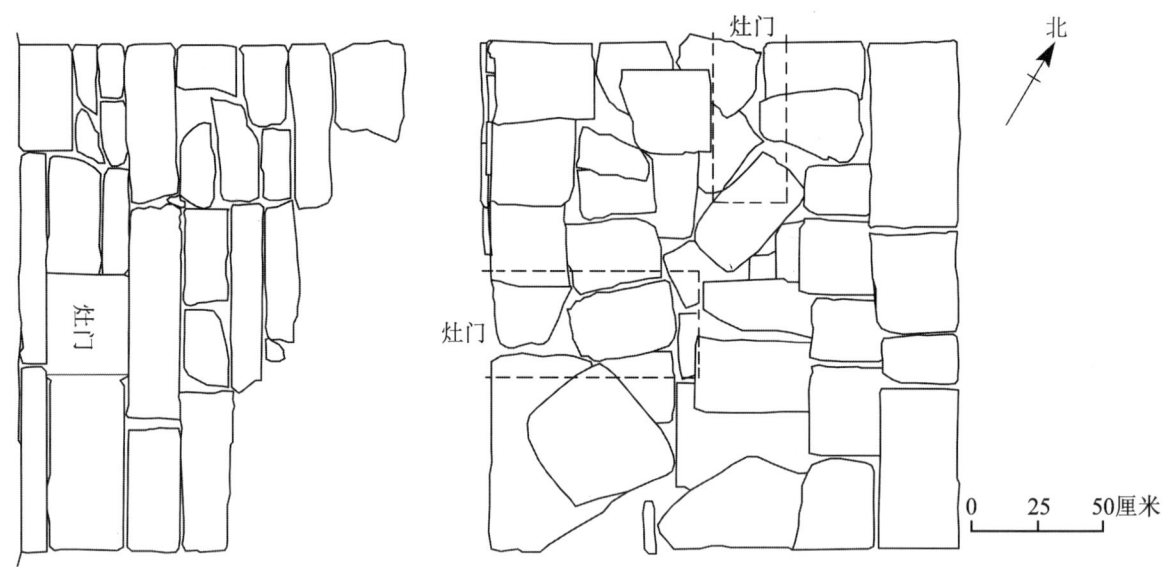

图一三八　车道峪长城 1 号烟灶平面、西壁正视图

该烟灶自明代修建以来无任何修缮，保存一般。平面呈近正方形，东西长 2.3、南北宽 2.1、残高 0.5 ~ 1.15 米，面积约 4.83 平方米。方向为 325°。中心高程 781 米。（图一三九；彩图四二〇、四二一）

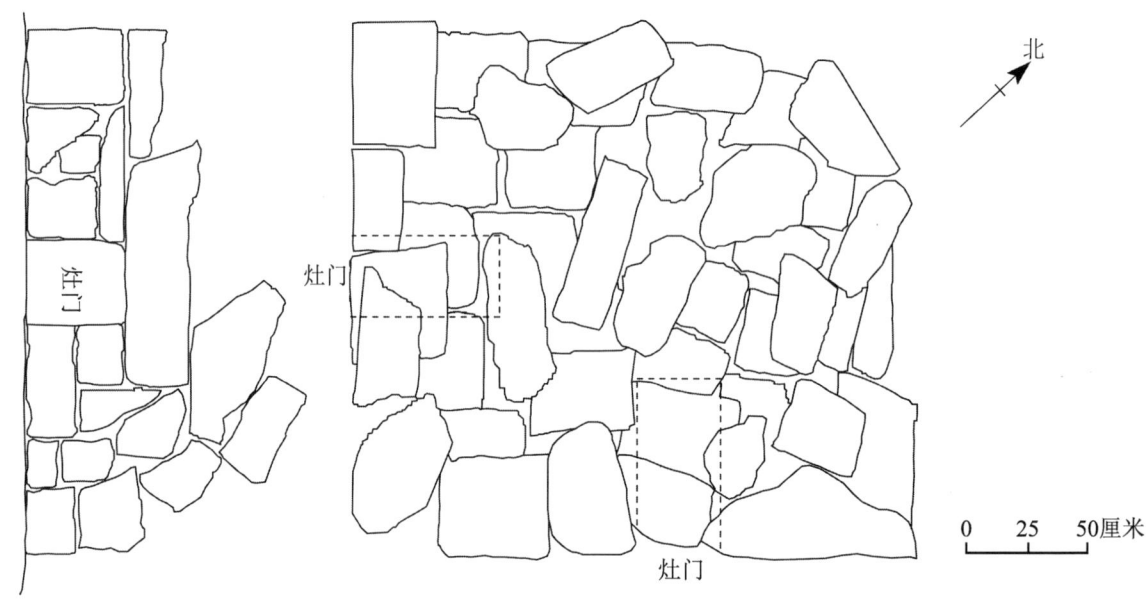

图一三九　车道峪长城 2 号烟灶平面、西壁正视图

烟灶建筑材料为石块，灶体用大小不一的石块干垒，石块之间未用任何黏结物。烟灶顶部坍塌，形态结构不详。北壁东部已坍塌，西部残高 0.5 米；东壁北部坍塌，南部残高 1.15 米；南壁和西壁西南角坍塌，残高 0.6 ~ 1.2 米。南壁中下部砌灶门一个，平面呈长方形，宽 0.35、高 0.4 米。西壁中下部砌灶门一个，平面呈长方形，宽 0.32、高 0.4 米。烟灶周围堆积坍塌的灶体石块。

烟灶损毁原因主要是自然坍塌，与垒砌方法及使用方式有关。烟灶北部及周围生长高大树木，其根系、树干的生长将对烟灶造成毁灭性损坏。

车道峪长城 3 号烟灶（总第 53 号，编码 120225354199170053）

该烟灶位于天津市蓟县下营镇车道峪村东北、车道峪长城 3 号敌台西 23.9 米，距车道峪长城 4 号烟灶 4.9 米，西距车道峪长城 2 号烟灶 4.8 米。地处山脊，东、西侧为长城，北侧和南侧为缓坡，周围长满树木，地上杂草丛生。

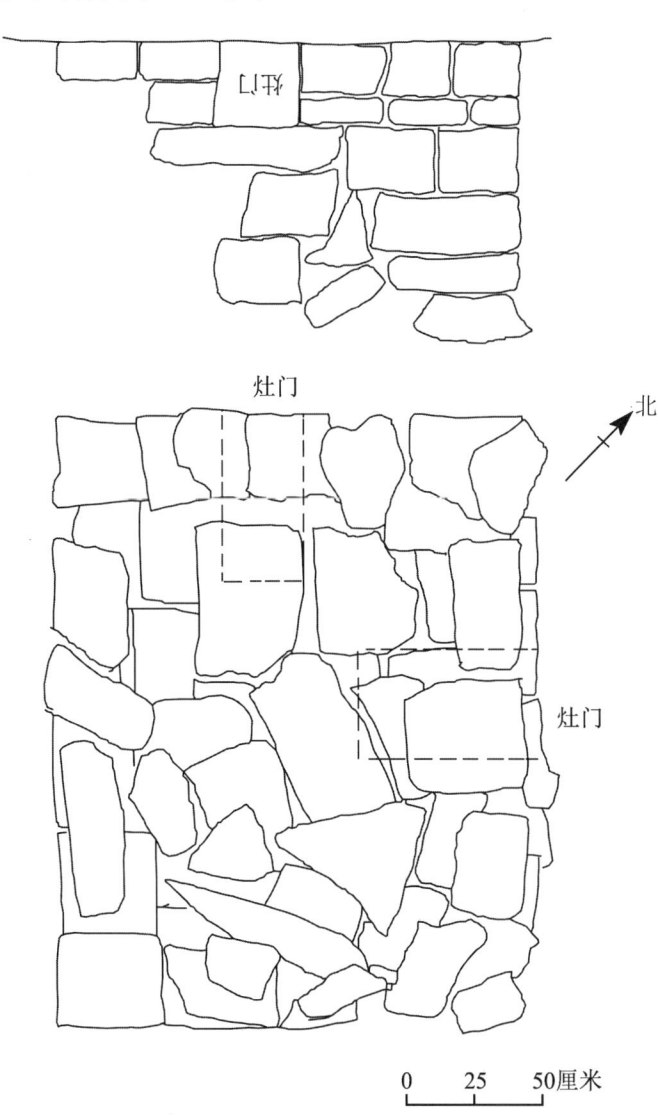

图一四〇　车道峪长城 3 号烟灶平面、北壁正视图

该烟灶自明代修建以来无任何修缮，保存一般。平面呈长方形，南北长 2.2、东西宽 1.8、残高 1.1 米，面积约 3.96 平方米。方向为 320°。中心高程 787 米。（图一四〇；彩图四二二～四二四）

烟灶建筑材料为石块，灶体用大小不一的石块干垒，石块之间未用任何黏结物。上部全部倒塌，形态结构不详。四壁部分坍塌，西北角和东南角坍塌。北壁中下部垒砌灶门一个，灶门平面呈正方形，高 0.3、宽 0.3 米。东壁中下部垒砌灶门一个，灶门平面呈长方形，高 0.3、宽 0.4 米，灶体周围堆积坍塌的石块。

烟灶损毁原因主要是自然坍塌，上部石块塌落严重，人为拆移烟灶石块的现象不容忽视。烟灶上部及周围生长有高大树木，根系、树干的生长将对烟灶造成巨大损坏。

车道峪长城 4 号烟灶（总第 54 号，编码 120225354199170054）

该烟灶位于天津市蓟县下营镇车道峪村东北、车道峪长城 3 号敌台西 17 米，东侧紧贴车道峪长城 1 号火池，西距车道峪长城 3 号烟灶 4.9 米，东距车道峪长城 2 号居住址约 10 米。地处山脊，东、西侧为长城，北侧和南侧为缓坡，周围长满树木，地上杂草丛生。

该烟灶自明代修建以来无任何修缮，保存一般。平面呈长方形，南北长 1.9、东西宽 1.8、残高 0.9 米，面积约 3.42 平方米。方向为 330°。中心高程 787 米。（图一四一；彩图四二五）

烟灶建筑材料为石块，灶体用大小不一的石块干垒，石块之间未用任何黏结物。烟灶上部坍塌，形态结构不详。东壁、西壁、南壁坍塌，仅存底部，北壁下部偏西垒砌灶门一个，宽 0.3～0.46、高 0.3 米。烟灶周围堆积坍塌的石块。

烟灶损毁原因主要是自然坍塌，与垒砌方法及使用方式有关。烟灶上部生长的高大树木将烟灶挤压倒塌，长此以往，将使整个烟灶破坏殆尽。

车道峪长城 5 号烟灶（总第 55 号，编码 120225354199170055）

烟灶位于天津市蓟县车道峪村北的小枣坡山脊上，南距车道峪长城二道边 1 段约 17 米、车道峪长

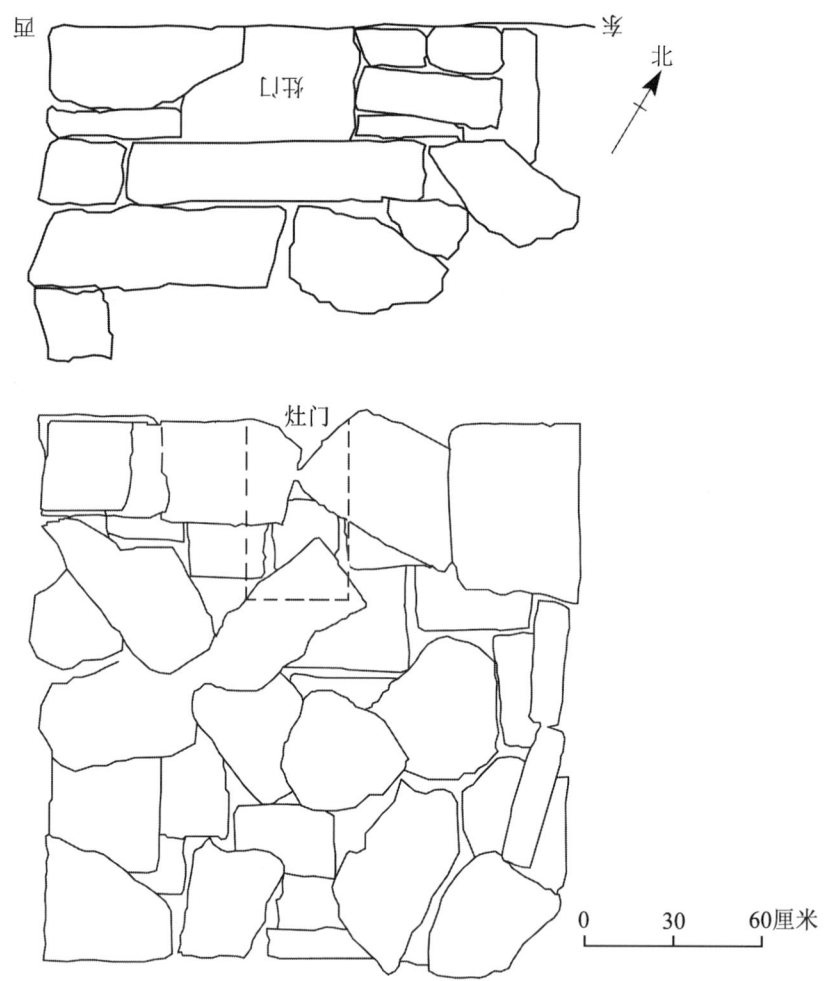

图一四一　车道峪长城 4 号烟灶平面、北壁正视图

城 3 号水窖 11 米，北距车道峪长城 6 号敌台 14 米。地处山脊，北侧为长城墙体，东侧、南侧和西侧为缓坡平地，周围长满树木，地上杂草丛生。

该烟灶自明代修建以来无任何修缮，保存一般。平面呈长方形，南北长 1.5、东西宽 1.25、高 0.4 米，面积约 1.87 平方米。方向为 270°。中心高程 553 米。（图一四二；彩图四二六、四二七）

烟灶建筑材料为石块，灶体用大小不一的石块干垒，石块之间未用任何黏结物。烟灶上部已破坏，形态结构不详。东壁、西壁、南壁坍塌，北壁保存较好。北壁下部偏西垒砌灶门 2 个，东侧灶门（灶门 1）宽 0.3、高 0.28 米；西侧灶门（灶门 2）宽 0.26～0.4、高 0.25 米。

烟灶损毁原因主要是自然坍塌，与垒砌方法及使用方式有关。

车道峪长城 6 号烟灶（总第 56 号，编码 120225354199170056）

该烟灶位于天津市蓟县下营镇车道峪村西北、车道峪长城 15 段墙体内侧，北距车道峪长城 16 号敌台 10.9 米，西南距车道峪长城 7 号烟灶 11 米。地处山脊，东侧地势较缓，南侧和西侧为陡坡，周围长满树木，地上杂草丛生。

该烟灶自明代修建以来无任何修缮，保存较差。平面呈近正方形，东西长 2、南北宽 1.9、高 0.6 米，面积约 3.8 平方米。方向为 50°。中心高程 907 米。（图一四三；彩图四二八、四二九）

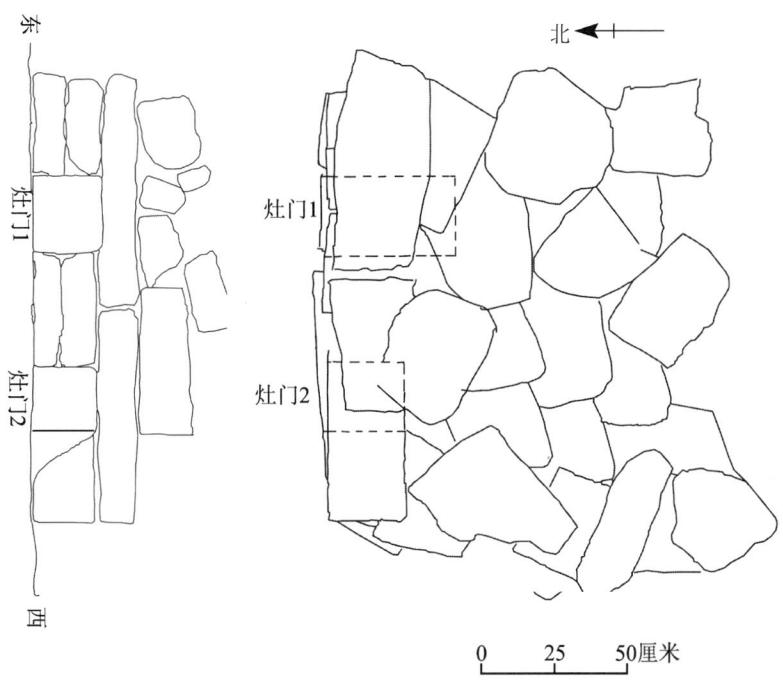

图一四二　车道峪长城 5 号烟灶平面、西壁正视图

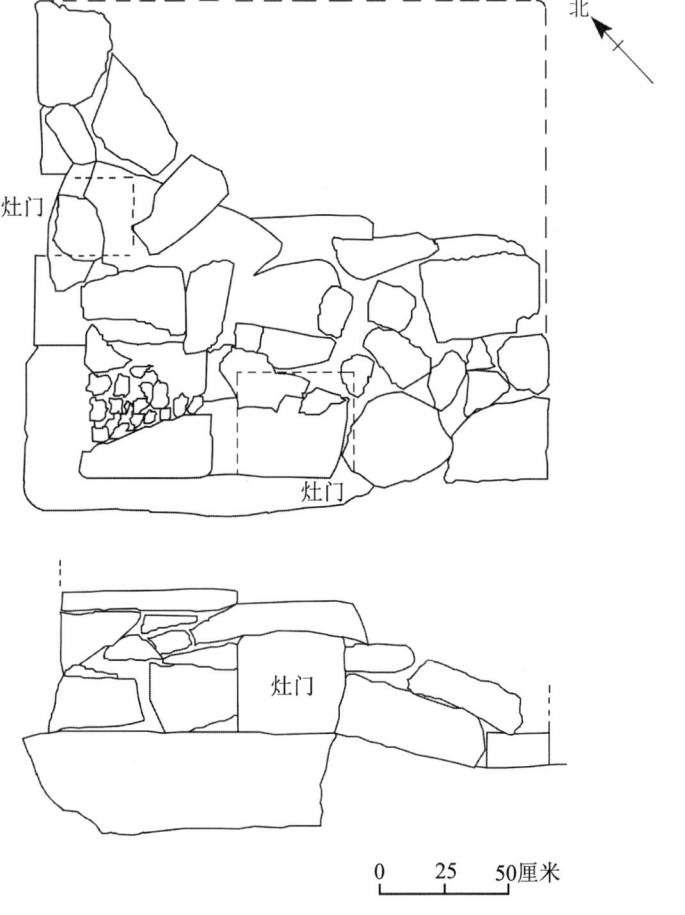

图一四三　车道峪长城 6 号烟灶平面、南壁正视图

　　烟灶建筑材料为石块，灶体用大小不一的石块干垒，石块之间未用任何黏结物。烟灶上部已破坏，形态结构不详。四壁石块塌落，东、北壁坍塌，南壁和西壁保存较好。烟灶东北部长有大树一棵，灶体被大树挤塌，东壁仅存南部，高0.3米；南壁保存较好，中下部、岩石底上部砌灶门一个，平面呈长方形，宽0.4~0.45米，南壁高0.6米；西壁保存较好，中下部砌灶门一个，平面呈长方形，宽0.3、高0.4米，西壁高0.6米。烟灶周围堆积上部坍塌的石块。

　　此烟灶损毁原因主要是自然坍塌，上部石块塌落严重，与垒砌方法及使用方式有关。

车道峪长城7号烟灶（总第57号，编码120225354199170057）

　　该烟灶位于天津市蓟县下营镇车道峪村西北、车道峪长城15段墙体内侧，东距北车道峪长城6号烟灶11米，距车道峪长城16号敌台23.8米。地处山脊，北侧为长城，东侧地势较缓，南侧为陡坡，西侧为峭壁，周围长满树木，地上杂草丛生。

　　该烟灶自明代修建以来无任何修缮，保存一般。平面呈近正方形，南北长2.35、东西宽2.3、高0.7米，面积约5.4平方米。方向为60°。中心高程909米。（图一四四；彩图四三〇）

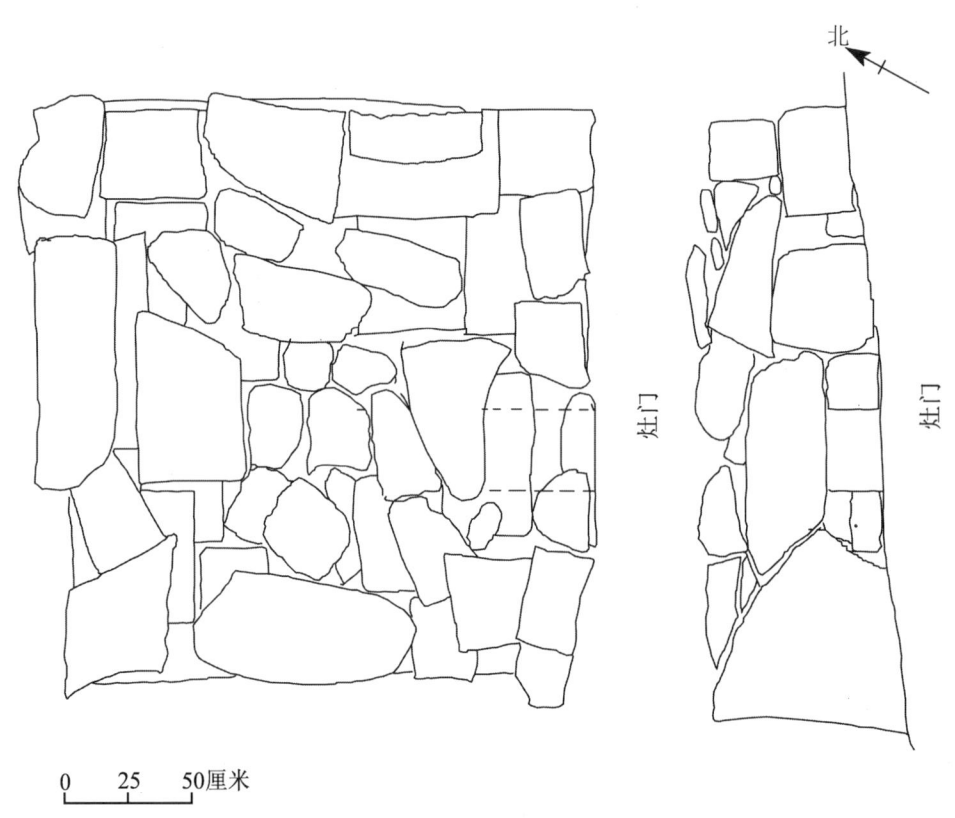

0　　25　　50厘米

图一四四　车道峪长城7号烟灶平面、东壁正视图

　　烟灶建筑材料为石块，灶体用大小不一的石块干垒，石块之间未用任何黏结物。烟灶上部坍塌，形态结构不详。南壁坍塌，其余三壁保存较好。北壁保存较好，高0.5米；东壁中下部砌灶门一个，灶门平面呈长方形，宽0.3、高0.2米，东壁高0.7米；南壁坍塌；西壁保存较好，高0.7米。烟灶周围堆积上部坍塌的石块。

　　烟灶损毁原因主要是自然坍塌，与垒砌方法及使用方式有关。烟灶北侧生长一棵高大树木，根系对现存烟灶基础构成严重威胁。

车道峪长城 8 号烟灶（总第 58 号，编码 120225354199170058）

该烟灶位于天津市蓟县下营镇小平安村东一处东高西低的山梁上，西距车道峪长城 9 号烟灶 10 米。地处山脊，南北两侧为陡坡，东西两侧为缓坡，周围长满树木，地上杂草丛生。

该烟灶自明代修建以来无任何修缮，保存较差。现为乱石堆积，形状不详，长、宽不详，残高 0.3~0.6 米，面积约 3.2 平方米。方向为 340°。中心高程 605 米。（图一四五；彩图四三一）

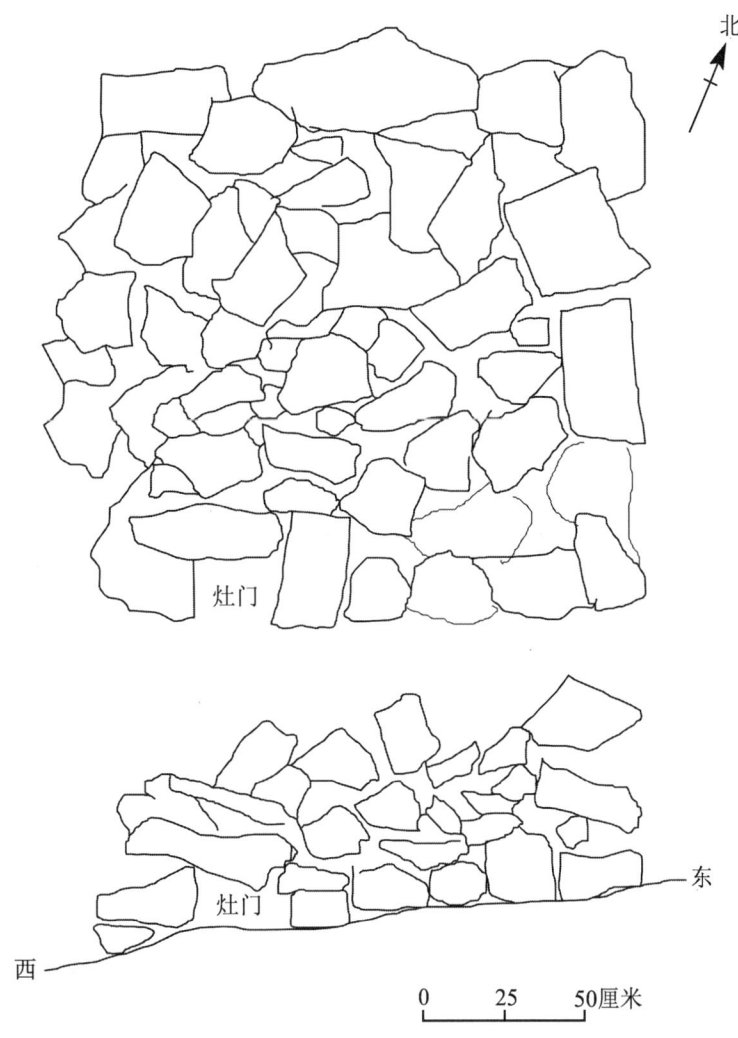

图一四五　车道峪长城 8 号烟灶平面、南壁正视图

烟灶建筑材料为石块，灶体用大小不一的石块干垒，石块之间未用任何黏结物。烟灶全部倒塌，为一乱石堆积，南部残存灶门，无顶部石块，宽 0.3 米，高度不详，进深 0.3 米。未发现其他灶门。

烟灶损毁原因主要是自然坍塌，上部石块塌落严重，人为拆移烟灶石块的现象不容忽视。烟灶顶部及周围低矮灌木生长，根系对烟灶构成潜在威胁。

车道峪长城 9 号烟灶（总第 59 号，编码 120225354199170059）

该烟灶位于天津市蓟县下营镇小平安村东一处山脊上，东距车道峪长城 8 号烟灶约 10 米，西距车道峪长城 10 号烟灶约 20 米。东西两侧为长城，北侧和南侧为陡坡，周围长满树木，地上杂草丛生。

该烟灶自明代修建以来无任何修缮，保存一般。平面呈长方形，南北长 2.25、东西宽 1.95、高 0.75 米，面积约 4.39 平方米。方向为 345°。中心高程 599 米。（图一四六；彩图四三二）

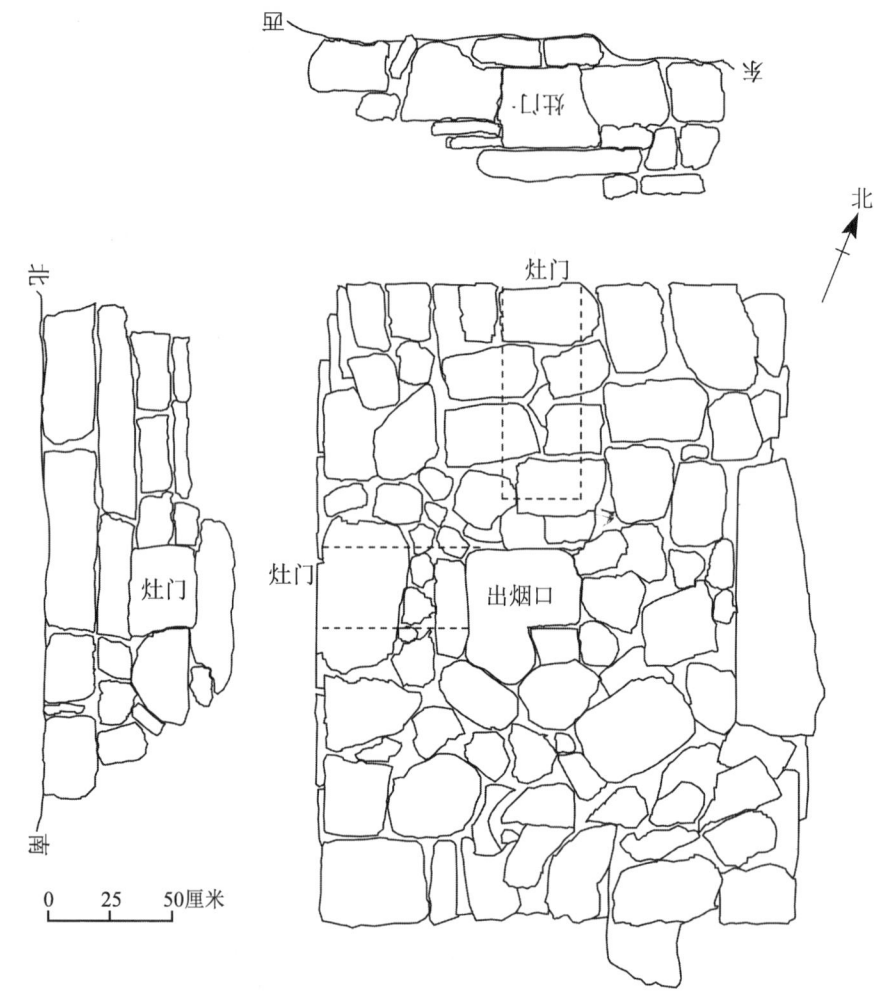

图一四六　车道峪长城 9 号烟灶平面，北、西壁正视图

烟灶建筑材料为石块，灶体用大小不一的石块干垒，石块之间未用任何黏结物。灶体上部坍塌，形态结构不详，仅存北壁、西壁和南壁。北壁保存较好，残高 0.8 米，北壁中下部垒砌灶门一个，平面呈长方形，宽 0.3、高 0.4 米；南壁坍塌；西壁保存较好，中下部垒砌灶门一个，平面呈长方形，宽 0.3 ~ 0.35、高 0.27 米。

烟灶损毁原因主要是自然坍塌，上部石块塌落严重，与垒砌不牢固有关。烟灶顶部及周围低矮灌木的生长，根系对烟灶构成潜在威胁。

车道峪长城 10 号烟灶（总第 60 号，编码 120225354199170060）

该烟灶位于天津市蓟县下营镇太平寨村东一处东高西低的山梁上，西距车道峪长城 11 号烟灶 7 米，东距车道峪长城 9 号烟灶约 20 米。地处山脊，南、北两侧为陡坡，东、西侧为缓坡，周围长满树木，地上杂草丛生。

该烟灶自明代修建以来无任何修缮，保存较差。平面呈长方形，南北长 2.2、东西宽约 2、高 0.75 米，面积约 4.4 平方米。方向为 355°。中心高程 597 米。（图一四七；彩图四三三 ~ 四三五）

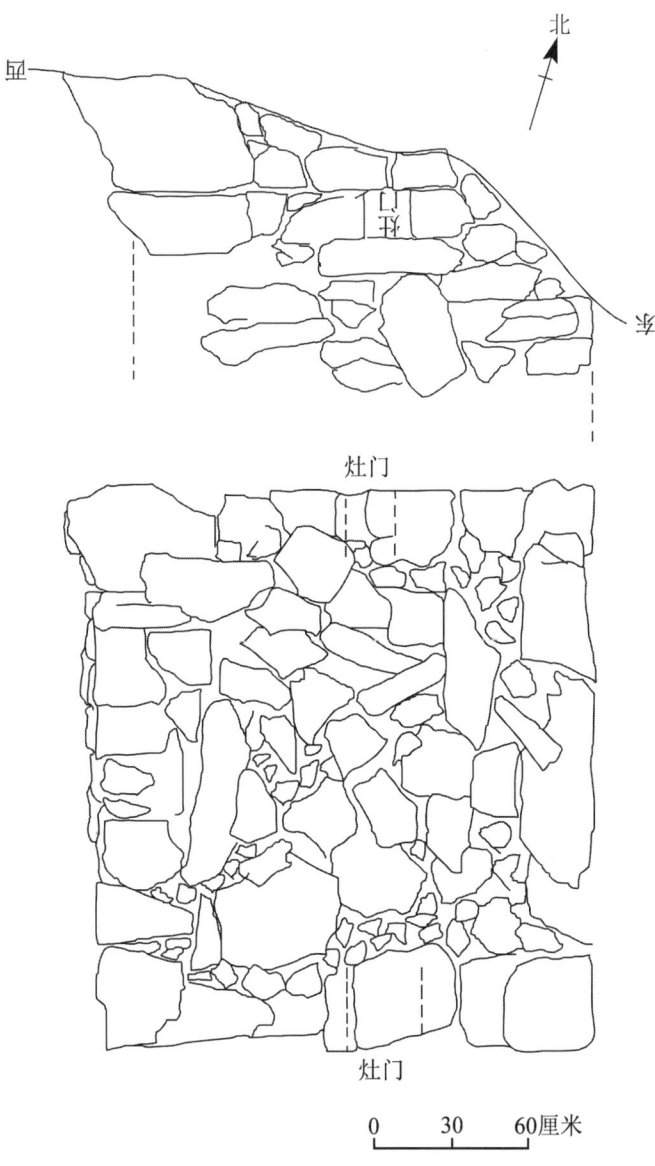

图一四七　车道峪长城 10 号烟灶平面、北壁正视图

　　烟灶建筑材料为石块，灶体用大小不一的石块干垒，石块之间未用任何黏结物。灶体上部全部倒塌，形成一乱石堆积，形态结构不详，只存部分基础石块。北壁和南壁中下部各垒砌灶门一个，南灶门宽 0.3、高 0.15、进深 0.4 米；北灶门宽 0.2、高 0.2、进深 0.6 米。

　　烟灶上部石块塌落严重，其损毁原因主要是自然坍塌。人为拆移烟灶石块的现象不容忽视。

车道峪长城 11 号烟灶（总第 61 号，编码 120225354199170061）

　　该烟灶位于天津市蓟县下营镇太平寨村东一处山脊上，东距车道峪长城 10 号烟灶 7 米，西距车道峪长城 22 号居住址约 20 米。东侧和西侧为山脊，北侧和南侧为陡坡，周围长满树木，地上杂草丛生。

　　该烟灶自明代修建以来无任何修缮，保存一般。平面呈正方形，边长 2.3、高 0.8 米，面积约 5.29 平方米。方向为 335°。中心高程 588 米。（图一四八；彩图四三六、四三七）

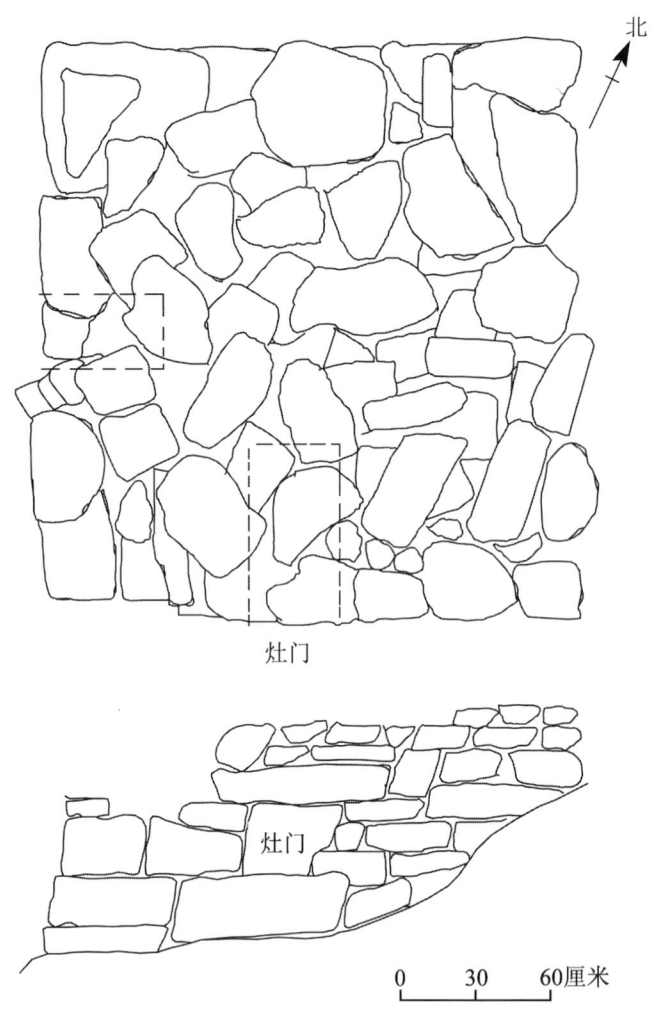

北

灶门

灶门

0   30   60厘米

图一四八　车道峪长城11号烟灶平面、南壁正视图

烟灶建筑材料为石块，灶体用大小不一的石块干垒，石块之间未用任何黏结物。烟灶上部坍塌，形态结构不详。南壁较完整，其他三壁部分坍塌。北壁保存一般，残高0.5米；东壁保存较差，残高0.3米；南壁中部中间垒砌灶门一个，宽0.3~0.4、高0.3米；西壁保存较差，中部中间垒砌灶门一个，宽0.3米，上部坍塌，灶门高度不详。烟灶周围坡地上长满树木杂草。

烟灶损毁原因主要是自然坍塌，与垒砌方法及使用方式有关。烟灶顶部及周围低矮灌木生长，根系对烟灶构成潜在威胁。

（六）火池

车道峪长城1号火池（总第110号，编码120225354199170110）

该火池位于天津市蓟县下营镇车道峪村西北、车道峪长城3号敌台西侧山脊上，东距车道峪长城3号敌台17米、距车道峪长城2号居住址10米，西侧紧贴车道峪长城4号烟灶，北侧和南侧为缓坡，火池周围长满杂草、树木。

该火池建筑材料为石块，池体用大小不一的石块干垒，石块之间未用任何黏结物。自明代修建以来无任何修缮，保存一般。平面为长方形，南北长2、东西宽1.8、高0.2米，面积约3.6平方米。方向330°。中心高程787米。（图一四九；彩图四三八）

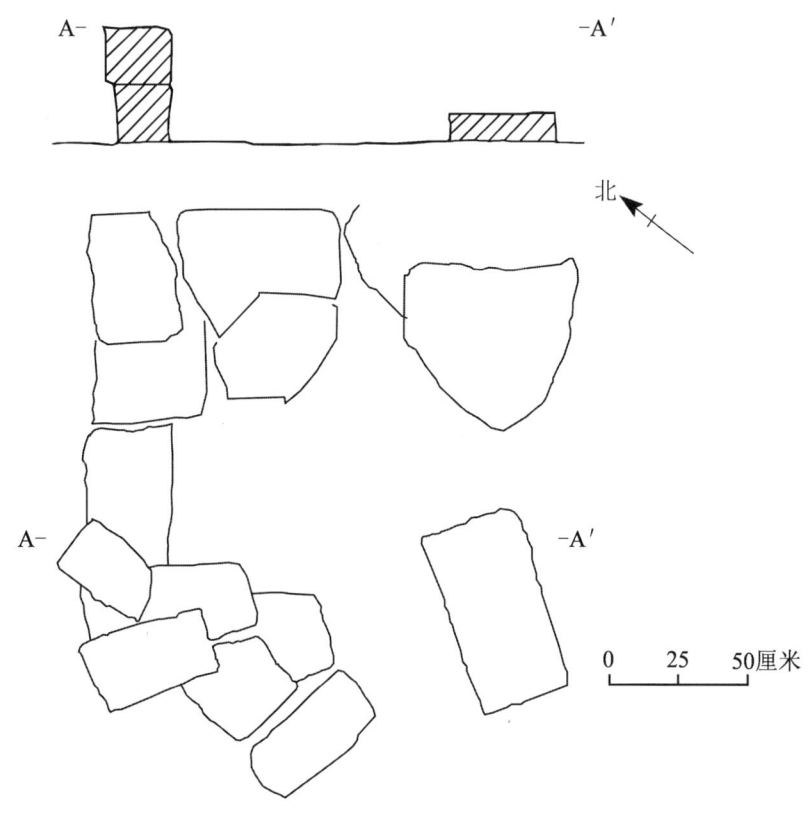

图一四九　车道峪长城1号火池平、剖面图

该火池北壁和南壁坍塌，东壁保存较好，西壁紧贴车道峪长城4号烟灶。

火池损毁原因主要是自然坍塌，与垒砌不牢固、自然塌落有关；火池内及周边杂草丛生、大量灌木生长，根系对现存基础构成严重威胁。

车道峪长城2号火池（总第111号，编码120225354199170111）

该火池位于天津市蓟县下营镇车道峪村西北、车道峪长城3号敌台西侧山脊上，东距车道峪长城3号敌台3米，南距车道峪长城2号烟灶4米，西距车道峪长城1号火池14米。火池北侧为陡坡，周围长满树木、杂草等植被。

火池建筑材料为石块，池体用大小不一的石块干垒，石块之间未用任何黏结物。该火池自明代修建以来无任何修缮，保存较差。平面呈不规则形状，南北长1.45、东西宽1.2米，面积1.74平方米。方向10°。中心高程786米。（图一五〇；彩图四三九）

该火池用4块石块围起。东壁、北壁和西壁用石块平砌而成，高0.15米，南壁用一条石立砌。

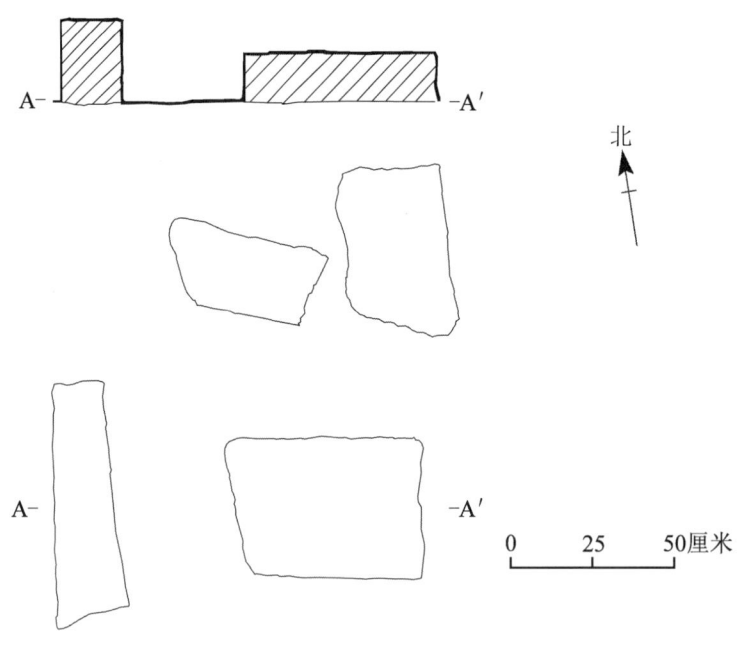

图一五〇　车道峪长城 2 号火池平、剖面图

火池损毁原因主要是自然坍塌和人为拆毁，上部石块移位现象突出，人为因素破坏明显。基础部分倒塌，与垒砌不牢固、自然塌落有关。火池周边杂草丛生、大量灌木生长，根系对现存基础构成严重威胁。

（七）寨堡

车道峪寨堡（编码 120225353102170005）

此寨堡位于天津市蓟县下营镇车道峪村北，地处山谷平地，地势平坦，中心高程 352 米。

此寨堡朝向正南，平面呈长方形，周长 331 米，南、北墙长 91、东、西墙宽 76 米，占地面积约 6916 平方米。（图一五一；彩图四四〇、四四一）

此寨堡墙体类别为石墙，墙用大小不一的石块干垒，石块之间无黏结物。自明代修建以来未经任何修缮，现全部被村民的住房占压，墙体被用作邻居之间的院墙，保存较差，大部分毁损，东墙仅东南角保存长约 10、高 1 米，北、南、西墙被村民建房拆除。现存最高 1 米，最低 0.1 米。

寨堡现被车道峪村所占，至今沿用以前的街道，大部分建筑被人为破坏的荡然无存。据当地村民介绍，仅寨堡南墙偏西部设城门一座，中北部有一庙宇，已拆除，地表无迹可查，形态尺寸不详。寨堡内其他设施不详。

寨堡破坏严重主要是人为因素，该寨堡被村民的住房全部占压，盖房、修院墙等将大部分墙体破坏得面目全非。墙体上及其附近生长许多高大树木，对墙体构成潜在的威胁。

寨堡南门高程 338 米，西南角高程 341 米，东南角高程 346 米，西北角高程 344 米，东北角高程 344 米。

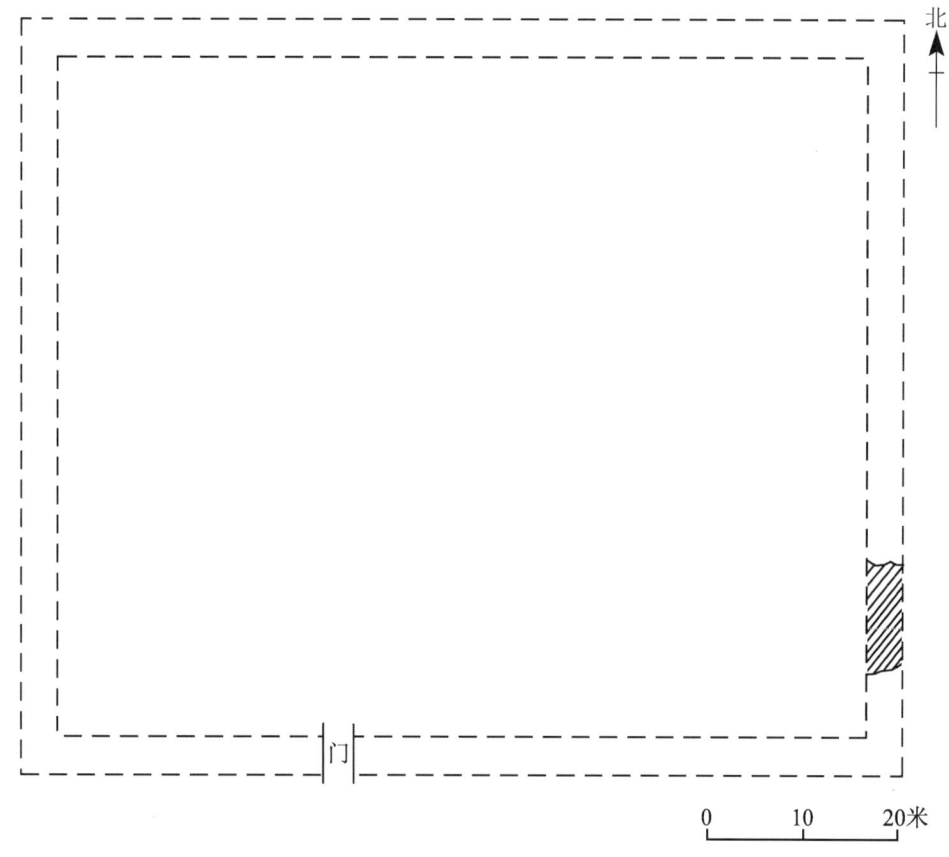

图一五一 车道峪寨堡平面图

六 黄崖关长城

（一）墙体

黄崖关长城墙体自天津市蓟县下营镇黄崖关村东北 1.5 千米、车道峪长城 19 号敌台西北侧（高程 770 米）起，至蓟县下营镇黄崖关村西北 0.9 千米、前干涧长城 1 号敌台东侧（高程 666 米）截止，（地图八）划分为 26 段，其中墙体 20 段、山险 6 段，全长 4983.21 米，其中长城主线 4114.17 米（墙体 3205.23 米，山险 908.94 米），二道边长城 869.04 米（石墙 272.4 米，山险 596.64 米）。（附表六）此段长城大致为东－西走向。

黄崖关长城 1 段（总第 131 段，编码 120225382106170131）

此段长城墙体类别为山险，自天津市蓟县下营镇黄崖关村东北 1.5 千米、车道峪长城 19 号敌台西北侧（高程 770 米）起，顺山势，至蓟县下营镇黄崖关村东北 1.4 千米、黄崖关长城 2 段墙体起点（高程 545 米）截止，长 319.59 米，东南－西北走向。（彩图四四二）

附表六　黄崖关长城墙体长度统计表

（单位：米）

名称	石墙 较好 测绘数据(表面长度)	石墙 较好 文物数据(表面长度)	石墙 一般 测绘数据(表面长度)	石墙 一般 文物数据(表面长度)	石墙 较差 测绘数据(表面长度)	石墙 较差 文物数据(表面长度)	消失 测绘数据(表面长度)	消失 文物数据(表面长度)	墙 小计 测绘数据(表面长度)	墙 小计 文物数据(表面长度)	山险墙 测绘数据(表面长度)	山险墙 文物数据(表面长度)	山险 测绘数据(表面长度)	山险 文物数据(表面长度)	合计 测绘数据(表面长度)	合计 文物数据(表面长度)
1段	-	-	-	-	-	-	-	-	-	-	-	-	319.59	210	319.59	210
2段	67.26	79.1	-	-	-	-	-	-	67.26	79.1	-	-	-	-	67.26	79.1
3段	104.73	100.2	-	-	-	-	-	-	104.73	100.2	-	-	-	-	104.73	100.2
4段	151.23	129	-	-	-	-	-	-	151.23	129	-	-	-	-	151.23	129
5段	205.93	222.99	-	-	-	-	-	-	205.93	222.99	-	-	-	-	205.93	222.99
6段	215.98	198.9	-	-	-	-	-	-	215.98	198.9	-	-	-	-	215.98	198.9
7段	137.77	166	-	-	-	-	-	-	137.77	166	-	-	-	-	137.77	166
8段	149.44	146.73	-	-	-	-	-	-	149.44	146.73	-	-	-	-	149.44	146.73
9段	75.12	77	-	-	-	-	-	-	75.12	77	-	-	-	-	75.12	77
10段	198.84	176.1	-	-	-	-	-	-	198.84	176.1	-	-	-	-	198.84	176.1
11段	138.04	230.85	-	-	-	-	-	-	138.04	230.85	-	-	-	-	138.04	230.85
12段	429.91	431.6	-	-	-	-	-	-	429.91	431.6	-	-	-	-	429.91	431.6
13段	-	-	-	-	-	-	-	-	-	-	-	-	195.94	100	195.94	100
14段	217.56	218.1	-	-	-	-	-	-	217.56	218.1	-	-	-	-	217.56	218.1
15段	-	-	-	-	-	-	-	-	-	-	-	-	139.03	92	139.03	92
16段	282.86	285.2	-	-	-	-	-	-	282.86	285.2	-	-	-	-	282.86	285.2
17段	43.22	45.5	-	-	-	-	-	-	43.22	45.5	-	-	-	-	43.22	45.5
18段	146.17	143.15	-	-	-	-	-	-	146.17	143.15	-	-	-	-	146.17	143.15
19段	275.77	276.86	-	-	-	-	-	-	275.77	276.86	-	-	-	-	275.77	276.86
20段	167.98	162.5	-	-	-	-	-	-	167.98	162.5	-	-	-	-	167.98	162.5
21段	197.42	183.98	-	-	-	-	-	-	197.42	183.98	-	-	-	-	197.42	183.98
22段	-	-	-	-	-	-	-	-	-	-	-	-	254.38	270	254.38	270
主线小计	3205.23	3273.76	0	0	0	0	0	0	3205.23	3273.76	0	0	908.94	672	4114.17	3945.76
一道边1段	-	-	-	-	-	-	-	-	-	-	-	-	437.86	436	437.86	436
一道边2段	-	-	-	-	96.79	230	-	-	96.79	230	-	-	-	-	96.79	230
一道边3段	-	-	-	-	-	-	-	-	-	-	-	-	158.78	65	158.78	65
一道边4段	-	-	-	-	175.61	336	-	-	175.61	336	-	-	-	-	175.61	336
总计	3205.23	3273.76	0	0	272.4	566	0	0	3477.63	3839.76	0	0	1505.58	1173	4983.21	5012.76

　　该山险东南与车道峪长城19号敌台相连，西北与黄崖关长城2段墙体起点相接，完全利用峡谷形成的险峻地势作为天然屏障，看不出人为加工的痕迹，地势陡峭，外侧为峭壁，高不可攀，内侧为陡坡，西侧下方为太平寨景区宾馆。

　　山险基本保持原貌，由于近几年封山育林，四周山沟和陡坡上生长杂草、灌木、高大乔木等植被，加之剧烈的地质灾害，部分山石滚落，影响了山险险峻外观。地势险峻，人迹罕至，未发现人为因素损坏痕迹。

黄崖关长城2段（总第132段，编码120225382103170132）

　　此段长城墙体类别为砖墙，自天津市蓟县下营镇黄崖关村东北1.4千米、黄崖关长城1段山险止点（高程545米）起，顺山势沿山脊修建，至蓟县下营镇黄崖关村东北1.3千米、黄崖关长城1号敌台西北侧（高程525米）截止，长67.26米，东南—西北走向。（图一五二；彩图四四三）

　　此段长城位于黄崖关东北部山脊上，东南与黄崖关长城1段山险止点相连，西北与黄崖关长城1号敌台西北侧相接，地势较平缓，内、外侧为缓坡，长有荆棘等低矮灌木。

　　此段长城基础经过人工平整、漫坡，以条石作基础，垒砌至一定高度再石垒砌墙体。墙体内部用石块填充，外面用青砖包砌。结构为砖石混砌。墙体现代重新修筑。具体垒砌方法为墙体下部用人为加工过的大石条做基础，墙体内部用碎石块和碎石片、土、砖等填充，外部用青砖黏合三合灰垒砌，上部建完整的马道、垛口、射孔、瞭望孔、水道、楼梯口、敌台等设施，形成完整墙体，这样垒砌的墙体十分坚固。

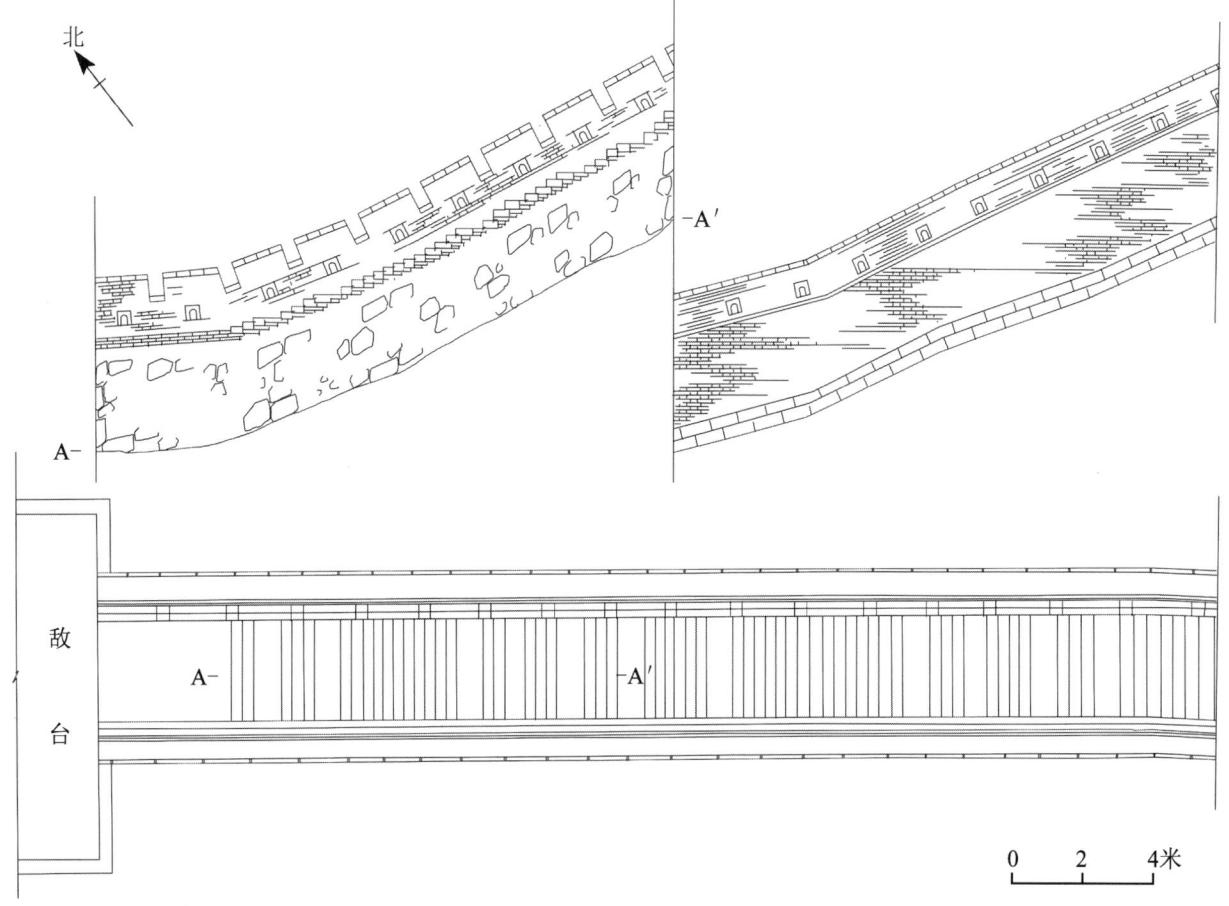

图一五二　黄崖关长城2段墙体平面、剖视、南壁正视图

此段长城墙体基础为明代修筑，上部墙体为现代重新修筑。墙体内部用石块垒砌，外面用青砖包砌。女墙、垛口用砖垒砌，三合灰黏结。马道用方砖铺成。

此段长城墙体保存较好，长57.46米，黄崖关长城1号敌台北壁长9.8米，总长为67.26米。墙体垛口宽0.4、高1.7、厚0.4米。女墙宽0.4、高1.35米。瞭望口宽0.2、高0.3米，间隔2.45米。包砌墙体的青砖长40、宽20、厚10厘米。马道平铺的方砖边长38、厚10厘米。墙体顶部距外侧地表最高5米，距内侧地表最高2.05米。

由于风吹日晒、雨水侵蚀，部分包砖已脱落，季节性地表径流冲刷墙体基础，构成新的安全隐患。长城墙体整体为现代重新修复，已成为旅游风景区，人为因素破坏不明显。

黄崖关长城3段（总第133段，编码120225382103170133）

此段长城墙体类别为砖墙，自天津市蓟县下营镇黄崖关村东北1.4千米、黄崖关长城1号敌台西北侧（高程525米）起，顺山势修建，至蓟县下营镇黄崖关村东北1.3千米、黄崖关长城2号敌台西北侧（高程490米）截止，长104.73米，东南一西北走向。（图一五三；彩图四四四）

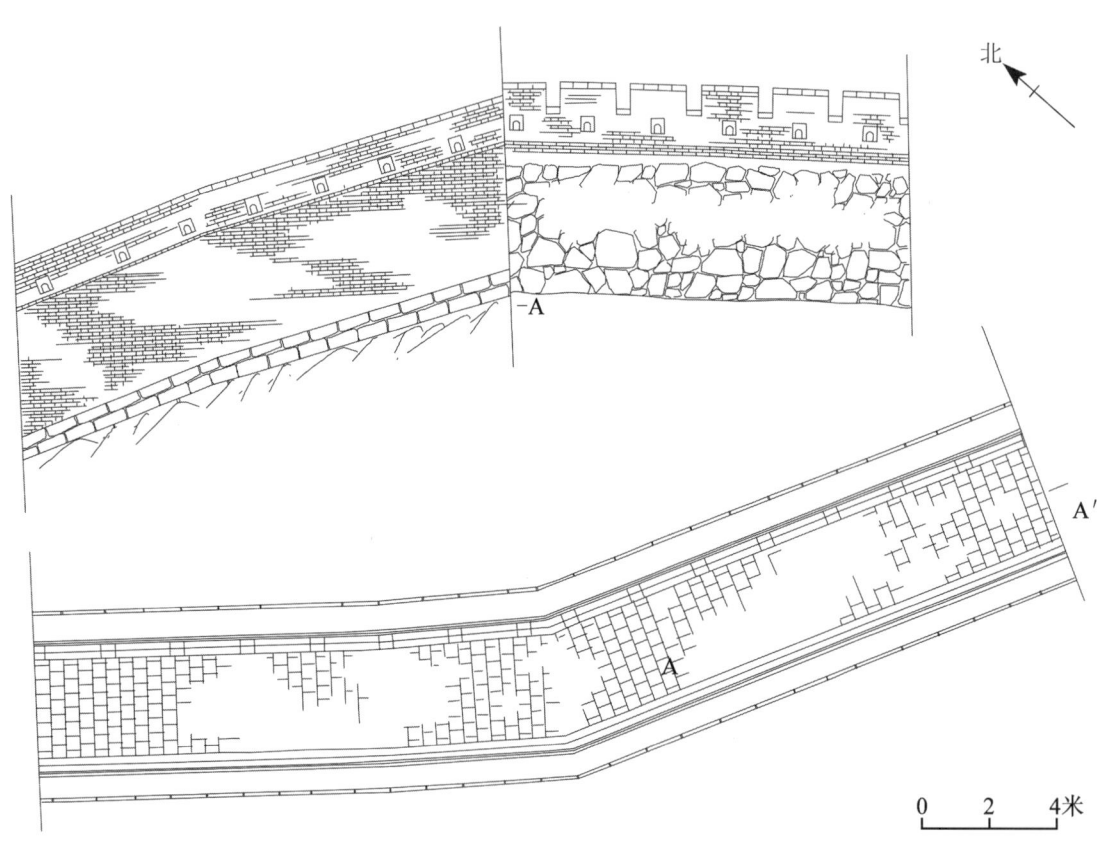

图一五三　黄崖关长城3段墙体平面、剖视、南壁正视图

此段长城位于黄崖关东北部山脊上，东南与黄崖关长城1号敌台相连，西北与黄崖关长城2号敌台相连接，地势较陡峭，内、外侧为缓坡，长有荆条等灌木。

此段长城基础经过平整、漫坡，以条石作基础，垒砌到一定高度再垒砌墙体。墙体内部用石块填充，外面用青砖包垒，结构为砖石混砌。墙体为现代重新修筑，垒砌方法为墙体的下部基础用加工过的大石条做基础，墙体内部用碎石块和碎石片、土、砖等填充，外部用青砖黏合三合灰垒砌，上部建完整的马道、垛口、射孔、瞭望孔、水道、楼梯口、敌台等设施，形成完整的墙体。这样垒砌的墙体十分坚固。

此段长城墙体整体保存较完整，下部基础为明代修筑，上部墙体为现代重新修筑。墙体用石块垒砌，外用青砖包砌，女墙、垛口用青砖垒砌，三合灰黏结。马道用方砖铺成。墙体长 92.33 米，黄崖关长城 2 号敌台北壁长 12.4 米，总长 104.73 米。墙体上部垛口宽 0.4、高 1.75、厚 0.4 米；马道宽 3.63 米；女墙宽 0.4、高 1.35 米。射孔宽 0.2、0.3 米，间隔 2.5 米。包砌墙体的青砖长 40、宽 20、厚 10 厘米。马道平铺的方砖边长 38、厚 10 厘米。墙体顶部距外侧地表最高 7 米，距内侧地表最高 6.2 米。

由于风吹日晒、雨水侵蚀，部分包砖脱落，季节性地表径流冲刷墙体基础，构成新的安全隐患。此段长城墙体为现代重修，成为旅游风景区，人为因素破坏不明显。

黄崖关长城 4 段（总第 134 段，编码 120225382103170134）

此段长城墙体类别为砖墙，自天津市蓟县下营镇黄崖关村东北 1.3 千米、黄崖关长城 2 号敌台西北侧（高程 490 米）起，沿山脊修建，至蓟县下营镇黄崖关村东北 1.4 千米、黄崖关长城墙体三岔口处（高程 491 米）截止，长 151.23 米，东南—西北走向。（图一五四；彩图四四五）

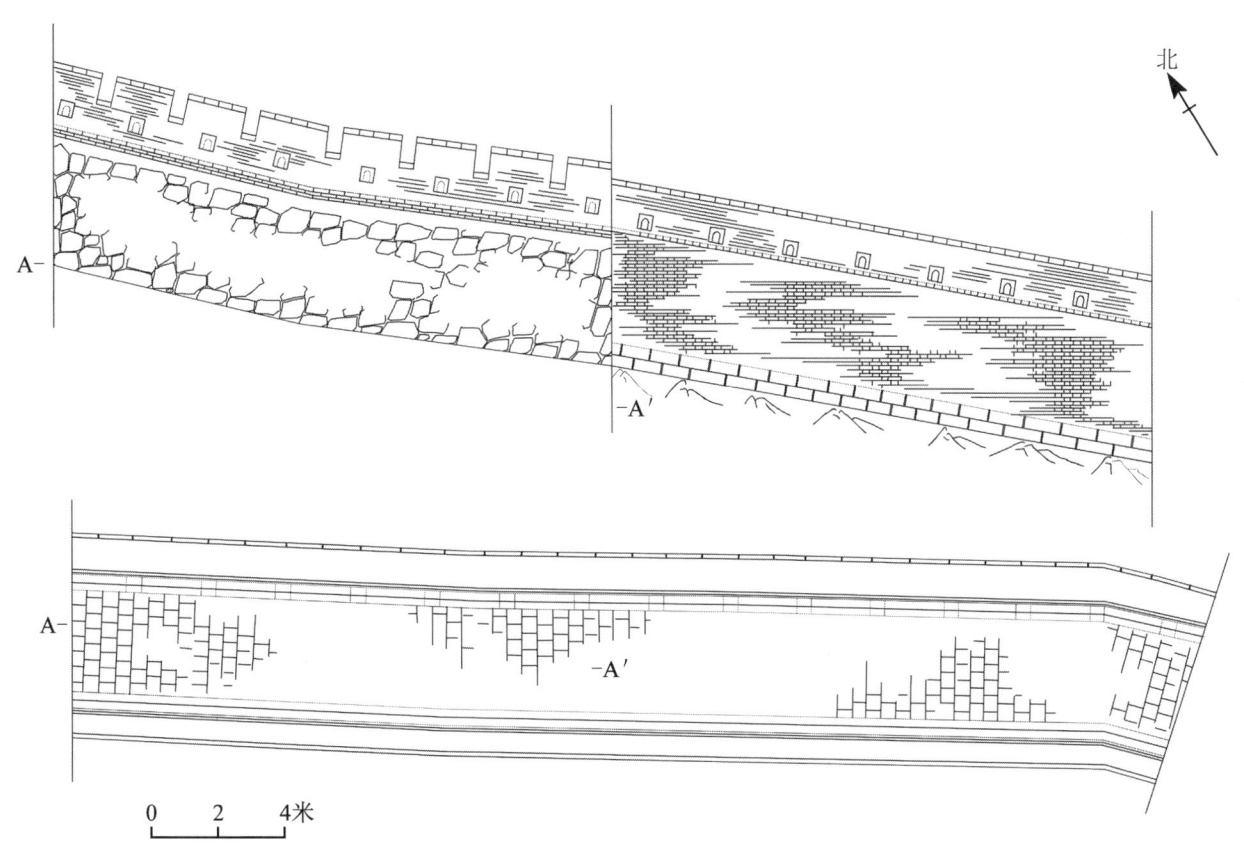

图一五四 黄崖关长城 4 段墙体平面、剖视、南壁正视图

此段长城位于黄崖关东北部山脊上，东南与黄崖关长城 2 号敌台相连，西北与黄崖关长城三岔口相连接，地势较陡峭，内、外侧为缓坡，长有荆条等灌木。

此段长城基础经过人工平整、漫坡，以条石作基础，垒砌一定高度再垒砌墙体。墙体内部用石块填充，外面用青砖包砌。为砖石混砌结构。墙体为现代重新垒砌。具体垒砌方法为墙体下部基础用加工过的大石条垒砌，墙体内部用碎石块和碎石片、土、砖等填充，外部用青砖黏合三合灰垒砌，上部建完整的马道、垛口、射孔、瞭望孔、水道、楼梯口、敌台等设施，形成完整墙体，这样垒砌成的墙体十分坚固。

此段长城墙体整体保存较好，下部基础为明代修筑，上部墙体为现代重新垒砌。墙体用石块垒砌，外部用青砖包砌，一顺一丁平铺错缝垒砌，女墙、垛口用青砖平铺垒砌，三合灰黏结。墙体有收分。此段长城起点内侧建一登城步道，台阶状，长18、宽2.1米，阶高0.3米。距起点45米处为瓮城，长15米，西侧有登城步道，宽1.6米。垛口宽0.4米、高1.75、厚0.4米；马道宽3.7米；女墙宽0.4、高1.35米；射口宽0.2、高0.3米，间隔2.5米。包砌墙体的青砖长40、宽20、厚10米。马道平铺的方砖边长38、厚10厘米。墙体顶部距外侧地表最高6.8米，距内侧地表最高4米，

由于风吹日晒，雨水侵蚀，部分包砖脱落；季节性地表径流冲刷墙体基础，构成新的安全隐患。此段长城墙体为现代重新修复，成为旅游风景区，人为破坏不明显。

黄崖关长城5段（总第135段，编码120225382103170135）

此段长城墙体类别为砖墙，自天津市蓟县下营镇黄崖关村东北1.4千米、黄崖关长城3号敌台东北侧（高程491米）起，顺山势沿山脊修建，至蓟县下营镇黄崖关村东北1.2千米、黄崖关长城4号敌台西侧（地理高程508米）截止，长205.93米，东北—西南走向。（图一五五；彩图四四六）

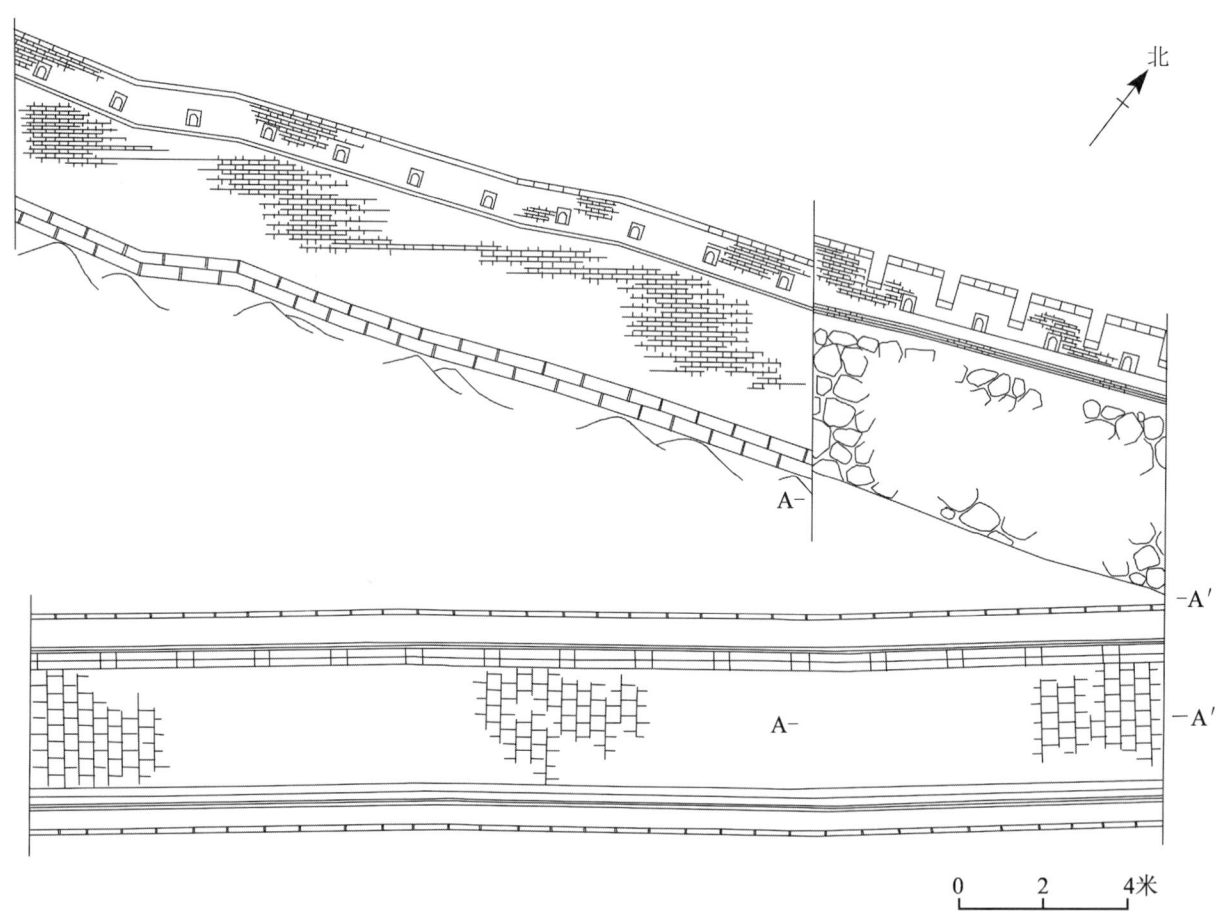

图一五五　黄崖关长城5段墙体平面、剖视、南壁正视图

此段长城位于黄崖关东北部山脊上，东北与黄崖关长城3号敌台相连，西南与黄崖关长城4号敌

台相接，地势较陡峭，内、外侧为缓坡，长有荆条等灌木。

此段长城基础经过平整、漫坡，用条石垒砌，墙体中部用石块填充，外面用青砖包砌，为现代重新垒砌。具体垒砌方法为墙体下部基础用加工过的大石条垒砌，墙体内部用碎石块和碎石片、土、砖等填充，外部用青砖黏合三合灰垒砌，上部建完整的马道、垛口、射孔、瞭望孔、水道、楼梯口、敌台等设施，形成完整墙体，这样垒砌的墙体十分坚固。

此段长城墙体整体保存较好，下部基础为明代修筑，上部墙体为现代重新垒砌。墙体内部用石块垒砌，外部包砌青砖，女墙、垛口用青砖垒砌，三合灰黏结，马道用方砖铺成。墙体长 183.79 米，黄崖关长城 3 号敌台北壁长 8.74 米，黄崖关长城 4 号敌台北壁长 13.4 米，总长 205.93 米。墙体垛口宽 0.4、高 1.6、厚 0.4 米；马道宽 3.3 米；女墙宽 0.4、高 1.6 米；瞭望口宽 0.22、高 0.32 米。包砌墙体的青砖长 40、宽 20、厚 10 厘米，平铺马道的方砖边长 38、厚 10 厘米。墙体顶部距外侧地表最高 6.25 米，距内侧地表最高 6 米。

由于风吹日晒，雨水侵蚀，部分包砖已脱落，季节性地表径流冲刷墙体基础，构成新的安全隐患。此段长城墙体为现代修复，成为旅游景区，人为因素破坏不明显。

黄崖关长城 6 段（总第 136 段，编码 120225382103170136）

此段长城墙体类别为砖墙，自天津市蓟县下营镇黄崖关村东北 1.2 千米、黄崖关长城 4 号敌台西侧（高程 508 米）起，沿山脊修建，至蓟县下营镇黄崖关村东北 1.1 千米、黄崖关长城 5 号敌台北侧（高程 539 米）截止，长 215.98 米，东—西走向。（图一五六；彩图四四七）

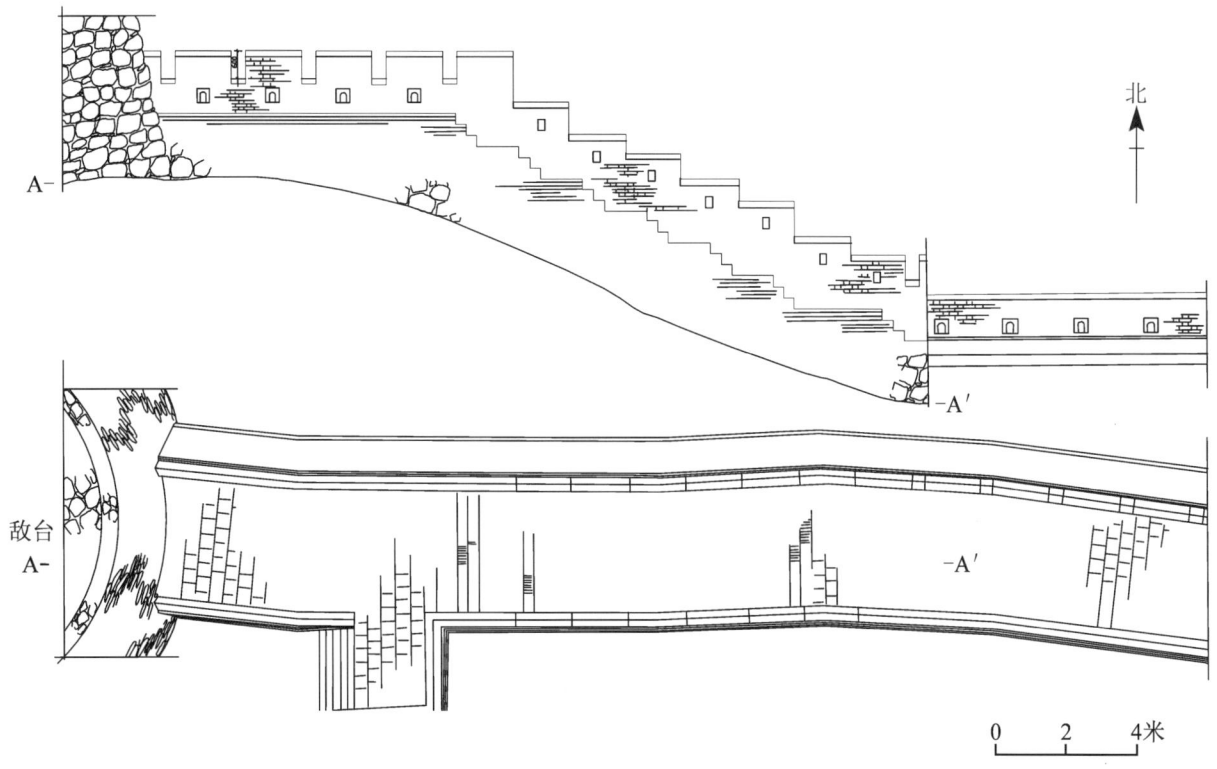

图一五六　黄崖关长城 6 段墙体平面、剖视、南壁正视图

此段长城东与黄崖关长城 4 号敌台相连，西与黄崖关长城 5 号敌台相接，地势较陡峭，内、外侧为缓坡，长有荆条等灌木。

此段长城基础经过平整、漫坡，墙体中部用石块填充，外面用青砖包砌，以条石作基础，砌筑一定高度再垒砌墙体，砖石混砌结构，墙体为现代重新垒砌。具体垒砌方法为墙体下部基础用加工过的大石条垒砌，内部用碎石块和碎石片、土、砖等填充，外部用青砖黏合三合灰垒砌，上部建完整的马道、垛口、射孔、瞭望孔、水道、楼梯口、敌台等设施，形成完整墙体，这样垒砌的墙体十分坚固。

此段长城墙体整体保存较好，下部基础为明代修筑，上部墙体为现代重新垒砌。墙体内部用石块垒砌，外部用青砖包砌。女墙、垛口用青砖垒砌，三合灰黏结，马道用方砖铺成。墙体有收分。黄崖关长城 5 号敌台北壁长 7 米。墙体上部垛口宽 0.4、高 1.8 米。女墙宽 0.4、高 1.35 米。马道宽 3.3 米。长城墙体内侧有一条小道绕黄崖关长城 5 号敌台到北侧，小道宽 1.7 米。墙体顶部距外侧地表最高 5.2 米，距内侧地表最高 1.6 米。

由于风吹日晒，雨水侵蚀，部分包砖已脱落；季节性地表径流冲刷墙体基础，构成新的安全隐患。此段长城墙体为现代重修，成为旅游风景区，人为因素破坏不明显。

黄崖关长城 7 段（总第 137 段，编码 120225382103170137）

此段长城墙体类别为砖墙、石墙，自天津市蓟县下营镇黄崖关村东北 1.1 千米、黄崖关长城 5 号敌台北侧（高程 539 米）起，顺山势修建，至蓟县下营镇黄崖关村东北 1.1 千米、黄崖关长城 6 号敌台西侧（高程 505 米）截止，长 137.77 米，东南—西北走向。（图一五七；彩图四四八）

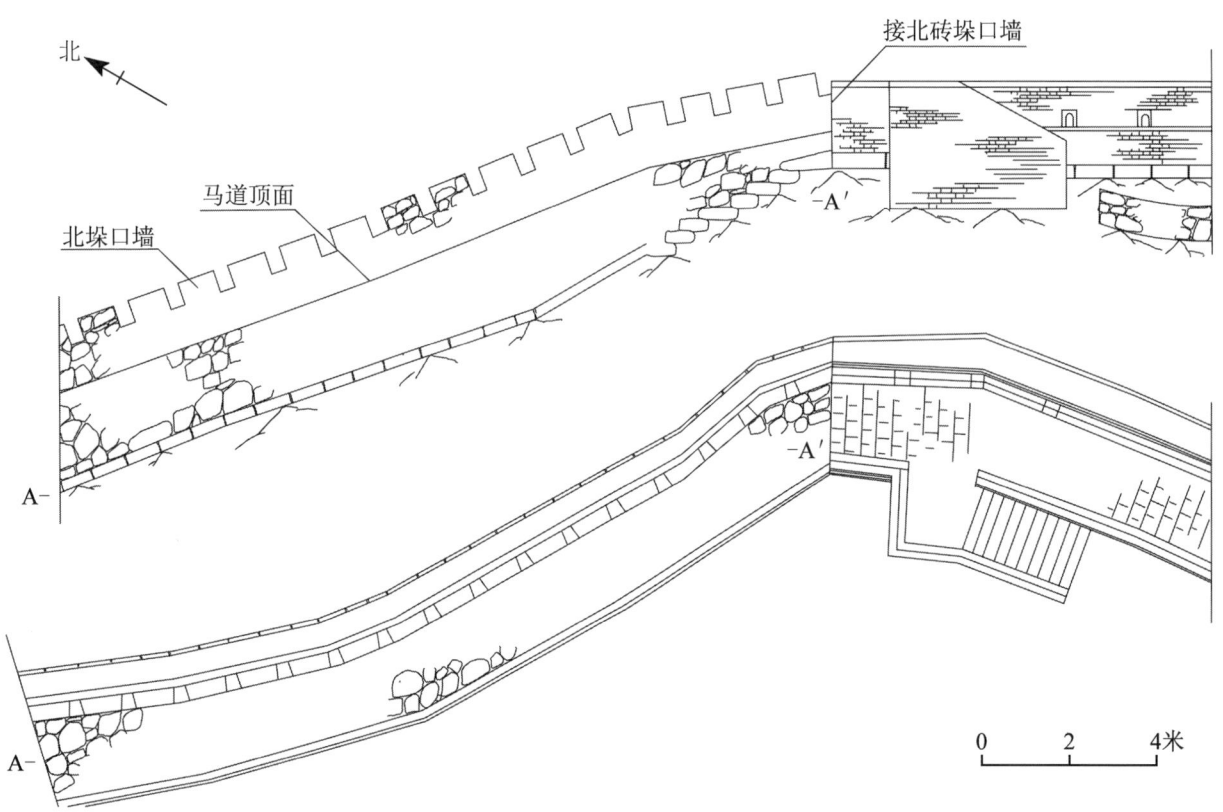

图一五七　黄崖关长城 7 段墙体平面、剖视、南壁正视图

此段长城位于黄崖关东北部山脊上，东与黄崖关长城 5 号敌台北侧相连，西与黄崖关长城 6 号敌台西侧相接，地势较陡峭，内侧为缓坡，外侧为陡坡，长有荆条等灌木。

此段长城基础经过平整、漫坡。墙体分为砖墙和石墙 2 段。前段砖墙墙体内部用石块填充，外面用青砖包砌，以条石作基础，结构为砖石混砌；后段石墙用大小不一的石块垒砌，内部用石块填充，石块之间缝隙用三合灰黏结，墙体有收分。墙体为现代重新垒砌。具体垒砌方法为下部基础用加工过的大石条垒砌，墙体内部用碎石块和碎石片、土、砖等填充，外部用青砖黏合三合灰垒砌，上部建完整的马道、垛口、射孔、瞭望孔、水道、楼梯口、敌台等设施，形成完整墙体，这样垒砌成的墙体十分坚固。

此段长城墙体整体保存较好，下部基础为明代修筑，上部墙体为现代重修。包砌墙体的青砖长40、宽20、厚10厘米，平铺马道的方砖边长38、厚10厘米。

根据《长城资源调查工作手册》的技术要求，按照长城墙体材质情况，此段长城墙体又细分为2小段，具体情况描述如下。

第一小段：砖墙，长9.77米，保存较好。垛口宽0.4、高1.8米；女墙宽0.4、高1.35米；马道宽3.3米。墙体顶部距外侧地表最高5.7米，距内侧地表最高2米。

第二小段：石墙，长128米，保存较好。马道宽1.9米；垛口宽0.6、高1米。中部有一马面，凸出墙体外侧2.7米，宽3.3米。黄崖关长城6号敌台东侧有一条登城小路，宽1.85米。墙体顶部距外侧地表最高3.7米，距内侧地表最高2.4米。

由于风吹日晒，雨水侵蚀，部分包砖脱落；季节性地表径流冲刷墙体基础，构成新的安全隐患。此段长城墙体为现代重新修复，成为旅游风景区，人为因素破坏不明显。

黄崖关长城8段（总第138段，编码120225382103170138）

此段长城墙体类别为砖墙，自天津市蓟县下营镇黄崖关村东北1.1千米、黄崖关长城6号敌台西侧（高程505米）起，顺山势修建，至蓟县下营镇黄崖关村东北1千米、黄崖关长城7号敌台（马面）西侧（高程492米）截止，长149.44米，东一西走向。（图一五八；彩图四四九）

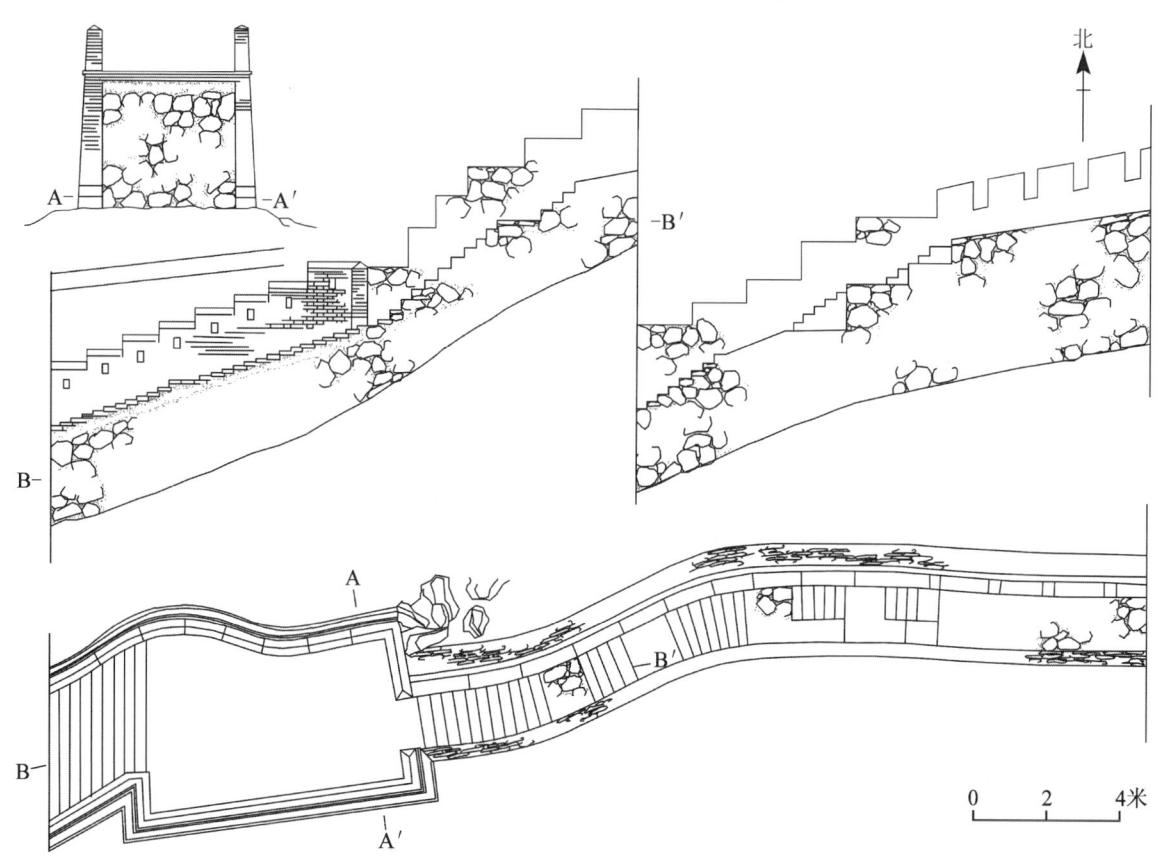

图一五八　黄崖关长城8段墙体平面、剖视、南壁正视图

此段长城位于黄崖关东北部山脊上，东与黄崖关长城 6 号敌台西侧相连，西与黄崖关长城 7 号敌台东侧相接，地势较陡峭，内为缓坡，外为陡坡，长有荆条等灌木。

此段长城基础经过平整、漫坡，墙体分为石墙和砖墙 2 段。前段石墙用大小不一的石块垒砌，内部用石块填充，石块之间的缝隙用三合灰黏结，墙体有收分。后段砖墙墙体内部用石块填充，外面用青砖包砌，以条石作基础，砌筑到一定高度后垒砌墙体，内填石块，砖石混砌结构。墙体为现代重新垒砌，具体垒砌方法为墙体用加工过的石条做基础，墙体内部用碎石块和碎石片、土、砖等填充，外部用青砖黏合三合灰垒砌，上部建完整的马道、垛口、射孔、瞭望孔、水道、楼梯口、敌台等设施，形成完整墙体。这样垒砌的墙体十分坚固。

此段长城墙体整体保存较好，下部基础为明代修筑，上部墙体为现代重新垒砌。

根据《长城资源调查工作手册》的技术要求，按照长城墙体构建材质情况，此段长城墙体又细分为 2 小段，分述如下。

第一小段：石墙长 53.73 米，保存较好。墙体上部垛口宽 0.65、高 1、厚 0.55 米；马道宽 1.57 米。墙体顶部距外侧地表最高 4.9 米，距内侧地表最高 5.4 米。

第二小段：砖墙长 95.71 米，保存较好。其中黄崖关长城 7 号敌台（马面）长 8.2 米。墙体上部垛口宽 0.4、高 1.8 米；女墙宽 0.4、高 1.85 米；马道宽 4.2 米；瞭望口宽 0.22、高 0.32 米。包砌墙体的青砖长 40、宽 20、厚 10 厘米，平铺马道的方砖边长 38、厚 10 厘米。墙体顶部距外侧地表最高 7.7 米，距内侧地表最高 5.5 米。

由于风吹日晒，雨水侵蚀，部分包砖脱落；季节性地表径流冲刷墙体基础，构成新的安全隐患。此段长城墙体为现代修复，成为旅游景区，人为因素破坏不明显。

黄崖关长城 9 段（总第 139 段，编码 120225382103170139）

此段长城墙体类别为砖墙，自天津市蓟县下营镇黄崖关村东北 1 千米、黄崖关长城 7 号敌台西侧（马面）（高程 492 米）起，沿山脊修建，至蓟县下营镇黄崖关村东北 1 千米、黄崖关长城 8 号敌台西侧（高程 508 米）截止，长 75.12 米，东南—西北走向。（图一五九；彩图四五〇）

此段长城位于黄崖关东北部山脊上，东南与黄崖关长城 7 号敌台相连，西北与黄崖关长城 8 号敌台相接，地势较陡峭，内侧为缓坡，外侧为陡坡，长有荆条等灌木。

此段长城基础经过平整、漫坡，以条石作基础，砌筑到一定高度后垒砌墙体，内部用石块填充，砖石混砌结构。墙体为现代重新垒砌。具体垒砌方法为墙体下部基础用加工过的大石条垒砌，墙体内部用碎石块和碎石片、土、砖等填充，外部用青砖黏合三合灰垒砌，上部建完整的马道、垛口、射孔、瞭望孔、水道、楼梯口、敌台等设施，形成完整墙体，这样垒砌成的墙体十分坚固。

此段长城墙体整体保存较好，下部基础为明代修筑，上部墙体为现代重新垒砌。墙体内部用石块填充，外部用青砖包砌；女墙、垛口用青砖垒砌，砖之间缝隙用三合灰黏结，马道用方砖铺成，墙体有收分。黄崖关长城 8 号敌台长 10 米。墙体上部马道宽 3.8 米；垛口宽 0.55、高 1.76、厚 0.4 米；女墙宽 0.4、高 1.5 米。包砌墙体的青砖长 40、宽 20、厚 10 厘米，平铺马道的方砖边长 38、厚 10 厘米。墙体顶部距外侧地表最高 7 米，距内侧地表最高 3 米。

由于风吹日晒，雨水侵蚀，部分包砖脱落；季节性地表径流冲刷墙体基础，构成新的安全隐患。此段长城墙体为现代重修，成为旅游风景区，人为因素破坏不明显。

黄崖关长城 10 段（总第 140 段，编码 120225382103170140）

此段长城墙体类别为砖墙，自天津市蓟县下营镇黄崖关村东北 1 千米、黄崖关长城 8 号敌台西侧（高程 508 米）起，顺山势修建，至蓟县下营镇黄崖关村东北 0.9 千米、黄崖关长城 9 号敌台东侧（高

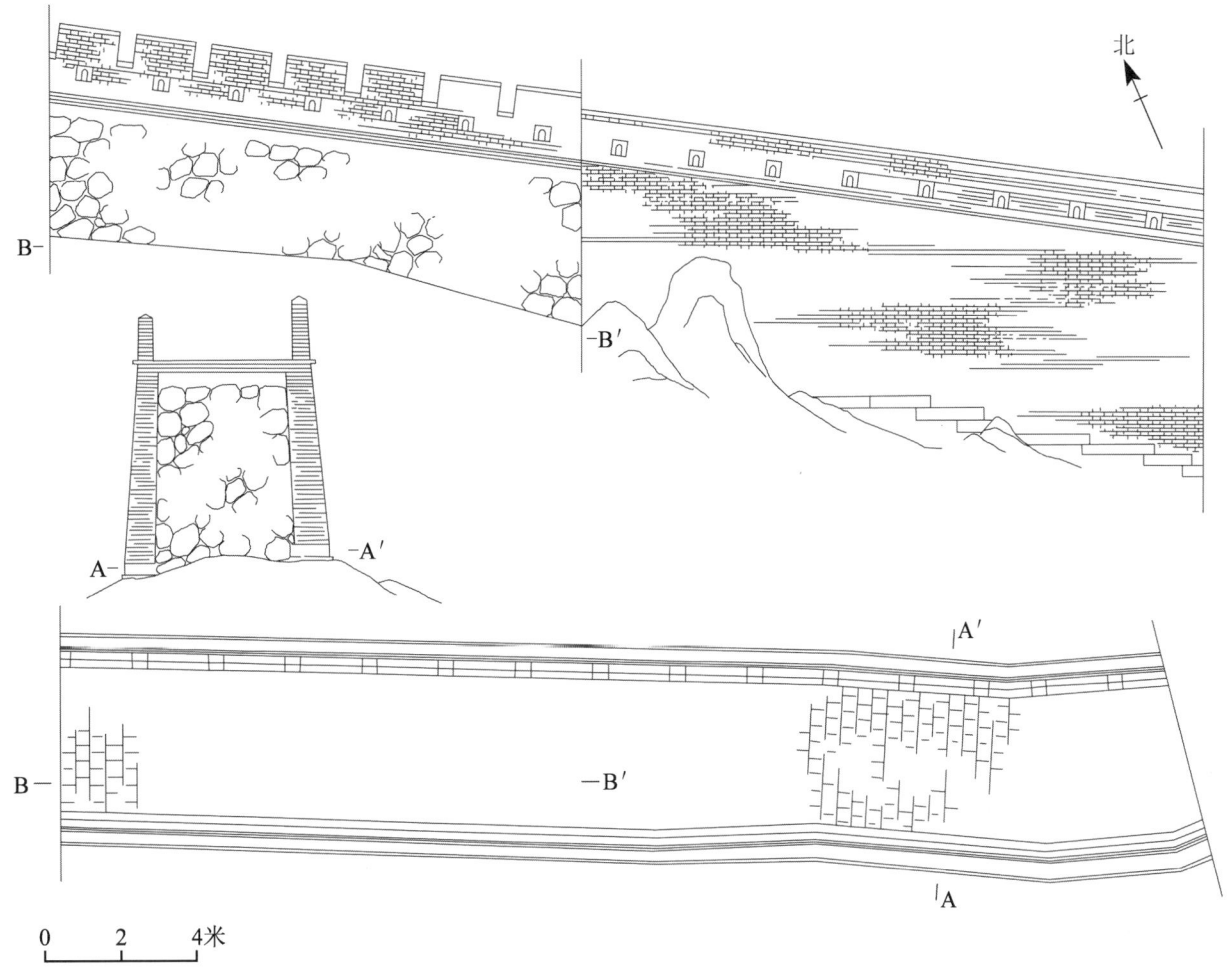

图一五九　黄崖关长城9段墙体平面、剖视、南壁正视图

程458米）截止，长198.84米，东南—西北走向。（图一六〇；彩图四五一）

此段长城位于黄崖关东北部山脊上，东南与黄崖关长城8号敌台相连，西北与黄崖关长城9号敌台相接，地势较陡峭，内侧为缓坡，外侧为陡坡，长有荆条等灌木。

此段长城基础经过平整、漫坡，以条石作基础，砌筑到一定高度后，用青砖垒砌长城墙体，内部用石块填充，砖石混砌结构。墙体为现代重新垒砌。具体垒砌方法为墙体下部基础用加工过的大石条垒砌，墙体内部用碎石块和碎石片、土、砖等填充，外部用青砖黏合三合灰垒砌，上部建完整的马道、垛口、射孔、瞭望孔、水道、楼梯口、敌台等设施，形成完整墙体，这样垒砌的墙体十分坚固。

此段长城墙体整体保存较好，下部基础为明代修筑，上部墙体为现代重新垒砌。墙体内部用石块垒砌填充，外部用青砖包砌，用三合灰黏结。有收分。女墙、垛口用青砖垒砌，三合灰黏结。马道用方砖铺成，宽4.20米。垛口宽0.55、高1.8、厚0.4米；女墙宽0.4、高1.5米。包砌墙体的青砖长40、宽20、厚10厘米，马道平铺的方砖边长38、厚10厘米。墙体顶部距外侧地表最高7.5米，距内侧地表最高5米。

由于风吹日晒，雨水侵蚀，部分包砖脱落；季节性地表径流冲刷墙体基础，构成新的安全隐患。此段长城墙体为现代重修，成为旅游风景区，人为因素破坏不明显。

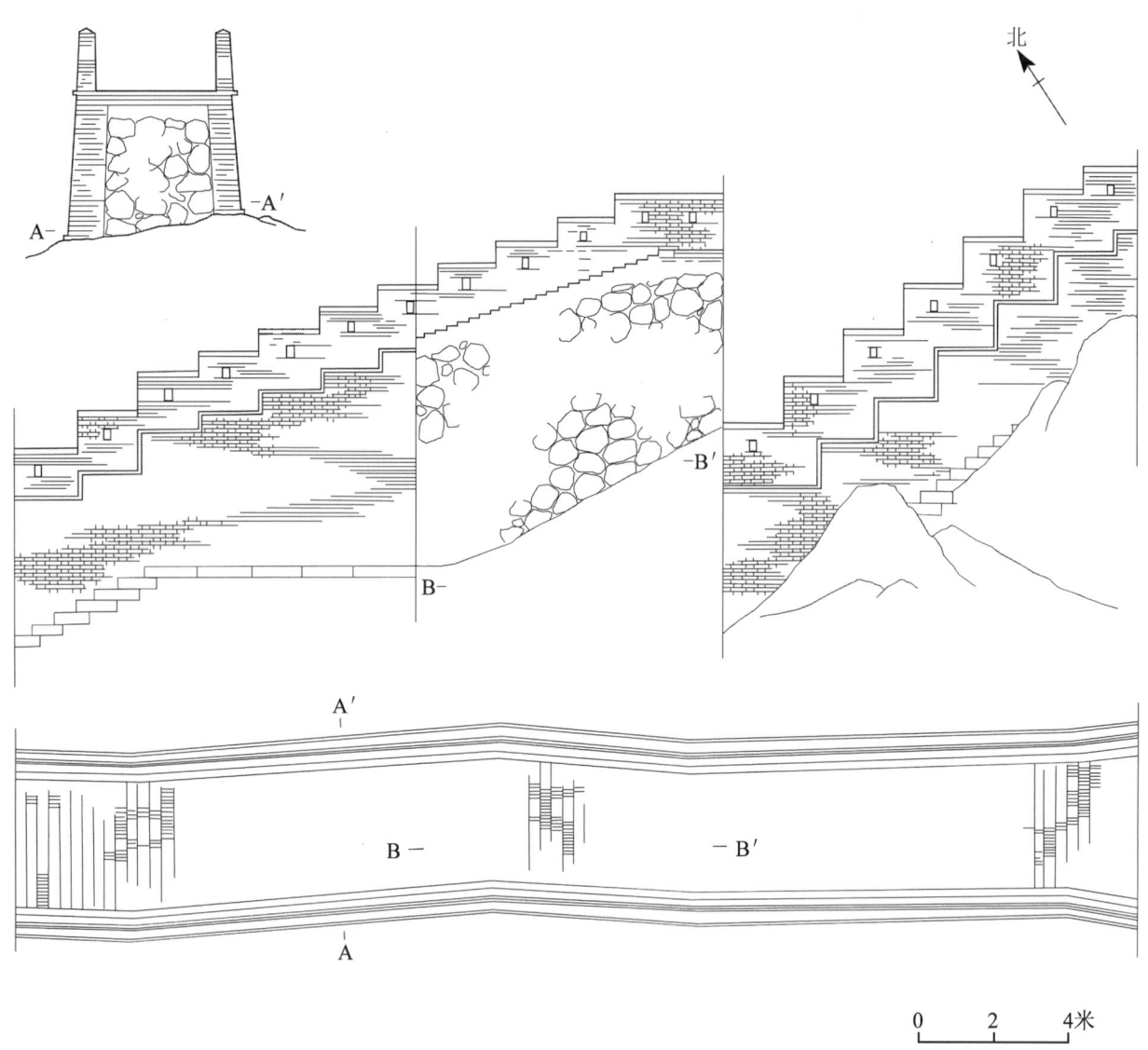

图一六〇　黄崖关长城 10 段墙体平面、剖视、南壁正视图

黄崖关长城 11 段（总第 141 段，编码 120225382103170141）

　　此段长城墙体类别为砖墙，自天津市蓟县下营镇黄崖关村东北 0.9 千米、黄崖关长城 9 号敌台东侧（高程 458 米）起，沿山脊修建，至蓟县下营镇黄崖关村东北 1 千米、黄崖关长城 10 号敌台北侧（高程 481 米）截止，长 138.04 米，南—北走向。（图一六一；彩图四五二）

　　在此段长城位于黄崖关东北部山脊上，南与黄崖关长城 9 号敌台相连，北与黄崖关长城 10 号敌台相接。地势较陡峭，内侧为缓坡，外侧为陡坡，长有荆条等灌木。

　　此段长城基础经过平整、漫坡，墙体分为石墙和砖墙 2 段。前段石墙用大小不一的石块垒砌，内部用石块填充，石块中间缝隙处用三合灰黏结，墙体有收分。后段砖墙的墙体内部用石块填充，外面用青砖包砌。墙体为现代重新垒砌。具体垒砌方法为墙体的下部用加工过的大石条做基础，墙体内部用碎石块和碎石片、土、砖等填充，外部用青砖黏合三合灰垒砌，上部建完整的马道、垛口、射孔、瞭望孔、水道、楼梯口、敌台等设施，形成完整墙体。这样垒砌的墙体十分坚固。

　　此段长城墙体整体保存较好，下部基础为明代修筑，上部墙体为现代重新垒砌。

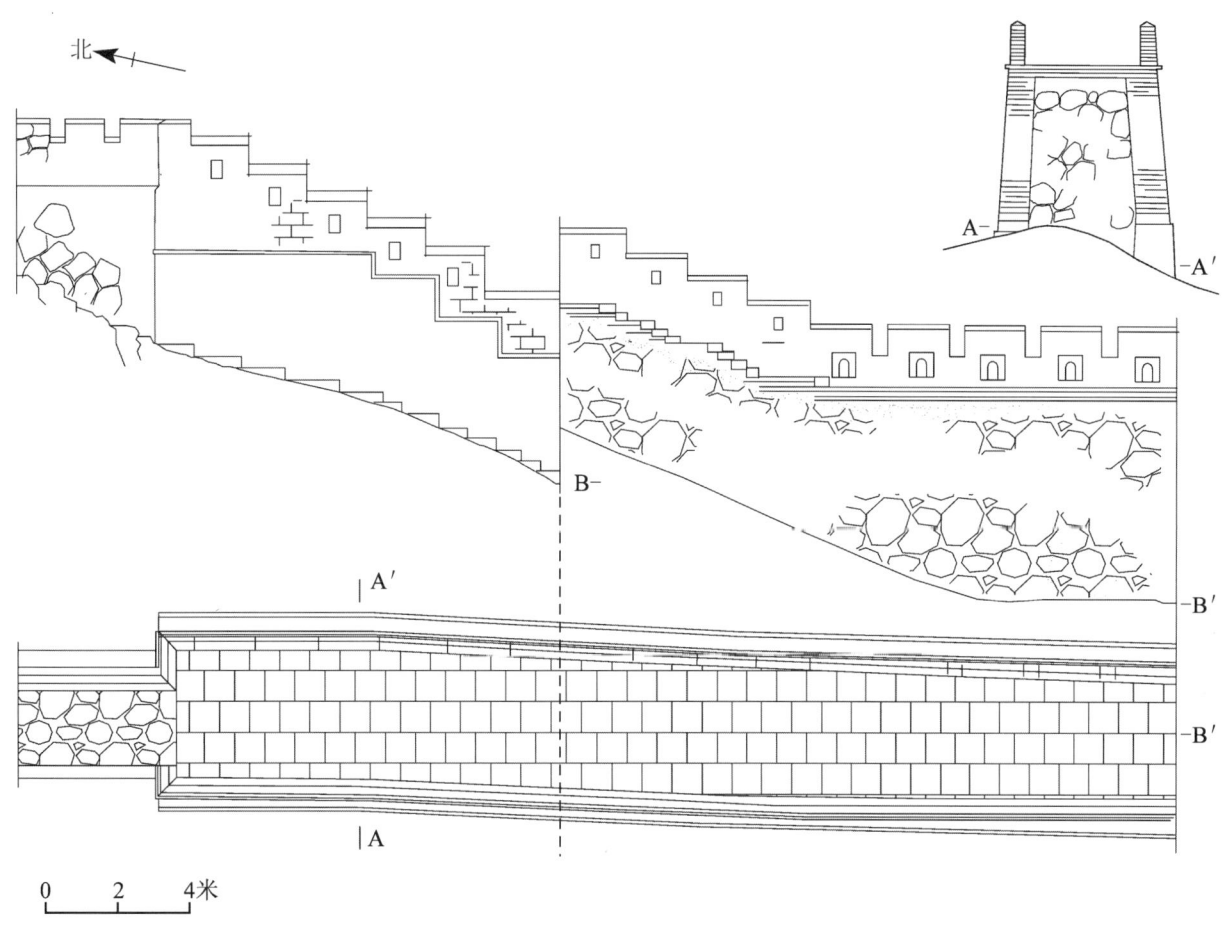

图一六一　黄崖关长城 11 段墙体平面、剖视、西壁正视图

根据《长城资源调查工作手册》的技术要求，按照长城墙体建造材质、墙体宽度变化等情况，此段长城墙体又细分为 3 小段，分述如下。

第一小段：砖墙长 69.68 米，保存较好。墙体上部马道宽 3 米；垛口宽 0.55、高 1.8、厚 0.4 米；女墙宽 0.4、高 1.8 米。墙体顶部距外侧地表最高 5.9 米，距内侧地表最高 3.4 米。

第二小段：石墙长 52.13 米，保存较好。墙体上部马道宽 2.4 米；垛口宽 0.6、高 1.7 米。墙体顶部距外侧地表最高 3.7 米，距内侧地表最高 0.6 米。

第三小段：石墙加宽段长 16.23 米，10 号敌台长 9.15 米，共长 25.38 米，保存较好。墙体上部加宽至 8.1 米；马道宽 2.4 米；垛口宽 0.6、高 1.7 米。墙体顶部距外侧地表最高 3.7 米，距内侧地表最高 0.6 米。

此段长城墙体内侧有一条南北向略呈弧形的挡马墙，内侧设马道，起点与长城墙本内侧紧贴，长 54 米。挡马墙起点高程 449 米，止点高程 425 米。

根据《长城资源调查工作手册》的技术要求，按照长城墙体保存状况、拐折点分布情况，此段挡马墙又细分为 2 小段，分述如下。

第一小段：起点高程 449 米，止点高程 444 米。此段挡马墙长 12 米，墙宽 0.7 米，马道宽 2.4、高 2.7 米。墙体顶部距外侧地表最高 4 米，距内侧地表最高 1.3 米。

第二小段：起点高程 444 米，止点高程 425 米。此段挡马墙长 42 米，墙宽 0.3 米，马道宽 2.40 米，与地表同高。挡马墙用毛石垒砌，用三合灰黏结，马道以毛石铺成，用水泥灌缝。墙体顶部距外侧地表最高 4.1 米，距内侧地表最高 1.4 米。

由于风吹日晒，雨水侵蚀，部分包砖脱落；季节性地表径流冲刷墙体基础，构成新的安全隐患。此段长城墙体为现代重修，成为旅游景区，人为因素破坏不明显。

黄崖关长城 12 段（总第 142 段，编码 120225382103170142）

此段长城墙体类别为砖墙，自天津市蓟县下营镇黄崖关村东北 0.9 千米、黄崖关长城 9 号敌台东北侧（高程 458 米）起，顺山势修建，至蓟县下营镇黄崖关村东北 0.9 千米、黄崖关长城 13 段山险（高程 450 米）截止，长 429.91 米，东北—西南走向。（图一六二；彩图四五三）

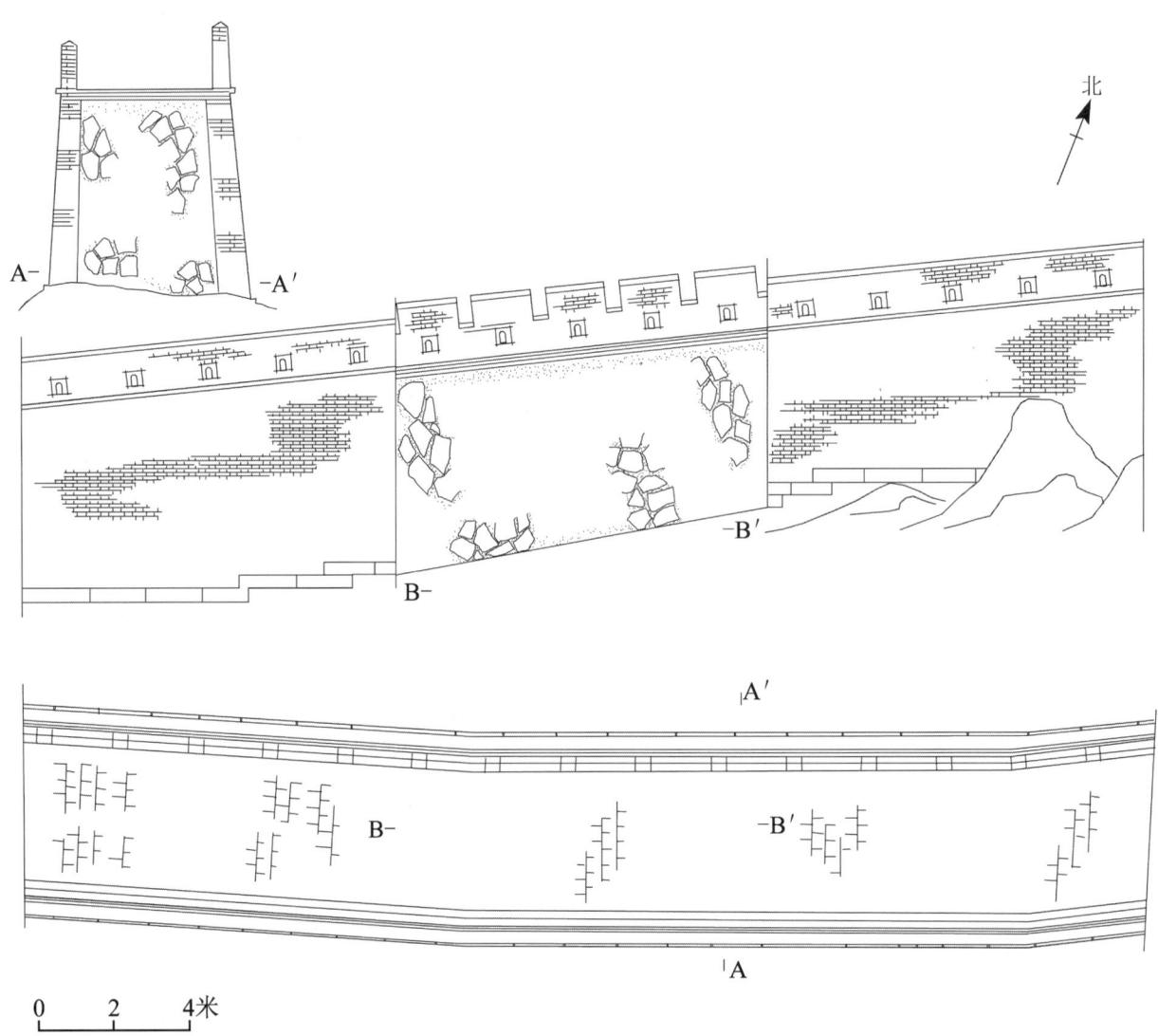

图一六二　黄崖关长城 12 段墙体平面、剖视、西壁正视图

此段长城墙体位于黄崖关东北部山脊上，东北与黄崖关长城 9 号敌台相连，西南与黄崖关长城 13 段山险相接，地势较陡峭，内侧为缓坡，外侧为陡坡，长有荆条等灌木。

此段长城基础经过平整、漫坡，墙体中部用石块填充，外面用青砖包砌，基础用石条垒砌，为现代重修。具体垒砌方法为墙体下部用加工过的大石条做基础，墙体内部用碎石块和碎石片、土、砖等填充，外部用青砖黏合三合灰垒砌，上部建完整的马道、垛口、射孔、瞭望孔、水道、楼梯口、敌台等设施，形成完整的墙体。这样垒砌的墙体十分坚固。

此段长城墙体整体保存较好，下部基础为明代修筑，上部墙体为现代重新垒砌。分砖墙与石墙 2 段。砖墙内部用碎石垒砌，外部用青砖包砌，三合灰黏结，有收分。石墙用石块垒砌，三合灰黏结，内部用碎石填充，有收分。

根据《长城资源调查工作手册》的技术要求，按照长城墙体建造材质情况，此段长城墙体又细分为 2 小段，分述如下。

第一小段：砖墙长 173.21 米，保存较好。墙体上部马道宽 3.82 米；垛口宽 0.4、高 1.8 米；女墙宽 0.4、高 1.4 米。墙体顶部距外侧地表最高 7 米，距内侧地表最高 3 米。内侧有一登城小路，宽 1.9 米，凸出墙体 2.5 米。青砖长 40、宽 20、厚 10 厘米；方砖边长 38、厚 10 厘米。

第二小段：石墙长 266.65 米，保存较好。马道宽 2 米；垛口宽 0.6、高 1.8、厚 0.52 米。墙体顶部距外侧地表最高 4 米，距内侧地表最高 1.5 米。

由于风吹日晒，雨水侵蚀，部分包砖脱落；季节性地表径流冲刷墙体基础，构成新的安全隐患。此段长城墙体为现代重修，成为旅游景区，人为因素破坏不明显。

黄崖关长城 13 段（总第 143 段，编码 120225382106170143）

此段长城墙体类别为山险，自天津市蓟县下营镇黄崖关村东北 0.9 千米、黄崖关长城 12 段墙体止点（高程 450 米）起，至蓟县下营镇黄崖关村东北 1 千米、黄崖关长城 14 段墙体起点（高程 402 米）截止，长 195.94 米，东北—西南走向。（彩图四五四）

此段山险位于黄崖关东部，东北与黄崖关长城 12 段墙体止点相连，西南与黄崖关长城 14 段墙体起点相接。地势较陡峭，内侧为缓坡，外侧为陡坡，长有荆条等灌木。

此段山险完全利用峡谷形成的险峻地势作为天然屏障，看不出人为加工痕迹，山势较为陡峭，四周山势陡峭，岩石林立，山险西北有一条上山小道，基本保持原貌，未进行其他修缮。

由于近几年封山育林，山险四周山沟和陡坡上生长杂草、灌木、高大乔木等植被，加之一些剧烈的地质灾害使部分山石滚落，影响了山险险峻外观。此段长城地势险峻，人迹罕至，未发现人为因素损坏的痕迹。

黄崖关长城 14 段（总第 144 段，编码 120225382102170144）

此段长城墙体类别为石墙，自天津市蓟县下营镇黄崖关村东北 1 千米、黄崖关长城 13 段山险止点（高程 402 米）起，沿山脊修建，至蓟县下营镇黄崖关村东北 0.5 千米、黄崖关长城 15 段山险起点（高程 347 米）截止，长 217.56 米，东—西走向。（图一六三；彩图四五五）

此段长城位于黄崖关东部东西向山脊上，东与黄崖关长城 13 段山险相连，西与黄崖关长城 15 段山险相接，地势较陡峭，内侧为缓坡，外侧为陡坡，长有荆条等灌木。

此段长城基础经过平整、漫坡，墙体用石块黏合三合灰垒砌，石块之间缝隙用三合灰作黏结物。具体垒砌方法为墙体外侧用大石块垒砌，中间用小石块和碎石片、土填充，形成完整墙体，有收分。上部建完整的马道、垛口、射孔、瞭望孔、水道、楼梯口、敌台等设施，形成完整的墙体。这样垒砌的墙体十分坚固。

此段长城墙体整体保存较好，下部基础为明代修筑，上部墙体为现代重新垒砌。马道宽 1.7 米；垛口宽 0.57、高 1.65、厚 0.55 米。墙体顶部距外侧地表最高 3.2 米，距内侧地表最高 2.1 米。起点外侧有一登城小道，上部宽 1.63 米，向外凸出 1.87 米。中部外侧有一登城小道，上部宽 1.2 米，向外

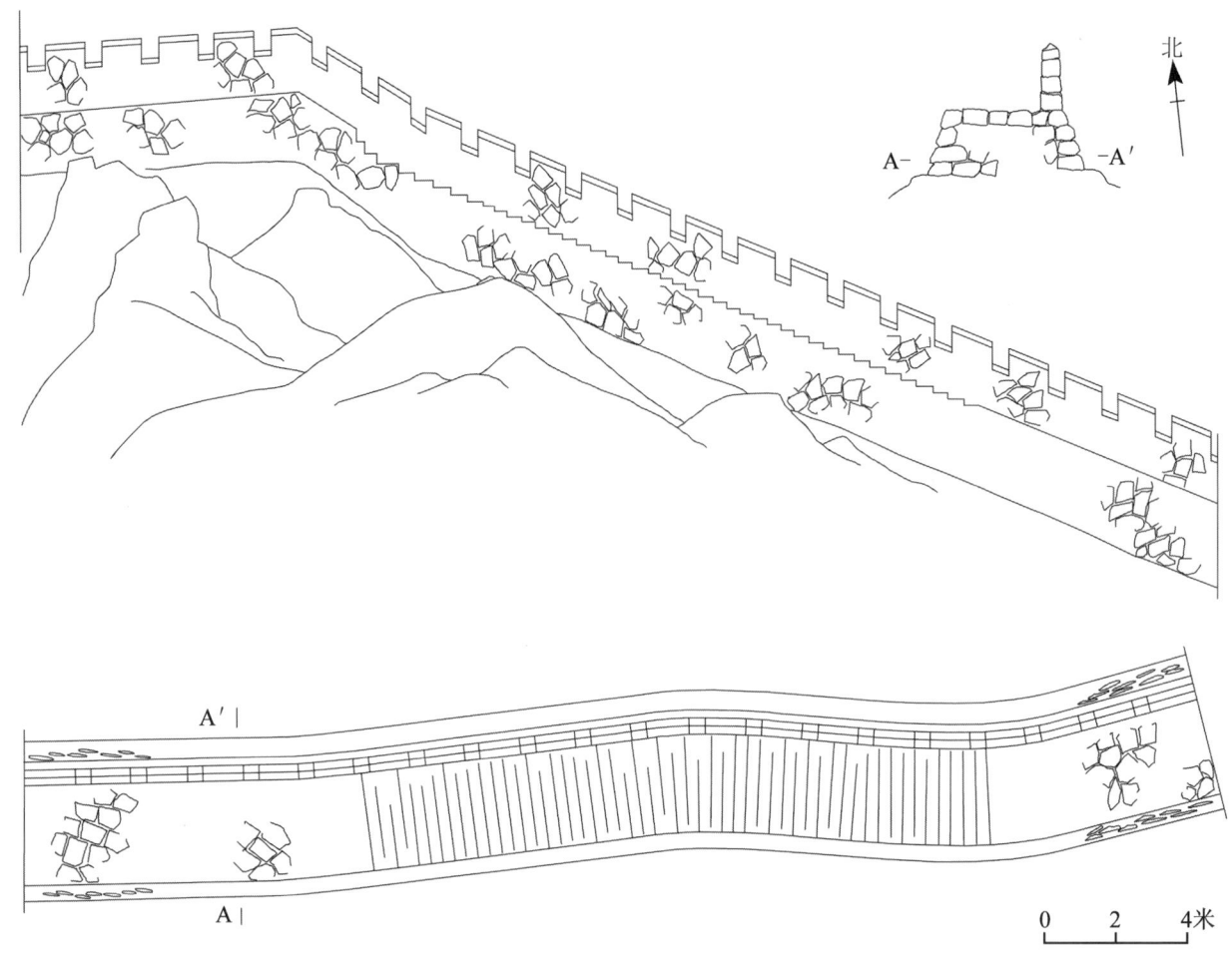

图一六三　黄崖关长城 14 段墙体平面、剖视、南壁正视图

凸出 1.6 米直到山底。黄崖关长城 11 号敌台位于中部墙体内侧，紧贴长城。

　　由于风吹日晒，雨水侵蚀，部分包砖脱落；季节性地表径流冲刷墙体基础，构成新的安全隐患。此段长城墙体为现代重修，成为旅游景区，人为因素破坏不明显。

黄崖关长城 15 段（总第 145 段，编码 120225382106170145）

　　此段长城墙体类别为山险，自天津市蓟县黄崖关村东北 1.8 千米、黄崖关长城 14 段墙体止点（高程 347 米）起，顺山势，至蓟县下营镇黄崖关村北 0.4 千米、黄崖关长城 12 号敌台东侧（高程 234 米）截止，长 139.03 米，东北—西南走向。（彩图四五六）

　　此段山险位于黄崖关东部，东北与黄崖关长城 14 段墙体止点相连，西南与黄崖关长城 12 号敌台相接，地势较陡峭，内侧为缓坡，外侧为陡坡，长有荆条等灌木。

　　此段山险完全利用峡谷形成的险峻地势作为天然屏障，看不出人为加工的痕迹。山势较陡峭，东北高，西南低，坡度较大，山险上长满野草及荆条等灌木。山险西侧为津围公路，南侧为水上游乐场，东南侧为狐仙旷山险，西北侧可观望到凤凰楼。山险基本保持原貌，未进行其他修缮。

　　由于近几年封山育林，山险四周山沟和陡坡上生长杂草、灌木、高大乔木等植被；加之剧烈的地质灾害使部分山石滚落，影响了山险险峻外观。此段山险地势险峻，人迹罕至，未发现人为因素损坏的痕迹。

黄崖关长城 16 段（总第 146 段，编码 120225382103170146）

此段长城墙体类别为砖墙，自天津市蓟县下营镇黄崖关村北 0.4 千米、黄崖关长城 12 号敌台东侧（高程 234 米）起，至蓟县下营镇黄崖关村北 0.3 千米、黄崖关长城关城西北角（高程 249 米）截止，全长 282.86 米，东—西走向。（图一六四；彩图四五七）

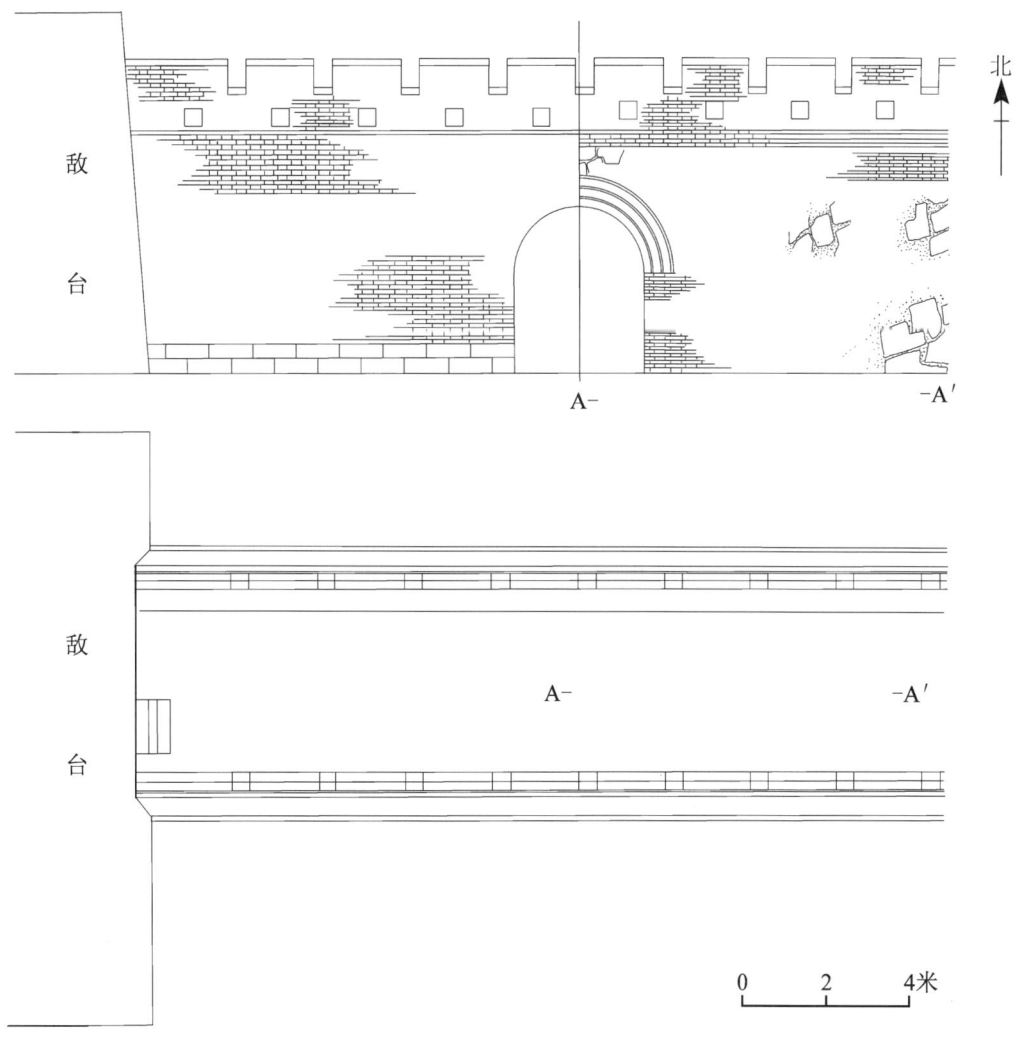

图一六四　黄崖关长城 16 段墙体平面、剖视、南壁正视图

此段长城位于黄崖关关口，东与黄崖关长城 12 号敌台相连，西与黄崖关长城关城相接。

此段长城基础经过人工平整，以条石做基础，墙体内部用石块填充，外面用青砖包砌，为砖石混砌结构。墙体为现代重新垒砌。具体垒砌方法为墙体下部基础用加工过的大石条垒砌，墙体内部用碎石块和碎石片、土、砖等填充，外部用青砖黏合三合灰垒砌，上部建完整的马道、垛口、射孔、瞭望孔、水道、楼梯口、敌台等设施，形成完整的墙体。这样垒砌的墙体十分坚固。

此段长城墙体整体保存较好，墙体内部用石块垒砌，外部用青砖包砌，有收分，以三合灰勾缝，女墙、垛口用青砖垒砌，马道用方砖铺成。墙体两侧为沟河河道与津围公路，河道与公路从长城下桥洞穿过。

　　根据《长城资源调查工作手册》的技术要求，按照长城墙体建造材质情况，此段长城墙体又细分为2小段，分述如下。

　　第一小段：水关城墙，自黄崖关长城12号敌台东侧起，止于黄崖关长城13号敌台东侧。长135.94米，保存较好。此段长城墙体下有5孔桥洞和一孔通车桥洞，砖石结构，由条石基础、拱券和桥面组成，上砌砖垛口。通车桥洞上用钢板铺马道与垛口，钢板铺段长17.4米。

　　第二小段：关城城墙，自黄崖关长城13号敌台东侧起，止于黄崖关关城西北角。长146.92米，保存较好。北城楼至黄崖关长城13号敌台西侧长19米，南北进深18.34米，北侧长16米，南侧长30.5米。城台上建真武庙一座。墙体顶部距外侧地表最高6米，距内侧地表最高6米。北城楼西侧、长城内侧设一登城通道，宽2.2米，上部拱顶。长城墙体马道上有铁炮2门，间隔24米。

　　马道宽3.9米；垛口宽0.55、高0.8、厚0.4米；女墙宽0.4、高1.35米。长城墙体内侧为关城，外侧地势较平缓，下为（天）津围（场）公路。

　　由于风吹日晒，雨水侵蚀，部分包砖脱落；墙体内、外侧为山林、河流等。此段长城墙体为现代重修，成为旅游景区，人为因素破坏不明显。

黄崖关长城17段（总第147段，编码120225382103170147）

　　此段长城墙体类别为砖墙，自天津市蓟县下营镇黄崖关村北0.3千米、黄崖关长城关城西北角（高程249米）起，顺山势修建，至蓟县下营镇黄崖关村西北0.4千米、黄崖关长城14号敌台东侧（高程269米）截止，长43.22米，东—西走向。（图一六五；彩图四五八）

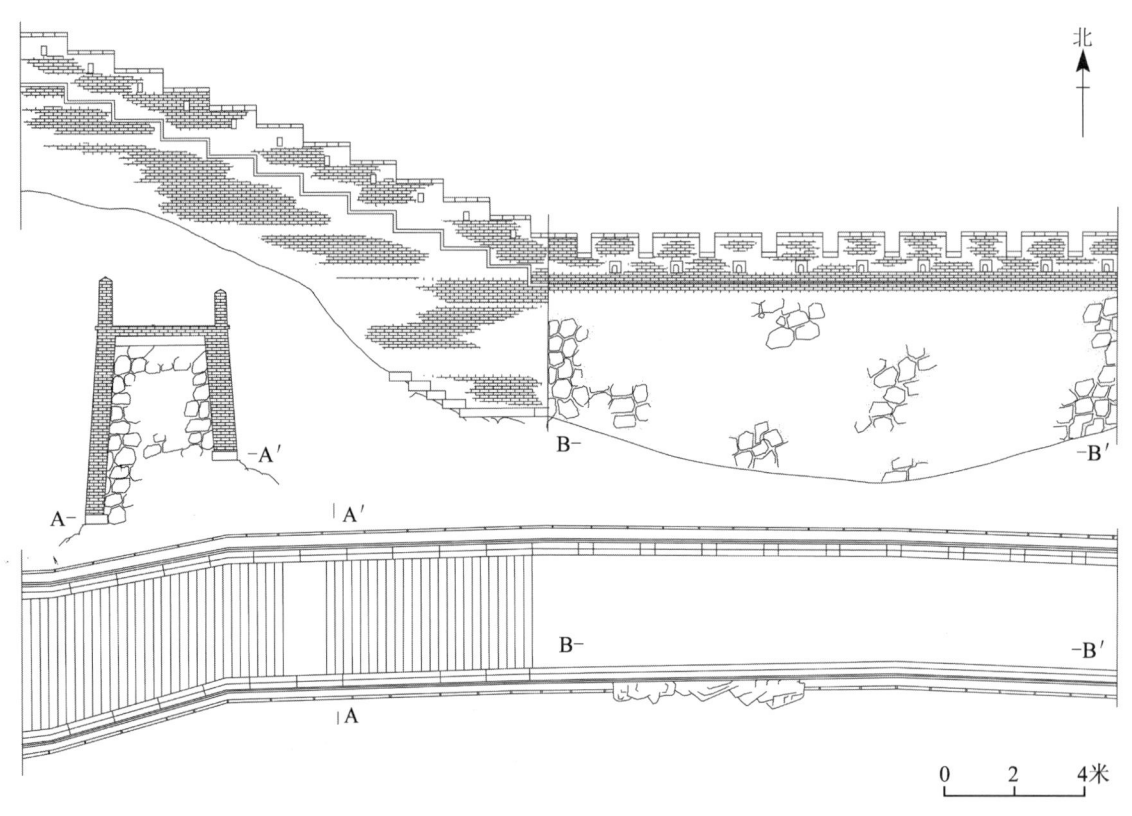

图一六五　黄崖关长城17段墙体平面、剖视、南壁正视图

此段长城位于黄崖关关城西北缓坡上，东与黄崖关关城西北角相连，西与黄崖关长城 14 号敌台相接，地势较陡峭，内侧为缓坡，外侧为陡坡，长有荆条等灌木。

此段长城基础经过平整、漫坡以条石做基础，墙体内部用石块填充，外面用青砖包砌，为现代重新垒砌。具体垒砌方法为墙体下部用加工过的大条石做基础，内部用碎石块和碎石片、土、砖等填充，外部用青砖黏合三合灰垒砌，上部建完整的马道、垛口、射孔、瞭望孔、水道、楼梯口、敌台等设施，形成完整的墙体。这样垒砌的墙体十分坚固。

此段墙体整体保存较好，下部基础为明代修筑，上部墙体为现代重新垒砌。砖石混合结构，内部用石块垒砌，外部用青砖包砌，有收分，三合灰勾缝。女墙、垛口用青砖垒砌，垛口上设瞭望口、射孔。马道用方砖铺成，宽 3.9 米。垛口宽 0.58、高 1.8、厚 0.4 米；女墙宽 0.4、高 1.7 米；射孔宽 0.2、高 0.3 米；瞭望口宽 0.2、高 0.33 米。青砖长 40、宽 20、厚 10 厘米；方砖边长 38、厚 10 厘米。墙体顶部距外侧地表最高 4 米，距内侧地表最高 3.5 米。

由于风吹日晒，雨水侵蚀，部分包砖脱落；墙体内、外侧为山林、河流等。此段长城墙体为现代重修，成为旅游景区，人为因素破坏不明显。

黄崖关长城 18 段（总第 148 段，编码 120225382103170148）

此段长城墙体类别为砖墙，自天津市蓟县下营镇黄崖关村西北 0.4 千米、黄崖关长城 14 号敌台东侧（高程 269 米）起，顺山势修建，至蓟县下营镇黄崖关村西北 0.5 千米、黄崖关长城 15 号敌台东侧（高程 305 米）截止，长 146.17 米，东—西走向。（图一六六；彩图四五九）

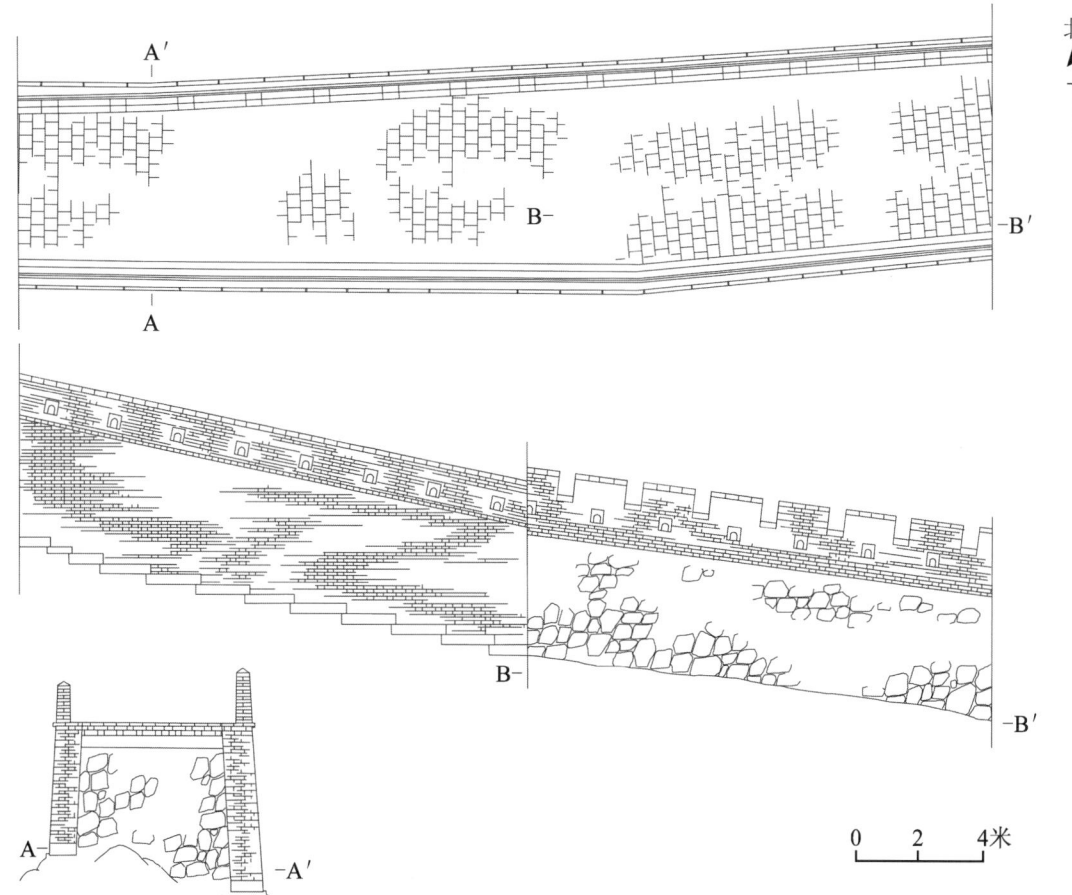

图一六六　黄崖关长城 18 段墙体平面、剖视、南壁正视图

此段长城位于黄崖关城西北，东与黄崖关长城 14 号敌台相连，西与黄崖关长城 15 号敌台相接，地势较陡峭，内侧为缓坡，外侧为陡坡，长有荆条等灌木。

此段长城基础经过平整、漫坡，以条石做基础，墙体内部用石块填充，外面用青砖包砌，为现代重新垒砌。垒砌方法为墙体下部用加工过的大条石做基础，内部用石块黏合三合灰垒砌，石块之间缝隙用三合灰作黏结物。外部用青砖黏合三合灰垒砌，上部建完整的马道、垛口、射孔、瞭望孔、水道、楼梯口、敌台等设施，形成完整的墙体。这样垒砌的墙体十分坚固。

墙体整体保存较好，下部基础为明代修筑，上部墙体为现代重新垒砌，砖石混合结构。内部用石块垒砌，外部用青砖包砌，有收分，三合灰勾缝。女墙、垛口用青砖垒砌，马道用方砖铺成。垛口上设瞭望口、射孔。此段长城长 146.17 米，马道宽 3.9 米；垛口宽 0.58、高 1.76、厚 0.4 米；女墙宽 0.4、高 1.3 米；射孔宽 0.2、高 0.3 米；瞭望口宽 0.3、高 0.33 米。青砖长 40、宽 20、厚 10 厘米，方砖边长 38、厚 10 厘米。墙体顶部距外侧地表最高 5.36 米，距内侧地表最高 4 米。

由于风吹日晒，雨水侵蚀，部分包砖脱落；墙体内、外侧为山林、河流等。此段长城墙体为现代重修，成为旅游景区，人为因素破坏不明显。

黄崖关长城 19 段（总第 149 段，编码 120225382103170149）

此段长城墙体类别为砖墙，自天津市蓟县下营镇黄崖关村西北 0.5 千米、黄崖关长城 15 号敌台东侧（高程 305 米）起，顺山势修建，至蓟县下营镇黄崖关村西北 0.6 千米、黄崖关长城 16 号敌台东侧（高程 368 米）截止，长 275.77 米，东—西走向。（图一六七；彩图四六〇）

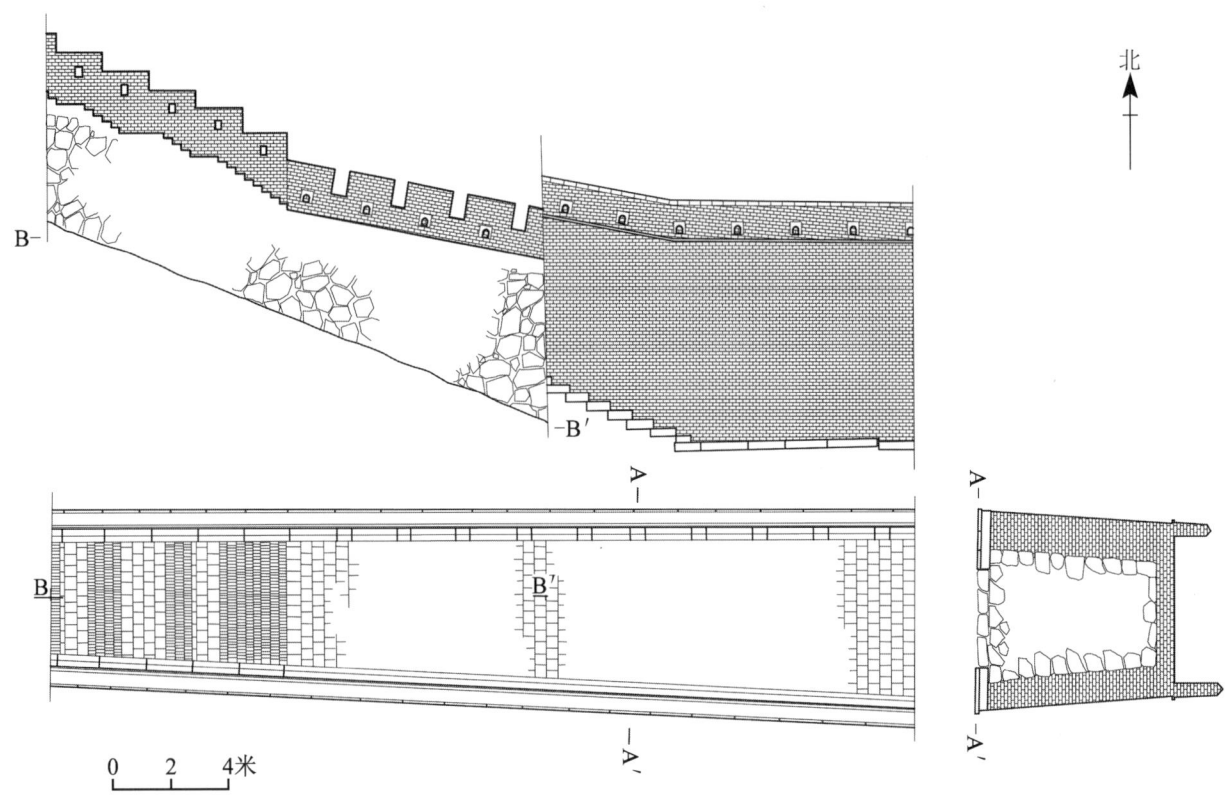

北

0　　2　　4米

图一六七　黄崖关长城 19 段墙体平面、剖视、南壁正视图

此段长城位于黄崖关关城西北，东与黄崖关长城 15 号敌台相连，西与黄崖关长城 16 号敌台相接，地势较陡峭，内侧为缓坡，外侧为陡坡，长有荆条等灌木。

此段长城基础经过平整、漫坡，以条石做基础，墙体用石块黏合三合灰垒砌，石块之间缝隙用三合灰作黏结物，外部用青砖包砌，为现代重新垒砌。垒砌方法为墙体下部用加工过的大石条做基础，内部用石块和碎石片、土、砖等垒砌、填充，外部用青砖黏合三合灰包砌，上部建完整的马道、垛口、射孔、瞭望孔、水道、楼梯口、敌台等设施，形成完整的墙体。这样垒砌的墙体十分坚固。

此段长城墙体保存较好，下部基础为明代修筑，上部墙体为现代重新垒砌。重修部分为砖石混合结构，内部用石块垒砌，外部用青砖包砌，以三合灰勾缝。有收分。女墙、垛口用青砖垒砌，马道用方砖铺成。垛口上设瞭望口、射孔。

根据《长城资源调查工作手册》的技术要求，按照长城墙体变化情况，此段长城墙体又细分为2小段，分述如下。

第一小段：自黄崖关长城15号敌台东侧起，止于平台西侧，平台长6.7米，向墙内侧外凸1米。长129.06米，其中墙体长112米，黄崖关长城15号敌台北壁长10.36米，保存较好。马道宽5.5米；垛口宽0.4、高1.8米；女墙宽0.4、高1.35米。平台外侧为黄崖关长城18号敌台。墙体顶部距外侧地表最高6米，距内侧地表最高4.9米。

第二小段：自平台西侧起，止于黄崖关长城16号敌台东侧，长146.71米，保存较好。垛口厚0.4、高1.8米；女墙宽0.4、高1.7米；瞭望口宽0.2、高0.3米。墙体顶部距外侧地表最高6.9米，距内侧地表最高7.3米。

由于风吹日晒，雨水侵蚀，部分包砖脱落；墙体内、外侧为山林、河流等。此段长城墙体为现代重修，成为旅游景区，人为因素破坏不明显。

黄崖关长城20段（总第150段，编码120225382102170150）

此段长城墙体类别为砖墙，自天津市蓟县下营镇黄崖关村西北0.6千米、黄崖关长城16号敌台东侧（高程368米）起，顺山势修建，至蓟县下营镇黄崖关村西北0.7千米、黄崖关长城17号敌台东侧（高程440米）截止，长167.98米，东—西走向。（图一六八；彩图四六一）

此段长城位于黄崖关关城西北山坡上，东与黄崖关长城16号敌台相连，西与黄崖关长城17号敌台相接。地势较陡峭，内侧为缓坡，外侧为陡坡，长有荆条等灌木。

此段长城基础经过平整、漫坡，以条石做基础，墙体用石块黏合三合灰垒砌，石块之间缝隙用三合灰作黏结物，外部用青砖包砌，为现代重新垒砌。具体垒砌方法为墙体下部用加工过的大条石做基础，内部用石块和碎石片、土、砖等垒砌、填充，外部用青砖黏合三合灰垒砌，上部建完整的马道、垛口、射孔、瞭望孔、水道、楼梯口、敌台等设施，形成完整墙体。这样垒砌的墙体十分坚固。

此段长城墙体保存较好，下部基础为明代修筑，上部墙体为现代重新垒砌。由砖墙和石墙两部分组成。砖墙内部用石块垒砌，外部用青砖包砌，三合灰勾缝，有收分。石墙用石块垒砌，三合灰勾缝，内部用碎石填充，有收分。根据《长城资源调查工作手册》的技术要求，按照长城墙体建造材质情况，此段长城墙体又细分为3小段，分述如下。

第一小段：砖墙长69.8米，其中墙体59.7米，黄崖关长城16号敌台北壁10.2米，保存较好。马道用方砖铺成，宽3.2米；垛口宽0.4、高1.8米；女墙宽0.4、高1.4米。墙体顶部距外侧地表最高3.6米，距内侧地表最高3.8米。青砖长40、宽20、厚10厘米，方砖边长38、厚10厘米。

第二小段：石墙长88.58米。马道宽3.1米，垛口宽0.5、高1.1米。墙体顶部距外侧地表最高6.2米，距内侧地表最高3.1米。

第三小段：石墙长9.6米，马道、垛口、女墙为青砖垒砌。马道用方砖铺成，宽3米；垛口高1.2米；女墙宽0.4、高1.2米。墙体顶部距外侧地表最高6米，距内侧地表最高3米。青砖长40、宽20、

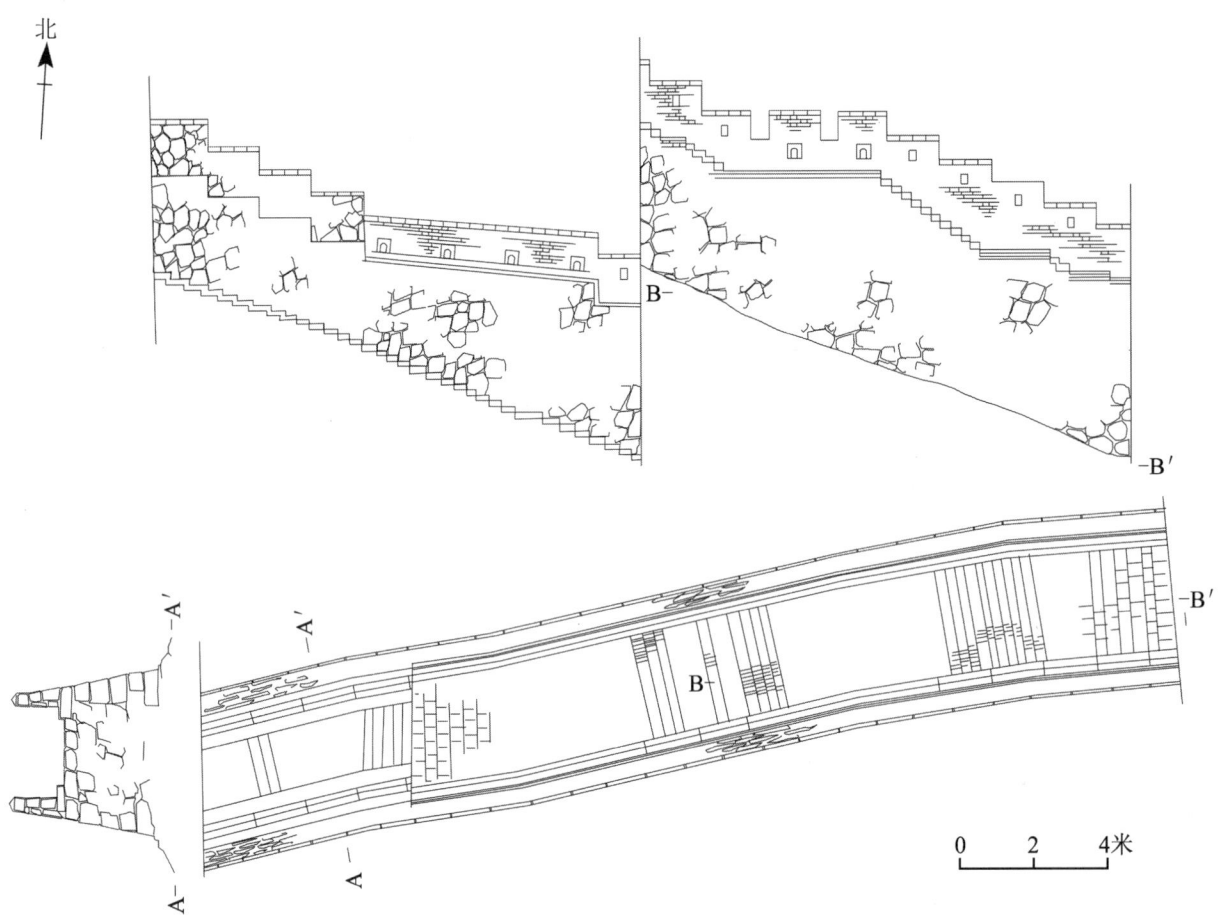

图一六八　黄崖关长城 20 段墙体平面、剖视、南壁正视图

厚 10 厘米，方砖边长 38、厚 10 厘米。

由于风吹日晒，雨水侵蚀，部分包砖脱落；季节性地表径流冲刷墙体基础，构成新的安全隐患。此段长城墙体为现代重修，成为旅游景区，人为因素破坏不明显。

黄崖关长城 21 段（总第 151 段，编码 120225382102170151）

此段长城墙体类别为砖墙，自天津市蓟县下营镇黄崖关村西北 0.7 千米、黄崖关长城 17 号敌台东侧（高程 440 米）起，顺山势修建，至蓟县下营镇黄崖关村西北 0.9 千米、黄崖关长城 22 段山险起点（高程 485 米）截止，长 197.42 米，东—西走向。（图一六九；彩图四六二）

此段长城位于黄崖关西，东与黄崖关长城 17 号敌台相连，西与黄崖关长城 22 段山险起点相接。地势较陡峭，内侧为缓坡，外侧为陡坡，长有荆条等灌木。

此段长城基础经过平整、漫坡，以条石做基础，墙体用石块黏合三合灰垒砌，石块之间缝隙用三合灰作黏结物，外面用青砖包砌。为现代重新垒砌。具体垒砌方法为墙体下部用加工过的大条石做基础，内部用碎石块和石片、土、砖等垒砌、填充，外部用青砖黏合三合灰垒砌，上部建完整的马道、垛口、射孔、瞭望孔、水道、楼梯口、敌台等设施，形成完整墙体。这样垒砌的墙体十分坚固。

此段长城墙体保存较好，下部基础为明代修筑，上部墙体为现代重修。由砖墙和石墙两部分组成。砖墙内部用石块垒砌，外部用青砖包砌，用三合灰勾缝，有收分。石墙用石块垒砌，三合灰勾缝，内部用碎石填充，有收分。

根据《长城资源调查工作手册》的技术要求，按照长城墙体建造材质情况，此段长城墙体又细分

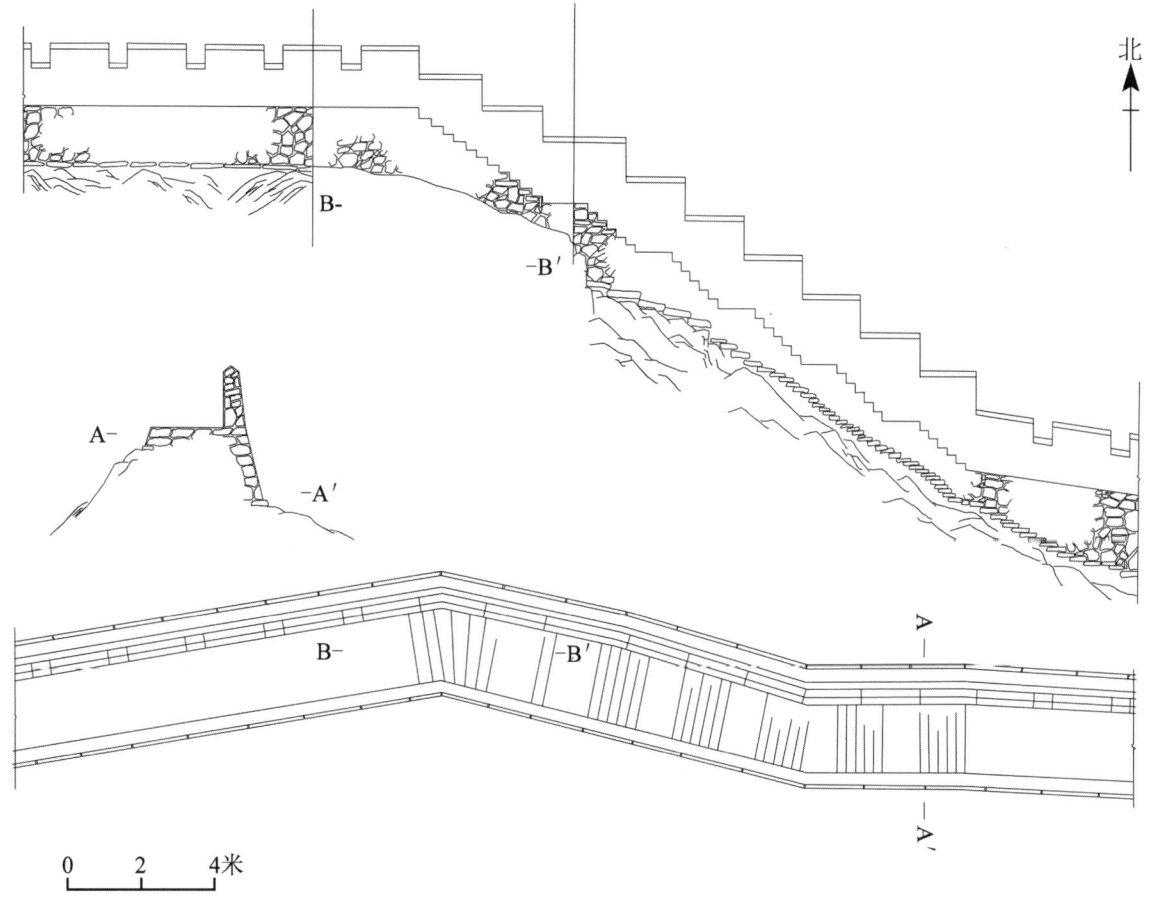

图一六九　黄崖关长城 21 段墙体平面、剖视、南壁正视图

为 2 小段，分述如下。

第一小段：砖墙长 3.4 米，保存较好。垛口、女墙高 1.2 米。马道用方砖铺成。墙体顶部距外侧地表最高 6 米，距内侧地表最高 3 米。青砖长 40、宽 20、厚 10 厘米，方砖边长 38、厚 10 厘米。

第二小段：石墙长 194.02 米，其中长城墙体 183.44 米，黄崖关长城 17 号敌台北壁 10.58 米，保存较好。马道宽 1.7～3.90 米；垛口宽 0.6、高 1.63、厚 0.5 米；无女墙，外侧有马面，向外凸出 3 米，马面宽 2.5 米。墙体顶部距外侧地表最高 4 米，距内侧地表最高 2.8 米。

由于风吹日晒，雨水侵蚀，部分包砖脱落；季节性地表径流冲刷墙体基础，构成新的安全隐患。此段长城墙体为现代重修，成为旅游景区，人为因素破坏不明显。

黄崖关长城 22 段 （总第 152 段，编码 120225382106170152）

此段长城墙体类别为山险，自天津市蓟县下营镇黄崖关村西北 0.9 千米、黄崖关长城 21 段墙体止点（高程 485 米）起，顺山势，至蓟县下营镇黄崖关村西北 0.9 千米、前干涧长城 1 号敌台东侧（高程 666 米）截止，长 254.38 米，东北—西南走向。（彩图四六三）

此段山险位于黄崖关西山脊处，东北与黄崖关长城 21 段墙体止点相连，西南与前干涧长城 1 号敌台相接。地势较陡峭，内侧为缓坡，外侧为陡坡，山险上长满野草、灌木和人工栽植的松柏等植被。

此段山险保存较好，利用陡峭的崖体作为阻挡敌人的天然屏障。部分地方有明显人为修整的痕迹。山险底部向上有一条西南—东北走向的台阶，名为"黄崖关天梯"，宽 1.3、长约 90 米。天梯建在两山之间山谷内，依山势而建，雄伟壮观，站在天梯顶端向东北可一览黄崖关长城的雄姿，再向西南有一条小路直达山顶前干涧长城 1 号敌台。

由于近几年封山育林，山险四周山沟和陡坡上生长杂草、灌木、高大乔木等植被；加之剧烈的地质灾害使部分山石滚落，影响了山险险峻的外部环境。未发现人为因素损坏痕迹。

黄崖关长城二道边 1 段（总第 153 段，编码 120225382106170153）

此段长城墙体类别为山险，自天津市蓟县下营镇黄崖关村东北 1 千米、黄崖关长城 10 号敌台北侧（高程 490 米）起，顺山势，至蓟县下营镇黄崖关村东北 1.1 千米、黄崖关长城二道边 2 段起点（高程 469 米）截止，长 437.86 米，南—北走向。（彩图四六四）

山险位于山脊处，南邻黄崖关长城 10 号敌台，北邻黄崖关二道边长城 2 段起点，保存较好。利用陡峭的崖体，山体岩石上未见人工打凿的痕迹。外侧为峭壁陡坡，内侧坡度较缓，坡地上长满树木、荆条和杂草。未进行其他修缮。

由于近几年封山育林，山险四周山沟和陡坡上生长杂草、灌木、高大乔木等植被，加之一些剧烈的地质灾害使部分山石滚落，影响了山险险峻的外观。未发现人为因素损坏痕迹。

黄崖关长城二道边 2 段（总第 154 段，编码 120225382102170154）

此段长城墙体类别为砖墙，自天津市蓟县下营镇黄崖关村东北 1.1 千米、黄崖关长城二道边 1 段山险止点（高程 469 米）起，沿山脊修建，至蓟县下营镇黄崖关村北 1.2 千米、黄崖关长城二道边 3 段山险起点（高程 371 米）截止，长 96.79 米，东南—西北走向。（彩图四六五）

此段长城墙体位于黄崖关东部山脊上，东南邻黄崖关长城 1 段山险止点，西北邻黄崖关长城 2 段山险起点。地势较陡峭，内侧为缓坡，外侧为陡坡，长有荆条等灌木。

此段长城基础经过漫坡处理，墙体基础用石块干垒。从部分墙体断面观察，垒砌方法与其他段长城墙体基本相同，内外两侧用大石块垒砌两道外侧边，中间用小石块和碎石片、土填充，形成完整墙体，有收分。

此段长城二道边墙体整体保存较差，基础用大小不一的石块干垒而成，墙体用青砖包砌，用三合灰黏结，青砖部分被拆除，不复存在。此段墙体为明代修筑，无其他修缮。

按照《长城资源调查工作手册》的技术要求，根据长城墙体的保存状况、拐折点分布情况，此段长城又细分为 2 小段，分述如下。

第一小段：起点海拔 469 米，止点海拔 430 米。此小段长城长 29.28 米，保存较差。墙体内、外侧坍塌，部分墙体垒砌于山体岩石上，墙体上部宽 3.6 米，墙体略有收分。墙体顶部距外侧地表最高 3.05 米，距内侧地表最高 0.2 米。长城自此小段止点拐向西北并下折。

第二小段：起点海拔 430 米，止点海拔 371 米。此小段长城长 67.51 米，保存较差。墙体上部包砖被人为拆除破坏。

墙体倒塌主要因为垒砌不够牢固，自然塌落所致；季节性地表径流对长城墙体部分基础造成冲刷，对墙体构成严重的安全隐患。包砖被破坏拆除，人为因素损坏痕迹明显。

黄崖关长城二道边 3 段（总第 155 段，编码 120225382106170155）

此段长城墙体类别为山险，自天津市蓟县下营镇黄崖关村北 1.2 千米、黄崖关长城二道边 2 段墙体止点（高程 371 米）起，顺山势，至蓟县下营镇黄崖关村北 1.2 千米、黄崖关长城二道边 4 段墙体起点（高程 365 米）截止，长 158.78 米，东南—西北走向。（彩图四六六）

此段山险位于山脊，东南与黄崖关长城二道边 2 段止点相连，西北与黄崖关长城二道边 4 段起点相接，地势较陡峭。

此段山险保存较好，利用陡峭的崖体，看不出人为加工修整的痕迹，基本保持原貌。山险顶部最宽2.7米，最窄1.1米，外侧为峭壁，内侧为陡坡，内侧坡地上长满树木、荆条、杂草等植被，山体岩石上未见人工打凿痕迹，部分地段怪石林立。未进行其他修缮。

由于近几年封山育林，山险四周山沟和陡坡上生长杂草、灌木、高大乔木，加之一些剧烈的地质灾害使部分山石滚落，影响了山险的险峻外观。未发现人为因素损坏痕迹。

黄崖关长城二道边4段（总第156段，编码120225382102170156）

此段长城墙体类别为石墙，自天津市蓟县下营镇黄崖关村北1.2千米、黄崖关长城二道边3段止点（高程365米）起，沿山脊修建，至蓟县下营镇黄崖关村北1.4千米、黄崖关长城凤凰楼南43米处（高程269米）截止，长175.61米，东南—西北走向。（彩图四六七）

此段长城墙体位于黄崖关东部山脊上，东南邻黄崖关长城3段山险止点，西北距黄崖关长城凤凰楼43米，地势较陡峭，内侧为缓坡，外侧为陡坡，长有荆条等灌木。

此段长城墙体为混合基础，部分基础经过漫坡处理，部分墙体直接建于岩石上，墙体用石块干垒，从部分墙体断面观察，垒砌方法与其他段长城墙体基本相同，用大石块垒砌两道外侧边，中间用小石块和碎石片、土填充，形成完整墙体。墙体剖面呈梯形，上窄下宽，有收分。

此段长城二道边墙体整体保存较差，为明代修筑，无其他修缮。

按照《长城资源调查工作手册》的技术要求，根据墙休拐折点分布情况，此段长城又细分为4小段，分述如下。

第一小段：起点海拔365米，止点海拔379米。此小段长城长23.63米，保存较差。墙体内、外侧坍塌，部分墙体内部填充的石块依稀可辨。部分墙体基础未加修整，直接建在山体岩石上。墙体上部宽2.7米。墙体顶部距外侧地表最高1.5米，距内侧地表最高0.2米。长城自此小段止点下折。

第二小段：起点海拔379米，止点海拔345米。此小段长城长38.62米，保存较差。长城自此小段止点拐向西南并下折。

第三小段：起点海拔345米，止点海拔274米。此小段长城长65.43米，保存较差。墙体上部宽3.2米。墙体顶部距外侧地表最高3.2米，距内侧地表最高1米。长城自此小段止点拐向西北并上折。

第四小段：起点海拔274米，止点海拔269米。此小段长城长47.93米，保存较差。

墙体倒塌主要因为垒砌不够牢固、自然塌落所致；季节性地表径流对墙体部分基础造成冲刷，对墙体构成严重的安全隐患。墙体包砖被破坏、拆除，人为因素损坏痕迹明显。

（二）敌台

黄崖关长城1号敌台（总第52号，编码120225352101170052）

该敌台位于天津市蓟县下营镇黄崖关村东北1.4千米一座东高西低的山梁上。东、西两侧为长城墙体，南、北两侧为陡坡，周边生长小树、杂草和橡树等植被。

敌台为砖石质。平面呈正方形，边长10.5、通高13.5米，收分0.75米，剖面呈梯形。方向为30°。中心高程517米。（图一七○-1~3；彩图四六八、四六九）

敌台建筑材料为青砖、石块和三合灰，青砖、条石之间缝隙用三合灰黏结。1984~1987年，在明代敌台基础上修复，保存完好。下面3层为条石基础，上垒包砖，部分墙体利用山体岩石，东西两侧长城墙体与之相连，四面设10个箭窗，南北两壁各3个，东西两壁各2个，为半圆形券顶，高1.2、宽0.7米，东西两壁中间各设一门，高2、宽0.9米，门柱、门坎用条石垒砌，半圆形券顶，两券两铺，西门外有上下长城墙体的台阶。首层内方砖铺地，顶部垒砌3个南北向的半圆形券顶，后又用3

个东西向半圆形券封顶，北部设上顶部的马道通道。顶部垒3层出檐，中间一层砖斜放。之上垒砌垛口，东、西、南3面各设3个垛口、2个望口、3个射孔；北面设2个垛口、2个射孔。望口呈方形；射孔上部呈半圆形，内高外低呈斜坡状。顶平，方砖铺顶，北部设上下马道的出口，四角有排水孔，呈圆形，水从南、北两侧用条石做的排水孔排出，墙外石条长0.8米。敌台为修复后的状态。垒砌敌台的青砖长37～38、宽18、厚9厘米；方砖边长38～40厘米，厚不详。

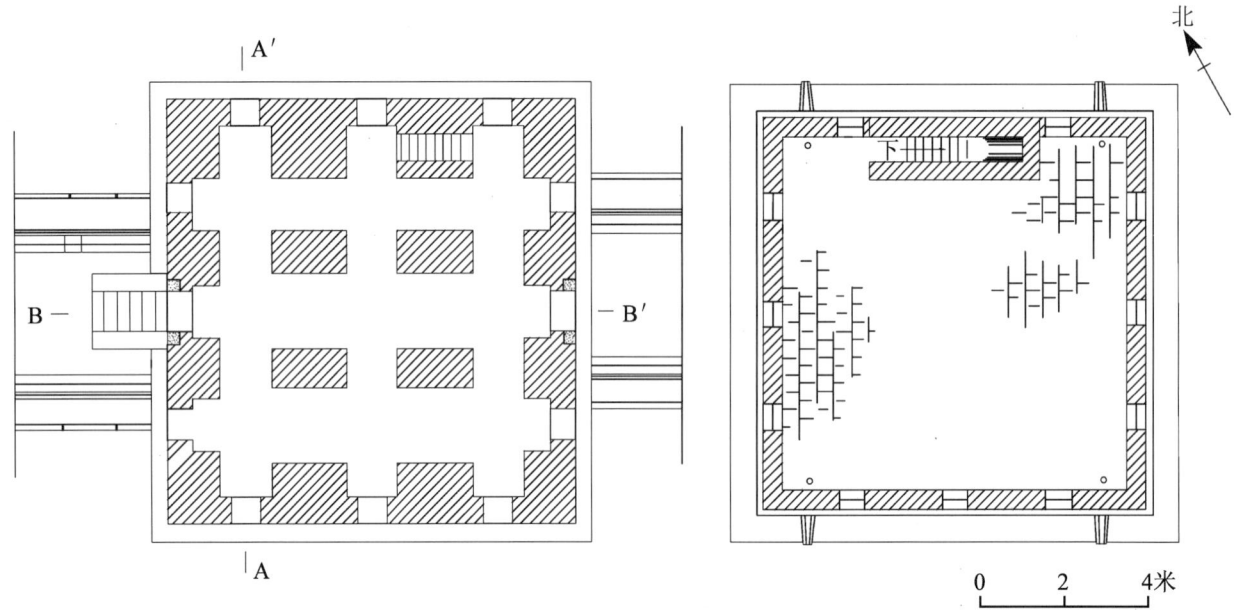

图一七〇-1　黄崖关长城1号敌台首层、顶层平面图

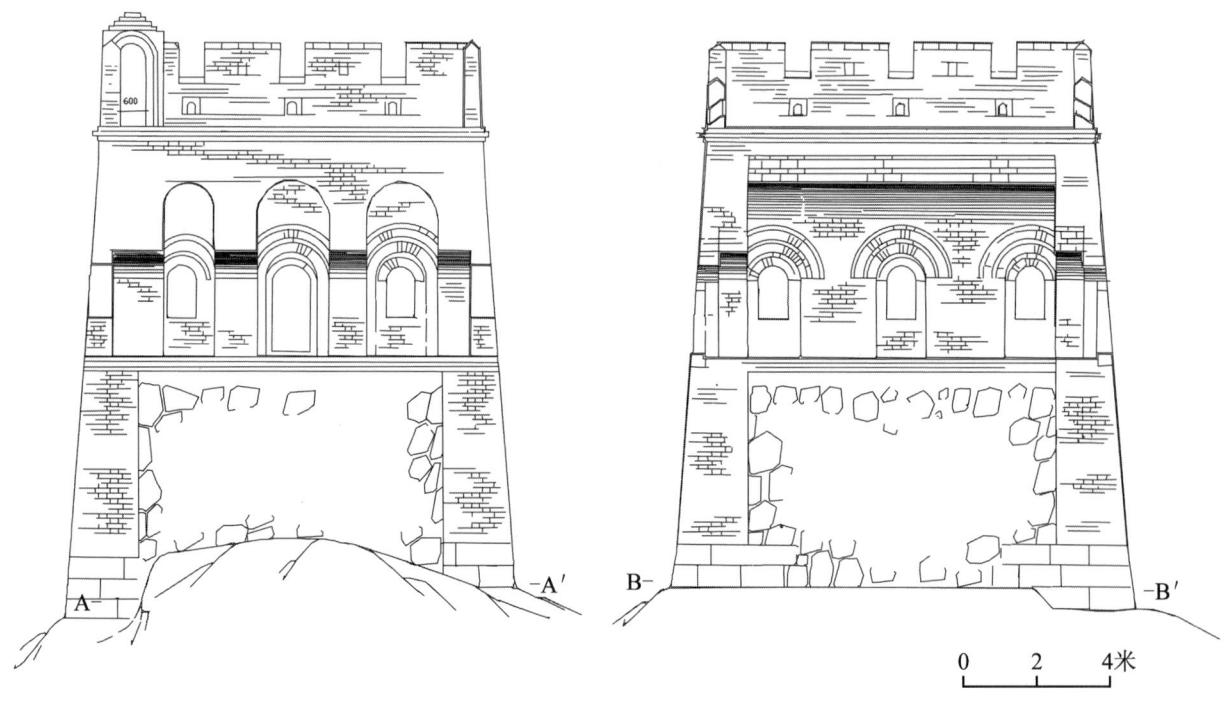

图一七〇-2　黄崖关长城1号敌台剖视图

图一七〇 - 3 黄崖关长城 1 号敌台东、西壁正视图

该敌台东南距车道峪长城 19 号敌台约 0.38 千米，西距黄崖关长城 2 号敌台约 104 米，东西两壁紧靠长城墙体。

黄崖关长城 2 号敌台（总第 53 号，编码 120225352101170053）

该敌台位于天津市蓟县下营镇黄崖关村东北 1.3 千米一处东高西低的山梁上，东、西两侧为长城，南、北两侧为东高西低的缓坡，周边生长小树、杂草和橡树等植被。

该敌台为砖石质，平面呈正方形，边长 12.5、通高 17.4 米，其中南壁高 17.4、北壁高 16.6、西壁高 16.5、东壁高 16.4 米。敌台上窄下宽，收分 0.8 米，剖面呈梯形。方向为 40°。中心高程 485 米。（图一七一 - 1 ~ 3；彩图四七〇、四七一）

敌台建筑材料为青砖、石块和三合灰，青砖、条石之间缝隙用三合灰黏结。1984 ~ 1987 年，在明代敌台基础上重新修复，保存完好。

敌台基础用 3 ~ 5 层条石垒砌，垒平后上垒包砖，条石下部利用山体岩石，东西两面与长城墙体相连接。敌台四面设 10 个箭窗，南、北两面各 3 个，东、西两面各 2 个，半圆形券顶，高 1.2、宽 0.7 米。东、西面中间各设一门，高 2、宽 0.8 米，门柱、门坎用条石垒砌。半圆形券顶，两券两铺。首层内方砖铺地，顶部垒砌 3 个南北向券顶后又用 3 个东西向半圆形券封顶。北部设上下顶部的台阶通道。顶为斜坡，半圆形券顶。顶部垒砌 3 层出檐，中间一层砖斜放后垒垛口，垛口宽 0.6、深 1 米，墙厚 0.4 米。东、西、南壁各设 4 个垛口、3 个望口、4 个射孔，北壁有 2 个垛口、2 个望口、4 个射孔。望孔呈方形，射孔顶呈半圆形，内高外低呈斜坡状。顶平，方砖铺地，中央有铺舍一间，（彩图四七二）坐南朝北，东西长 6.3、南北宽 4.1、高 5.5 米，硬山顶，内部砖结构券顶，中间设门，门两侧设窗，方砖铺地，北部设上下顶部的台阶通道口，口上用砖券封顶。敌台顶部四角设排水孔，呈圆形，水从南北两侧条石排出，墙外条石长 0.7 米。敌台为修复后的状态。垒砌敌台的条石长 35 ~ 40、宽 40、厚 10 厘米，青砖长 37 ~ 38、宽 18、厚 9 米，方砖分边长 38 厘米和 44 厘米两种，厚度不详，青砖、条石用三合灰黏合垒砌。

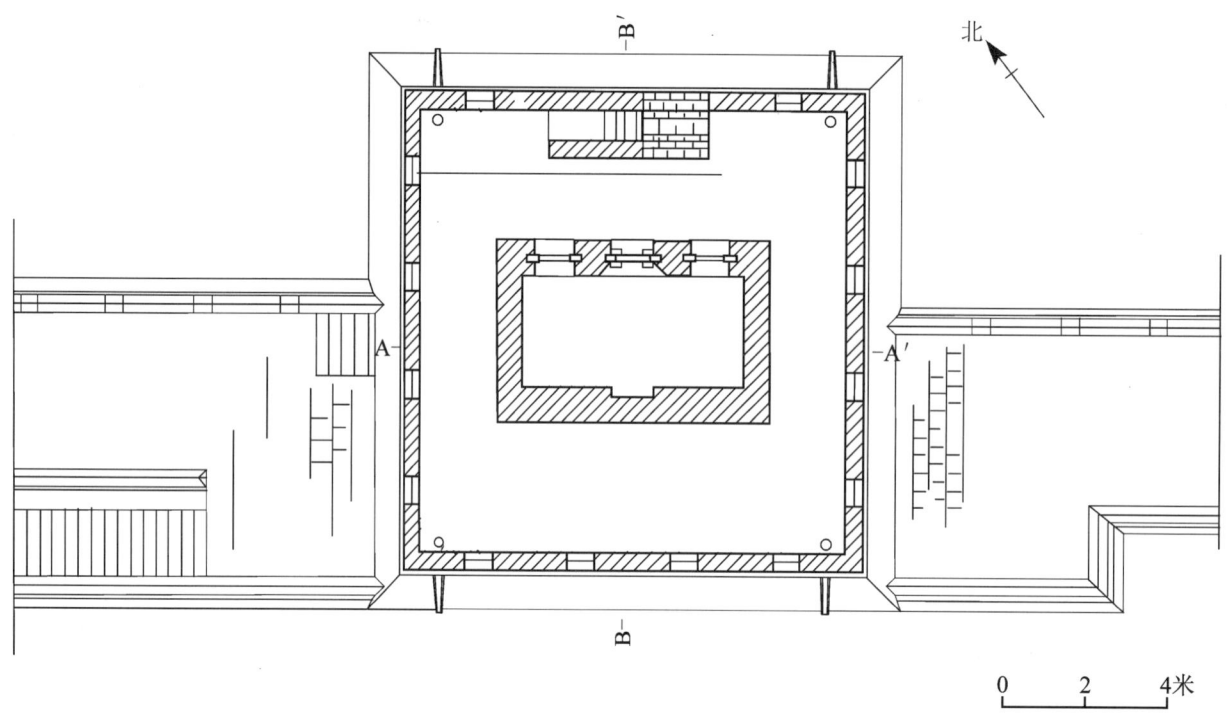

图一七一 - 1　黄崖关长城 2 号敌台平面图

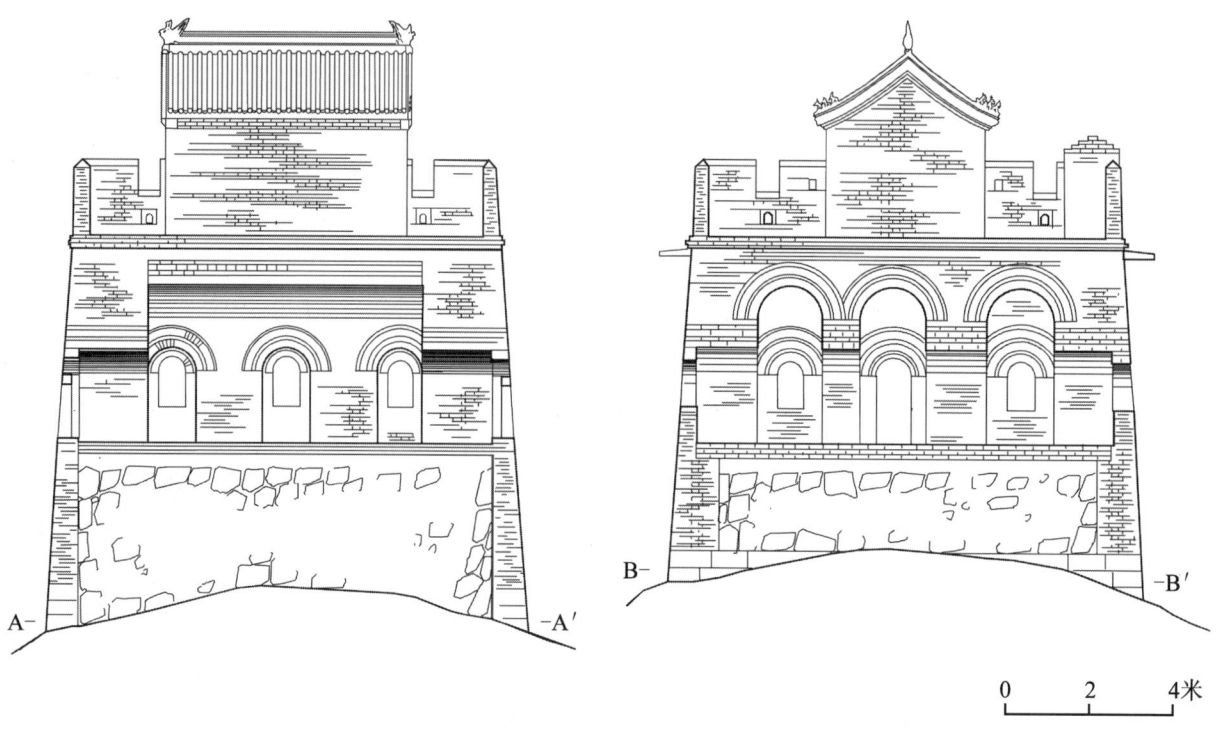

图一七一 - 2　黄崖关长城 2 号敌台剖视图

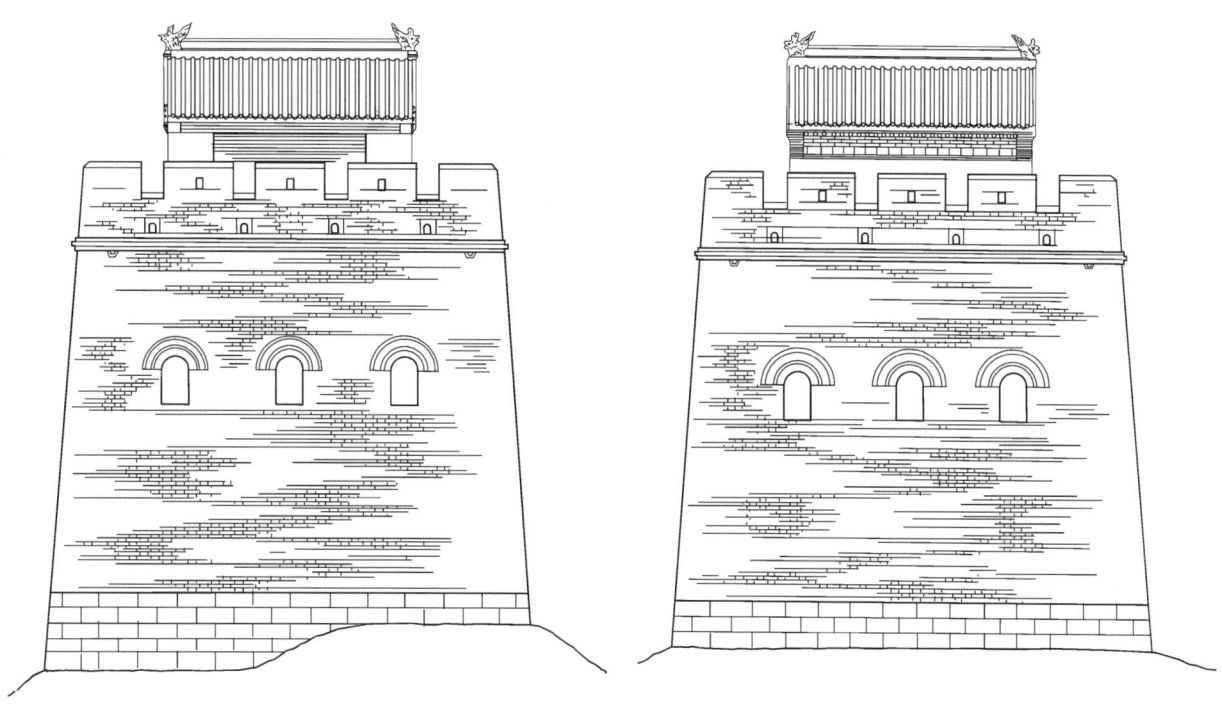

0 2 4米

图一七一－3 黄崖关长城 2 号敌台南、北壁正视图

该敌台东距黄崖关长城 1 号敌台约 104 米，西北距黄崖关长城 3 号敌台约 151 米，东西两侧与长城墙体相连。

黄崖关长城 3 号敌台（总第 54 号，编码 120225352101170054）

该敌台位于天津市蓟县下营镇黄崖关村北 1.4 千米一处东高西低的山梁上，南侧为长城，东西两侧为陡坡，周边生长小树、杂草和橡树等树木。

敌台为砖石质。平面呈正方形，边长 9.5、高 12.46 米，剖面呈梯形。方向为 40°。中心高程 485 米。（图一七二－1、2；彩图四七三）

敌台建筑材料为砖、石和三合灰，青砖、条石之间缝隙用三合灰黏结。1984～1987 年，在明代敌台基础上修复，保存完好。

敌台基础用 2 层条石垒砌，上部用青砖垒砌。敌台南部与长城连接。首层北壁上砌窗 2 个，东壁上砌窗 2 个，南壁上设窗 1 个、门 1 个，西壁上设窗 3 个，均为半圆形券顶，高 0.85、宽 0.5 米，门高 2.1、宽 0.9 米，门柱、门坎均用条石砌成，半圆形券顶，两券两铺，方砖铺地。（彩图四七四）顶部用 2 个南北向、3 个东西向半圆形券封顶，东部设上下顶层的马道通道，半圆形券封顶。顶部北部设垛口 3 个、瞭望孔 2 个、射孔 3 个；东壁设垛口 2 个、射孔 2 个；南壁设垛口 3 个、瞭望孔 3 个、射孔 3 个；西壁设垛口 3 个、瞭望孔 4 个、射孔 3 个。射孔上部呈半圆形，内高外低呈斜坡状。顶部用方砖铺地，东部设上下顶部的马道口，四角设排水孔，口呈圆形，水从东西两侧沿条石打凿的石槽内排出，墙体外石槽长 0.8 米。

垒砌敌台的条石长 35～40、宽 40、厚 10 厘米，青砖长 37～38、宽 18、厚 9 厘米，方砖边长 38 厘米。

该敌台东南距黄崖关长城 2 号敌台约 151 米，西南距黄崖关长城 4 号敌台约 205 米，东西两侧与长城墙体相连。

北

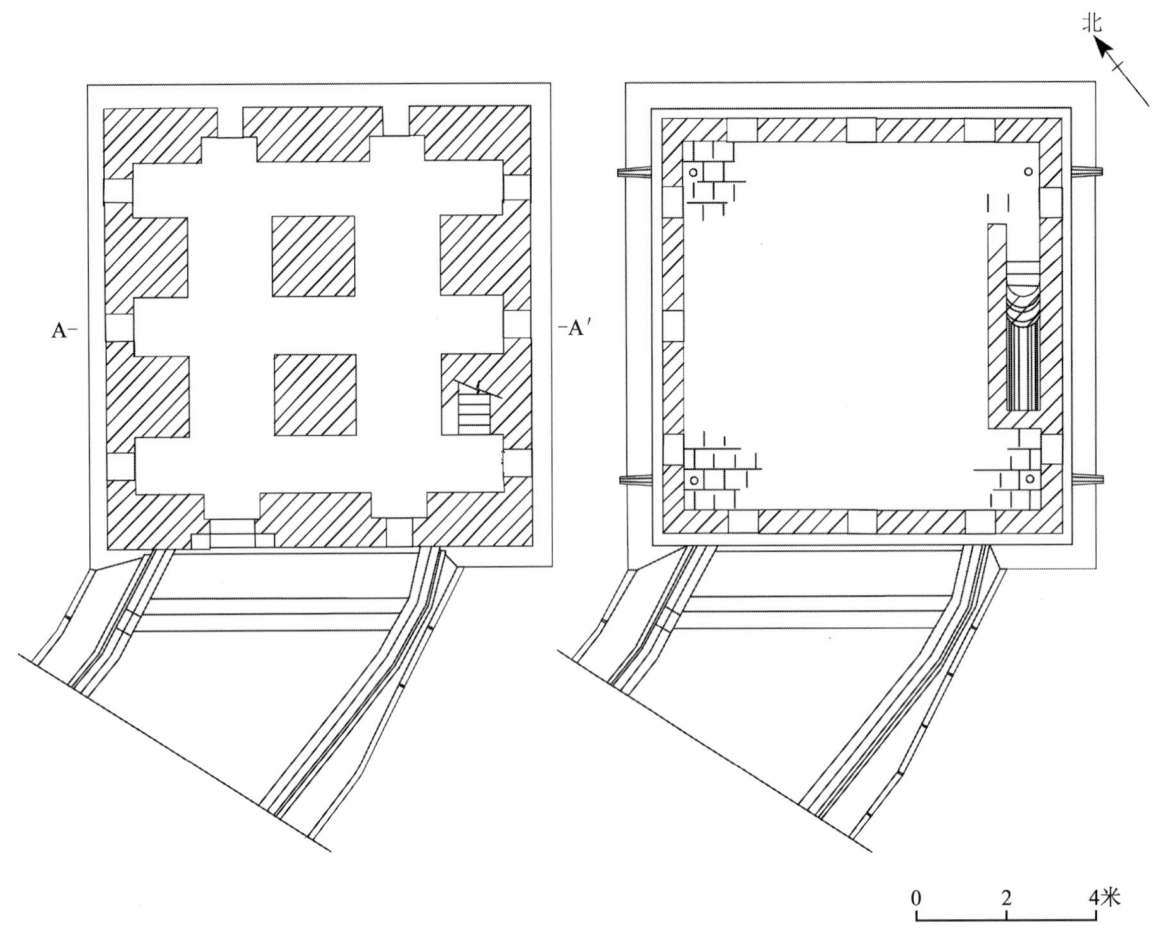

0　　2　　4米

图一七二 - 1　黄崖关长城 3 号敌台首层、顶层平面图

0　　2　　4米

图一七二 - 2　黄崖关长城 3 号敌台西壁正视、剖视图

黄崖关长城4号敌台（总第55号，编码120225352101170055）

该敌台位于天津市蓟县下营镇黄崖关村北1.3千米一处东高西低的山梁上，东、西侧为长城，南、北侧为陡坡，周边生长小树、杂草和橡树等植被。

该敌台为砖石质。平面呈长方形，东西长14、南北宽8、通高13.1米，其中南壁高12.47、北壁高13.1、东壁高12.17、西壁高12.47米。敌台上窄下宽，收分0.75米，剖面呈梯形。方向为330°。中心高程508米。（图一七三-1、2；彩图四七五、四七六）

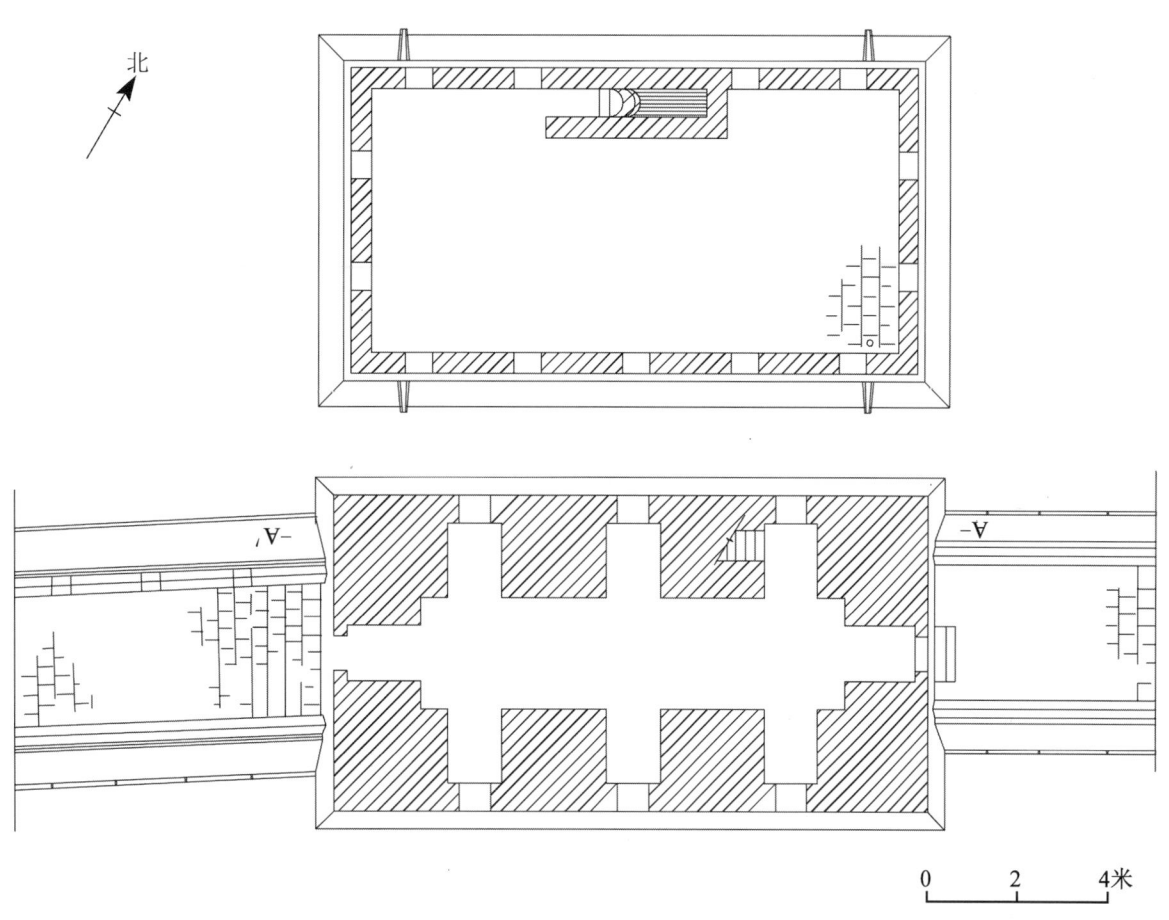

图一七三-1　黄崖关长城4号敌台顶层、首层平面图

敌台建筑材料为砖、石和三合灰，青砖、条石之间缝隙用三合灰黏结。1984～1987年，在明代敌台基础上修复，保存完好。

敌台基础利用山体用2～3层条石垒平后，上部垒包砖，东西两侧与长城墙体相连。南北两面各设3个箭窗，半圆形券顶，高1.2、宽0.7米。东、西面各设一门，高2、宽0.8米，门柱、门坎用条石垒砌半圆形券顶，两券两铺。首层内方砖铺地，顶部先用南北向券顶后又东西向券封顶，北部设上下顶部的台阶通道，顶为斜坡半圆形券顶。顶部垒3层出檐，中间夹一层斜垒砖似花边。上垒垛口，垛口宽0.6、深0.8米，墙厚0.4米。东、西面各设2个垛口、3个望口、2个射孔；南面设5个垛口、4个望口、5个射孔；北面设4个垛口、3个望口、4个射孔。望口呈方形，射孔顶部呈半圆形，内高外低呈斜坡状。敌台顶部平坦，方砖铺地，北部设上下顶部的台阶口，上面用砖垒砌券。四角设排水孔，顶面呈圆形，水从南北两侧排出，用条石做水道，墙体外条石长0.8米。垒砌敌台的条石长35～40、宽40、厚10厘米，青砖长37～38、宽18、厚9厘米，铺地方砖边长37～38厘米。

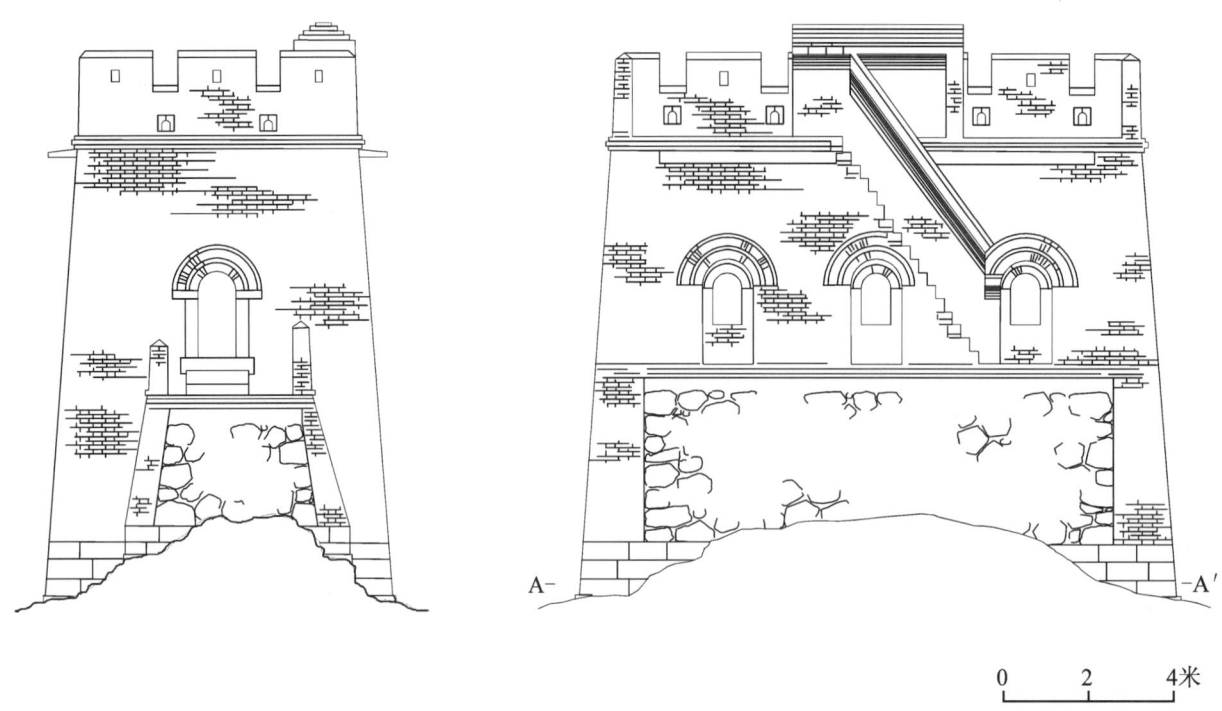

图一七三－2　黄崖关长城4号敌台东壁正视、剖视图

　　该敌台东北距黄崖关长城3号敌台约205米，西距黄崖关长城5号敌台约215米，东西两面与长城墙体相连。

黄崖关长城5号敌台（总第56号，编码120225352101170056）

　　该敌台位于天津市蓟县下营镇黄崖关村北1.1千米一处东高西低的山梁上，南侧为缓坡，其他三面为陡坡，周边生长小树、杂草和橡树等植被。

　　该敌台为石质。平面呈圆形，直径9.2、通高7.4米，东侧高6.75、西侧高7.4米。剖面呈梯形，上窄下宽，顶部直径7米，收分1.1米。方向为0°。中心高程541米。（图一七四；彩图四七七、四七八）

　　敌台为实心，建筑材料为石块和三合灰，用毛石干垒三合灰抹缝，内填乱石，石块之间缝隙用三合灰黏结。1984～1987年，在明代敌台基础上修复，保存完好。

　　敌台东、西部同长城墙体相连接。敌台用毛石干垒三合灰抹缝，上部设15个垛口，南部设门，宽0.8、高1.6米。

　　敌台顶部平坦，野草乱石堆积，残存一居住址，位于顶部中央。平面呈长方形，南北长3.7、东西宽3.4米，墙宽0.45、残高0.3～0.4米，用块石黏合黄土垒砌。居住址的门清晰可辨，建在南壁东端，宽0.8米，内部堆积乱石，长满野草。垛口为后人修复，用三合灰土垒砌，顶用三合灰土封顶。

　　该敌台东距黄崖关长城4号敌台约215米，西北距黄崖关长城6号敌台约137米，东、西面同长城墙体相连接。

黄崖关长城6号敌台（总第57号，编码120225352101170057）

　　该敌台当地人称为"寡妇楼"，位于天津市蓟县下营镇黄崖关村北1.1千米的一处山脊上，东西两侧与长城相连，南、北侧为陡坡，周边生长小树、杂草和橡树等植被。

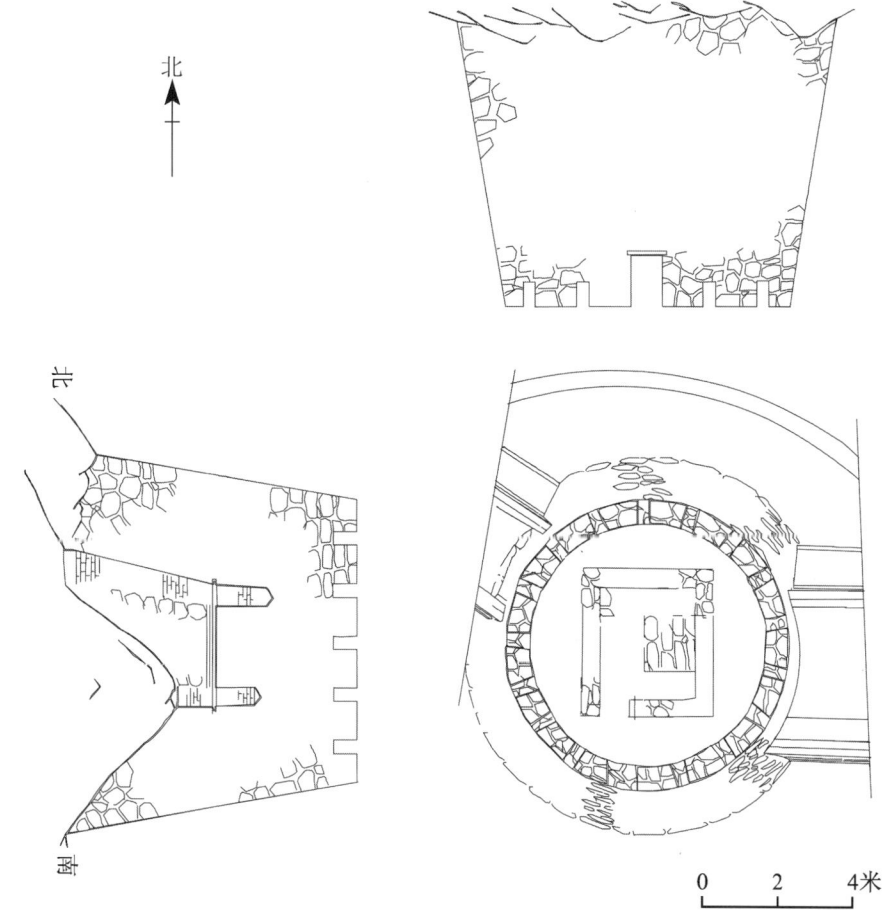

图一七四　黄崖关长城 5 号敌台平面, 西、北壁正视图

该敌台为砖石质。平面呈正方形, 边长 10.24、高 14.25 米。剖面呈梯形, 上窄下宽, 收分为 0.4 米。方向为 305°。中心高程 512 米。(图一七五 - 1 ~ 3;彩图四七九、四八○)

敌台建筑材料为砖、石块和三合灰, 青砖、条石之间缝隙用三合灰黏结。1984 ~ 1987 年, 在明代敌台基础上修复, 保存完好。

敌台下部用石块垒砌, 高 2.8 米, 上部用砖砌体。敌台首层北壁与南壁墙体上设窗各 3 个;东、西壁上各设门 1 个, 门高 2.1、宽 0.9 米, 为两券两铺, 半圆形券顶, 设窗口各 2 个, 窗高 1.2、宽 0.25 米, 为半圆形券顶;门柱、门坎用条石垒砌, 门内两侧墙体上垒砌门栓洞, 深 0.04 ~ 0.17、高 0.2 ~ 0.24、宽 0.14 米, 下部条石上有门底座孔, 直径 0.07、深 0.02 米。窗内下沿有窗栓洞, 深 0.3、高 0.15、宽 0.12 米, 地面用边长 38 厘米方砖铺成。顶部用 3 个南北向、3 个东西向半圆形券封顶。东部设上下顶部的通道。顶部四壁各设垛口 4 个、瞭望孔 3 个、射孔 4 个。射孔上部呈半圆形, 底部内高外低呈斜坡状。顶部地面用边长 38 厘米的方砖平铺。四角设排水孔, 口呈圆形, 从南北两侧用条石打凿的槽将水排出, 石槽长 0.8 米。敌台顶部中心有一铺舍, 平面呈长方形, 东西长 5.9、南北宽 3.95、高 5.4 米。门设在南墙中部, 高 1.95、宽 0.7 米, 门框木制。门两侧有窗 2 个, 高 1.05、宽 0.7 米, 窗框木制, 门和窗上部为平券。铺舍内设上下顶部的通道。铺舍顶部为东西向半圆形券顶, 人字形房顶。敌台顶部用边长 38 厘米的方砖平铺。垒砌敌台的青砖长 37 ~ 38、宽 18、厚 9 厘米。

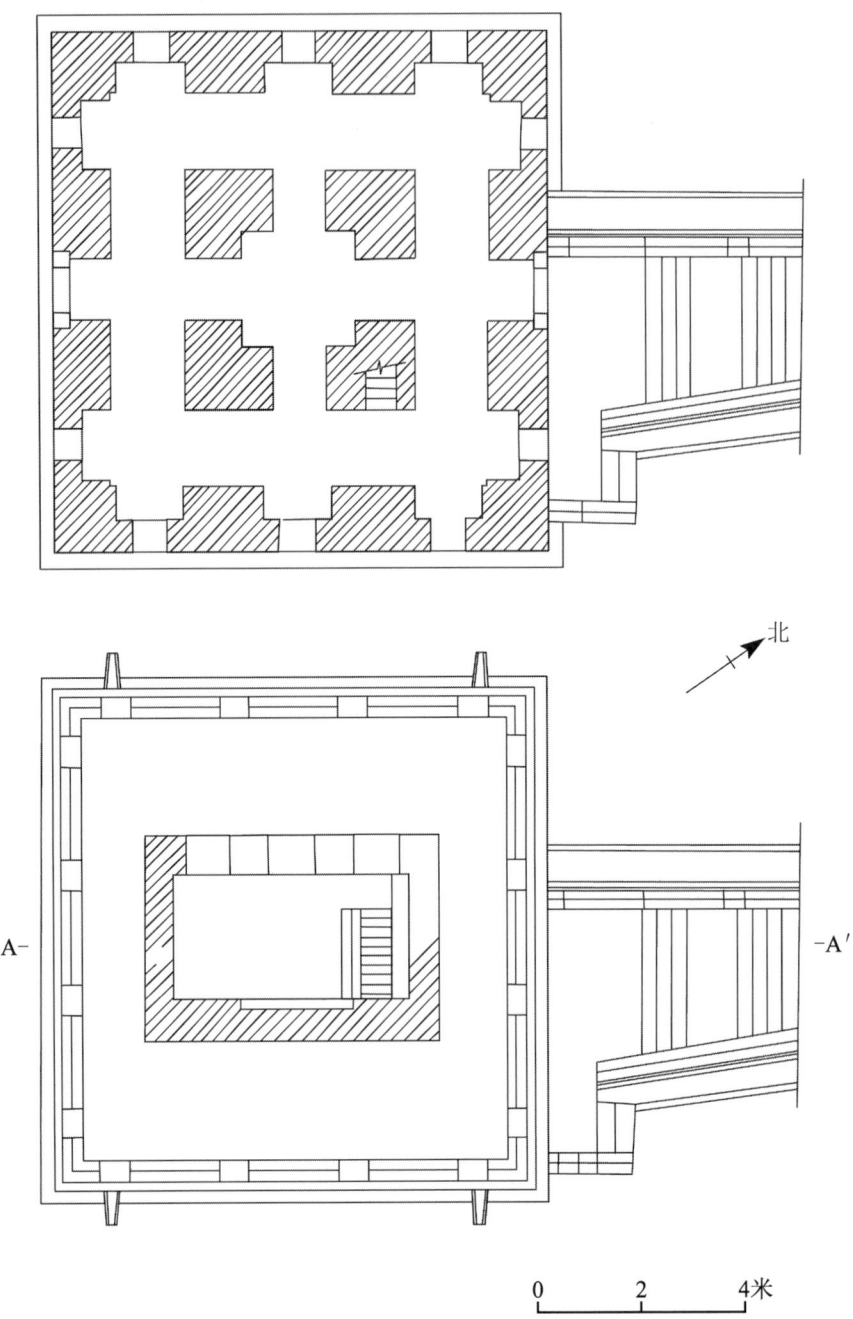

图一七五-1 黄崖关长城6号敌台首层、顶层平面图

该敌台南距黄崖关长城5号敌台约137米，北距黄崖关长城7号敌台约149千米，东、西壁与长城墙体相连接。

黄崖关长城7号敌台（总第58号，编码120225352101170058）

该敌台位于天津市蓟县下营镇黄崖关村北1千米一座东高西低的山梁上，东西两侧与长城相连，南、北面侧为陡坡，周边生长小树、杂草和橡树等植被。

该敌台为砖石质。平面呈正方形，边长8.9、高7.1米。剖面呈梯形，收分0.55米。方向为50°。中心高程506米。（图一七六；彩图四八一）

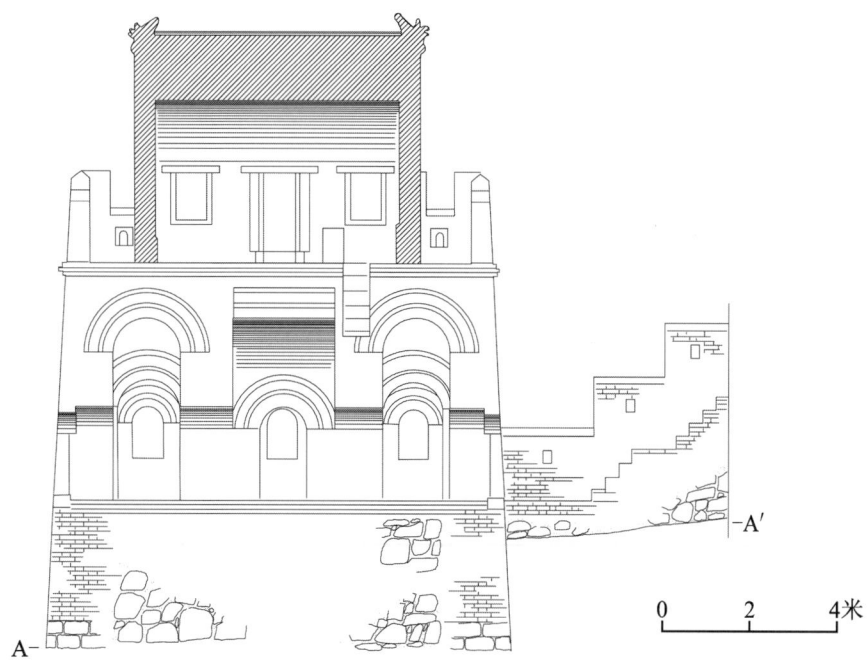

图一七五 - 2　黄崖关长城 6 号敌台剖视图

图一七五 - 3　黄崖关长城 6 号敌台北、东壁正视图

　　敌台建筑材料为砖、石和三合灰，青砖、条石之间缝隙用三合灰黏结。1984～1987 年，在明代敌台基础上修复，保存完好。

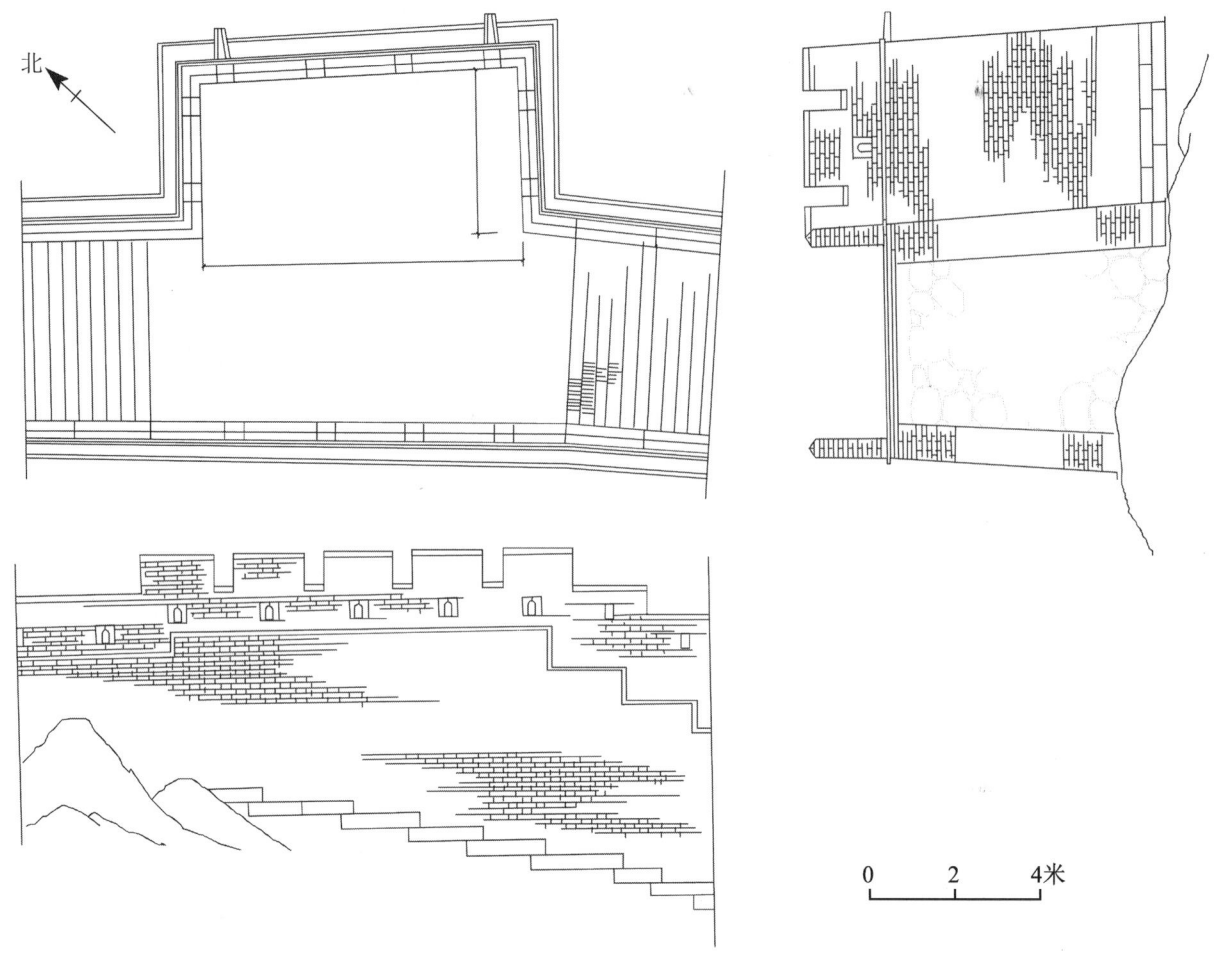

图一七六　黄崖关长城7号敌台平面，东、南壁正视图

　　此敌台同长城相连，北壁凸出一部分。敌台基础用2层条石垒砌，上垒包砖，东西两壁南部同长城相连，西为上坡马道，东为下坡马道，顶部平坦，方砖铺顶，上垒垛口，高1.6米。东、西两侧各设垛口2个、射孔1个；北壁设垛口4个、射孔3个；南壁为长城墙体垛口，垛口宽0.4、高0.75米，墙厚0.4米。敌台顶部西北角、东北角各设排水孔一个，口呈圆形，水用条石向北侧排出。墙外条石长0.7米，中间凹进。敌台底部西北角距长城墙体3.2米，东北角距长城墙体3.7米。垒砌敌台的青砖长37~38、宽18、厚9厘米，方砖边长40厘米。

　　该敌台东距黄崖关长城6号敌台约149千米，西距黄崖关长城8号敌台约75米，东、西侧与长城墙体相连接[1]。

　　黄崖关长城8号敌台（总第59号，编码120225352101170059）

　　该敌台位于天津市蓟县黄崖关村北1千米一处山脊上，东、西两侧与长城墙体相连，南、北侧为陡坡，周边生长小树、杂草和橡树等植被。

　　该敌台为砖石质。平面呈正方形，边长10.2、高8.8~13.2米，其中北壁高13.2、南壁高8.8米。剖面呈梯形，上窄下宽，收分0.45米。方向为305°。中心高程517米。（图一七七；彩图四八二、四八三）

────────────────

〔1〕　本敌台确切地说应该叫做马面，因为历史习惯称敌台，所以在调查中没有更改，此调查报告还沿用敌台称谓，特此说明。

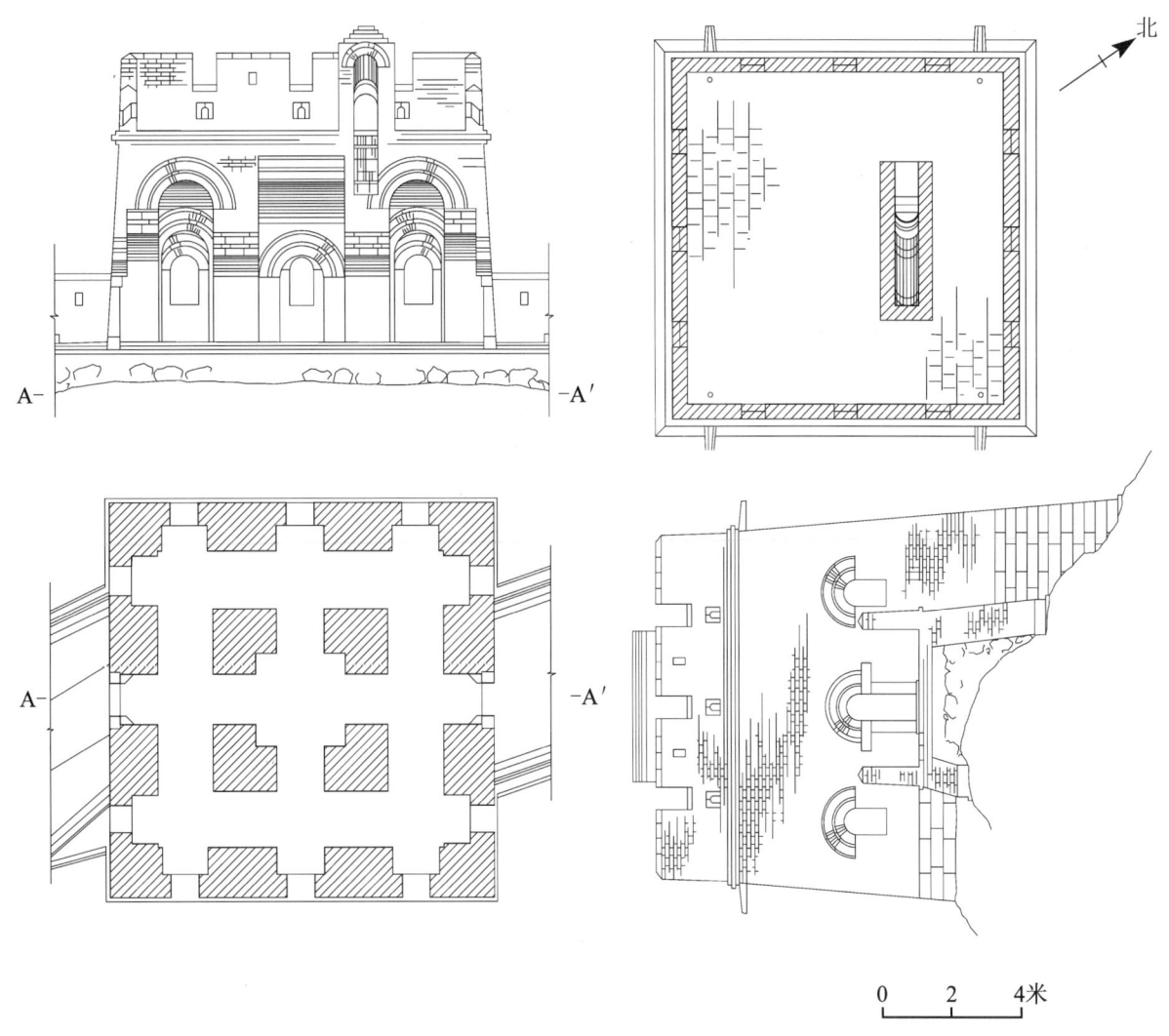

图一七七　黄崖关长城 8 号敌台首层、顶层平面，剖视及东壁正视图

敌台建筑材料为砖、石块和三合灰，青砖、条石之间缝隙用三合灰黏结。1984～1987 年，在明代敌台基础上修复，保存完好。

敌台北壁下部用条石垒砌 9 层，高 3.5 米，南壁下部用条石垒砌 3 层，高 1 米。四壁用青砖垒砌。

敌台首层南壁和北壁各设窗 3 个，高 1.2、宽 0.7 米，半圆形券顶。东壁和西壁中下部各设门 1 个，高 2、宽 0.7 米，门柱、门坎用条石砌成，半圆形券顶，门内两侧墙体垒砌门栓洞，深 0.035～0.165、高 0.16～0.22、宽 0.16 米。条石门坎两边凿门轴下座孔，直径 0.06、深 0.03 米。门两侧设窗各 2 个，高 1.2、宽 0.7 米，窗口内下沿左右两侧设窗栓洞，深 0.4、高 0.15、宽 0.15 米，半圆形券顶，地面用边长 42 厘米的方砖铺成，顶部用 3 个南北向和 3 个东西向半圆形券封顶。

顶层四壁各设垛口 3 个、瞭望孔各 2 个、射孔 3 个。射孔上部为半圆形，底部内高外低呈斜坡状。顶层地面用边长 42 厘米的方砖平铺，四角设排水孔，口呈圆形，从南北两侧用条石打凿的石槽将水排出，石槽长 0.8 米。顶层东部设上下通道出入口，通道顶部半圆形券封顶。

该敌台东距黄崖关长城 7 号敌台 75 米，西距黄崖关长城 9 号敌台约 198 千米，东、西部与长城墙体相连接。

黄崖关长城 9 号敌台（总第 60 号，编码 120225352101170060）

　　该敌台位于天津市蓟县下营镇黄崖关村北 0.9 千米的一处山脊上，东、西、南三面为长城，北侧为陡坡，周边生长小树、杂草和橡树等植被。

　　该敌台为砖石质。平面呈正方形，边长 10.7、通高 14.6 米、至垛口高 11.5 米。剖面呈梯形，收分 0.76 米。方向为 30°。中心高程 458 米。(图一七八 - 1、2；彩图四八四、四八五)

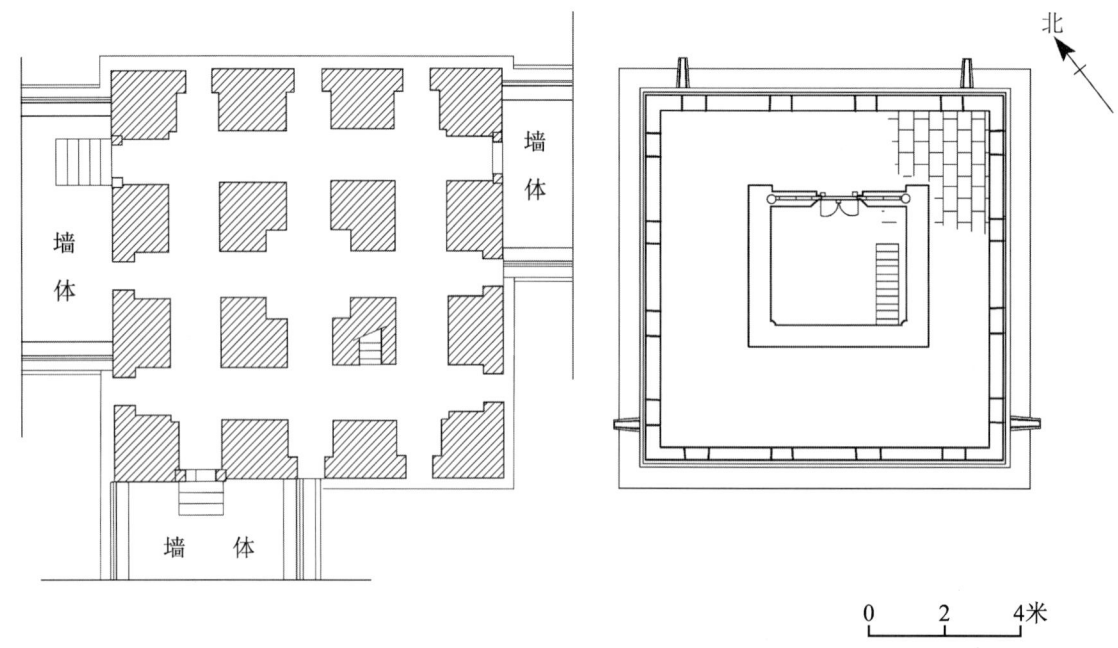

图一七八 - 1　黄崖关长城 9 号敌台首层、顶层平面图

图一七八 - 2　黄崖关长城 9 号敌台西、南壁正视图

敌台建筑材料为砖、石块和三合灰，青砖、条石之间缝隙用三合灰黏结。1984～1987年，在明代敌台基础上修复，保存完好。

敌台下部用3层条石做基础，上部垒包砖。敌台四壁共设9个箭窗，北壁3个，南、东、西壁各2个，半圆形券顶，箭窗高1.2、宽0.75米。东、西、南壁各设一门，门柱、门坎用条石垒砌，半圆形青砖券顶，两券两铺，高2、宽0.75米。首层内方砖铺地，顶部垒砌相通的券顶，上面用四面4个券封顶，4个角相交垒砌。中间设上下顶部的台阶通道，顶为斜坡半圆形券顶。

顶部垒3层出檐，中间一层斜放，凸出0.15米。之上垒垛口，四壁各设垛口4个，垛口宽0.6、高1、深0.4米；各设射孔4个，射孔呈方形，顶半圆形，内高外低呈斜坡状。顶部平坦，方砖铺地。中央建造铺舍一间，坐南朝北，平面为长方形，东西长4.9、南北宽4.2米，墙宽0.5米，铺舍内设踏步通道，与首层相通。铺舍门开在北部中央，宽1米。现为库房无法进入，内部情况不详。顶部四角设排水孔，呈圆形，北部两个从北侧排出，南部两个从东西侧排出，墙体外为条石加工的排水口，排水口突出墙体0.8米。

垒砌敌台的青砖长37～38、宽18、厚9厘米，铺地方砖边长40厘米，厚度不详。

敌台西北邻黄崖关长城10号敌台约138千米，东黄崖关长城8号敌台约198千米，东、西、南三面有台阶与长城墙体相连接。

黄崖关长城10号敌台（总第61号，编码120225352101170061）

该敌台位于天津市蓟县下营镇黄崖关村北1千米的一处山脊上，南面与长城相连，东、西侧为缓坡，北侧为陡坡，周边生长小树、杂草和橡树等植被。

该敌台为砖石质。平面呈正方形，边长9.6米、通高14.4米，西壁高13.2、南壁高14.4米。剖面呈梯形，收分0.75米。方向为330°。中心高程490米。（图一七九-1、2；彩图四八六、四八七）

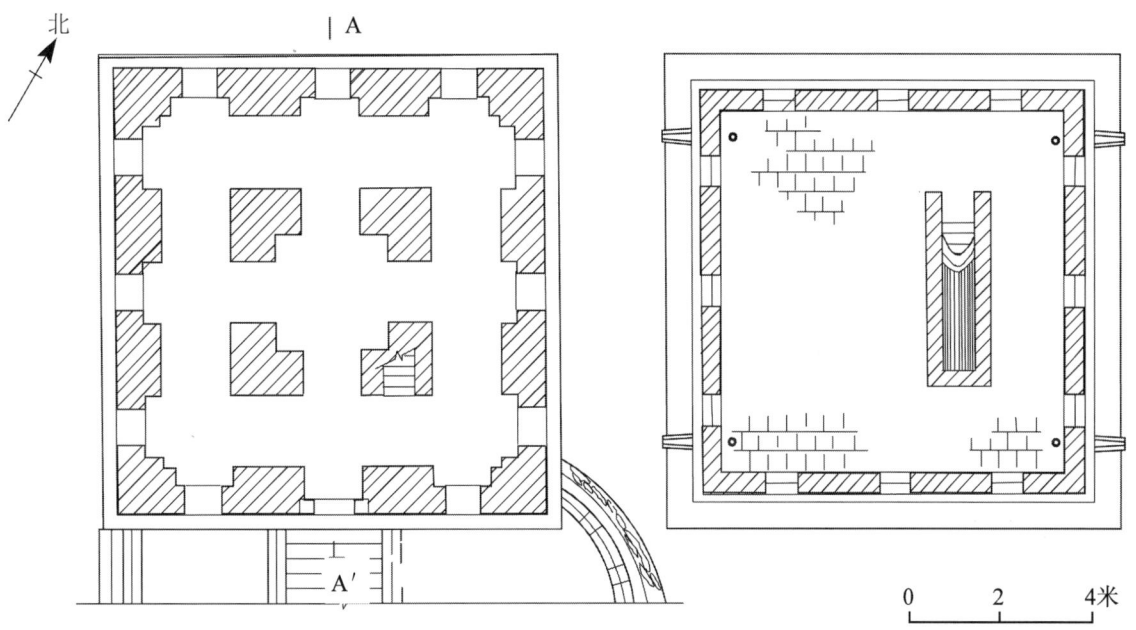

图一七九-1　黄崖关长城10号敌台首层、顶层平面图

敌台建筑材料为砖、石块和三合灰，青砖、条石之间缝隙用三合灰黏结。1984～1987年，在明代敌台基础上修复，保存完好。

0　　2　　4米

图一七九－2　黄崖关长城10号敌台剖视、南壁正视图

敌台西壁下部基础用5层条石垒砌，高1.65米，南壁下部基础用石块垒砌，高3.5米，四壁用青砖垒砌，石块、青砖缝隙间用三合灰黏结。

敌台首层南壁中下部设门一个，高2.1、宽0.8米，门柱、门坎用条石垒砌，半圆形券顶，门两侧墙体设箭窗2个，高1.2、宽0.7米，半圆形券顶，门坎下垒砌有台阶。北壁、东壁和西壁各设窗3个，高1.2米、宽0.7米，半圆形券顶，地面用边长37厘米的方砖平铺。顶部用3个南北向、3个东西向券封顶。东南部设踏步通道，宽0.6米。

顶层四壁设垛口，每壁3个。垛口两侧平砌石构件各1块，长58、宽40、厚18厘米。上部中间有旗杆孔1个，直径0.04、深0.05米。瞭望孔每壁各2个。射孔每壁各3个，射孔上部为半圆形，底部内高外低呈斜坡状。顶层用边长37厘米的方砖平铺，东南部设踏步通道口，宽0.6米，顶部为半圆形券封顶。地面四角设排水孔，口呈圆形，从东西两侧用条石打凿的石槽将水排出，石槽长0.8米。

此敌台南距黄崖关长城9号敌台约138米。

黄崖关长城11号敌台（总第62号，编码120225352101170062）

该敌台位于天津市蓟县下营镇黄崖关村北0.5千米的一处山梁上，南、北侧为陡坡，东、西侧为缓坡，东高西低，周边生长小树、杂草和橡树等植被。

敌台为砖石质。平面呈正方形，边长6.6、通高10.4米。剖面呈梯形，收分0.6米。方向为30°。中心高程356米。（图一八〇－1~3；彩图四八八）

敌台建筑材料为砖、石块和三合灰，青砖、条石之间缝隙用三合灰黏结。1984~1987年，在明代敌台基础上修复，保存完好。

敌台下部平垒2层条石基础，上垒包砖，长城墙体从北侧绕过，紧靠敌台。敌台设7个箭窗，南、北、西壁各2个，东壁1个，为半圆形券顶，高1.2、宽0.75米。东壁北部设门，门坎、门柱用条石垒砌，半圆形券顶，两券两铺，高2、宽0.8米，门外设上下敌台的马道，两侧垒砌护墙。内部方砖铺地，南北向2个券顶，上面又建东西向2个券封顶，东南角顶部有上下的顶层出口，南北向，长方形，没有垒砌台阶，估计是利用软绳梯上下敌台顶部。顶部有3层砖出檐，中间一层斜放，出0.1米，其上垒砌垛口，垛口宽0.6、深0.75米，墙厚0.4米。东壁建垛口1个、射孔1个；西壁建垛口2个、射孔1个；南壁建垛口1个、望口1个、射孔1个；北壁建垛口2个、望口1个、射孔2个。瞭望口平面呈方形，射孔平面下方上圆，内高外低呈斜坡状。

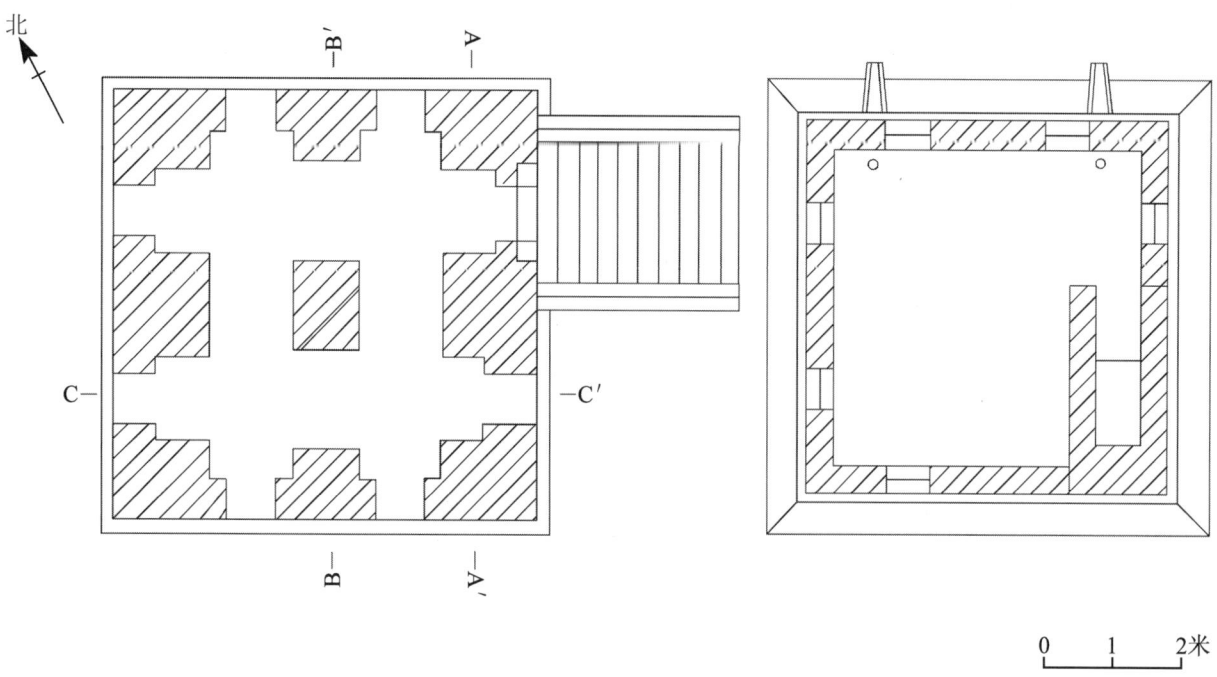

图一八〇-1　黄崖关长城11号敌台首层、顶层平面图

敌台顶部平坦，方砖铺顶，东部设上下顶部的长方形口，平垒直壁后券顶。西北角、东北角设两排水孔，排水孔顶面呈圆形，墙外用条石做排水道，长0.75、宽0.25～0.35米。方砖边长40～42厘米，青砖长37～38、宽18、厚9厘米。

该敌台东北距黄崖关长城9号敌台约0.98千米，西南距黄崖关长城12敌台约0.1千米。

黄崖关长城12号敌台（总第63号，编码120225352101170063）

该敌台位于天津市蓟县下营镇黄崖关村东北0.2千米、黄崖关城黄崖水关东侧、沟河上的山谷底部，东侧依山险悬崖，南、北、西侧为河道、河滩；河内有水，河滩上生长树木、杂草等植被。

该敌台为砖石质。平面呈正方形，边长11.7、通高14.55米。剖面呈梯形，上窄下宽，收分0.75米。方向为335°。中心高程269米。（图一八一-1～3；彩图四八九）

敌台建筑材料为砖、石块和三合灰，青砖、条石之间缝隙用三合灰黏结。1984～1987年，在明代敌台基础上修复，保存完好。

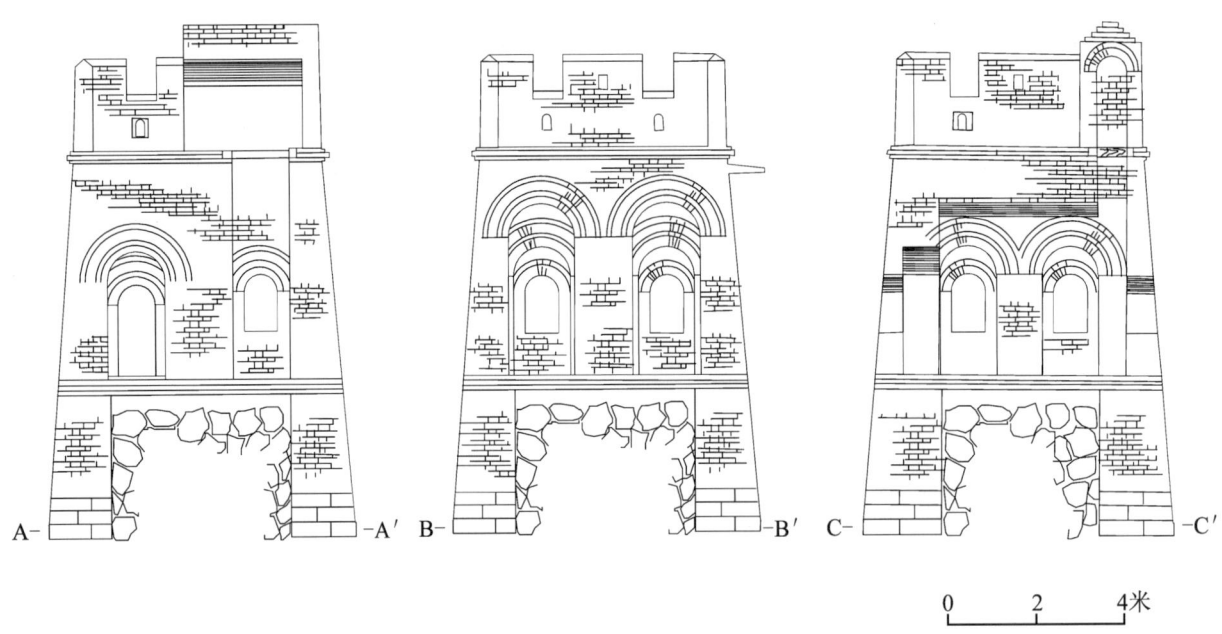

图一八〇 -2　黄崖关长城 11 号敌台剖视图

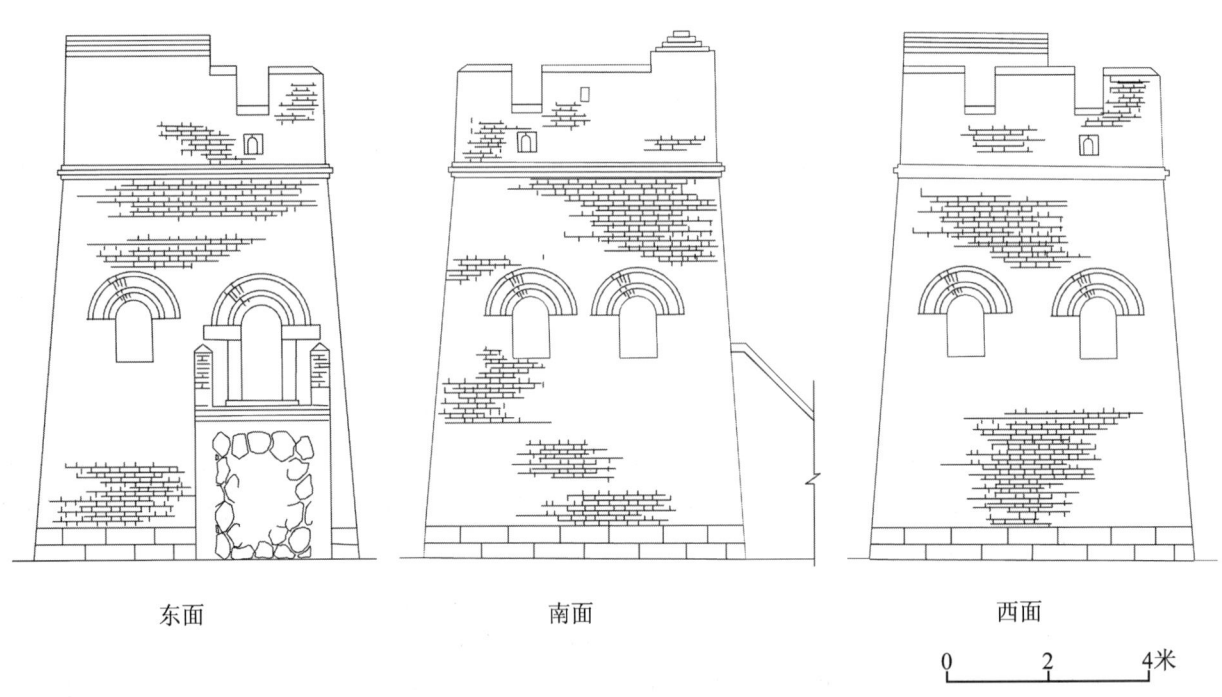

图一八〇 -3　黄崖关长城 11 号敌台东、南、西壁正视图

　　敌台用条石做基础，上面垒砌包砖，四壁设 11 个箭窗，西壁 2 个，其他三壁各 3 个，箭窗高 1.2、宽 0.8 米，为半圆形券顶，两券两铺。西壁中间设门，高 2.2、宽 1.2 米，半圆形券顶，两券两铺，门柱、门坎用条石垒砌。首层内方砖铺地。东部设上下顶部的台阶。敌台顶部为半圆形券顶，3 层出檐，中间一层斜垒，上垒垛口，高 1.95 米；四壁各设垛口 4 个、望口 3 个、射孔 4 个，垛口下用一层条石垒砌。

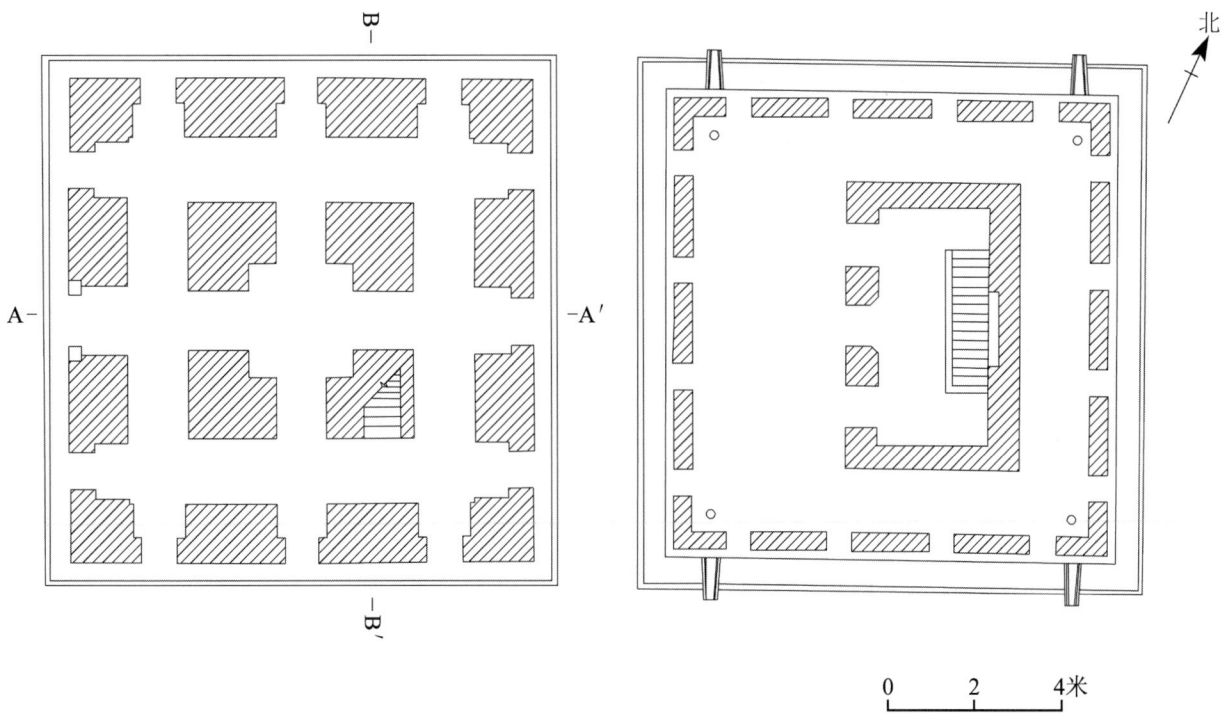

图一八一 - 1　黄崖关长城 12 号敌台首层、顶层平面图

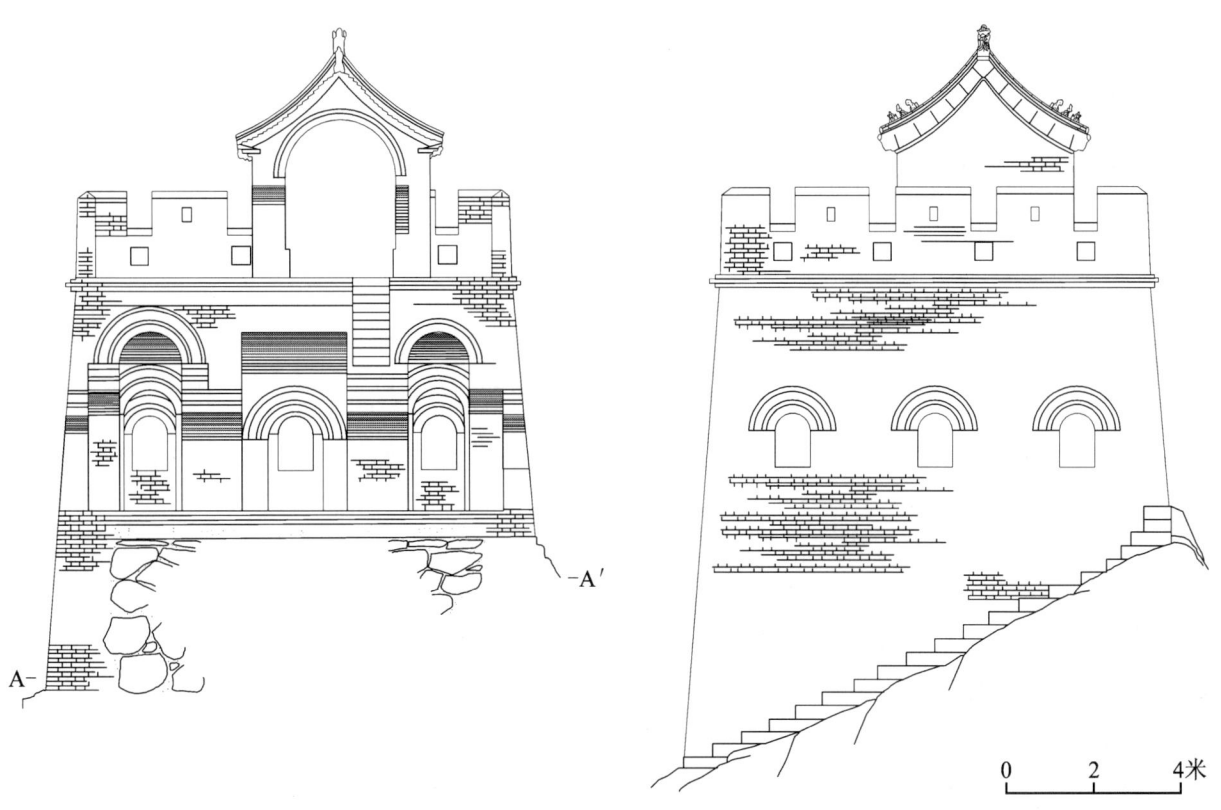

图一八一 - 2　黄崖关长城 12 号敌台剖视、南壁正视图

敌台顶部平坦，东部建铺舍，坐东朝西，平面呈长方形，（彩图四九〇）南北长 6.3、东西宽 4.1 米、高 5.05 米。西壁中间设门，两侧设窗，半圆形券顶。铺舍内东部设上下敌台顶部的出口。为南北向券顶，外为硬山顶，上铺筒板瓦。敌台顶部四角设排水孔，排水孔下部用条石做水道，水向南北两侧排出，条石墙外长 1.1 米。垒砌敌台的青砖长 37~38、宽 18、厚 9 厘米。铺地方砖边长 40 厘米。

该敌台西距黄崖关长城 13 号敌台约 135 米，东北距黄崖关长城 11 敌台约 0.1 千米，西侧同长城墙相连接。

黄崖关长城 13 号敌台（总第 64 号，编码 120225352101170064）

该敌台位于天津市蓟县下营镇黄崖关城东北角，为黄崖关关城角楼，地处津围公路西侧，东侧为沟河，南、北侧地势平坦，有公路、河道，西侧为黄崖关城。周围有现代建筑、树木等。

敌台为砖石质。平面呈正方形，边长 13.4、通高 11.8 米。剖面呈梯形，收分 0.8 米。方向为 345°。中心高程 269 米。（图一八二 – 1、2；彩图四九一~四九三）

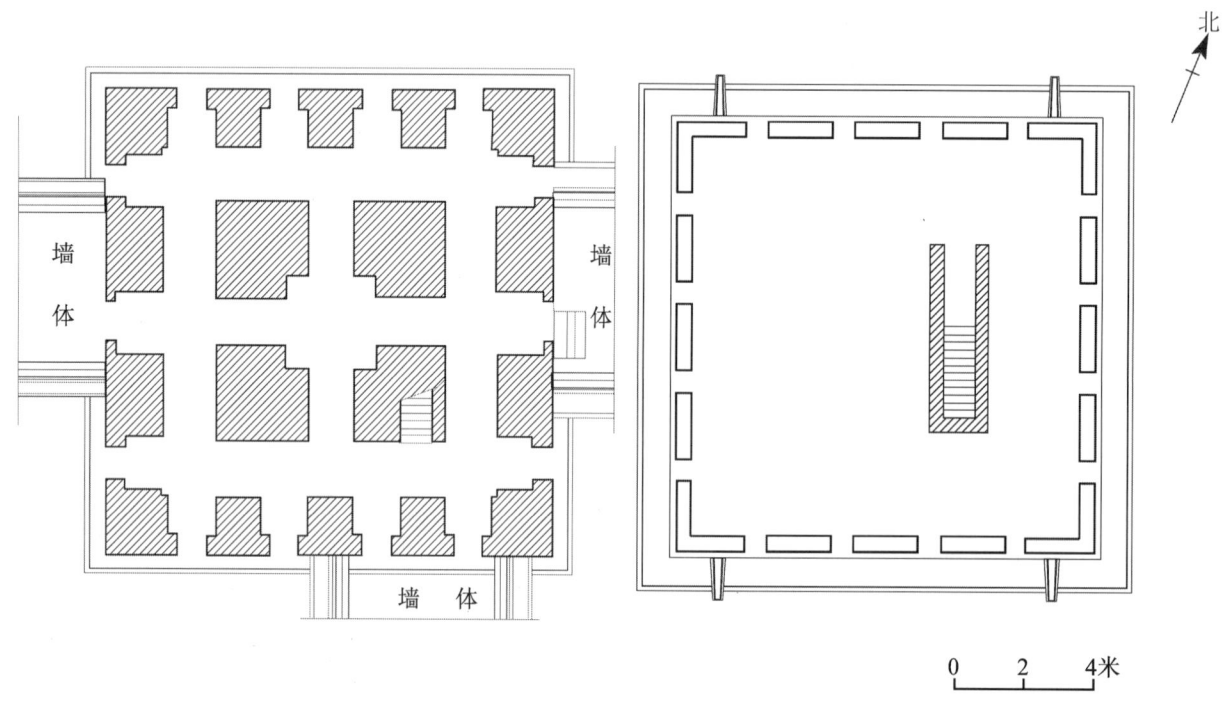

图一八二 – 1　黄崖关长城 13 号敌台平面图

敌台建筑材料为砖、石块和三合灰，青砖、石条之间缝隙用三合灰黏结。1984~1987 年，在明代敌台基础上重新修复，现保存完好。

敌台下部用石条垒砌基础，上部包砖。四壁砌有箭窗，北壁设 4 个，南壁设 3 个，东西两壁各设 2 个，高 1.2、宽 0.8 米，半圆拱券顶，两券两铺。东、南、西壁中间各设一门，高 2、宽 0.95 米，半圆形拱券顶，两券两铺，门柱、门坎用条石垒砌。首层内方砖铺地，东南部设上下顶层的台阶，券顶，斜上坡，半圆形。顶部用券封顶，交角相交。顶部垒砖 3 层，出檐 0.2 米。之上垒垛口，垛口高 1.9 米，四壁各设 4 个垛口、5 个望口、4 个射孔，东部中间设南北向上下敌台顶部的出入口，宽 0.8 米。顶部相对平坦，方砖铺顶，四角设排水孔，上圆形，下用石条做水道，墙外长 1.2 米，水向南北两侧排出。敌台东、西、南侧同长城相接，为黄崖关城东北角楼，北侧平坦，有一圆形水池，长有野草、树木等植被。

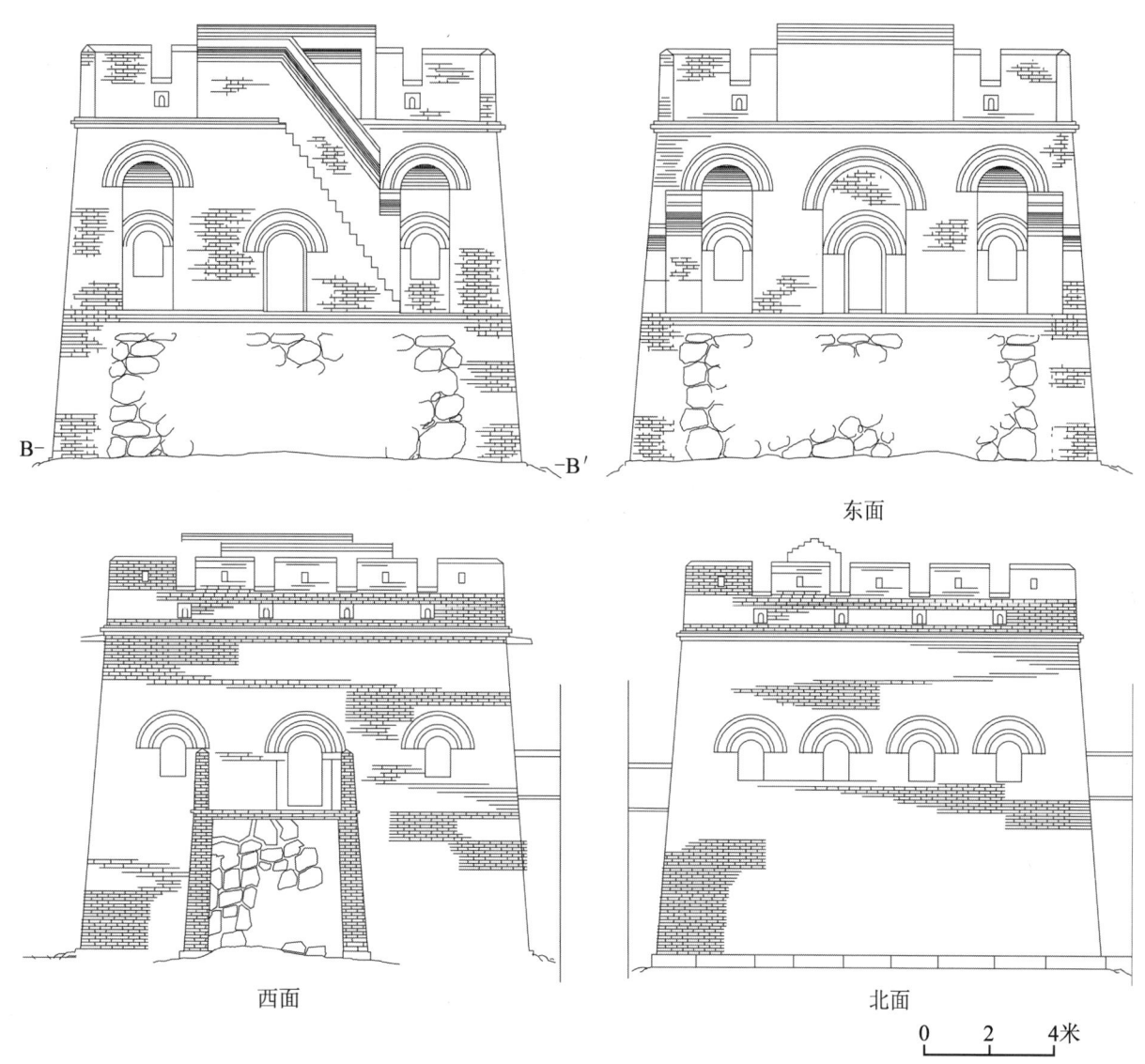

图一八二-2 黄崖关长城 13 号敌台剖视及东、西、北壁正视图

垒砌敌台的青砖长 37～38、宽 18、厚 9 厘米。铺地方砖边长 40 厘米，用三合灰黏结。

该敌台东邻黄崖关长城 12 号敌台，西距黄崖关长城 14 号敌台 0.18 千米，东侧与长城墙体相接，西、南侧同黄崖关城墙体相接。

黄崖关长城 14 号敌台（总第 65 号，编码 120225352101170065）

该敌台位于天津市蓟县下营镇黄崖关村北 0.8 千米、黄崖关城西北侧山谷底部，北侧为陡坡，津围公路，东、西侧为缓坡及长城墙体，南侧为缓坡耕地，两侧长有野草、树木等。

该敌台为砖石质。平面呈长方形，南北长 13.5、东西宽 9.68 米、高 7.65 米。剖面呈梯形，收分 0.35 米。方向为 25°。中心高程 271 米。（图一八三；彩图四九四～四九六）

敌台建筑材料为砖、石块和三合灰，青砖、条石之间缝隙用三合灰黏结。1984～1987 年，在明代敌台基础上修复，保存完好。

　　敌台下部用条石垒砌基础，上垒包砖，顶部垒一层出檐，出 0.05 米。上垒垛口，垛口高 1.95、宽 0.6 米，深 0.75 米，墙厚 0.4 米。垛口下垒一层条石，四面设望口、射孔。敌台顶部平坦，方砖铺地，建一铺舍，坐南朝北，平面呈长方形（彩图四九六），东西长 4.9、南北宽 4.1 米，门宽 1 米，砖木结构，筒板瓦顶，现做库房之类用，未进入调查，内部不详。

　　该敌台东距黄崖关长城 13 号敌台 0.18 千米，西距黄崖关长城 15 号敌台 146 米，与东西走向的长城墙体相连，北侧凸出长城墙体 9.65 米。

　　黄崖关长城 15 号敌台（总第 66 号，编码 120225352101170066）

　　该敌台位于天津市蓟县下营镇黄崖关村北 0.5 千米，南侧为西高东低的耕地，北侧为陡坡，两侧长有野草、树木。陡坡下部为津围公路，东、西侧同长城墙体相连。

　　该敌台为砖石质，平面呈正方形，边长 11.3、通高 13 米，剖面呈梯形，上窄下宽，收分 0.7 米。方向为 10°。中心高程 305 米。（图一八四 - 1～3；彩图四九七、四九八）

　　敌台建筑材料为砖、石块和三合灰，青砖、条石之间缝隙用三合灰黏结。1984～1987 年，在明代敌台基础上修复，保存完好。

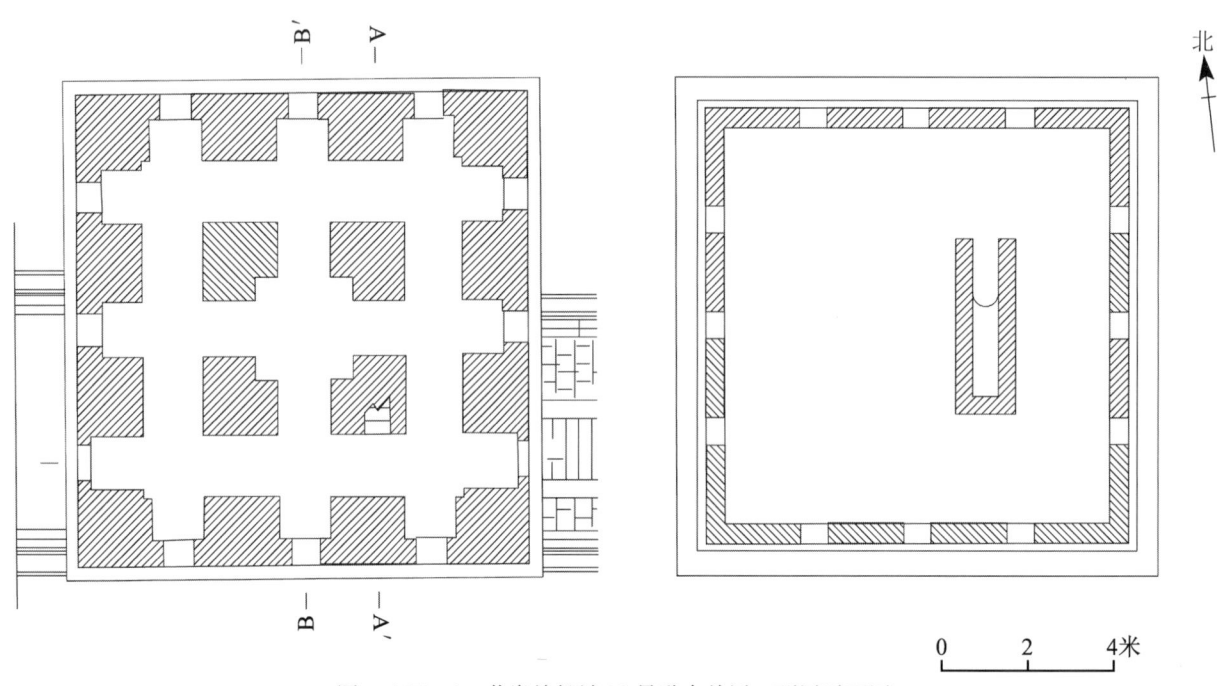

图一八四 - 1　黄崖关长城 15 号敌台首层、顶层平面图

　　敌台下部用条石垒砌基础，上部包砖。南、北壁各设 3 个箭窗，东、西壁各设 2 个箭窗，高 1.2、宽 0.7 米，半圆形拱券顶，两券两铺。东、西壁南部各设一通往长城墙体的门，高 1.9、宽 0.8 米，半圆形券顶，门柱、坎用条石垒砌。首层内方砖铺地，东南部设上下顶层的台阶通道，斜坡券顶；顶部四面券顶，交角相交封顶。顶层垒 3 层出檐，出 0.15 米，上垒垛口，四面各设 3 个垛口、2 个望口、3 个射孔，顶部中东部设上下顶部的口，长 4、宽 1 米，用券封顶。敌台顶部四角设排水孔，用条石作水道，水向南北两侧排出。顶部平坦，方砖铺顶，三合灰黏结。

　　垒砌敌台的青砖长 39、宽 19、厚 9 厘米，铺地方砖边长 40 厘米，厚不详，用三合灰黏结。

　　该敌台东距黄崖关长城 14 号敌台 146 米，西距黄崖关长城 16 号敌台 275 米，东、西侧与长城墙体相连。

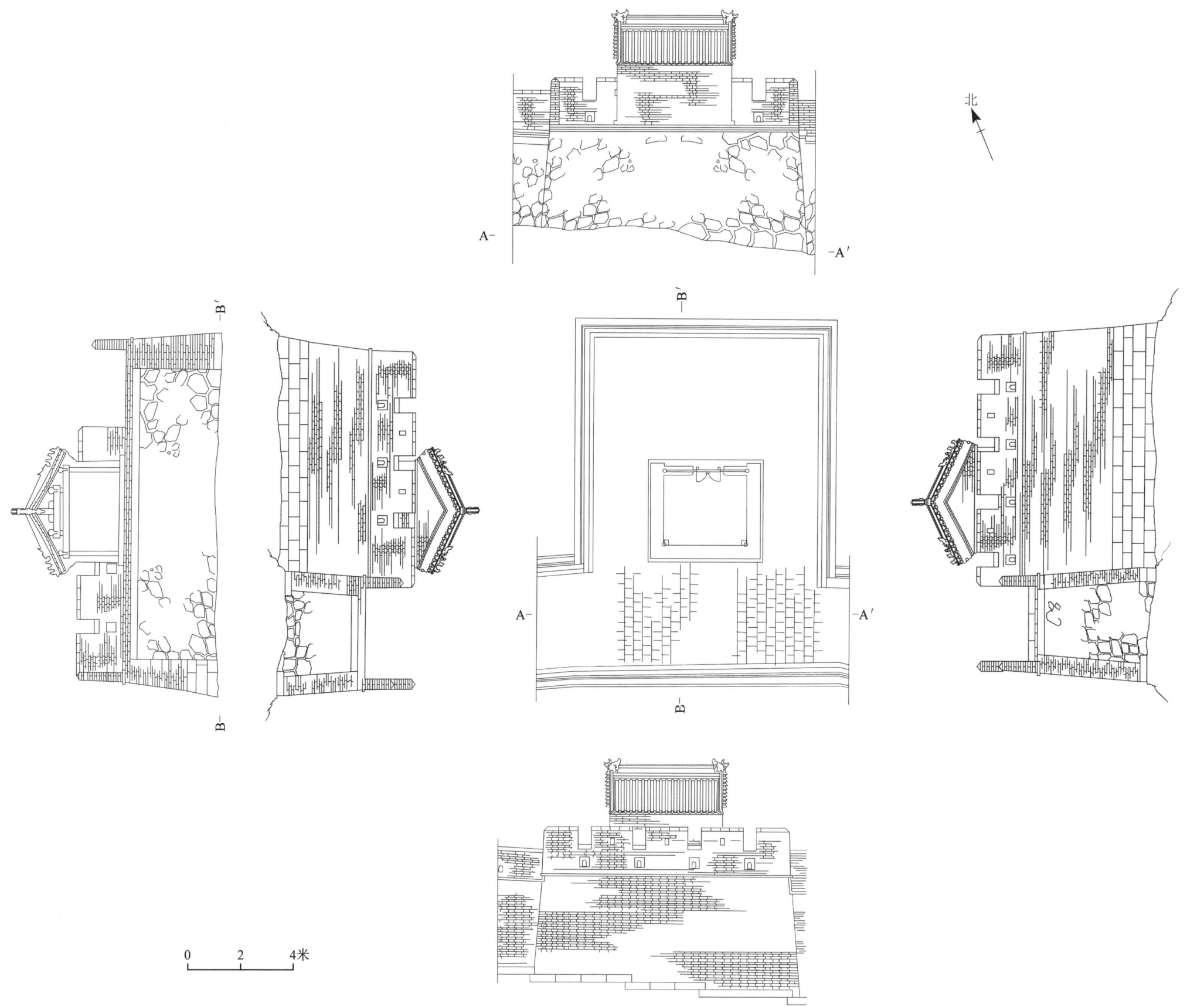

北

0　2　4米

图一八三　黄崖关长城 14 号敌台平面、剖视及东、南、西壁正视图

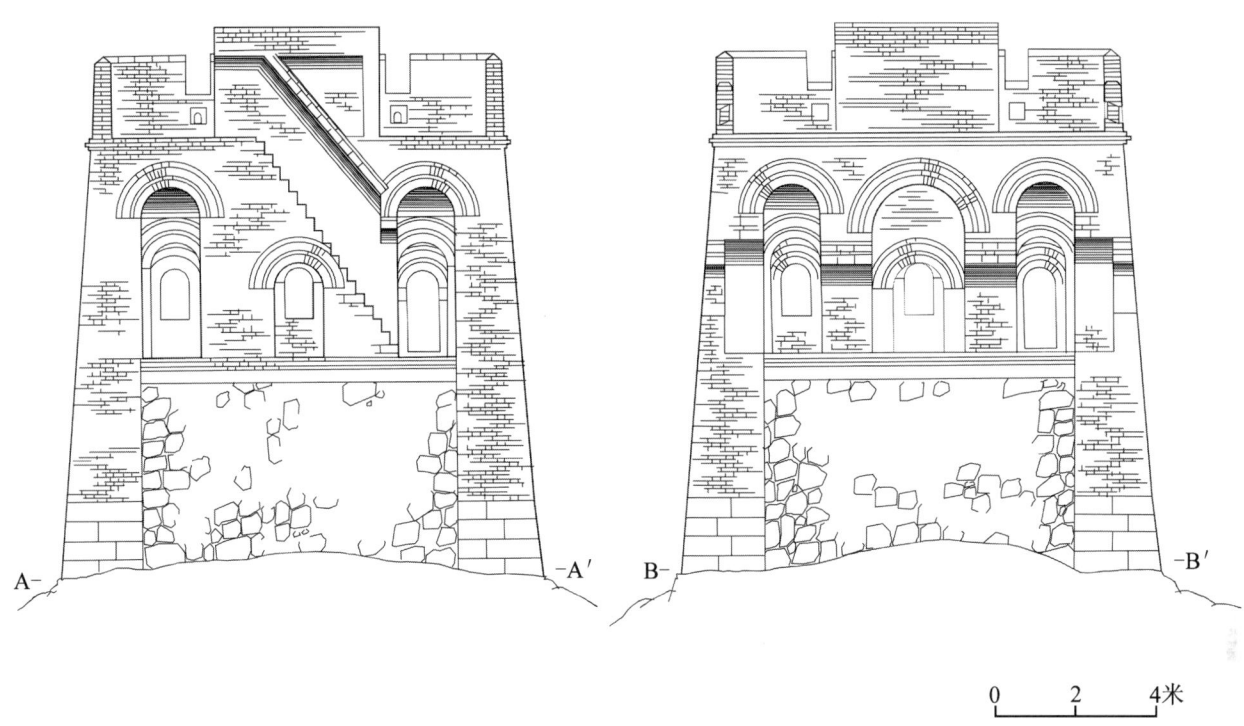

图一八四 - 2 黄崖关长城 15 号敌台剖视图

图一八四 - 3 黄崖关长城 15 号敌台西、南壁正视图

黄崖关长城 16 号敌台（总第 67 号，编码 120225352101170067）

　　该敌台位于天津市蓟县下营镇黄崖关村西 0.6 千米一处西高东低的山坡上，北侧为陡坡，东、西侧为长城墙体，周围长有野草、树木等植被。

　　敌台为砖石质。平面呈正方形，边长 11.2、通高 14.1 米，剖面呈梯形，收分 0.55 米。方向 355°。中心高程 389 米。（图一八五 – 1 ~ 3；彩图四九九、五〇〇）

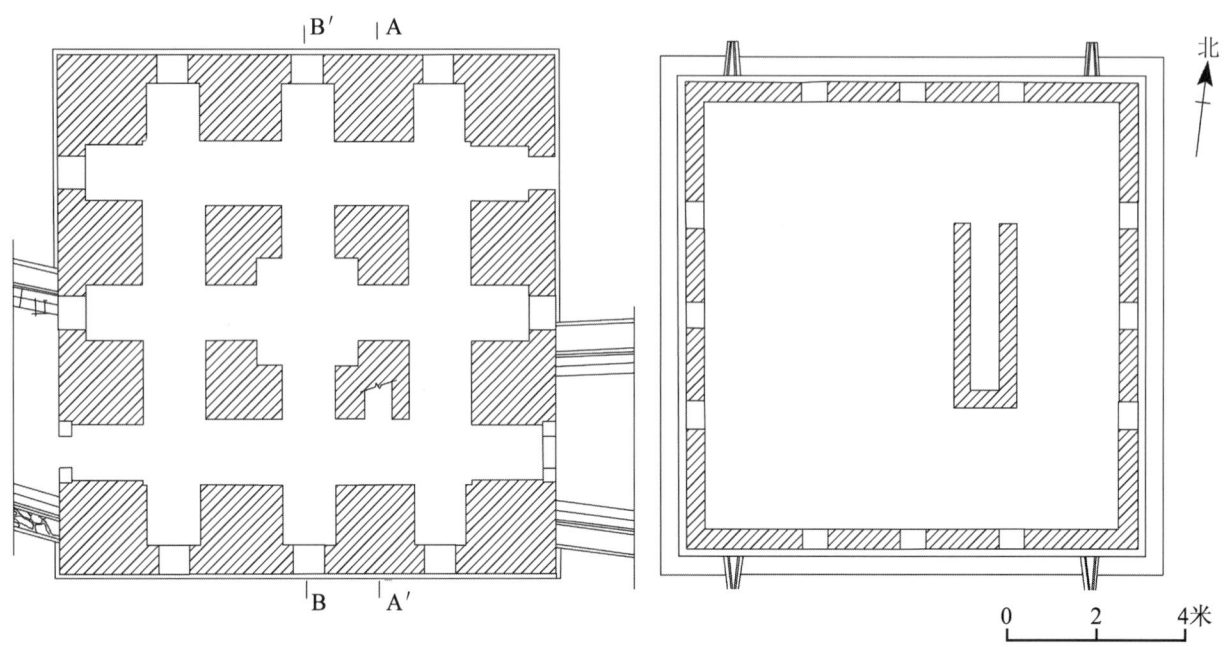

图一八五 – 1　黄崖关长城 16 号敌台首层、顶层平面图

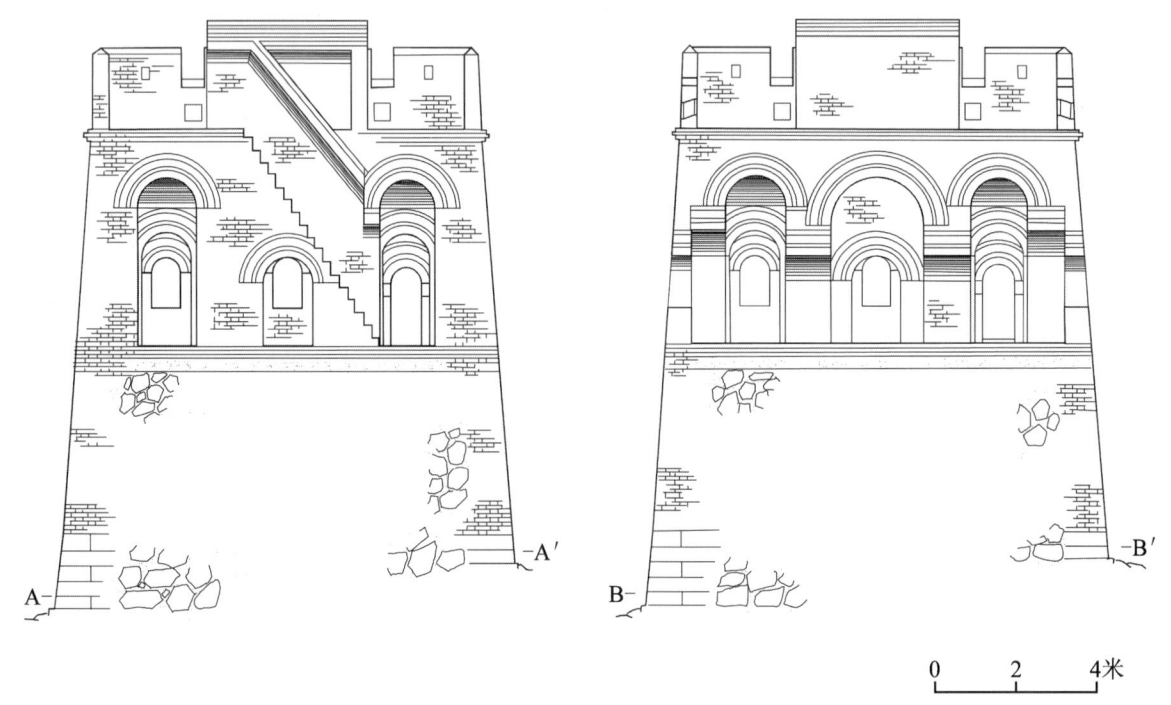

图一八五 – 2　黄崖关长城 16 号敌台剖视图

图一八五 - 3　黄崖关长城 16 号敌台东、西壁正视图

敌台建筑材料为砖、石块和三合灰，青砖、条石之间缝隙用三合灰黏结。1984～1987 年，在明代敌台基础上修复，保存完好。敌台下部用条石垒砌基础，上部垒包砖，东西两侧同长城墙体相连。南、北壁各设 3 个箭窗，东、西壁各设 2 个箭窗，高 1.2、宽 0.7 米，半圆形券顶，两券两铺。东、西壁各设一门，高 1.9、宽 0.8 米，门柱、门坎用条石垒砌，半圆形券顶，两券两铺。首层内方砖铺地，中间设 4 个圆柱，券封顶，四角相交。东南部设上下顶层的台阶通道，斜坡券顶。顶层垒 3 层出檐，上垒垛口，高 1.95 米。四面各设 3 个垛口、4 个望口、3 个射孔。垛口宽 0.58、深 0.80 米，下垒条石一层；望口宽 0.2、高 0.3 米；射孔宽 0.2、高 0.28 米。敌台顶部中东部设上下顶层的口，南北向，长方形，长 4、宽 0.6 米，墙厚 0.4 米，券顶。敌台顶层四角设排水孔，圆形，下部用条石铺的水道向南北两侧排水，墙外条石长 0.8 米。

垒砌敌台的青砖长 39、宽 19、厚 9 厘米，铺地方砖边长 40 厘米，厚不详，用三合灰黏结。

该敌台西距黄崖关长城 17 号敌台 167 米，东距黄崖关长城 15 号敌台 275 米，东、西面同长城相连接。

黄崖关长城 17 号敌台（总第 68 号，编码 120225352101170068）

该敌台位于天津市蓟县下营镇黄崖关村西 0.7 千米一处西高东低的山坡上，南侧为西高东低的缓坡，北侧为陡坡，东、西两侧为长城。南北侧长有野草、树木等植被。

敌台为砖石质。平面呈长方形，南北长 11.6、东西宽 10.7 米、高 10.6 米（至垛口）。剖面呈梯形，上窄下宽，收分 0.55 米。方向为 325°。中心高程 440 米。（图一八六 - 1～3；彩图五〇一、五〇二）

敌台建筑材料为砖、石块和三合灰，青砖、条石之间缝隙用三合灰黏结。1984～1987 年，在明代敌台基础上修复，保存完好。

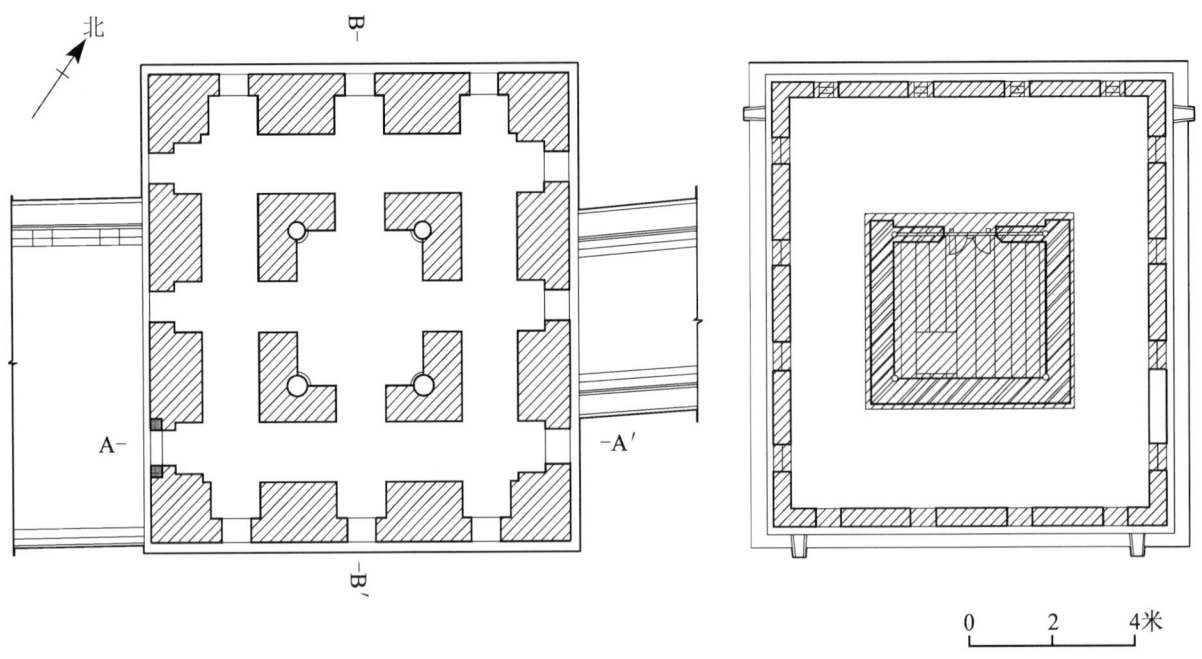

图一八六 - 1　黄崖关长城 17 号敌台首层、顶层平面图

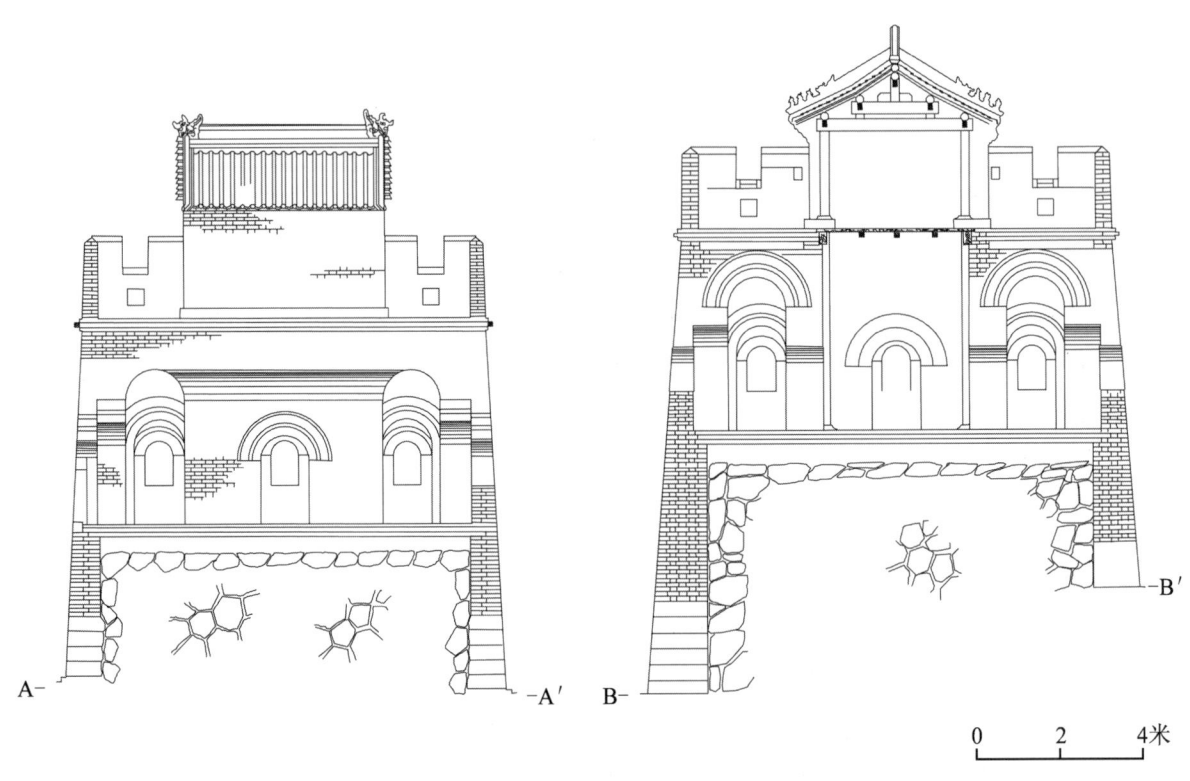

图一八六 - 2　黄崖关长城 17 号敌台剖视图

0　　　2　　　4米

图一八六 – 3　黄崖关长城 17 号敌台南、东壁正视图

敌台下部用条石垒砌基础，上垒包砖，南、北、东壁各设 3 个箭窗，西壁设 2 个箭窗，其中东部中间一箭窗口，现被当作门使用，有人为破坏的痕迹。箭窗宽 0.75、高 1.1 米，半圆形券顶，两券两铺。西面南部设门，门高 0.9、宽 0.8 米，门柱、门坎用条石垒砌，半圆形券顶，两券两铺。首层内方砖铺地，中央设 4 个砖柱，内角设 4 个木柱，柱上用木板封顶。顶部设一口，未设通往顶部的台阶，用梯子上下。敌台顶层四周 4 券封顶，角交相交。顶层垒三层出檐，出 0.15 米。上垒垛口，垛口高 1.95 米，每面设 4 个垛口，宽 0.60、深 0.75 米，每个垛口下砌一块条石；每面设 3 个望口、4 个射孔，射孔顶圆形，内高外低呈斜坡状。顶部平坦，方砖铺顶，中间有一铺舍，坐南向北。铺舍平面呈长方形，南北长 5.4、东西宽 5 米，门宽 1 米，砖木结构，地面铺木板，设上下敌台顶部的口（未能上去调查，数据根据竣工图所得）。顶部四角设排水孔，上圆形，下面用条石做水道，墙外条石长 0.7 米。北部向东西两侧排水，南部向南侧排水。

垒砌敌台的青砖长 39、宽 19、厚 9 厘米；铺地方砖边长 39 厘米，厚不详。

该敌台东与黄崖关长城 16 号敌台相距约 167 米，东、西两侧同长城墙体相连接。

黄崖关长城 18 号敌台（总第 69 号，编码 120225352101170069）

该敌台位于天津市蓟县下营镇黄崖关村西北 0.8 千米的一处山脊上，南侧较平坦，北侧为河道、（天）津围（场）公路，东、西侧为陡坡，长满野草、树木等植被。

敌台为石质。平面呈正方形，边长 11.2、高 8 米，剖面呈梯形，收分 1.1 米。方向为 10°。中心高程 330 米。（图一八七；彩图五〇三、五〇四）

敌台建筑材料为石块和三合灰，石块之间缝隙用三合灰黏结。1984～1987 年，在明代敌台基础上

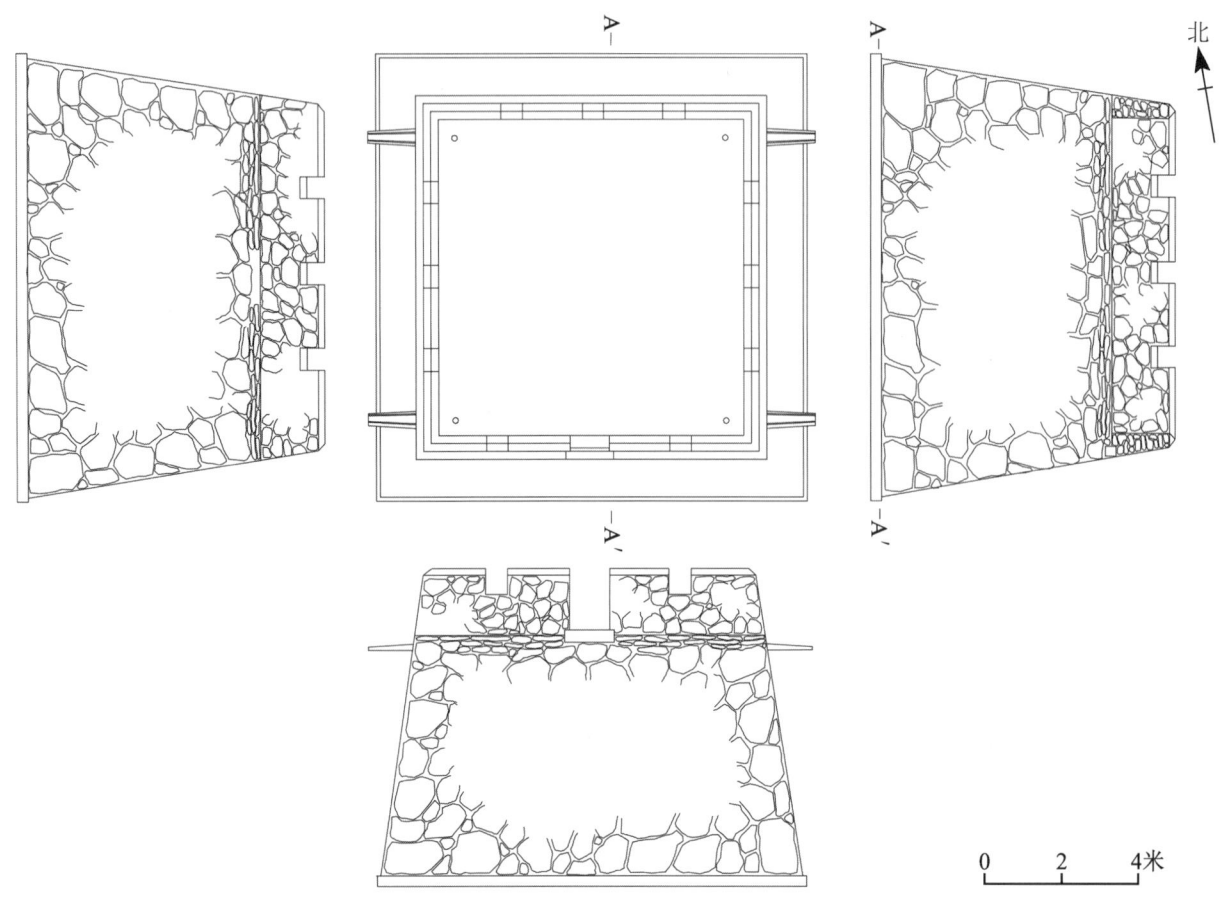

图一八七　黄崖关长城 18 号敌台平面、剖视及南、西壁正视图

修复，保存完好。

敌台为单体墩台，四壁用大小不一的石块垒砌，石块间用三合灰黏结。敌台上建垛口，高 1.7 米；顶部南侧设 1 门，宽 1 米。东、西、北壁各设 3 个垛口。敌台顶部平坦，堆积杂土，长野草。四角设排水孔，以条石作水道。

该敌台北与黄崖关长城 20 号敌台（凤凰楼）遥遥相望，南距黄崖关长城 19 段墙体 12 米，不与长城墙体相连接。

黄崖关长城 19 号敌台（总第 70 号，编码 120225352101170070）

此敌台又称"太平寨墩台"，位于天津市蓟县下营镇黄崖关村东北 1.2 千米、太平寨景区寨门东北部山顶，南侧较平；北侧为河道、（天）津围（场）公路；东、西侧为陡坡，四面长满野草、树木等植被。

敌台为砖石质。平面呈正方形，边长 7.98、高 5.24 米，剖面呈梯形，上窄下宽，收分为 0.45 米。方向为 335°。中心高程 447 米。（图一八八；彩图五〇五、五〇六）

敌台建筑材料为砖、石块和三合灰，青砖、条石之间缝隙用三合灰黏结。1984～1987 年，在明代敌台基础上修复，保存完好。

敌台四壁用大小不一的石块垒砌，石块间用三合灰黏结。东壁南部设上下敌台的马道和门，门高 2 米，顶部为半圆形券顶，用石块垒砌。马道共 14 级，宽 1 米，台阶高 0.3 米，马道宽 0.3 米，马道两边以青砖垒砌与顶部平，楼梯口在北边缘和东边缘用石块垒砌防护墙，高 0.6、宽 0.3 米，顶部四壁

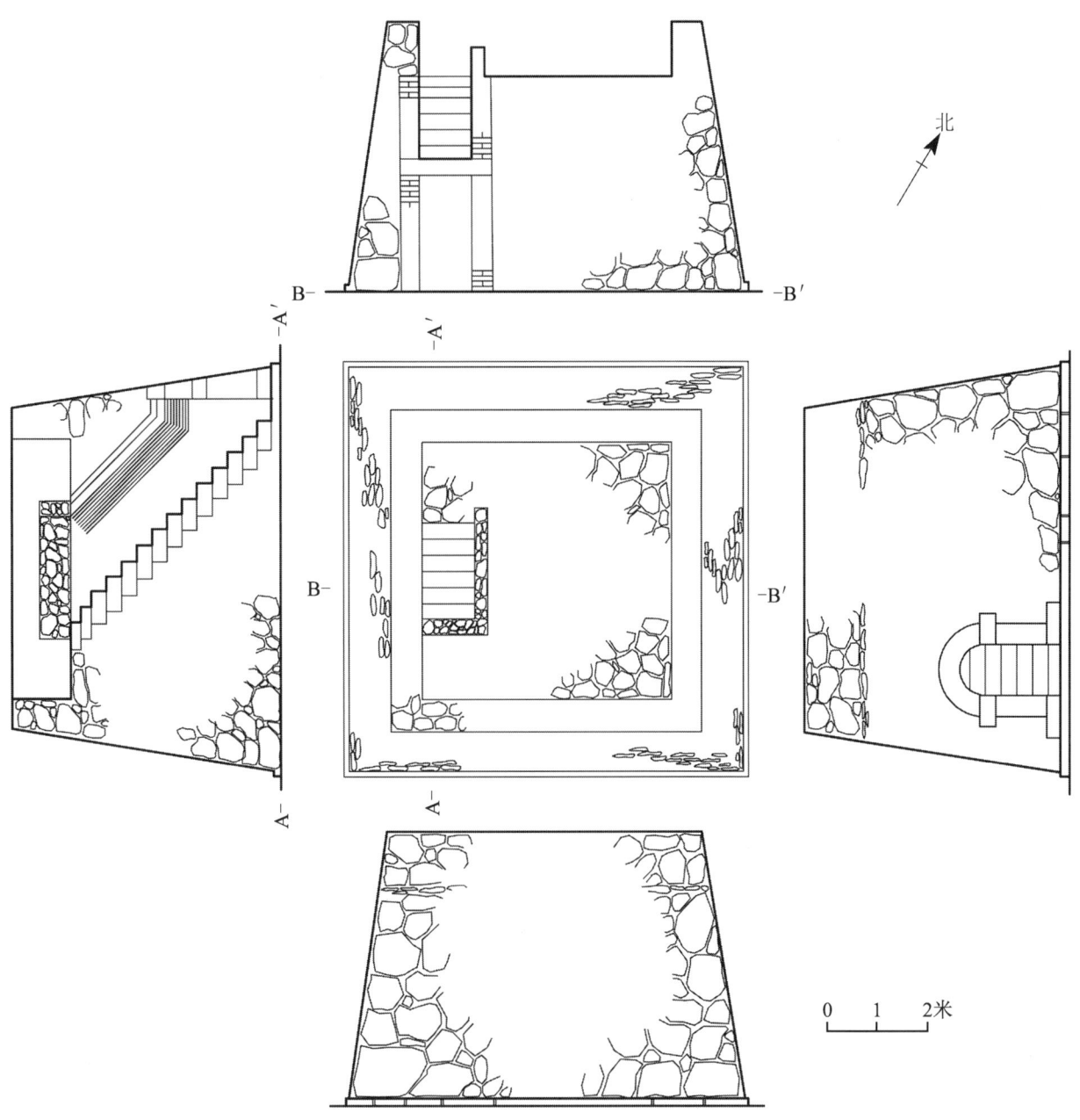

图一八八 黄崖关长城 19 号敌台平面、剖视及东、南壁正视图

上用石块垒砌护墙，宽 0.6、高 1.1 米，敌台顶部用石块平砌地面，缝隙用三合灰黏结。垒砌马道及台阶的青砖长 40、宽 20、厚 10 厘米。

该敌台为孤立的敌台，北距黄崖关长城 4 号敌台约 0.3 千米，不与长城墙体相连接。

黄崖关长城 20 号敌台（总第 71 号，编码 120225352101170071）

该敌台又称"黄崖关凤凰楼"，位于天津市蓟县下营镇黄崖关村西北 1.4 千米一处小山顶上，四周为低谷，西侧为津围公路，北侧为缓坡，东侧为洵河，南侧地形平坦，四面长满野草、树木等植被。

敌台为砖石质，平面呈圆形，直径 16.1、高 18.3 米，剖面呈梯形，收分 0.8 米。方向为 0°。中心高程 365 米。（图一八九 - 1、2；彩图五○七、五○八）

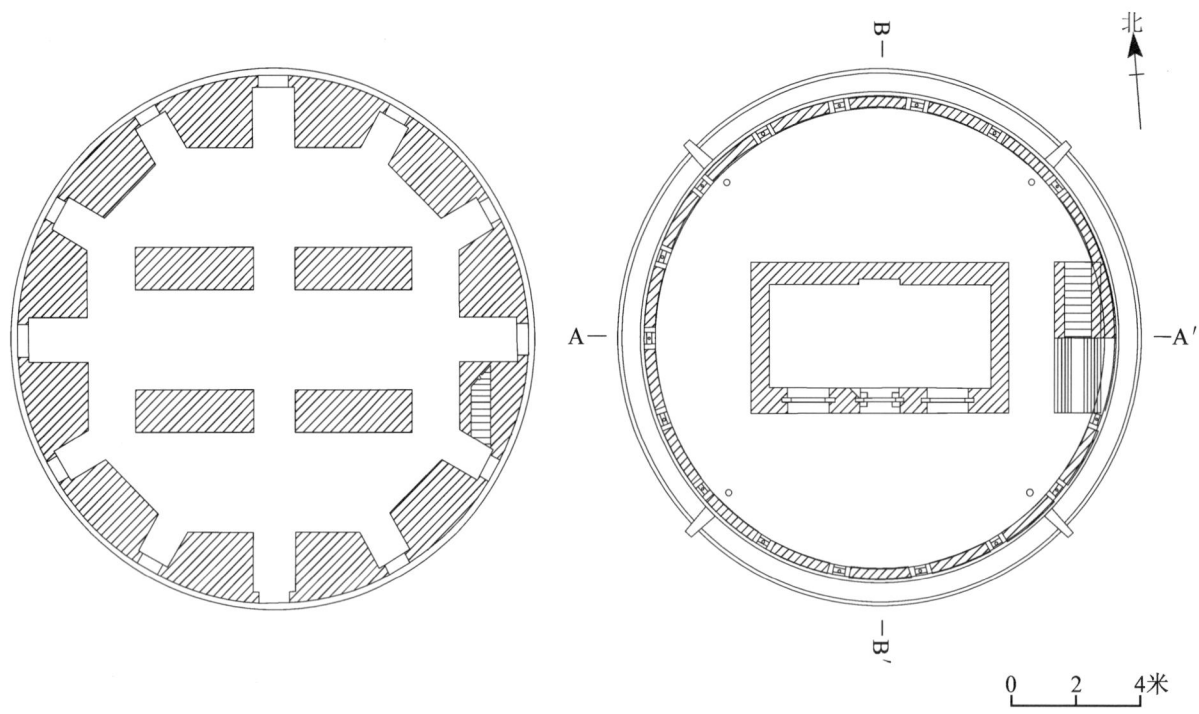

图一八九 -1　黄崖关长城 20 号敌台首层、顶层平面图

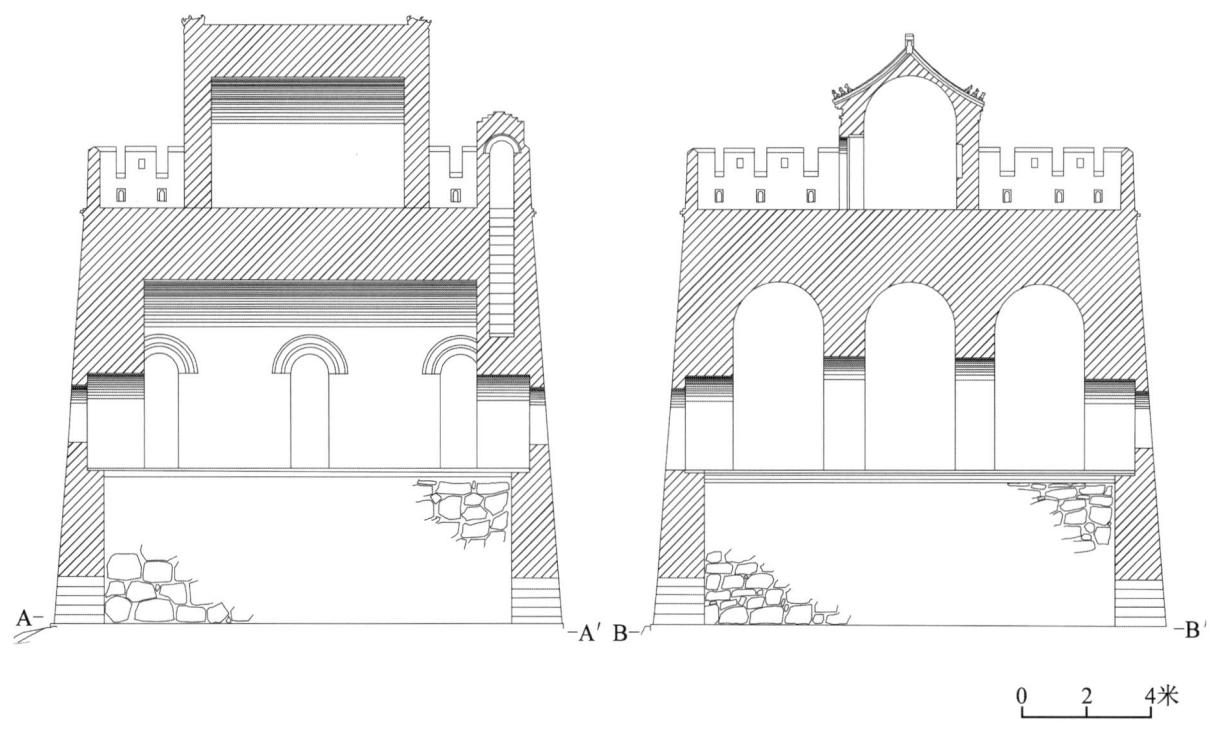

图一八九 -2　黄崖关长城 20 号敌台剖视图

敌台建筑材料为砖、石块和三合灰，青砖、石条之间缝隙用三合灰黏结。1984～1987 年，在明代

敌台基础上修复，保存完好。

敌台下部基础用石块垒砌 5 层，高 1.5 米，墙体用青砖垒砌，砖、石块缝隙间用三合灰黏结，墙体收分为 0.8 米。南壁高 5 米处设门一个，高 2.75、宽 0.85 米，门柱、门坎用条石垒砌，上部为半圆形券顶。首层圆形墙体高 6 米处周边设窗 11 个，高 1.8、宽 0.75 米，上部为半圆形券顶，顶部用南北向 3 个、东西向 3 个券封顶，东部设上下顶部通道，宽 0.6 米。顶层周边设垛口 16 个、瞭望孔 15 个、射孔 16 个。射孔上部为半圆形，内高外低呈斜坡状，垛口下沿平砌石构件一块，长 58、宽 40、厚 18 厘米，上部中心有旗杆孔一个，直径 0.04、深 0.05 米。敌台中心有一铺舍，东西长 8、南北宽 4.6、高 5.3 米，坐北朝南；门在南墙中部，高 2.3、宽 1.2 米，上部为半圆形券顶；两侧设窗，高 1.5、宽 1 米，上部为半圆形券顶。铺舍顶部为东西向半圆形券封顶，顶部为人字形，用边长 37 厘米的方砖平铺，四面设排水孔，口呈圆形，与墙体外部的条石槽相通，将水排出。敌台南门口有供游客上下敌台的铁制扶梯。

该敌台南距长城墙体约 0.6 千米，东距黄崖关二道边长城 4 段止点 43 米。

（三）关城

黄崖关城（编码 120225353101170008）

黄崖关城，又称"蓟北雄关"，位于天津市蓟县下营镇黄崖关村北、泃河西岸的台地上，南距蓟县县城 28 千米，地势西高东低，依山傍水。关城中心高程 246 米。

关城朝向为正南，平面呈不规则刀把形。周长 923 米，其中北墙长 149、东墙长 235、南墙长 204、西墙长 267 米，占地面积约 38000 平方米。（图一九〇 -1；彩图五〇九）

关城墙体类别为砖墙，1984～1987 年，在明代黄崖关关城基础上修复，保存完好。城墙下部垒砌条石或石块基础 2～3 层，上部用砖包砌，中间用碎石、土等填充，青砖、条石之间用三合灰黏结。关城北墙长 149 米，以真武庙西墙为界，东段墙体长 48 米，西段墙体长 101 米。东墙长 235 米，以东门楼北墙为界，南段墙体长 124 米，北段墙体长 111 米。（图一九〇 -2）南墙长 204 米，呈凸字形，由西南角折向正东 95 米，之后呈圆弧状拐向东北 68 米，由 68 米处直角折向正东与黄崖口关城台相连接。（图一九〇 -3）西墙长 267 米，以三叉口墙体外侧至西门楼南侧为界，北段墙体长 47 米，南段墙体长 220 米。城墙剖面呈梯形，上部宽 4.15、下部宽 4.75 米，收分 0.6 米。关城墙体上马道用方砖平铺，女墙宽 0.4 米；垛口宽 0.43、高 1.65 米；瞭望孔宽 0.2、高 0.3 米；射孔上部为半圆形，下部为方形，内高外低呈斜坡状，宽 0.2、高 0.25 米。墙体顶部距外侧地表最高 6 米，距内侧地表最高 5.5 米。关城内东半部有子墙一道，将关城分割为外城和内城，子墙设南、北阵眼门楼一座，有马道通往门洞。

黄崖关城现有东、西、南城门 3 座（每座城门上部各建近城台 1 座）、门楼 4 座、角楼 2 座、马面 1 座、衙署 1 座、牌楼 1 座、庙宇 1 座，分述如下。

南阵眼门楼：平面呈近长方形，东西长 6.7、南北宽 6.2 米，高 2.9 米。门洞宽 1.5、高 2.1 米，门洞墙宽 0.4 米。（彩图五一〇）

北阵眼门楼：平面呈近长方形，东西长 6.7、南北宽 6.2 米，高 2.8 米。门洞宽 1.5、高 2 米，门洞墙宽 0.4 米。南、北阵眼门楼相距 91 米，高 7.5 米，上设垛口、瞭望孔、射孔，设上下楼马道。北城墙马道上保存铁炮 2 门。（彩图五一一）

东南角楼：平面呈长方形，东西长 8.4、南北宽 7.4 米，角楼西侧和北侧与马道相连。（图一九〇 -4；彩图五一二）

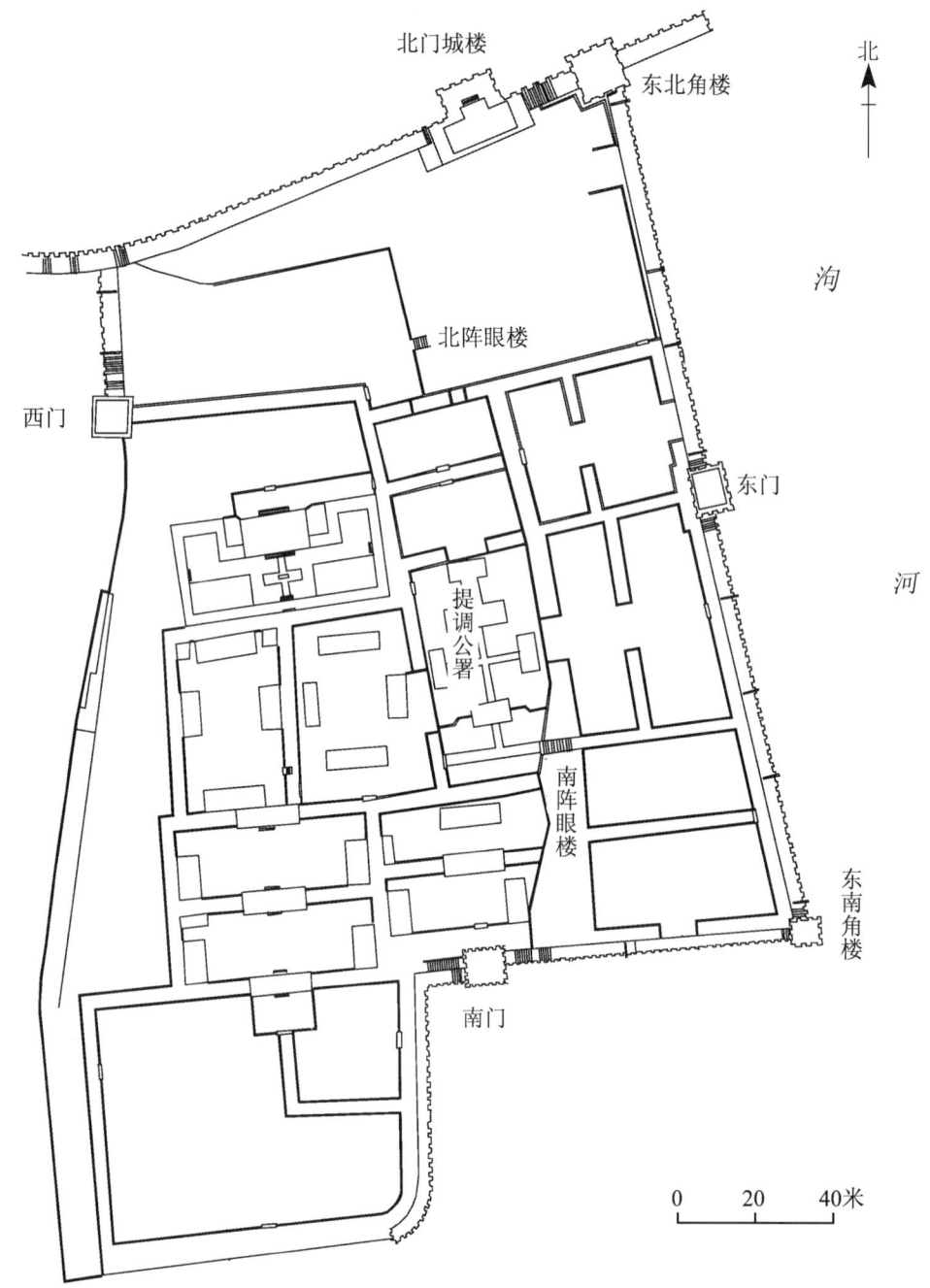

图一九〇-1 黄崖关城平面图

东北角楼（黄崖关长城 13 号敌台）：平面呈正方形，边长 13.4 米，角楼东西两侧与长城墙体连接，南侧与马道连接，角楼骑跨在北城墙上。

东门城楼：平面呈长方形，南北长 12.1、东西宽 9.2 米，城台四周垒砌垛口，南北两侧与马道连接。（图一九〇-5；彩图五一三）

南门城楼：平面呈长方形，东西长 13.2、南北宽 10.1 米，高 6.9 米，正中门洞宽 3.2、高 3.5 米，门上嵌"黄崖口关"匾额，城台四周垒砌垛口，南距牌坊 52.6 米，东西两侧与马道连接。城楼顶建有面阔三间建筑一座。（图一九〇-6；彩图五一四）

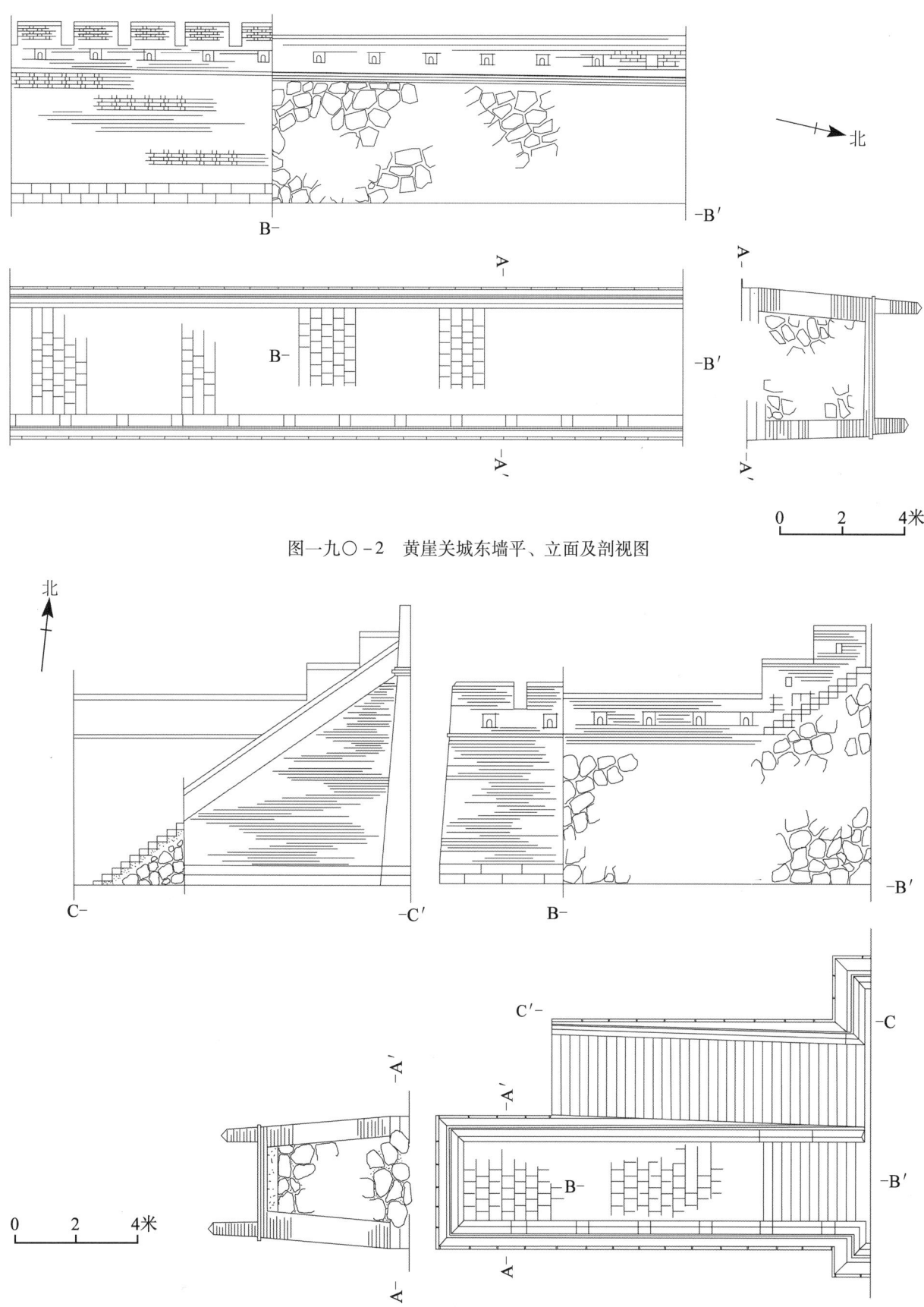

图一九〇-2　黄崖关城东墙平、立面及剖视图

图一九〇-3　黄崖关城南墙平面、剖视图

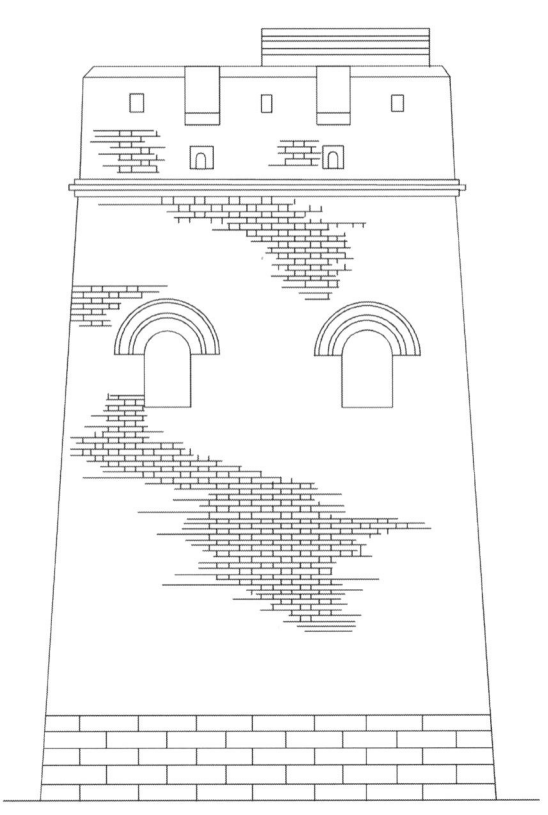

0　　　2　　　4米

图一九〇 -4　黄崖关城角楼西、南壁正视图

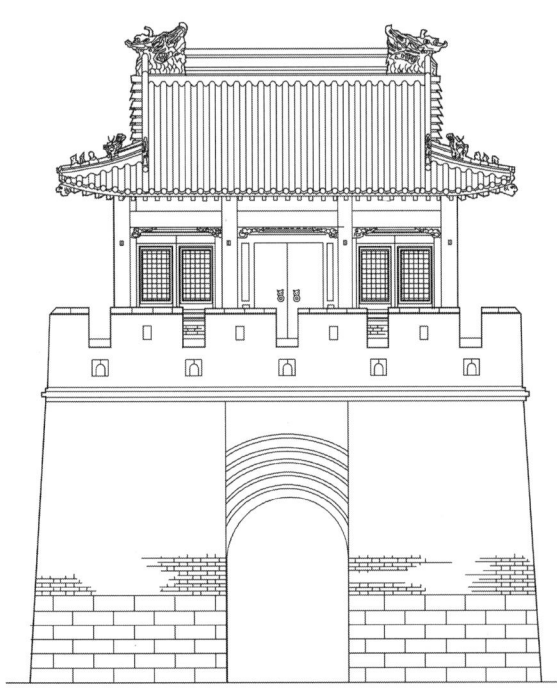
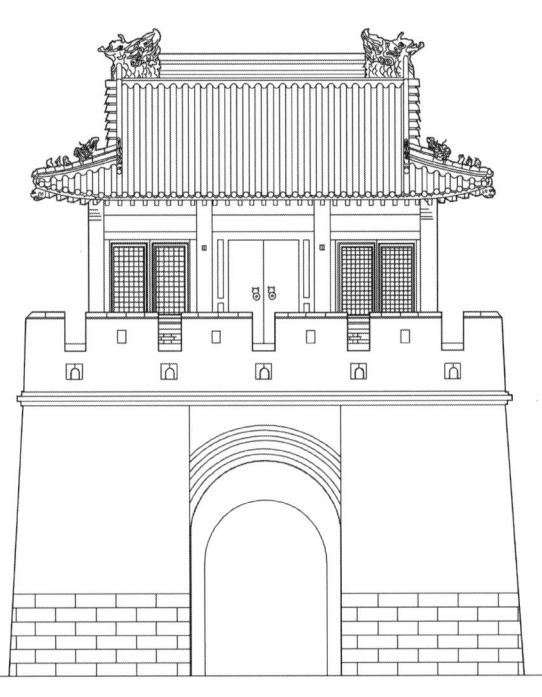

0　　　2　　　4米

图一九〇 -5　黄崖关城东门正、背面正视图

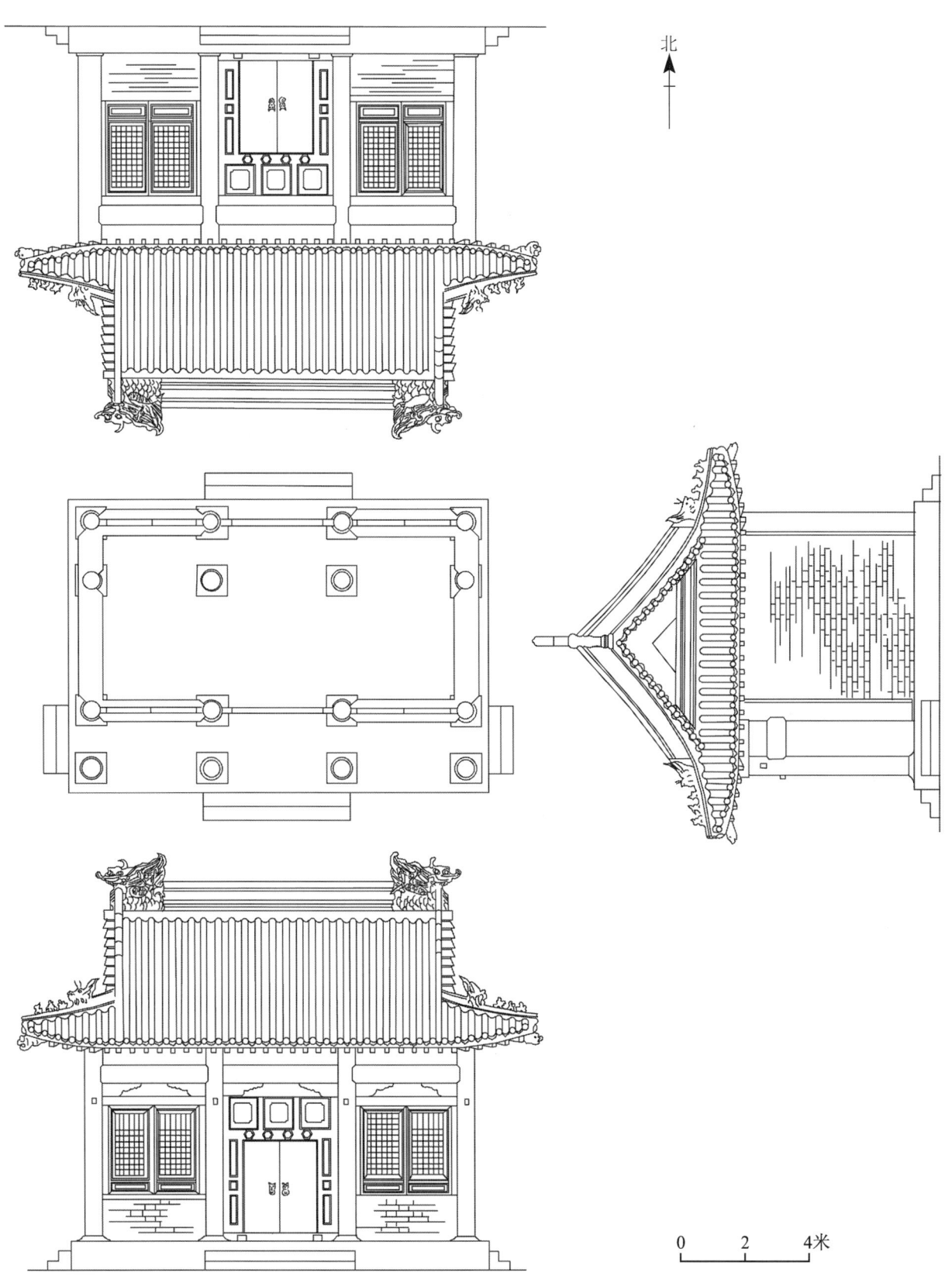

北

0 2 4米

图一九〇-6 黄崖关城南门城楼顶建筑平面及正、背、侧面正视图

西门城楼：平面呈长方形，南北长 10.3、东西宽 9.1 米，南北两侧与马道连接。（图一九〇 -7；彩图五一五）

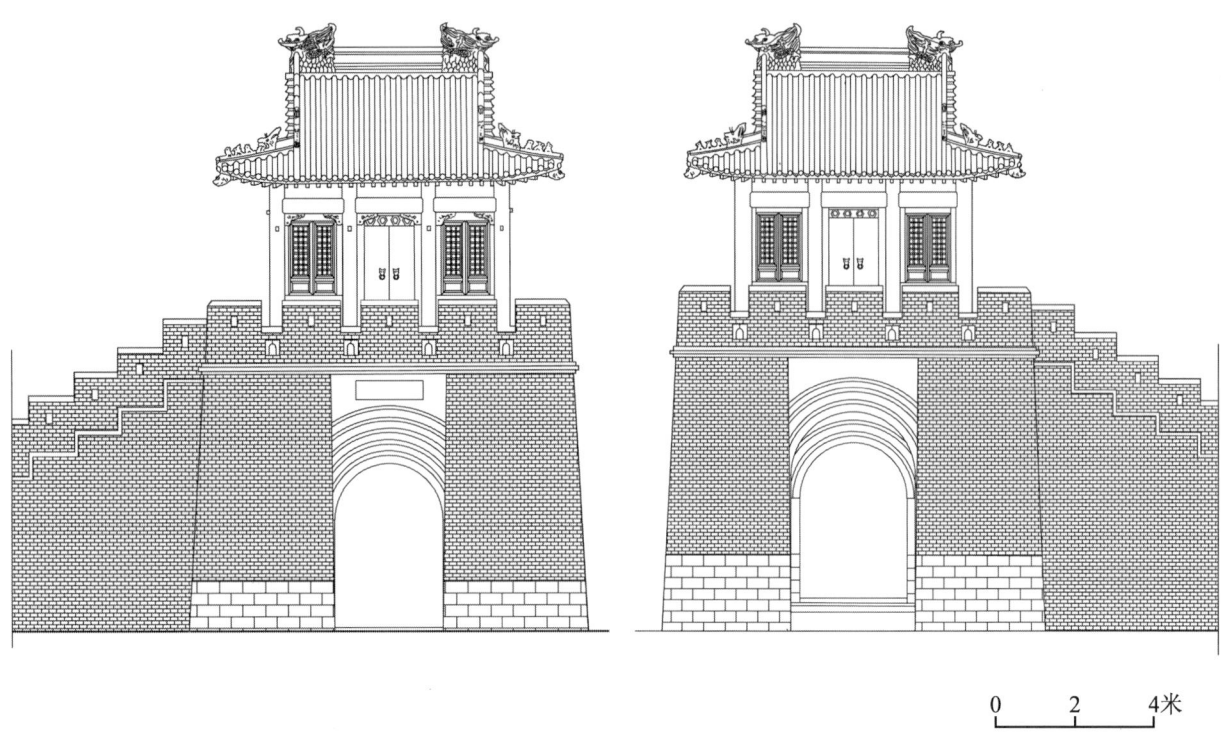

图一九〇 -7　黄崖关城西门正、背面正视图

北门城楼：位于外城北端，正中嵌"黄崖正关"匾额，城台上建真武庙一座。（图一九〇 -8；彩图五一六）

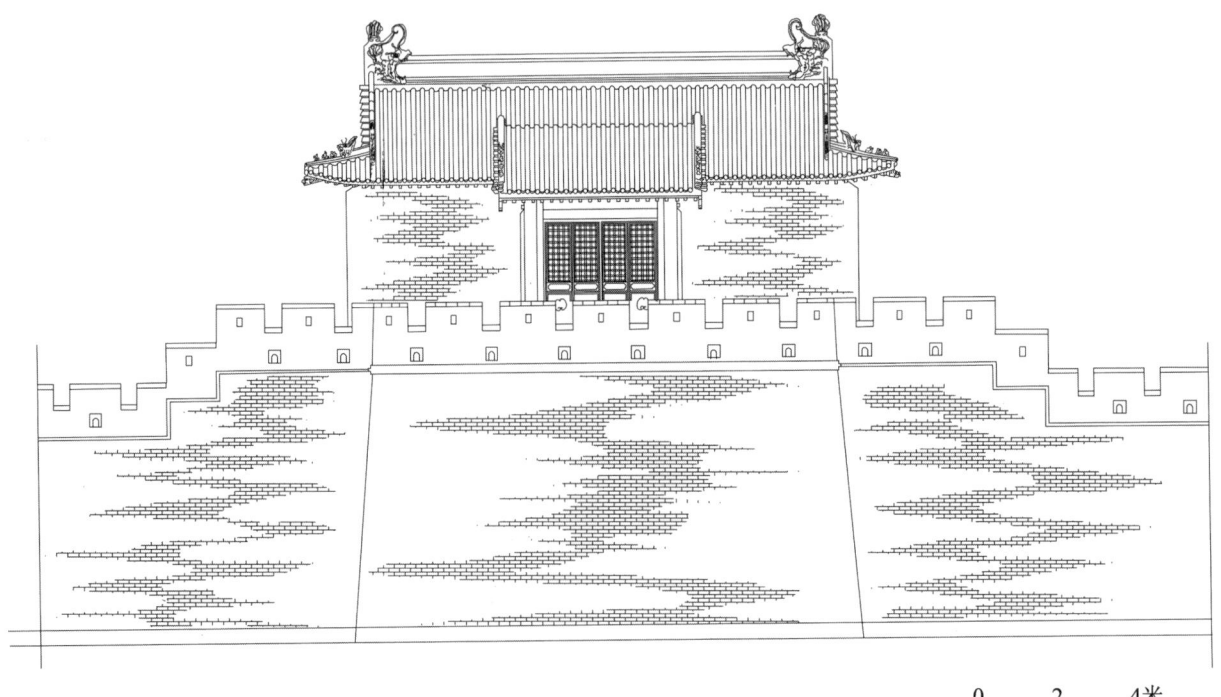

图一九〇 -8　黄崖关城北门北面正视图

三叉口：西北侧与黄崖关长城14号敌台连接，南距西门城台32米，东距真武庙96米。

马面：由马道西侧向西伸出，北墙宽7、南墙宽5.5、南北长11米，马道至马面设3级台阶，高0.8米，马面北距西门楼16.7米；马面南侧9米处，城墙向西1.5米处新建水池一座，高出城墙。

黄崖关城提调公署：由照壁、门厅、大堂和东、西厢房组成。照壁平面呈长方形，东西长12、高3、厚0.55米。门厅面阔3间，平面呈长方形，东西长10.35、南北宽6米。大堂面阔5间，平面呈长方形，东西长17、南北宽7米。（图一九〇-9；彩图五一七）东厢房面阔3间，平面呈长方形，南北长11、东西宽5.8米。西厢房面阔3间，平面呈长方形，南北长11、东西宽5.8米。西厢房南墙角堆放石炮一堆、石构件6件、石臼1个。东厢房东南角堆放千斤坠2个、碑座1件、石构件4件、石炮1门、残碑3块。

牌楼：南门外有牌楼1座，为后建。

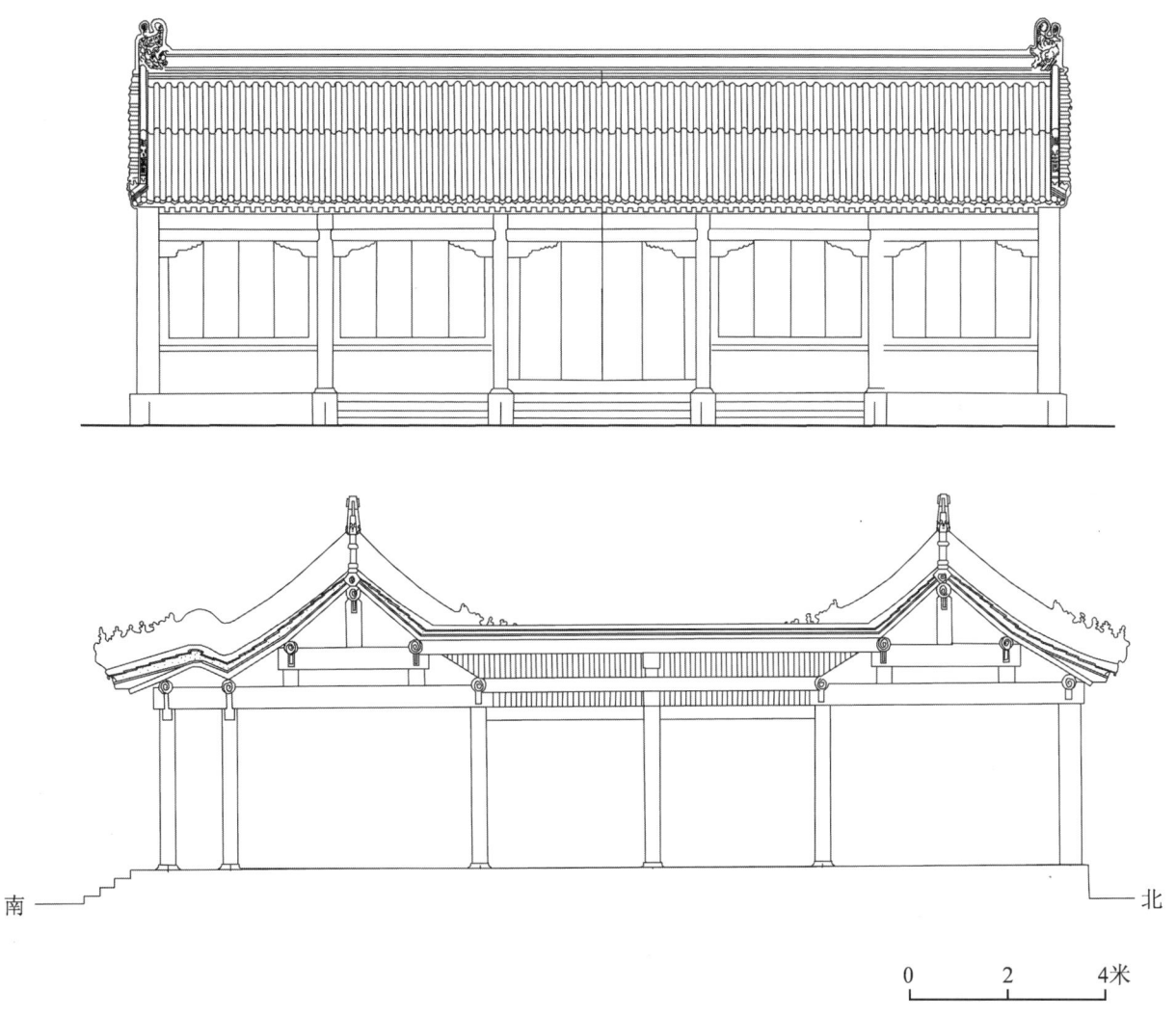

南　　　　　　　　　　　　　　　　　　　北

0　　　2　　　4米

图一九〇-9　黄崖关城提调公署大堂南面正视、大堂二堂剖视图

长寿园：为后建，位于关城西南部，收入10003种不同写法的寿字。

黄崖关关城蓟北雄关牌坊高程241米，黄崖口关高程249米，东南角高程234米，东门楼高程 242 米。黄崖关长城 13 号敌台高程 240 米，真武庙高程 244 米，三叉口（西北角）高程 250 米，西门楼高程 256 米，马面高程 259 米，西南角拐向北高程 245 米，黄崖口关西侧拐向正东高程 245 米，长寿园中心高程 240 米，提调公署高程 246 米，南阵眼门高程 244 米，北阵眼门高程 241 米。

七　前干涧长城

（一）墙体

前干涧长城墙体起自天津市蓟县下营镇前干涧村东北 1.3 千米、前干涧 1 号敌台北侧（高程 666 米）起，至蓟县下营镇前干涧村西南 1.8 千米、前干涧长城 14 号敌台东北角（高程 641 米）截止，（地图九）共划分为 20 段，其中石墙 14 段、山险墙 2 段、山险 4 段。全长 10528.66 米，其中长城主线长 7717.19 米（墙体 5565.06 米、山险墙 236.93 米、山险 1915.2 米），长城二道边 2811.47 米（全部为墙体）。（附表七）此段长城大致走向为东北—西南。

前干涧长城 1 段（总第 157 段，编码 120225382106170157）

此段长城墙体类别为山险，位于黄崖关西的山脊上，自天津市蓟县下营镇前干涧村东北 1.3 千米（高程 666 米）起，顺山势，至蓟县下营镇前干涧村东北 1.25 千米、前干涧长城 2 段起点（高程 681 米）截止，长 144.69 米，南—北走向。（彩图五一八）

山险整体保存较好，利用陡峭悬崖作为阻挡敌人的天然屏障，顶部较平整，东侧为陡坡，西侧为缓坡，四周长有野草、荆条和人工栽植的松柏。

此段山险基本保持原貌，近年来植树造林，山险两侧生长许多高大树木，影响了山险险峻外观。未发现人为因素破坏痕迹。

前干涧长城 2 段（总第 158 段，编码 120225382102170158）

此段长城墙体类别为石墙，自天津市蓟县下营镇前干涧村东北 1.25 千米、前干涧长城 1 段山险止点（高程 681 米）起，沿山脊修建，至蓟县下营镇前干涧村东北 1.15 千米、前干涧长城 3 段山险墙起点（高程 700 米）截止，长 91.89 米，东北—西南走向。（彩图五一九）

从部分断面观察，长城墙体剖面呈梯形，收分 0.6～1.1 米。墙体垒砌方法与其他段长城墙体基本相同，用石块干垒而成，具体垒砌方法为墙体内外两侧用大石块垒砌，中间用小石块和碎石片、土填充，形成完整墙体。

按照《长城资源调查工作手册》的技术要求，根据墙体拐折点分布情况，此段长城墙体又细分为 2 小段，分述如下。

第一小段：起点海拔 681 米，止点海拔 689 米。此小段长城长 59.34 米，保存一般。墙体上部宽 1.9 米，垛口倒塌，形态不详。墙体顶部距外侧地表最高 1.90 米，距内侧地表最高 0.7 米。长城由此小段止点拐向西南并上折。

第二小段：起点海拔 689 米，止点海拔 700 米。此小段长城长 32.55 米，保存一般。墙体内、外侧部分倒塌，上部宽 1.9 米，垛口、马道倒塌，形态不详，尺寸无法测量。墙体顶部距外侧地表最高 1.7 米，距内侧地表最高 1.5 米。

附表七　前干洞长城墙体长度统计表

（单位：米）

名称	石墙较好 测绘数据表面长度	石墙较好 文物数据表面长度	石墙一般 测绘数据表面长度	石墙一般 文物数据表面长度	较差 测绘数据表面长度	较差 文物数据表面长度	墙体差 测绘数据表面长度	墙体差 文物数据表面长度	消失 测绘数据表面长度	消失 文物数据表面长度	小计 测绘数据表面长度	小计 文物数据表面长度	山险墙 测绘数据表面长度	山险墙 文物数据表面长度	山险 测绘数据表面长度	山险 文物数据表面长度	合计 测绘数据表面长度	合计 文物数据表面长度
1段	—	—	—	—	—	—	—	—	—	—	0	0	—	—	144.69	140	144.69	140
2段	—	—	91.89	89	—	—	—	—	—	—	91.89	89	—	—	—	—	91.89	89
3段	—	—	—	—	—	—	—	—	—	—	0	0	142.82	144	—	—	142.82	144
4段	—	—	—	—	—	—	—	—	—	—	0	0	—	—	135.69	110	135.69	110
5段	154.97	130	132.93	130	—	—	—	—	—	—	287.9	260	—	—	—	—	287.9	260
6段	—	—	—	—	—	—	—	—	—	—	0	0	—	—	1551.77	1270	1551.77	1270
7段	1068.12	1064	373.27	220	433.5	510	205.99	94	—	—	2080.88	1888	—	—	—	—	2080.88	1888
8段	42.29	43	262.53	261	—	—	—	—	—	—	304.82	304	—	—	—	—	304.82	304
9段	—	—	—	—	—	—	—	—	—	—	0	0	94.11	50	—	—	94.11	50
10段	98.31	96	47.64	47	—	—	—	—	—	—	145.95	143	—	—	—	—	145.95	143
11段	—	—	35.59	32	—	—	199.4	198	—	—	234.99	230	—	—	—	—	234.99	230
12段	—	—	—	—	—	—	—	—	—	—	0	0	—	—	83.05	110	83.05	110
13段	33.23	34	—	—	268.35	260	—	—	—	—	301.58	294	—	—	—	—	301.58	294
14段	37.91	37	162.98	127	169.51	153	—	—	—	—	370.4	317	—	—	—	—	370.4	317
15段	305.28	289	230.68	230	70.38	72	211.79	208	—	—	818.13	799	—	—	—	—	818.13	799
16段	383.35	367	44.26	43	47.48	43	—	—	—	—	475.09	453	—	—	—	—	475.09	453
17段	—	—	—	—	—	—	155.79	139	—	—	155.79	139	—	—	—	—	155.79	139
18段	—	—	297.64	264	—	—	—	—	—	—	297.64	264	—	—	—	—	297.64	264
主线小计	2123.46	2060	1679.41	1443	989.22	1038	772.97	639	—	—	5565.06	5180	236.93	194	1915.2	1630	7717.19	7004
二道边1段	109.18	86	30.07	29	61.72	48	—	—	—	—	200.97	163	—	—	—	—	200.97	163
二道边2段	907.39	762	827.16	653	390.75	386	278.11	279	207.09	216	2610.5	2296	—	—	—	—	2610.5	2296
总计	3140.03	2908	2536.64	2125	1441.69	1472	1051.08	918	207.09	216	8376.53	7639	236.93	194	1915.2	1630	10528.66	9463

此段长城顺山脊而建，外侧为陡峭悬崖，内侧为平缓山坡。墙体整体保存一般，顶部内外两侧少部分坍塌，倒塌原因主要是垒砌不够牢固，自然塌落所致；部分墙体上部长有杂草，内外两侧长有荆棘、酸枣等低矮灌木，加之季节性地表径流对墙体部分基础造成冲刷，对长城墙体构成严重的安全隐患。此段长城人迹罕至，未发现人为因素破坏痕迹。

前干涧长城 3 段（总第 159 段，编码 120225382105170159）

此段长城墙体类别为山险墙，自天津市蓟县下营镇前干涧村东北 1.15 千米、前干涧长城 2 段石墙止点（高程 700 米）起，顺山势，至蓟县下营镇前干涧村东北 1 千米、前干涧长城 4 段山险起点（高程 688 米）截止，长 142.82 米，东北—西南走向。（彩图五二〇）

此段长城位于山脊，充分利用自然地势，在险峻陡峭地段，大部分借助峭壁稍加修整；在坡度略缓的山坡，采用外侧修整成平滑的崖壁，将修整下的石块垒砌成墙体，成为难以攀爬的屏障。

此段山险墙整体保存一般，部分墙体上部倒塌，石块滚落山崖；由于近几年封山育林，山险墙两侧生长许多高大树木，外部环境受到一些影响。部分墙体石块被拆移用以平整长城内侧的山坡，人为因素破坏痕迹明显。

前干涧长城 4 段（总第 160 段，编码 120225382106170160）

此段长城墙体类别为山险，自天津市蓟县下营镇前干涧村东北 1 千米、前干涧长城 3 段山险墙止点（高程 688 米）起，顺山势，至蓟县下营镇前干涧村东北 0.9 千米、前干涧长城 5 段石墙起点（高程 734 米）截止，长 135.69 米，东北—西南走向。（彩图五二一）

山险完全利用陡峭崖壁作为阻挡敌人的屏障，东侧为陡坡，南、北、西侧为悬崖，地势极为险峻，山险顶部较平，远远望去就像一顶古代王冠扣在那里，故此地名为"王帟顶"（俗称王帽顶）。

此段山险基本保持原貌，地势险要，植被茂密，无人为因素破坏痕迹。由于近几年封山育林，山险两侧生长许多高大树木，加之一些剧烈的地质灾害影响，部分山石滚落或被雨水冲刷剥落，自然因素破坏显著。

前干涧长城 5 段（总第 161 段，编码 120225382102170161）

此段长城墙体类别为石墙，自天津市蓟县下营镇前干涧村东北 0.9 千米、前干涧长城 4 段山险止点（高程 734 米）起，沿山脊修建，至蓟县下营镇前干涧村东北 0.9 千米、前干涧长城 6 段山险起点（高程 708 米）截止，长 287.9 米，东南—西北走向。（彩图五二二）

此段长城墙体位于"王帟顶"西部，从部分墙体断面观察，大部分墙体基础经过人工处理，相对平整。墙体剖面为不规则梯形，收分 0.8 ~ 1.2 米，随地势的陡缓有所不同。墙体用石块干垒而成，垒砌方法与其他段长城墙体基本相同，用大石块垒砌墙体两道外侧边，中间用小石块和碎石片、土填充，形成完整墙体，内外壁不见石灰勾缝，石块之间未用三合灰黏结。

此段长城墙体整体保存较好，墙体中部和止点内、外侧部分坍塌。其中保存较好的墙体长 154.97 米，保存一般的墙体长 132.93 米。

按照《长城资源调查工作手册》的技术要求，根据墙体保存现状、折拐点分布情况，此段长城墙体又细分为 2 小段，分述如下。

第一小段：起点海拔 734 米，止点海拔 725 米。此小段长城长 154.97 米，保存较好。墙体上部宽 2.1 米，垛口上部倒塌，仅存基础，基础厚 0.8 米。马道为平整石板平铺而成，宽 1.3 米。墙体顶部距外侧地表高 1.1 ~ 2.5 米，距内侧地表高 0 ~ 0.5 米，部分墙体马道为地表削平而成，内侧与地表同高。墙体中部有一条宽 4 米的水渠横穿长城。长城墙体自此小段止点拐向西北并下折。

第二小段：起点海拔 725 米，止点海拔 708 米。此小段长城长 132.93 米，保存一般。部分墙体内、外侧倒塌，仅存基础。墙体顶部宽度不详，垛口、马道倒塌，分辨不清，形态不详，尺寸无法测量。墙体顶部距外侧地表最高2米，距内侧地表最高1米。

此段长城位于山脊，地势较陡峭，内侧为缓坡，外侧为陡坡。墙体上部长满野草、荆条，墙体内、外侧长有酸枣、荆棘等低矮灌木。墙体倒塌主要因为垒砌不够牢固，自然塌落所致；季节性地表径流对墙体部分基础造成冲刷；墙体上部植物的根系，对墙体构成严重的安全隐患。村民为了引水灌溉，修筑水渠，将长城墙体拆毁约4米，仅存基础，人为因素破坏明显。

前干涧长城6段（总第162段，编码120225382106170162）

此段长城墙体类别为山险，自天津市蓟县下营镇前干涧村东北0.9千米、前干涧长城5段石墙止点（高程708米）起，顺山势，至蓟县下营镇前干涧村东北1.9千米、前干涧长城7段石墙起点（高程772米）截止，长1551.77米，东—西走向。（彩图五二三）

此段山险保存较好，平面呈半椭圆形，包括三座山体和两处山谷。山险外侧为悬崖峭壁，内侧为陡坡，地势险峻陡峭，完全利用陡峭的山脊和山谷，不加人为修整。

由于近几年封山育林，山险两侧生长许多高大树木；加之一些剧烈的地质灾害影响，部分山石滚落或被雨水冲走，影响了山险险峻外观。此段山险地势险要，人迹罕至，无人为因素破坏痕迹。

前干涧长城7段（总第163段，编码120225382102170163）

此段长城墙体类别为石墙，自天津市蓟县下营镇前干涧村东北1.9千米、前干涧长城6段山险止点（高程772米）起，顺山势沿山脊修建，至蓟县下营镇前干涧村东北0.1千米、前干涧长城5号敌台西北角（高程591米）截止，长2080.88米，东北—西南走向。（彩图五二四、五二五）

此段长城基础大部分经过人工铲平处理。墙体用石块干垒而成，具体垒砌方法为墙体内外两侧用大石块垒砌，中间用小石块和碎石片、土填充，形成完整墙体。剖面呈不规则梯形，上窄下宽，上部宽1.8~2.5米，下部宽2.2~3.4米，收分0.4~1米。墙体顶部距外侧地表最高3米，距内侧地表最高2米，

此段长城墙体整体保存较好，大部分墙体保存马道和垛口基础，部分墙体内、外侧倒塌，垛口与马道分辨不清。其中保存较好的墙体长1068.12米，保存一般的墙体长373.27米，保存较差的墙体长433.5米，保存差的墙体长205.99米。

按照《长城资源调查工作手册》的技术要求，根据墙体的保存状况、拐折点分布情况，此段长城又细分为9小段，分述如下。

第一小段：起点海拔772米，止点海拔705米。此小段长城长433.5米，保存较差。墙体内、外侧坍塌，仅存基础部分，宽2.2米。垛口、马道倒塌，形态不详，尺寸无法测量。墙体顶部距外侧地表最高0.5米，距内侧地表最高0.3米。长城自此小段止点拐向西南并下折。

第二小段：起点海拔705米，止点海拔684米。此小段长城长205.99米，保存差。墙体内侧倒塌，仅存基础，与地面同高。长城自此小段止点拐向南并上折。

第三小段：起点海拔684米，止点海拔698米。此小段长城长60.12米，保存较好。墙体上部宽2.5米。保存较好的马道，马道为修整过的不规则平整石板铺成，宽1.7米。垛口上部倒塌，仅存基础，厚0.8米。墙体顶部距外侧地表最高2.5米，距内侧地表最高1.7米。长城自此小段止点拐向东南并下折。

第四小段：起点海拔698米，止点海拔667米。此小段长城长280.66米，保存较好。仅极少部分墙体内侧倒塌。墙体上部宽2.5米。马道保存较好，用不规则平整石板平铺而成，宽1.7米。垛口上部倒塌，基础厚0.8米。墙体顶部距外侧地表最高2.3米，距内侧地表最高1.5米。长城自此小段止

点拐向东南直行。

第五小段：起点海拔 667 米，止点海拔 670 米。此小段长城长 491.4 米，保存较好。墙体内侧部分倒塌，墙体上部宽 2.5 米。墙体顶部距外侧地表最高 2.3 米，距内侧地表最高 1.5 米。长城自此小段止点下折并拐向南。

第六小段：起点海拔 670 米，止点海拔 647 米。此小段长城长 56.74 米，保存较好。墙体上部宽 1.8 米。马道保存较好，用平整石板铺成，宽 1 米。垛口上部倒塌，仅存部分基础，厚 0.8、残高 0.25 米。墙体顶部距外侧地表最高 2 米，距内侧地表最高 1.9 米。长城自此小段止点拐向南并下折。

第七小段：起点海拔 647 米，止点海拔 615 米。此小段长城长 373.27 米，保存一般。墙体内侧部分倒塌，为方便出入，此小段长城墙体被扒开一个 2 米的豁口。墙体上部宽 2.25 米。马道保存完整，用不规则石板平铺而成，宽 1.5 米。垛口上部倒塌，仅存基础，厚 0.75、高 0.5 米。墙体顶部距外侧地表最高 3 米，距内侧地表最高 2 米。长城自此小段止点拐向东南并下折。

第八小段：起点海拔 615 米，止点海拔 609 米。此小段长城长 49.85 米，保存较好。垛口上部倒塌，仅存基础，厚 0.75、高 0.5 米。马道为修整过的石板平铺而成，宽 1.5 米。墙体顶部距外侧地表最高 3 米，距内侧地表最高 2 米。长城自此小段止点拐向南并下折。

第九小段：起点海拔 609 米，止点海拔 591 米。此小段长城长 129.35 米，保存较好。墙体内侧部分倒塌，墙体上部宽 2.2 米。墙体顶部距外侧地表最高 2.7 米，距内侧地表最高 1.5 米。长城自此小段止点拐向西南并下折。此小段长城止点为前干涧长城 5 号敌台西北角。

此段长城墙体整体保存较好，地处山脊，较陡峭，外侧坡度较大，内侧为缓坡。部分墙体坍塌严重，主要原因是垒砌不够牢固，自然塌落所致；季节性地表径流冲刷部分墙体基础，对墙体构成严重的安全隐患。此段长城第七小段被扒开一个 2 米宽的豁口，人为因素破坏痕迹明显。

此段长城墙体上自东向西分布前干涧长城 1 号、2 号火池，墙体内侧自东向西分布前干涧长城 1～3 号居住址。

前干涧长城 8 段（总第 164 段，编码 120225382102170164）

此段长城墙体类别为石墙，自天津市蓟县下营镇前干涧村西南 0.1 千米、前干涧长城 5 号敌台西北角（高程 591 米）起，沿山势而建，至蓟县下营镇前干涧村西南 0.2 千米、前干涧长城 9 段山险墙起点（高程 504 米）截止，长 304.82 米，东北—西南走向。（彩图五二六）

此段长城墙体用石块干垒而成，从部分墙体断面观察，垒砌方法与其他段长城墙体基本相同，墙体内外两侧用大石块垒砌两道外侧边，中间用小石块和碎石片、土填充，形成完整墙体。墙体剖面呈梯形，上窄下宽，有收分。此段长城墙体内侧分布前干涧长城 3 号火池、前干涧长城 4 号居住址。

此段长城墙体整体保存一般，其中保存较好的墙体长 42.29 米，保存一般的墙体长 262.53 米。

按照《长城资源调查工作手册》的技术要求，根据墙体的保存状况、拐折点分布情况，此段长城又分细为 3 小段，分述如下。

第一小段：起点海拔 591 米，止点海拔 512 米。此小段长城长 151.35 米，保存一般。墙体从前干涧长城 5 号敌台西北角绕过向西下折。内、外侧大部分倒塌。墙体上部宽 2.2 米，垛口、马道倒塌，形态不详，尺寸无法测量。墙体顶部距内侧地表最高 0.7 米，距外侧地表最高 1.4 米。长城由此小段止点拐向西并上折。

第二小段：起点海拔 512 米，止点海拔 521 米。此小段长城长 42.29 米，保存较好。墙体上部宽 2.1 米，保存较好的垛口基础与马道。垛口基础厚 0.6、残高 0.3 米；马道用平整的石板平铺而成，宽 1.5 米。墙体顶部距外侧地表最高 2 米，距内侧地表最高 1.5 米。长城由此小段止点拐向西南并下折。

第三小段：起点海拔 521 米，止点海拔 504 米。此小段长城长 111.18 米，保存一般。墙体内、外侧部分倒塌。墙体上部宽 2 米，垛口倒塌，形态及尺寸不详。墙体顶部距外侧地表最高 1.2 米，距内侧地表最高 0.7 米。长城由此小段止点拐向南并下折。

此段长城地处山脊，地势较陡峭，墙体内侧为陡坡，外侧为悬崖，长有野草、荆条、树木等植被。墙体倒塌主要因为垒砌不够牢固，自然塌落所致；季节性地表径流冲刷墙体部分基础，对墙体构成严重的威胁。部分墙体石块有拆移的迹象，人为因素破坏明显。

前干涧长城 9 段（总第 165 段，编码 120225382105170165）

此段长城墙体类别为山险墙，自天津市蓟县下营镇前干涧村西南 0.2 千米、前干涧长城 8 段石墙止点（高程 504 米）起，顺山势，至蓟县前干涧村西南 0.2 千米、前干涧长城 10 段石墙起点（高程 506 米）截止，长 94.11 米，北—南走向。（彩图五二七）

此段山险墙位于前干涧西北部一处山脊上，保存较好，有明显人工痕迹，大部分将岩石削成垂直的壁面，形成劈山墙。部分地段在劈山墙上部再垒砌少量石块，形成低矮干垒的石墙，大部分保存较差。山险墙外侧为悬崖，内侧为陡坡，长有荆条等灌木。

由于近几年封山育林，山险墙上部及两侧生长许多高大树木，加之一些剧烈的地质灾害影响，部分墙体石块滚落或被雨水冲走。此段山险墙地势陡峭，人迹罕至，未发现人为因素破坏的痕迹。

前干涧长城 10 段（总第 166 段，编码 120225382102170166）

此段长城墙体类别为石墙，自天津市蓟县下营镇前干涧村西南 0.2 千米、前干涧长城 9 段山险墙止点（高程 506 米）起，沿山脊修建，至蓟县下营镇前干涧村西南 0.3 千米、前干涧长城 6 号敌台北侧（高程 486 米）截止，长 145.95 米，东北—西南走向。（彩图五二八）

此段长城基础经过加工，墙体用石块干垒而成，垒砌方法与其他段长城墙体基本相同，用大石块垒砌两道墙体外侧边，中间用小石块和碎石片、土填充。

此段长城墙体整体保存较好，其中保存较好的墙体长 98.31 米，保存一般的墙体长 47.64 米。大部分墙体保存垛口基础和马道，部分墙体内、外侧倒塌，垛口与马道分辨不清。

按照《长城资源调查工作手册》的技术要求，根据墙体的保存状况、拐折点分布情况，此段长城墙体又细分为 2 小段，分述如下。

第一小段：起点海拔 506 米，止点海拔 487 米。此小段长城长 98.31 米，保存较好。墙体上部宽 1.8 米，垛口上部倒塌，仅存基础，厚 0.7、残高 0.3 米；马道宽 1.1 米。墙体顶部距外侧地表最高 2.3 米，距内侧地表最高 0.3 米。长城自此小段止点拐向西南并下折。

第二小段：起点海拔 487 米，止点海拔 486 米。此小段长城长 47.64 米，保存一般。墙体内、外侧部分倒塌，墙体上部宽 1.8 米，垛口厚 0.7 米，马道宽 1.1 米。墙体顶部距外侧地表最高 2 米，距内侧地表最高 1.2 米。长城自此小段止点拐向西并下折。

此段长城位于山脊上，地势较陡峭，内侧为缓坡，外侧为陡坡。墙体倒塌主要因为垒砌不够牢固，自然塌落所致；季节性地表径流对墙体部分基础造成冲刷；生长于墙体上的杂草、灌木等植被，对长城墙体构成严重的安全隐患。部分墙体石块被拆除或移位，游人攀登、踩踏、乱刻乱画，成为破坏长城墙体最直接不容忽视的因素。

前干涧长城 11 段（总第 167 段，编码 120225382102170167）

此段长城墙体类别为石墙，自天津市蓟县下营镇前干涧村西南 0.3 千米、前干涧长城 6 号敌台北侧（高程 486 米）起，沿山脊修建，至蓟县下营镇前干涧村西南 0.5 千米、小口子公路边（高程 370 米）截止，长 234.99 米，东北—西南走向。（彩图五二九）

此段长城基础经过加工，墙体用石块干垒而成，垒砌方法与其他段长城墙体基本相同，墙体较前段长城宽至 2.3 米，石块之间用三合土勾缝。

此段长城墙体除中间一部分保存一般外，大部分保存差，其中保存一般的墙体长 35.59 米，保存差的墙体长 199.4 米。墙体内、外侧坍塌，仅存基础，部分墙体高与宽无法测量。

按照《长城资源调查工作手册》的技术要求，根据墙体的保存状况、拐折点分布情况，此段长城墙体又细分为 3 小段，分述如下。

第一小段：起点海拔 486 米，止点海拔 418 米。此小段长城长 120.7 米，保存差。前干涧长城 6 号敌台西北角压在墙体上。墙体内、外侧坍塌，仅存基础，上部宽度不详。垛口、马道倒塌，形态不详，尺寸无法测量。墙体顶部距内侧地表最高 0.3 米，外侧高度不详。长城自此小段止点拐向西并下折。

第二小段：起点海拔 418 米，止点海拔 403 米。此小段长城长 35.59 米，保存一般。墙体内侧每间隔一段即有部分墙体倒塌。墙体上部宽 2.3 米。垛口上部全部倒塌，仅存基础，厚 0.9 米。马道宽 1.4 米。墙体顶部距外侧地表最高 1.7 米，距内侧地表最高 1.1 米。长城自此小段止点拐向西并下折。

第三小段：起点海拔 403 米，止点海拔 370 米。此小段长城长 78.7 米，保存差。墙体内、外侧坍塌，仅存基础，部分墙体倒塌形成石块堆积，基本与地表同高。垛口、马道倒塌，形态不详，尺寸无法测量。墙体高、宽分辨不清，无法测量。此段长城北距前干涧长城二道边 2 段约 41 米。长城自此小段止点拐向西并下折。

此段长城位于前干涧东北部山脊，依山势而建，地势较陡峭，内侧为缓坡，外侧为陡坡，长有橡树、荆棘等植被。此段长城墙体损毁的自然因素主要是基础垒砌不牢、强烈的地质灾害、季节性地表径流冲刷以及高大植物根系破坏。人为因素包括人为拆除或移位、游人攀登、踩踏、乱刻乱画等。

前干涧长城 12 段（总第 168 段，编码 120225382106170168）

此段长城墙体类别为山险，自天津市蓟县下营镇前干涧村西南 0.5 千米、小口子公路边（高程 370 米）起，顺山势，至蓟县下营镇前干涧村西南 0.6 千米、前干涧长城 13 段石墙起点（高程 404 米）截止，长 83.05 米，东北—西南走向。（彩图五三〇）

山险位于小口子公路西侧山脊，两山对峙，险峻陡峭，完全利用险要地势作为阻挡敌人的天然屏障，未经过加工。内侧为陡坡，外侧为悬崖峭壁，基本保持险要陡峭的原貌。

由于近几年封山育林，山险两侧生长许多高大树木，加之一些剧烈的地质灾害影响，部分山险石块滚落或被雨水冲走，对山险外观形成一定影响。此段山险人迹罕至，人类难以攀爬，未发现人为因素破坏痕迹。

前干涧长城 13 段（总第 169 段，编码 120225382102170169）

此段长城墙体类别为石墙，自天津市蓟县下营镇前干涧村西南 0.6 千米、前干涧长城 12 段山险止点（高程 404 米）起，顺山势，至蓟县下营镇前干涧村西南 0.8 千米、前干涧长城 7 号敌台东北角（高程 503 米）截止，长 301.58 米，东—西走向。（彩图五三一）

此段长城基础经过加工，墙体用石块干垒而成，垒砌方法与其他段长城墙体基本相同。墙体剖面呈梯形，上窄下宽，有收分。

此段长城墙体除少部分保存较好外，大部分保存较差，其中保存较好的墙体长 33.23 米，保存较差的墙体长 268.35 米。墙体倒塌较严重，碎石散落，垛口与马道分辨不清。按照《长城资源调查工作手册》的技术要求，根据墙体的保存状况、拐折点分布情况，此段长城又细分为 3 小段，分述如下。

第一小段：起点海拔 404 米，止点海拔 461 米。此小段长城长 153.58 米，保存较差。大部分墙体倒塌严重，垛口、马道不复存在，墙体宽度无法测量。墙体顶部距内侧地表高 1 米，距外侧地表高不详。长城自此小段止点拐向西并上折。

第二小段：起点海拔 461 米，止点海拔 472 米。此小段长城长 33.23 米，保存较好。墙体上部宽 1.8 米。马道为石板平铺而成，宽 1.2 米。垛口保存基础，厚 0.6、残高 0.4 米。墙体顶部距内侧地表最高 2 米，距外侧地表最高 3.4 米。长城自此小段止点拐向西并上折。

第三小段：起点海拔 472 米，止点海拔 503 米。此小段长城长 114.77 米，保存较差。墙体大部分向内侧倒塌，墙体宽 1.8 米，垛口、马道大部分塌落，形态、尺寸不详。墙体顶部距内、外侧地表最高 2.2 米。

垒砌不牢固、地质灾害是墙体大部分倒塌的主要原因；季节性河流对墙体基础造成冲刷，植物根系对墙体构成新的安全隐患。部分墙体石块被拆除、移位等现象突出，人为因素破坏痕迹明显。

前干涧长城 14 段（总第 170 段，编码 120225382102170170）

此段长城墙体类别为石墙，自天津市蓟县下营镇前干涧村西南 0.8 千米、前干涧长城 7 号敌台东北角（高程 503 米）起，顺山势，至蓟县下营镇前干涧村西南 1.1 千米、前干涧长城 8 号敌台东北角（高程 563 米）截止，长 370.4 米，东南—西北走向。（彩图五三二、五三三）

基础经过铲平、修整，墙体用石块干垒而成，垒砌方法与其他段长城墙体基本相同。

此段长城墙体整体保存较差，其中保存较好的墙体长 37.91 米，保存一般的墙体长 162.98 米，保存较差的墙体长 169.51 米，大部分墙体向内侧倒塌，小部分墙体保存尚可，保存垛口基础和马道。墙体外侧有前干涧长城 6 号居住址。

按照《长城资源调查工作手册》的技术要求，根据墙体的保存状况、拐折点分布情况，此段长城又细分为 7 小段，分述如下。

第一小段：起点海拔 503 米，止点海拔 508 米。此小段长城长 40.96 米，保存较差。部分墙体向内侧倒塌。墙体上部宽 1.6 米，垛口、马道大部分倒塌，形态、尺寸不详。墙体顶部距外侧地表最高 3 米，距内侧地表最高 2.5 米。长城自此小段止点拐向西北并下折。

第二小段：起点海拔 508 米，止点海拔 504 米。此小段长城长 15.43 米，保存较差，墙体向内侧倒塌。墙体石块散落，上部宽度无法测量。墙体顶部距外侧地表最高 1.5 米。长城自此小段止点拐向西北并上折。

第三小段：起点海拔 504 米，止点海拔 508 米。此小段长城长 19.32 米，保存较差。墙体上部宽 1.5 米，部分墙体保留垛口基础，厚 0.6、残高 0.3 米。马道宽 0.9 米。墙体顶部距内、外侧地表最高 2.5 米。长城自此小段止点拐向西北并上折。

第四小段：起点海拔 508 米，止点海拔 522 米。此小段长城长 37.91 米，保存较好。墙体上部宽 1.4 米，垛口上部倒塌，部分保存基础，厚 0.5、残高 0.5 米。马道为石板平铺，宽 0.9 米。墙体顶部距外侧地表最高 2.4 米，距内侧地表最高 2.1 米。长城自此小段止点拐向西北并上折。

第五小段：起点海拔 522 米，止点海拔 530 米。此小段长城长 61.81 米，保存一般。部分墙体倒塌。长城自此小段止点拐向西并上折。

第六小段：起点海拔 530 米，止点海拔 535 米。此小段长城长 93.8 米，保存较差。墙体向内、外侧倒塌，上部宽度无法测量，垛口残失，形态不详，马道倒塌严重，尺寸无法测量。长城自此小段止点拐向西并上折。

第七小段：起点海拔 535 米，止点海拔 563 米。此小段长城长 101.17 米，保存一般。部分墙体向内侧倒塌。墙体上部宽 1.4 米，保存部分垛口基础，厚 0.6、残高 0.4 米。马道用修整过的石板平铺而成，宽 0.8 米。墙体顶部距外侧地表最高 2 米，距内侧地表最高 0.5 米。

此段长城位于前干涧东北部山脊上，依山势而建。地势较陡峭，内侧为缓坡，外侧为陡坡，长有橡树、荆棘等植被。此段长城墙体损毁的自然因素主要是基础不牢、剧烈的地质灾害、季节性地表径流冲刷以及高大植物根系破坏。人为因素主要为拆除或移位墙体石块。

前干涧长城 15 段（总第 171 段，编码 120225382102170171）

此段长城墙体类别为石墙，自天津市蓟县下营镇前干涧村西南 1.1 千米、前干涧长城 8 号敌台东北角（高程 563 米）起，顺山势，至蓟县下营镇前干涧村西南 1.6 千米、前干涧长城 11 号敌台东侧（高程 644 米）截止，长 818.13 米，东南—西北走向。（彩图五三四、五三五）

长城地处山脊，地势较陡峭，内侧为缓坡，外侧为陡坡。墙体用石块干垒而成，垒砌方法与其他段长城墙体基本相同，用大石块垒砌两道墙体外侧边，中间用小石块和碎石片、土填充，形成完整墙体。墙体剖面呈梯形，上窄下宽，有收分。

此段长城基础多经过修整，墙体整体保存较好，大部分墙体马道与垛口清晰可辨，约三分之一墙体保存差，倒塌严重，碎石散落，马道与垛口分辨不清，部分墙体仅存基础。其中保存较好的墙体长 305.28 米，保存一般的墙体长 230.68 米，保存较差的墙体长 70.38 米，保存差的墙体长 211.79 米。

按照《长城资源调查工作手册》的技术要求，根据墙体的保存状况、拐折点分布情况，此段长城又细分为 10 小段，分述如下。

第一小段：起点海拔 563 米，止点海拔 536 米。此小段长城长 70.38 米，保存较差。墙体大部分向外侧倒塌。墙体上部宽 1.4 米，垛口、马道倒塌，形态不详，尺寸无法测量。墙体顶部距内、外侧地表最高 2.4 米。长城自此小段止点拐向西北直行。

第二小段：起点海拔 536 米，止点海拔 527 米。此小段长城长 79.12 米，保存一般。墙体上部宽 1.5 米，垛口全部倒塌，形态、尺寸不详。墙体顶部距外侧地表最高 2.4 米，距内侧地表最高 1.6 米。长城自此小段止点拐向西北直行。

第三小段：起点海拔 527 米，止点海拔 528 米。此小段长城长 17.03 米，保存一般。部分墙体向外侧倒塌。墙体顶部距外侧地表最高 2.5 米，距内侧地表最高 2 米。长城自此小段止点拐向西北并下折。

第四小段：起点海拔 528 米，止点海拔 511 米。此小段长城长 38.22 米，保存一般。部分墙体向外侧倒塌，折点处南北两侧各有一条下山小路。墙体顶部距内侧地表最高 0.5 米，外侧高度无法测量。长城自此小段止点拐向西并上折。

第五小段：起点海拔 511 米，止点海拔 544 米。此小段长城长 78.96 米，保存较好。墙体上部宽 1.2 米，顶部距外侧地表最高 2.6 米，距内侧地表最高 2.3 米。长城自此小段止点拐向西并上折。

第六小段：起点海拔 544 米，止点拔 581 米。此小段长城长 189.86 米，保存较好。墙体上部宽 1.6 米，顶部距外侧地表最高 1.9 米，距内侧地表最高 1.5 米。长城自此小段止点拐向西并上折。

第七小段：起点海拔 581 米，止点海拔 621 米。此小段长城长 96.31 米，保存一般。墙体向内、外侧倒塌，顶部距内侧地表最高 1 米，外侧高度无法测量。长城自此小段止点拐向西南并下折。

第八小段：起点海拔 621 米，止点海拔 612 米。此小段长城长 53.65 米，保存差。墙体倒塌，仅存基础，顶部距内、外侧地表高度无法测量。垛口、马道倒塌，形态不详，尺寸无法测量。长城自此小段止点拐向西南并上折。

第九小段：起点海拔 612 米，止点海拔 629 米。此小段长城长 158.14 米，保存差。墙体大部分倒塌，马道与垛口分辨不清。墙体外侧残高 1.2 米。长城自此小段止点拐向西并上折。

第十小段：起点海拔 629 米，止点海拔 644 米。此小段长城长 36.46 米，保存较好。墙体剖面呈梯形，上部宽 2.1 米，下部宽 2.7 米，收分 0.6 米。马道保存较好，为修整后的石板平铺而成，宽 1.5 米。垛口上部残失，仅存基础，厚 0.6、残高 0.6 米。墙体顶部距外侧地表高 3.2~3.5 米，距内侧地表高 1.8~2.5 米。

此段长城墙体东南与前干涧长城 8 号敌台东北角相连，西与前干涧长城 11 号敌台相接，内侧有前干涧长城 8 号居住址。

垒砌不牢固、地质灾害是墙体大部分倒塌的主要原因；季节性地表径流对墙体基础造成冲刷；植物根系的破坏，对墙体构成新的安全隐患。部分墙体石块被拆除、移位等现象突出，人为因素破坏痕迹明显。

前干涧长城 16 段（总第 172 段，编码 120225382102170172）

此段长城墙体类别为石墙，自天津市蓟县下营镇前干涧村西南 1.6 千米、前干涧长城 11 号敌台东侧（高程 644 米）起，顺山势，至蓟县下营镇前干涧村西南 1.6 千米、前干涧长城 12 号敌台东北角（高程 584 米）截止，长 475.09 米，东北—西南走向。（彩图五三六、五三七）

此段长城为人工基础，墙体用石块干垒而成，垒砌方法与其他段长城墙体相似。地处山脊，地势较陡峭，内侧为缓坡，外侧为陡坡。墙体内侧有一条游览小路，走向与墙体平行。

此段长城墙体除部分保存较差外，大部分保存较好。墙体马道较宽，人为与自然因素破坏痕迹较少，马道与垛口清晰可辨。其中保存较好的墙体长 383.35 米，保存一般的墙体长 44.26 米，保存较差的墙体长 47.48 米。

按照《长城资源调查工作手册》的技术要求，根据墙体的保存状况、拐折点分布情况，此段长城墙体又分细为 7 小段，分述如下。

第一小段：起点海拔 644 米，止点海拔 637 米。此小段长城长 68.06 米，保存较好。墙体上部宽 3.1 米。马道保存较好，宽 2.4 米，为加工平整的石板平铺而成，石板间用三合灰勾缝，宽 2.4 米。垛口上部倒塌，仅存基础，厚 0.7、残高 0.4 米。墙体顶部距外侧地表最高 3.8 米，距内侧地表最高 3.1 米。长城自此小段止点拐向西南并下折。

第二小段：起点海拔 637 米，止点海拔 631 米。此小段长城长 34.32 米，保存较好。墙体上部宽 2.7 米，保存马道和垛口基础，马道宽 2 米，垛口基础厚 0.7 米。墙体顶部距外侧地表最高 3.1 米，距内侧地表最高 2.5 米。长城自此小段止点拐向西南并下折。

第三小段：起点海拔 631 米，止点海拔 606 米。此小段长城长 44.26 米，保存一般。有 15 米墙体倒塌严重，墙体上部宽 2.4 米。垛口全部倒塌，形态、尺寸不详。保存马道，宽 1.7 米。墙体顶部距内、外侧地表最高 3.5 米。长城自此小段止点拐向西南直行。

第四小段：起点海拔 606 米，止点海拔 600 米。此小段长城长 47.65 米，保存较好。墙体上部宽 2.8 米，顶部距外侧地表最高 2.8 米，距内侧地表最高 2.7 米。长城自此小段止点拐向西南并下折。

第五小段：起点海拔 600 米，止点海拔 581 米。此小段长城长 63.58 米，保存较好。墙体上部宽 2.8 米。马道和垛口清晰可见，马道用石板平铺而成，宽 2.2 米；垛口仅存基础，厚 0.6、残高 0.3 米，上部形态不详。墙体顶部距外侧地表最高 3 米，距内侧地表最高 2.7 米。长城自此小段止点拐向西南并上折。

第六小段：起点海拔 581 米，止点海拔 590 米。此小段长城长 47.48 米，保存较差。墙体大部分向外侧倒塌。墙体上部宽度无法测量。垛口全部倒塌，形态、尺寸不详。马道仅存一部分，宽度不详。墙体顶部距内侧地表最高 2.2 米。长城自此小段止点拐向西直行。

第七小段：起点海拔 590 米，止点海拔 584 米。此小段长城长 169.74 米，保存较好。墙体上部宽 2.7 米。马道保存较好，用平整的石板平铺而成，石板之间用三合灰勾缝，宽 1.9 米。垛口上部残失，仅存基础，厚 0.8 米。墙体顶部距外侧地表最高 3.3 米，距内侧地表最高 3.4 米。

此段长城墙体东北与前干涧长城 11 号敌台相连，西南与前干涧长城 12 号敌台相接。墙体上分布前干涧长城 6、7 号火池，墙体内侧有前干涧长城 9 号居住址。

此段长城墙体损毁的自然因素主要是基础不牢、剧烈的地质灾害、季节性地表径流冲刷以及高大植物根系破坏。人为因素包括人为拆除或移位、游人攀登、踩踏、乱刻乱画等。

前干涧长城 17 段（总第 173 段，编码 120225382102170173）

此段长城墙体类别为石墙，自天津市蓟县下营镇前干涧村西南 1.6 千米、前干涧长城 12 号敌台东北角（高程 584 米）起，至蓟县下营镇前干涧村西南 1.7 千米、前干涧长城 13 号敌台西侧（高程 625 米）截止，长 155.79 米，东一西走向。（彩图五三八）

此段长城地处山脊，地势较陡峭，内侧为缓坡，外侧为陡坡。墙体基础经过削平、漫坡等处理。墙体用石块干垒而成，从部分墙体断面观察，垒砌方法与其他段长城墙体基本相同。

此段长城墙体坍塌严重，保存差，大部分向外侧倒塌，马道与垛口分辨不清，碎石散落。墙体东与前干涧长城 12 号敌台相连，西与前干涧长城 13 号敌台相接。

按照《长城资源调查工作手册》的技术要求，根据墙体拐折点分布情况，此段长城又细分为 2 小段，分述如下。

第一小段：起点海拔 584 米，止点海拔 605 米。此小段长城长 73.87 米，保存差。墙体向外侧倒塌，宽度、高度无法测量。垛口、马道倒塌，形态不详，尺寸无法测量。长城自此小段止点拐向西并上折。

第二小段：起点海拔 605 米，止点海拔 625 米。此小段长城长 81.92 米，保存差。墙体坍塌严重，形成一条形石块堆积，宽度、高度无法测量。马道与垛口分辨不清，形态、尺寸不详。

垒砌不牢固、地质灾害是墙体大部分倒塌的主要原因；季节性地表径流对墙体基础造成冲刷，植物根系破坏，对墙体构成新的安全隐患。部分墙体石块被拆除、移位等现象突出，人为因素破坏痕迹明显。

前干涧长城 18 段（总第 174 段，编码 120225382102170174）

此段长城墙体类别为石墙，自天津市蓟县下营镇前干涧村西南 1.7 千米、前干涧长城 13 号敌台西侧（高程 625 米）起，顺山势，至蓟县下营镇前干涧村西南 1.8 千米、前干涧长城 14 号敌台东北角（高程 641 米）截止，长 297.64 米，东北一西南走向。（彩图五三九）

此段长城地处山脊，地势较陡峭，内侧为缓坡，外侧为陡坡。长城墙体外侧与前干涧长城二道边 2 段平行，内侧有一条游览小路。

长城墙体为人工基础，大部分基础经过铲平。墙体用石块干垒而成，从部分墙体断面观察，垒砌方法与其他段长城墙体基本相同。

此段长城墙体整体保存一般，垛口与马道分辨不清，形态、尺寸不详。东北与前干涧长城 13 号敌台西侧相连，西南与前干涧长城 14 号敌台东北角相接。

按照《长城资源调查工作手册》的技术要求，根据墙体拐折点分布情况，此段长城又细分为 3 小段，分述如下。

第一小段：起点海拔 625 米，止点海拔 612 米。此小段长城长 61.27 米，保存一般。墙体上部宽 1.5 米，顶部距外侧地表最高 3.3，距内侧地表最高 3 米。长城自此小段止点拐向西并上折。

第二小段：起点海拔 612 米，止点海拔 620 米。此小段长城长 57.41 米，保存一般。墙体顶部距外侧地表最高 0.6 米，距内侧地表最高 2.5 米。长城自此小段止点拐向西并上折。

第三小段：起点海拔 620 米，止点海拔 641 米。此小段长城长 178.96 米，保存一般。止点为京津冀三省市界碑处。

此段长城墙体损毁的自然因素主要是基础不牢、强烈的地质灾害、季节性地表径流冲刷以及高大植物根系破坏。人为因素包括人为拆除或移位，游人攀登、踩踏、乱刻乱画等。

前干涧长城二道边 1 段 （总第 175 段，编码 1202253821 02170175）

此段长城二道边墙体类别为石墙，自天津市蓟县下营镇前干涧村西南 1.1 千米、前干涧长城 6 号敌台西北（高程 450 米）起，顺山势，至蓟县下营镇前干涧村西南 1.25 千米小口子峡谷、前干涧长城 12 段山险起点（高程 383 米）截止，长 200.97 米，东—西走向。（彩图五四〇）

此段长城二道边位于山脊，地势较陡峭，外侧为陡坡，内侧为缓坡，距长城主线墙体约 41 米，走向基本平行。墙体内外两侧长有树木、荆条等植被。墙体用石块干垒而成，从部分墙体断面观察，垒砌方法与其他段长城墙体基本相同，用大石块垒砌两道墙体外侧边，中间用小石块和碎石片、土填充，形成完整墙体，石块之间用三合土勾缝，上窄下宽，有收分。部分墙体基础经过铲平，呈缓坡状或阶梯状（实践证明基础经过加工的长城墙体更牢固）。

此段长城二道边墙体整体保存较好。东部和西部保存较完整；中部墙体外侧倒塌严重，内侧紧靠山体，大部分与地表同高，少部分略高于地表。其中保存较好的墙体长 109.18 米，保存一般的墙体长 30.07 米，保存较差的墙体长 61.72 米。

按照《长城资源调查工作手册》的技术要求，根据墙体的保存状况、拐折点分布情况，此段长城二道边又细分为 4 小段，分述如下。

第一小段：起点海拔 450 米，止点海拔 440 米。此小段长城二道边长 30.07 米，保存一般。墙体部分倒塌，上部宽 1 米。垛口全部倒塌，形态、尺寸不详。马道为石板平铺而成，宽度不详。墙体顶部距外侧地表最高 4.2 米，内侧与地表同高。长城二道边自此小段止点拐向西并下折。

第二小段：起点海拔 440 米，止点海拔 427 米。此小段长城二道边长 61.72 米，保存较差。墙体外侧坍塌，仅存基础，垛口、马道倒塌，形态不详，尺寸无法测量。长城二道边自此小段止点拐向西南并下折。

第三小段：起点海拔 427 米，止点海拔 419 米。此小段长城二道边长 29.8 米，保存较好。墙体顶部距外侧地表最高 6 米，宽 1 米，距内侧地表最高 2 米。长城二道边自此小段止点拐向西并下折。

第四小段：起点海拔 419 米，止点海拔 383 米。此小段长城二道边长 79.38 米，保存较好。墙体上部宽 1.8 米，顶部距外侧地表最高 4.5 米，内侧与地面同高。

墙体倒塌主要因为垒砌不够牢固，自然塌落所致。季节性地表径流对墙体部分基础造成冲刷，对墙体构成严重的安全隐患。部分墙体上的石块被搬动，人为因素破坏痕迹明显。

前干涧长城二道边 2 段 （总第 176 段，编码 1202253821 02170176）

此段长城二道边墙体类别为石墙，自天津市蓟县下营镇前干涧村西南 0.2 千米、东距小口子公路约 70 米（高程 414 米）起，顺山势，基本与长城主线平行，至蓟县下营镇前干涧村西南 1.8 千米、京津冀三省市界碑处（高程 635 米）截止，长 2610.5 米，东北—西南走向。（图一九一；彩图五四一、五四二）

此段长城二道边墙体位于前干涧东北山脊、长城主线外侧约 10 米的半山腰上。地势险峻，内侧为缓坡，外侧为陡坡，部分地段为悬崖峭壁，长满荆条等灌木及乔木等植被。

此段长城二道边基础均经过铲平、削坡等加工。墙体用石块干垒而成，垒砌方法与其他段长城墙

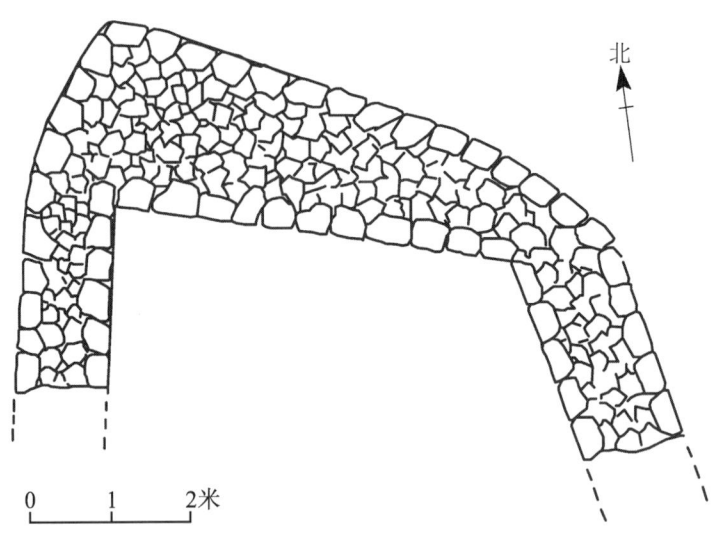

图一九一　前干涧长城二道边 2 段墙体平面图

体基本相同。剖面呈梯形，上窄下宽，有收分。

　　墙体整体保存较好，由石墙、山险、山险墙组成。部分墙体坍塌，消失，部分仅存基础。墙体上部宽 0.9～1.9 米，顶部距外侧地表最高 6 米，内侧大部分与地表同高。其中保存较好的墙体长 907.39 米，保存一般的墙体长 827.16 米，保存较差的墙体长 390.75 米，保存差的墙体长 278.11 米，消失的墙体长 207.09 米。

　　按照《长城资源调查工作手册》的技术要求，根据长城墙体保存状况及走势，此段长城二道边墙体又细分为 37 小段，分述如下。

　　第一小段：起点海拔 414 米，止点海拔 417 米。此小段长城二道边长 13.67 米，保存一般。部分墙体倒塌，上部宽 1.2 米，顶部距外侧地表最高 2.7 米。

　　第二小段：起点海拔 417 米，止点海拔 424 米。此小段长城二道边长 20 米，墙体消失，形态不详。

　　第三小段：起点海拔 424 米，止点海拔 428 米。此小段长城二道边长 22.83 米，保存一般。墙体顶部距外侧地表最高 3.7 米，内侧与地表同高。长城自此小段止点上折。

　　第四小段：起点海拔 428 米，止点海拔 454 米。此小段长城二道长 61.86 米，保存一般。墙体上部宽 1.9 米，顶部距外侧地表高 3.7 米，内侧与地表同高。

　　第五小段：起点海拔 454 米，止点海拔 463 米。此小段长城二道边长 25.6 米，保存一般。部分地段将自然岩石削成垂直作为墙体，上部垒砌少量石块。墙体上部宽 1.8 米，顶部距外侧地表最高 1.8 米。

　　第六小段：起点海拔 463 米，止点海拔 467 米。此小段长城二道边长 7.86 米，保存较好。墙体上部宽 1.8 米，顶部距外侧地表最高 3.2 米。

　　第七小段：起点海拔 467 米，止点海拔 466 米。此小段长城二道边长 5.77 米，保存较好。墙体上部宽 0.9 米，顶部距外侧地表最高 2 米，距内侧地表最高 0.8 米。

　　第八小段：起点海拔 466 米，止点海拔 467 米。此小段长城二道边长 23 米，保存一般。墙体上部宽 1 米，顶部距外侧地表最高 1.3 米。

第九小段：起点海拔 467 米，止点海拔 475 米。此小段长城二道边长 41.85 米，保存一般。墙体部分倒塌严重，上部宽 0.9 米，顶部距外侧地表最高 2.7 米，距内侧地表最高 0.7 米。

第十小段：起点海拔 475 米，止点海拔 487 米。此小段长城二道边长 86.52，保存较好。墙体中部有几处倒塌，形成豁口，范围不大。墙体上部宽 0.9 米，顶部距外侧地表最高 1.9 米。

第十一小段：起点海拔 487 米，止点海拔 497 米。此小段长城二道边长 48.7 米，保存一般。墙体多处倒塌，尤以中部为甚，有两处倒塌豁口。墙体顶部距外侧地表最高 3 米。

第十二小段：起点海拔 497 米，止点海拔 495 米。此小段长城二道边长 22.98 米，墙体石块全部消失，形态不详，定为消失段。

第十三小段：起点海拔 495 米，止点海拔 528 米。此小段长城二道边长 187.59 米，保存一般。部分墙体用岩石做基础，上面垒砌少量石块。墙体顶部距外侧地表最高 2.6 米。

第十四小段：起点海拔 528 米，止点海拔 528 米。此小段长城二道边长 5.65 米，保存较好。墙体垒砌为阶梯状，阶高 0.75～1.15 米。墙体上部宽 1.3 米，顶部距外侧地表最高 6 米，距内侧地表最高 1.1 米。

第十五小段：起点海拔 528 米，止点海拔 540 米。此小段长城二道边长 118.76 米。垒砌墙体的石块全部消失，墙体形态不详，定为消失段。

第十六小段：起点海拔 540 米，止点海拔 545 米。此小段长城二道边长 13.94 米，保存较好。墙体上部宽 1.5 米，顶部距外侧地表最高 3.6 米。南距长城主线墙体 10 米，与主线墙体基本平行。

第十七小段：起点海拔 545 米，止点海拔 554 米。此小段长城二道边长 45.35 米，垒砌墙体的石块全部消失，墙体形态不详，定为消失段。

第十八小段：起点海拔 554 米，止点海拔 522 米。此小段长城二道边长 134.77 米，保存一般。墙体大部分倒塌，尤以前半部分倒塌严重，宽度无法测量。顶部距外侧地表最高 2.6 米。

第十九小段：起点海拔 522 米，止点海拔 510 米。此小段长城二道边长 41.63 米，保存较差。墙体倒塌严重，宽度不可测量。墙体顶部距外侧地表最高 0.4 米。

第二十小段：起点海拔 510 米，止点海拔 537 米。此小段长城二道边长 84.19 米，保存较差。墙体外侧全部倒塌，宽度分辨不清，无法测量。墙体顶部距内侧地表最高 0.5 米。

第二十一小段：起点海拔 537 米，止点海拔 554 米。此小段长城二道边长 86.28 米，保存较好。此段墙体垒砌方式与其他段不同，随地势变化垒砌成台阶状，阶高 0.7～1.4 米。墙体上部宽 1.7 米，顶部距外侧地表最高 3.5 米，距内侧地表最高 0.8 米。

第二十二小段：起点海拔 554 米，止点海拔 557 米。此小段长城二道边长 29.15 米，保存差。墙体全部倒塌，形成一条形石块堆积，高度与宽度分辨不清。

第二十三小段：起点海拔 557 米，止点海拔 566 米。此小段长城二道边长 98.15 米，保存较好。墙体上部宽 1.8～2 米，顶部距外侧地表最高 4.6 米，距内侧地表最高 1 米。墙体中部部分倒塌，形成豁口，宽 5 米。墙体外侧有 2 个排水孔，形态一致，尺寸相同，高 0.3、宽 0.6 米，伸出墙体 0.3 米，（彩图五四三、五四四）一个距墙体外侧地表高 1.8 米，另一个距墙体外侧地表高 2.3 米，两者相距 25 米

第二十四小段：起点海拔 566 米，止点海拔 590 米。此小段长城二道边长 66.84 米，保存较好。墙体上部宽 1.5 米，顶部距外侧地表最高 3.40 米，距内侧地表最高 1.60 米。墙体中部有一人为扒开的豁口。

第二十五小段：起点海拔 590 米，止点海拔 614 米。此小段长城二道边长 70.1 米，保存差。墙体全部倒塌，高度、宽度无法测量。

第二十六小段：起点海拔 614 米，止点海拔 615 米。此小段长城二道边长 105 米，保存差。墙体全部倒塌，宽度、高度不详。

第二十七小段：起点海拔 615 米，止点海拔 611 米。此小段长城二道边长 52 米，保存较好。墙体顶部距外侧地表最高 6 米，内侧与地表同高。

第二十八小段：起点海拔 611 米，止点海拔 610 米。此小段长城二道边长 53.07 米，保存较好。

第二十九小段：起点海拔 610 米，止点海拔 637 米。此小段长城二道边长 67.53 米，保存一般。墙体上部宽 1.3 米，顶部距外侧地表最高 3.5 米，距内侧地表最高 0.75 米。

第三十小段：起点海拔 637 米，止点海拔 630 米。此小段长城二道边长 4.23 米，保存较好。墙体上部宽 1.3~2.2 米，顶部距外侧地表最高 4 米，距内侧地表最高 1.2 米。

第三十一小段：起点海拔 630 米，止点海拔 629 米。此小段长城二道边长 5.81 米，保存较好。墙体上部宽 1.1 米，顶部距外侧地表最高 4 米，距内侧地表最高 1.2 米。

第三十二小段：起点海拔 629 米，止点海拔 602 米。此小段长城二道边长 199.76 米，保存一般。部分墙体倒塌，上部宽 1.8 米，顶部距外侧地表最高 4.8 米。

第三十三小段：起点海拔 602 米，止点海拔 583 米。此小段长城二道边长 73.86 米，保存差。墙体全部倒塌，仅存基础。

第三十四小段：起点海拔 583 米，止点海拔 575 米。此小段长城二道边长 41.67 米，保存较好。墙体上部宽 1.8 米，顶部距外侧地表最高 4.8 米，距内侧地表最高 1.2 米。

第三十五小段：起点海拔 575 米，止点海拔 598 米。此小段长城二道边长 264.93 米，保存较差。墙体断断续续存在，大部分倒塌。

第三十六小段：起点海拔 598 米，止点海拔 639 米。此小段长城二道边长 369.64 米，保存较好。

第三十七小段：起点海拔 639 米，止点海拔 635 米。此小段长城二道边长 9.96 米，保存较好。墙体顶部距外侧地表最高 4.8 米，内侧与山体地表同高。

墙体倒塌主要因为垒砌不够牢固，自然塌落所致；季节性地表径流对部分墙体基础造成冲刷，对墙体构成严重的安全隐患。部分墙体被拆毁，石块消失，人为因素破坏痕迹明显。

（二）敌台

前干涧长城 1 号敌台（总第 72 号，编码 120225352101170072）

该敌台位于天津市蓟县下营镇前干涧村北 1.4 千米、前干涧长城 1 段山险内侧一处东南－西北走向的山梁上，东南、西北侧为陡坡，西南、东北侧相对较平缓，四面长满野草、树木等植被。

敌台为砖石质。平面呈正方形，边长 6.8、残存最高 7.8 米。剖面呈梯形，收分 0.4 米。方向为 50°。中心高程 666 米。（图一九二－1~4；彩图五四五、五四六）

此敌台自明代修建以来无任何修缮，保存较好，下部基础条石相对完整，上部包砖。敌台西南角破坏严重，西壁 2 箭窗只存一个，顶部部分倒塌，顶为南北向的两个半圆形券顶，券顶中间东西向平铺砖，其余部分为破坏后的不规则乱砖现象。首层保存较好，东壁设门，西壁设 2 窗，南、北各一个窗，地面砖平铺。

敌台西南角高 4.6、东南角高 7.5、东北角高 7.3、西北角高 7.3 米。块石基础高 4 米。

敌台基础用石条夹不规则的块石用三合灰黏结垒砌，条石基础上砌砖，四壁设 1 个门、4 个窗。东壁设门，位于中间，高出地表 4.6 米，门宽 0.75 米，高度不详，下铺一块石条，石条内有门轴石，

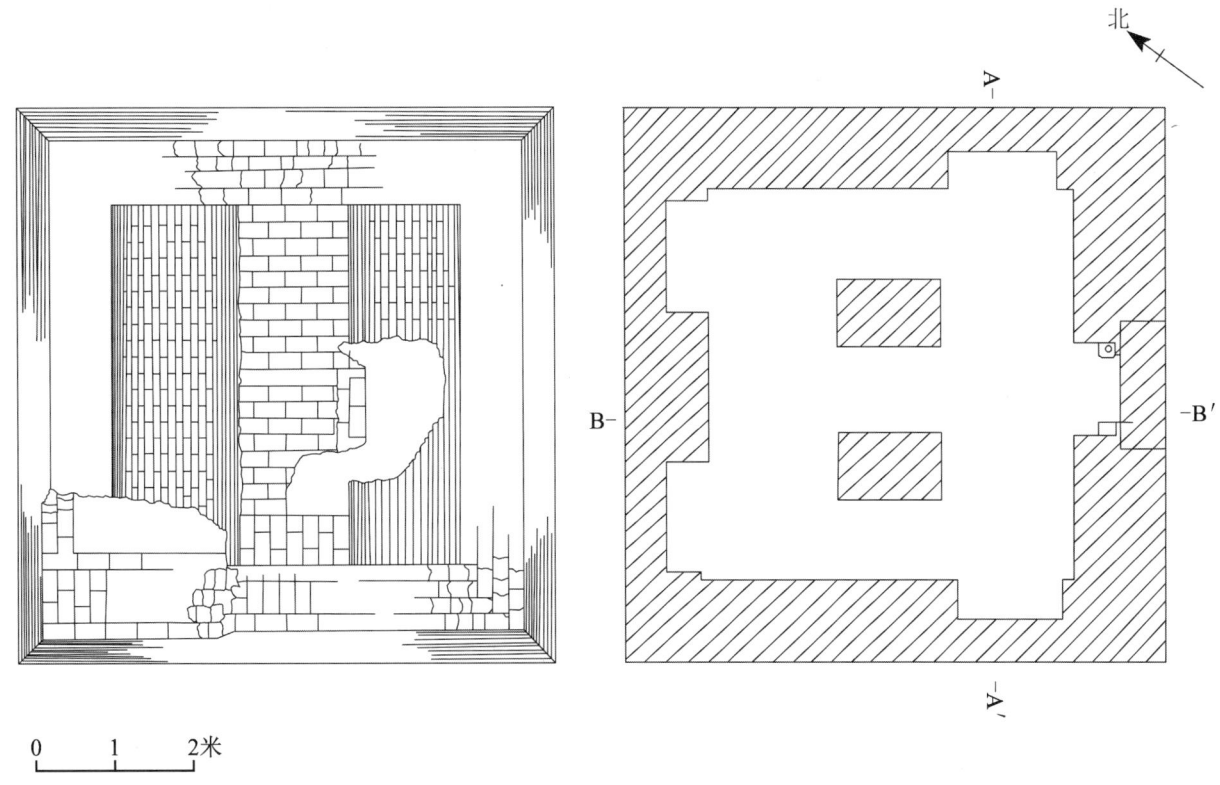

0　　1　　2米

图一九二 -1　前干涧长城 1 号敌台顶层、首层平面图

门不复存在，两侧砖墙上有门栓孔，直径约 0.15 米。西壁设 2 个窗，一个破坏；南、北壁各 1 个窗，高出地表 5.4 米，宽 0.5、高 0.95~1 米，半圆形券顶，一券一铺。包砖部分内空，中间用东西向 3 个半圆形券顶支撑，上面又用 2 个南北向的半圆形券封顶，现存两券。内部地面用砖平铺，顶部为南北向的两券顶，券顶中间平铺砖，其他部分为破坏后的乱砖，西南角破坏严重，东部券顶中间塌一部分，上部其他结构不详。青砖长 37~38、宽 18~19、厚 9 厘米。

该敌台东分布前干涧长城 1~4 号烟灶，距 1 号烟灶 15 米，西南距前干涧长城 2 号敌台约 0.6 千米，东北邻黄崖关长城 17 号敌台。

敌台西南角损坏较重，顶部部分倒塌，应该为人为损毁有关，东部倒塌有裂隙，可能与剧烈的地质灾害有关。

前干涧长城 2 号敌台（总第 73 号，编码 120225352101170073）

此敌台位于天津市蓟县下营镇前干涧村北 1.4 千米的一处山脊，北侧和南侧为山脊，东、西侧为陡坡，四面长满野草、树木等植被。

敌台为石质。平面呈近正方形，东西长 7、南北宽 6.9、高 4 米。剖面呈梯形，有收分。方向为 10°。中心高程 754 米。（图一九三；彩图五四七、五四八）

敌台自明代修建以来无任何修缮，敌台用大小不一的石块垒砌，石块之间用三合灰黏结。敌台北壁保存一般，残高 2.6 米，西半部仅上部略有坍塌，长 3.15 米，残高 0.75 米。东壁保存较好，高 4 米，因地势较低故用石块垒砌基础，基础高 0.75 米，找平后再垒砌墙体，实际东壁高 3.25 米。南壁和西壁保存较好，南壁高 2.8 米，西壁高 3.4 米。敌台顶部堆积一层碎石块和三合灰颗粒，厚 0.25

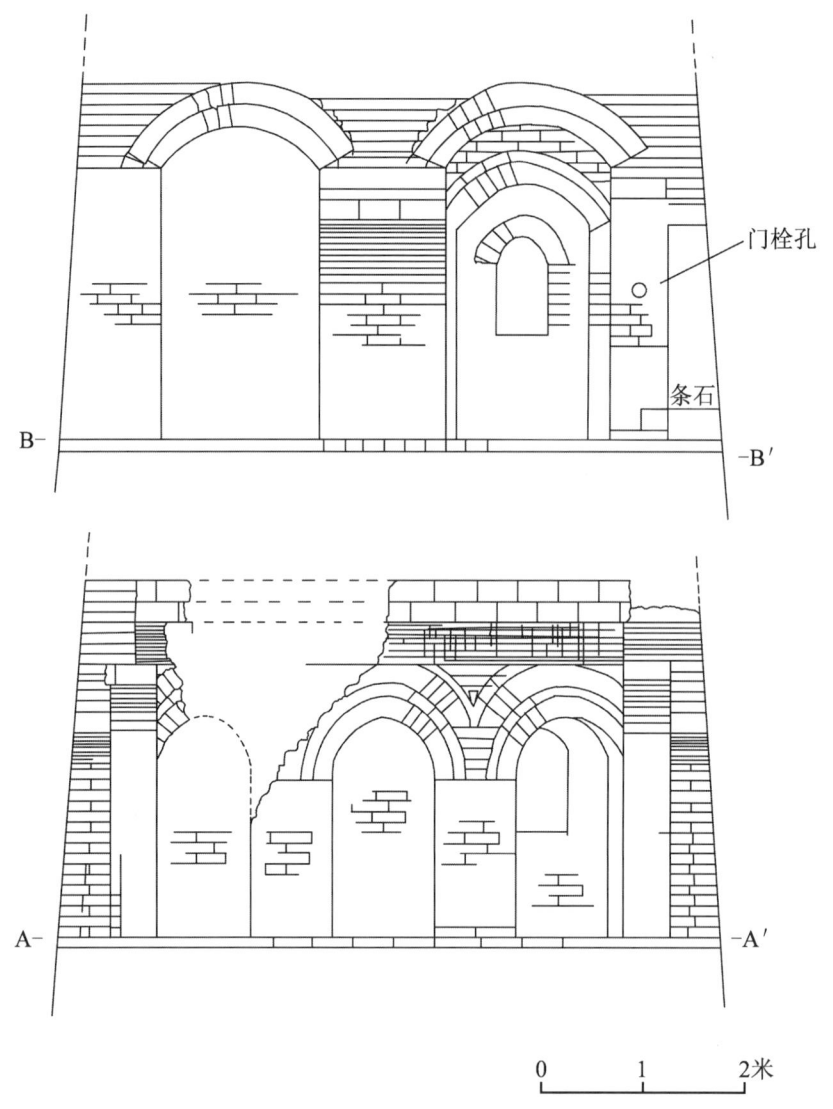

门栓孔

条石

图一九二 -2　前干涧长城 1 号敌台首层剖视图

米，顶部中心位置插旗杆一个。敌台周围堆积上部坍塌的三合灰颗粒和石块。敌台四壁保存较完整，仅北壁西半部上部略坍塌。

敌台北距前干涧长城 5 段约 78 米，东北距前干涧长城 1 号敌台约 0.6 千米，西北距前干涧长城 3 号敌台约 0.8 千米。敌台不与长城墙体连接。

敌台上部全部损坏，基础保存较好，仅北壁西半部上部略坍塌。现场石块、砖块散落，这种情况应该为人为拆毁所致。

前干涧长城 3 号敌台（总第 74 号，编码 120225352101170074）

该敌台位于天津市蓟县下营镇前干涧村北 1.5 千米一处山脊上，南侧和西侧为山谷陡坡，东侧为缓坡，坡上有人工栽植的松树，敌台上和周围长有灌木、杂草等植被。

敌台为石质。平面呈圆形，直径 9 米，中部高 3.8 米。剖面呈梯形。方向为 0°。中心高程 693 米。（图一九四；彩图五四九）

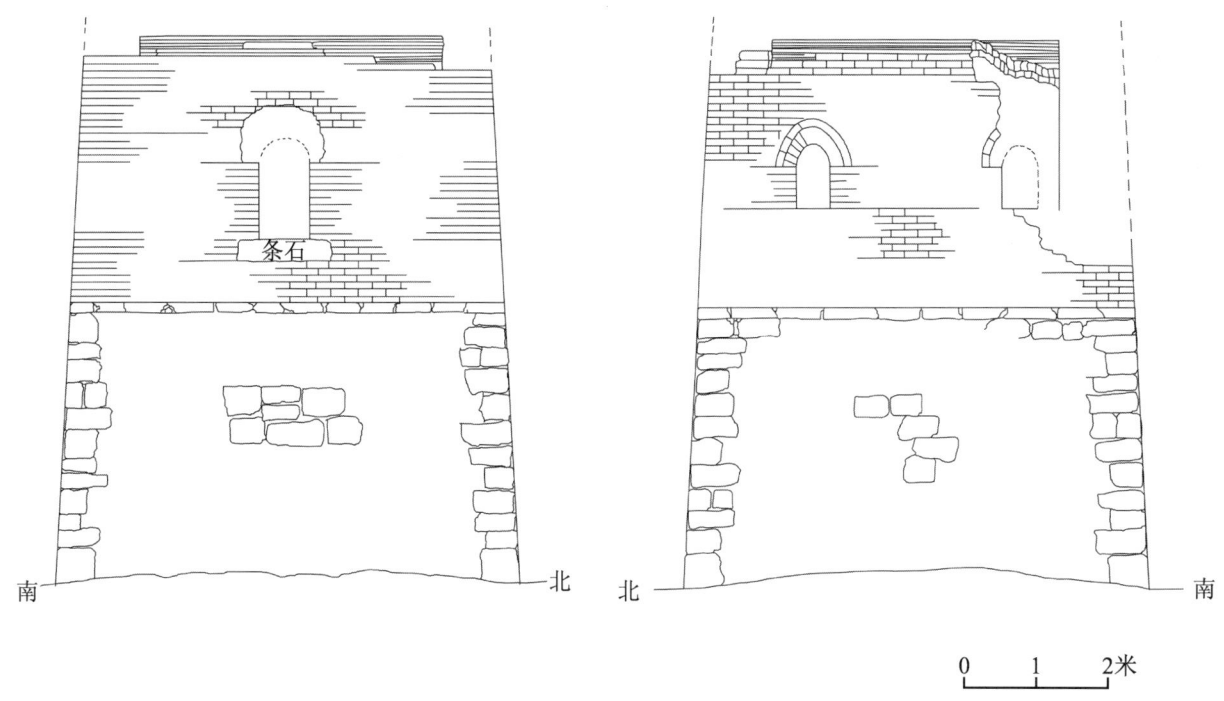

图一九二－3　前干涧长城 1 号敌台东、西壁正视图

图一九二－4　前干涧长城 1 号敌台南、北壁正视图

　　敌台建筑材料为石块，自明代修建以来无任何修缮，保存较差。敌台四壁坍塌，上部建筑形式不详，堆积土和树叶，无法辨识。敌台东南距前干涧长城 2 号敌台约 0.8 千米、前干涧长城 4 号敌台约 0.75 千米，位于前干涧长城 6 段墙体内侧，不与长城墙体相连接。

　　敌台损坏严重，四壁坍塌，可能与垒砌不牢固和地质灾害有关，属自然坍塌。不排除人为拆毁破坏的因素。

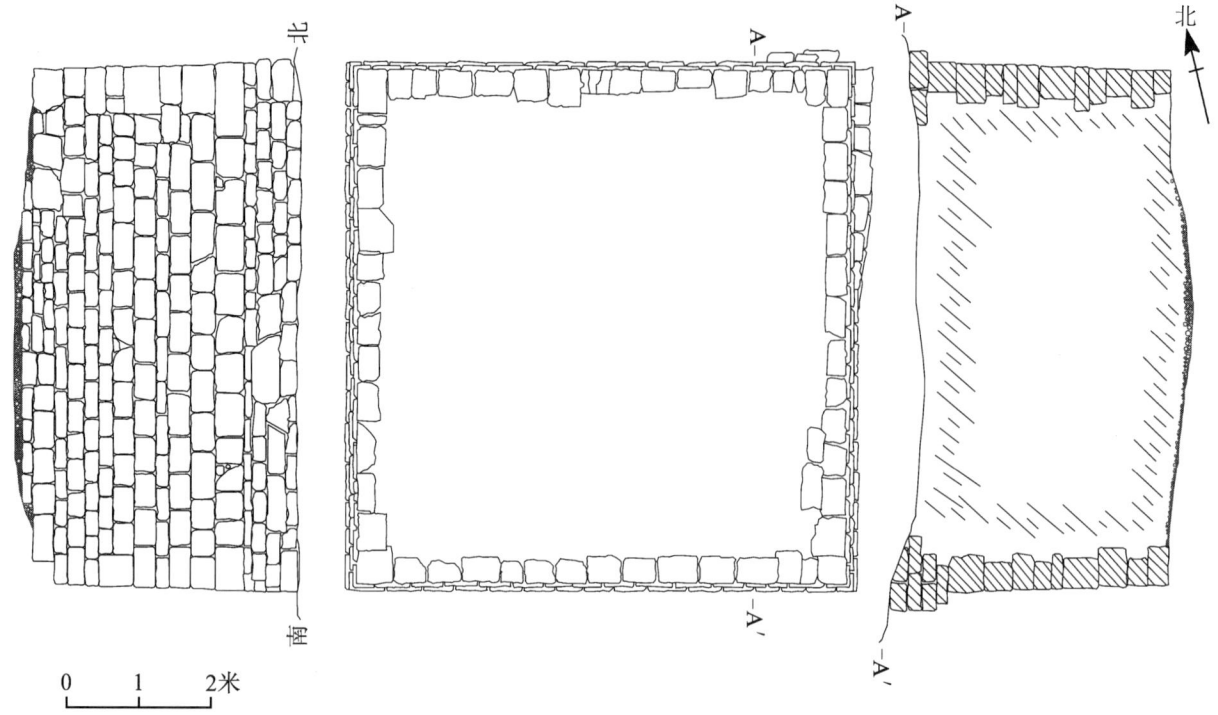

图一九三　前干涧长城 2 号敌台平、剖面及西壁正视图

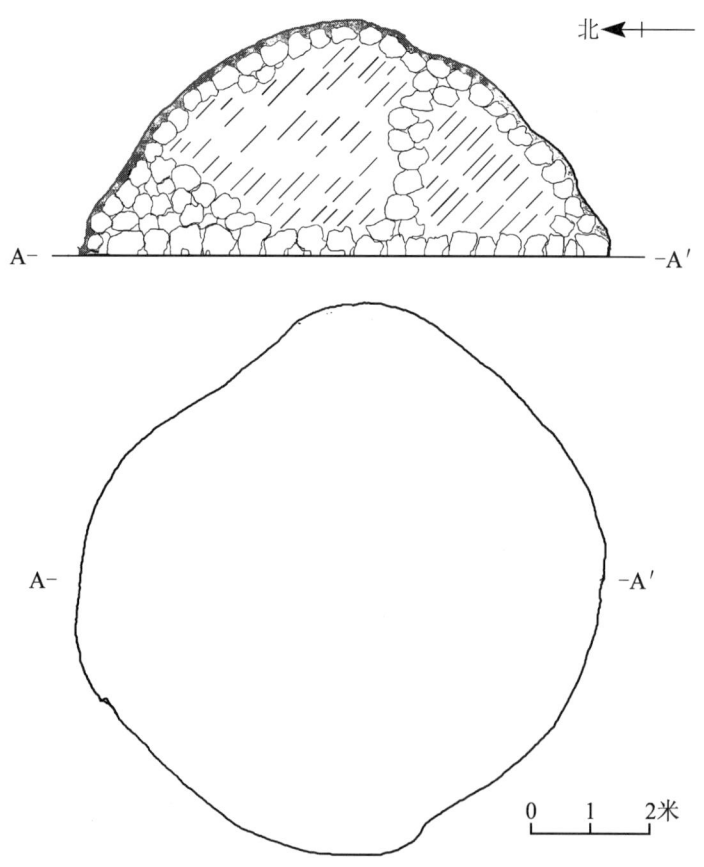

图一九四　前干涧长城 3 号敌台平、剖面图

前干涧长城 4 号敌台（总第 75 号，编码 120225352101170075）

该敌台位于天津市蓟县下营镇前干涧村北 1.5 千米的山脊上，北侧和东侧为峭壁，南侧和西侧为缓坡，四周长有灌木、杂草等植被。

敌台为石质。平面底部呈近正方形，南北长 6.8、东西宽 6.6、高 3.9 米。剖面呈梯形，有收分。方向为 0°。中心高程 610 米。（图一九五；彩图五五〇）

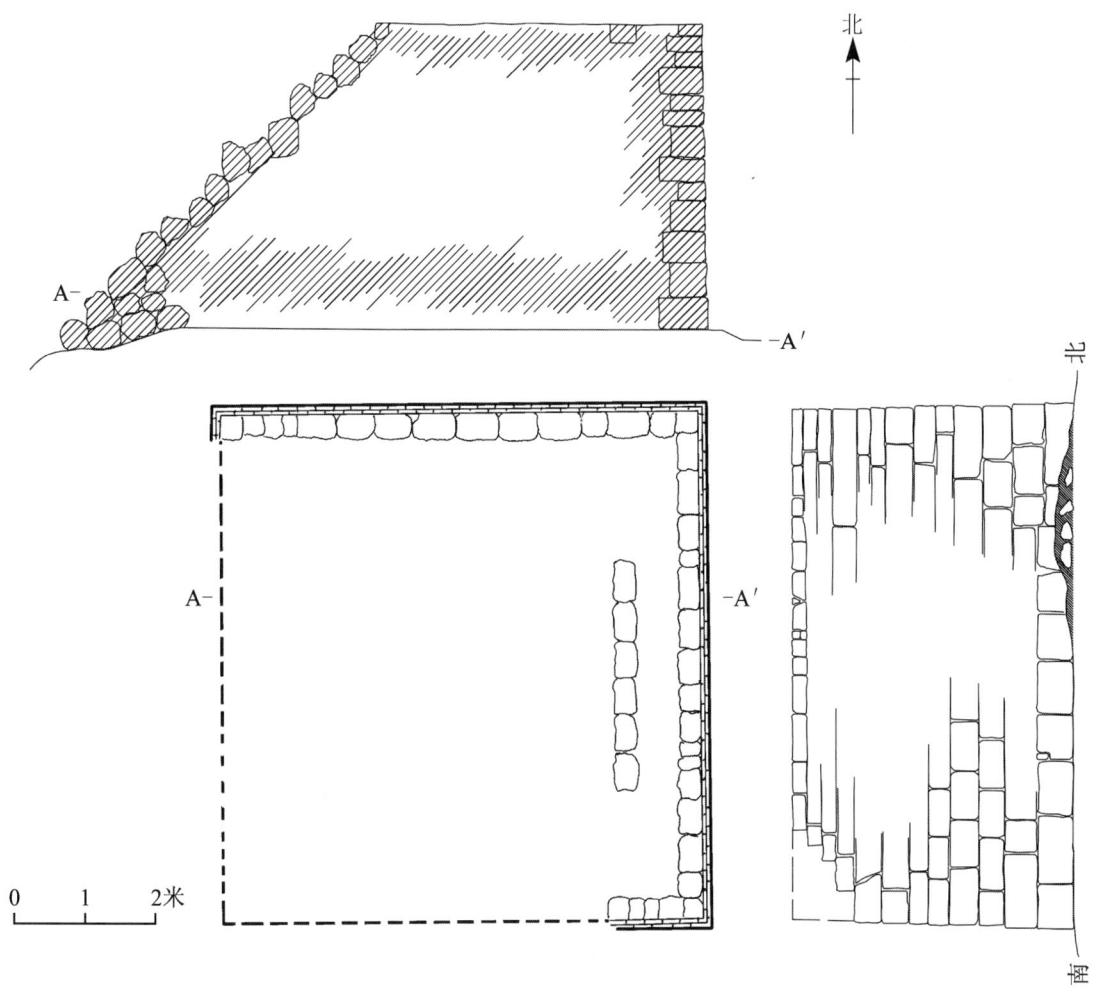

图一九五　前干涧长城 4 号敌台平、剖面及东壁正视图

此敌台自明代修建以来无任何修缮，保存较差。北壁保存较完整，西北角上部墙体坍塌。东壁保存较完整，高 3.9 米。南壁和西壁坍塌。顶部保存南北长 5、东西宽 4.2 米的平台，上部较平。敌台南侧和西侧的地上，堆积墙体上部坍塌下的石块、三合灰颗粒等。

敌台建筑材料为石块，用不规则的石块垒砌，中间用碎石填充，石块之间用三合灰黏结。顶部较平，东部铺长 3、宽 0.6 米的石块与顶部同平，东北部立旗杆一个。

敌台西南距前干涧长城 5 号敌台约 0.4 千米，位于前干涧长城 7 段墙体内侧，不与长城墙体相连接。

敌台损坏严重，南、西壁坍塌，仅存北、东壁。这种情况应该为人为拆毁所致，基础条石部分倒塌，可能与垒砌不牢固有关，属自然塌落。

前干涧长城 5 号敌台（总第 76 号，编码 120225352101170076）

该敌台位于天津市蓟县下营镇前干涧村北 1.5 千米一处山脊上，介于前干涧长城 7 段止点和前干涧长城 8 段起点之间，北侧和南侧为山脊，西侧和东侧为陡坡，四周长有灌木、杂草等植被。

该敌台为石质。平面呈正方形，边长 7、残高 4.5 米。剖面呈梯形，有收分。方向为 340°。中心高程 586 米。（图一九六；彩图五五一～五五三）

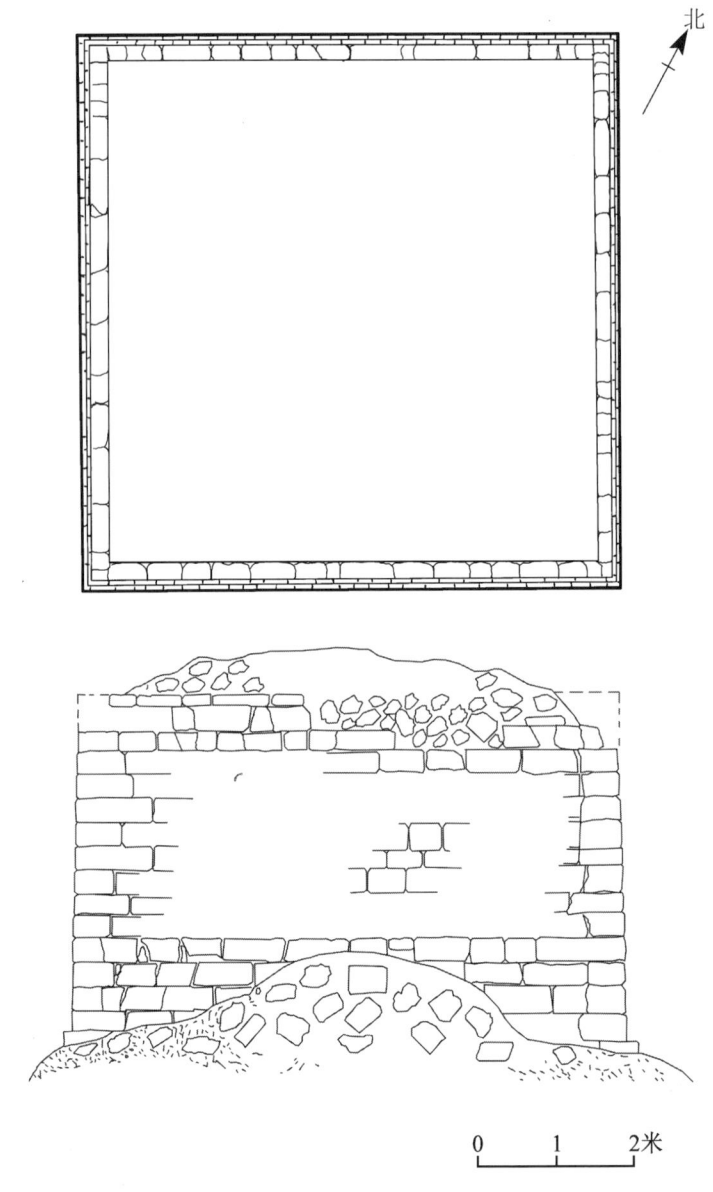

图一九六　前干涧长城 5 号敌台平面、南壁正视图

敌台自明代修建以来无任何修缮，保存较好，四壁较完整，顶部堆积碎石块、三合灰颗粒等，上面长有杂草。

敌台建筑材料为石块，用不规则的石块垒砌，中间用碎石填充，石块之间用三合灰黏结。顶部堆积碎石块、三合灰颗粒，高 0.6 米。西壁上部坍塌长 3.6、高 0.5 米；东北角坍塌长 0.7、高 1.6 米。东壁保存较好，东北角坍塌长 0.8、高 1.6 米；南部坍塌长 2.2、高 0.75 米。南壁保存较好，东部坍塌长 2.6、高 0.75 米，西部坍塌长 0.5 米。西壁保存较好，西南角上部坍塌长 0.6、高 0.6 米。北壁上部坍塌长 1.7、残高 0.5 米。敌台周围堆积上部坍塌的石块和三合灰颗粒。

此敌台东北距前干涧长城 4 号敌台约 0.4 千米，长城墙体在北侧呈弧形东西向经过，不与长城相连接。西南部墙体内侧分布前干涧长城 3 号火池、前干涧长城 4 号居住址。

敌台保存较好，四壁基础基本完整。现场石块、砖块散落，这种情况应该为人为拆毁所致。敌台顶部生长杂草和零星灌木，根系对现存敌台基础构成严重威胁。

前干涧长城 6 号敌台（总第 77 号，编码 120225352101170077）

该敌台位于天津市蓟县下营镇小口子村东山坡上，介于前干涧长城 10 段止点和前干涧长城 11 段起点之间，敌台北侧为近断崖的陡坡，其他三侧为陡坡，四周长有灌木、杂草等植被。

敌台为石质。平面呈正方形，边长 10.2、残高 5.7 米。剖面呈梯形。方向为 20°。中心高程 478 米。（图一九七；彩图五五四、五五五）

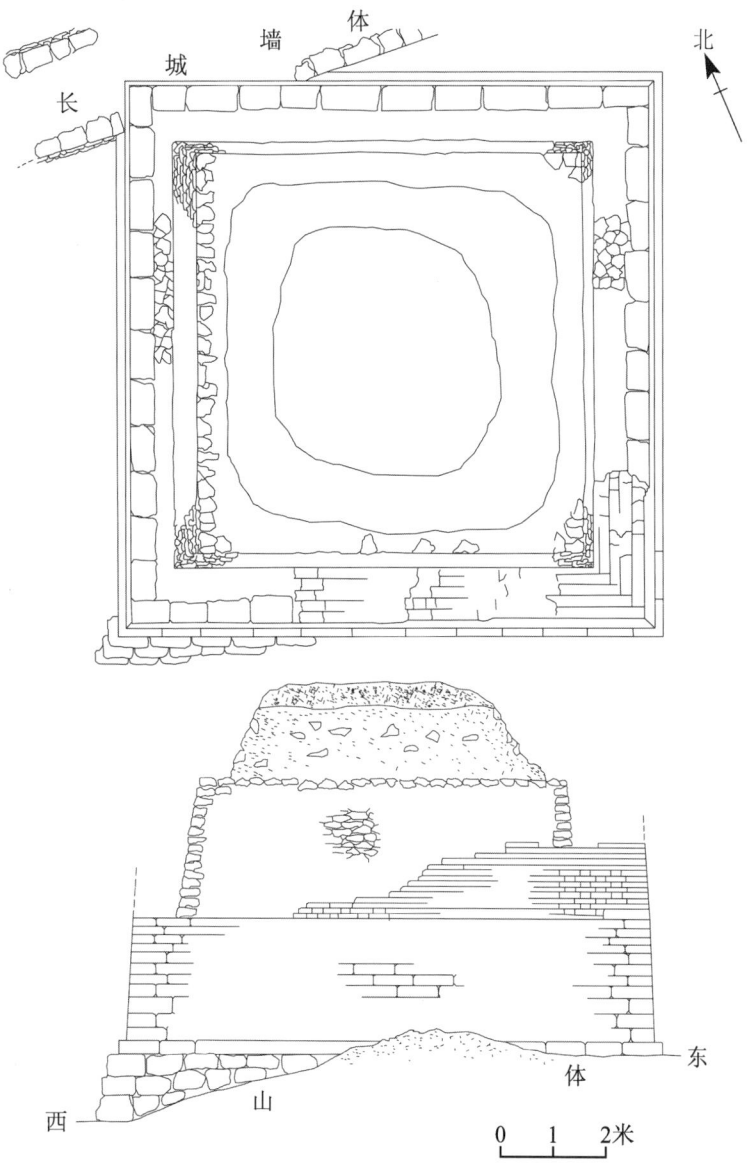

图一九七　前干涧长城 6 号敌台平面、南壁正视图

　　此敌台自明代修建以来无任何修缮，保存一般。上部包砖只存东南角一部分，残高3.85米。基础用石条、三合灰黏结垒砌，残缺不全，西南角下部基础用不规则的石块垒护坡。

　　此敌台建筑材料主要为石块，用条石做基础，三合灰黏结，上部包砖，仅存东南角一部分，包砖厚1米，内用不规则片石、块石干垒而成，填充乱石。顶部呈圆形，相对较平，堆积乱石、杂土，长有野草、小树，有极少量的碎瓦片，瓦片厚1.5厘米，内饰布纹。敌台西北角建在西南－东北走向的长城墙体内侧。垒砌敌台基础的石条长30~120、宽40、厚15~30厘米，垒砌敌台的包砖长36~37、18、厚8~9厘米。3.8米高处收分0.2米。

　　此敌台东北邻前干涧长城5号敌台，西南邻前干涧长城7号敌台，相距0.7千米，西南角与长城墙体相连接。外侧为前干涧长城二道边1段。

　　敌台仅存东南角部分，其余外部包砖全部散失，现场砖块、石块散落，这种情况应该为人为拆毁所致。敌台顶部生长杂草和零星灌木，根系对现存敌台基础构成严重威胁。

前干涧长城7号敌台（总第78号，编码1202253521011700078）

　　该敌台位于天津市蓟县下营镇前干涧村东北一处山脊上，介于前干涧长城13段止点和前干涧长城14段起点之间，四面为山体陡坡，长有野草、树木等植被。

　　敌台为砖石质。平面呈正方形，边长10.4、残高4米。剖面呈梯形，收分0.2米。方向为25°。中心高程507米。（图一九八；彩图五五六~五五八）

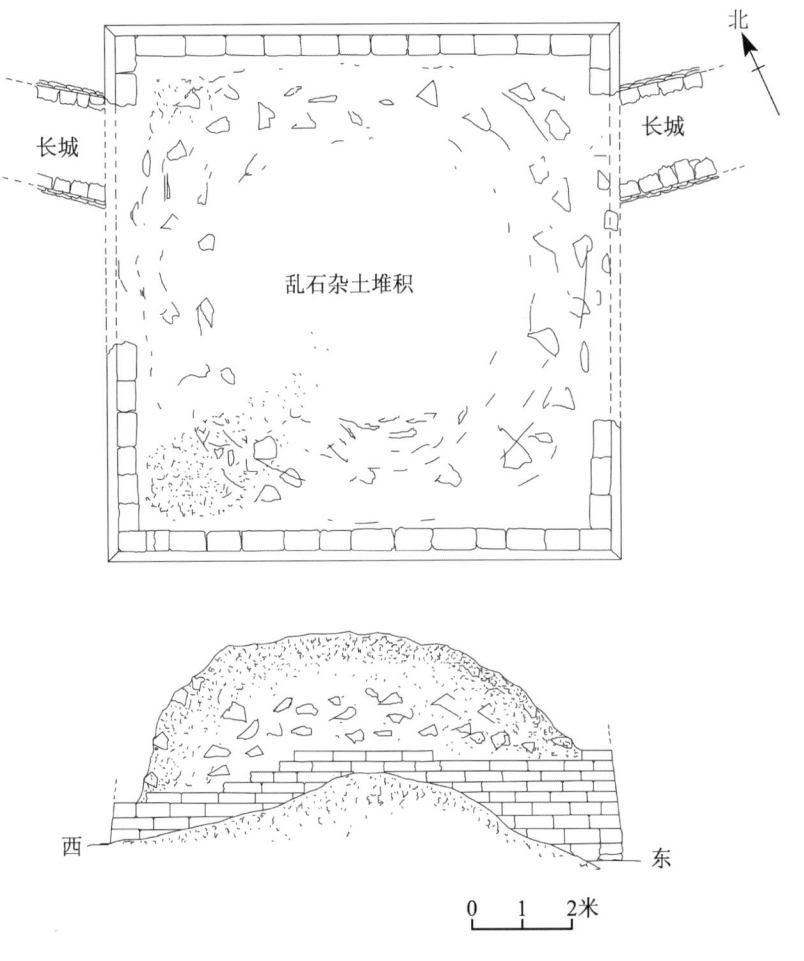

图一九八　前干涧长城7号敌台平面、南壁正视图

敌台自明代修建以来无任何修缮，保存较差。基础部分条石残缺不全，上部包砖全毁，南壁基础保存高 0.8~1.8 米，东西两壁倒塌严重，顶部堆积乱石、碎砖、杂土，长有野草、小树，平面呈圆顶，稍隆起呈圆锥状。四面形成倒塌堆积，长满野草、树木等植被。

敌台建筑材料为砖、石块，用条石做基础，三合灰黏结垒砌。上部包砌的青砖全部缺失，包砖厚 1 米，内部用不规则片石、块石干垒而成，中间填充乱石。敌台东西两侧北部与长城相连，从现状看应是先建敌台，后修长城墙体。垒砌敌台的基础条石长 30~10、宽 40、厚 20~35 米，用三合灰黏结垒砌。垒砌敌台包砖的青砖长度不详，宽 18~19、厚 8.5 厘米，上粘三合灰。敌台四周有倒塌堆积。

此敌台东北距前干涧长城 6 号敌台约 0.7 千米，西南距前干涧长城 8 号敌台约 0.3 千米，西北约 0.19 千米为前干涧长城 4 号、5 号火池。北壁外侧为前干涧长城二道边 2 段。

敌台保存较差，仅存基础，上部坍塌。现场石块、砖块散落，这种情况应该为人为拆毁所致。敌台顶部生长杂草和零星灌木，根系对现存敌台基础构成严重威胁。

前干涧长城 8 号敌台（总第 79 号，编码 120225352101170079）

该敌台位于天津市蓟县下营镇前干涧村北一处山梁上，介于前干涧长城 14 段止点和前干涧长城 15 段起点之间，北壁紧靠长城墙体，墙体外侧为陡坡，东西两侧为陡坡，南侧为近断崖的陡坡，四周长有野草、树木等植被。

该敌台为砖石质。平面呈长方形，南北长 10.2、东西宽 9.8、残高 4.3 米。剖面呈梯形。方向为 25°。中心高程 566 米。（图一九九；彩图五五九）

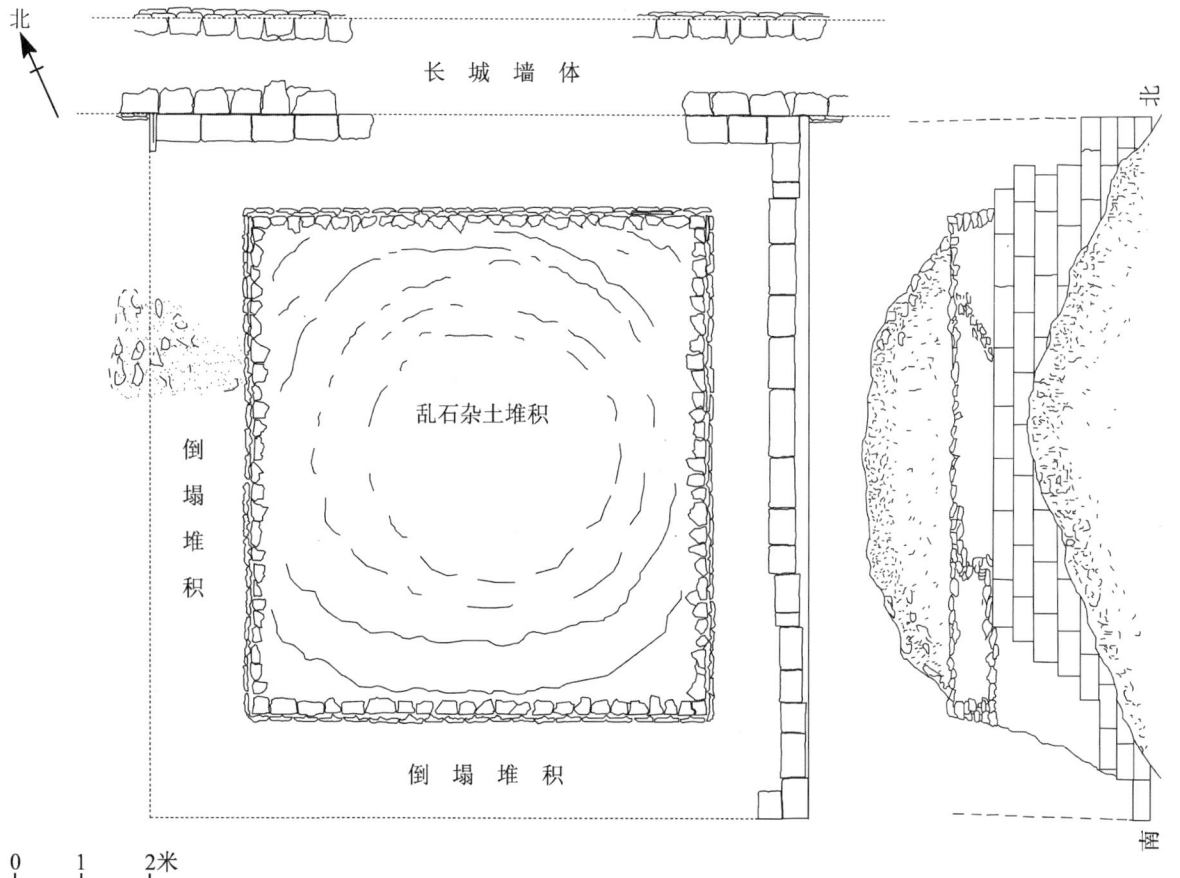

图一九九　前干涧长城 8 号敌台平面、东壁正视图

敌台东距前干涧长城 4 号、5 号火池约 0.16 千米，东距前干涧长城 6 号居住址 70 米、前干涧长城 7 号敌台约 0.3 千米，北壁紧靠长城墙体。北面外侧为前干涧长城二道边 2 段。

敌台自明代修建以来无任何修缮，保存较差，倒塌严重。只残存条石基础，上部堆积乱石、杂土，包砖全毁，四面形成倒塌堆积，北壁紧靠长城墙体，残高 4.3 米，顶部平面呈近圆形，稍隆起。长有野草、小树，堆积杂土。

此敌台建筑材料为砖、石块，倒塌严重，只存东壁、北壁部分基础条石，其余被倒塌堆积所压，分辨不清。上部包砖全毁，残存内部填充的石块、乱石，形成近圆形堆积，稍隆起，结构不详。垒砌基础的石条长 30 ~ 100、宽 40、厚 20 ~ 40 厘米，条石缝隙之间用三合灰黏结。上部垒砌的青砖长度不详，宽 18、厚 8.5 ~ 9 厘米，上粘三合灰，推测青砖之间用三合灰黏结。

敌台仅存基础部分，上部全部倒塌，形成乱石堆积。现场石块、砖块散落，这种情况应该为人为拆毁所致。顶部生长杂草和零星灌木，根系对现存敌台基础构成严重威胁。

前干涧长城 9 号敌台（总第 80 号，编码 120225352101170080）

该敌台位于天津市蓟县下营镇前干涧村南一处山顶上，为独立敌台。四面为陡坡，南侧有一小谷底，四周长有野草、树木等植被。

敌台为石质。平面呈长方形，南北长度不详，东西宽 8.6、残高 3.2 米。剖面呈梯形。方向为 10°。中心高程 543 米。（图二〇〇；彩图五六〇、五六一）

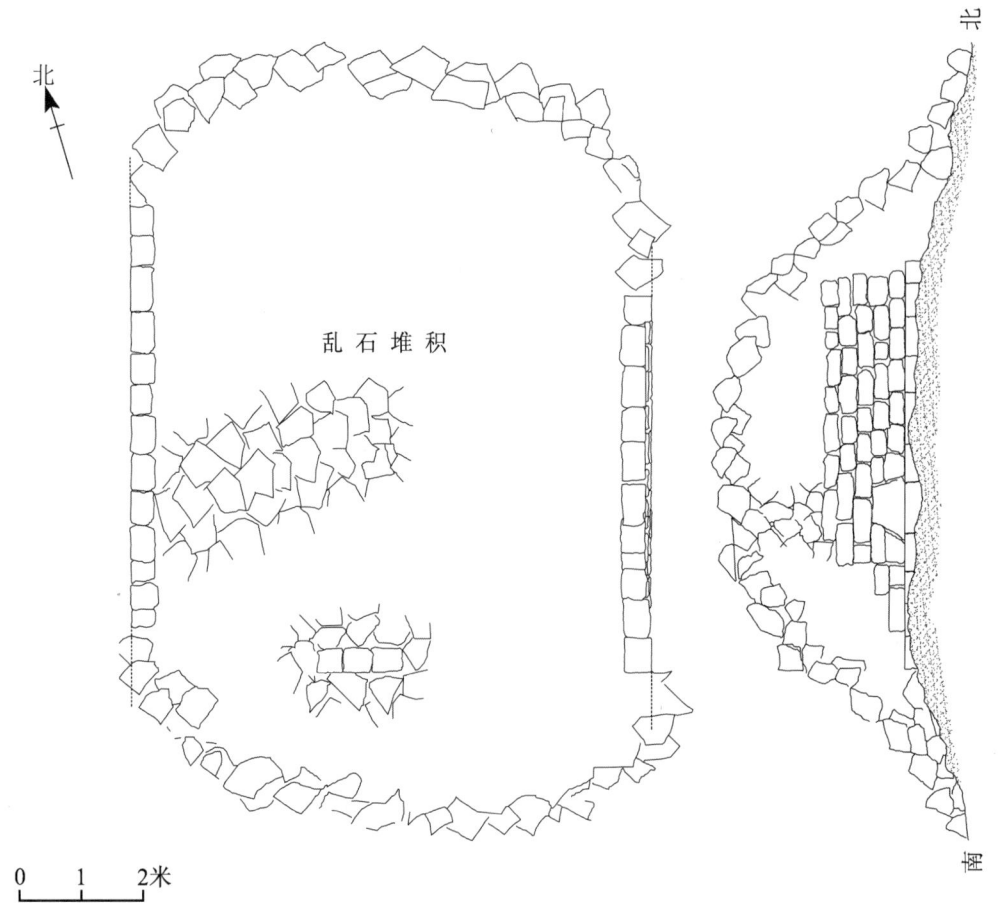

图二〇〇　前干涧长城 9 号敌台平面、东壁正视图

此敌台自明代修建以来无任何修缮，保存较差。仅存东、西壁不完整的基础，南、北壁全部倒塌，西壁仅存 2 层石块，东壁仅存 6 层，高 1.5 米。顶部为乱石堆积，有极少量的杂土，中间稍隆起，呈近圆形堆积。

敌台建筑材料为石块，基础用加工过的条石干垒，基础之上垒砌不规则块石，石块之间未有任何黏结物，干垒而成。

敌台南北两壁倒塌，东壁仅存一部分，残存 6 层，残高 1.5 米；西壁仅存一部分，残存 2 层，残高 0.5 米。顶部为近圆形乱石堆积，未发现砖，可推测此敌台不存在包砖现象。敌台不与长城墙体相连接，南有一移动通讯信号塔；东距前干涧长城 5 号居住址约 0.21 千米。

敌台东、西壁残存部分基础，南、北壁坍塌，现场石块散落。石块被拆移现象突出，这种情况应该为人为拆毁所致。基础条石部分倒塌，可能与垒砌不牢固和地质灾害有关；敌台顶部生长杂草和零星灌木，根系对现存敌台基础构成严重威胁。

前干涧长城 10 号敌台（总第 81 号，编码 120225352101170081）

该敌台位于天津市蓟县下营镇小口子村南、长城墙体内侧一处山顶上。南侧为缓坡，其他三侧均为陡坡，正对小口子沟口。四周长有野草、树木等植被。

该敌台为石质。平面呈正方形，边长 8 米、堆积残高 5 米，剖面呈梯形。方向为 15°。中心高程 518 米。（图二〇一；彩图五六二）

敌台自明代修建以来无任何修缮，保存较差。能看清敌台四角基石，堆积高 5 米，顶呈圆形，堆积乱石，石块较小。

敌台建筑材料为石块，基础用加工过的条石干垒而成，部分墙体用三合灰抹缝，未发现包砖现象，垒砌敌台的块石较小。敌台四壁全部倒塌，只能看出四角，高度不详，为一圆形乱石堆积。敌台东部 5 米处有保护敌台的坝墙。

此敌台西北距前干涧长城 7 号敌台约 0.37 千米，北距前干涧长城 6 号敌台约 0.21 千米，不与长城墙体相连接。

敌台仅存基础部分，上部坍塌，形成乱石堆积。敌台损毁可能与垒砌不牢固和地质灾害有关，顶部生长杂草和零星灌木，根系对现存敌台基础构成严重威胁。

前干涧长城 11 号敌台（总第 82 号，编码 120225352101170082）

该敌台位于天津市蓟县下营镇前干涧村西北、前干涧长城 16 段墙体起点一处山梁上，西侧为长城墙体、断崖；南侧较平坦，东半部为陡坡；东侧为陡坡；北侧为缓坡山梁。四周长有野草、树木等植被。

敌台为石质。平面呈正方形，边长 9、残高 1.8 米。剖面呈梯形。方向为 340°。中心高程 644 米。（图二〇二；彩图五六三）

此敌台自明代修建以来无任何修缮，保存较差，为乱石堆积。敌台南壁仅存 4 层条石，其余墙壁被倒塌堆积覆盖，高度不详。地表堆积高 1.8 米，顶呈圆形，中间隆起，堆积乱石、杂土，长有野草。

敌台建筑材料为石块，南壁及西南角能看清条石基础。东南角紧靠长城墙体，四面有倒塌堆积，北侧为陡坡，倒塌堆积面比其他三壁大。敌台顶部为圆形堆积，堆积乱石、杂土，长有野草。敌台基础用加工过的条石干垒，上部用石块干垒，石块、条石之间未用任何黏结物。未发现包砖现象。

敌台东邻前干涧长城 8 号敌台，南邻前干涧长城 12 号敌台，北 30 米为前干涧长城 7 号居住址，南部墙体分布前干涧长城 6 号、7 号火池及前干涧长城 9 号居住址，东南角与长城墙体相连接，长城墙体由东—西走向改为南—北走向。

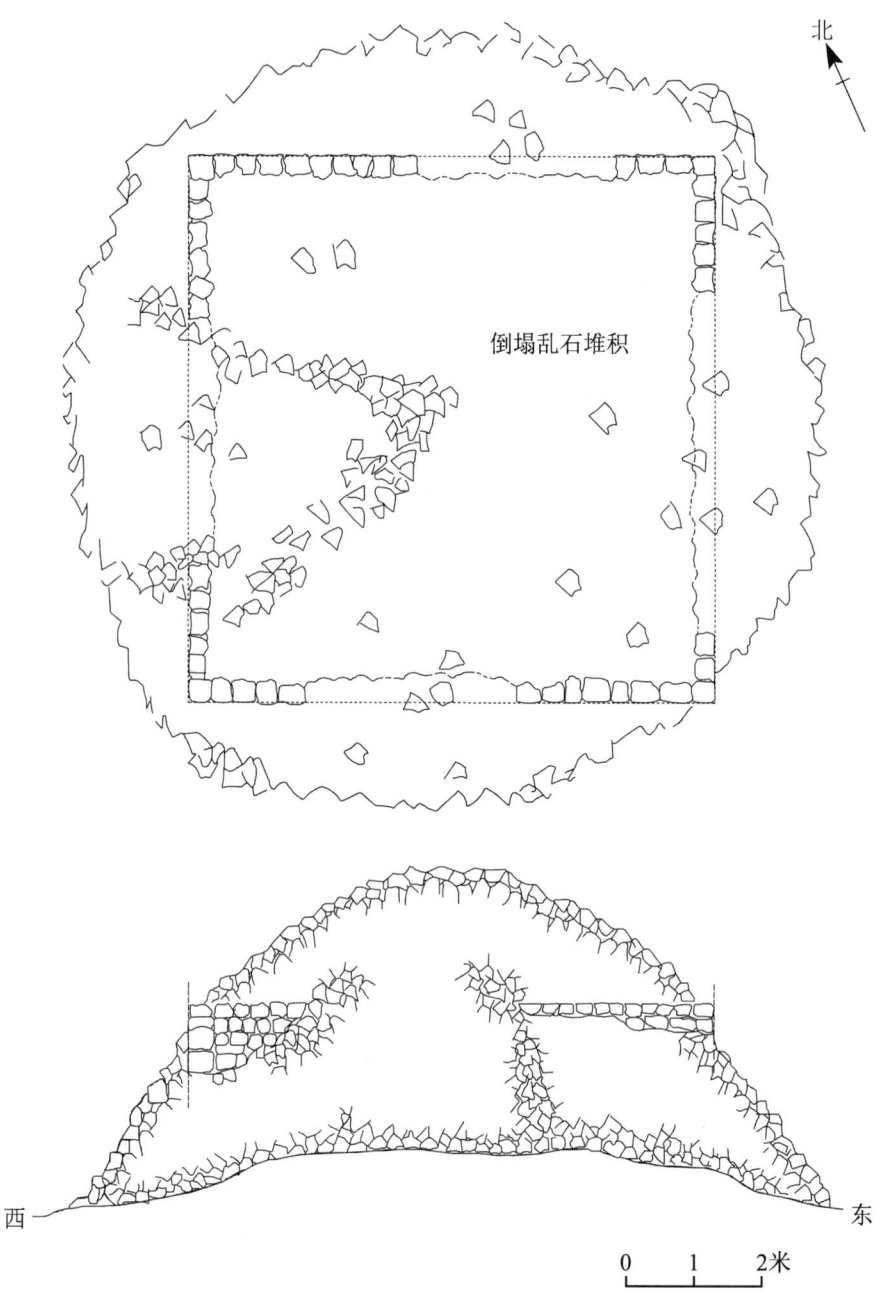

图二〇一　前干涧长城 10 号敌台平面、南壁正视图

　　敌台仅存基础和南壁。现场石块散落，这种情况可能与垒砌不牢固和地质灾害有关。另外人为拆毁、移位等人为因素破坏也不容忽视。

　　前干涧长城 12 号敌台（总第 83 号，编码 120225352101170083）

　　该敌台位于天津市蓟县下营镇前干涧村西北一处山梁上，东、西侧为陡坡，南北两侧与前干涧长城 17 段墙体相连接，南高北低，四周长有野草、树木等植被。

　　敌台为石质。平面呈长方形，东西长 9、南北宽 8.4、残高 3.2 米。剖面呈梯形，收分 0.25 米。方向为 20°。中心高程 586 米。（图二〇三；彩图五六四）

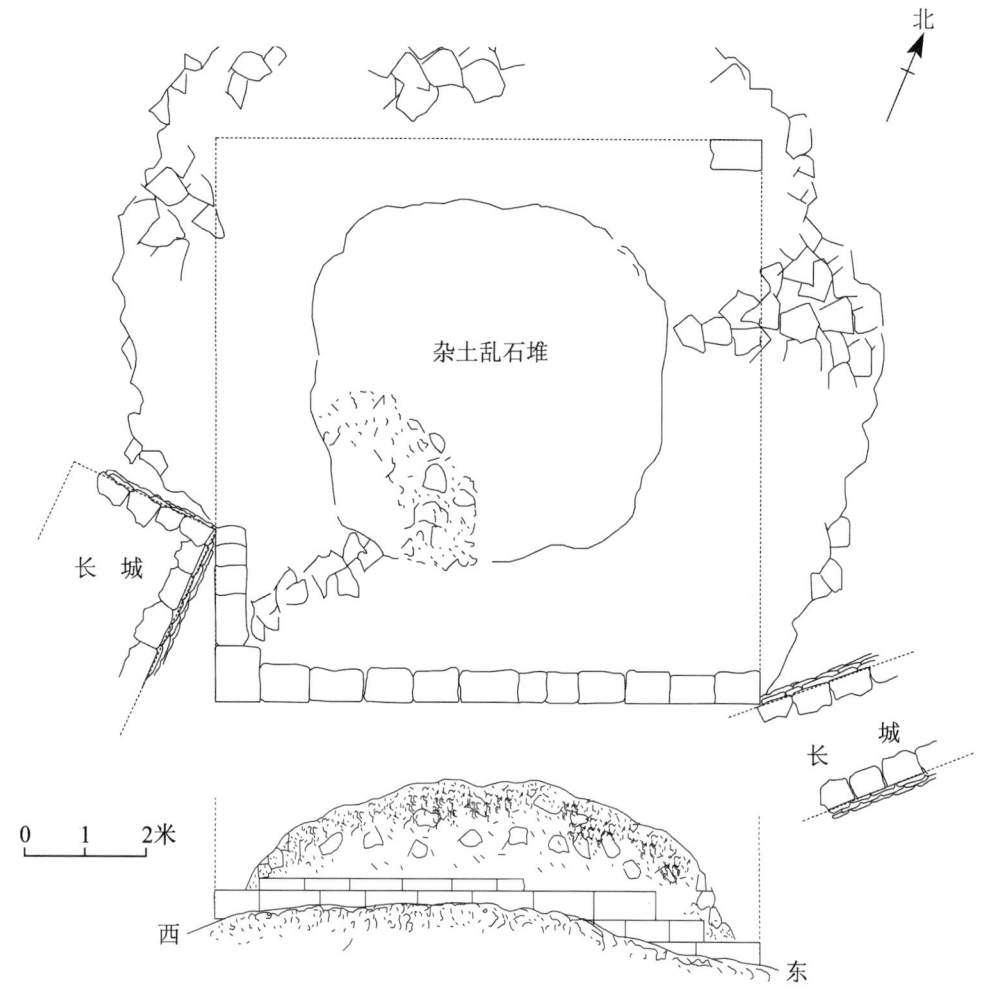

图二〇二　前干涧长城 11 号敌台平面、南壁正视图

此敌台自明代修建以来无任何修缮，保存一般。敌台上部建筑坍塌，残高 3.2 米。西壁倒塌。长城墙体与敌台南北侧相连接；敌台顶部较平，西南角稍高，中间有现代挖的一个小坑，堆积乱石、杂土，长有野草。

敌台建筑材料为石块，基础用大块石、条石干垒，上部垒块石，石块之间未用任何黏结物。未发现包砖现象。

此敌台北邻前干涧长城 11 号敌台，南邻前干涧长城 13 号敌台，南、北两侧与长城墙体相接。

敌台西壁倒塌，其余三面墙体保存较好，可能与垒砌不牢固和地质灾害有关。

前干涧长城 13 号敌台（总第 84 号，编码 120225352101170084）

该敌台位于天津市蓟县下营镇前干涧村西北、前干涧长城 17 段止点、18 段起点之间的一处山脊上，南侧和北侧为陡坡，东侧和西侧为山脊，四周长有野草、树木等植被。

该敌台为砖石质。平面呈近正方形，东西长 10.2、南北宽 10 米。剖面呈梯形，有收分。方向为 345°。中心高程 625 米。（图二〇四；彩图五六五～五六七）

此敌台自明代修建以来无任何修缮，保存一般。敌台上部包砖残失，仅存条石基础。东北角和东南角墙体基础坍塌，其余墙体基础保存较完整。敌台顶部堆积碎石块、残砖、三合灰颗粒等，长有杂草。

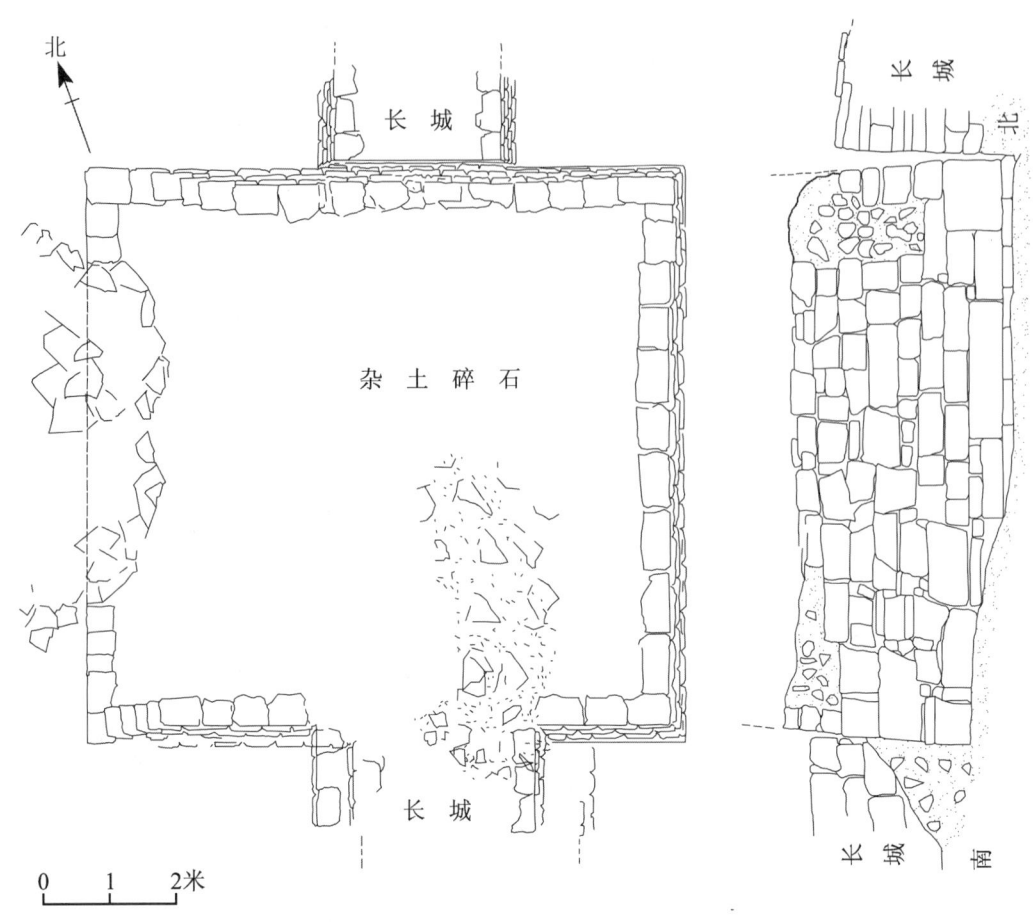

图二〇三　前干涧长城 12 号敌台平面、东壁正视图

　　此敌台建筑材料为石块，基础用加工过的平整石块垒砌而成，上部垒砌块石，石块之间用三合灰黏结。北壁保存一般，东半部墙体坍塌，长 4 米，其余保存较好；东壁保存较好，东北角坍塌 1.2 米，东南角坍塌 1.7 米，中部与长城墙体相连接；南壁保存一般，东南角坍塌 3 米，顶部石块坍塌一层；西壁保存较好，中部与长城墙体连接。敌台周围堆积上部坍塌的石块、残砖、三合灰颗粒等。顶部堆积碎石、残砖、三合灰颗粒等，高 0.9 米，上面长有树木、杂草植被。

　　敌台整体保存较好，仅东北角与东南角坍塌，这种情况应该与垒砌不牢固和地质灾害有关；敌台顶部生长杂草和零星灌木，根系对现存敌台基础构成严重威胁。

　　前干涧长城 14 号敌台（总第 85 号，编码 120225352101170085）

　　该敌台位于天津市蓟县下营镇前干涧村西北、前干涧长城 18 段止点、京津冀三省市界碑处一山顶上，北侧和东侧为陡坡，南侧和西侧为缓坡，四周长有野草、树木等植被。

　　该敌台为砖石质，平面呈正方形，边长 10、高 1.3~3.5 米，剖面呈梯形。方向为 350°。中心高程 640 米。（图二〇五；彩图五六八~五七〇）

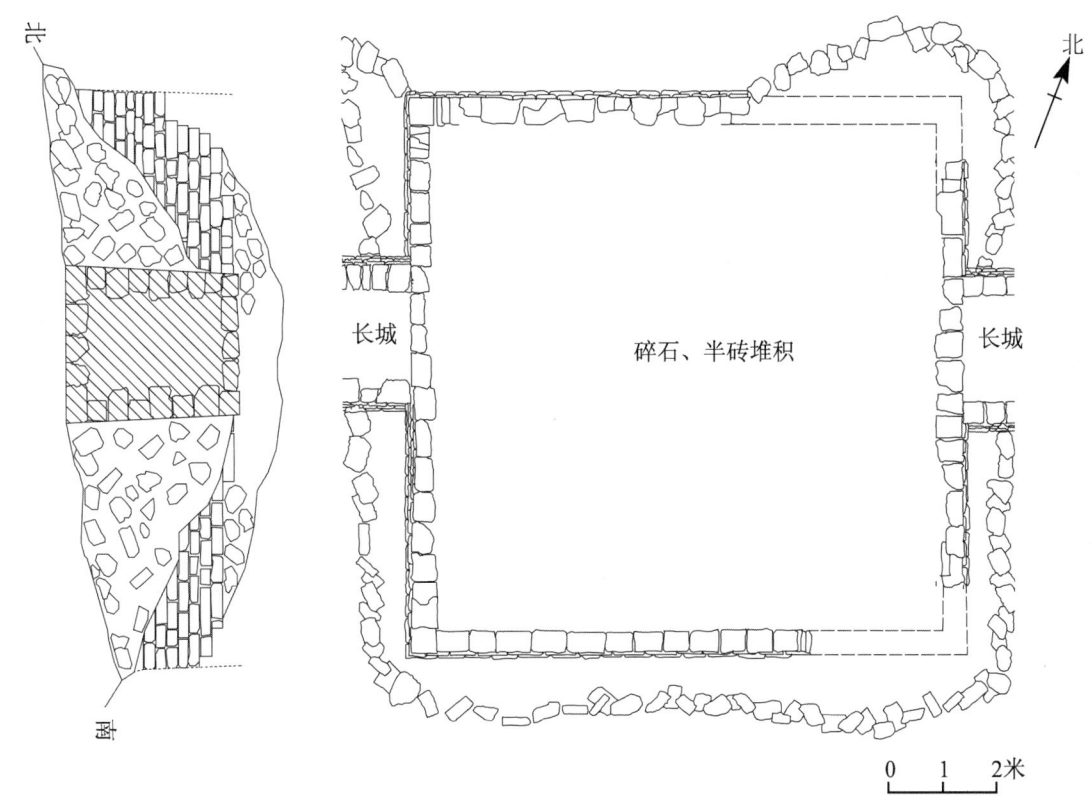

图二〇四　前干涧长城 13 号敌台平面、西壁正视图

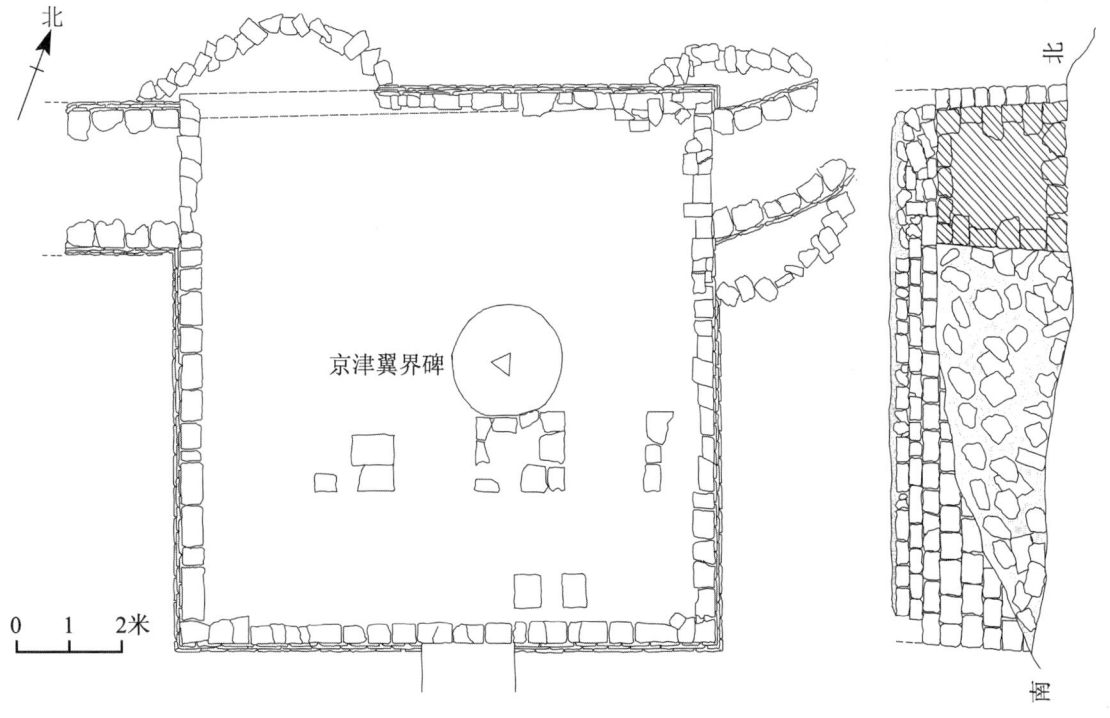

图二〇五　前干涧长城 14 号敌台平面、东壁正视图

此敌台自明代修建以来无任何修缮，保存一般。敌台建筑材料为石块，上部建筑已不存在，仅存条石基础部分，基础用加工过的条石垒砌而成，上部垒砌块石，石块之间用三合灰黏结。敌台上部残失，仅存基础。

敌台东壁东北角和西壁西北角与长城墙体相连接。北壁保存一般，残高3.5、宽0.5米；西北角坍塌3.65米。东壁、南壁和西壁保存较完整，顶部略平，保存上部建筑基石，中部立"北京市、天津市、河北省三省（市）分界碑"。敌台周围堆积上部坍塌的碎砖、石块等，周围长有树木、杂草等植被。南壁中部有现代垒砌的攀登敌台的马道，马道用平整石块垒砌而成，石块缝隙之间用水泥黏结，宽1.75米。敌台南部建供游客休息的凉亭。

敌台仅北壁西北角坍塌，其余三壁保存较好，现场石块散落，这种情况与垒砌不牢固和地质灾害有关。人为因素破坏也不可忽视。

（三）居住址

前干涧长城1号居住址（总第93号，编码120225354107170093）

该居住址位于天津市蓟县下营镇前干涧村东北1.9千米、前干涧长城7段墙体内侧山脊，南距前干涧长城2号居住址约138米。西侧依借长城墙体，东侧为山谷陡坡，周围长满乔木及荆条等灌木，地上杂草丛生。

该居住址自明代修建以来无任何修缮，保存一般。平面呈长方形，南北长4.3、东西宽3.2、残高0.4米，面积约13.76平方米。方向为25°。中心高程702米。（图二〇六；彩图五七一）

居住址建筑材料为石块，墙体用大小不一的石块干垒而成，其他结构不详。居住址上部坍塌严重，北壁、东壁和南壁保存基础部分，残高0.4、宽0.55米。石块垒砌不规整，西壁借用长城墙体内侧，高1.1米，保存较好。居住址周围和地面堆积坍塌的墙体石块。

此居住址上部石块被拆毁、移位现象突出，人为破坏因素极其明显。墙体基础部分倒塌，与垒砌不牢固、自然塌落有关；居住址内杂草丛生，有零星灌木生长，根系对现存居住址基础构成严重威胁。

前干涧长城2号居住址（总第94号，编码120225354107170094）

该居住址位于天津市蓟县下营镇

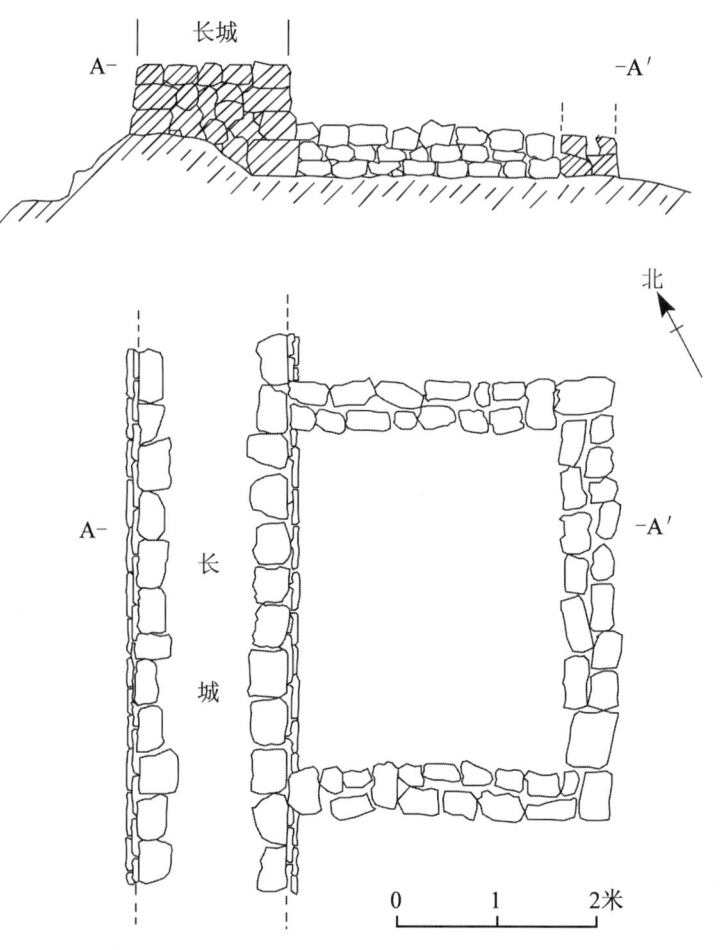

图二〇六　前干涧长城1号居住址平面、剖视图

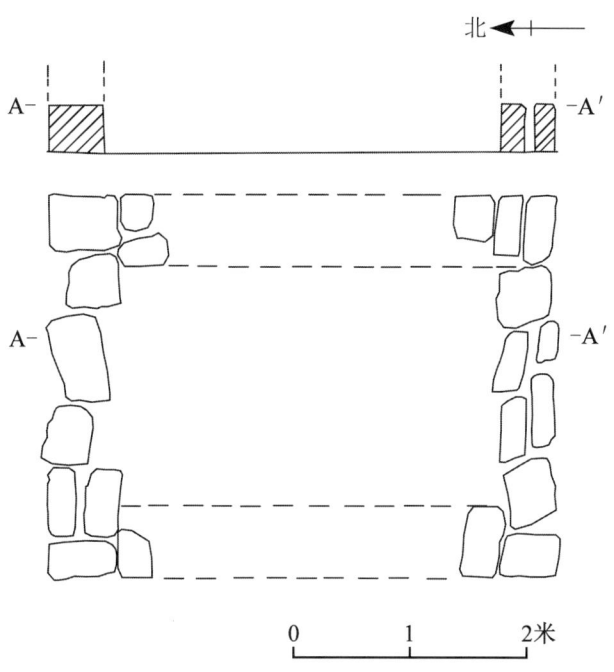

图二〇七　前干涧长城 2 号居住址平、剖面图

高大树木，根系对现存居住址造成破坏。

前干涧长城 3 号居住址（总第 95 号，编码 120225354107170095）

该居住址位于天津市蓟县下营镇前干涧村东北 1.9 千米、前干涧长城 7 段墙体内侧，北距前干涧长城 2 号居住址约 65 米，南部为前干涧长城 1 号火池。地处山脊，东侧和西侧为陡坡，周围长满树木，地上杂草丛生。

该居住址自明代修建以来无任何修缮，保存一般。平面呈长方形，南北长 3、东西宽 2.5 米，面积约 7.5 平方米。方向为 35°。中心高程 686 米。（图二〇八；彩图五七三）

居住址建筑材料为石块，墙体用大小不一的石块干垒而成，其他结构不详。居住址上部坍塌严重，四壁仅存基础部分，墙宽 0.55、高 0.25～0.3 米。墙体垒砌不规整，居住址内、外地面堆积坍塌的墙体石块。

此居住址墙体基础部分倒塌，与垒砌不牢固、自然塌落有关；居住址内及墙体周围生长高大树木，根系对现存居住址基础造成严重破坏。

前干涧村东北、前干涧长城 7 段墙体内侧，北距前干涧长城 1 号居住址约 138 米，南距前干涧长城 3 号居住址约 65 米，长城墙体距居住址西壁 1.4 米。地处山脊，东侧和西侧为陡坡，周围长满树木，地上杂草丛生。

该居住址自明代修建以来无任何修缮，保存一般。平面呈长方形，南北长 4.4、东西宽 3.2 米，面积约 14.08 平方米。方向为 0°。中心高程 704 米。（图二〇七；彩图五七二）

居住址建筑材料为石块，墙体用大小不一的石块干垒而成，其他结构不详。居住址部分墙体坍塌严重，北壁、南壁倒塌严重，仅存基础部分，残高 0.4 米，墙宽 0.5 米。石块垒砌不规整，居住址周围和内部地面堆积坍塌的墙体石块。

此居住址墙体基础部分倒塌，与垒砌不牢固、自然塌落有关；居住址内杂草丛生，生长有

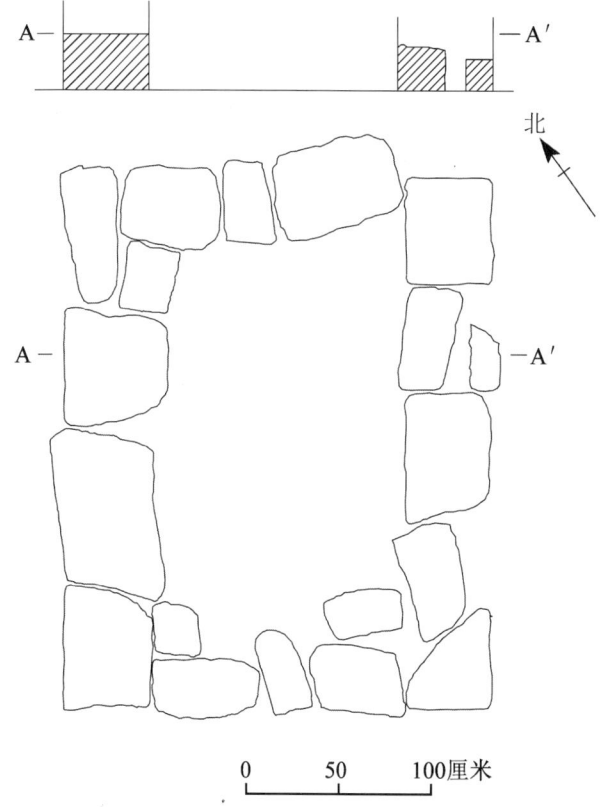

图二〇八　前干涧长城 3 号居住址平、剖面图

前干涧长城 4 号居住址（总第 96 号，编码 120225354107170096）

该居住址位于天津市蓟县下营镇前干涧村西南 0.1 千米、前干涧长城 8 段墙体内侧 1.5 米处，居住址东壁外侧紧贴前干涧长城 3 号火池，位于前干涧长城 5 号敌台南侧。地处山脊，北侧、东侧和西侧为峭壁，周围长满树木，地上杂草丛生。

该居住址自明代修建以来无任何修缮，保存一般。平面呈长方形，南北长 3.6、东西宽 3.5 米，面积约 12.6 平方米。方向为 0°。中心高程 521 米。（图二〇九；彩图五七四）

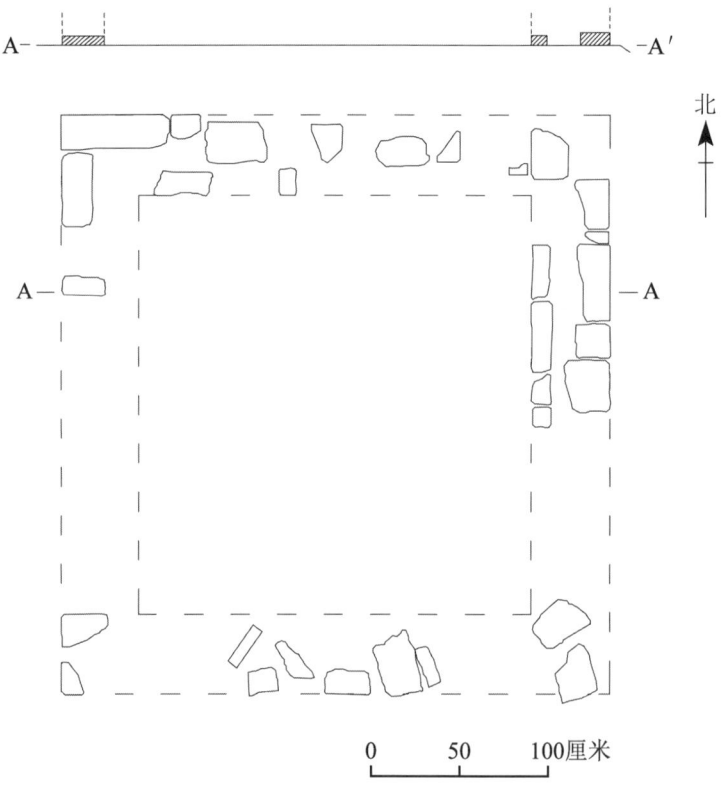

图二〇九　前干涧长城 4 号居住址平、剖面图

居住址建筑材料为石块，墙体用大小不一的石块干垒而成，其他结构不详。居住址上部坍塌严重，仅存基础部分，几乎与地表同高，北壁仅西北角高出地表 0.08 米，长 1.5、宽 0.5 米。居住址内乱石堆积。

此居住址墙体上部石块被拆毁、移位现象突出，人为破坏因素极其明显。墙体基础部分倒塌，与垒砌不牢固、自然塌落有关；居住址内杂草丛生、零星灌木生长，根系对现存居住址基础构成严重威胁。

前干涧长城 5 号居住址（总第 97 号，编码 120225354107170097）

该居住址位于天津市蓟县下营镇前干涧村南一小山脊上，西距前干涧长城 9 号敌台约 0.21 千米。地处山脊，北侧、东侧和西侧为峭壁，周围长满树木，地上杂草丛生。

该居住址自明代修建以来无任何修缮，保存一般。平面呈长方形，东西长 4.7、南北宽 4、残高约 0.45 米，面积约 18.8 平方米。方向为 40°。中心高程 495 米。（图二一〇；彩图五七五、五七六）

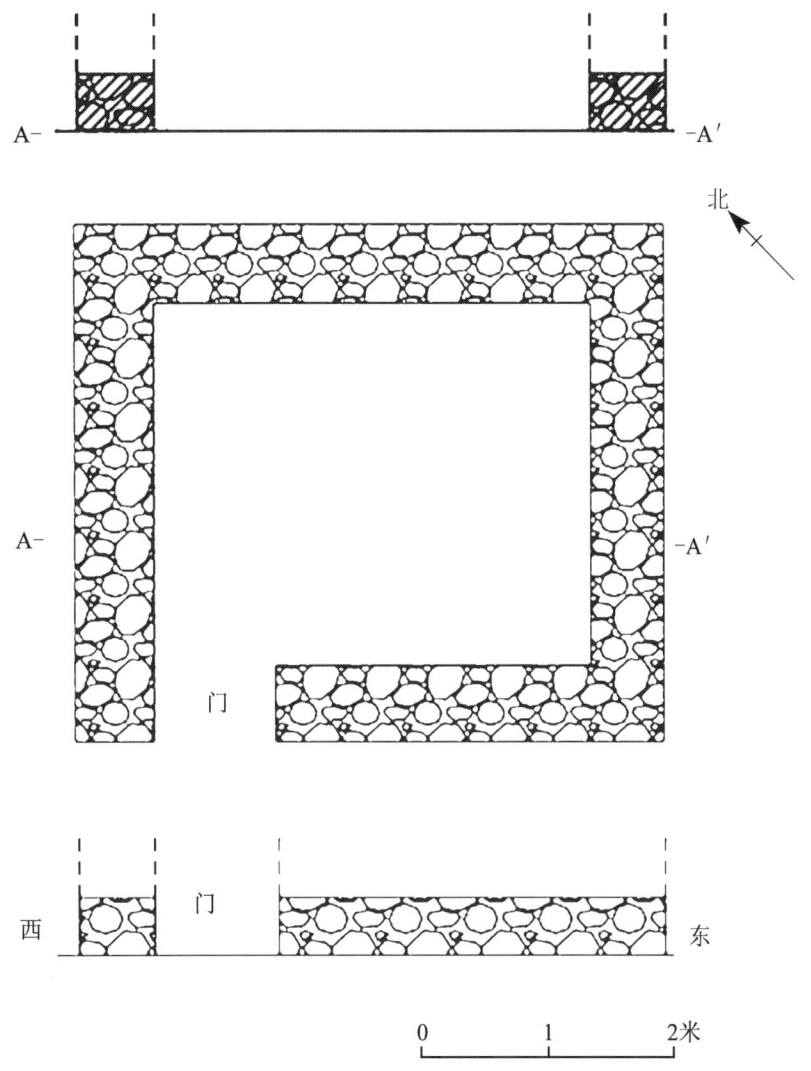

图二一〇　前干涧长城 5 号居住址平、剖面及南壁正视图

居住址建筑材料为石块，墙体用大小不一的石块干垒而成，其他结构不详。居住址上部坍塌严重，仅存基础部分，四面墙体残高基本相同，墙宽 0.6 米。南壁西部设房门 1 处，宽 1 米，用块石干垒。居住址内、外堆积倒塌的乱石，四面为陡坡，长满野草，西部长有零星树木。

此居住址上部石块被拆移用于掩埋界桩，人为因素破坏极其明显。墙体基础部分倒塌，与居住址垒砌不牢固、自然塌落有关。

前干涧长城 6 号居住址（总第 98 号，编码 120225354107170098）

该居住址位于天津市蓟县下营镇前干涧村东北、前干涧长城 14 段墙体北部外侧（北）3 米，外侧为前干涧长城二道边 2 段，西距前干涧长城 8 号敌台约 70 米。地处山脊，南侧为长城墙体，北侧为陡坡，东、西侧为缓坡，周围长满树木，地上杂草丛生。

该居住址自明代修建以来无任何修缮，保存较差。平面呈长方形，东西长 7.6、南北宽 6.7 米，面积约 50.92 平方米，墙宽 0.7、残高 0.3~0.6 米。方向为 15°。中心高程 522 米。（图二一一；彩图五七七）

居住址建筑材料为石块，墙体用大小不一的石块干垒而成，其他结构不详。居住址上部坍塌严重，

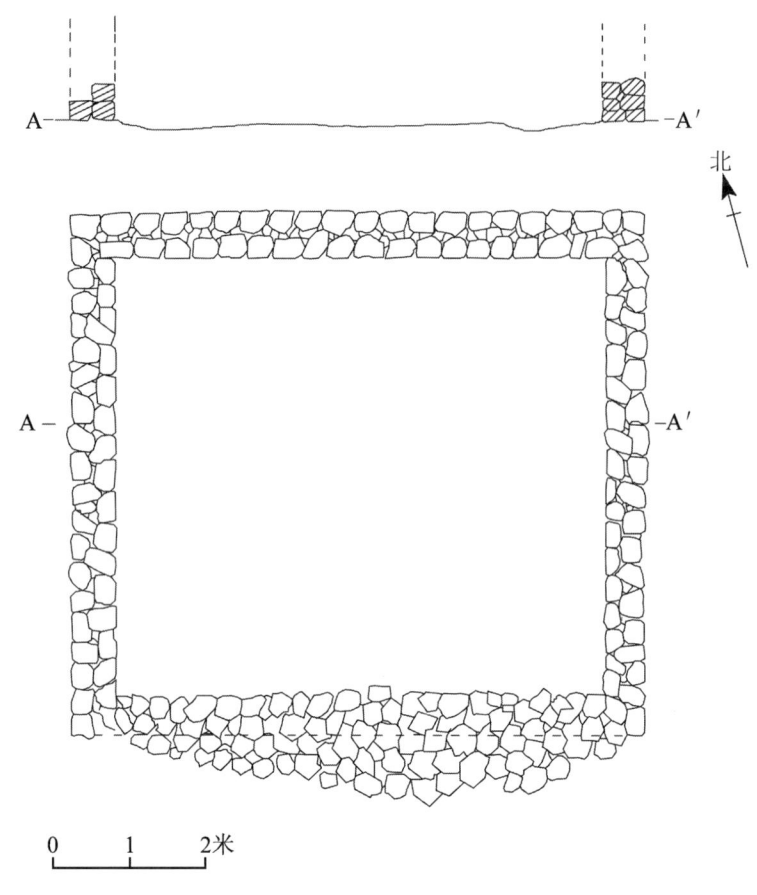

图二一一　前干涧长城 6 号居住址平、剖面图

仅存基础部分，南壁倒塌，乱石堆积，分辨不清墙体的高度与宽度。其他三壁上部倒塌，残高 0.3 ～ 0.6 米，居住址内地面平坦，堆积少量石块。

此居住址损坏原因主要是自然因素，墙体基础部分倒塌，与垒砌不牢固、自然塌落有关。居住址内杂草丛生、零星灌木生长，根系对现存居住址基础构成严重威胁。

前干涧长城 7 号居住址（总第 99 号，编码 120225354107170099）

该居住址位于天津市蓟县下营镇前干涧村东北山脊、前甘涧长城二道边拐角处内侧，南距前干涧长城 11 号敌台 30 米，地处山脊，南侧较平，其他三侧为山崖陡坡，周围长满乔木及荆条等灌木，地上杂草丛生。

该居住址自明代修建以来无任何修缮，保存一般。平面呈长方形，南北长 4.7、东西宽 3.7 米，面积约 17.93 平方米，墙宽 0.7、残高 0.3 ～ 0.5 米。方向为 340°。中心高程 628 米。（图二一二；彩图五七八）

居住址建筑材料为石块，全部用大小不一的石块干垒而成，其他结构不详。西、北壁借长城墙体，东、南壁倒塌，仅存基础部分，残高 0.3 ～ 0.5 米。居住址内地面平坦，有乱石堆积。

此居住址上部石块被拆毁、移位现象突出，人为破坏因素极其明显。墙体基础部分倒塌，与垒砌不牢固、自然塌落有关；居住址内杂草丛生、零星灌木生长，根系对现存居住址基础构成严重威胁。

前干涧长城 8 号居住址（总第 100 号，编码 120225354107170100）

该居住址位于天津市蓟县下营镇前干涧村东北、前干涧长城 15 段墙体内侧，地处山脊，北侧为长城墙体，东、西侧为山谷陡坡，周围长满乔木及荆条等灌木，地上杂草丛生。

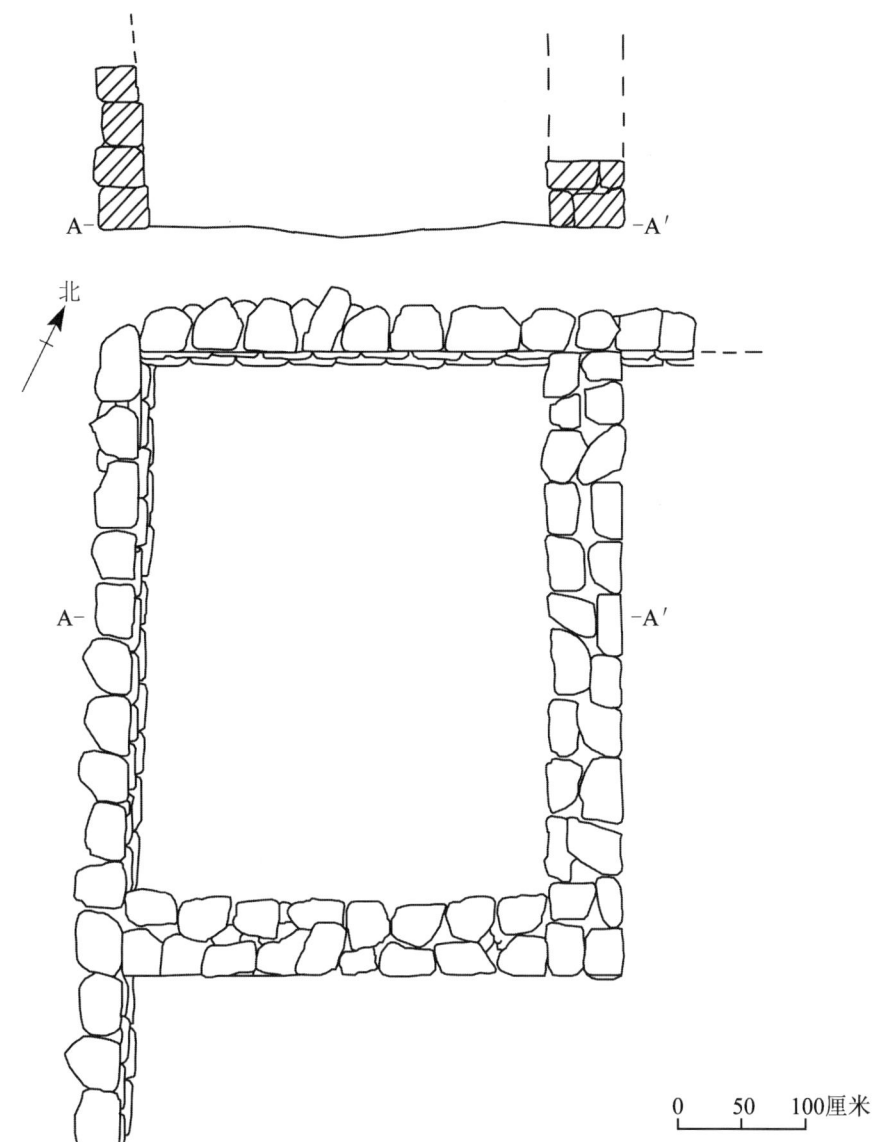

图二一二 前干涧长城7号居住址平、剖面图

该居住址自明代修建以来无任何修缮,保存较差。平面呈长方形,东西长3.9、南北宽3.5米,面积约13.65平方米,墙宽0.6、残高0.3~0.7米。方向为340°。中心高程598米。(图二一三;彩图五七九)

居住址建筑材料为石块,墙体用大小不一的石块干垒而成,其他结构不详。居住址依地势而建,北高南低,坍塌严重,仅存基础部分。北壁依靠长城墙体,高2.6米,其他三壁倒塌。南壁残高0.7米,西壁残高0.5米,东壁残高0.3米。居住址内堆积倒塌的石块,长有野草、荆棘等植被。

此居住址墙体基础部分倒塌,与垒砌不牢固、自然塌落有关;居住址内杂草丛生,有零星灌木生长,根系对现存居住址基础构成严重威胁。

前干涧长城9号居住址(总第101号,编码120225354107170101)

该居住址位于天津市蓟县下营镇前干涧村东北、前干涧长城16段墙体内侧4米处,地处山脊,东侧、南侧为陡坡,北侧和西侧为缓坡,周围长满乔木及荆条等灌木,地上杂草丛生。

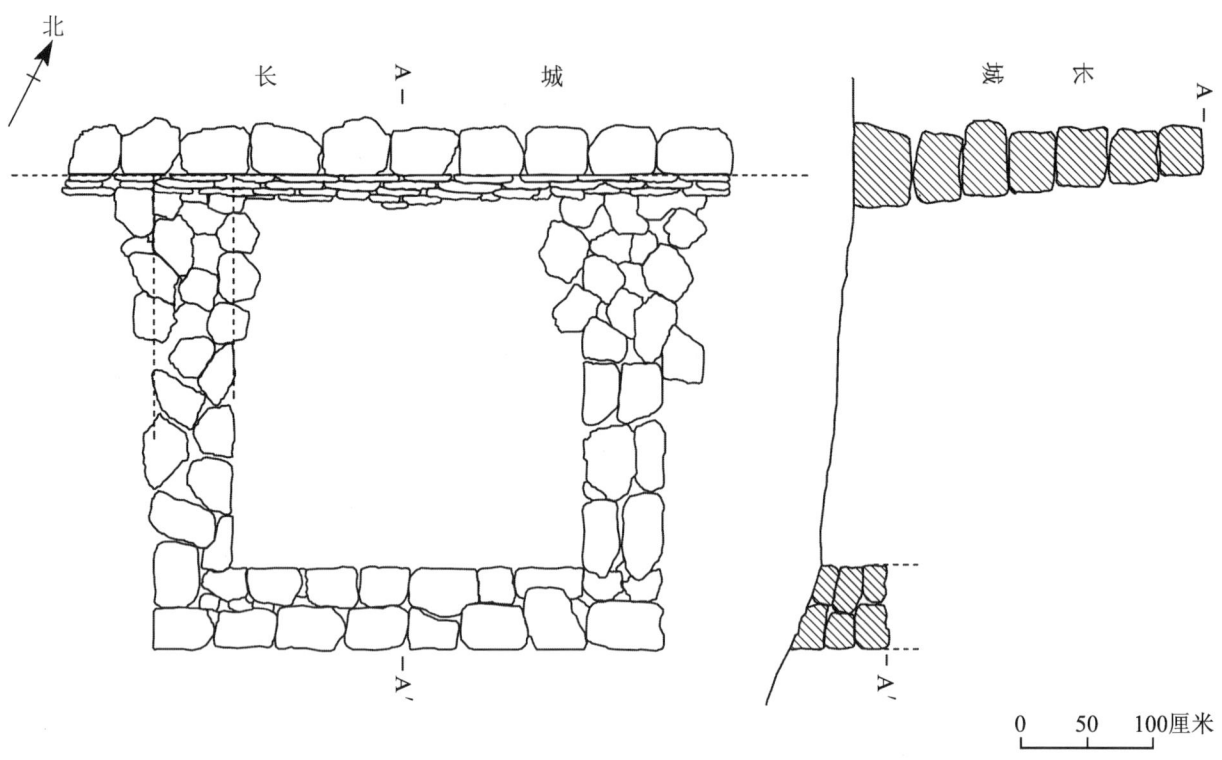

图二一三　前干涧长城 8 号居住址平、剖面图

该居住址自明代修建以来无任何修缮，保存一般。平面呈长方形，东西长 4.2、南北宽 3.8 米，面积 15.96 平方米，残高 0.25～1.18 米。方向为 10°。中心高程 628 米。（图二一四；彩图五八〇）

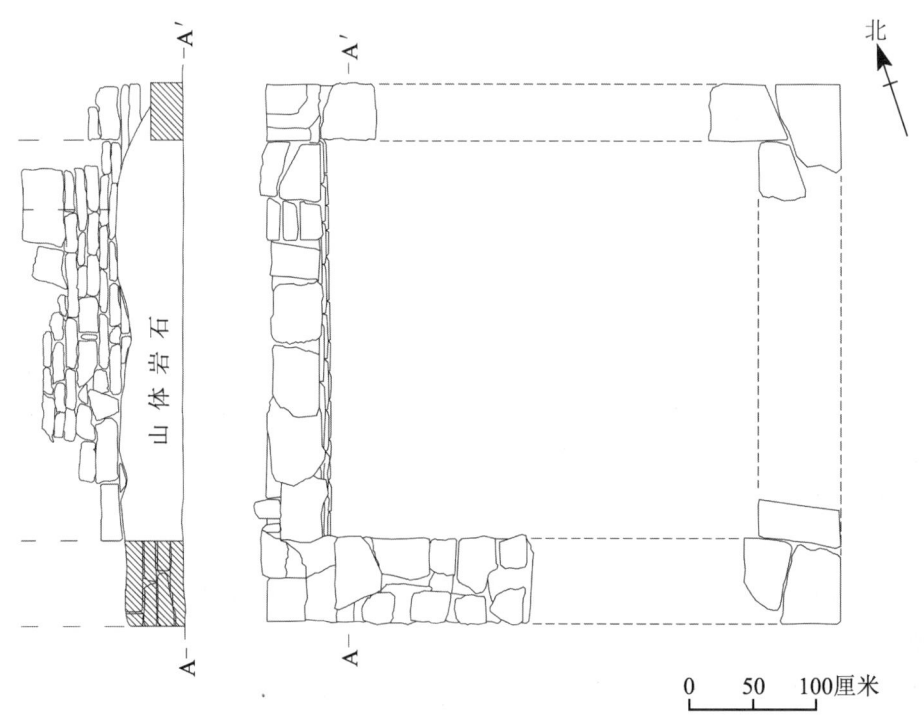

图二一四　前干涧长城 9 号居住址平面、剖视图

居住址建筑材料为石块,墙体用大小不一的石块干垒而成,其他结构不详。居住址依地势而建,北高南低。北壁、东壁塌落,东北角和东南角仅存基础石块,与地表同高。南壁坍塌,仅存西南角长1.5、高0.43米,墙宽0.6米。西壁保存较好,下部借用山体岩石,上部用石块垒砌,高0.6~1.18米。

居住址基础部分倒塌,与垒砌不牢固、自然塌落有关。人为因素破坏较小。

(四) 火池

前干涧长城 1 号火池(总第 102 号,编码 120225354199170102)

该火池位于天津市蓟县下营镇前干涧村东北、前干涧长城 7 段墙体上,南距前干涧长城 2 号火池12 米,北侧为前干涧长城 3 号居住址。地处山脊,南、北侧为长城墙体,东、西两侧为山谷陡坡,西侧长有灌木,东侧长有乔木,周围长满树木及荆条等灌木,地上杂草丛生。

该火池自明代修建以来无任何修缮,保存一般。平面呈长方形,南北长 2、东西宽 1.7 米,面积约5.1 平方米,高 0.3~0.5 米。方向为 330°。中心高程 670 米。(图二一五;彩图五八一)

火池建筑材料为石块,池体用大小不一的石块垒砌,石块之间未用任何黏结物,干垒于长城马道上。南侧为火池口,西壁借用长城垛口,北壁和东壁保存一般,上部石块塌落,残高 0.3~0.5 米。

火池上部石块被拆毁、移位现象突出,人为破坏因素极其明显。池体基础部分倒塌,与垒砌不牢固、自然塌落有关。

前干涧长城 2 号火池(总第 103 号,编码 120225354199170103)

该火池位于天津市蓟县下营镇前干涧村东北 1.9 千米、前干涧长城 7 段墙体马道上,北距前干涧长城 1 号火池 12 米。地处山脊,南、北两侧为长城墙体,东西两侧为山谷陡坡,周围长满乔木、荆条等灌木,地上杂草丛生。

该火池自明代修建以来无任何修缮,保存情况一般。平面呈长方形,南北长 2、东西宽 1.3 米,面积 2.6 平方米,残高 0.16~0.25 米。方向为 320°。中心高程 670 米。(图二一六;彩图五八二)

火池建筑材料为石块,池体用大小不一的石块垒砌,石块之间未用任何黏结物,干垒。火池建在长城墙体马道上,南侧为火池口,北壁和东壁保存一般,高 0.16~0.25 米,西壁借用长城垛口。

此火池上部石块被移位现象突出,人为破坏因素极其明显。池体部分倒塌,与垒砌不牢固、自然塌落有关。火池内及周围杂草丛生、灌木生长,根系对现存火池构成潜在威胁。

前干涧长城 3 号火池(总第 104 号,编码 120225354199170104)

该火池位于天津市蓟县下营镇前干涧村西南 0.1 千米、前干涧长城 8 段墙体南部 13 米,西侧紧贴前干涧长城 4 号居住址东壁外侧。地处山脊,北侧、东侧为峭壁,南侧为山脊,周围长满乔木及荆条等灌木,地上杂草丛生。

该火池自明代修建以来无任何修缮,保存情况较好。平面呈半圆形,南北长 2.2、东西宽 1.15 米,面积约 2.53 平方米,残高 0.3 米。方向为 40°。中心高程 521 米。(图二一七;彩图五八三)

火池建筑材料为石块,池体用大小不一的石块垒砌,石块之间未用任何黏结物。火池北壁、东壁和南壁保存较完整,干垒而成,保留 2 层,残高 0.3 米,西壁为土墙,火池周围堆积上部坍塌的石块,周围长有荆条、杂草等植被。

火池上部石块被拆毁、移位现象突出,人为破坏因素极其明显。火池内杂草丛生、灌木生长,根系对现存火池基础构成严重威胁。

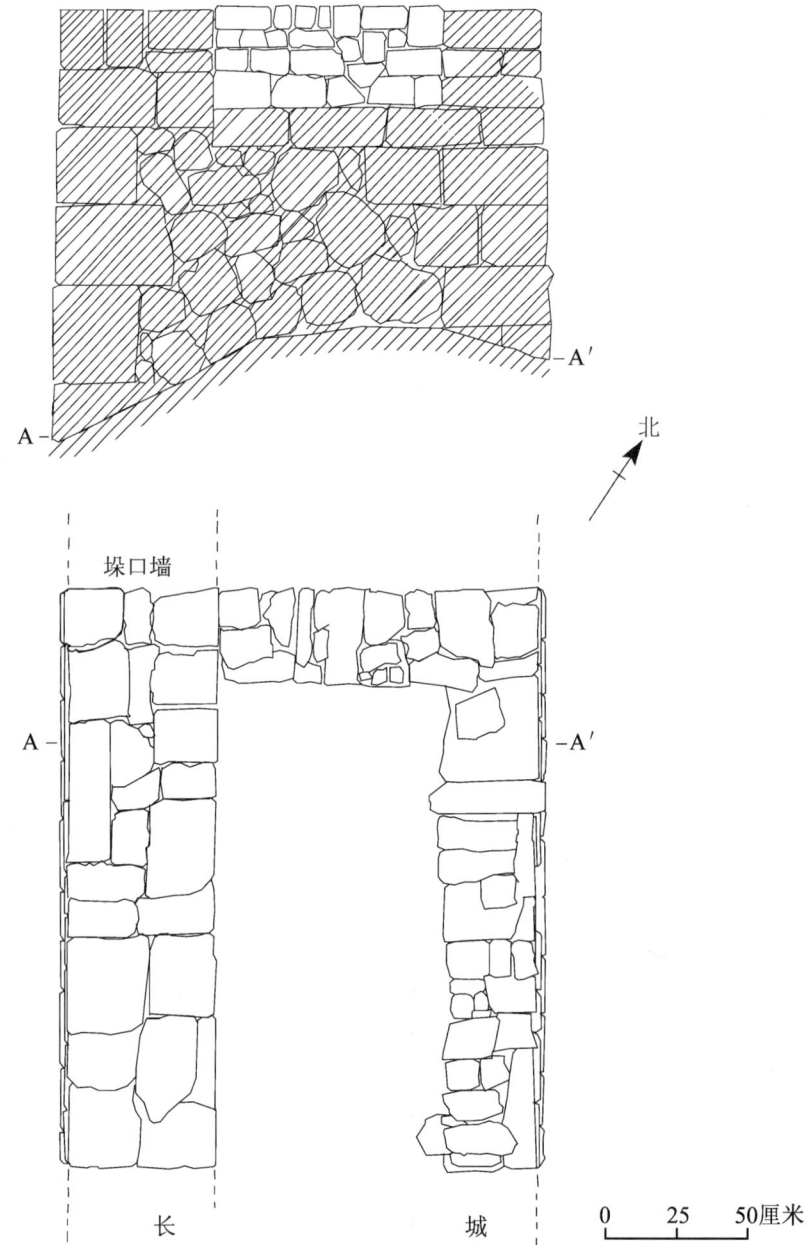

图二一五　前干涧长城1号火池平面、剖视图

前干涧长城4号火池（总第105号，编码120225354199170105）

　　该火池位于天津市蓟县下营镇前干涧村东北、前干涧长城14段墙体拐角内侧，外侧为前干涧长城5号火池，北距前干涧长城二道边1段墙体10米，南距前干涧长城7号敌台约0.19千米。地处山脊，南、北两侧为长城墙体，东、西侧为山谷陡坡，周围长满乔木及荆条等灌木，地上杂草丛生。

　　该火池自明代修建以来无任何修缮，保存一般。平面呈八字形，南北长1.3、东西宽1.1米，面积约1.43平方米，残高0.6~1米。方向为0°，中心高程539米。（图二一八；彩图五八四）

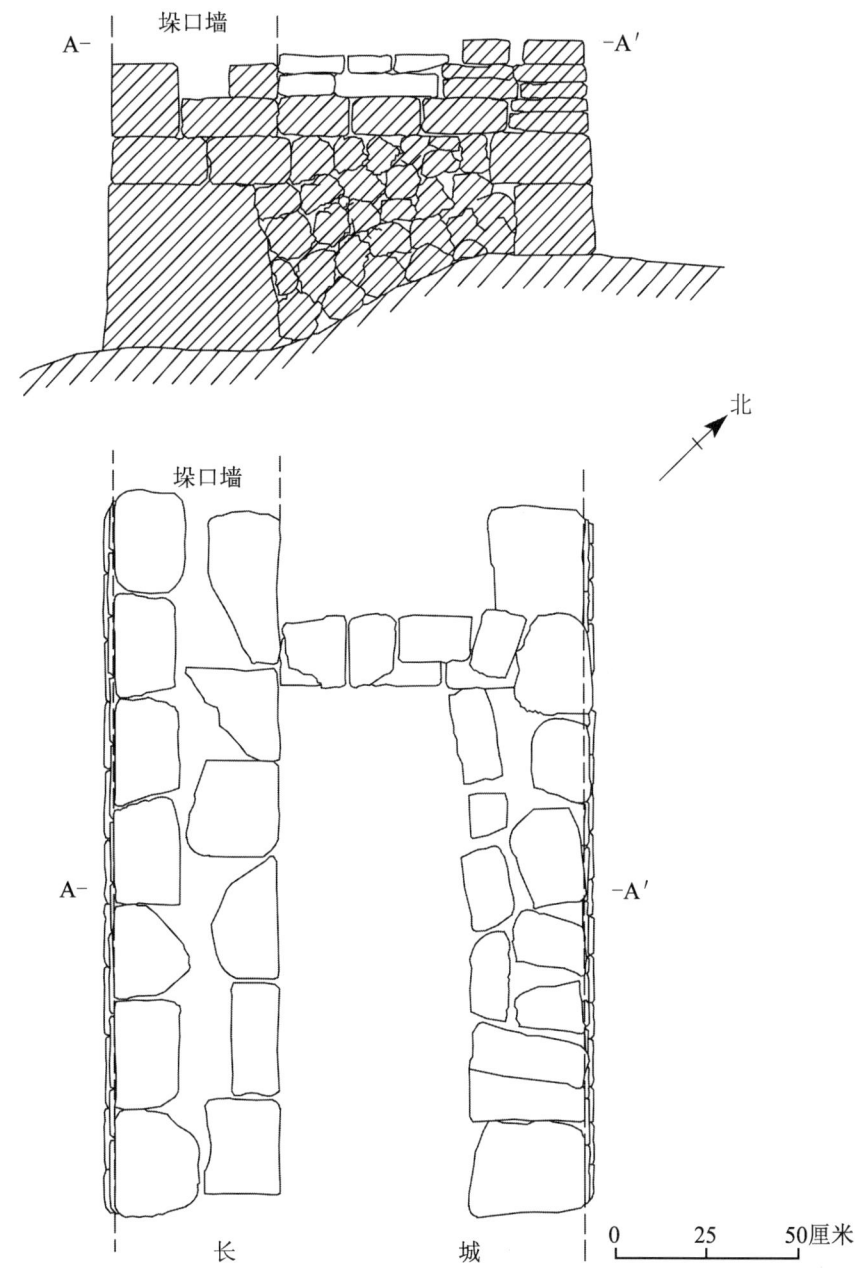

图二一六　前干涧长城 2 号火池平面、剖视图

火池建筑材料为石块，池体用大小不一的石块垒砌而成，石块之间未用任何黏结物。火池顶部部分石块塌落，火池口设于南侧。西壁长 1.3、高 0.6～1 米，墙宽 0.5 米。北壁宽 0.9，南壁宽 1.7 米，东、北壁依借长城墙体，东壁高 0.9 米，北壁高 1 米。火池内堆积倒塌的石块。

此火池上部池体部分倒塌，与垒砌不牢固、自然塌落有关。火池内杂草丛生、灌木生长，根系对现存火池构成严重威胁。部分石块被移位，人为因素破坏不容忽视。

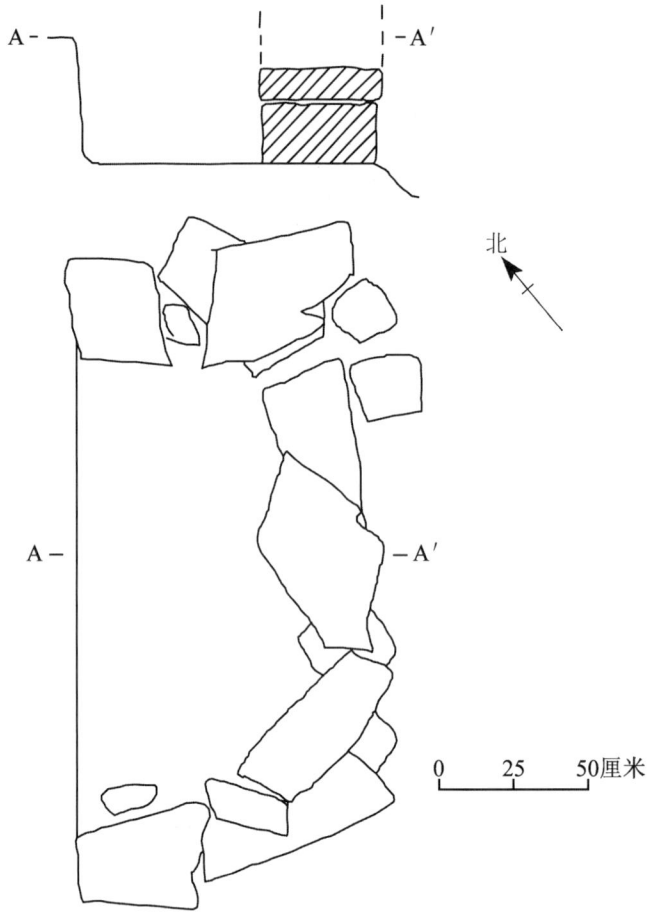

图二一七　前干涧长城 3 号火池平、剖面图

前干涧长城 5 号火池（总第 106 号，编码 120225354199170106）

该火池位于天津市蓟县下营镇前干涧村东北、前干涧长城 14 段墙体拐角外侧，内侧为前干涧长城 4 号火池，北距前干涧长城二道边 1 段 10 米，南距前干涧长城 7 号敌台约 0.19 千米。地处山脊，东、北侧为山谷，西侧为缓坡，南侧为陡坡，周围长满乔木及荆条等灌木，地上杂草丛生。

该火池自明代修建以来无任何修缮，保存情况一般。平面呈"门"形，东西长 2、南北宽 0.8～0.9 米，面积 1.7 平方米，残高 0.4～0.5 米。方向为 90°。中心高程 539 米。（图二一九；彩图五八五）

该火池建于山脊上，建筑材料为石块，池体用大小不一的石块垒砌，石块之间未用任何黏结物，干垒而成。火池顶部部分石块塌落。火池口设于西侧，南壁依长城墙体，长城垛口外侧倒塌，仅存基础，高 0.30 米，内侧高 1.05 米。北壁长 2、残高 0.4～0.5 米。东壁倒塌，仅存基础，高 0.3 米，墙宽不详。火池内有少量的石块。

此火池上部石块被拆毁、移位现象突出，人为破坏因素极其明显。池体基础部分倒塌，与垒砌不牢固、自然塌落有关。火池内杂草丛生、零星灌木生长，根系对现存火池构成严重威胁。

前干涧长城 6 号火池（总第 107 号，编码 120225354199170107）

该火池位于天津市蓟县下营镇前干涧村西南 1.6 千米、前干涧长城 16 段墙体马道上，北距前干涧长城 11 号敌台 35 米，南 6 米为前干涧长城 7 号火池。地处山脊，南侧和北侧为山脊，东侧和西侧为陡坡，周围长满乔木及荆条等灌木，地上杂草丛生。

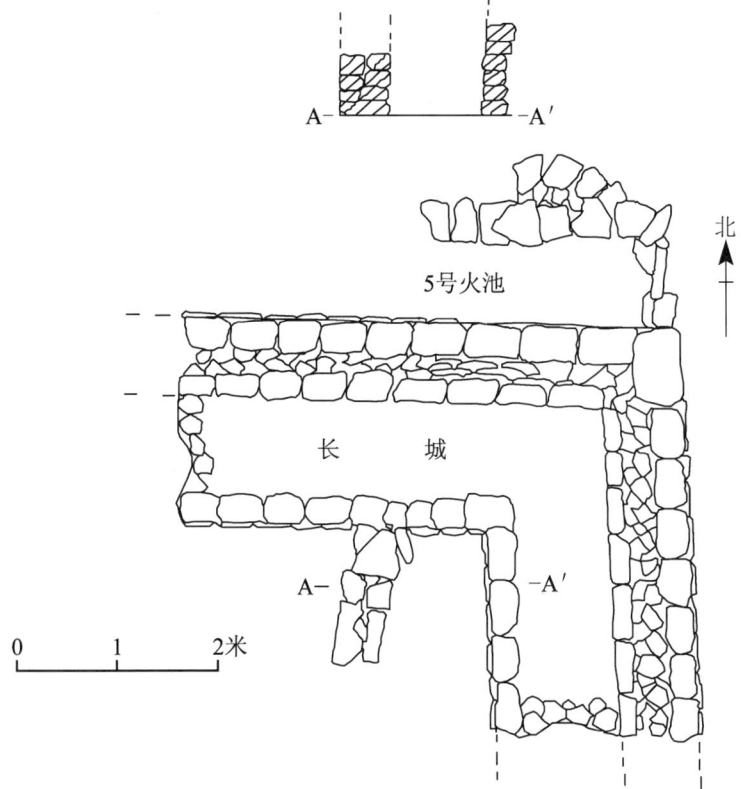

图二一八　前干涧长城4号火池平、剖面图

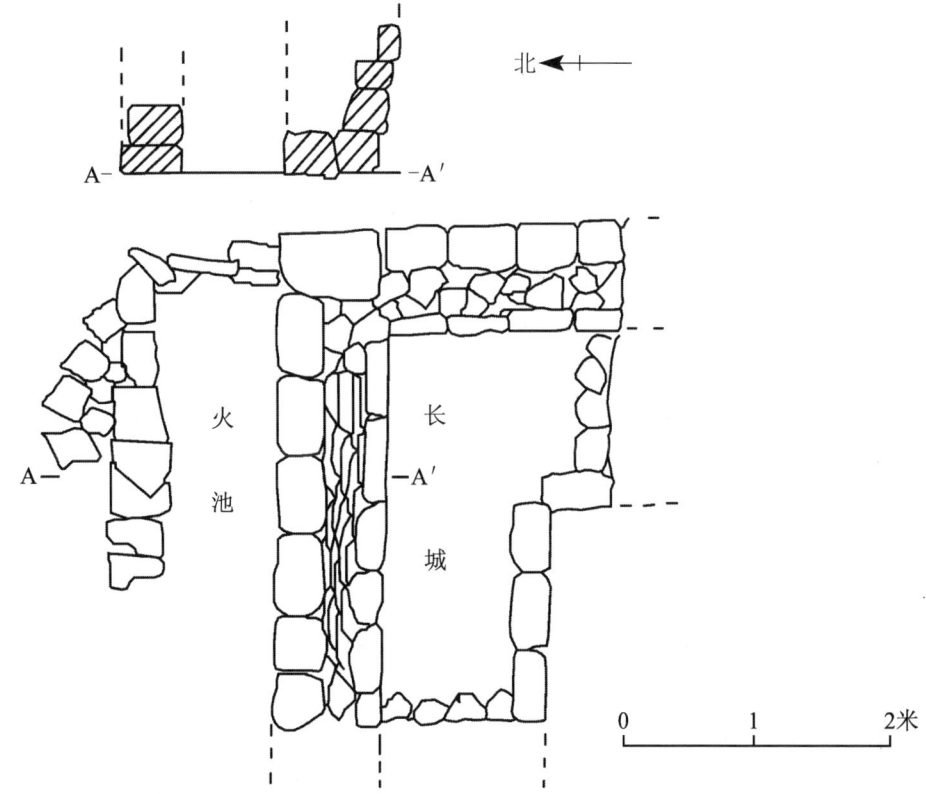

图二一九　前干涧长城5号火池平、剖面图

　　该火池自明代修建以来无任何修缮，保存一般。平面呈长方形，南北长 1.7、东西宽 0.95～1.26 米，面积约 1.7 平方米，残高 0.3～0.58 米。方向为 350°。中心高程 642 米。（图二二〇；彩图五八六）

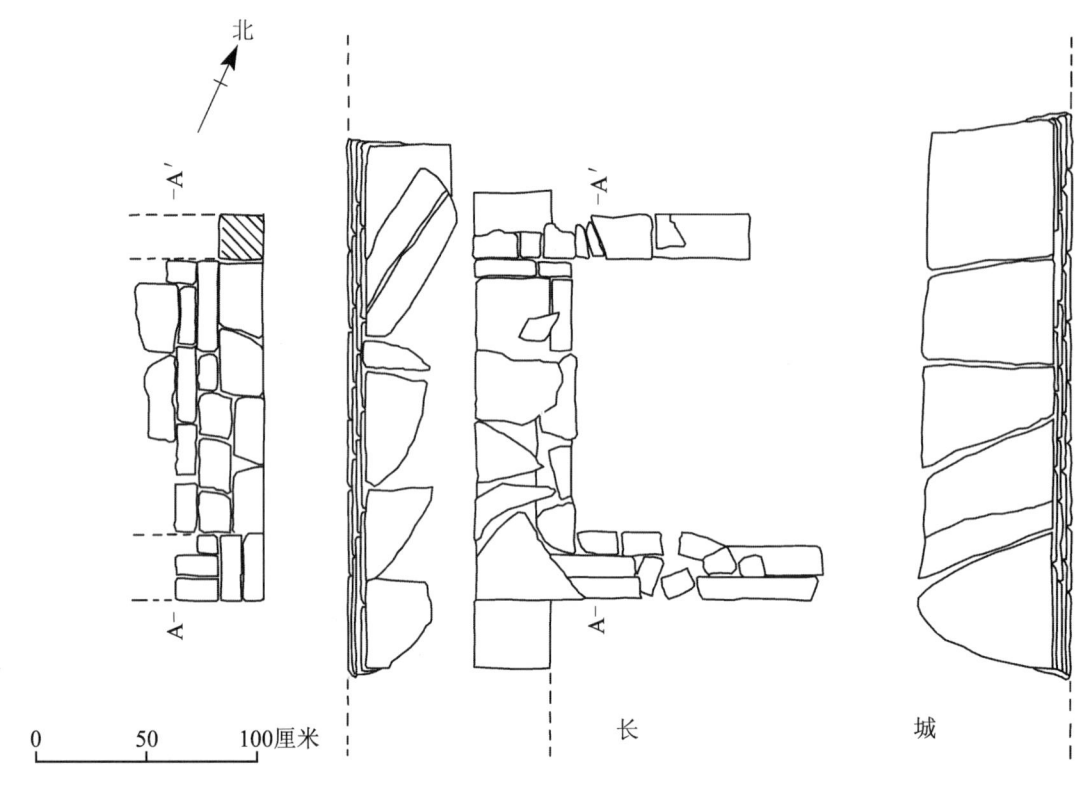

北

0　　　50　　　100厘米

长　　　城

图二二〇　前干涧长城 6 号火池平、剖面图

　　火池建在长城马道上，建筑材料为石块，池用大小不一的石块垒砌而成，石块之间未用任何黏结物。火池上部部分石块塌落，北壁保存较差，高 0.2 米；东侧为火池口；南壁保存较差，高 0.3～0.4米；西壁保存较好，紧贴长城垛口垒砌，高 0.4～0.58 米。

　　火池上部部分倒塌，与垒砌不牢固、自然塌落有关。火池内杂草丛生、灌木生长，根系对现存火池构成严重威胁。部分石块被移位，人为因素破坏不容忽视。

前干涧长城 7 号火池（总第 108 号，编码 120225354199170108）

　　该火池位于天津市蓟县下营镇前干涧村西南 1.6 千米、前干涧长城 16 段墙体马道上，北距前干涧长城 6 号火池 6 米、前干涧长城 11 号敌台 50 米。地处山脊，南侧和北侧为山脊，东侧和西侧为陡坡，周围长满树木及荆条等灌木，地上杂草丛生。

　　该火池自明代修建以来无任何修缮，保存较好，平面呈近椭圆形，东西长径 1.98、南北短径 1.65米，面积约 3.27 平方米。方向为 340°。中心高程 637 米。（图二二一；彩图五八七）

　　火池建在长城马道上，建筑材料为石块，池体用大小不一的石块垒砌而成，石块之间未用任何黏结物。火池顶部部分石块塌落，整体保存较好。火池口大底小，北壁、东壁和南壁保存较好，西壁紧贴长城垛口垒砌，高 0.33 米。

　　火池上部石块被拆毁、移位现象突出，人为破坏因素极其明显。火池基础部分倒塌，与垒砌不牢固、自然塌落有关。

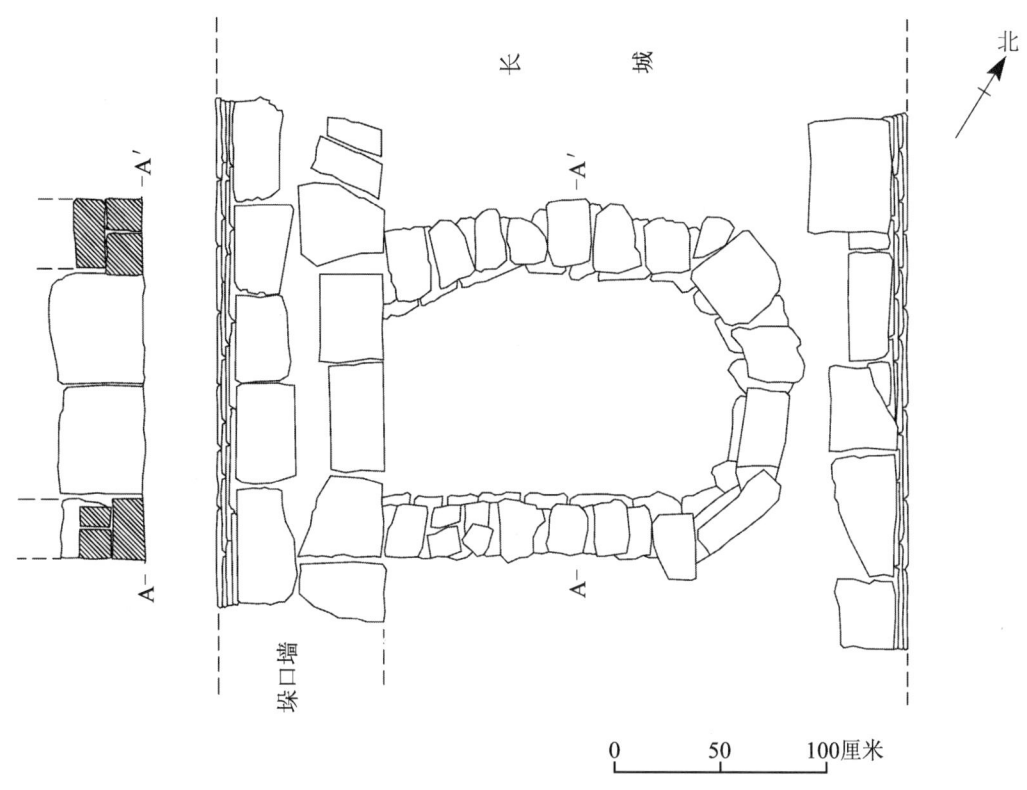

图二二一　前干涧长城 7 号火池平、剖面图

（五）烟灶

前干涧长城 1 号烟灶（总第 89 号，编码 120225354199170089）

该烟灶位于天津市蓟县下营镇黄崖关西、前干涧长城 1 号敌台东 15 米，西距前干涧长城 1 号敌台 15 米，东距前干涧长城 2 号烟灶 13 米。地处山脊，南北两侧为陡坡，东、西侧为缓坡，周围长满树木，地上杂草丛生。

该烟灶自明代修建以来无任何修缮，保存一般。平面呈长方形，南北长 2.2、东西宽 1.8 米，面积约 3.96 平方米，残高约 0.6 米。方向为 55°。中心高程 662 米。（图二二二；彩图五八八、五八九）

烟灶建于西高东低的山梁上，建筑材料为石块，灶体用大小不一的石块垒砌，石块之间未用任何黏结物，干垒而成。烟灶已塌，上部堆满乱石。东壁保存最高，东部下铺一层垫坡石，中部中间垒砌灶门一个，宽 0.4、高 0.25 米，进深不详。其他三壁倒塌严重，结构不详。

此烟灶损毁原因主要是自然坍塌，上部石块塌落，与垒砌不牢固有关。烟灶上部及周围生长杂草、灌木等植被，根系对烟灶造成损坏。

前干涧长城 2 号烟灶（总第 90 号，编码 120225354199170090）

该烟灶位于天津市蓟县下营镇黄崖关西、前干涧长城 1 号敌台东 28 米，西距前干涧长城 1 号烟灶 13 米，东距前干涧长城 3 号烟灶 11 米。地处山脊，南北两侧为陡坡，东、西侧为缓坡，周围长满树木，地上杂草丛生。

该烟灶自明代修建以来无任何修缮，保存一般。平面呈长方形，南北长 2.2、东西宽 1.9 米，面积 4.18 平方米，残高 0.7 米。方向为 60°。中心高程 661 米。（图二二三；彩图五九〇、五九一）

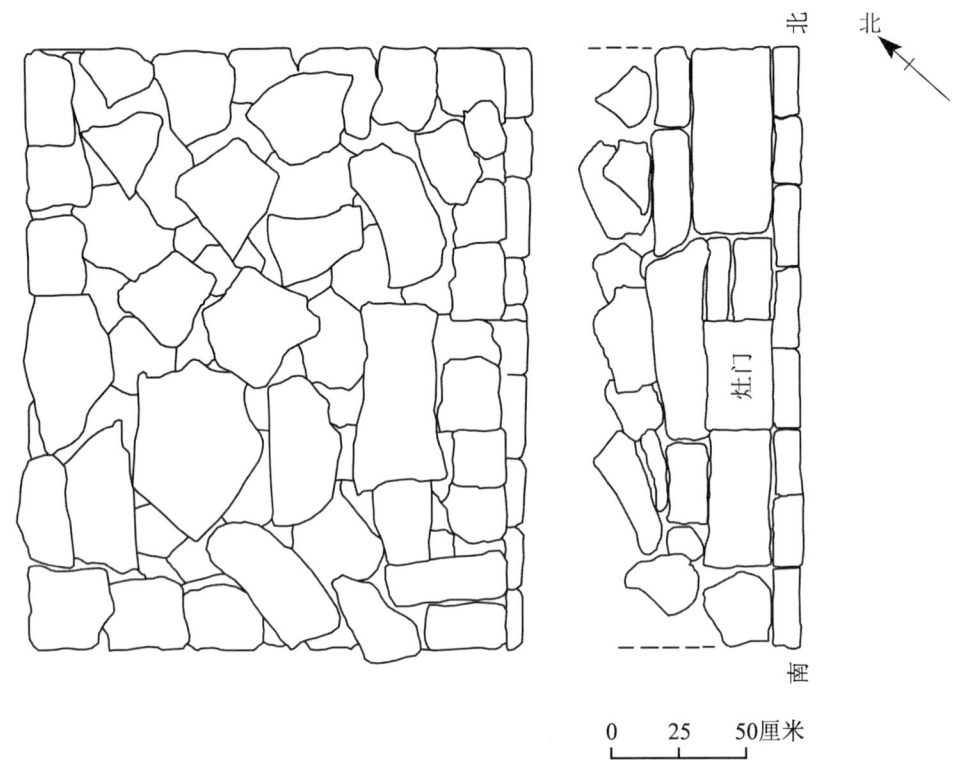

图二二二　前干涧长城 1 号烟灶平面、东壁正视图

烟灶建在西高东低的一处山梁上，建筑材料为石块，灶体用大小不一的石块垒砌，石块之间未用任何黏结物，干垒而成。烟灶上部倒塌，形成乱石堆积，形态结构不详。北壁保存较好，残存最高0.7 米。北壁、东壁建有灶门，北壁灶门宽 0.24、高 0.3、进深 0.4 米；东壁灶门宽 0.35、高 0.25 米，进深不详。

此烟灶损毁原因主要是自然坍塌。上部石块塌落，与垒砌不牢固有关，人为拆移烟灶石块的现象不容忽视。烟灶上部及周围生长灌木，根系将对烟灶造成巨大损坏。

前干涧长城 3 号烟灶（总第 91 号，编码 120225354199170091）

该烟灶位于天津市蓟县下营镇黄崖关西、前干涧长城 1 号敌台东 40 米，西距前干涧长城 2 号烟灶11 米，东距前干涧长城 4 号烟灶 17 米。地处山脊，南北两侧为陡坡，东、西侧为缓坡，周围长满树木，地上杂草丛生。

该烟灶自明代修建以来无任何修缮，保存一般。平面呈长方形，南北长 2.1、东西宽 1.8 米，面积3.78 平方米，残存最高 0.8 米。方向为 65°。中心高程 655 米。（图二二四；彩图五九二、五九三）

烟灶建于西高东低的山梁上，建筑材料为石块，灶体用大小不一的石块垒砌，石块之间未用任何黏结物，干垒而成。烟灶东北部保存较完整，其他上部倒塌为乱石堆积，西南部倒塌严重，东壁下垒一层垫坡石。北壁、东壁垒砌灶门，北壁灶门宽 0.35、高 0.25、进深 0.6 米；东壁灶门宽 0.35、高0.3 米，进深 0.65 米。东北角上部能看清烟灶外壁厚 0.4 米，外壁顶部距内侧地表最高 0.35 米，烟灶上部塌陷成 0.35 米深的坑，其他结构不详。

此烟灶损毁原因主要是自然坍塌，上部石块塌落，与垒砌不牢固有关。烟灶上部及周围生长高大树木，根系、树径生长将对烟灶造成巨大损坏。

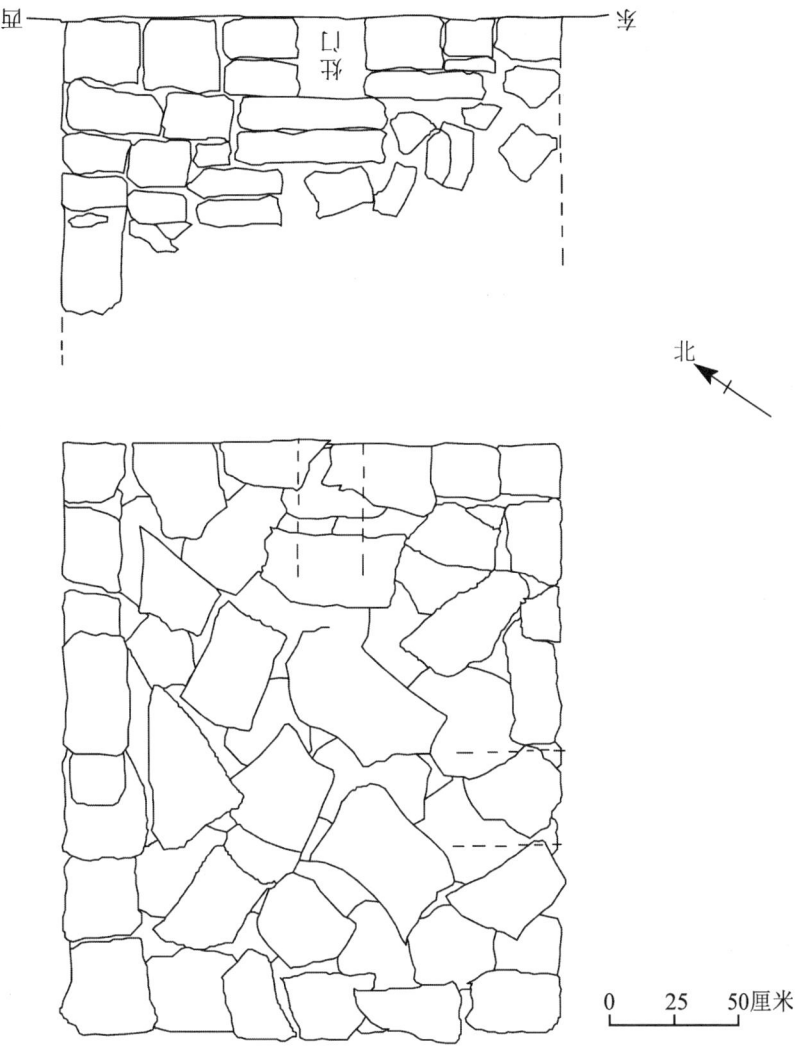

图二二三 前干涧长城 2 号烟灶平面、北壁正视图

前干涧长城 4 号烟灶（总第 92 号，编码 120225354199170092）

该烟灶位于天津市蓟县下营镇黄崖关西、前干涧长城 1 号敌台东 57 米，西距前干涧长城 3 号烟灶17 米。地处山脊，南北两侧为陡坡，东、西侧为缓坡，周围长满树木，地上杂草丛生。

该烟灶自明代修建以来无任何修缮，保存较差。平面呈长方形，南北长约 2.4、东西宽约 1.9米，面积约 4.56 平方米，残存最高 0.35 米。方向为 60°。中心高程 657 米。（图二二五；彩图五九四）

烟灶建于西高东低的山梁上，建筑材料为石块，灶体用大小不一的石块干垒而成，其他结构不详。烟灶倒塌严重，只存东壁基础部分，其余为乱石堆积，其他结构不详。

此烟灶损毁原因主要是自然坍塌，上部石块塌落，与垒砌不牢固有关。人为搬运烟灶石块的现象不容忽视。烟灶上部及周围生长高大树木，其根系、树径生长将对现存烟灶造成巨大损坏。

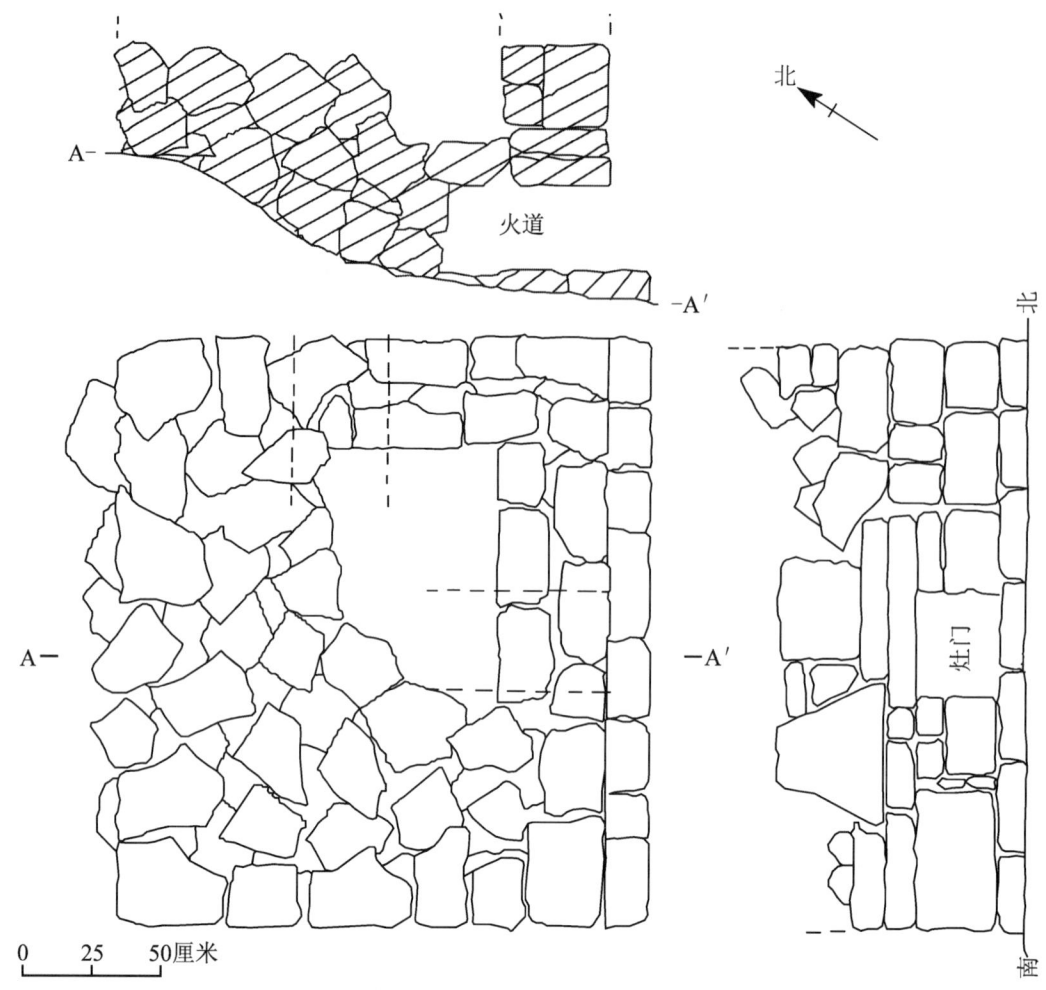

北

火道

A—

—A′

灶门

北

南

0   25   50厘米

图二二四　前干涧长城 3 号烟灶平、剖面及东壁正视图

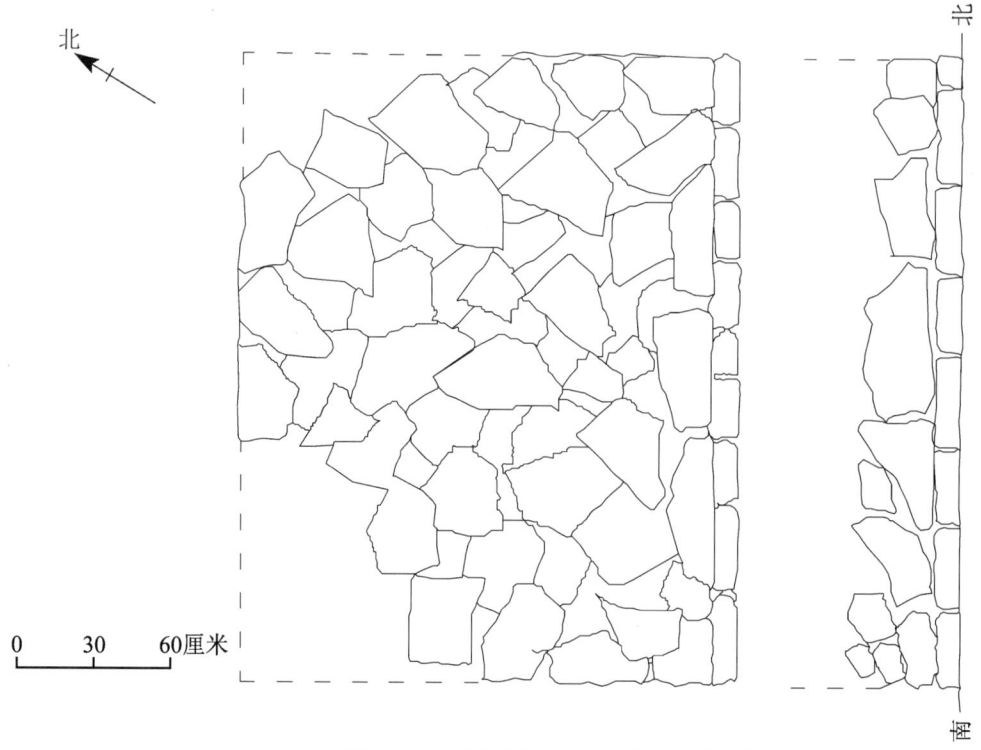

北

北

0   30   60厘米

南

图二二五　前干涧长城 4 号烟灶平面、东壁正视图

八 其他寨堡

（一）下营寨堡（编码120225353102170006）

下营寨堡位于天津市蓟县下营镇下营村中部，地处山谷平地，地势平坦。

寨堡朝向正南，平面呈长方形，周长730米，其中南北长约190、东西宽约170米，占地面积约33250平方米。中心高程207米。（图二二六）

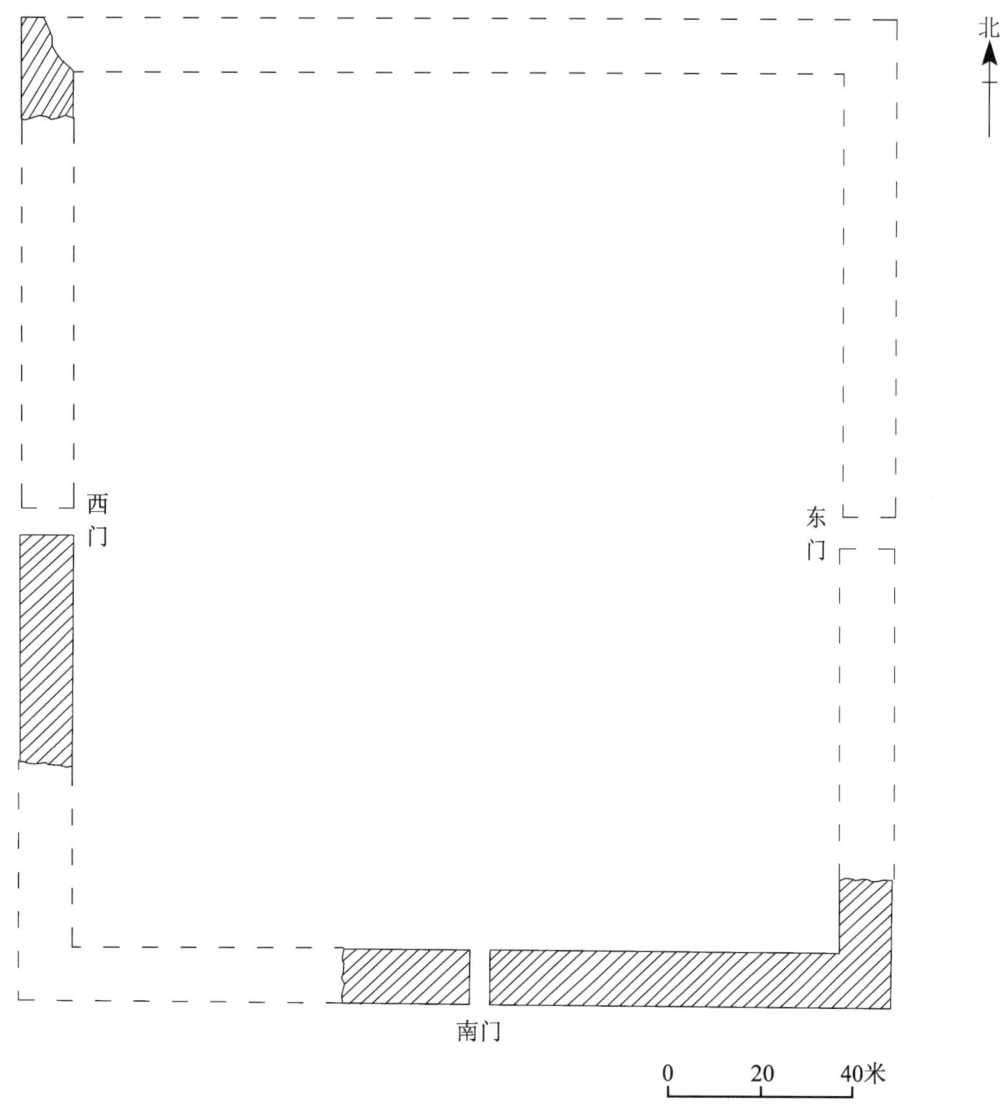

图二二六 下营寨堡平面图

寨堡墙体类别为石墙，墙体用大小不一的石块干垒，石块之间无黏结物。自明代修建以来未经任何修缮，保存较差。现被村民的住房全部占压，墙体被村民用作邻居之间的院墙，大部分毁损，四面墙体仅存部分基础，墙宽10.4米，现存最高1.1、最低0.4米。南墙东半部残存基础，长110米。（彩

图五九五）西墙保存较好，在村民韩志国家中有一段较好的墙体，长45米，垒砌墙体的石块较大，长110、高45厘米。（彩图五九六）寨堡西南角位于村民张清家，其房屋北墙为寨堡的南墙，保存墙体约20米。东南角位于村民张景明家，墙体保存约25米。

寨堡被下营村所占，至今沿用以前的街道。大部分建筑被人为破坏。据当地村民介绍，此寨堡原有南、东、西3个寨门，已毁，3个寨门位置基本可以确定，部分寨门尚可观测一个边，南门宽约4米，东门宽约5米，西门宽约5米。据当地村民讲，堡内曾建瓮城，村内部分青砖就是从寨堡门楼上拆下来的，青砖长36、宽18、厚80厘米。南门街内东西各有槐树两棵，树围2.1米，应为明代建堡时种植。寨堡内至今保存磨盘（高程207米）1个，直径1.4米；碾子2个，直径0.48、长0.6米。寨堡南门外37.5米路东6.5米处有水井1口（编号120225354199170002），高程193米，口径1.1、底径2.4、深4.8米，仍有水。（彩图五九七）

寨堡南门西高程199米，南门东高程198米，东南角高程203米，东门南高程203米，东门北高程203米，东北角高程207米，西北角高程203米；西门北高程204米，西门南高程234米，西南角高程198米。

寨堡保存较差的主要原因应该是人为破坏，寨堡被村民的住房全部占压，人类盖房、修院墙等将大部分墙体破坏得面目全非。

（二）中营寨堡（编码120225353102170007）

中营寨堡位于天津市蓟县下营镇中营村内，原貌已不存在，现为村民住宅，地势平坦。中心高程206米。

寨堡朝向正南，平面呈长方形，周长890米，其中南、北墙长180米，东、西墙265米，占地面积约47700平方米。（图二二七）

寨堡墙体类别为石墙，墙体用大小不一的石块干垒，石块之间无黏结物。自明代修建以来未经过任何修缮，现被村民住房全部占压。墙体被用做邻居之间的院墙，保存较差，大部分毁损，仅东墙南部残留15米，（彩图五九八）北墙东部残留16米，（彩图五九九）现存最高0.8、最低0.4米。

寨堡被中营村所占，至今沿用以前的街道。大部分建筑被人为破坏。据当地村民介绍，寨堡原有4个寨门，已毁，寨门位置基本可以确定，东门宽约8、南门宽约6、西门宽约5米，北门最窄，宽约1.5米，寨门已不存在，现为公路。寨堡中部有一口4眼水井（编号120225354199170013），高程207米，井壁为石砌，圆形，直径1.4米，井口覆盖一方形大石板，上凿4孔，孔径0.43米。这种设计十分巧妙，（彩图六〇〇）可以同时供4组人打水，大大提高了效率。从另一个侧面反映了此寨堡驻扎人员较多，用水量较大。水井旁保存石槽一个，长1.2、宽0.7、高0.35米，边缘厚0.1米。寨堡内发现碾盘5个，直径1.35、厚0.35米；碾子3个，直径0.55、长0.62米。

寨堡南门东高程205米，南门西高程205米，北门高程202米，西南角高程205米，东北角高程210米，西门南高程205米，东门北高程205米，西门北高程205米，东门南高程205米，西北角高程205米，东南角高程205米。

寨堡损毁主要原因是人为破坏。该寨堡被村民的住房全部占压，盖房、修院墙等已将大部分墙体破坏得面目全非。

（三）小平安寨堡（编码120225353102170009）

小平安寨堡，又名"太平安寨"位于天津市蓟县下营镇小平安村内，黄崖关东南，寨堡西侧6.5

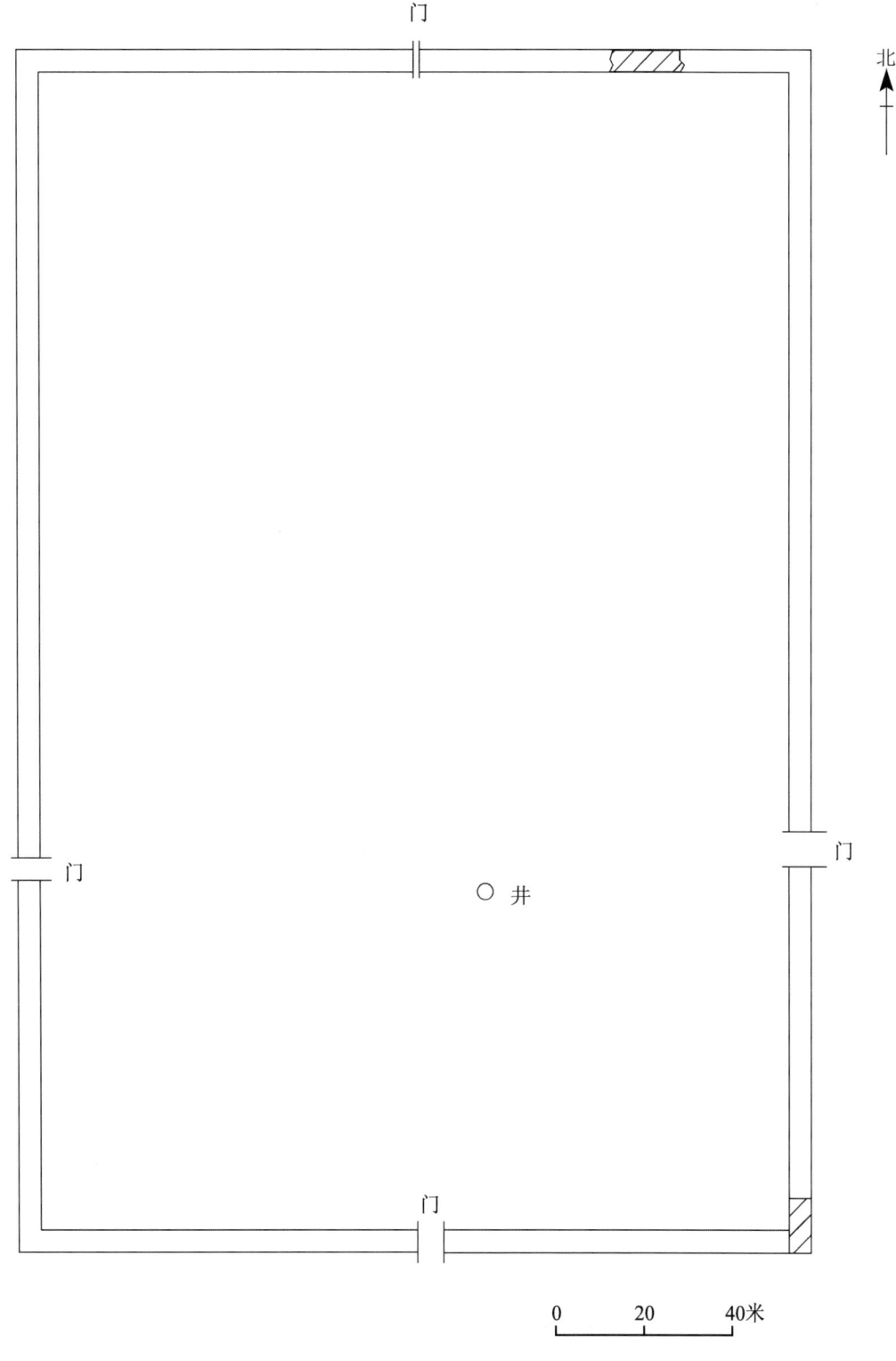

图二二七 中营寨堡平面图

米处为公路，北距乡间水泥路3米，南侧为民房、耕地，东侧为农田，东北高西南低。

寨堡朝向正南，平面呈长方形，周长281米，其中北墙长74米，南墙、西墙长70米，东墙长67米，占地面积约4932平方米。中心高程319米。（图二二八）

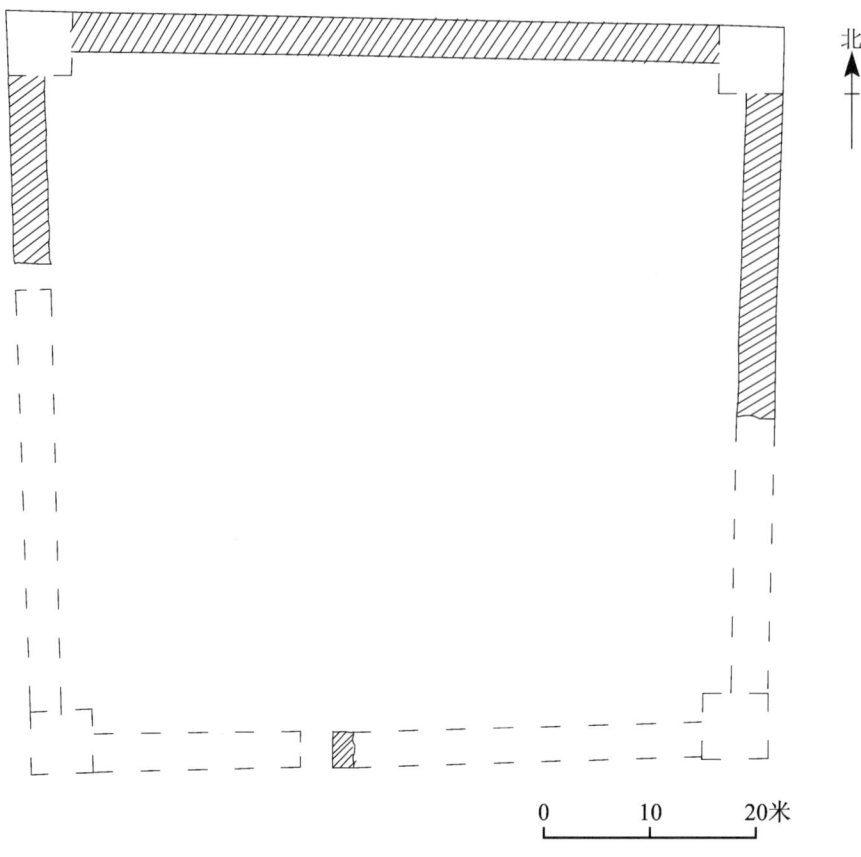

图二二八　小平安寨堡平面图

此寨堡墙体类别为石墙，墙体两侧壁用大石块垒砌，石块之间无黏结物，干垒而成，中间则用碎石和黄土填充。自明代修建以来未经过任何修缮，现被村民的住房全部占压，墙体被村民用做邻居之间的院墙，保存较差，大部分损毁。墙体剖面呈梯形，下宽4.9、上宽3.5米，现存最高1.5、最低0.5米。东墙北半部残留36米，顶部距外侧地表高1.5米。（彩图六〇一）南墙中部残留2米，残高1米，其余墙体不复存在。（彩图六〇二）西墙北半部残存23米，顶部距内侧地表高1.5米，距外侧地表高0.5米；南半部全部消失。北墙保存较好。（彩图六〇三）寨堡中部墙体保存较高，两端墙体保存较低，残高0.5～1.5米。

寨堡被小平安村所占，至今沿用以前的街道，大部分建筑被人为破坏。据当地村民介绍，寨堡原有南、西两个寨门，已毁。寨门位置基本可以确定，西寨门位于西墙中部偏北，宽约2.2米；南寨门位于南墙中部，宽约3米。

据现场观测，并询问当地多位村民，了解到此寨堡四角原各有角楼，现全部破坏，痕迹皆无。寨堡西南部原有水井一口，现被压民房之下。

寨堡内西北角高程311米，西南角高程306米，东南角高程317米，东北角高程319米。

寨堡损毁主要原因是人为破坏，寨堡现被村民住房全部占压，盖房、修院墙等将大部分墙体破坏得面目全非。

（四）大平安寨堡（编码120225353102170010）

大平安寨堡位于天津市蓟县下营镇大平安村中部，黄崖关东南，地势平坦。中心高程230米。

　　寨堡朝向正南。平面呈长方形,周长570米,其中南、北墙长150米,东、西墙长135米,占地面积约20250平方米。(图二二九)

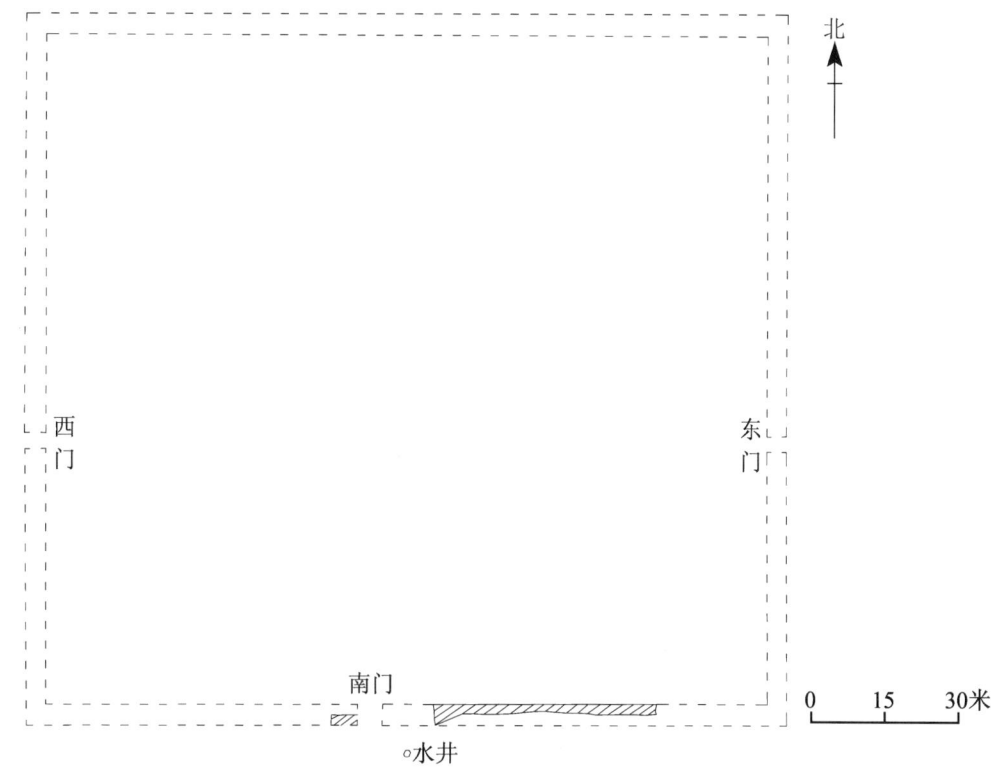

图二二九　大平安寨堡平面图

　　此寨堡墙体类别为石墙,墙体用大小不一的石块干垒,石块之间无黏结物。自明代修建以来未经过任何修缮,现被村民的住房全部占压,墙体被村民用做邻居之间的院墙,保存差。大部分毁损。南墙中部保存内侧一部分基础及南门西侧一部分墙体,南墙中部残存内侧基础,位于村民李金才、张衣果家后院,长44米,残高0.3米,紧靠南门西侧残存外侧墙壁长5米。(彩图六〇四)由两处残存部分观测出墙宽约4米。东、北、西墙被村民建房拆走,寨堡原貌已不存在,现存最高0.6、最低0.2米。

　　寨堡现被大平安村所占,至今沿用以前的街道,大部分建筑被人为破坏。据当地村民介绍,此寨堡原有南、东、西3个寨门,均已被毁,寨门位置基本可以确定,分别建于西墙、南墙、东墙中部,南门宽约5米,东、西门宽约3米。寨堡中部有一座真武庙,坐北朝南,现已修复。南门外东侧,有双眼水井1口(编号120225354199170014),(彩图六〇五)饮马槽1个。寨堡内发现碾盘1个、碾子1个。

　　寨堡内东南角高程228、东北角高程230、西北角高程229、西南角高程229米,南门东高程226、南门西高程227、西门高程231、东门高程232米。

　　此寨堡损毁主要原因是人为破坏。寨堡现被村民的住房全部占压,人类盖房、修院墙等将大部分墙体破坏得面目全非。

叁

遗 物

一 建筑材料

1. 垛口墙顶砖

标本1：散落于赤霞峪长城4号敌台东南侧。陶质。平面为长方形，剖面呈三角形，青色，烧制而成。长39、宽33、高16厘米。（图二三〇-2；彩图六〇六）

标本2：散落于赤霞峪长城5号敌台东侧，形制与标本1基本相同，已残，残长50、宽35、高10厘米。（彩图六〇九）

标本3：散落于船舱峪长城6号敌台东侧。平面为正方形，剖面上为三角形，下为长方形。边长38、高12厘米。（图二三〇-3；彩图六一一）

2. 垛口墙顶石

标本1：散落于赤霞峪长城4号敌台东南侧。石质。平面呈长方形，长53、宽36、高8厘米。孔径4、深5厘米。（图二三〇-6；彩图六〇七）一角稍残，上部微凸，下部较平，中有一孔。

标本2：散落于船舱峪长城6号敌台。石质。平面略呈亚字形，剖面呈凸字形，中有一孔。长50、宽35、高13厘米。孔径5、深2厘米。（图二三〇-5；彩图六一二）

3. 旗杆石

散落于赤霞峪长城4号敌台南侧。石质。平面呈长方形，长38、宽34、高8厘米，断成两块。（图二三〇-1；彩图六〇八）

4. 石构件

散见于船舱峪长城5号敌台西南20米处。石质。长80、宽50、高10厘米。孔径10、深3厘米，残断，顶有一孔。（图二三〇-7；彩图六一〇）

5. 板瓦

标本1：采于古强峪长城1号敌台。外为素面，内饰布纹。长22、厚1.3厘米，宽度不详。

标本2：散落于古强峪长城6号敌台。外为素面，内饰布纹。平面呈梯形，长24、厚1.5厘米，一端宽一端窄，窄边17、宽边20厘米。

6. 方砖

标本1：散落于船舱峪长城4号敌台顶部。完整，边长40、厚6厘米。

标本1：散落于船舱峪长城4号敌台。完整，边长38、厚7厘米。（图二三〇-4）

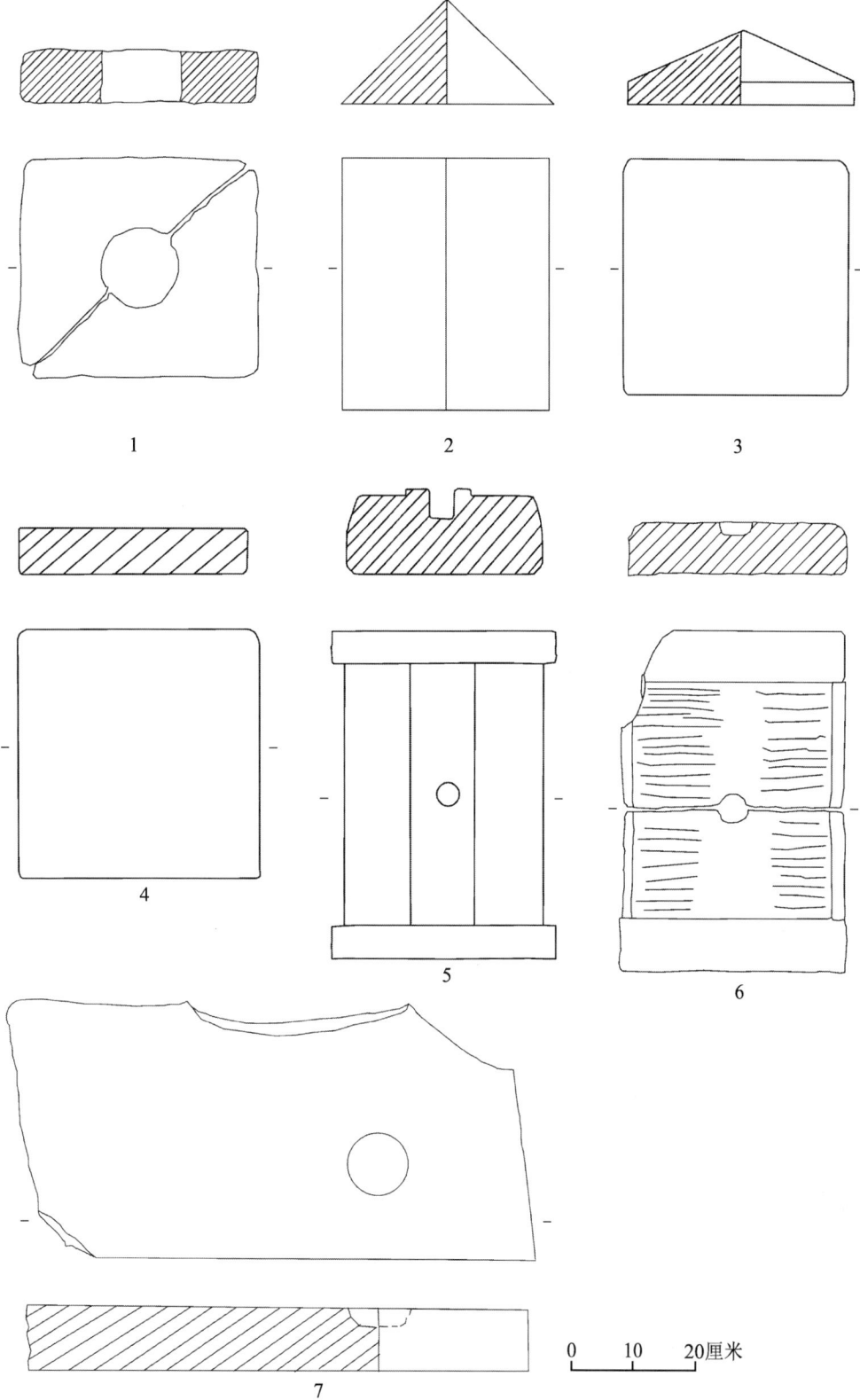

图二三〇　采集遗物平、剖面图

1. 旗杆石　2、3. 垛口墙顶砖　4. 方砖　5、6. 垛口墙顶石　7. 石构件

二　生活用品

1. 青花碗残片

采于赤霞峪长城 7 段墙体上。青白釉，白胎。（彩图六一三）

2. 青花瓷碗底

采于赤霞峪长城 7 段墙体。青白釉，灰白胎。（彩图六一四）

3. 灰胎罐口沿

采于赤霞峪长城 8 段墙体南部。平沿，短颈，宽肩。口径 14.6、残高 3 厘米。（彩图六一五 - 2）

4. 灰陶盆底

采于赤霞峪长城 8 段墙体南部。泥质灰陶，底径 20 厘米。（彩图六一五 - 3）

5. 白釉褐花碗口沿

采于赤霞峪长城 8 段墙体南部。白釉，黄白胎。口部饰褐色弦纹，口径 14、残高 4 厘米。（彩图六一五 - 1）

6. 青花瓷碗底

采于古强峪寨堡北墙。青白釉，黄白胎。外饰花卉图案，底内有涩圈，足外侧微削。（彩图六一六 - 1）

7. 白釉瓷碗底

采于古强峪寨堡北墙。白釉，灰白胎，内外均施釉，削足，足底部有鸡心状突起。足径 7 厘米。（彩图六一六；3）

8. 酱釉陶罐口沿

采于古强峪寨堡北墙。圆唇，短颈，直腹。口径 14、残高 4 厘米。（彩图六一六 - 2）

9. 灰陶罐口沿

采于青山岭长城 5 号敌台顶部。泥质灰陶，直口，圆唇，短颈，广肩。口径 16、残高 3 厘米。（彩图六一七）

10. 酱釉韩瓶残片

采于车道峪长城 2 号敌台。酱釉，外施凸弦纹。（彩图六一八）

11. 青花瓷碗口沿

采于车道峪长城 3 号敌台。青白釉，白胎，外饰花卉图案。（彩图六一九 - 1）

12. 黑釉瓷碗口沿

采于车道峪长城 3 号敌台。黑釉，灰胎，口径 14 厘米。（彩图六一九 - 2）

13. 酱釉瓷碗底

采于车道峪长城 3 号敌台。底内有涩圈，足底部有鸡心状突起，足径 6 厘米。（彩图六一九 - 3）

14. 酱釉罐底残片（2007JCC 采：15）

采于前干涧长城 2 号敌台顶部。内施酱釉，足径 10 厘米。（彩图六二〇 - 1、2）

15. 瓷碗底残片（2007JCC 采：14）

采于前干涧长城 2 号敌台顶部。白釉，灰胎，足径 9 厘米。（彩图六二〇 - 3）

肆

结　语

一　几点认识

此次天津市明长城资源调查，共勘测域内明长城墙体40283.06米，关城、寨堡、敌台、烽火台、火池、烟灶、居住址、水窖、水井等文化遗存210处，其中118处为首次发现，获得大量文字、彩图、录像以及测绘图纸等一手资料，全面掌握了天津市明长城本体基本信息，为长城保护科学决策提供了依据。

1. 墙体

依据自然地理情况，天津市域内明长城主线墙体自东向西划分为赤霞峪、古强峪、船舱峪、青山岭、车道峪、黄崖关、前干涧共7段，这7段按照《全国长城资源调查工作手册》又细分了156个小段。此次调查的天津市调查的明长城总长40283.06米，其中墙体长25919.68米，占总长的64.34%；山险及山险墙长14363.38，占总长的35.66%。长城主线（含山险、山险墙）长33642.94米，长城二道边（含山险、山险墙）长6640.12米。（附表八）上述7段长城主线墙体除黄崖关段大部分为砖质（1987年修复）外，其余六段墙体均为石质（未修复）。

石质墙体大部分用块石干垒而成，外侧部分残存垛口，内侧全部没有女墙，马道用相对平整的石块铺成，宽1.2～1.8米。墙体内外壁用平整的石块垒砌，三合土抹缝的现象较少，收分0.5～1.2米。山势陡峭地段，墙体垒砌成台阶状。通过对各段长城墙体周边环境的观察，尤其是前干涧段长城，墙体石块的颜色与山体石块颜色对应，推测垒砌长城墙体的石块应为就地取材。

砖质墙体因经过修复，保存完整的垛口、女墙、瞭望口、射口等，墙体上还修复了暗门。

除明长城主线墙体外，天津市域内还发现多条长城二道边，一般比主线墙体窄，不见垛口和女墙，上部为平坦的马道，墙体外侧有垒砌规整的排水口。这些长城二道边大部分位于长城主线墙体外侧，表面上看，它们修建得很凌乱，看似毫无规律，实际上如果把它们放在具体的地理环境中，可以看出它们一般修建于山势由陡到缓的半山腰或峡谷的隘口。这些长城二道边实际上是对长城主线的防御起到有效的补充作用。

天津市调查的明长城墙体总体保存较好，保存较好的墙体长11129.6米，占墙体总长的42.94%；保存一般的墙体长6644.21米，占墙体总长的25.63%；保存较差的墙体长6499.82米，占墙体总长的25.07%；保存差的墙体长1380.38米，占墙体总长的5.33%；消失的墙体长265.67米，占墙体总长

的 1.03% 。（附表九）

2. 关城

关城 1 座，为黄崖关城，平面呈刀把形，位于泃河西岸，由水关和关城两部分组成，关内有提调公署、玄武庙、八卦街等，关城于 1987 年修复。

3. 寨堡

寨堡 9 座，自东向西为赤霞峪、古强峪、船舱峪、青山岭、车道峪、小平安、大平安、中营、下营寨堡，这些寨堡位于峡谷南侧相对平坦的山地上，除青山岭寨堡保存完整外，其余寨堡大部分被现代民房所占压。这些寨堡依地势而建，形状一般不规整，墙体用大石块干垒而成，宽 4~6 米，现存高 1~2 米，寨堡内现存角楼、马道、水井、居住址等。

4. 敌台

敌台 85 座，分为石质、砖石质两类。砖石质敌台 44 座，占一半以上，石质敌台 41 座。（附表一〇）这些敌台平面大部分呈正方形或长方形，大部分位于山顶或山谷旁居高临下的山梁上，地理位置非常重要。

5. 烽火台

烽火台 4 座，全部位于长城主线外侧，大部分建于山谷半山腰上，依山而建，居高临下。烽火台平面大部分呈半圆形，石块干垒而成，收分较大。上部平坦，不见其他遗迹。

6. 火池、烟灶

火池和烟灶是此次调查发现较多的遗迹，大部分位于敌台南侧，成组分布。火池 15 座，平面大部分呈簸箕形，三面垒砌石块，一面敞开。烟灶 40 座，平面呈正方形，石块干垒而成，四壁垒砌平整，一面甚至四面下部垒砌灶门。部分火池内部和烟灶内发现灰烬，部分火池底部石块、烟灶灶门附近石块可看出烟熏火燎的痕迹，可见部分火池和烟灶曾经使用过。

7. 居住址、水窖等

居住址、水窖、水井和坝台是此次调查新发现的长城相关遗迹。居住址 41 座，现仅存石块垒砌的基础，它们形态复杂，大小不一，归纳起来主要有以下几种情况：一种为单间，平面呈长方形，一般面积较小，大部分位于长城墙体内侧，距长城墙体不远或有一侧墙壁借助长城墙体内侧；还有一种为多间，平面呈长方形或正方形，内部用石块垒砌的墙壁分隔成若干间，面积较大，大部分位于敌台分布较少的地段，距长城墙体 10~20 米；还有一种居住址比较特别，是修建长城的过程中在墙体内部垒砌一个空间，面积较小，发现较少。水窖 11 座，为石块垒砌而成，低于地表，平面呈长方形，深一般 1.5 米左右，面积较大的水窖保存汲水的台阶，大部分位于敌台或居住址附近。水井均发现于寨堡中，深 5~10 米，井口呈圆形，为便于多人同时取水，井口上部覆盖凿有 2 孔或 4 孔的石板。坝台发现一处，位于一处居住址南侧，沿山势用石块垒砌 18 道坝台，形成 18 块长条形平整土地。

这次天津市明长城资源调查，本着"发现问题－解决问题－思考问题"这一明确指导思想，通过此次长城资源调查，对天津市域内明长城有以下几点认识。

第一，天津市域内的长城本体、附属设施、相关遗迹的修建年代为明代，不存在其他时期的长城。

主要原因有以下几个方面。其一，20 世纪 80 年代曾在小平安村、黄崖关等地发现修建敌台时的刻碑（本次调查时刻碑已消失），碑文上提到隆庆四年、万历十九年等明代年号，甚至还提到明代著名将领戚继光。其二，天津市域内长城本体、附属设施、相关遗迹修建方法相同，垒砌方式一致。其三，从自西向东若干段墙体断面观察，不见晚期墙体叠压早期墙体的迹象。其四，据《四镇三关志》记载："黄崖关，永乐三年建。……太平安寨，成化二年建，通大川正口，冲。西山顶东梢墩，通单骑。余缓。……车道峪寨，嘉靖十六年建，通步，缓。青山岭寨，成化二年建。正关，通单骑，冲。蚕椽峪寨，成化二年建，通步，缓。古强峪寨，永乐年建，通步，缓。耻瞎峪寨，成化二年建，通步，缓。"文献上记载的关、寨堡的名称、地理环境与此次发现的关、寨堡的名称、地理环境一一对应。

第二、明长城天津段是一个完整的防御体系[1]。

首先，明长城天津段是连贯的整体。明长城天津段自东向西除少部分为山险外，大部分为顺山势而建的墙体，如果是两个山险相连，也会在山险之间的鞍部修建一段短数米多则几十米的墙体。这些墙体、山险以及它们之间分布的敌台等相关遗迹，自东向西可连接成一条完整的防线。以往有的学者认为"天津市明长城多为山险，墙体很少并且不连续"的观点是不确切的。

其次，明长城天津段不单是关城、敌台、墙体，还包括起警戒功能的烽火台，起报警功能的火池、烟灶，起生活功能的居住址、水窖、水井，起屯兵功能的寨堡，甚至还包括士兵为耕种粮食、蔬菜而平整的坝地，是一个完整的防御体系。

第三、明长城天津段敌台修建、维修时间上应有早晚关系。

天津市明长城石质、砖石质和砖质三类敌台，考虑有的敌台青砖叠压块石以及青砖包砌石台基础的现象，从考古学上叠压打破原理考虑，这三类敌台在修建、维修时间上应有早晚关系，即：石质敌台要早于砖质敌台，而砖石质敌台建造时间则很可能介于前两者之间。

第四、明长城天津段所有石质敌台不设登台阶梯。

从我们调查的所有保存较好的石质敌台看，这些敌台与长城墙体或地面没有台阶可以上下，估计当时应该是利用绳梯上下敌台，人员上下时放下，平时不用收起，以防敌人偷袭。

第五、明长城天津段砖质、石质敌台均可供士兵居住。

砖质敌台内部有较大的空间，门上有门枢、门栓孔痕迹，箭窗上有窗栓孔，说明当时砖质敌台上有门和窗，周边没有发现居住址，这种敌台应该可以驻扎士兵。石质敌台虽然为实心（内部没有空间），但在顶部发现长方形半地穴式结构，此结构一般很小、很窄，周边没有柱础、柱洞等痕迹，一些敌台顶部发现长方形、方形或圆形的黄色垫土，这些遗迹表明石质敌台上部没有房屋建筑，但有帐篷或窝棚等简易住所，以充当士兵站岗警戒、遮蔽风雨之所。

第六、明长城天津段报警系统齐全。

在调查过程中，发现了烟灶和火池两类遗迹，其中烟灶位于墙体上或敌台下部，因只有添柴口没有出火口，所以推测应该是白天用来报警的；火池所处位置与烟灶相同，有些甚至与烟灶相邻，因其多呈簸箕形易通风起火，所以推测应该是夜晚用来报警的。

二 几点体会

经过此次天津市明长城资源调查，取得了一定的成绩，总结起来，主要有以下几个方面的体会。

1. 领导高度重视、项目组正确指导是圆满完成天津市长城资源调查工作的前提。

国家文物局有关领导多次询问天津市明长城资源调查工作进度、存在的问题及调查结果，长城资源调查工作项目组的同志也就天津市长城资源调查进度、面临困难、工作方法等方面提出大量指导性意见并提供无私的帮助；天津市文物局领导多次叮嘱注意人员安全，并到调查驻地慰问一线调

---

[1] 详见本报告《天津市明长城防御体系研究》。

查人员。

2. 目标明确、实事求是、科学计划、求真务实是圆满完成天津市长城资源调查工作的动力。

鉴于天津市域内的长城长度比较短，我们一开始就制定了"在调查深度和广度上一定要做细做精"的调查目标。基于这个目标，在调查中一方面采取拉网式的方法，扩大调查范围，严防长城相关遗迹的遗漏；另一方面，对发现的每一处遗迹现象，都按照《田野考古操作规程》的要求，绘制图纸、详细描述、提取影像资料。

3. 合理分工、责任到人、统筹安排、协作互助是圆满完成天津市长城资源调查工作的保障。

本次调查实行队长负责制，各调查队队长对自己的调查队员负责，调查队总队长对全体调查队员负责。各调查队每天都提前做出第二天的调查计划，根据实际情况，时而分头行动，时而协同工作，既提高了工作效率，又加大了相互学习交流的机会，提高了调查质量。

4. 科学严谨、认真负责、不畏艰险、无私奉献是圆满完成天津市长城资源调查工作的基础。

长城资源调查不同于以往的其他田野调查，由于驻地一般距离调查地点较远，每天都要往返十几公里的山路，工作在调查一线的同志本着科学严谨、认真负责的工作态度，发扬不畏艰险、吃苦耐劳的敬业精神，克服了山高、路险、天气寒冷、体能透支等困难。由于天气寒冷，每天中午只能在山上吃冰冷的饭菜，即使这样的工作环境，也没有一个调查队员喊苦喊累，恰恰相反，每个调查队员十分珍惜每次上山调查的机会，相互提醒、相互补充，严谨认真地完成了数据采集、记录填写、图纸绘制、影像摄录等工作。整个调查工作无人员伤亡、无财产损失、无文物毁损、无资料遗失。

5. 专家组及时指导是圆满完成天津市长城资源调查工作的关键。

天津市长城资源调查专家组成员多次到调查现场听取汇报和指导工作，对墙体区段的划分、墙体的命名、一些长城相关遗迹的命名及功用等方面给予及时的指导，使调查工作得以顺利进行，少走了不少弯路。

6. 相信群众、依靠群众的"群众路线"是圆满完成天津市长城资源调查工作的法宝。

通过与一些群众的攀谈，了解到大量关于长城的信息，一方面，使我们在调查中做到心中有数，避免了盲目调查；另一方面，使我们获得大量在书本中无法获得的有关长城的知识。

三 几点遗憾

此次长城资源调查，对于文物保护工作者来说，是一次千载难逢的学习知识、砥练意志、提高素质的机会。所以，在整个调查过程中，我们总想把这项工作做得尽善尽美，但事实总是差强人意，整理完调查资料，才发觉还有多处欠缺，现在回想，不无遗憾。

1. 没有真正清理一处长城相关遗迹。

由于当时调查的时间很紧迫，每天调查的任务很重，在发现一处长城相关遗迹后，仅进行了简单的清理，如将遗迹上部或旁边的石块搬走，以确定遗迹的范围和形态，然后再绘图、照相，这实际上未严格遵照《田野考古操作规程》的相关规定，正确的做法应该是发现遗迹首先就应该绘图、照相，再进行清理。清理过程中和清理结束后都要绘图、照相，因为上部或旁边的石块往往有能反映遗迹倒塌情况及原因的重要信息，这次调查恰恰丢失了这些信息。由于清理起来工程浩大，一些遗迹（尤其是居住址）内部仅简单清理了荒草，受角度、拍摄条件所限，遗迹彩图的效果也不甚理想，真是有些可惜！

2. 提取的资料还是略显不足。

在调查之初，由于认识原因，个别遗迹没有辨认出来，比如赤霞峪长城3段墙体上的遗迹，只有文字记录和彩图记录，当时没有给遗迹号，也没有绘图，现在整理资料时才断定是居住址；同样是赤霞峪长城，具体哪段记不清了，调查时发现一处墙体马道断开、上铺木棒、下部中空的遗迹，当时认为可能是现代村民所为，现在想想，这个遗迹极有可能是暗道，可惜当时文字、彩图、绘图一样都没有留下来。还有一处山险（至于哪段记不清了）十分陡峭，两侧都是悬崖，比黄山的鲤鱼背还要险，调查时都是四肢着地匍匐过去，还清晰地记得最陡峭的地方有人工开凿的脚窝，每个脚窝距离非常符合攀爬，当时光顾注意安全，竟忘了照相，现在想想其肯定是当时士兵巡逻长城时留下的重要遗迹。还有比较普遍的是大多数墙体都没有测量"墙体下部的宽度"或"墙体收分"；由于地势陡峭，受拍摄角度的限制，很少有反映墙体外侧形态的彩图等。

3. 长城主线墙体外侧调查范围还是太小。

受长城外侧陡峭的地形所限，此次明长城资源调查大部分是站在长城墙体上向外侧观察，发现遗迹或疑似迹象再攀爬过去调查，同时在思想认识上也认为长城墙体外侧不会有太多遗迹，而内侧相对好些，地势较缓；调查人员思想上也认为内侧会有较多遗迹，加之当地村民对长城内侧情况比较熟悉，所以调查得比较细。现在整理资料再回头想想，可以肯定地说，长城外侧有一些遗迹（烽火台、居住址等）没有调查到。

4. 文物部门和测绘部门没能组建联合调查队。

在调查过程中，由于种种原因，文物部门和测绘部门并没有在一起调查，致使一些文物部门调查到的遗迹，只能在室内电脑中加以辨认、标注，当初测绘部门提供的图纸和数据也不能满足调查报告出版的需要，经过多次磋商和两部门业务人员的再次合作加工，才完成了现在的天津市明长城专题图。另外，在整理报告时，感到特别难以选择的是文物部门测量的数据（尤其是长城墙体长度数据），在报告中，完全可以采用和依据测绘部门的数据，但经过一番权衡，还是决定把这些文物部门测量的数据附在测绘数据的后面，毕竟是全体调查队员用尺子在现场一寸一寸测量出来的，凝结着全体文物调查队员汗水的成果，也体现我们尊重科学、尊重事实、尊重劳动的态度。

5. 调查所用GPS与"长城资源调查数据采集系统"要求的GPS采用的地理坐标不同。

"长城资源调查数据采集系统"要求的GPS采用的地理坐标为80坐标系，而我们根本买不到80坐标系的GPS，所以调查过程中采集的所有GPS坐标都是84坐标系的，现在调查资料中所有80坐标系GPS坐标都是84坐标系坐标转换过来的，关于这个问题我曾经咨询过测绘部门，测绘部门认为这样肯定会有误差，现在整理资料有些后悔没有在调查之初就把"坐标系"的问题解决好，方便以后学者的研究，最终未在本报告中得以体现。同时，因为涉及保密这些GPS数据，最终未在报告中得以体现。

6. 调查时彩图（尤其是工作彩图）还是拍摄得太少。

在调查中，虽然每天各组负责摄影的同志都把数码相机的存储卡拍满，但在报告整理过程中，还是发现好的彩图太少。长城调查拍摄受天气、时间、地形的影响非常大，如何将长城的雄伟壮观、婀娜秀美在彩图中体现得淋漓尽致，还真需要好好琢磨。另外，拍摄的彩图还是长城多，人物少，反映调查队员风餐露宿、披星戴月的调查情景的彩图太少，反映调查人员苦中作乐、艰苦奋斗的生活彩图更少。

有的同仁也许会说，既然认识到遗憾，怎么不想想办法补救？实际上我们也曾想过，但有的工作做起来真的耗时耗力，甚至等同于再重新调查一遍，想想调查的艰辛，心生畏惧，已无勇气了；而一些彩图，因彼时彼境，补拍也无多大意义。但愿这些遗憾是白玉微瑕，瑕不掩瑜，不影响此调查报告的参考借鉴作用。也希望我们或其他文物保护工作者能够在以后的长城保护工作中引以为戒，加以注意。

附表八　天津市明长城长度统计总表

（单位：米）

| 名　称 | 主　　　线 | | | | | 边　　　道 | | | | 合　计 |
	墙体	山险	山险墙	小计	墙体	山险	山险墙	小计	
赤霞峪长城	2507.88	544.07	0.00	3051.95	22.45	0.00	0.00	22.45	3074.4
古强峪长城	600.11	1367.55	157.49	2125.15	39.69	0.00	0.00	39.69	2164.86
船舱峪长城	3226.55	2086.84	491.63	5805.02	0.00	0.00	0.00	0.00	5805.02
青山岭长城	1590.4	4716.03	0.00	6306.43	1622.01	49.00	42.00	1713.01	8019.44
车道峪长城	3271.97	1212.06	39.00	4523.03	1184.46	0.00	0.00	1184.46	5707.49
黄崖关长城	3205.23	908.94	0.00	4114.17	272.4	596.64	0.00	869.04	4983.21
前干涧长城	5565.06	1915.2	236.93	7717.19	2811.47	0.00	0.00	2811.47	10528.66
总计	19967.2	12750.69	925.05	33642.94	5952.48	645.64	42.00	6640.12	40283.06

附表九　天津市明长城墙体保存状况统计总表

（单位：米）

名　称	主线						二道边						合　计
	保存较好	保存一般	保存较差	保存差	消失	小计	保存较好	保存一般	保存较差	保存差	消失	小计	
赤霞峪长城	1386.99	245.55	875.34	0.00	0.00	2507.88	0.00	0.00	22.45	0.00	0.00	22.45	2530.33
古强峪长城	184.84	234.49	180.78	0.00	0.00	600.11	0.00	0.00	39.69	0.00	0.00	39.69	639.8
船舱峪长城	835.86	1185.41	865.6	329.3	10.38	3226.55	0.00	0.00	0.00	0.00	0.00	0.00	3226.55
青山岭长城	669.4	485.63	435.37	0.00	0.00	1590.4	136.27	529.92	942.82	0.00	13.00	1622.01	3212.41
车道峪长城	1570.98	1311.99	353.8	0.00	35.2	3271.97	0.00	114.58	1069.88	0.00	0.00	1184.46	4456.43
黄崖关长城	3205.23	0.00	0.00	0.00	0.00	3205.23	0.00	0.00	272.4	0.00	0.00	272.40	3477.63
前干涧长城	2123.46	1679.41	989.22	772.97	0.00	5565.06	1016.57	857.23	452.47	278.11	207.09	2811.47	8376.53
总　计	9976.76	5142.48	3700.11	1102.27	45.58	19967.2	1152.84	1501.73	2799.71	278.11	220.09	5952.48	25919.68

附表一〇　天津市明长城敌台信息汇总表

名　称	顺序号	编　码	质地	高程	方向	形　状	尺寸（米）		
							长度	宽度	高度
赤霞峪长城1号敌台	总第1号	12022535352101170001	石	826	0°	近圆形	7.75	7	1.5
赤霞峪长城2号敌台	总第2号	12022535352101170002	石	890	50°	长方形	10.8	8.8	1.5
赤霞峪长城3号敌台	总第3号	12022535352101170003	砖石	757	0°	近正方形	9.8	9.6	2.9
赤霞峪长城4号敌台	总第4号	12022535352101170004	砖石	770	0°	长方形	不详	不详	1.6
赤霞峪长城5号敌台	总第5号	12022535352101170005	砖石	690	0°	长方形	约15	约11	1.5
赤霞峪长城6号敌台	总第6号	12022535352101170006	砖石	536	355°	正方形	8	8	2.7
赤霞峪长城7号敌台	总第7号	12022535352101170007	砖石	479	340°	长方形	8.2	7	3.4
古强峪长城1号敌台	总第8号	12022535352101170008	石	622	0°	近正方形	8.5	8.2	4.2
古强峪长城2号敌台	总第9号	12022535352101170009	石	429	340°	长方形	6.9	5.1	1.3
古强峪长城3号敌台	总第10号	12022535352101170010	石	365	270°	长方形	3.3	2.8	0.8
古强峪长城4号敌台	总第11号	12022535352101170011	石	276	0°	长方形	6.25	6	1.3
古强峪长城5号敌台	总第12号	12022535352101170012	砖石	340	5°	长方形	8	5	4.8
古强峪长城6号敌台	总第13号	12022535352101170013	砖石	447	10°	近正方形	9	8.8	2.9
船舱峪长城1号敌台	总第14号	12022535352101170014	砖石	581	10°	长方形	不详	不详	8.9
船舱峪长城2号敌台	总第15号	12022535352101170015	砖石	645	50°	长方形	9.5	8.5	1.5
船舱峪长城3号敌台	总第16号	12022535352101170016	石	620	330°	近正方形	约7	6.7	3.5
船舱峪长城4号敌台	总第17号	12022535352101170017	砖石	709	10°	长方形	8.2	7.5	2.9
船舱峪长城5号敌台	总第18号	12022535352101170018	砖石	750	35°	长方形	约10	约7	5
船舱峪长城6号敌台	总第19号	12022535352101170019	砖石	867	310°	长方形	9.6	8	4.5
船舱峪长城7号敌台	总第20号	12022535352101170020	石	961	330°	长方形	8	6	1.5
船舱峪长城8号敌台	总第21号	12022535352101170021	砖石	963	295°	长方形	9.6	不详	4.6
船舱峪长城9号敌台	总第22号	12022535352101170022	石	766	340°	正方形	7.8	7.8	3.8

续表

名 称	顺序号	编 码	质地	高程	方向	形 状	尺寸（米）			高度
							长度	宽度	
船舱岭长城 10 号敌台	总第 23 号	12022535352101170023	砖石	412	0°	正方形	8.8	8.8		2.4
船舱岭长城 11 号敌台	总第 24 号	12022535352101170024	石	301	25°	正方形	8	8		2
青山岭长城 1 号敌台	总第 25 号	12022535352101170025	石	486	0°	正方形	7.5	6.25		1.6
青山岭长城 2 号敌台	总第 26 号	12022535352101170026	砖石	533	10°	正方形	10	10		9.8
青山岭长城 3 号敌台	总第 27 号	12022535352101170027	石	561	40°	长方形	8.5	8.1		2.1
青山岭长城 4 号敌台	总第 28 号	12022535352101170028	砖石	409	0°	近正方形	9.6	9		4.25
青山岭长城 5 号敌台	总第 29 号	12022535352101170029	砖石	641	0°	正方形	9	9		4
青山岭长城 6 号敌台	总第 30 号	12022535352101170030	砖石	696	0°	正方形	10	10		4.5
青山岭长城 7 号敌台	总第 31 号	12022535352101170031	砖石	968	5°	长方形	10.8	9.8		6.5
青山岭长城 8 号敌台	总第 32 号	12022535352101170032	石	894	30°	正方形	7	7		4
车道岭长城 1 号敌台	总第 33 号	12022535352101170033	石	961	330°	近圆形	直径约 9			
车道岭长城 2 号敌台	总第 34 号	12022535352101170034	石	889	0°	长方形	8	不详		6
车道岭长城 3 号敌台	总第 35 号	12022535352101170035	石	790	30°	正方形	8.5	8.5		3.3
车道岭长城 4 号敌台	总第 36 号	12022535352101170036	石	525	305°	长方形	9	8.5		1.8
车道岭长城 5 号敌台	总第 37 号	12022535352101170037	石	672	35°	正方形	8.2	8.2		3.4
车道岭长城 6 号敌台	总第 38 号	12022535352101170038	石	559	10°	正方形	7.5	7.5		3.9
车道岭长城 7 号敌台	总第 39 号	12022535352101170039	石	487	0°	长方形	不详	不详		0.9
车道岭长城 8 号敌台	总第 40 号	12022535352101170040	石	569	0°	正方形	8	8		3.4
车道岭长城 9 号敌台	总第 41 号	12022535352101170041	石	531	30°	圆形	直径约 12			
车道岭长城 10 号敌台	总第 42 号	12022535352101170042	石	830	0°	长方形	9	8.5		3.3
车道岭长城 11 号敌台	总第 43 号	12022535352101170043	石	823	0°	长方形	6.2	4.6		2.7
车道岭长城 12 号敌台	总第 44 号	12022535352101170044	砖石	663	330°	长方形	11	不详		7.5
车道岭长城 13 号敌台	总第 45 号	12022535352101170045	砖石	891	5°	正方形	8	8		3.56
车道岭长城 14 号敌台	总第 46 号	12022535352101170046	砖石	582	20°	近正方形	10.6	10.4		3.2

续表

名　称	顺序号	编　码	质地	高程	方向	形　状	尺寸（米）				
							长度		宽度		高度
车道峪长城15号敌台	总第47号	12022535352101170047	石	832	0°	长方形	7.5		不详		4
车道峪长城16号敌台	总第48号	12022535352101170048	石	920	30°	长方形	8.7		8.1		5.9
车道峪长城17号敌台	总第49号	12022535352101170049	石	815	0°	长方形	9		8		5.7
车道峪长城18号敌台	总第50号	12022535352101170050	石	781	30°	正方形	8.2		8.2		6.5
车道峪长城19号敌台	总第51号	12022535352101170051	石	770	0°	可能为圆形	不详		不详		3.8
黄崖关长城1号敌台	总第52号	12022535352101170052	砖石	517	30°	正方形	10.5		10.5		13.5
黄崖关长城2号敌台	总第53号	12022535352101170053	砖石	485	40°	正方形	12.5		12.5		17.4
黄崖关长城3号敌台	总第54号	12022535352101170054	砖石	485	40°	正方形	9.5		9.5		12.46
黄崖关长城4号敌台	总第55号	12022535352101170055	砖石	508	330°	长方形	14		8		13.1
黄崖关5号碉堡	总第56号	12022535352101170056	石	541	0°	圆形	直径9.2				
黄崖关长城6号敌台	总第57号	12022535352101170057	砖石	512	305°	正方形	10.24		10.24		14.25
黄崖关长城7号敌台	总第58号	12022535352101170058	砖石	506	50°	正方形	8.9		8.9		7.1
黄崖关长城8号敌台	总第59号	12022535352101170059	砖石	517	305°	正方形	10.2		10.2		13.2
黄崖关长城9号敌台	总第60号	12022535352101170060	砖石	458	30°	正方形	10.7		10.7		14.6
黄崖关长城10号敌台	总第61号	12022535352101170061	砖石	490	330°	正方形	9.6		9.6		14.4
黄崖关长城11号敌台	总第62号	12022535352101170062	砖石	356	30°	正方形	6.6		6.6		10.4
黄崖关长城12号敌台	总第63号	12022535352101170063	砖石	269	335°	正方形	11.7		11.7		14.55
黄崖关长城13号敌台	总第64号	12022535352101170064	砖石	269	345°	正方形	13.4		13.4		11.8
黄崖关长城14号敌台	总第65号	12022535352101170065	砖石	271	25°	长方形	13.5		9.68		7.65
黄崖关长城15号敌台	总第66号	12022535352101170066	砖石	305	10°	正方形	11.3		11.3		13
黄崖关长城16号敌台	总第67号	12022535352101170067	砖石	389	355°	正方形	11.2		11.2		14.1
黄崖关长城17号敌台	总第68号	12022535352101170068	砖石	440	325°	长方形	11.6		10.7		10.6
黄崖关长城18号敌台	总第69号	12022535352101170069	石	330	10°	正方形	11.2		11.2		8
黄崖关长城19号敌台	总第70号	12022535352101170070	砖石	447	335°	正方形	7.98		7.98		5.24

续表

名 称	顺序号	编 码	质地	高程	方向	形 状	尺寸（米）			
							长度	宽度	高度	
黄崖关长城30号敌台	总第71号	12022535210117071	砖石	365	0°	圆形	直径16.1			
前干涧长城1号敌台	总第72号	12022535210117072	砖石	666	50°	正方形	6.8	6.8	7.8	
前干涧长城2号敌台	总第73号	12022535210117073	石	754	10°	近正方形	7	6.9	4	
前干涧长城3号敌台	总第74号	12022535210117074	石	693	0°	圆形	直径9			
前干涧长城4号敌台	总第75号	12022535210117075	石	610	0°	近正方形	6.8	6.6	3.9	
前干涧长城5号敌台	总第76号	12022535210117076	石	586	340°	正方形	7	7	4.5	
前干涧长城6号敌台	总第77号	12022535210117077	石	478	20°	正方形	10.2	10.2	5.7	
前干涧长城7号敌台	总第78号	12022535210117078	砖石	507	25°	正方形	10.4	10.4	4	
前干涧长城8号敌台	总第79号	12022535210117079	砖石	566	25°	长方形	10.2	9.8	4.3	
前干涧长城9号敌台	总第80号	12022535210117080	石	543	10°	长方形	不详	8.6	3.2	
前干涧长城10号敌台	总第81号	12022535210117081	石	518	15°	正方形	8	8	5	
前干涧长城11号敌台	总第82号	12022535210117082	石	644	340°	正方形	9	9	1.8	
前干涧长城12号敌台	总第83号	12022535210117083	石	586	20°	长方形	9	8.4	3.2	
前干涧长城13号敌台	总第84号	12022535210117084	砖石	625	345°	近正方形	10.2	10	0.9	
前干涧长城14号敌台	总第85号	12022535210117085	砖石	640	350°	正方形	10	10	3.5	

附表一一　天津市明长城相关遗存信息汇总表

名　称	编　码	高程(米)	方向	形　状	尺寸(米)			
					长度	宽度	高度	
赤霞峪长城 1 号烽火台	1202253532011170086	685	20°	近长方形	4.5	1.6	6	
赤霞峪长城 2 号烽火台	1202253532011170087	694	20°	半椭圆形	长径 6	短径 2	5.8	
赤霞峪长城 1 号居住址	1202253541991 70006	753	30°	长方形	6	3.8	1	
赤霞峪长城 1 号水窖	1202253541991 70005	874	0°	圆角长方形	5.5	2.8	深 1.5	
赤霞峪长城 1 号烟灶	1202253541991 70003	765	0°	长方形	1.4	1.15	0.95	
赤霞峪长城 2 号烟灶	1202253541991 70004	756	0°	近正方形	1.65	1.6	1	
古强峪长城 1 号烟灶	1202253541991 70009	330	50°	长方形	1.95	1.2	1.2	
古强峪长城 2 号烟灶	1202253541991 70010	332	50°	长方形	1.9	1.5	0.75	
古强峪长城 3 号烟灶	1202253541991 70011	439	10°	近正方形	2.2	2.1	0.5	
古强峪长城 4 号烟灶	1202253541991 70012	437	0°	长方形	1.75	1.4	0.9	
古强峪长城 1 号火池	1202253541991 70007	366	0°	长方形	1.9	0.95	0.25	
古强峪长城 2 号火池	1202253541991 70008	440	0°	簸箕形	2.54	1.9	0.5	
船舱峪长城 1 号烽火台	1202253532011170088	362	0°	近椭圆形	6.3	2～4	2.7	
船舱峪长城 2 号烽火台	1202253532011170089	642	0°	近长方形	6.9	1.55～2	2.75	
船舱峪长城 1 号火池	1202253541991 70018	946	0°	近正方形	2.2	2	0.5	
船舱峪长城 2 号火池	1202253541991 70019	923	330°	近半圆形	3.2	2.4	0.45	
船舱峪长城 1 号居住址	1202253541991 70020	856	0°	近正方形	3	2.7	0.8	
船舱峪长城 2 号居住址	1202253541991 70021	905	350°	长方形	2.6	2.4	0.6	
船舱峪长城 3 号居住址	1202253541991 70022	708	10°	正方形	3.8	3.8	0.8	
船舱峪长城 1 号水窖	1202253541991 70015	640	330°	长方形	2.8	1.85	深 0.45	
船舱峪长城 2 号水窖	1202253541991 70016	803	330°	长方形	3.7	1.82～2.1	深 0.65	
船舱峪长城 3 号水窖	1202253541991 70017	900	330°	近半圆形	2.8	1.6	深 1.1	
船舱峪长城 1 号烟灶	1202253541991 70023	612	320°	圆形	直径 2.3		1.4	

续表

名 称	编 码	高程(米)	方向	形 状	尺寸(米)		
					长度	宽度	高度
船舱岭长城2号烟灶	1202253354199170024	705	0°	近正方形	2.1	2	1
船舱岭长城3号烟灶	1202253354199170025	754	5°	正方形	1.6	1.6	0.5
船舱岭长城4号烟灶	1202253354199170026	856	0°	长方形	2.94	2.4	不详
船舱岭长城5号烟灶	1202253354199170027	855	0°	长方形	3.1	2.8	不详
船舱岭长城6号烟灶	1202253354199170028	847	0°	圆角长方形	2.7	2.3	0.5
船舱岭长城7号烟灶	1202253354199170029	758	300°	长方形	2.4	2.2	0.4
船舱岭长城8号烟灶	1202253354199170030	756	305°	长方形	2.1	1.8	0.9
船舱岭长城9号烟灶	1202253354199170031	753	300°	长方形	2	1.9	1.2
船舱岭长城10号烟灶	1202253354199170032	752	320°	正方形	1.6	1.6	0.6
青山岭长城1号火池	1202253354199170044	683	340°	长方形	2.3	1.7	0.4
青山岭长城2号火池	1202253354199170045	842	30°	簸箕形	2.6	2.5	1.4
青山岭长城1号居住址	1202253354199170046	674	40°	长方形	5	4.1	0.75
青山岭长城2号居住址	1202253354199170047	682	40°	近梯形	18~26	6.2	1.1
青山岭长城3号居住址	1202253354199170048	673	355°	不规则长方形	3.7	3.2	0.85
青山岭长城4号居住址	1202253354199170049	660	320°	不详	不详	不详	0.5
青山岭长城5号居住址	1202253354199170050	660	20°	长方形	4.2	4	0.8
青山岭长城6号居住址	1202253354199170109	831	30°	长方形	5.7	4.7	1.5
青山岭长城1号水窖	1202253354199170042	688	30°	正方形	2.7	2.7	深0.6
青山岭长城2号水窖	1202253354199170043	655	10°	不规则长方形	2.7~2.9	0.8~1.2	深1.5
青山岭长城1号烟灶	1202253354199170033	681	40°	长方形	2	1.4	1.1
青山岭长城2号烟灶	1202253354199170034	681	40°	正方形	1.6	1.6	1.3
青山岭长城3号烟灶	1202253354199170035	685	310°	长方形	1.8	1.3	1.7
青山岭长城4号烟灶	1202253354199170036	659	310°	长方形	1.7	0.8	1

续表

名　称	编　码	高程（米）	方向	形　状	尺寸（米）			
					长度	宽度	高度	
青山岭长城 5 号烟灶	12022535419917017037	703	270°	长方形	1.8	1.1	0.7	
青山岭长城 6 号烟灶	12022535419917017038	688	60°	长方形	1.45	1	0.7	
青山岭长城 7 号烟灶	12022535419917017039	688	320°	长方形	1.15	0.7	0.46	
青山岭长城 8 号烟灶	12022535419917017040	687	320°	长方形	1.06	0.9	0.3	
青山岭长城 9 号烟灶	12022535419917017041	945	40°	近正方形	1.9	1.8	1.1	
车道峪长城 1 号居住址	12022535419917017067	889	10°	长方形	5	4	0.5	
车道峪长城 2 号居住址	12022535419917017068	788	20°	长方形	3.5	3	0.65	
车道峪长城 3 号居住址	12022535419917017069	529	330°	长方形	10	4.7	1.15	
车道峪长城 4 号居住址	12022535419917017070	851	330°	长方形	3.9	3.5	0.6	
车道峪长城 5 号居住址	12022535419917017071	841	320°	长方形	3.2	3	0.65	
车道峪长城 6 号居住址	12022535419917017072	821	0°	长方形	4	2.2	0.8	
车道峪长城 7 号居住址	12022535419917017073	801	350°	长方形	3.7	3.3	0.65	
车道峪长城 8 号居住址	12022535419917017074	662	350°	长方形	7	5	1.1	
车道峪长城 9 号居住址	12022535419917017075	648	325°	长方形	4	3.6	1.5	
车道峪长城 10 号居住址	12022535419917017076	884	350°	长方形	6.7	3.75	1	
车道峪长城 11 号居住址	12022535419917017077	589	0°	刀把形	7.9	7.5	1.7	
车道峪长城 12 号居住址	12022535419917017078	783	330°	长方形	3.3	3	0.5	
车道峪长城 13 号居住址	12022535419917017079	800	330°	长方形	4.5	3.8	1	
车道峪长城 14 号居住址	12022535419917017080	827	0°	长方形	6	5.3	1	
车道峪长城 15 号居住址	12022535419917017081	827	335°	长方形	4.1	不详	0.65	
车道峪长城 16 号居住址	12022535419917017082	829	355°	长方形	4.5	3.6	0.3	
车道峪长城 17 号居住址	12022535419917017083	855	25°	长方形	3.9	3.8	0.75	
车道峪长城 18 号居住址	12022535419917017084	852	25°	长方形	4.1	3.8	0.85	

续表

名　称	编　码	高程(米)	方向	形　状	尺寸(米) 长度	尺寸(米) 宽度	高度
车道峪长城 19 号居住址	12022535419917170085	866	0°	长方形	4.4	4	0.8
车道峪长城 20 号居住址	12022535419917170086	917	10°	刀把形	15	10	1.05
车道峪长城 21 号居住址	12022535419917170087	874	10°	正方形	3.6	3.6	0.5
车道峪长城 22 号居住址	12022535419917170088	578	5°	长方形	11	9.7	1.5
车道峪长城 1 号水窖	12022535419917170062	958	300°	不规则形	2.5	2.3	深 0.5
车道峪长城 2 号水窖	12022535419917170063	780	300°	椭圆形	5	4.6	深 0.75
车道峪长城 3 号水窖	12022535419917170064	551	0°	不规则长方形	2.7	2.2~2.35	深 1.36
车道峪长城 4 号水窖	12022535419917170065	880	0°	椭圆形	4.1	2.86	深 0.5
车道峪长城 5 号水窖	12022535419917170066	763	30°	长方形	4.1	3.5	深 0.9
车道峪长城 1 号烟灶	12022535419917170051	783	330°	近正方形	1.9	1.8	1.5
车道峪长城 2 号烟灶	12022535419917170052	781	325°	近正方形	2.3	2.1	1.15
车道峪长城 3 号烟灶	12022535419917170053	787	320°	长方形	2.2	1.8	1.1
车道峪长城 4 号烟灶	12022535419917170054	787	330°	长方形	1.9	1.8	0.9
车道峪长城 5 号烟灶	12022535419917170055	553	270°	长方形	1.5	1.25	0.4
车道峪长城 6 号烟灶	12022535419917170056	907	50°	近正方形	2	1.9	0.6
车道峪长城 7 号烟灶	12022535419917170057	909	60°	正方形	2.35	2.3	0.7
车道峪长城 8 号烟灶	12022535419917170058	605	340°	不详	不详	不详	0.6
车道峪长城 9 号烟灶	12022535419917170059	599	345°	长方形	2.25	1.95	0.75
车道峪长城 10 号烟灶	12022535419917170060	597	355°	长方形	2.2	约 2	0.75
车道峪长城 11 号烟灶	12022535419917170061	588	335°	正方形	2.3	2.3	0.8
车道峪长城 1 号火池	12022535419917170110	787	330°	长方形	2	1.8	0.2
车道峪长城 2 号火池	12022535419917170111	786	10°	不规则	1.45	1.2	0.15
前干涧长城 1 号居住址	12022535419917170093	702	25°	长方形	4.3	3.2	0.4

续表

名　称	编　码	高程(米)	方向	形　状	尺寸(米) 长度	尺寸(米) 宽度	尺寸(米) 高度
前干涧长城 2 号居住址	120225354199170094	704	0°	长方形	4.4	3.2	0.4
前干涧长城 3 号居住址	120225354199170095	686	35°	长方形	3	2.5	0.3
前干涧长城 4 号居住址	120225354199170096	521	0°	长方形	3.6	3.5	0.08
前干涧长城 5 号居住址	120225354199170097	495	40°	长方形	4.7	4	0.45
前干涧长城 6 号居住址	120225354199170098	522	15°	长方形	7.6	6.7	0.6
前干涧长城 7 号居住址	120225354199170099	628	340°	长方形	4.7	3.7	0.5
前干涧长城 8 号居住址	120225354199170100	598	340°	长方形	3.9	3.5	0.7
前干涧长城 9 号居住址	120225354199170101	628	10°	长方形	4.2	3.8	1.18
前干涧长城 1 号火池	120225354199170102	670	330°	长方形	2	1.7	0.5
前干涧长城 2 号火池	120225354199170103	670	320°	长方形	2	1.3	0.25
前干涧长城 3 号火池	120225354199170104	521	40°	半圆形	2.2	1.15	0.3
前干涧长城 4 号火池	120225354199170105	539	0°	八字形	1.3	1.1	1
前干涧长城 5 号火池	120225354199170106	539	90°	"丁"形	2	0.9	0.5
前干涧长城 6 号火池	120225354199170107	642	350°	长方形	1.7	1.26	0.58
前干涧长城 7 号火池	120225354199170108	637	340°	近椭圆形	长径 1.98	短径 1.65	0.33
前干涧长城 1 号烟灶	120225354199170089	662	55°	长方形	2.2	1.8	0.6
前干涧长城 2 号烟灶	120225354199170090	661	60°	长方形	2.2	1.9	0.7
前干涧长城 3 号烟灶	120225354199170091	655	65°	长方形	2.1	1.8	0.8
前干涧长城 4 号烟灶	120225354199170092	657	60°	长方形	2.4	1.9	0.35

附表一二 天津市明长城墙体编码及起止点高程汇总表

名称		编码	起点高程（米）	止点高程（米）
赤霞峪长城	1 段	1202253821102170001	828	829
	2 段	1202253821102170002	829	829
	3 段	1202253821102170003	829	822
	4 段	1202253821102170004	822	845
	5 段	1202253821102170005	845	843
	6 段	1202253821102170006	843	899
	7 段	1202253821102170007	899	890
	8 段	1202253821102170008	890	753
	9 段	1202253821102170009	753	731
	10 段	1202253821102170010	731	767
	11 段	1202253821102170011	767	743
	12 段	1202253821102170012	743	738
	13 段	1202253821102170013	738	690
	14 段	1202253821102170014	690	563
	15 段	1202253821102170015	563	539
	16 段	1202253821102170016	539	539
	17 段	1202253821102170017	539	478
	18 段	1202253821102170018	478	501
	19 段	1202253821102170019	501	622
	二道边 1 段	1202253821102170020	678	681
古强峪长城	1 段	1202253821102170021	622	429
	2 段	1202253821102170022	429	371
	3 段	1202253821102170023	371	368
	4 段	1202253821102170024	368	368
	5 段	1202253821102170025	368	338
	6 段	1202253821102170026	338	276
	7 段	1202253821102170027	276	314
	8 段	1202253821102170028	314	333
	9 段	1202253821102170029	333	340
	10 段	1202253821102170030	340	364
	11 段	1202253821102170031	364	415
	12 段	1202253821102170032	415	440
	13 段	1202253821102170033	440	445
	14 段	1202253821102170034	445	440
	15 段	1202253821102170035	440	449
	16 段	1202253821102170036	449	453
	17 段	1202253821102170037	453	268
	二道边 1 段	1202253821102170038	423	425
	二道边 2 段	1202253821102170039	324	329

名称		编码	起点高程（米）	止点高程（米）
	1 段	1202253821 02170040	268	351
	2 段	1202253821 02170041	351	366
	3 段	1202253821 02170042	366	365
	4 段	1202253821 02170043	365	374
	5 段	1202253821 02170044	374	374
	6 段	1202253821 02170045	374	534
	7 段	1202253821 02170046	534	579
	8 段	1202253821 02170047	579	641
	9 段	1202253821 02170048	641	616
	10 段	1202253821 02170049	616	708
	11 段	1202253821 02170050	708	750
	12 段	1202253821 02170051	750	775
	13 段	1202253821 02170052	775	790
	14 段	1202253821 02170053	790	812
	15 段	1202253821 02170054	812	801
	16 段	1202253821 02170055	801	850
	17 段	1202253821 02170056	850	862
	18 段	1202253821 02170057	862	870
船舱峪长城	19 段	1202253821 02170058	870	841
	20 段	1202253821 02170059	841	848
	21 段	1202253821 02170060	848	852
	22 段	1202253821 02170061	852	848
	23 段	1202253821 02170062	848	877
	24 段	1202253821 02170063	877	872
	25 段	1202253821 02170064	872	894
	26 段	1202253821 02170065	894	923
	27 段	1202253821 02170066	923	926
	28 段	1202253821 02170067	926	961
	29 段	1202253821 02170068	961	935
	30 段	1202253821 02170069	935	936
	31 段	1202253821 02170070	936	953
	32 段	1202253821 02170071	953	951
	33 段	1202253821 02170072	951	961
	34 段	1202253821 02170073	961	862
	35 段	1202253821 02170074	862	860
	36 段	1202253821 02170075	860	818
	37 段	1202253821 02170076	818	815
	38 段	1202253821 02170077	815	768
	39 段	1202253821 02170078	768	761

续表

名称		编码	起点高程（米）	止点高程（米）
船舱峪长城	40 段	1202253821102170079	761	761
	41 段	1202253821102170080	761	728
	42 段	1202253821102170081	728	666
	43 段	1202253821102170082	666	602
	44 段	1202253821102170083	602	435
	45 段	1202253821102170084	435	432
	46 段	1202253821102170085	432	462
	47 段	1202253821102170086	462	412
	48 段	1202253821102170087	412	391
青山岭长城	1 段	1202253821102170088	391	486
	2 段	1202253821102170089	486	524
	3 段	1202253821102170090	524	509
	4 段	1202253821102170091	509	513
	5 段	1202253821102170092	513	561
	6 段	1202253821102170093	561	370
	7 段	1202253821102170094	370	419
	8 段	1202253821102170095	419	443
	9 段	1202253821102170096	443	641
	10 段	1202253821102170097	641	688
	11 段	1202253821102170098	688	694
	12 段	1202253821102170099	694	968
	13 段	1202253821102170100	968	1068
	14 段	1202253821102170101	1068	893
	15 段	1202253821102170102	893	885
	16 段	1202253821102170103	883	861
	二道边 1 段	1202253821102170104	653	647
	二道边 2 段	1202253821102170105	654	894
车道峪长城	1 段	1202253821102170106	861	856
	2 段	1202253821102170107	856	853
	3 段	1202253821102170108	853	908
	4 段	1202253821102170109	908	907
	5 段	1202253821102170110	907	961
	6 段	1202253821102170111	961	889
	7 段	1202253821102170112	889	868
	8 段	1202253821102170113	868	830
	9 段	1202253821102170114	830	823
	10 段	1202253821102170115	823	656
	11 段	1202253821102170116	656	596
	12 段	1202253821102170117	596	628

名称		编码	起点高程（米）	止点高程（米）
车道峪长城	13 段	1202253821021 70118	628	645
	14 段	120225382102170119	645	827
	15 段	120225382102170120	827	815
	16 段	120225382102170121	815	770
	二道边 1 段	120225382102170122	518	548
	二道边 2 段	120225382102170123	533	610
	二道边 3 段	120225382102170124	843	839
	二道边 4 段	120225382102170125	725	869
	二道边 5 段	120225382102170126	610	640
	二道边 6 段	120225382102170127	588	591
	二道边 7 段	120225382102170128	590	600
	二道边 8 段	120225382102170129	764	759
	二道边 9 段	120225382102170130	800	799
黄崖关长城	1 段	120225382102170131	770	545
	2 段	120225382102170132	545	525
	3 段	120225382102170133	525	490
	4 段	120225382102170134	490	491
	5 段	120225382102170135	491	508
	6 段	120225382102170136	508	539
	7 段	120225382102170137	539	505
	8 段	120225382102170138	505	492
	9 段	120225382102170139	492	508
	10 段	120225382102170140	508	458
	11 段	120225382102170141	458	481
	12 段	120225382102170142	458	450
	13 段	120225382102170143	450	402
	14 段	120225382102170144	402	347
	15 段	120225382102170145	347	234
	16 段	120225382102170146	234	249
	17 段	120225382102170147	249	269
	18 段	120225382102170148	269	305
	19 段	120225382102170149	305	368
	20 段	120225382102170150	368	440
	21 段	120225382102170151	440	485
	22 段	120225382102170152	485	666
	二道边 1 段	120225382102170153	490	469
	二道边 2 段	120225382102170154	469	371
	二道边 3 段	120225382102170155	371	365
	二道边 4 段	120225382102170156	365	269

名称		编码	起点高程（米）	止点高程（米）
前干涧长城	1 段	12022538210217 0157	666	681
	2 段	12022538210217 0158	681	700
	3 段	12022538210217 0159	700	688
	4 段	12022538210217 0160	688	734
	5 段	12022538210217 0161	734	708
	6 段	12022538210217 0162	708	772
	7 段	12022538210217 0163	772	591
	8 段	12022538210217 0164	591	504
	9 段	12022538210217 0165	504	506
	10 段	12022538210217 0166	506	486
	11 段	12022538210217 0167	486	370
	12 段	12022538210217 0168	370	404
	13 段	12022538210217 0169	404	503
	14 段	12022538210217 0170	503	563
	15 段	12022538210217 0171	563	644
	16 段	12022538210217 0172	644	584
	17 段	12022538210217 0173	584	625
	18 段	12022538210217 0174	625	641
	二道边 1 段	12022538210217 0175	450	383
	二道边 2 段	12022538210217 0176	414	635

附表一三　天津市明长城敌台编码及高程汇总表

名称	编码	高程（米）
赤霞峪长城 1 号敌台	120225352101170001	826
赤霞峪长城 2 号敌台	120225352101170002	890
赤霞峪长城 3 号敌台	120225352101170003	757
赤霞峪长城 4 号敌台	120225352101170004	770
赤霞峪长城 5 号敌台	120225352101170005	690
赤霞峪长城 6 号敌台	120225352101170006	536
赤霞峪长城 7 号敌台	120225352101170007	479
古强峪长城 1 号敌台	120225352101170008	622
古强峪长城 2 号敌台	120225352101170009	429
古强峪长城 3 号敌台	120225352101170010	365
古强峪长城 4 号敌台	120225352101170011	276
古强峪长城 5 号敌台	120225352101170012	340
古强峪长城 6 号敌台	120225352101170013	447
船舱峪长城 1 号敌台	120225352101170014	581
船舱峪长城 2 号敌台	120225352101170015	645
船舱峪长城 3 号敌台	120225352101170016	620
船舱峪长城 4 号敌台	120225352101170017	709
船舱峪长城 5 号敌台	120225352101170018	750
船舱峪长城 6 号敌台	120225352101170019	867
船舱峪长城 7 号敌台	120225352101170020	961
船舱峪长城 8 号敌台	120225352101170021	963
船舱峪长城 9 号敌台	120225352101170022	766
船舱峪长城 10 号敌台	120225352101170023	412
船舱峪长城 11 号敌台	120225352101170024	301
青山岭长城 1 号敌台	120225352101170025	486
青山岭长城 2 号敌台	120225352101170026	533
青山岭长城 3 号敌台	120225352101170027	561
青山岭长城 4 号敌台	120225352101170028	409
青山岭长城 5 号敌台	120225352101170029	641
青山岭长城 6 号敌台	120225352101170030	696
青山岭长城 7 号敌台	120225352101170031	968
青山岭长城 8 号敌台	120225352101170032	894
车道峪长城 1 号敌台	120225352101170033	961
车道峪长城 2 号敌台	120225352101170034	889
车道峪长城 3 号敌台	120225352101170035	790
车道峪长城 4 号敌台	120225352101170036	525

名称	编码	高程（米）
车道峪长城 5 号敌台	1202253521011170037	672
车道峪长城 6 号敌台	1202253521011170038	559
车道峪长城 7 号敌台	1202253521011170039	487
车道峪长城 8 号敌台	1202253521011170040	569
车道峪长城 9 号敌台	1202253521011170041	531
车道峪长城 10 号敌台	1202253521011170042	830
车道峪长城 11 号敌台	1202253521011170043	823
车道峪长城 12 号敌台	1202253521011170044	663
车道峪长城 13 号敌台	1202253521011170045	891
车道峪长城 14 号敌台	1202253521011170046	582
车道峪长城 15 号敌台	1202253521011170047	832
车道峪长城 16 号敌台	1202253521011170048	920
车道峪长城 17 号敌台	1202253521011170049	815
车道峪长城 18 号敌台	1202253521011170050	781
车道峪长城 19 号敌台	1202253521011170051	770
黄崖关长城 1 号敌台	1202253521011170052	517
黄崖关长城 2 号敌台	1202253521011170053	485
黄崖关长城 3 号敌台	1202253521011170054	485
黄崖关长城 4 号敌台	1202253521011170055	508
黄崖关长城 5 号敌台	1202253521011170056	541
黄崖关长城 6 号敌台	1202253521011170057	512
黄崖关长城 7 号敌台	1202253521011170058	506
黄崖关长城 8 号敌台	1202253521011170059	517
黄崖关长城 9 号敌台	1202253521011170060	458
黄崖关长城 10 号敌台	1202253521011170061	490
黄崖关长城 11 号敌台	1202253521011170062	356
黄崖关长城 12 号敌台	1202253521011170063	269
黄崖关长城 13 号敌台	1202253521011170064	247
黄崖关长城 14 号敌台	1202253521011170065	271
黄崖关长城 15 号敌台	1202253521011170066	305
黄崖关长城 16 号敌台	1202253521011170067	389
黄崖关长城 17 号敌台	1202253521011170068	440
黄崖关长城 18 号敌台	1202253521011170069	330
黄崖关长城 19 号敌台	1202253521011170070	447
黄崖关长城 20 号敌台	1202253521011170071	365
前干涧长城 1 号敌台	1202253521011170072	666

名称	编码	高程（米）
前干涧长城 2 号敌台	120225352101170073	754
前干涧长城 3 号敌台	120225352101170074	693
前干涧长城 4 号敌台	120225352101170075	610
前干涧长城 5 号敌台	120225352101170076	586
前干涧长城 6 号敌台	120225352101170077	478
前干涧长城 7 号敌台	120225352101170078	507
前干涧长城 8 号敌台	120225352101170079	566
前干涧长城 9 号敌台	120225352101170080	543
前干涧长城 10 号敌台	120225352101170081	518
前干涧长城 11 号敌台	120225352101170082	644
前干涧长城 12 号敌台	120225352101170083	586
前干涧长城 13 号敌台	120225352101170084	625
前干涧长城 14 号敌台	120225352101170085	640

附表一四 天津市明长城烽火台和相关遗迹编码及高程汇总表

名称	编码	高程（米）
赤霞峪长城1号烽火台	1202253532011170086	685
赤霞峪长城2号烽火台	1202253532011170087	694
赤霞峪长城1号烟灶	1202253541991170003	765
赤霞峪长城2号烟灶	1202253541991170004	756
赤霞峪长城1号水窖	1202253541991170005	874
赤霞峪长城1号居住址	1202253541071170006	753
古强峪长城1号火池	1202253541991170007	366
古强峪长城2号火池	1202253541991170008	440
古强峪长城1号烟灶	1202253541991170009	330
古强峪长城2号烟灶	1202253541991170010	332
古强峪长城3号烟灶	1202253541991170011	439
古强峪长城4号烟灶	1202253541991170012	437
船舱峪长城1号峰火台	1202253532011170088	362
船舱峪长城2号烽火台	1202253532011170089	642
船舱峪长城1号水窖	1202253541991170015	640
船舱峪长城2号水窖	1202253541991170016	803
船舱峪长城3号水窖	1202253541991170017	900
船舱峪长城1号火池	1202253541991170018	946
船舱峪长城2号火池	1202253541991170019	923
船舱峪长城1号居住址	1202253541071170020	856
船舱峪长城2号居住址	1202253541071170021	905
船舱峪长城3号居住址	1202253541071170022	708
船舱峪长城1号烟灶	1202253541991170023	612
船舱峪长城2号烟灶	1202253541991170024	705
船舱峪长城3号烟灶	1202253541991170025	754
船舱峪长城4号烟灶	1202253541991170026	856
船舱峪长城5号烟灶	1202253541991170027	855
船舱峪长城6号烟灶	1202253541991170028	847
船舱峪长城7号烟灶	1202253541991170029	758
船舱峪长城8号烟灶	1202253541991170030	756
船舱峪长城9号烟灶	1202253541991170031	753
船舱峪长城10号烟灶	1202253541991170032	752
青山岭长城1号烟灶	1202253541991170033	681
青山岭长城2号烟灶	1202253541991170034	681

续表

名称	编码	高程（米）
青山岭长城 3 号烟灶	1202253541 99170035	685
青山岭长城 4 号烟灶	1202253541 99170036	659
青山岭长城 5 号烟灶	1202253541 99170037	703
青山岭长城 6 号烟灶	1202253541 99170038	688
青山岭长城 7 号烟灶	1202253541 99170039	688
青山岭长城 8 号烟灶	1202253541 99170040	687
青山岭长城 9 号烟灶	1202253541 99170041	945
青山岭长城 1 号水窖	1202253541 99170042	688
青山岭长城 2 号水窖	1202253541 99170043	655
青山岭长城 1 号居住址	1202253541 07170046	674
青山岭长城 2 号居住址	1202253541 07170047	682
青山岭长城 3 号居住址	1202253541 07170048	673
青山岭长城 4 号居住址	1202253541 07170049	660
青山岭长城 5 号居住址	1202253541 07170050	617
青山岭长城 6 号居住址	1202253541 07170109	831
青山岭长城 1 号火池	1202253541 99170044	683
青山岭长城 2 号火池	1202253541 99170045	842
车道峪长城 1 号烟灶	1202253541 99170051	783
车道峪长城 2 号烟灶	1202253541 99170052	781
车道峪长城 3 号烟灶	1202253541 99170053	787
车道峪长城 4 号烟灶	1202253541 99170054	787
车道峪长城 5 号烟灶	1202253541 99170055	553
车道峪长城 6 号烟灶	1202253541 99170056	907
车道峪长城 7 号烟灶	1202253541 99170057	909
车道峪长城 8 号烟灶	1202253541 99170058	605
车道峪长城 9 号烟灶	1202253541 99170059	599
车道峪长城 10 号烟灶	1202253541 99170060	597
车道峪长城 11 号烟灶	1202253541 99170061	588
车道峪长城 1 号水窖	1202253541 99170062	958
车道峪长城 2 号水窖	1202253541 99170063	780
车道峪长城 3 号水窖	1202253541 99170064	551
车道峪长城 4 号水窖	1202253541 99170065	880
车道峪长城 5 号水窖	1202253541 99170066	763
车道峪长城 1 号居住址	1202253541 07170067	889
车道峪长城 2 号居住址	1202253541 07170068	788
车道峪长城 3 号居住址	1202253541 07170069	529

续表

名称	编码	高程（米）
车道峪长城 4 号居住址	1202253541071701700070	851
车道峪长城 5 号居住址	1202253541071701700071	841
车道峪长城 6 号居住址	1202253541071701700072	821
车道峪长城 7 号居住址	120225354107170073	801
车道峪长城 8 号居住址	120225354107170074	662
车道峪长城 9 号居住址	120225354107170075	648
车道峪长城 10 号居住址	120225354107170076	884
车道峪长城 11 号居住址	120225354107170077	589
车道峪长城 12 号居住址	120225354107170078	783
车道峪长城 13 号居住址	120225354107170079	800
车道峪长城 14 号居住址	120225354107170080	827
车道峪长城 15 号居住址	120225354107170081	827
车道峪长城 16 号居住址	120225354107170082	829
车道峪长城 17 号居住址	120225354107170083	855
车道峪长城 18 号居住址	120225354107170084	852
车道峪长城 19 号居住址	120225354107170085	866
车道峪长城 20 号居住址	120225354107170086	917
车道峪长城 21 号居住址	120225354107170087	874
车道峪长城 22 号居住址	120225354107170088	578
前干涧长城 1 号烟灶	120225354199170089	662
前干涧长城 2 号烟灶	120225354199170090	661
前干涧长城 3 号烟灶	120225354199170091	655
前干涧长城 4 号烟灶	120225354199170092	657
前干涧长城 1 号居住址	120225354107170093	702
前干涧长城 2 号居住址	120225354107170094	704
前干涧长城 3 号居住址	120225354107170095	686
前干涧长城 4 号居住址	120225354107170096	521
前干涧长城 5 号居住址	120225354107170097	495
前干涧长城 6 号居住址	120225354107170098	522
前干涧长城 7 号居住址	120225354107170099	628
前干涧长城 8 号居住址	120225354107170100	598
前干涧长城 9 号居住址	120225354107170101	628
前干涧长城 1 号火池	120225354199170102	670
前干涧长城 2 号火池	120225354199170103	670
前干涧长城 3 号火池	120225354199170104	521
前干涧长城 4 号火池	120225354199170105	539
前干涧长城 5 号火池	120225354199170106	539
前干涧长城 6 号火池	120225354199170107	642
前干涧长城 7 号火池	120225354199170108	637

附表一五　天津市明长城关堡高程汇总表

关堡名称	编码	位置	高程（米）
赤霞峪寨堡	1202253531011170001	中心	217
		南门西	225
		东南角	220
		东南角楼	226
		东门	226
		东北角	234
		西北角	223
古强峪寨堡	1202253531011170002	中心	225
		西南角	228
		东南角	226
		刀把拐点	226
		东门	225
		东北角	232
		西北角	225
船舱峪寨堡	1202253531021170003	中心	236
		东北角角楼	250
		西南角角楼	233
青山岭寨堡	1202253531021170004	中心	362
车道峪寨堡	1202253531021170005	中心	352
		南门	338
		西南角	341
		东南角	346
		西北角	344
		东北角	344
黄崖关城	1202253531011170008	中心	246
		蓟北雄关牌坊	241
		黄崖口关	249
		东南角角楼	234
		东门楼子	242
		真武庙	244
		三叉口（西北角）	250
		西门楼子	256
		马面	259
		西南角拐向北	245
		长寿园中心	240

关堡名称	编 码	位 置	高 程（米）
黄崖关城	120225353101170008	提调公署	246
		南阵眼门	244
		北阵眼门	241
下营寨堡	120225353102170006	中心	207
		南门西	199
		南门东	198
		东南角	203
		东门南	203
		东门北	203
		东北角	207
		西北角	203
		西门北	204
		西门南	204
		西南角	198
中营寨堡	120225353102170007	中心	206
		南门东	205
		井	207
		南门西	205
		北门	202
		西南角	205
		东北角	210
		西门南	205
		东门北	205
		西门北	205
		东门南	205
		西北角	205
		东墙北	205
		东南角	205
小平安寨堡	120225353102170009	中心	319
		西北角	311
		西南角	306
		东南角	317
		东北角	319
大平安寨堡	120225353102170010	中心	230
		东南角	228

关堡 名称	编　码	位　置	高　程（米）
大平安寨堡	120225353102170010	东北角	230
		西北角	229
		西南角	229
		南门东	226
		南门西	227
		西门	231
		东门	232

附

天津市明长城防御体系研究[1]

天津市文化遗产保护中心　姜佰国

关键词

天津　明长城　防御

内容提要

天津市明长城分布于蓟县北部山区。通过明长城资源调查，天津市明长城本体的分布、构成、体量均有了详实、科学的记载。天津市明长城虽然很短，其防御体系却很完整，在某种程度上，可以说是明长城防御体系一个具体而微的代表。

本文在调查资料的基础上，归纳剖析，以物见人，以物证事，结合文献，以长城墙体、敌台、烽火台及关城、寨堡等设施为载体，将天津市明长城防御体系划分为侦查预警、前线防卫、信号传递、增援策应、前线指挥、后勤保障六大部分，并揭示了有明一代"边有墙、墙有关、关内有堡、堡内有兵"的防御思想，在此思想指导下，形成了从侦查预警到前线防卫、从信号传递到增援策应、从前线指挥到后勤保障的一整套以防为主、防守兼备、以静制动、以逸待劳的完整防御体系。

天津市辖域的明长城全部分布在蓟县北部山区，东迄天津市蓟县与河北省遵化市交界的钻天峰，向西经赤霞峪、古强峪、船舱峪，折向西北的常州，经东山、刘庄子、青山岭、车道峪、小平安向西穿沟河，过黄崖关，经前干涧黄土梁大松顶出蓟县界，折向西北，与北京市平谷区将军关相连，地跨下营镇的赤霞峪、古强峪、船舱峪、常州、东山、刘庄子、青山岭、车道峪、小平安、黄崖关、前干涧11个自然村。

天津市明长城资源田野调查工作开始于2007年10月，结束于2007年12月。此次长城资源调查，共在天津市域内发现关城1座、寨堡9座、敌台85座、烽火台4座、火池15个、烟灶40个、居住址41座、水窖11个、水井4口，经天津市测绘院量测，天津市域内明长城表面长度为40283.06米。

亲历天津市明长城资源调查，使我对天津市域内的明长城防御体系有了更加深刻、直观、系统的认识，天津市明长城防御并不单单是那些依山而建的墙体、依势而成的山险以及它们之间散布的敌台连接成的防线，还包括关城、寨堡、烽火台、火池、烟灶、居住址、水窖、水井，甚至还包括士兵为耕种粮食、蔬菜而平整的坝地，是一个集侦查预警、前线防卫、信号传递、增援策应、军事指挥、后勤保障等系统构成的完整防御体系（图一）。

---

〔1〕　本文得到天津市宣传文化"五个一批"人才培养基金资助。

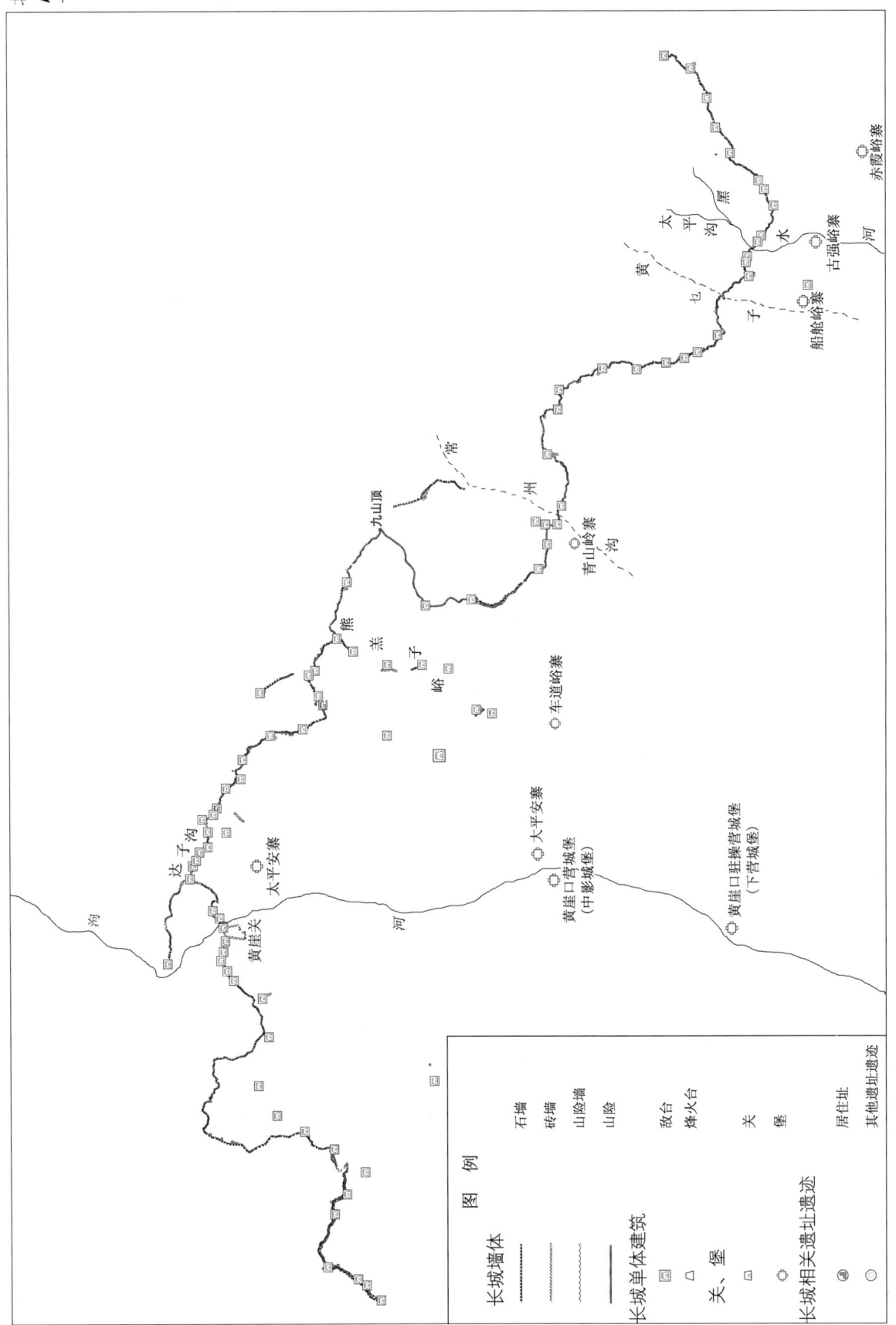

图一　天津市明长城分布示意图

一　侦查预警系统

据《天下郡国利病书》记载，探听敌方消息，往往设有明哨和暗哨，明哨亦称"直拨"或"夜不收"，相当于现在的侦察兵，潜伏在敌营附近，"深入虏穴，察其情形"，一有敌方入侵消息，即"一面通报抚镇，调兵驰援；一面传楼台烽燧，昼夜加防"[1]。而暗哨亦称"横拨"或"墩军"，其相当于现在的哨兵，在前沿树木密集的高处站哨，"沿边瞭望"，人员定期轮换，一般自关隘向外三四里或五六里一拨，每拨2人，各持1杆快枪，其"瞭见敌人南向，十人以内则放枪一杆，二三十人以上则放枪二杆，依次传至关下"。这样，通过明哨和暗哨的安置，明朝军队就形成了长城防线前方的侦查预警系统。

"墩军"与"夜不收"作为明长城防御体系的特殊兵种，或巡哨，或深入敌境侦察，最先对敌方构成威胁，其特殊作用不言而喻，所以明朝统治者多次强调"沿边夜不收及守墩军士，无分寒暑，昼夜瞭望，比之守备，勤劳特甚"[2]。多次出台优待"墩军"与"夜不收"的政策，给他们增加俸饷。

天津市域内发现的烽火台，全部位于长城主线的外侧，多建于山谷旁半山腰上，依山体而建，居高临下。烽火台平面呈半圆形，石块干垒而成，收分较大，上部平坦，不见其他遗迹。这些烽火台应该是"墩军"定点站哨的地方，其作用除具有地势突兀便于侦查瞭望之外，还具有一定的自卫、阻敌的作用。当然，由于"夜不收"活动隐蔽，其遗迹已无从考证。

二　前线防卫系统

天津市明长城防御体系中修建时间延续最长、耗费人力物力最多的防御设施，莫过于长城墙体。在天津市域内横亘东西的40余千米明长城墙体中，除黄崖关段为砖质（1987年修复）外，其余墙体均为石质（未修复）。砖质墙体因修复过，保存有完整的垛口、女墙、瞭望口、射口等，墙体上还修复有暗门。石质墙体多用块石干垒而成，外侧部分残存有垛口，内侧全部没有女墙，马道用相对平整的片石铺成，宽1.2～1.8米，内外壁用平整的石块垒砌，三合土抹缝的现象少见，墙体收分在0.5～1.2米，在山势陡峭地段，墙体往往垒砌成台阶状。通过对各段墙体现存的周边环境观察，尤其是在前干涧段长城中，墙体石块的颜色与其所在山体石块的颜色正好相对应，推测垒砌长城的石块应为就地取材。

除明长城主线墙体外，天津市域内还发现多条二道边长城，其宽度一般比主线墙体窄，并且不见垛口和女墙，墙体上部为平坦的马道，在墙体外侧见有垒砌规整的排水口。这些二道边长城大部分位于主线墙体的外侧，在平面上看，它们修建得很凌乱，看似毫无规律可言，实际上如果把它们放在具体的地理环境中，还是可以看出：它们一般修建于山势由陡到缓的半山腰或峡谷的隘口。

这些二道边长城所起作用在文献中鲜有记载，根据此次亲身实地调查，我认为主要有以下几个方面：第一，构筑于主线外围、封闭可以出入平原的隘口，构成主线外侧的第一道防线。最突出的是黄崖关二道边长城3段和青山岭二道边长城2段（图二）。这样在敌进攻时既可以起到对主线的缓冲作用，为主线防御赢得时间，又可以在援军到来之时，与主线一起对所犯之敌形成合围之势；第二，构筑于主线外围、基本与主线相平行，如前涧二道边长城，此类二道边长城一般修筑立陡高耸，实际是弥补主线长城墙体外侧地势平缓、敌可轻易靠近主线长城墙体的劣势，对主线长城墙体防御起到了双保险的作用；第三，构筑于主线外围山谷一侧的较缓山坡之上，与山顶部敌台相接，如青山岭二道边长城，起到了拱卫敌台、扼守山谷的作用；第三，多道平行构筑于主线外围、宽且平坦隘口，此种情况仅见于车道峪二道边长城，其作用一方面可以阻止敌方骑兵对主线墙体的冲击，具有挡马墙、战术防御和战略反击的三重作用，另一方面，通过观察其所处地势及文献中多有山洪冲毁隘口墙体的记录，我认为这些平行分布的二道边长城墙体可能还有缓冲山洪对封锁隘口的主线长城冲刷的作用；第四，构筑于主线内侧、封锁出入平原的谷口，与居于山顶部的敌台相连，如车道峪二道边长城，此种二道边长城修筑一般都很粗糙，防御作用有限，一旦主线墙体被攻破，不过仅仅是延缓敌方进攻、静待增援罢了。

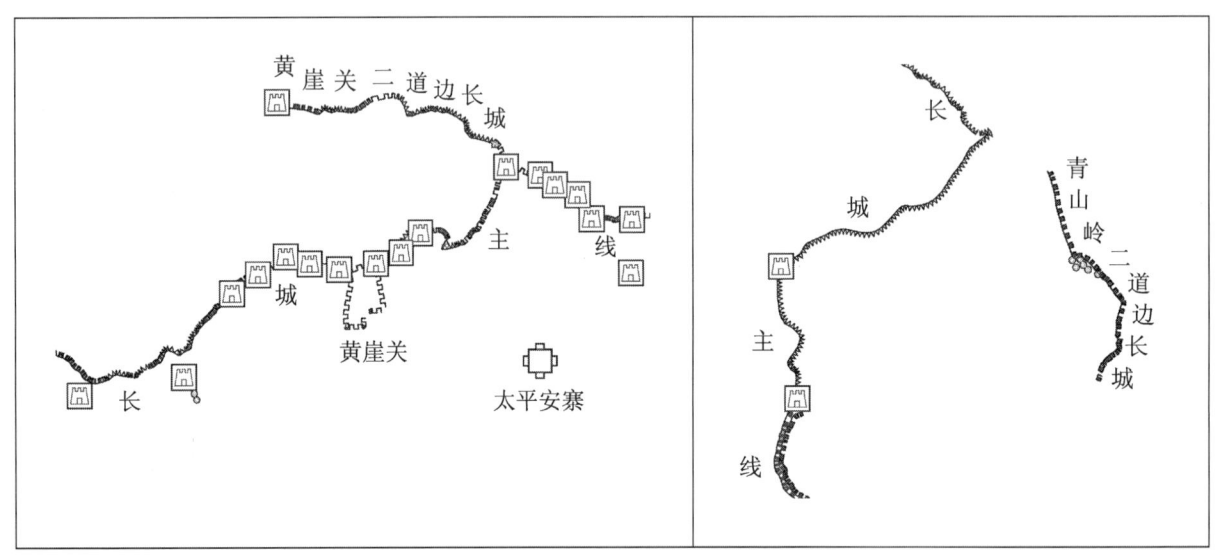

图二　天津市明长城黄崖关、青山岭二道边长城位置图

天津市域内沿墙而建的敌台是前线防御系统中又一重要设施。敌台按质地可分为石质、上砖下石质两类，这些敌台在平面上多呈方形或长方形，大部分位于山顶或山谷旁居高临下的山梁上，地理位置非常重要。砖质敌台内部有较大的空间，且门上有门枢、门栓孔痕迹，箭窗上有窗栓孔，说明当时砖质敌台上有门和窗，敌台周边没有发现居住址，这种敌台应该可以驻扎士兵。石质敌台虽然为实心，但在一些敌台顶部发现有长方形半地穴式结构，此结构一般很小、很窄，周边也没有柱础、柱洞等痕迹，另外还在一些敌台顶部发现有长方形、方形或圆形的黄色垫土，这些遗迹都表明石质敌台上部虽没有房屋建筑，但有帐篷或窝棚等简易住所，以充当士兵站岗警戒、遮蔽风雨之所。

关于修建敌台的原因，戚继光认为"蓟镇边垣，延袤二千里，一瑕则百坚皆瑕。比来岁修岁圮，徒费无益。请跨墙为台，睥睨四达"[3]，"先年边城低薄倾圮，间有砖石小台，与墙各峙，势不相救。军士暴立暑雨霜雪之下，无所藉庇。军火器具，如临时起发，则运送不前；如收贮墙上，则无可藏处。敌势众大，乘高四射，守卒难立。一堵攻溃，相望奔走，大势突入，掳掠莫御。今建空心敌台，尽将通人马冲处堵塞……两台相应，左右相救，骑墙而立"[4]。

三　信号传递系统

天津地区明长城传递边界敌军入侵信号的方法主要有烽燧、发炮等方法。

明代用烽燧传递信号的方法基本沿用汉制。据唐人李贤《后汉书·光武帝纪下》注云："《前（汉）书音义》曰：边方（防）备警急，作高土台，台上作桔皋，桔皋头有兜零，以薪置其中，命低之，有寇即燃之，举之以相告，曰烽。又多积薪，寇至即燔之，望其烟，曰燧。昼则燔燧，夜乃举烽。"由此可知，烽用于夜间放火报警，燧用于白昼施烟报警。这也与居延汉简"虏守亭鄣不得燔积薪，昼举亭上烽一烟，夜举离合苣火"[5]的记载相同。到了明代，与汉代烽燧传递信号略有不同的是施烟、放火的设施有了较大的改进，出现了用石块垒砌的火池、烟灶——专门用于信号传递的长城防御附属设施。烟灶、火池是此次调查发现较多的遗存，多位于敌台的南侧，成组分布。烟灶一词，在明清文献中不见记载，其命名源于甘肃居延出土的汉简记载"烟造一"[6]（E. J. T37·1544），"造"即"灶"字误写[7]。这些烟灶位于墙体上或敌台下部，平面基本呈正方形，石块干垒而成，四壁垒砌平整，下部垒砌有1~4个不等的灶门，没有出火口，仅能出烟。火池见于戚继光《练兵实纪》，平面多呈簸箕形，三面垒砌有低矮的石块，一面敞开，火池内用石板平铺，其形制易通风起火。火池的尺寸、形状与文献"每座方五尺，张口，庶草多火亮"[8]记载相同。在部分火池的内部和烟灶的灶门内发现有白色的灰烬，个别火池底部的石块、烟灶灶门附近的石块甚至还可看出有烟熏火燎的痕迹，可见在有明一代特别是明代末期，烟灶在白天、火池在夜晚报警方面的确发挥了一定的作用。

明英宗正统元年（1436年）前后，发炮传递信号的方法开始应用在天津域内明长城，具体做法是在蓟州镇长城内每三里设一墩炮架，"遇贼薄城，举火发炮传报。"[9]成化二年（1466年），明廷下令用发炮和烽燧两种方法共同传递报警信号，"边墩举放烽炮"，并以烽炮的数量作为表示敌人数量的定律。即：见敌一二人至百余人举放一烽一炮，五百人二烽二炮，千人三烽三炮，五千人以上四烽四炮，万人以上五烽五炮[10]。弘治七年（1494年）又对天气变化、昼夜更替等特定条件下报警信号的传递做了规定，"凡遇寇近边，天晴则举炮，天阴则举烟，夜则举火。"[11]

四　增援策应系统

天津市明长城防御是以黄崖口关为中心，以沿线长城7座寨堡为纽带，以长城墙体相联接，以黄崖口驻操营城堡、黄崖口营城堡、蓟州为依托，一处有敌情，其他各处视敌情轻重依次增援策应，临危不乱，援守有度。

黄崖口是泃河下切燕山余脉流入华北平原形成的最后一道峡谷口，也是出入京津腹地的一条战略要道。早在洪武年，明廷就建立了黄崖口驻操营城堡一座[12]，明长城资源调查中在天津蓟县下营镇泃河东岸下营村发现一座寨堡，平面呈正方形，占地面积3.3万平方米，推测其应为黄崖口驻操营城堡。在下营寨堡北泃河西岸的中营村发现的寨堡，平面呈长方形，占地面积比下营寨堡还大，约4.7万平方米。据嘉靖三年《蓟州志》记载，黄崖口营城堡一座，天顺四年（1461年）建。此寨堡应为黄崖口营城堡所在。

黄崖关扼守泃河谷道，是明代蓟镇长城的重要关隘，也是天津市域内唯一的一座长城关城，平面呈刀把形，面积约3.8万平方米，永乐年建，天顺时重建。《四镇三关志》记："黄崖口关，城六十里，嘉靖三十年创修，三十六年、三十八年、隆庆元年（1567 年）增修，包括正关、水关、东西稍城。"

太平安寨，原名小平安寨，位于黄崖关东南部、天津市蓟县下营镇小平安村内，寨堡地势东北高、西南低。平面呈正方形，占地面积很小，仅约 0.49 万平方米。此寨设立于成化二年。太平安寨扼守的是黄崖关东侧半拉缸山下的一处叫"达子沟"的谷道，"山口二十丈，孤绝难守"，正因此，嘉靖二十四年（1545 年）"虏犯黄崖口失事"，才从此谷道攻入。

大平安寨堡位于黄崖关东南部、天津市蓟县下营镇大平安村中部，沟河东岸，地势平坦，此寨堡朝向为正南，平面呈正方形，占地面积约 2 万平方米。此寨设立的具体年代不详，但据嘉靖三年《蓟州志》已见记载看，其建设年代当在嘉靖三年（1524 年）之前。

上述一关四寨堡均位于沟河两岸，实际上构成了阶梯状的三道防线。

其一，是以黄崖关、太平安寨为前沿阵地。它们分别扼守沟河口和达子沟口，并分别策应增援沟河两岸边墙。

其二，是以黄崖口营城堡（中营城堡）和大平安寨构成第二道防线。这两个寨堡位置居于黄崖关和黄崖口驻操营中间，据守沟河两岸。其中黄崖口营城堡面积最大，现城堡中尚保存有四眼水井、饮马石槽以及大量石碾、磨盘，说明这里驻兵最多。黄崖口营城堡和大平安寨既可在黄崖关失陷时形成据沟河谷道的防线，又可以在黄崖关防守紧迫时，加以驰援。

其三，黄崖口驻操营城堡（下营城堡）构成第三道防线。其防守、驰援的作用与黄崖口营城堡和大平安寨构成第二道防线相同。

通过这一关四寨堡的设立，真正起到了"关据极边，所以扼长城之冲；营据关内，所以为应援之用。"[13]

天津市明长城沿线还有 5 座寨堡，自东向西依次为赤霞峪寨、古强峪寨、船舱峪寨、青山岭寨和车道峪寨。

赤霞峪寨，又称"东寨"，成化二年（1466 年）建。位于天津市蓟县下营镇赤霞峪村内北部的高台地上，平面为不规则四边形，占地面积 1.3 万平方米。地处一处峡谷的口部，北面 1.4 千米即为建于两山鞍部的长城墙体，其作用主要应该是增援北部长城，同时也可增援西邻古强峪寨。

古强峪寨，又称"中寨"，永乐年建。位于天津市蓟县下营镇古强峪村内北部。其北距长城仅 0.8 千米，地处黑水河谷的口部，扼守太平沟，是太平沟出入的必经之路，地理位置非常重要。该寨堡平面呈刀把形，南部凸出，占地面积约 1.5 万平方米。

船舱峪寨，又称"西寨"，成化二年（1466 年）建。位于天津市蓟县下营镇船舱峪村北，扼守黄乜子河道，平面为长方形，占地面积 0.7 万平方米。

船舱峪寨、古强峪寨、船舱峪寨三寨"品"字分布，相互兼顾，互为依托，形成最佳的防守格局。

青山岭寨，位于天津市蓟县下营镇青山岭村北，扼守常州沟。平面呈不规则长方形，占地面积约 0.6 万平方米，成化二年（1466 年）建。

车道峪寨，位于天津市蓟县下营镇车道峪村内中北部，扼守熊羔子峪。平面呈长方形，占地面积约 0.7 万平方米，成化二年（1466 年）建。"量移营堡以便策应……黄崖口营之距古强峪、耻瞎峪（赤霞峪）、蚕橡峪（船舱峪）、青山岭各关寨则三十里……皆于策应不便，请酌其便之地改立营堡"[14]，正因此，嘉靖十六年（1537 年）才在介于赤霞峪、古强峪、船舱峪、青山岭和黄崖口营之间，为策应增援和扼守谷道，又增建了车道峪寨。

五　军事指挥系统

天津市域内明长城军事指挥系统大致经历了洪武、永乐及嘉靖三个时期的发展演变，日臻完备，逐渐形成了一套严密的军事指挥系统。

明洪武六年（1373年），"从淮安侯华云龙言，自永平、蓟州、密云迆西二千余里，关隘百二十又九，皆置戍守"[15]，加强了对天津市域长城沿线的防御。明朝初年，设立都司卫所制度，洪武四年（1371年）置蓟州卫指挥使司[16]，设指挥使、同知、金事，负责天津市域长城边防，隶属于北平都指挥使司，后并属五军都督府之后军都督府管辖[17]。

明永乐时期，为了加强长城防御能力，"初设辽东、宣府、大同、延绥四镇，继设宁夏、甘肃、蓟州三镇，而太原总兵治偏头，三边制府驻固原，亦称两镇"[18]，这样沿边共设九镇，是为九边，天津市域内明长城为蓟州镇长城的一部分，由北平都指挥使派遣的总兵官负责军事指挥。

嘉靖以后，由于北方局势日趋严峻，明廷日益重视长城沿线防务，正是在这样的大背景下，长城防御的军事指挥系统才得以严密完备，逐渐形成了以文官、武官分别担任戍边职官，充分发挥各自优势，既可在战争时期协调各方、充分发挥前线指挥官的能动作用，又可在和平时期相互监督牵制，避免拥兵自重、贪污腐化（图三）。

文官中蓟辽总督（全称是"总督蓟辽保定等处兼理粮饷"）是掌管蓟镇、辽东、保定明长城防御的最高军事指挥官，相当于现在的战区总司令，设于嘉靖二十九年（1550年），开府密云，后驻蓟州[19]。总督的设立主要是统一军事权，辖顺天、保定、辽东三巡抚，在一镇或一路遭到敌人进攻的情况下，协调各镇巡抚、总兵，集中兵力增援。巡抚的职责与现在的军区参谋长和后勤部长职责相近，但其地位高于总兵，具有一定的指挥权。蓟州镇巡抚驻蓟州，职责与辽东镇巡抚相近[20]，主要是"防御虏寇，操练军马，修理城池，听理词讼，区划粮储，禁革奸弊，保障军民，一应边机军务，务须与同事内外守臣计议停当而行，分守、守备等官，悉听节制。"[21]

武官中蓟镇总兵是掌管蓟州镇长城防御的军事指挥官，相当于现在的军区司令，蓟镇总兵的职责是"操练军马，督修边城，内防奸宄，外御贼寇"[22]，"三路分守、守备等官悉听节制"，起初总兵的职权受巡抚的节制很大，"凡事须与镇守内臣并巡抚都御史计议停当而行，不许偏执己见"，隆庆二年（1568年）改为总理练兵事务兼镇守，负责全镇防务。

蓟州总兵下设东路、中路、西路协守副总兵三人，东路副总兵，隆庆三年（1569年）添设，驻建昌营，管理燕河营、台头营、石门寨、山海关四路。中路副总兵，万历四年（1576年）改设，驻三屯营，带管马兰峪、松棚峪、喜峰口、太平四路。西路副总兵隆庆三年（1569年）添设，驻石匣营，管理墙子岭、曾家寨、古北门、石塘岭四路。

各路设参将，天津市域内明长城属马兰路，由中路协守副总兵统辖、马兰路参将直接管辖。参将下设提调、守备，据文献记载，现天津市域内与长城防御相关的提调、守备仅见黄崖口提调、黄崖营提调和蓟州守备。

黄崖口提调辖一关六寨，即黄崖关、太平安寨（大平安寨）、车道峪寨、青山岭寨、蚕椽峪寨（船舱峪寨）、古强峪寨、耻瞎峪寨（赤霞峪寨）以及黄崖口驻操营和黄崖口营。提调统辖的寨堡又根据地理位置的重要性和辖兵的多少，由指挥、千户甚至百户管辖[23]。

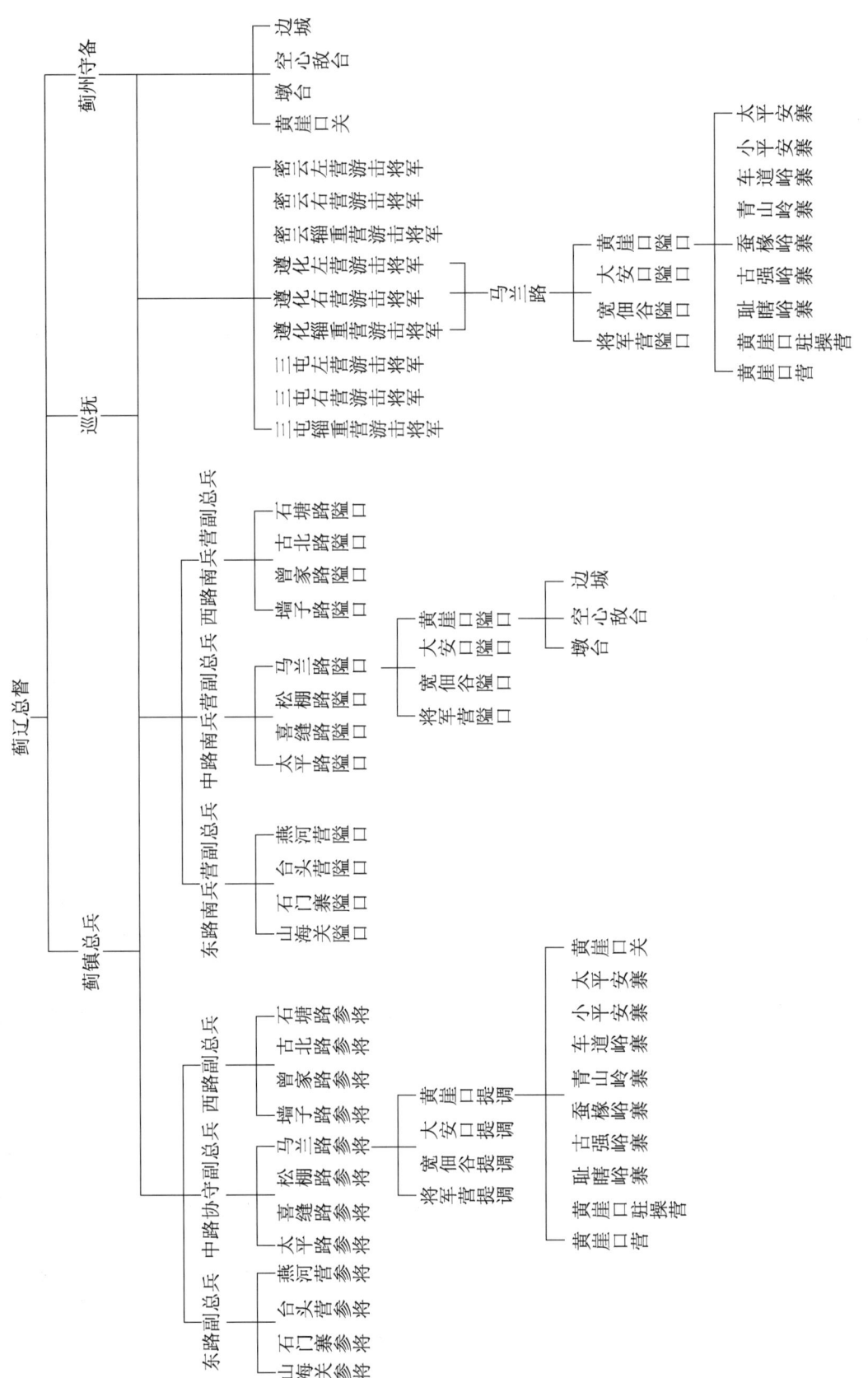

图三　天津地区明长城军事指挥系统（明朝中后期）简表

蓟州守备管辖蓟州全境，建于嘉靖三十一年[24]，其统领的兵马具有防守本城并服从本镇战事需要，随时设伏或支援。

以上将领分别镇守关、城、寨堡。镇守长城墙体、敌台的士兵则是南兵，"今将召到南兵一万，分布各台五名十名不等，常川在台，即以为家，经年再不离台入宿人家"[25]，"每一路，各设传烽委官一员，系南方人员，以其机利素习也"，为加强对南兵的管理，戚继光在任总理练兵官时，于隆庆二年在石匣营设立了西路南兵副总兵，隆庆六年分别在汉儿庄、燕河营建中路南兵副总兵和东路南兵副总兵，统领相应各路隘口，其中中路南兵副总兵掌管天津市明长城各隘口、敌台和边墙[26]。

除上述外，领导机动部队的游击将军也是不可忽视的，据《四镇三关志》记载，负责天津市域明长城沿线增援的游击将军是遵化左营游击将军（建于嘉靖四十三年）、遵化右营游击将军（建于隆庆二年）和遵化辎重营游击将军（建于隆庆二年）。

了解了蓟镇长城庞大而复杂的军事指挥官职，我认为还有一点需要弄清楚，那就是蓟镇长城复杂的军队，而且还有一个现象很有趣，就是不同兵种由不同级别的官员统领。通过查阅文献，蓟镇长城军队的兵种主要有标兵、营兵、守城兵、瞭侦兵和家丁。

标兵　从文献上看，只有蓟辽总督、蓟镇巡抚和蓟镇总兵拥有标兵。其名称来源无考，顾名思义，应该是"从军队中百里挑一组成的样板军队"之意，标兵比较特殊之处就是由蓟辽总督、蓟镇巡抚和蓟镇总兵直辖。蓟辽总督标兵设于嘉靖三十八年（1559年）[27]，蓟镇巡抚标兵和蓟镇总兵标兵均设立于嘉靖四十二年（1563年）[28]。

营兵　明时总兵、副总兵、参将、游击将军统领军队的总称。根据其隶属的将领不同，其称谓和职责也不同，"总兵总一镇之兵，谓之正兵；副总兵分领三千，谓之奇兵；游击分领三千，往来防御，谓之游兵；参将分守各路，东西策应，谓之援兵"[29]，由此可见，总兵直辖的军队称正兵，正兵主要有护卫总兵、随警策应、配合作战等职责；奇兵，由副总兵直辖，主要任务是待报赴援，设伏防守，常年防守；援兵归参将统领。参将及其援兵的主要任务包括护守本路、各路配合、诸兵合作、应援他镇、防秋摆边等项；游击及所统游兵主要为机动出击而设，一般无固定防区，游兵的任务主要有戍守本镇、镇内驰击（这是游兵最主要的任务）、援助他镇、拱卫京师、巡回哨守。

守城兵　也称城操军，主要职责是防守本城及附近辖区，服从战事需要，随时设伏或应援，防御盗贼。

瞭侦兵　即墩军和夜不收，分别负责瞭望和侦察。

家丁　是将领自募的亲兵。嘉靖四十二年（1563年）允许副总兵、参将、游击将军、守备、提调等将领自募家丁，"（蓟镇令）副、参、游、守、提调等官许自募家丁，报名在官，一体给粮"[30]，这应该与当时战事紧迫、兵源枯竭有关。

终上所述，可见天津市明长城军事指挥系统中，各级官员及其统领的军队，职能各有侧重，分工略有不同，既强调各守其土、各司其责，又注意精诚合作、协同作战，最终达到一方有难、八方支援、首尾呼应、援守有度。

六　后勤保障系统

在明长城防御体系中，后勤给养保障对沿线防御、克敌制胜起到关键的作用。后勤保障系统主要体现在后勤给养的来源、运输、仓储以及监管四个方面，这四方面环环相扣，缺一不可。

首先是后勤给养的来源。驻扎在长城墙体、敌台及沿线关城、营堡的兵卒数以万计，其每年消耗的物资更是不计其数，纵观明朝历史，供应长城驻守士卒的给养主要来自于四个渠道，即军队自给、地方供应、以盐易饷、中央调剂。

"军队自给"实际上就是军队屯田，自古以来军屯都是戍边士兵粮饷的一个重要来源，这一点在明朝也不例外，皇帝多次采纳大臣建议，"自山海至蓟州，守关军万人，列营二十二所，操练之外无他遣。若稍屯种，亦可实边，请取勘各营附近荒田，斟酌分给，且屯且守，实为两便。上嘉纳之"[31]。本次长城资源调查，在天津明长城青山岭段发现坝田一处，位于一处居住址的南侧，沿山势用石块垒砌成十八道坝台，形成了十八块长条形平整的土地，此遗迹所处一山凹南部，人迹罕至，无人居住，应为明时屯田遗迹无疑。军屯在一定时期达到了很好的效果，甚至"一军之田，足赡一军之用，卫所官吏俸粮皆取给焉"[32]的自给自足程度。长城戍守兵卒还承担了牧马的任务，"以蓟州之东地广草肥，宜于畜牧，故令永平卫军每人牧牝马一，并免他役，期所牧蕃滋以资军国之用"[33]。另外，长城戍守兵卒还承担过以下工作：采矿，"镇守蓟州、山海都督金事陈景先奏：比有令，遵化仍开冶铁，所役军民，如取旧用"[34]；采草，"初，京操马多草束不足，以天津等八卫原运粮关军内兑出三千五百员名，每岁八月于草场采草，给以行粮分为七运，运草二十万束"[35]；伐树，"乞移文……辽东、蓟州……等处镇巡等官各下所属相度山川形势，若非通贼紧要道路，仍许采取鬻贩，庶几不误应用"[36]。

"地方供应"也称"民运"，这是戍边士兵粮饷的主要来源。户部每年指派近边府州县将税粮运至指定的边仓，这样就形成了地方州府供应固定戍边军队的一一对应关系。此制在洪武二十三年（1390年）形成定制，"谕户部校理各卫官军岁支俸粮实数，以内外有司民户该输正粮对数拨给。如一县之粮以对一卫，或多或少，捐其赢，补其不足．一户之粮以对一军"[37]。

"军队自给"及"地方供应"均受驻边极其附近地区小气候的影响，自明成化之后，蓟州自然灾害频发，粮食产能自然不足，为保障粮饷供应，"以盐易饷"也就应运而生了。

"以盐易饷"也叫"盐引"、"开中"，是指招募商人自筹粮草、自运至边，作为酬劳，明廷发给商人盐引，凭盐引到盐运司支盐，然后贩卖获利。"（行在户部奏）边卫粮储不足，请召中纳盐粮，不拘米麦豆……永平府及古北口仓，淮浙长芦盐并引五斗"[38]，"户部以各边粮草缺乏，请开中两淮、长芦、河东盐课……蓟州十九万一百十八引，各得银五万……从之"[39]。

"中央调剂"亦称"京运"，就是将运往京师或京师储备的粮银粮调剂给长城沿线各镇。京运在明朝中期出现，明朝后期尤其，主要有以下三种方式，其一，南方漕运，"南京遮洋漕运一十三卫，例给全粮二十四万石，运到蓟州仓"[40]；其二，京师仓运，"发临清仓折粮价银三万五千两于蓟州备客兵粮储"[41]；其三，发太仓银，"发太仓年例银两于各镇……蓟州三万"[42]。

关于粮饷的运输方式主要是河运。明初南方的粮食经漕运至天津后，再出海进入梁河（蓟运河），沿蓟运河上溯至蓟州，但因"道远水湍，舟数为败"[43]，海难频繁。正因此，天顺二年开通了直沽河（又称新河），此运河起自今天津市滨海新区水津沽，止于今天津市滨海新区北塘[44]，联通水套、沽河，"阔五丈，深丈五尺"[45]，北接蓟运河，这样漕运的粮食就可以不经渤海，既安全又便利。

据《四镇三关志·职官》记载，现天津市域内存储长城戍边士兵粮饷的仓库共有三个，即蓟州仓、蓟州预备仓和黄崖口仓，蓟州仓、蓟州预备仓位于蓟县城中，黄崖口仓位于黄崖口关城内。

粮饷实行中央直管、地方协管的方式，即中央户部委派督饷郎中，负责"粮储，兼理屯种"[46]。成化二年建蓟州粮储户部分司于蓟州城，隆庆三年建蓟州管粮通判公署于遵化县城[47]，"管粮通判专给关防，监督收放，乃其本职"[48]，"各镇管粮通判，悉听郎中节制，抚按关不得他委"。巡抚、镇守总兵则负责催督粮草，管理仓库。

七　结语

天津市辖域的明长城长度虽然很短，其防御体系却很完整，在某种程度上，可以说是明长城防御体系一个具体而微的代表。天津市明长城防御体系，体现了有明一代以长城墙体、敌台、烽火台及关城、寨堡等设施为载体的"边有墙、墙有关、关内有堡、堡内有兵"的防御思想，在此思想指导下，形成了从侦查预警到前线防卫、从信号传递到增援策应、从前线指挥到后勤保障的一整套以防为主、防守兼备、以静制动、以逸待劳的完整防御体系。

（本文原载于《中国文物科学研究》2012 年第 3 期。内容略有改动）

Defense System Study of Great Wall of Ming Dynasty inTianjin Area

Jiang Baiguo

Tianjin Cultural Heritage Protection Center

Key words:

Tianjin　　The Great Wall of Ming Dynasty　　Defense System

Abstract:

Located in the northern part of Jixian county, Great wall of Ming Dynasty of Tianjin area was the epitome of the defense system of that period. Short as it was, the defense system was complete. We have the detailed and accurate report of its distribution, structure and mass.

Based on the survey data, through the inductive analyses, the author studied the ancient relics to inspect its people; studied the ancient site to restore the historical facts. Taken the Wall, enemy broadcasting station, smoke towers, gate, and fort as the supporters, the author divided the denfense system into six parts: investigation and forcast, defense of front line, communication, supporting system through coordinated action, front line command, logistic support. Meanwhile, the author elaborated the defense thought: "wall enclosed border, gate encaved the wall, fort hided in the gate, soldiers deployed in the fort". Guided by this thought, the builders founded a thorough denfense system which aimed at defense and one can easily defeated the fatigued enemies depending on its skillful design.

注释

［1］（清）顾炎武《天下郡国利病书》卷四《北直三烽堠》［M］，清光绪二十五年石印本。

［2］《明实录·英宗睿皇帝实录》卷九《宣德十年秋九月》［M］，中央研究院历史语言研究所，1962 年校勘本。

［3］（清）张廷玉等撰《明史》卷二百十二《列传》第一百《戚继光》［M］，中华书局，1984 年。

［4］（明）戚继光《练兵实纪·杂集》卷六《车步骑营阵解》，中华书局，2001 年。

［5］中国科学院考古研究所编《居延汉简甲乙编》［M］，中华书局，1980 年。

［6］甘肃省文物考古研究所、中国社会科学院历史所《居延新简》［M］，中华书局，1994 年。

［7］上官绪智、黄今言《汉代烽燧中的信息器具与烽火品约置用考》［J］，《社会科学辑刊》2004 年第 5 期。

［8］（明）戚继光《练兵实纪·杂集》卷六《车步骑营阵解》，中华书局，2001 年。

［9］《明实录·英宗睿皇帝实录》卷十六《正统元年四月甲寅》［M］，中央研究院历史语言研究所，1962 年校勘本。

［10］（明）申时行等撰《明会典》卷一百三十二《兵部十五各镇通例》［M］，中华书局，1989 年。

［11］《明实录·孝宗敬皇帝实录》卷九十四《弘治七年十一月甲寅》［M］，中央研究院历史语言研究所，1962 年校勘本。

［12］（明）刘效祖撰《四镇三关志》卷二《形胜三十八》［M］，明万历四年刻本。

［13］（明）熊相撰修《蓟州志》（嘉靖三年本）［M］，全国图书馆缩微文献复制中心，1992 年。

［14］《明实录·世宗肃皇帝实录》卷一百二十五《嘉靖十年五月己亥》［M］，中央研究院历史语言研究所，1962 年校勘本。

［15］（清）张廷玉等撰《明史》卷九十一《兵志三》［M］，中华书局，1984 年。

［16］《明实录·太祖高皇帝实录》［M］卷六十七《洪武四年秋七月辛未》，中央研究院历史语言研究所，1962 年校勘本。

［17］（清）张廷玉等撰《明史》卷九十《兵志二》［M］，中华书局，1984 年。

［18］（清）张廷玉等撰《明史》卷九十一《兵志三》［M］，中华书局，1984 年。

［19］（清）张廷玉等撰《明史》卷七十三《职官志二》［M］，中华书局，1984 年。

［20］（明）魏焕《皇明九边考》卷三《蓟州镇》［M］。

［21］（明）魏焕《皇明九边考》卷二《辽东镇》，《中华文史丛书》第三辑，台湾华文书局，1968 年影印本。

［22］（明）魏焕《皇明九边考》卷三《蓟州镇》，《中华文史丛书》第三辑，台湾华文书局，1968 年影印本。

［23］（明）熊相撰修《蓟州志》嘉靖三年本［M］，全国图书馆缩微文献复制中心，1992 年。

［24］（明）刘效祖撰《四镇三关志》卷八《职官》［M］，明万历四年刻本。

［25］戚继光《练兵实纪·杂集》卷六《车步骑营阵解》，中华书局，2001 年。

［26］（明）刘效祖撰《四镇三关志》卷八《职官》［M］，明万历四年刻本。

［27］《明实录·世宗肃皇帝实录》卷四百六十九《嘉靖三十八年二月庚申》［M］，中央研究院历史语言研究所，1962 年校勘本。

［28］《明实录·世宗肃皇帝实录》卷五二七《嘉靖四十二年十一月庚辰》［M］，中央研究院历史语言研究所，1962 年校勘本。

［29］（明）苏佑《说郛续》第十九《逌旃琐言》，上海古籍出版社，1988 年。

［30］（明）申时行等撰《明会典》卷一百二十九《兵部十五各镇分例一》［M］，中华书局，1989 年。

［31］《明实录·宣宗章皇帝实录》卷五十四《宣德四年五月丙辰》［M］，中央研究院历史语言研究所，1962 年校勘本。

［32］（清）张廷玉等撰《明史》卷八十二《食货六》［M］，中华书局，1984 年。

［33］《明实录·宣宗章皇帝实录》卷十九《宣德元年秋七月甲午》［M］，中央研究院历史语言研究所，1962 年校勘本。

［34］《明实录·宣宗章皇帝实录》卷十七《宣德元年五月丁酉》［M］，中央研究院历史语言研究所，1962 年校勘本。

［35］《明实录·宪宗纯皇帝实录》卷一百七十三《成化十三年十二月丙午》［M］，中央研究院历史语言研究所，1962 年校勘本。

［36］《明实录·孝宗敬皇帝实录》卷九十二《弘治七年（1494 年）九月壬寅》［M］，中央研究院历史语言研究所，1962 年校勘本。

［37］《明实录·太祖高皇帝实录》卷二百《洪武二十三年（1390 年）二月丙辰》［M］，中央研究院历史语言研究所，1962 年校勘本。

［38］《明实录·宣宗章皇帝实录》卷一百零五《宣德八年闰八月壬子》［M］，中央研究院历史语言研究所，1962 年校勘本。

［39］《明实录·武宗毅皇帝实录》卷一百三十一《正德十年（1515 年）十一月辛丑》［M］，中央研究院历史语言研究所，1962 年校勘本.

［40］（明）熊相撰修《蓟州志》嘉靖三年本［M］，全国图书馆缩微文献复制中心，1992 年。

［41］《明实录·世宗肃皇帝实录》卷二百七十二《嘉靖二十二年（1543 年）三月辛未》［M］，中央研究院历史语言研究所，1962 年校勘本。

［42］《明实录·世宗肃皇帝实录》卷三百三十二《嘉靖二十七（1548 年）年正月壬辰》［M］，中央研究院历史语言研究所，1962 年校勘本。

［43］《明实录·世宗肃皇帝实录》卷十《嘉靖元年正月壬戌》［M］，中央研究院历史语言研究所，1962 年校勘本。

［44］《沽口潮汐》编委会《沽口潮汐 新河探源》［M］，百花文艺出版社，2008 年。

［45］（清）张廷玉等撰《明史》卷八十六《河渠四》［M］，中华书局，1984 年。

［46］《明实录·宪宗纯皇帝实录》卷八十一《成化六年（1470 年）秋七月乙未》［M］，中央研究院历史语言研究所，1962 年校勘本。

［47］（明）刘效祖撰《四镇三关志》卷八《职官》［M］，明万历四年刻本。

［48］《明实录·世宗肃皇帝实录》卷三百三十九《嘉靖二十七年八月辛未》［M］，中央研究院历史语言研究所，1962 年校勘本。

附

天津市明长城资源调查与测量工作报告

天津市测绘院　吴正鹏

1　引言

　　长城是中华文明的象征和中华民族的名片，1987 年被联合国教科文组织列入《世界遗产名录》，在全人类历史文化遗产中有着重要的地位。为切实做好长城保护工作，国务院 2005 年批准了《长城保护工程（2005～2014 年）总体工作方案》，要求用较短的时间摸清长城家底、建立相关法规制度，依法加强监管，从根本上遏制对长城的破坏，为长城保护管理工作的良性发展打下坚实基础。

　　由于历史原因和技术条件所限，人们一直未能对长城这一超大线型文化遗产进行全面、科学的综合调查，尚未掌握其空间分布、保存状况、实际长度等方面的准确数据。根据国务院关于长城保护的有关要求，国家文物局和国家测绘局于 2006 年 10 月 26 日联合签署合作协议，决定发挥各自资源和技术优势，联合开展长城资源调查与测量，国家文物局负责长城考证，国家测绘局负责测量，并共同做好明长城重要地理信息发布审核工作。考虑到明长城主体的分布格局与地理位置定义较为明确，基本体现了万里长城主体格局、主线分布和走向，加上历史上科学家对明长城研究积累较多，有较丰富的综合考察资料，国家文物局和国家测绘局商定首先开展明长城资源调查与测量工作，并指派国家基础地理信息中心为测绘系统的牵头单位，中国文化遗产研究院为文物系统的牵头单位，具体设计和组织实施明长城测量项目。

　　天津市明长城资源调查与测量工作是"长城保护工程（2005～2014 年）"的子项目，由天津市文化遗产保护中心和天津市测绘院共同负责实施。旨在通过充分运用遥感、航空考古和信息技术等现代科技手段并结合文物部门田野调查数据，在较短的时间内摸清天津市明长城家底。通过科学调查，全面准确掌握长城现存状况，为制定、落实保护长城政策法规和管理措施提供基础依据；辅助健全相关法规制度、理顺管理体制，在统一规划的指导下，科学安排长城保护维修、合理利用等方面的工作。

　　天津市明长城位于蓟县北部山区，涉及 8 幅 1:10000 标准图幅（K50G090055、K50G090056、K50G091055、K50G091056、K50G091057、K50G092056、K50G092057 和 K50G092058），具体范围如下图所示：

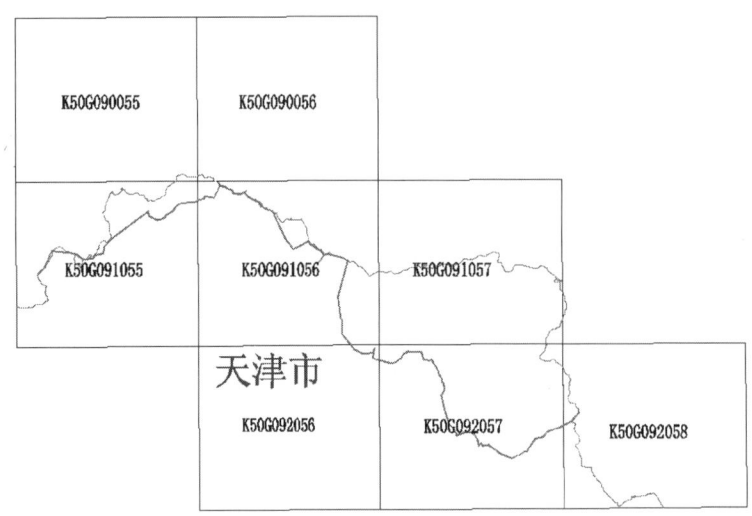

图1　天津市长城覆盖范围示意图

2　项目实施总体思路

明长城分布地域广（10省、市、自治区）、时间跨度长（800多年）、格局较为复杂（含内边、外边、支线）。其资源调查内容较为丰富，主要包括：①长城墙体；②敌台、马面、关、堡、烽燧等长城附属设施；③采石场、碑刻、驿站等相关遗存。为此需要在沿长城两侧各1公里范围内开展田野调查和专业考证，采集相应文物标本，进行专业著录、拍照、录像、量测、绘图等。针对这些特点，本项目在设计阶段即确定了"文物部门定性、测绘部门定量"的基本策略，提出了"影像为基、立体量测、带状建库"的项目实施总体思路。

（1）影像为基：长城本体、附属设施及相关遗存在高分辨率遥感影像上有着清晰的特征。文物专家借助其进行调查路线规划、要素影像预判和标定，能够减轻田野调查劳动强度，提高信息采集和标注的效率及准确性。此外，明代在山区修建长城时，尽量建在山脊外侧陡峭边缘上，且将山险、水险等天然险用作组成部分，使得长城墙体及各种附属设施所处的地形极为复杂，须在三维立体模型上量测其实际长度。因此，首先要利用较高分辨率航空摄影资料，构建优于1∶10000比例尺的明长城带状区域的立体影像模型，并制作相应的正射影像，用作田野调查、立体量测和资源空间化整合的基础。天津市明长城资源调查与测量工作所采用的航空摄影资料为2004年5～8月利用数字航空摄影相机（DMC）获取，航摄比例尺1∶25000，地面分辨率0.3米。

（2）立体量测：参照大范围的田野调查资料，在带状高精度立体影像模型上，测定明长城人工墙体和天然险、壕堑以及各种附属设施的空间分布，并分类计算其长度。例如，依据田野调查确定的各种墙体类型（人工墙体、天然险、壕堑等）、保存程度（较好、一般、差、消失等）和材质（石墙、砖墙、土墙等）等，在立体影像模型上沿墙体表面中心线量测三维拐点，进行分段和属性赋值处理等，然后进行长度分类统计汇总，求出明长城坡面总长度及其空间分布。对于影像上难以辨识的长城，由文物部门负责考证和确认。明长城沿线10个省（市、自治区）测绘部门负责完成各自区域的量测工作，省文物部门配合定性确认。国家基础地理信息中心根据各省上交验收合格的长度量测数据，进行明长城总长度及分类的统计与精度评价。

（3）带状建库：明长城沿线各省（市、自治区）测绘部门以明长城沿线带状范围为对象，生产包括数字高程模型（DEM）、数字正射影像数据（DOM）、数字线划图数据（DLG）、长城专题影像图数据（TMAP）等在内的基础地理信息数据，实现专题数据、各种属性数据、历史文献记录、音频视频资料等资源调查成果的空间化整合，形成长城的数字档案。

3　技术依据

《明长城测量总体技术方案》，国家测绘局、国家文物局，2008年；

《长城资源调查工作手册》，国家测绘局、国家文物局，2007；

《1:5000　1:10000 地形图航空摄影测量内业规范》，以下简称"内业规范"GB/T 13977 – 92；

《1:5000　1:10000 地形图航空摄影测量外业规范》，以下简称"外业规范"GB/T 13977 – 1992；

《1:5000　1:10000　1:25000、1:50000　1:100000 地形图航空摄影规范》GB/T 15661 – 1995；

《1:10000 基础地理信息数据生产与建库总体技术纲要》，国家测绘局，2001年；

《基础地理信息数字产品 1:10000　1:50000 数字线划图》CH/T 1001 – 2005；

《基础地理信息数字产品 1:10000　1:50000 数字高程模型》CH/T 1008 – 2001；

《基础地理信息数字产品 1:10000　1:50000 数字正射影像图》CH/T 1009 – 2001；

《基础地理信息数字产品 1:10000　1:50000 生产技术规程　第1部分：数字线划图（DLG）》CH/T 1015. 1 – 2007；

《基础地理信息数字产品 1:10000　1:50000 生产技术规程　第2部分：数字高程模型（DEM）》CH/T 1015. 2 – 2007；

《基础地理信息数字产品 1:10000　1:50000 生产技术规程　第3部分：数字正射影像图（DOM）》CH/T 1015. 3 – 2007；

《国家基本比例尺地形图分幅与编号》GB/T 13989 – 92；

《数字测绘产品检查验收规定和质量评定》GB/T18316 – 2001；

《国家基本比例尺地图图式第2部分：1:5000　1:10000 地形图图式》GB/T 20257. 2 – 2006；

《基础地理信息数字产品数据文件命名规定》CH 1005 – 2000；

《基础地理信息数字产品元数据》CH/T 1007 – 2001；

《基础地理信息要素分类与代码》GB/T 13923 – 2006；

《中华人民共和国行政区划代码》GB 2260 – 2000；

《长城保护工程调查名称使用规范》；

《长城基础地理信息与专题要素数据生产外业技术规定》；

《长城基础地理信息与专题要素数据生产内业技术规定》；

《长城基础地理信息与专题要素数据技术规定》；

《长城测量与资源系统建设总体技术规定》；

《明长城测量项目技术规定补充说明》。

4 主要技术路线

按照项目实施总体思路，国家基础地理信息中心通过组织技术试点和生产试验及专家把关等，进一步研究和分别确定了明长城资源调查、长度量测和资源地理信息系统建设的技术路线。

4.1 明长城资源田野调查

根据超大线型文化遗产田野调查的特殊需求，将田野调查技术、基于影像的调绘技术和数据库技术进行了有机的集合，在相关试验的基础上提出了明长城资源调查的技术流程，主要包括前期准备、现场调查确认、数据采集、数据校核、调查记录等5个重要的野外工作阶段。

前期准备调查阶段主要是根据有关历史文献和多源基础地理信息数据等，在1∶50000地形图上勾画出明长城空间分布基本情况，利用1∶10000地形图及明长城专题要素数据影像预判结果（基于1∶5000数字正射影像进行解译）等进行调查区域划分和调查路线规划。

现场确认阶段则主要借助于影像资料和多源参考资料，由文物专家在现场对明长城沿线两侧各1公里带状范围内的墙体、天险及各种附属设施进行辨识与确认。

数据采集阶段，文物专家主要采集长城墙体的名称、位置、文物编码、墙体材质和现存状况等属性信息，同时，测绘专家在现场采用手持GPS对长城走向的折点、拐点、断点、不同材质变化点、保存状况变化点以及长城本体的主要设施、附属设施及相关遗存的平面几何中心点等进行测量，并沿长城本体中心线按统一的符号在调绘片上标注长城专题要素的位置和属性信息。

数据校核阶段主要是对采集到的田野调查空间与属性信息进行校核。

调查记录阶段则主要采用田野调查数据采集系统，记录上述的各种有关长城的定位与定性信息并对上述信息进行校核与整合。

通过整合文物与测绘的各自技术优势，确定和规范了长城专题要素数据的田野调查范围、内容、指标及著录等各主要环节的技术方法与衔接关系，确保了长城属性和空间信息的有机结合，为文物田野调查成果的整理集成和明长城长度立体量测奠定了科学的基础。

4.2 明长城长度量测

明长城东西跨度长达5000多公里，测量范围为其两侧各1公里的狭长带状区域。对其进行立体量测，给像控点布设、空中三角测量、明长城资源立体量测等带来了很大困难。为提高带状立体模型的精度和稳定性，国家基础地理信息中心在设计阶段采取了合理设置适合带状作业区的加密分区方案、增加像控点布点个数、加大平高控制点布设密度等措施，其长度测量的技术路线如图2所示。

针对天津市明长城资源分布的特殊情况，为了避免带状立体模型精度和稳定性弱的缺点，天津市测绘院相关专家经过认真分析并决定扩大作业区域构建规则空中三角测量区域网，同时使用GPS - VRS技术采集像控点及检查点（最终布设像控点20个，检查点6个），以提高区域网空中三角测量的精度。结果显示定向中误差精度指标明显优于规范要求的平面不超过4米，高程不超过1.5米的山地和高山地指标精度要求，能达到1∶5000图成图要求。

为了确保量测质量，作业过程中采用了独立复测方式、对量测点重新空三平差、"1＋1"配备作业人员分段文物赋值等方式，以提高量测精度，保证量测准确性。其中"1＋1"作业方式是指一位文物专家与一位测绘技术人员共同采集明长城本体地理定位特征点三维空间坐标，确定其相应分段三维立体长度。独立复测方式是指往返测量的长度差值小于千分之一时方可作为合格的长度量测值。

　　明长城长度数据是利用观测点坐标计算得出的，不是直接观测值。考虑到空三加密点和立体量测点之间基本上相互独立，不存在点位系统误差，且点位误差在整个加密分区范围内总体上相等，在三维方向上相互独立，对三维空间的长度计算公式求导可知，其精度主要与"点观测精度"以及"相邻点间斜率"有关。因此，可以通过在加密区布设检查点，计算检查点的立体模型观测值与野外实测值之差的中误差，从而计算不同线段的量测精度，对明长城量测结果进行精度评价。

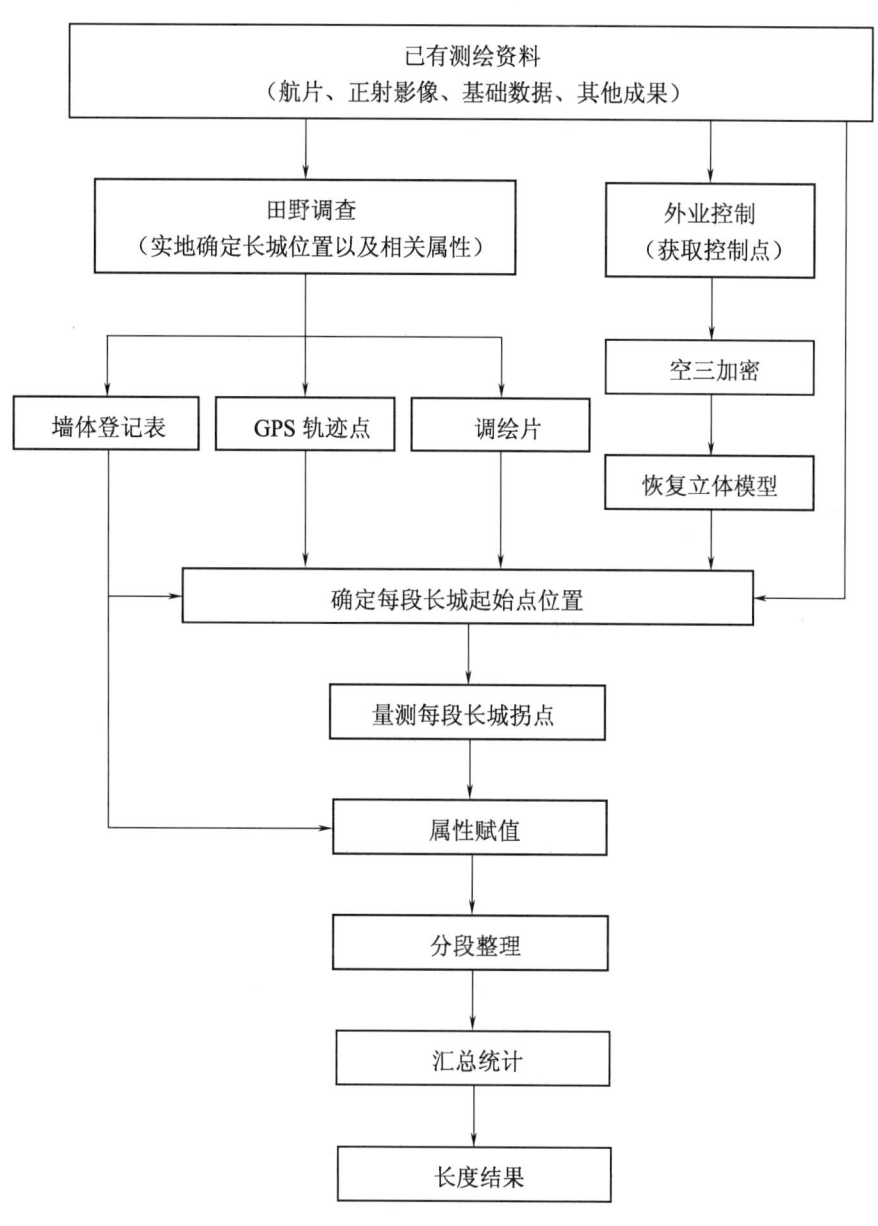

图 2　明长城长度测量技术路线

4.3　明长城资源地理信息系统建设——专题影像图制作

明长城资源地理信息系统建设由国家基础地理信息中心承担，各省（市、自治区）仅负责明长城专题矢量要素采集及其处理工作。工作内容涉及长城专题矢量要素采集、基础地形图核心要素选取及专题影像地图制作，其技术路线如图3所示。

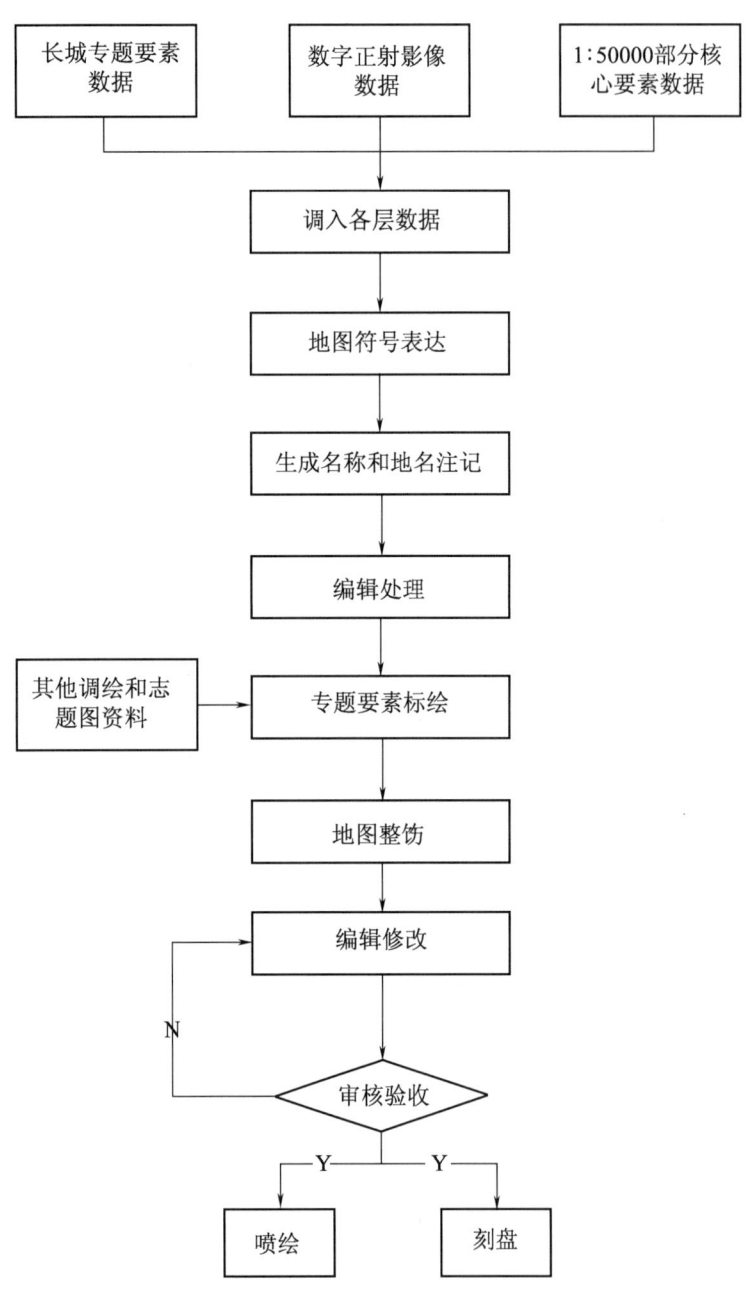

图3　专题影像图制作技术路线

5 项目组织实施

明长城沿线10个省（市、自治区）的上百名文物专家和700多名测绘专业技术人员参加了这一为期三年多的重大地理信息工程。为了做好跨部门、跨地区的组织协调，在国家和省级层面建立了专门的协调机制，包括成立两局联合领导小组、全国长城资源调查项目工作组、各省长城资源调查联合机构等，在任务范围协调、任务分工与合作、问题沟通与处理、资料使用、协议签署、标准与方案制定、成果控制、进程监控等方面起到关键作用。与此同时，国家基础地理信息中心针对本项目组织开展技术试点、标准制定、人员培训、质量控制等方面的工作。天津市测绘院则在参与相关试点及培训基础上分资料收集、区域网像控点测量及空三加密、明长城长度测量、DOM与DEM数据生产、长城专题矢量要素采集及处理等环节具体组织实施该项目。

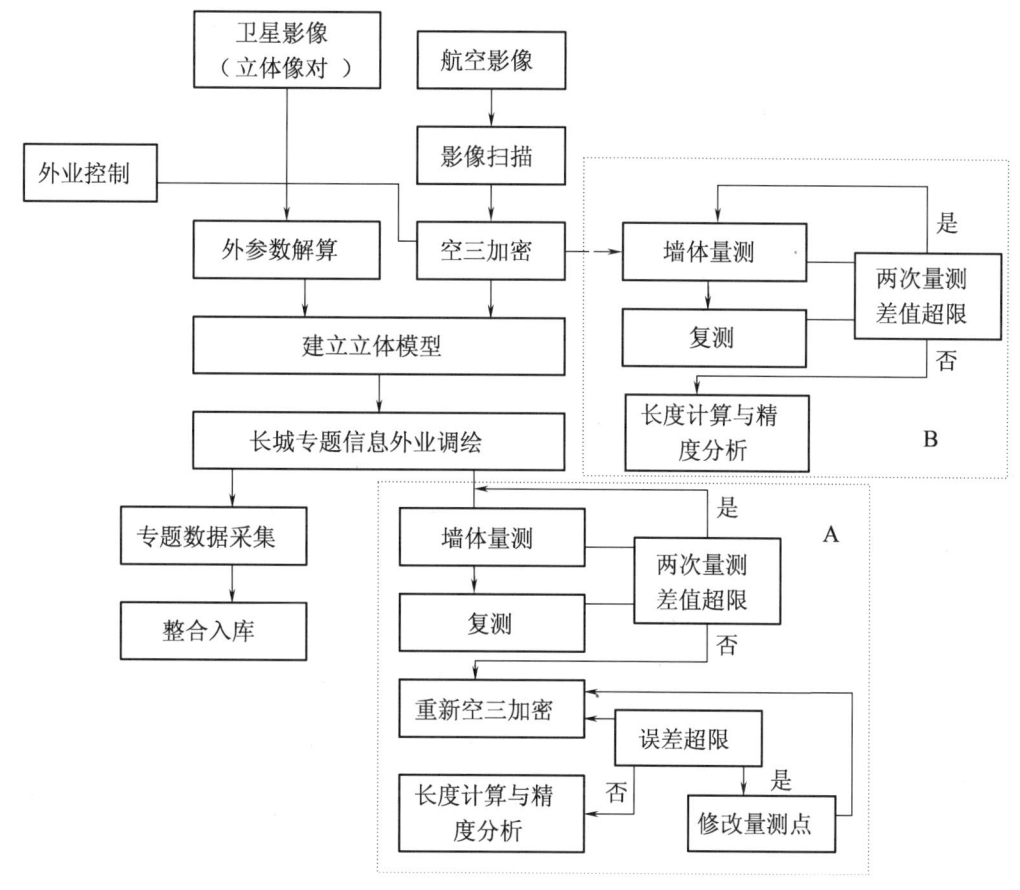

图4 项目实施总体技术流程图

5.1 技术试点

为探索超大线型文化遗产调查与测量经验，工作组选择甘肃、河北两省开展试点工作，总结提炼出相应的技术方法与合作模式，在其后明长城沿线10省、市、自治区大范围长城资源调查与测量中工作推广使用，并随时改进完善。

5.2　标准制定

国家基础地理信息中心组织研究制定了明长城长度测量、精度评价、专题影像图制图、长城专题要素图示与规范等一批标准与规范，同时协助文物部门在规范记录明长城专题要素数据等方面制定了相关的标准。

5.3　人员培训

组织参加明长城测量的相关管理人员和技术负责人参加国家级技术培训，培训内容主要是相关法律法规、标准及规范、工作流程、相关制度等。同时，结合天津市自身情况，组织本辖区全体作业人员积极开展省级培训。培训内容涉及相关法律法规、标准及规范、工作流程、相关制度、相关软件等，亦包括具体操作、成果形式和质量控制等作业环节。通过培训，确保了参加明长城测量任务的人员熟悉作业流程、精度指标、把握任务作业的关键节点，并明确规定未经培训以及培训考核不合格人员不得上岗参加明长城测量工作。

5.4　数学基础与分幅编号

平面坐标系：1980 西安坐标系。

高程基准：1985 国家高程基准。

地图投影：高斯－克吕格投影，按3°分带，坐标单位为米。

图幅分幅与编号按照 GB/T 13989－92《国家基本比例尺地形图分幅和编号》中 1:10000 比例尺的相关内容执行。空间存储单元为 3′45″（经差）×2′30″（纬差）。

天津市明长城所涉及区域较小，数据均采用3°分带，39 带。

5.5　资料收集

（1）明长城资源田野调查数据

明长城资源田野调查数据指文物部门通过外业调查获取的明长城沿线的相关数据，主要包括墙体、关堡、单体建筑、相关遗存、界壕/壕堑、采集文物等登记表和多媒体册页数据。登记表数据是田野调查的最主要成果，原始数据为按县统计的数据库文件。每一份长城资源要素的登记表数据都附有彩图、录像、绘图、摹本拓片等多媒体数据，即册页数据。

天津市文化遗产保护中心分赤霞峪、古强峪、船舱峪、青山岭、车道峪、黄崖关和前干涧 7 段向天津市测绘院提供明长城资源田野调查成果。共提交长城墙体调查登记表、长城单体建筑调查等级表和长城相关遗存登记表 357 份，质量较好，内容详实，满足明长城测量工作要求。

（2）基础地理信息数据

1）地形图：1:10000 地形图，2002 年修测。

2）影像数据

1:5000 真彩色正射影像数据（DOM），2004 年 5～8 月航空摄影；

1:10000 数字高程模型数据（DEM）；

2004 年 5~8 月 DMC 数字航空摄影资料：摄影比例尺 1:25000，地面分辨率 0.3 米；

1:2000 真彩色正射影像数据（DOM），2008 年 8~10 月航空摄影。

3）基础控制资料：满足区域网空中三角测量需要的像控点 20 个，检查点 6 个。

5.6　区域网像控点测量及空三加密

考虑到天津市明长城资源分布的特殊情况，为了避免带状立体模型精度和稳定性弱的缺点，天津市测绘院在实施过程中采取了扩大作业区域构建规则空中三角测量区域网的措施。按照四条航线、每条航线 31 张航片，共计 144 张航片（如图 5 所示）构建规则区域网。在此基础上，采用周边布点法布设平高控制点 20 个，检查点 6 个；同时使用 GPS – VRS 技术采集像控点及检查点，以提高区域网空中三角测量的精度。

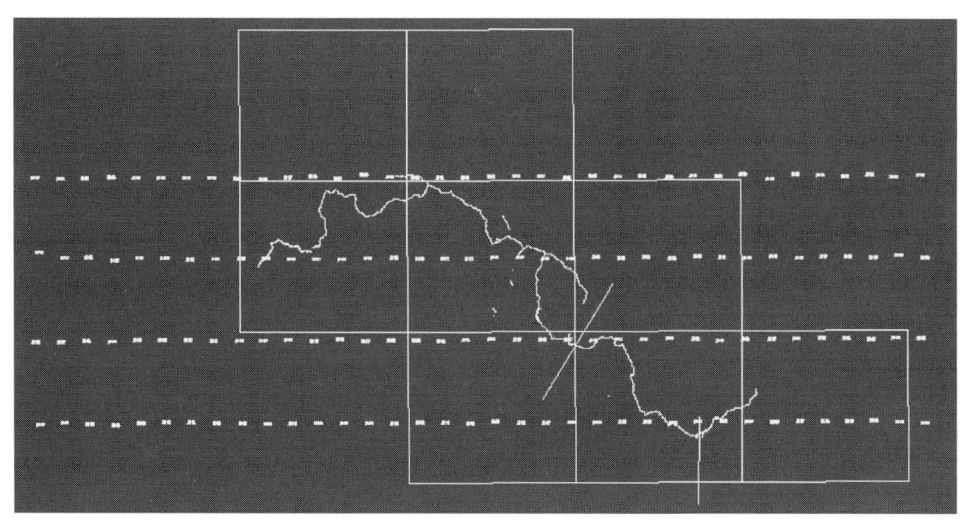

图 5　天津市明长城测量空三加密区域网示意图

严格按照设计要求，使用全数字摄影测量工作站 Image Station SSK 实施区域网空中三角测量，同时使用检查点对空中三角测量的精度进行评价（精度统计情况详见表 1），从而作为明长城长度量测精度评价的依据。

表 1　天津市空三加密精度指标统计表

加密区代码	控制点个数	控制点最大误差			控制点中误差			检查点个数	检查点最大误差		
		ΔX_{max}	ΔY_{max}	ΔZ_{max}	ΔX	ΔY	ΔZ		ΔX_{max}	ΔY_{max}	ΔZ_{max}
JXCC	20	0.322	0.265	0.113	0.128	0.113	0.059	6	0.222	0.206	0.709

5.7　明长城长度测量

明长城长度包括地表长度、投影长度以及按长城属性、保存程度和行政区划等类别所形成的分类长度。

长城地表长度指长城墙体和地表面交线的长度。长城表面长度指沿长城表面中心线量测的长城长度。在优于 1:10000 比例尺摄影测量立体量测环境下，当长城上表面的中心线与长城墙底与地表面的轨迹线中心线一致时，长城表面长度等于长城地表长度，不一致时，应以近似逼近长城墙底与地表面中心轨迹线的量测方案获取地表长度量测数据。

明长城资源调查与测量工作相关技术规定中对明长城长度测量方法有如下约定：保存程度为较好、一般的长城墙体、山险、山险墙按照表面中心线进行量测；保存程度为较差、差、消失的长城墙体、水险按照文物田野调查确定的长城所在位置与地表面的交线进行量测。长城地表长度应量测文物部门认定的长城墙体的长度，不包括附属设施墙体的长度，但包括主线和复线的长度。

长城投影长度是长城主体上表面中心线按 3 度分带的高斯 – 克吕格进行投影，投影到 1980 西安坐标系和 1985 国家高程基准下的长度。

长城分类长度是指按照长城田野调查长城墙体的属性（主线、复线）、墙体（建筑材质）类别（土墙、石墙、砖墙、木障墙、山险墙、山险、水险）、墙体保存程度（较好、一般、较差、差、消失）和行政区划（省、自治区、直辖市，县等），分别对长城的地表长度和投影长度进行分类统计的统计长度。如保存较好的明长城地表长度、消失长城的长度、蓟县内明长城长度等。

明长城长度及其精度评价数据，包括明长城表面长度、明长城投影长度和分类长度。

5.7.1　长城长度测量方法

长城专题要素数据根据长城田野调查专题要素调绘结果，按照 1:10000 比例尺成图精度在数字摄影测量立体环境下进行采集。

长城长度测量根据田野调查和外业调绘确定的长城位置，按照统一的规范要求，在摄影测量立体环境下采集长城的本体中心线三维坐标，通过统计获取长城的地表长度、投影长度和分类长度等长度信息并评价长度量测精度，为长城长度信息发布提供数据。

在长城长度测量过程中，采用《明长城测量总体技术方案》中的方案 B，即在立体模型量测环境下采用复测方式量测，选取合格复测结果中任何一次量测数据为最终量测成果。生产流程如图 6 所示。

5.7.2　基本原则

明长城主体及其属性的确认，以明长城资源田野调查数据为准。明长城长度测量工作应遵循以下基本原则：

（1）量测环境

依据长城田野调查和外业调绘的结果，在优于 1:10000 比例尺成图精度、用于测图的立体模型上，精确量测长城墙体上表面中心线上每个拐点的三维坐标，高程切准到长城墙体上表面。

如果在空三加密作业中直接量测长城本体的拐点，量测要求和上面一致，尽可能增加长城本体拐点的观测度数。

长城本体的拐点是指长城本体在平面坐标系和高程系组成的三维空间中方向发生变化的点。

（2）量测方法

在立体环境下量测长城中心线的拐点，使拐点连接的折线段和长城墙体中心线套合较好，对于影像上较宽的长城墙体，根据长城墙体的宽度分别测量长城墙体上表面的两个边缘，然后计算中心线（如图 7 – 2 所示）。对于长城走势比较平滑的地段，可采用曲线拟合的方式量测墙体上表面中心线，使拟合的曲线更好逼近长城墙体走势。

按照《长城资源调查工作手册》中对长城本体的分类情况，选择不同的测图符号量测长城主体，不同类型（不同年代、不同材质、不同行政区划以及不同破损程度等）的长城分别进行量测。

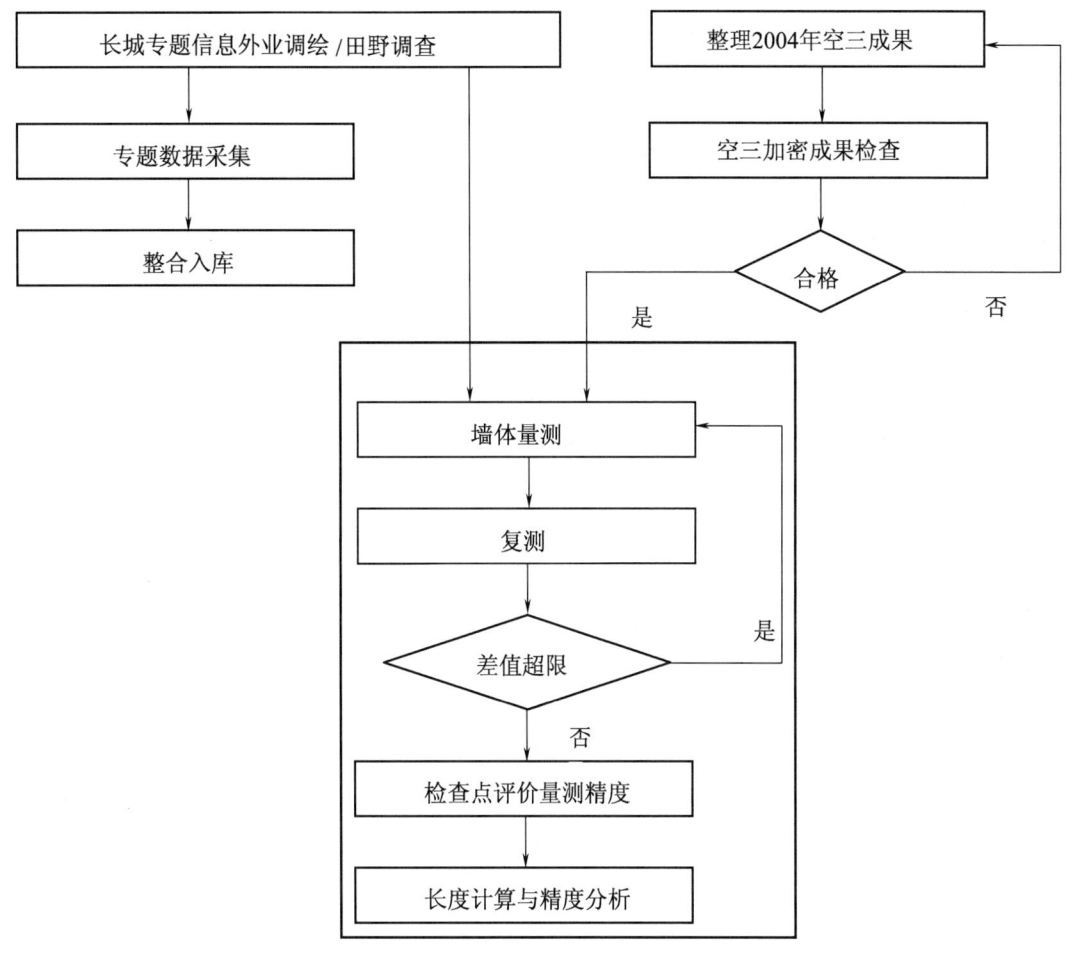

图 6　长城长度测量生产流程图

图 7 - 1　线状墙体量测示意图

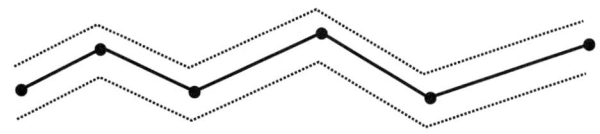

图 7 - 2　带状墙体量测示意图（其中实线为量测结果，虚线为墙体上表面边缘）

（3）量测拐点间距

长城墙体中心线上拐点的个数必须能够保证准确反映长城墙体中心线的分布特征，即在立体环境下，长城墙体在三维方向上作业员能够观测到方向发生变化的位置都要采集观测点。

（4）复测

为了减少量测错误，长城立体量测采用复测的作业方式，即每段长城由不同作业员沿正反方向各量测一次，当两次量测长度差和量测长度之比大于 0.001 时需要重新量测。

（5）接边处理

长城本体中心线在接边区域通过接边差改正，使接边区域的长城本体中心线连接合理，接边限差按《1∶5000 1∶10000 地形图航空摄影测量内业规范》中 1∶10000 标准执行。

5.7.3 对象化处理

长度计算对象化处理是为了满足长度计算和精度分析的需要，对测量出的长城矢量线进行的对象化处理，包括用于长城测量精度评价的对象化处理和用于长城分类长度计算的对象化处理，对象化处理数据以 1∶10000 标准图幅为保存单元，采用 AutoCAD DXF 文件格式保存。

用于长城测量精度评价的对象化处理：在一个加密分区（作业区）内以长城天然段落为对象化处理的基本单元，如长城天然段落跨两个加密区（作业区），则需在加密分区（作业区）接边处打断（长城天然段落是指真实环境中没有分开或文物部门认为连续的长城段落）。

用于长城分类长度计算的对象化处理：长城墙体数据采集后，按照墙体性质（如：主线、复线）、墙体类别（如：石墙、砖墙等）、保存程度（如：较好、差、消失等）、县级行政区划等属性对采集数据进行对象化处理，确保对象化处理后数据属性唯一。长城天然段落的任何一个属性发生变化，则该长城墙体所对应的矢量特征必须在属性发生变化的点位打断，打断处结点需重合，例如墙体在行政区划界限处必须打断成两个专题对象。

用于长城分类长度计算的对象化处理时，需要赋每个对象的属性值，用于长城长度计算是至少需要包括墙体性质（如：主线、复线）、墙体类别（如：石墙、砖墙等）、保存程度（如：较好、差、消失等）三个属性字段，另外，将文物编码属性保存到 DXF 文件每个对象的"厚度"属性中。为了便于操作，采用国家基础地理信息中统一提供计算软件进行长城长度统计时，需将三个属性字段以编码形式合并到一个字段，具体编码规则如下：

编码为字符型，一共六位，第一位为墙体材质，第二位为墙体性质，第三位为保存程度，每位编码具体含义见下表 2-1、2-2、2-3，为了使编码唯一，后面三位为顺序码，在保存单元（1∶10000 图幅）的范围内进行顺序码的编排，如 001、002……，但必须保证该顺序码在保存单元内唯一。

表 2-1 墙体材质编码

墙体材质	土墙	石墙	砖墙	木障墙	山险墙	山险	河险	界壕、壕堑	其他墙体
编码	1	2	3	4	5	6	7	8	0

表 2-2 墙体性质编码

墙体性质	主线	复线
编码	1	2

表 2 - 3　保存程度编码

保存程度	较好	一般	较差	差	消失
编码	1	2	3	4	0

5.7.4　长度计算与精度评价

（1）长城长度计算

考虑到长城为人工地物，在一定的尺度下，其中心线可以用折线段进行描述，长城地表长度计算采用立体量测构成的空间折线的离散点之间的三维欧式距离进行长度计算。投影长度计算是将表面长度计算公式中的高程坐标（Z 值）取 0 即可。

计算公式为：

$$L = \sum_{i=1}^{n-1} S_0 (p_i p_{i+1}) = \sum_{i=1}^{n-1} \sqrt{(x_{i+1} - x_i)^2 + (y_{i+1} - y_i)^2 + (z_{i+1} - z_i)^2} \quad (5-1)$$

为长城墙体中心线中折线段两端的端点，也是立体量测的特征点。其对应的三维坐标分别为：$(x_i \quad y_i \quad x_i)$、$(x_{i+1} \quad y_{i+1} \quad z_{i+1})$

另外，根据长城调查的墙体属性（如墙体材质等）、长城分布的行政区划、和保存程度等，分别利用上式计算长城的分类表面长度和分类投影长度。

（2）精度评价

传统的摄影测量规范中只对观测点的精度进行评价，即点位坐标相对于真实值的中误差。由于长度不是直接观测值，因此问题的关键是如何利用摄影测量观测的点精度来评价由观测点连接成折线的长度精度。

摄影测量空三加密要求平差后的加密点和控制点没有系统误差，因此整个加密网误差分布基本上是偶然误差，由于采用复测方式量测长城墙体上表面中心线，作业员观测误差也可以看作偶然误差，因此每个量测点的误差基本上是彼此相互独立。因此，假设在同一个加密网（作业区）内，每个量测点和每个量测点在三个方向上的误差是相互独立、每个量测点（长城拐点）的点位中误差（观测点相对于真值的误差）也相等，即 $\sigma x = \sigma x1 = \sigma x2 = \cdots = \sigma xn$，$\sigma y = \sigma y1 = \sigma y2 = \ldots = \sigma yn$，$\sigma z = \sigma z1 = \sigma z2 = \cdots = \sigma zn$。

由于长度不是直接观测值（不是通过某种仪器量测获得的），因此长度的精度分析只能通过测量平差中的误差传播理论间接计算得到。将长度计算公式两边分别对 xi、yi、zi 取导数线性化后，得到每段长城长度 L 的精度（σL）评价公式如下：

$$\sigma_L^2 = \sum_{i=1}^{n} \left[\left(\frac{\partial L}{\partial x_i} \right)^2 \sigma_{x_i}^2 + \left(\frac{\partial L}{\partial x_i} \right)^2 \sigma_{y_i}^2 + \left(\frac{\partial L}{\partial z_i} \right)^2 \sigma_{z_i}^2 \right]$$

$$= \left[\frac{(x_2 - x_1)^2}{L_1^2} + \sum_{i=2}^{n-1} \left(\frac{x_1 - x_{i-1}}{L_{i-1}} - \frac{x_{i+1} - x_i}{L_i} \right)^2 + \frac{(x_n - x_{n-1})^2}{L_{n-1}^2} \right] \sigma_x^2$$

$$+ \left[\frac{(y_2 - y_1)^2}{L_1^2} + \sum_{i=2}^{n-1} \left(\frac{y_1 - y_{i-1}}{L_{i-1}} - \frac{y_{i+1} - y_i}{L_i} \right)^2 + \frac{(y_n - y_{n-1})^2}{L_{n-1}^2} \right] \sigma_y^2 \quad (5-2)$$

$$+ \left[\frac{(z_2 - z_1)^2}{L_1^2} + \sum_{i=2}^{n-1} \left(\frac{z_1 - z_{i-1}}{L_{i-1}} - \frac{z_{i+1} - z_i}{L_i} \right)^2 + \frac{(z_n - z_{n-1})^2}{L_{n-1}^2} \right] \sigma_z^2$$

式中，σx，σy，σz 是量测点在立体环境下点位中误差在空间 X、Y、Z 三个方向的数值。

天津明长城长度测量采用直接在立体环境下直接采集长城墙体进行长度计算的方式进行。长度计算精度评定时需要在立体环境下量测检查点（多余控制点），量测坐标和外业采集坐标的差值为该量测点精度，以加密（作业）分区为单元，计算检查点立体量测精度在 X、Y、Z 三个方向的中误差。该中误差为加密（作业）分区立体量测点的精度。

从公式 5-2 可以看出，除起点和终点外，在计算过程中，长城折线段中间拐点的点位中误差在斜率大致相同时大部分被抵消。即已经考虑了相邻两结点之间的相互关系对长度计算的影响，公式 5-2 中 $\frac{x_i - x_{i-1}}{L_{i-1}} - \frac{x_i - x_{i-1}}{L_i}$、$\frac{x_i - x_{i-1}}{L_{i-1}} - \frac{x_i - x_{i-1}}{L_i}$ 和 $\frac{x_i - x_{i-1}}{L_i}$ 分别表示前后两个折线段在 X、Y、Z 方向上的斜率，如果前后两段方向一致（在同一个直线上），则中间拐点的误差被完全抵消。

通过上面精度分析可以看出，长城长度量测的精度只与长城中心线每个拐点的点位中误差有关。式中，σx，σy，σz 是在立体环境下三个方向的量测精度计算方法为：即在立体环境下，检查点的立体量测结果与外业采集结果坐标在 X、Y、Z 三个方向的中误差。具体计算方法是作业员分别在立体环境下分别量测每个检查点，量测精度和要求和长城墙体量测保持一致。量测的结果和该检查点的外业观测坐标的差值为该量测点的精度，然后对整个加密分区（作业分区）的检查点在三维方向的差值计算中误差，计算方法见公式 5-3。检查点精度不能超过《1:5000、1:10000 地形图航空摄影测量内业规范》中地物点量测精度的要求。

$$\sigma_{x,y,z_{all}} = \sqrt{\frac{\sum_{i=1}^{n} \sigma_{x,y,z_i}^2}{n}} \qquad \text{n 为检查点个数} \qquad (5-3)$$

按照长城天然连续段落进行长城量测精度评价。长城天然连续段落指真实环境中没有分开或文物部门认为连续的长城段落，如果一个连续天然段落长城跨两个加密分区（作业区）分布，则需在加密分区（作业区）接边处打断，视为两个天然连续段落分别在各自的加密分区里进行精度评价。

按照公式（5-2）分别计算每段长城长度量测的精度，然后按照公式（5-4）计算长城长度量测的总体精度。

$$\sigma_{L_{all}} = \sqrt{\sum_{i=1}^{n} \sigma_{L_i}^2} \qquad (5-4)$$

其中 i 为长城天然连续段落的序号，n 为总段数。

5.7.5 内外业检核

为了保证准确量测长城长度，使统计的长度数据及其精度满足项目设计要求，在长城长度量测过程中和数据检查中应重点检查以下几个方面：

（1）外业控制点和检查点

检查外业控制点的分布、数量和精度是否满足《1:5000 1:10000 地形图航空摄影测量外业规范》要求，检查点的分布、个数和精度是否满足本技术规定要求。

（2）空三加密与重新空三平差

检查空三加密的各项技术指标是否满足《1:5000 1:10000 地形图航空摄影测量内业规范》要求，如果长城长度量测采用重新空三平差的方式进行，需要检查长城墙体各拐点重新空三平差的各项指标是否超限，是否按本规定要求执行。

（3）长城墙体量测

检查长城墙体量测的结果是否和长城田野调查表记录的结果相吻合，检查立体量测结果是否切准到长城墙体上表面或消失长城的地表面，检查立体量测的结果是否和影像上长城墙体特征套合一致，不能出现偏离。是否采用复测的方式进行量测，两次量测的结果是否符合要求。

（4）长城墙体对象化处理

检查长城墙体对象化处理是否按照本规定执行，是否分别按照分类长城长度计算要求和精度计算要求进行对象化整合与编辑处理，是否存在拓扑关系错误之处。

（5）长度与精度计算

检查长度计算方法和公式是否满足本规定要求，检查长城拐点量测精度是否满足本规定要求，即计算方法和精度是否满足要求。检查分类长度计算结果中各属性字段赋值是否满足要求。

5.8　DEM 与 DOM 数据生产

明长城数字高程模型数据（DEM）是定义在 X、Y 域（或经纬度域）离散点（矩形格网）上以高程表达地面起伏形态的数据集，其格网间距为 5 米。

明长城数字正射影像数据（DOM）是利用数字高程模型数据对数字影像进行微分纠正、影像镶嵌，再根据图幅范围剪切生成的影像数据集，其地面分辨率为 1 米。

数字高程模型数据（DEM）高程精度和正射影像数据（DOM）平面精度和接边精度按下表规定执行。

表 3　DEM/DOM 精度指标

地形类别	DEM 高程精度（二级）		DOM 平面精度	
	中误差	接边限差	中误差	接边限差
平地	0.7 米	1.4 米	5.0 米	5.0 米
丘陵地	1.7 米	3.4 米	5.0 米	5.0 米
山地	3.3 米	6.6 米	7.5 米	8.0 米
高山地	6.7 米	13.4 米	7.5 米	8.0 米

注 1：森林等隐蔽区的高程中误差可按上表中规定的高程中误差 1.5 倍计，DEM 内插点高程精度按格网点（上表）高程精度 1.2 倍计；对于大面积单一地物地区，例如水体、森林、草原、戈壁等，误差可以适当放宽，但最大不得大于上表的 1.5 倍；上表中最大误差限为 2 倍中误差。

天津市明长城资源调查与测量工作前期所使用的 DEM 和 DOM 数据均是由天津市测绘院提供的 2004 年生产并通过验收的 1:5000DEM、DOM 成果，其高程和平面精度满足上表规定。因此，仅需要对上述成果进行重新分幅即可生成满足项目需求的成果。

5.9　长城专题矢量要素采集及其处理

5.9.1　长城专题矢量要素采集

按照《长城资源调查工作手册》，长城田野调查数据主要分为长城本体、附属设施和相关遗存等三类。长城专题矢量要素数据采集是指长城两侧各 1 公里范围内，在长城资源田野调查基础上采用摄影测量等方法生产长城本体、附属设施及相关遗存等专题信息。

长城专题要素按照采集的方式分为点要素、线要素和面要素三类。

长城点要素的表示有标注点和定位点两种形式。标注点指无实体对应的点要素的表现形式，如长城附属设施名称注记点；定位点指有实体对应的点要素的表现形式，如敌台、马面等。

长城线要素的表示主要为中心线，即有实体对应的线要素，如长城本体等。

长城面要素的表示有轮廓线构面和范围线构面两种形式。轮廓线构面用于表示具有明确边界的面要素，如关、堡等；范围线构面用于表示不具有明确边界的面要素，如相关遗存等。

长城专题要素数据采集内容按照《长城基础地理信息和专题要素数据规定》执行，其他采集要求参照《1:10000 数字线划图（DLG）生产技术规定》中中心线、定位点以及范围线轮廓线构面有关规定执行。

专题数据采集后，应按采集对象编码进行对象化处理，处理后的结果保证专题数据和属性数据一一对应，即长城对象编码唯一。

5.9.2　地形图核心要素选取

针对长城资源调查数据库建库和专题影像地图制作的需求，需对 1:50000 核心要素进行整合处理，提取所需的图层，并依据数字正射影像进行一致性处理。需要整合的 1:50000 部分核心要素包括交通（到国道、省道、铁路）、境界与政区（到县界）、地名及注记、等数据集。

1）交通要素：公路按行政等级选取高速公路、国道、省道、县、乡道等要素；专用道路择要选用。铁路要素全部选取。交通附属设施的点状要素原则上不予表示。

2）境界与政区要素：境界表示到县级行政区。

3）地名及注记要素：选取 1:50000 地形要素数据的全部地名数据，包括居民地地名层、自然地名层。

5.9.3　专题影像地图制作

（1）制图要求

1）资料现势性要求：使用最新的 1:50000 更新数据成果。

2）协调统一性要求：专题图分幅之间要协调统一，在数据分层、要素取舍、地理要素符号化、注记、地图整饰等各方面，各图幅应具有统一的技术指标。

3）图面注记要求：各类注记应确保图面美观、清晰、易读，局部注记密度过大时可以进行适当取舍，确保长城专题数据的表示。

4）地图符号化要求：根据影像的色调，配置适当地图符号，确保符号在影像地图上清晰可见。

5）矢栅数据协调处理要求：对长城专题要素、1:50000 部分核心要素等矢量图层与数字正射影像中地物不匹配之处需进行人工编辑或矢量化处理和表示，使得细节特征显示完整。

（2）要素表示与处理

1）长城专题要素表示与处理

长城专题要素在专题影像地图上全部表示，要素的表示及符号配置参照"长城专题影像地图图式"进行。

2）1:50000 部分核心要素表示与处理

1:50000 核心要素选择交通、境界及政区、地名及注记等三大要素进行表示。要素的表示及符号配置参照《国家基本比例尺地图图式第 2 部分：1:5000　1:10000 地形图图式》进行，按照规定的符号大小和宽度表示。

居民地及设施要素分首都、省会、地级市、县级居民地、乡镇居民地及其他居民地七个等级进行标注。

自然地名注记如山脉、河流、湖泊、岛屿、港口、码头、自然保护区等名称和位置按重要程度进行注记标注。

交通要素中公路按行政等级可分为高速公路、国道、省道，等级优先表示顺序为高速公路、国道、省道，公路注记只标注高速公路、国道及省道编号及名称，县乡道一般只表示名称；根据道路长度，每条道路表示 1~2 处，注记位置一般应选择地物相对较少，宜于明显标注的地方；专用道路按照图面表示的需要择要表示；等级道路穿越居民区的直接连通，街道不再表示；道路不能因道路设施取舍表示而中断不连续。铁路名称应全部标注；主要附属设施包括车站、隧道、公路桥、铁路桥、公路铁路两用桥等按重要程度在影像地图中选择注记标注。

境界与政区要素对所涉及的国界、省界、县级行政区界进行表示，境界与 1:50000 更新数据有变化的收集权威数据进行更新。

水系要素只用注记表示，如河流、沟渠、湖泊、水库、海洋要素以及水利附属设施等，可根据水系要素的长度和面积，表示 1~2 处，注记位置一般应选择地物相对较少，宜于明显标注的地方。

（3）专题影像地图整饰

整饰、注记的主要内容包括图名、图号、图幅接图表、密级、内外图廓线及其经纬度注记、公里网线及其注记、图像接合略图、图像情况及资料获取时间、地理位置、制作单位、坐标系、出版年代和比例尺等。

所有图幅的地图整饰将保持统一的技术风格，数字和文字注记应清晰易读，图名应根据地形图图名命名规则进行，图幅行政区划信息标注在图号下方，图外附图应表示遥感影像资料种类和分布略图。

5.10　质量控制

根据生产过程质量控制、作业单位局级验收、项目组分省检查与验收、两局验收等需要，国家基础地理信息中心设计了多个检查验收系统，开发了明长城长度计算、检查、汇总整理、基础地理信息数据检查、元数据生成等 10 多个质量控制软件。该系列软件的应用从生产的各个流程上都确保了明长城产品的质量。

6　项目主要成果

6.1　天津市明长城长度测量成果

天津市明长城长度及其精度评价数据；
分类长度长城墙体对象化处理数据（DXF 矢量数据）；
天然段落长城墙体对象化处理数据（DXF 矢量数据）；
长城分类长度统计表（Excel 统计表格）；
天然段落长城分类长度统计表（Excel 统计表格）。

6.2　天津市明长城测量图件成果

数字正射影像（DOM）8 幅；
数字高程模型（DEM）8 幅；
长城专题影像地图（TMAP）8 幅。

后 记

天津市明长城资源调查工作，是全国明长城资源调查工作的重要组成部分，也是近年来天津市组织的跨年度大型文物保护专题项目之一，受到国家文物局、天津市文物局、蓟县文物局等各级文物主管部门的高度重视。

国家文物局文物保护与考古司副司长柴晓明亲自赴天津市检查明长城资源调查培训工作，发表重要讲话并做调查动员；天津市明长城资源调查工作领导小组组长张志（天津市文物局副局长）、金永伟对天津市明长城资源调查工作给予多次重要批示；天津市明长城资源调查工作领导办公室主任陈雍（天津市文物局文物处处长）、白文源、杨大为多次深入田野调查、系统录入、资料整理一线调研，并对出现的新问题、新情况给予建设性的指导意见；国家长城资源调查项目组杨招君、张庆华、王臣立、刘文艳等就调查进度、面临困难、工作方法等方面提出了大量指导性意见并提供了无私的帮助；蓟县文物局程守先、李天圣在组织协调蓟县黄崖关长城管理局、蓟县八仙山风景区管理局、蓟县林业局、蓟县公安局等方面发挥了重要作用；总领队程绍卿同志在传达上级精神、组织专家审查等方面做出了重要贡献。正是因为各级领导的高度重视、组织全面、协调到位、保障有力，才使得此次长城资源调查工作得以圆满完成。

天津市明长城资源调查工作，是项目承担单位天津市文化遗产保护中心近年来组织人力最多、实施时间最长、投入精力最大的文物保护项目，陈雍、梅鹏云等中心领导对此项工作给予了坚定支持；陈雍先生在调查时对长城遗迹定名、功能分析，资料整理，报告体例、编写内容等方面，给予了悉心帮助，在此深表感谢！

此次天津市明长城资源调查顺利完成，是与天津市测绘院的鼎力支持分不开的。调查之初，天津市测绘院不时提供了高分辨率的正射影像图作为调查用图；报告整理过程中，又根据文物部门的要求，重新制作了天津市明长城资源专题图。几易其图，不厌其烦，在此深表谢意！

每当整理天津市明长城资源调查资料时，都有一种重回现场调查的感觉，当时情景就会像放映电影一样浮于眼前，往事回首，感慨良多，难忘和全体调查组同志们一起度过的日日夜夜，徒步调查时的辛苦，发现遗迹时的喜悦，风餐露宿时的艰辛，整理资料时的痛苦，报告付梓时的释然……这里面的得失冷暖、苦辣酸甜，相信每位调查人员心里都会深刻体会的到。刘健同志为了保护照相器材不惜扭伤自己的胳膊，张俊生作为年纪最大的同志忍着高血压的病痛坚持调查完全程，姜佰国同志挫伤手腕一天也未休息继续调查，还有一些同志手划出了血、脚走出了泡……可是，大家自始至终没有叫过一声苦、喊过一句累。这些正是因为全体调查队员对文物保护抱有极大热情，对巍巍长城怀着崇敬之心、自豪之感，为能够在21世纪之初参加此次全国明长城资源调查工作感到无比荣光！感谢蓟县黄崖关长城旅游局刘洪明，蓟县文物管理所刘福宁、郜志坚，感谢天津市测绘院吴正鹏、吴洪涛、陈楚，感谢全体天津市明长城资源调查组的同志们，正是你们的积极参与、献言献策、辛苦付出、群策群力，才有调查资料的翔实准确、验收专家的赞许认可和调查报告的出版发行。

实际上，通过本次调查每个调查队员不仅获得了第一手的天津市明长城现状资料，而且还在精神上经受了一次洗礼，体力增强、意志磨练、协调配合、团结奋进，有此长城调查精神，我们定会在今后文物保护工作中"不动摇、不懈怠、不折腾"。

感谢文物出版社校核严谨，一丝不苟，求真务实，追求完美，感谢所有编校人员，正是你们在幕后辛勤劳作，才使此书愈加翔实，尽善尽美。

这里还应该感谢所有关心、支持此项工作的人，尤其是所有调查队员的亲属，正是你们在家中的辛勤操劳、默默奉献，才使每位调查队员没了后顾之忧，多了无穷干劲，你们所做的一切，我们都会铭记于心。军功章有我的一半，更有你的一大半。

本调查报告中《贰　遗迹》由姜佰国、刘健、张俊生执笔，《前言》、《壹　概述》、《叁　遗物》、《肆　结语》由姜佰国执笔，《天津市明长城资源调查与测量工作报告》由吴正鹏执笔，考古绘图由刘健完成，拍照由张俊生、刘健、姜佰国完成，最终由姜佰国统稿，并纳入天津市委宣传部"五个一批"人才培养工程成果。

期望本调查报告能够为长城保护规划的制定实施、长城相关专题研究以及明清时期相关历史研究提供参考资料。

由于时间仓促，加之水平有限，疏漏之处，在所难免，敬请广大同仁不吝斧正。

编者

天津市明长城资源调查报告

天　津　市　文　物　局
天津市文化遗产保护中心　编著
天津市明长城资源调查队

下　册

文物出版社

图　　例

省道

县、乡道

长城墙体

石墙

砖墙

山险墙

山险

其他墙体

长城墙体分段标识符

长城单体建筑

敌台

马面

水关(门)

城楼

烽火台

长城相关遗址遗迹

居住址

其他遗址遗迹

关、堡

关

堡

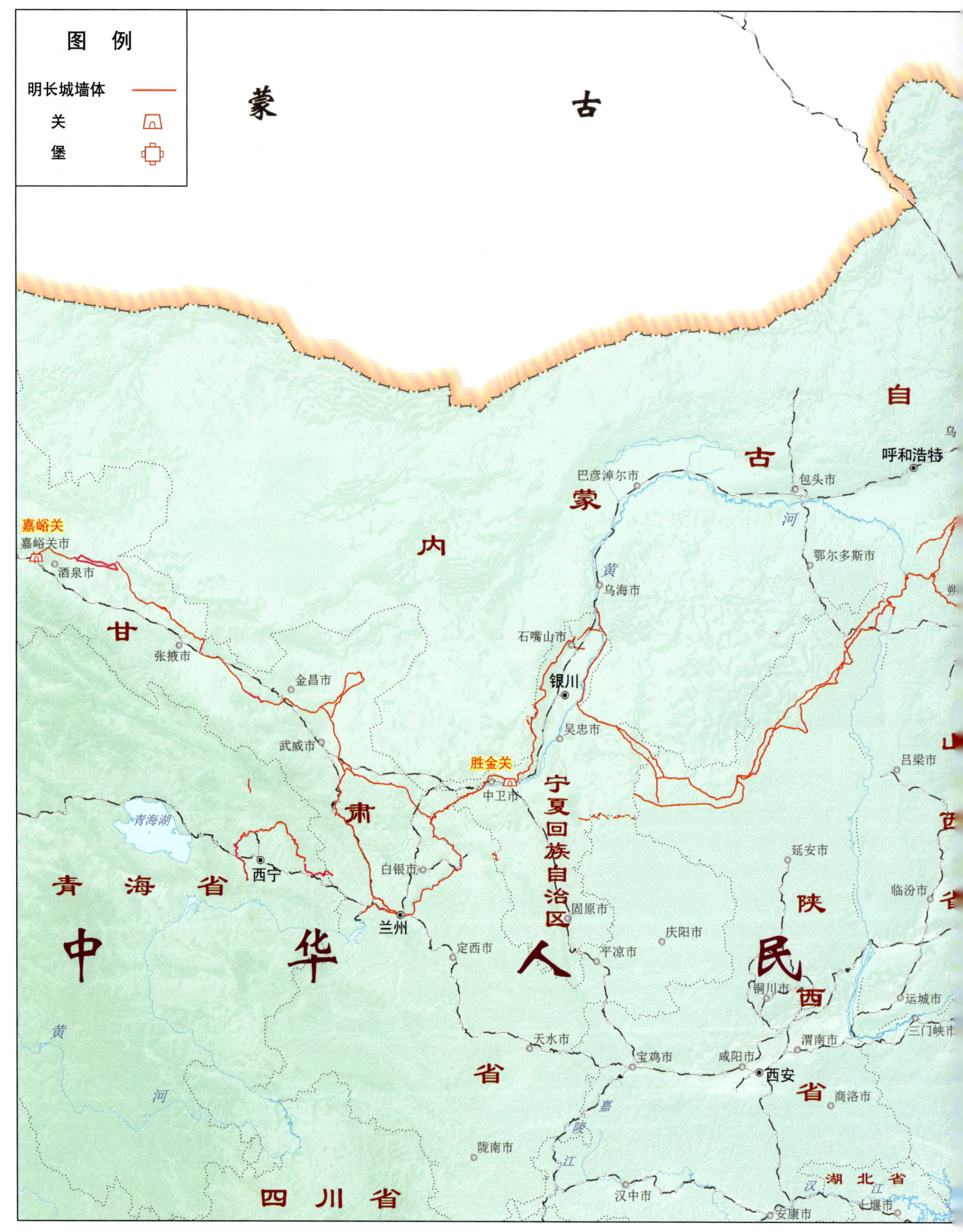

图 例

明长城墙体

关

堡

蒙　　　古

蒙　古　自
内　　　古　区

呼和浩特

乌

巴彦淖尔市　　　包头市

嘉峪关
嘉峪关市
酒泉市

鄂尔多斯市
朔

乌海市

黄

甘

张掖市

金昌市

石嘴山市

银川

山

吴忠市

武威市

胜金关

中卫市

宁夏回族自治区

吕梁市

青海湖

肃

延安市

西宁

白银市

临汾市

陕

青　海　省

兰州

定西市

固原市

庆阳市

民

西

中　华

平凉市

省

铜川市

运城市

黄

人

天水市

宝鸡市

咸阳市

渭南市

三门峡市

西安

河

省

商洛市

陇南市

嘉

汉

湖 北 省

陵

江

汉中市

四 川 省

安康市

十堰市

明长城天津段

河北省

北京市

天津市

吉林省
长春

通辽市

四平市
辽源市

铁岭市
抚顺市
沈阳
辽阳市　本溪市
鞍山市
锦州市
盘锦市
葫芦岛市　营口市
丹东市

辽东湾

承德市

河

北

市

京

北京 ★

张家口市

慕田峪

山海关
秦皇岛市

唐山市

廊坊市

省

辽宁省

平型关

天津市
天津

渤海

大连市

威海市

保定市

忻州市

沧州市

阳泉市

石家庄

衡水市

晋中市

德州市

滨州市

东营市

烟台市

河

黄海

邢台市

淄博市

潍坊市

邯郸市

济南

安阳市

聊城市

莱芜市

泰安市

山东省

青岛市

长治市

鹤壁市

濮阳市

日照市

晋城市

济宁市

共

新乡市

焦作市

菏泽市

枣庄市

临沂市

和

连云港市

郑州

开封市

商丘市

徐州市

国

许昌市

宿迁市

江

平顶山市

周口市

亳州市

宿州市

淮安市

盐城市

南

漯河市

安

蚌埠市

苏

南阳市

驻马店市

阜阳市

徽

省

省

淮南市

滁州市

扬州市
镇江市　常州市

南通市

南京

省

0　　65.0　　130.0　　195.0　　260.0千米

地图一　中国明长城分布图

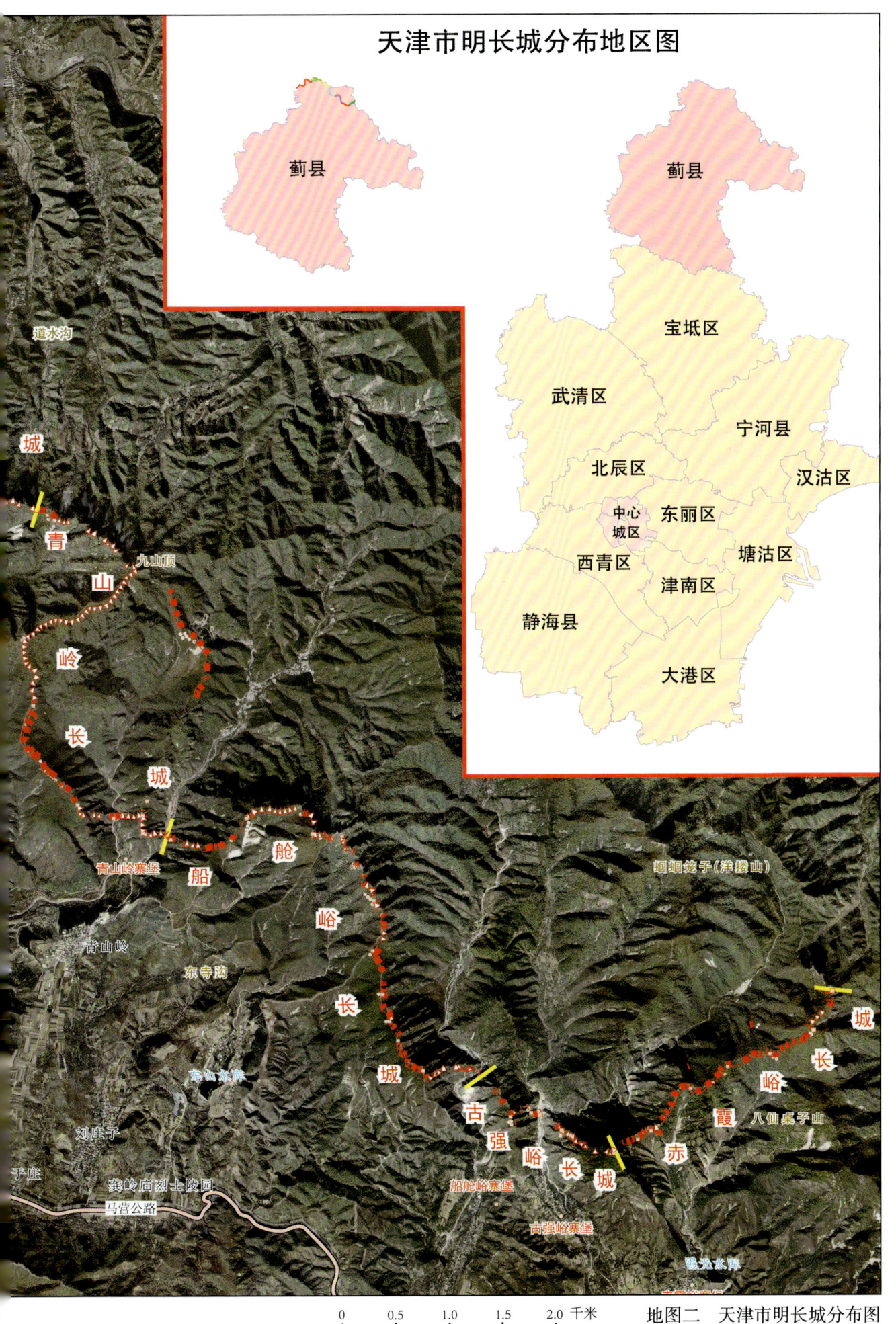

天津市明长城分布地区图

蓟县

蓟县

宝坻区

武清区

宁河县

北辰区

汉沽区

中心城区

东丽区

西青区

塘沽区

津南区

静海县

大港区

道水沟

城

青

九山顶

山

岭

长

城

青山岭寨堡

船

舱

峪

长

城

青山岭

东寺沟

东山森陵

蛔蛔笼子(洋楼山)

城

长

峪

霞

八仙桌子山

赤

刘庄子

于庄

龚岭庙烈士陵园

马营公路

古

强

峪

长

城

船舱岭寨堡

古强岭寨堡

靈龙森陵

| 0 | 0.5 | 1.0 | 1.5 | 2.0 千米 |

地图二　天津市明长城分布图

长城1号敌台
长城4段
长城6段
1号蓄水窖
2号敌台
长城8段
1号烽火台
2号烽火台
1号烟灶
3号敌台
2号烟灶
二道沟1段
长城10段
4号敌台
1号居住址
长城13段
5号敌台
长城14段
6号敌台
7号敌台
长城17段
长城19段
八仙桌子山

霞 城 水 库

赤 霞 峪 寨 堡

0　　125　　250　　375　　500米

地图三　天津市明长城资源分段专题图——赤霞峪长城

2号敌台
3号敌台
1号火池
长城5段
4号敌台
5号敌台
1号烟址
2号烟址
2号火池
二道边2段
二道边1段
6号敌台
3号烟址
4号烟址
长城16段

1号敌台

船舱峪寨堡

古强峪寨堡

| 0 | 62.5 | 125 | 187.5 | 250米 |

地图四　天津市明长城资源分段专题图——古强峪长城

古强峪长城

长城1段

1号烽火台

长城4段

1号敌台

长城8段

长城7段

锅顶水库

镇岭烈士陵园

地图五　天津市明长城资源分段专题图——船舱峪长城

0　　125　　250　　375　　500米

长城10段
3号居住址
1号水窖
边 道
1 段
4号烟灶
4号居住址
3号居住址
1号烟灶
3号烟灶
2号烟灶
2号居住址
1号居住址
5号敌台
长城9段
长城10段
4号敌台
长城7段
3号敌台
长城5段
2号敌台
长城6段
长城8段
1号敌台
长城4段

青山岭寨堡

0   125   250   375   500米

地图六   天津市明长城长城资源分段专题图——青山岭长城

道水沟

长城3段

长城5段

1号敌台

长城6段

1号居住址

2号敌台

长城5段

1号水窖

4号居住址

5号居住址

6号居住址

4号敌台

3号敌台

6号居住址

11号敌台

长城8段

10号敌台

7号居住址

二道边24段

13号敌台

12号敌台

8号居住址

9号敌台

14号敌台

4号水窖

10号敌台

二道边5段

15号居住址

11号居住址

天音山

20号烟灶

6号烟灶

18号居住址

16号居住址

15号居住址

13号居住址

二道边6段

二道边7段

长城14段

16号敌台

7号烟灶

19号居住址

17号居住址

14号居住址

12号居住址

17号敌台

21号居住址

长城15段

二道边9段

19号敌台

长城16段

5号水窖

18号敌台

8号烟灶

9号烟灶

11号烟灶

10号烟灶

22号居住址

地图七 天津市明长城资源分段专题图——车道峪长城

下营碾砣厂

复飞金属喷涂厂

前干涧

| 0 | 125 | 250 | 375 | 500米 |

地图八　天津市明长城资源分段专题图——黄崖关长城

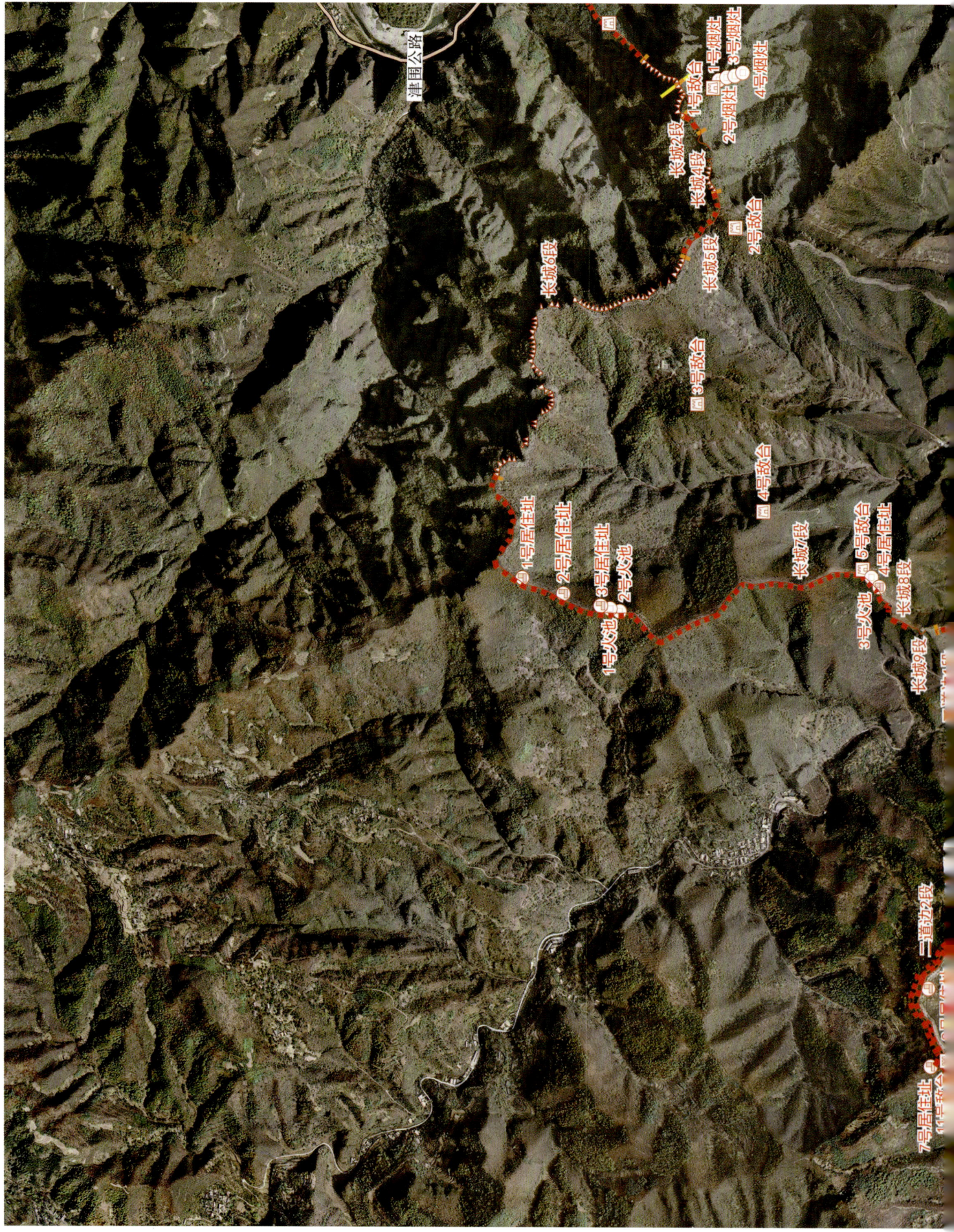

津围公路

长城1段

长城4段

1号敌台

1号烟柱

2号烟柱

3号烟柱

2号敌台

4号烟柱

长城5段

2号敌台

长城6段

3号敌台

4号敌台

长城7段

5号敌台

1号居住址

2号居住址

3号居住址

2号火池

1号火池

3号火池

4号居住址

长城8段

长城9段

二路边9段

7号居住址

下营硫磺厂

王帽顶

● 5号居值址

9号敌台

10号敌台

长城14段 长城13段
7号敌台

二道边2段 长城16段
12号敌台

13号敌台
长城18段

14号敌台

| 0 | 125 | 250 | 375 | 500米 |

地图九 天津市明长城资源分段专题图——前干涧长城

彩图一　天津市明长城资源调查人员培训

彩图二　国家文物局文物保护与考古司副司长柴晓明、天津市文物局副局长张志讲话

彩图三　参加天津市长城资源调查培训班全体人员

彩图四　野外调查

彩图五　墙体调查

彩图六　敌台调查

彩图七　寨堡调查

彩图八　天津市明长城资源调查专
　　　　家组检查验收

彩图九　国家长城资源调查项目
　　　　组指导检查工作

彩图一〇　调查队长检查资料

彩图一一　国家长城资源调查专家检查验收

彩图一二　天津市文物局副局长金永伟对此次长城资源调查进行总结

彩图一三　赤霞峪长城1段墙体（西南－东北）

彩图一四　赤霞峪长城2段墙体（西南－东北）

彩图一五 亦庄峪长城3段墙体（西南—东北）

彩图一六　赤霞峪长城3段墙体上特殊遗迹（西南－东北）

彩图一七　赤霞峪长城3段内侧登城台阶（南－北）

彩图一八　赤霞峪长城4段山险（西南－东北）

彩图一九　赤霞峪长城5段墙体（西南－东北)

彩图二〇　赤霞峪长城5段墙体垛口（西北－东南）

彩图二一　赤霞峪长城5段墙体内侧登城台阶（东北－西南）

彩图二二　赤霞峪长城6段山险
（东南－西北）

彩图二三　赤霞峪长城7段墙体
（东北－西南）

彩图二四　赤霞峪长城8段墙体
（西南－东北）

彩图二五　赤霞峪长城9段墙体（西南－东北）

彩图二六　赤霞峪长城10段墙体
（西南－东北）

彩图二七　赤霞峪长城11段墙体（西北－东南）

彩图二八　赤霞峪长城12段山险（东—西）

彩图二九　赤霞峪长城13段墙体（西南—东北）

彩图三〇　赤霞峪长城14段墙体（东北—西南）

彩图三一　赤霞峪长城14段墙体台阶（东北—西南）

彩图三二　赤霞峪长城15段山险（东北—西南）

彩图三三　赤霞峪长城16段墙体（东—西）

彩图三四　赤霞峪长城17段墙体（西—东）

彩图三五　赤霞峪长城18段墙体（东－西）　　　彩图三六　赤霞峪长城19段山险（东－西）

彩图三七　赤霞峪长城二道边1段墙体（北－南）

彩图三八　赤霞峪长城1号敌台（西南－东北）

彩图三九　赤霞峪长城2号敌台（东北－西南）

彩图四〇　赤霞峪长城2号敌台（西南－东北）

彩图四一　赤霞峪长城3号敌台（东北－西南）

彩图四三　赤霞峪长城4号敌台（东南－西北）

彩图四四　赤霞峪长城5号敌台（西南－东北）

彩图四五　赤霞峪长城6号敌台（东南－西北）

彩图四六　赤霞峪长城6号敌台东壁

彩图四八
赤霞峪长城7号敌台（西－东）

彩图四九
赤霞峪长城7号敌台（西南－东北）

彩图五〇
赤霞峪长城1号烽火台（北－南）

彩图五一 赤霞峪长城2号烽火台（北一南）

彩图五二　赤霞峪长城1号居住址（北—南）

彩图五三　赤霞峪长城1号水窖（西—东）

彩图五四　赤霞峪长城1号水窖上下台阶（南—北）

彩图五五　赤霞峪长城1号烟灶（南—北）

彩图五六　赤霞峪长城2号烟灶（南—北）

彩图五七　赤霞峪寨堡南墙

彩图五九　赤霞峪寨堡南墙排水口

彩图六〇　赤霞峪寨堡西南角墙体

彩图六一　古强峪长城1段山险（西—东）

彩图六二　古强峪长城2段山险（西—东）　　彩图六三　古强峪长城3段墙体（西北—东南）

彩图六四　古强峪长城4段山险（东北－西南）　彩图六五　古强峪长城5段墙体（东北－西南）

彩图六六　古强峪长城6段山险（东—西）

彩图六七　古强峪长城7段墙体（东南—西北）

彩图六八　古强峪长城9段墙体
（南－北）

彩图六九　古强峪长城10段山险墙
（东－西）

彩图七〇 古强峪长城11段墙体（东—西）

彩图七一
古强峪长城12段山险
（东—西）

彩图七二　古强峪长城13段墙体（东－西）

彩图七三
古强峪长城14段墙体
（西北－东南）

彩图七四　古强峪长城15段山险
墙（东南－西北）

彩图七五　古强峪长城16段墙体（东南－西北）

彩图七六　古强峪长城17段山险（西北—东南）

彩图七七　古强峪长城二道边1段墙体（西北－东南）

彩图七八　古强峪长城二道边2段墙体（北－南）

彩图七九　古强峪长城1号敌台（南－北）

彩图八〇　古强峪长城1号敌台（西北－东南）

彩图八一　古强峪长城2号敌台（俯视）

彩图八二　古强峪长城2号敌台南壁外侧

彩图八三　古强峪长城2号敌台登城步道

彩图八四　古强峪长城3号敌台（南-北）

彩图八五　古强峪长城4号敌台（北-南）

彩图八六　古强峪长城5号敌台（南－北）

彩图八七　古强峪长城6号敌台（北－南）

彩图八八　古强峪长城6号敌台（东北－西南）

彩图八九　古强峪长城1号烟灶（东－西）

彩图九〇　古强峪长城2号烟灶
（北－南）

彩图九一　古强峪长城3号烟灶
（东－西）

彩图九二　古强峪长城4号烟灶
（东－西）

彩图九三　古强峪长城1号火池（北—南）

彩图九四　古强峪长城2号火池（北—南）

彩图九五　古猴峪寨堡远眺（东北—西南）

彩图九六　古强峪寨堡东北角楼
（东－西）

彩图九七　古强峪寨堡南门东侧
（西－东）

彩图九八　古强峪寨堡东墙
（南－北）

彩图九九　古强峪寨堡东壁马道
　　　　　（北－南）

彩图一〇〇　古强峪寨堡东门
　　　　　（东－西）

彩图一〇一　古强峪寨堡东门外水井
　　　　　（南－北）

彩图一○二　古强峪寨堡东门外汲水道（北－南）

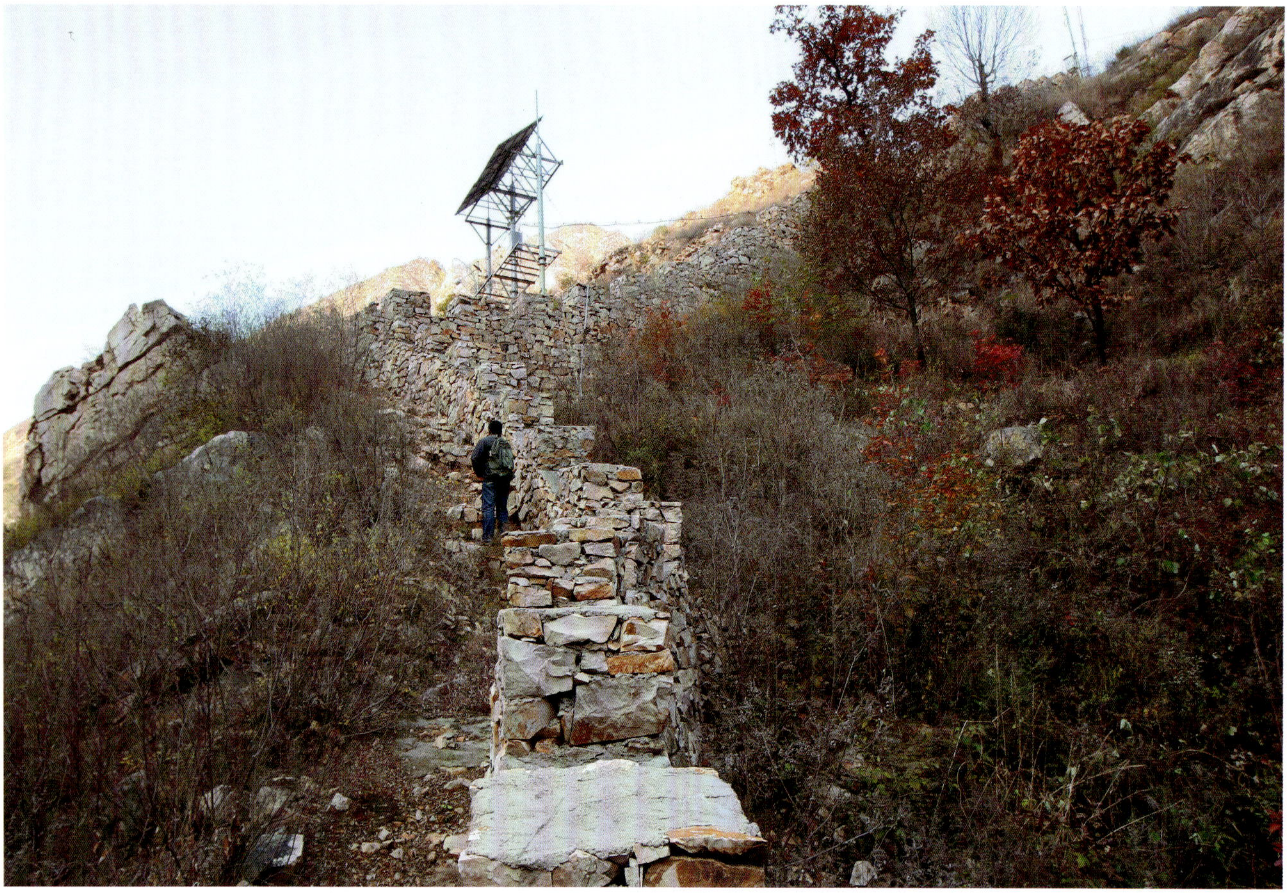

彩图一○三　船舱峪长城1段墙体（东北－西南）

彩图一〇四　船舱峪长城2段山险（东北－西南）

彩图一〇五　船舱峪长城3段墙体（东北－西南）

彩图一〇六　船舱峪长城4段山险（东北—西南）

彩图一〇七　船舱峪长城5段墙体（东北－西南）

彩图一〇八　船舱峪长城6段山险（东北－西南） 　彩图一〇九　船舱峪长城7段墙体（东南－西北）

彩图一一〇　船舱峪长城7段墙体马道
（东南－西北）

彩图一一一　船舱峪长城7段墙体垛口（西南－东北）

彩图一一二　船舱峪长城8段墙体（东南－西北）

彩图一一三　船舱峪长城8段墙体内拐角（北－南）

彩图一一四　船舱峪长城9段墙体（西北－东南）

彩图一一五　船舱峪长城10段墙体（东南－西北）

彩图一一六　船舱峪长城11段墙体（东南－西北）

彩图一一七　船舱峪长城12段墙体（南—北）

彩图一一八　船舱峪长城13段山险墙（南—北）

彩图一一九　船舱峪长城14段墙体（东—西）

彩图一二〇　船舱峪长城15段山险墙（东—西）

彩图一二一　船舱峪长城16段山险（东—西）

彩图一二二　船舱峪长城17段墙体（西—东）

彩图一二三　船舱峪长城18段墙体（东—西）

彩图一二四　船舱峪长城19段山险（南—北）

彩图一二五　船舱峪长城20段墙体（东—西）

彩图一二六　船舱峪长城21段山险（东—西）

彩图一二七　船舱峪长城22段墙体（东—西）

彩图一二八　船舱峪长城23段山险（东－西）

彩图一二九　船舱峪长城24段墙体（西－东）

彩图一三〇　船舱峪长城25段山险墙（东一西）

彩图一三一　船舱峪长城26段山险（东一西）

彩图一三二　船舱峪长城27段墙体（东一西）

彩图一三三　船舱峪长城28段山险（东—西）

彩图一三四　船舱峪长城29段山险（东—西）

彩图一三五　船舱峪长城30段墙体（东—西）

彩图一三六　船舱峪长城31段山险（北－南）

彩图一三七　船舱峪长城32段墙体（西－东）

彩图一三八　船舱峪长城33段山险（南－北）

彩图一三九　船舱峪长城34段山险
（西北－东南）

彩图一四〇　船舱峪长城35段墙体（东北－西南）

彩图一四一　船舱峪长城36段山险
（东北－西南）

彩图一四二　船舱峪长城37段墙体（西北－东南）

彩图一四三　船舱峪长城37段墙体内侧登城步道
（东南－西北）

彩图一四四　船舱峪长城38段山险（东北－西南）

彩图一四五　船舱峪长城39段墙体
（西南－东北）

彩图一四六　船舱峪长城39段墙体垛口及马道（西南－东北）

彩图一四七　船舱峪长城40段山险（西北－东南）

彩图一四八　船舱峪长城41段山
险墙（西－东）

彩图一四九　船舱峪长城42段墙体（西北－东南）

彩图一五〇　船舱峪长城42段墙体（东－西）

彩图一五一　船舱峪长城43段墙体（西北－东南）　彩图一五二　船舱峪长城44段山险（西北－东南）

彩图一五三　船舱峪长城45段墙体（北－南）

彩图一五四　船舱峪长城46段山险（西北－东南）　彩图一五五　船舱峪长城47段墙体（东南－西北）

彩图一五六　船舱峪长城48段墙体（东南－西北）

彩图一五七　船舱峪长城1号敌台（东－西）

彩图一五八　船舱峪长城1号敌台（北－南）

彩图一五九　船舱峪长城2号敌台（东—西）

彩图一六〇　船舱峪长城2号敌台东南角（东南—西北）

彩图一六一　船舱峪长城3号敌台（南—北）　　　　彩图一六二　船舱峪长城3号敌台东南角（东南—西北）

彩图一六五　船舱峪长城4号敌台西壁（西—东）

彩图一六三　船舱峪长城4号敌台东壁（东－西）　　彩图一六四　船舱峪长城4号敌台南壁（南－北）

彩图一六六　船舱峪长城4号敌台北壁（北－南）

彩图一六七　船舱峪长城4号敌台西北角（西北－东南）

彩图一六八　船舱峪长城5号敌台（南－北）

彩图一六九　船舱峪长城5号敌台（西－东）

彩图一七〇　船舱峪长城6号敌台
　　　　　东壁（东—西）

彩图一七一　船舱峪长城6号敌台
　　　　　南壁（南—北）

彩图一七二　船舱峪长城6号敌台
　　　　　西壁（西—东）

彩图一七三　船舱峪长城6号敌台
　　　　　　北壁（北－南）

彩图一七四　船舱峪长城7号敌台
　　　　　　（东－西）

彩图一七五　船舱峪长城7号敌台
　　　　　　（西－东）

彩图一七六　船舱峪长城8号敌台（东－西）

彩图一七七　船舱峪长城8号敌台（南－北）

彩图一七八　船舱峪长城8号敌台西墙侧视

彩图一七九　船舱峪长城8号敌台（北－南）

彩图一八〇　船舱峪长城8号敌台（西北－东南）

彩图一八一　船舱峪长城8号敌台顶部（东北－西南）

彩图一八二　船舱峪长城8号敌台南部登台步道

彩图一八三　船舱峪长城9号敌台
　　　　　东壁（东－西）

彩图一八四　船舱峪长城9号敌台
　　　　　南部（南－北）

彩图一八五　船舱峪长城9号敌台
　　　　　西壁（西－东）

彩图一八六　船舱峪长城9号敌台
　　　　　　北壁（北－南）

彩图一八七　船舱峪长城10敌台
　　　　　　西壁（西－东）

彩图一八八　船舱峪长城10敌台
　　　　　　北壁（北－南）

彩图一八九　船舱峪长城11号敌台东面 (东－西)

彩图一九〇　船舱峪长城11号敌台南面（南－北）

彩图一九一　船舱峪长城11号敌台西面（西－东）

彩图一九二　船舱峪长城11号敌台北墙（西－东）

彩图一九三　船舱峪长城1号烽火台（北—南）

彩图一九四　船舱峪长城2号烽火台（北—南）

彩图一九五　船舱峪长城1号火池（东－西）

彩图一九六　船舱峪长城2号火池（南－北）

彩图一九七　船舱峪长城1号居住址（东－西）

彩图一九八　船舱峪长城2号居住址（北－南）

彩图一九九　船舱峪长城3号居住址（西南－东北）

彩图二〇〇　船舱峪长城1号水窖（西—东）

彩图二〇一　船舱峪长城2号水窖（北—南）

彩图二〇二　船舱峪长城3号水窖（上—下）

彩图二〇三　船舱峪长城1号烟灶南壁（南—北）

彩图二〇四　船舱峪长城1号烟灶西壁（西北－东南）

彩图二〇五、船舱峪长城2号烟灶南壁（南－北）

彩图二〇六　船舱峪长城2号烟灶
西壁（西—东）

彩图二〇七　船舱峪长城3号烟灶
（西—东）

彩图二〇八　船舱峪长城4号烟灶
（东南—西北）

彩图二〇九　船舱峪长城5号烟灶
（西－东）

彩图二一〇　船舱峪长城6号烟灶
（南－北）

彩图二一一　船舱峪长城7号烟灶
（西南－东北）

彩图二一二　船舱峪长城8号烟灶
（东南－西北）

彩图二一三　船舱峪长城9号烟灶
（东南－西北）

彩图二一四　船舱峪长城10号烟灶
（东南－西北）

彩图二一五　船舱峪寨堡东墙（南—北）　　　　彩图二一六　船舱峪寨堡南墙（西南—东北）

彩图二一九　船舱峪寨堡东北角楼（东—西）

彩图二一七　船舱峪寨堡西墙　　　　　　　　　　　　　　彩图二一八　船舱峪寨堡北墙

彩图二二〇　船舱峪寨堡东北角楼（南—北）

彩图二二一　船舱峪寨堡东北角楼
（东北－西南）

彩图二二二　船舱峪寨堡东北角楼
顶部（南－北）

彩图二二三　船舱峪寨堡西南角楼
（西南－东北）

彩图二二四　青山岭长城1段山险（东北—西南）

彩图二二五　青山岭长城2段山险（西—东）

彩图二二六　青山岭长城3段山险（东－西）　　　彩图二二七　青山岭长城4段墙体（东南－西北）

彩图二二八　青山岭长城5段山险（南－北）

彩图二二九　青山岭长城6段山险（西－东）　　　　彩图二三〇　青山岭长城7段墙体（东北－西南）

彩图二三一　青山岭长城8段墙体（东－西）

彩图二三二　青山岭长城9段山险（东—西）

彩图二三三　青山岭长城10段墙体（东南－西北）

彩图二三四　青山岭长城11段墙体（北—南）

彩图二三五　青山岭长城12段山险（南—北）

彩图二三六　青山岭长城13段山险（北－南）

彩图二三七　青山岭长城14段山险（西－东）

彩图二三八　青山岭长城15段墙体（西—东）

彩图二三九　青山岭长城16段墙体（东－西）

彩图二四〇　青山岭长城二道边1段（北—南）

彩图二四一　青山岭长城二道边1段墙体马道（西－东）

彩图二四二　青山岭长城二道边1段墙体上的排水口（西北－东南）

彩图二四三 青山岭长城10段外侧可进出二道1段的登城步道（西北—东南）

彩图二四四 青山岭长城二道边2段墙体（东—西）

彩图二四五　青山岭长城二道边2段墙体（南－北）　彩图二四六　青山岭长城二道边2段挡马墙（西－东）

彩图二四七　青山岭长城1号敌台（东－西）

彩图二四八　青山岭长城1号敌台（南—北）

彩图二四九　青山岭长城2号敌台远眺（西—东）

彩图二五〇　青山岭长城2号敌台（东南－西北）

彩图二五一　青山岭长城2号敌台（南－北）

彩图二五二　青山岭长城2号敌台（西南－东北）

彩图二五三　青山岭长城3号敌台（南—北）

彩图二五四　青山岭长城3号敌台（东北－西南）

彩图二五五　青山岭长城4号敌台（西－东）

彩图二五六　青山岭长城4号敌台（南－北）

彩图二五七　青山岭长城4号敌台（东－西）

彩图二五八　青山岭长城5号敌台东南角（东南－西北）

彩图二五九　青山岭长城5号敌台南壁（南－北）

彩图二六〇　青山岭长城5号敌台西壁（西－东）

彩图二六一　青山岭长城5号敌台
　　　　　　北壁（北—南）

彩图二六二　青山岭长城6号敌台
　　　　　　南壁（南—北）

彩图二六三　青山岭长城6号敌台
　　　　　　西壁（西—东）

彩图二六四　青山岭长城7号敌台（东南－西北）

彩图二六五　青山岭长城7号敌台（南－北）

彩图二六六　青山岭长城7号敌台（西－东）

彩图二六七　青山岭长城7号敌台（西北－东南）

彩图二六八 青山岭长城8号敌台（东－西）

彩图二六九 青山岭长城1号火池（北－南）

彩图二七〇 青山岭长城2号火池（东南－西北）

彩图二七一 青山岭长城1号居住址（北－南）

彩图二七二 青山岭长城2号居住址（南－北）

彩图二七三　青山岭长城2号居住址北壁（北－南）

彩图二七四　青山岭长城3号居住址（南－北）

彩图二七五　青山岭长城4号居住址（东北－西南）

彩图二七六　青山岭长城5号居住址（南－北）

彩图二七七　青山岭长城6号居住址（西南－东北）

彩图二七八　青山岭长城1号水窖（北－南）

彩图二七九　青山岭长城2号水窖（西－东）

彩图二八〇　青山岭长城1号烟灶（南－北）

彩图二八一　青山岭长城1号烟灶（西－东）

彩图二八二　青山岭长城2号烟灶（南—北）

彩图二八三　青山岭长城2号烟灶（东—西）

彩图二八四　青山岭长城3号烟灶
　　　　　　（南一北）

彩图二八五　青山岭长城3号烟灶
　　　　　　（东一西）

彩图二八六　青山岭长城3号烟灶
　　　　　　（西一东）

彩图三八七　青山岭长城4号烟灶（东南→西北）

彩图二八八　青山岭长城4号烟灶（东—西）

彩图二八九　青山岭长城5号烟灶（南—北）

彩图二九〇　青山岭长城6号烟灶（南—北）

彩图二九一　青山岭长城6号烟灶（西—东）

彩图二九二 青山岭长城7号烟灶（西一东）

彩图二九三 青山岭8号烟灶（西一东）

彩图二九四　青山岭长城9号烟灶（东—西）

彩图二九五　青山岭长城9号烟灶（南—北）

彩图二九六　青山岭寨堡全景（东—西）

彩图二九七　青山岭寨堡东墙（北－南）

彩图二九八　青山岭寨堡南墙（西－东）

彩图二九九　青山岭寨堡西墙（南—北）

彩图三〇〇　青山岭寨堡北墙（东南—西北）

彩图三○一　青山岭寨堡F1
（南－北）

彩图三○二　青山岭寨堡F2
（北－南）

彩图三○三　青山岭寨堡F3
（西－东）

彩图一〇四 青山岭寨堡F4（西—东）

彩图三〇五　青山岭寨堡F4、F5（东—西）　　　　彩图三〇七　青山岭寨堡F6（东—西）

彩图三〇六　青山岭寨堡F4与F5之间的过道（南—北）

彩图三〇八　青山岭寨堡F4、F5与F6之间的街道（东—西）

彩图三〇九　青山岭寨堡F7（东—西）

彩图三一〇　青山岭寨堡F8（东南—西北）

彩图三一一　青山岭寨堡F9（东—西）

彩图三一一 青山岭塞俘F10（东一西）

彩图三一三　青山岭寨堡角楼（西北－东南）

彩图三一四　青山岭寨堡南门（西－东）

彩图三一五　车道峪长城1段山险（东北—西南）

彩图三一六　车道峪长城2段山险墙（北—南）

彩图三一七　车道峪长城3段山险（东－西）

彩图三一八　车道峪长城4段山险墙（西－东）

彩图三一九　车道峪长城5段山险（东－西）

彩图三二〇　车道峪长城6段山险（西北－东南）

彩图三二一　车道峪长城7段山险（西北－东南）

彩图三二二　车道峪长城8段墙体（东南－西北）

彩图三二三　车道峪长城9段墙体（东北－西南）

彩图三二四　车道峪长城10段墙体（东北－西南）

彩图三二五　车道峪长城11段墙体（东北－西南）

彩图三二六　车道峪长城12段墙体（南—北）

彩图三二七　车道峪长城13段山险（南—北）

彩图三二八　车道峪长城14段墙体（东南－西北）

彩图三二九　车道峪长城15段墙体（东南－西北）

彩图三三〇　车道峪长城15段墙体（西南－东北）

彩图三三一　车道峪长城15段墙体垛口瞭望孔（西南－东北）

彩图三三二　车道峪长城16段墙体（东南－西北）

彩图三三三　车道峪长城16段墙体（东南－西北）

彩图三三四　车道峪长城二道边1段墙体（北—南）

彩图三三五　车道峪长城二道边2段墙体（东南－西北）

彩图三三六　车道峪长城二道边3段墙体（西－东）

彩图三三七　车道峪长城二道边4段墙体（东南－西北）

彩图三三八　车道峪长城二道边5段墙体（西北－东南）

彩图三三九　车道峪长城二道边6段墙体（东南－西北）

彩图三四〇　车道峪长城二道边7段墙体（东—西）

彩图三四一　车道峪长城二道边8段墙体（东—西）

彩图三四二　车道峪长城二道边9段墙体（东南—西北）

彩图三四三　车道峪长城1号敌台
（南－北）

彩图三四四　车道峪长城2号敌台
（东－西）

彩图三四五　车道峪长城2号敌台
（西－东）

彩图三四六　车道峪长城2号敌台
　　　　　（北－南）

彩图三四七　车道峪长城3号敌台
　　　　　（南－北）

彩图三四八　车道峪长城3号敌台
　　　　　（北－南）

彩图三五○　车道峪长城4号敌台（东—西）

彩图三四九　车道峪长城4号敌台（南—北）

彩图三五二　车道峪长城4号敌台远眺（西南—东北）

彩图三五三　车道峪长城5号敌台（南—北）

彩图三五四　车道峪长城5号敌台（西北—东南）

彩图三五六　车道峪长城6号敌台南面（南—北）

彩图三五七　车道峪长城6号敌台（北—南）

彩图三五五　车道峪长城5号敌台顶部居住址

彩图三五八　车道峪长城7号敌台（南－北）

彩图三五九　车道峪长城8号敌台（南—北）

彩图三六〇　车道峪长城8号敌台（北—南）

彩图三六一　车道峪长城9号敌台（南—北）

彩图三六二　车道峪长城10号敌台（南—北）

彩图三六三　车道峪长城10号敌台（西－东）

彩图三六四　车道峪长城11号敌台（东－西）

彩图三六五　车道峪长城11号敌台（西—东）

彩图三六六　车道峪长城11号敌台登城步道

彩图三六八　车道峪长城12号敌台（西—东）

彩图三六七　车道峪长城12号敌台（西南—东北）

彩图三六九　车道峪长城13号敌台
（东—西）

彩图三七〇　车道峪长城13号敌台
（东南—西北）

彩图三七一　车道峪长城13号敌台
（南—北）

彩图三七二　车道峪长城14号敌台（西－东）

彩图三七三　车道峪长城14号敌台（北－南）

彩图三七四　车道峪长城15号敌台东壁（东—西）

彩图三七五　车道峪长城15号敌台南壁（南—北）

彩图三七六　车道峪长城15号敌台北壁（北—南）

彩图三七七　车道峪长城16号敌台东壁（东—西）

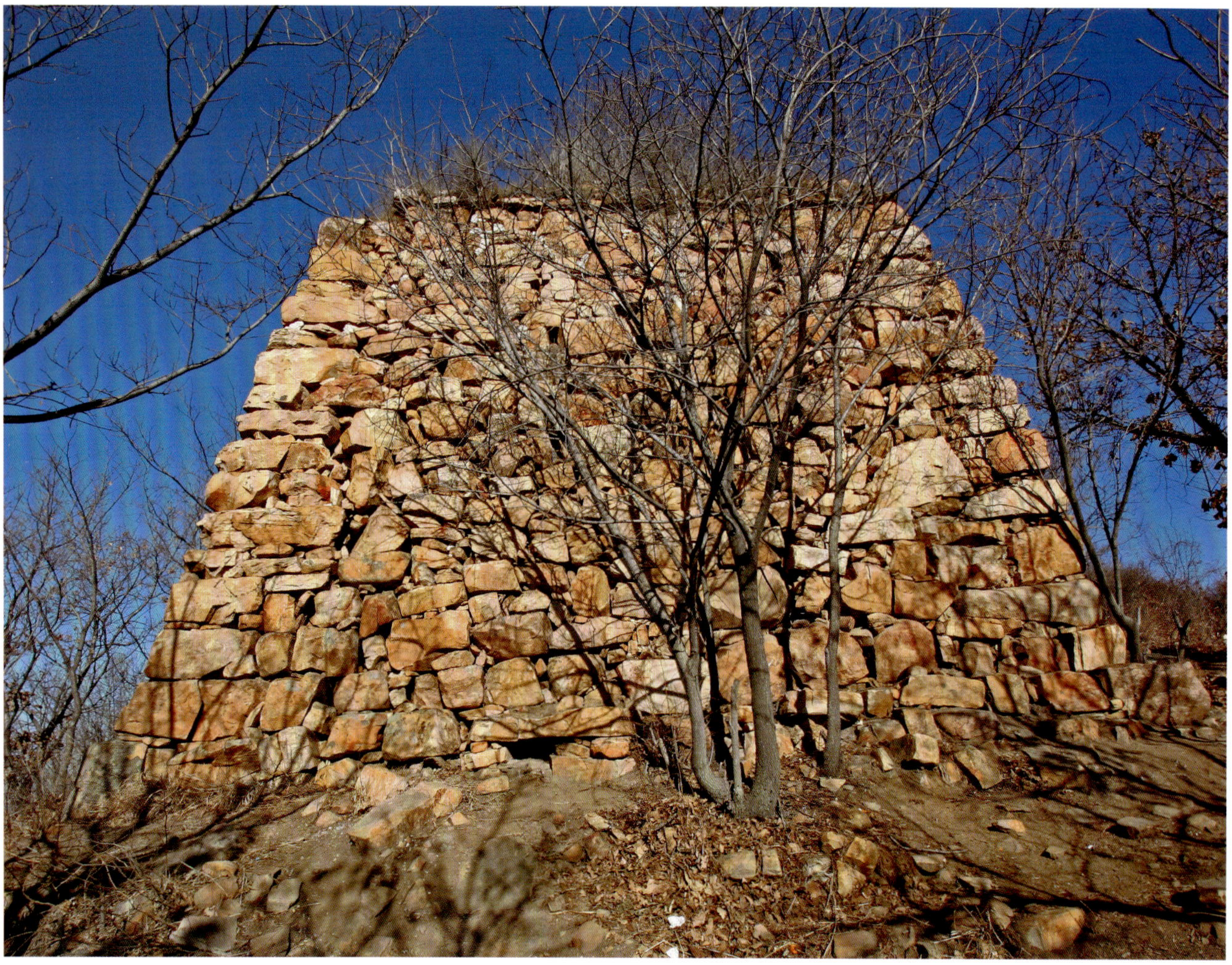

彩图三七八　车道峪长城16号敌台南壁（南一北）

彩图三七九
车道峪长城16号敌台
西壁（西一东）

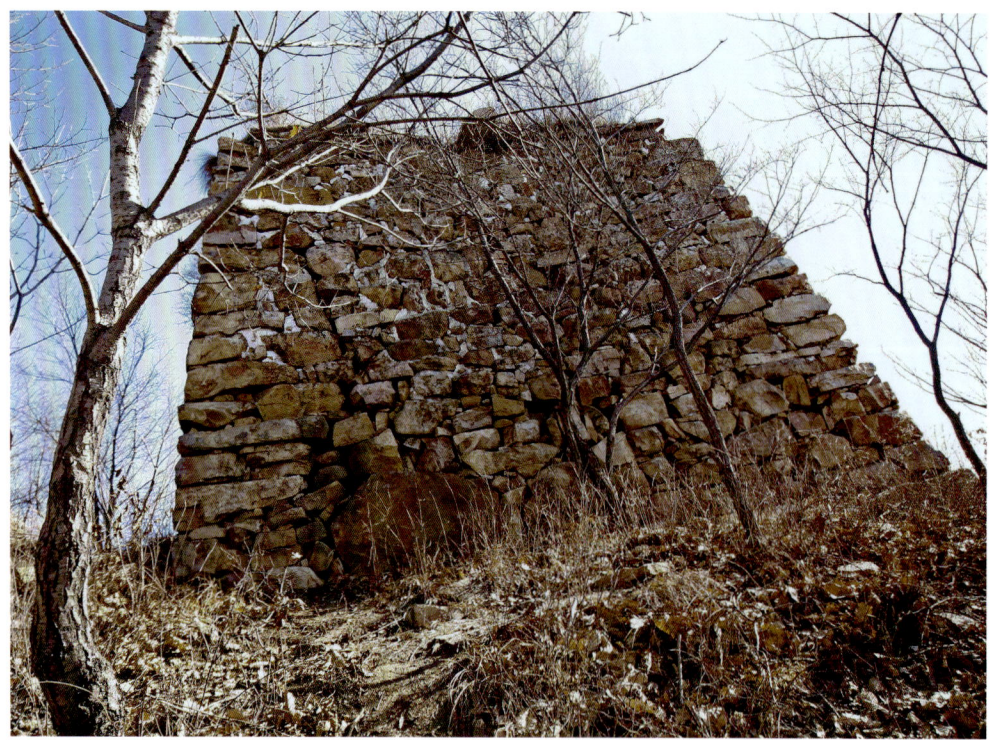

彩图三八〇
车道峪长城16号敌台
北壁（北－南）

彩图三八一　车道峪长城16号敌台东南角（东南－西北）

彩图三八二　车道峪长城16号敌台西南角（西南－东北）

彩图三八三　车道峪长城16号敌台顶部居住址

彩图三八四　车道峪长城17号敌台（北－南）

彩图三八五　车道峪长城17号敌台（东－西）

彩图三八六　车道峪长城18号敌台（西—东）

彩图三八七　车道峪长城18号敌台（北—南）

彩图三八八　车道峪长城19号敌台（南—北）

彩图三八九　车道峪长城1号居住址
（北－南）

彩图三九〇　车道峪长城2号居住址
（东－西）

彩图三九一　车道峪长城3号居住址
（北－南）

彩图三九二　车道峪长城4号居
住址（西—东）

彩图三九三　车道峪长城5
号居住址（东
南—西北）

彩图三九四　车道峪长城6
号居住址（东
南—西北）

彩图三九五　车道峪长城7号居住址（西—东）　　　彩图三九六　车道峪长城8号居住址（西—东）

彩图三九七　车道峪长城9号居住址（西—东）

彩图三九八　车道峪长城10号居住址（西南－东北）

彩图三九九　车道峪长城11号居住址（南—北）

彩图四〇〇　车道峪长城11号居住址（东—西）

彩图四〇一　车道峪12号居住址（东北－西南）

彩图四〇二　车道峪长城13号居住址（西北－东南）

彩图四〇三　车道峪长城14号居住址（南—北）

彩图四〇四　车道峪长城15号居住址（东—西）

彩图四〇五　车道峪长城16号居住址（南—北）

彩图四〇六　车道峪长城17号居住址（北－南）

彩图四〇七　车道峪长城18号居住址（东—西）

彩图四〇八　车道峪长城19号居住址（北—南）

彩图四〇九　车道峪长城20号居住址（西南—东北）

彩图四一〇　车道峪长城20号居住址（南—北）

彩图四——　车道峪长城21号居住址（东南－西北）

彩图四一二　车道峪长城22号居住址（西－东）

彩图四一三　车道峪长城1号水窖（东南－西北）

彩图四一四　车道峪长城2号水窖（西—东）

彩图四一五　车道峪长城3号水窖
（南－北）

彩图四一六　车道峪长城4号水窖
（西－东）

彩图四一七　车道峪长城5号水窖
（东北－西南）

彩图四一八　车道峪长城1号烟灶（西北－东南）

彩图四一九　车道峪长城1号烟灶（西南－东北）

彩图四二〇　车道岭长城2号烟灶（东南—西北）

彩图四二一　车道岭长城2号烟灶（西南—东北）

彩图四二二　车道峪长城3号烟灶（东北－西南）

彩图四二三　车道峪长城3号烟灶（西北－东南）

彩图四二四　车道峪长城3号烟灶
（西北－东南）

彩图四二五　车道峪长城4号烟灶
（西北－东南）

彩图四二六　车道峪长城5号烟灶
（北－南）

彩图四二七　车道峪长城5号烟灶
　　　　　　（西北－东南）

彩图四二八　车道峪长城6号烟灶
　　　　　　（南－北）

彩图四二九　车道峪长城6号烟灶
　　　　　　（西－东）

彩图四三〇　车道峪长城7号烟灶（东—西）

彩图四三一　车道峪长城8号烟灶（东南－西北）

彩图四三二　车道峪长城9号烟灶（西－东）

彩图四三三　车道峪长城10号烟灶
（北－南）

彩图四三四　车道峪长城10号烟灶
（南－北）

彩图四三五　车道峪长城10号烟灶
（西－东）

彩图四三六　车道峪长城11号烟灶（南—北）

彩图四三七　车道峪长城11号烟灶（西—东）

彩图四三八　车道峪长城1号火池（西—东）

彩图四三九　车道峪长城2号火池（西—东）

彩图四四〇　车道峪寨堡西墙（西北—东南）

彩图四四一　车道峪寨堡西墙（西北—东南）

彩图四四二　黄崖关长城1段山险（东南－西北）

彩图四四三　黄崖关长城2段墙体（东南－西北）

彩图四四四　黄崖关长城3段墙体（东南－西北）

彩图四四五　黄崖关长城4段墙体（西北—东南）

彩图四四六　黄崖关长城5段墙体（东南－西北）

彩图四四七　黄崖关长城6段墙体（南－北）

彩图四四八　黄崖关长城7段墙体（东南－西北）

彩图四四九　黄崖关长城8段墙体（东－西）

彩图四五〇　黄崖关长城9段墙体（西—东）

彩图四五一 黄崖关长城10段墙体（西北－东南）

彩图四五二 黄崖关长城11段墙体（南－北）

彩图四五三　黄崖关长城12段墙体
　　　　　　（西南－东北）

彩图四五四　黄崖关长城13段山险
　　　　　　（东北－西南）

彩图四五五　黄崖关长城14段墙体
　　　　　　（东－西）

彩图四五六　黄崖关长城15段山险（东—西）

彩图四五七　黄崖关长城16段墙体（西一东）

彩图四五八　黄崖关长城17段墙体（西一东）

彩图四五九　黄崖关长城18段墙体（东—西）

彩图四六〇　黄崖关长城19段墙体（西－东）

彩图四六一　黄崖关长城20段墙体（东－西）

彩图四六二　黄崖关长城21段
　　　　　　墙体（东—西）

彩图四六三　黄崖关长城22段
　　　　　　山险（东北—西
　　　　　　南）

彩图四六四　黄崖关长城二道边1段山险（东南－西北）

彩图四六五　黄崖关长城二道边2段墙体（东－西）

彩图四六六　黄崖关长城二道边3段山险（东－西）

彩图四六七　黄崖关长城二道边4段墙体（东－西）

彩图四六八　黄崖关长城1号敌台（南－北）

彩图四六九　黄崖关长城1号敌台（东南－西北）

彩图四七〇　黄崖关长城2号敌台
　　　　　（西南－东北）

彩图四七一　黄崖关长城2号敌台
　　　　　（西北－东南）

彩图四七二　黄崖关长城2号敌台铺舍
　　　　　（北－南）

彩图四七三　黄崖关长城4号敌台（东南－西北）

彩图四七四　黄崖关长城3号敌台（东南－西北）

彩图四七五　黄崖关长城3号敌台首层内部（西北－东南）

彩图四七六　黄崖关长城4号敌台（西南－东北）

彩图四七七　黄崖关长城5号敌台（南－北）

彩图四七八　黄崖关长城5号敌台（东—西）

彩图四七九　黄崖关长城6号敌台
（东南－西北）

彩图四八○　黄崖关长城6号敌台
（西南－东北）

彩图四八一　黄崖关长城7号敌台
（东－西）

彩图四八二　黄崖关长城8号敌台（西南－东北）

彩图四八三　黄崖关长城8号敌台（东南－西北）

彩图四八四　黄崖关长城9号敌台（东南－西北）

彩图四八五　黄崖关长城9号敌台（西南－东北）

彩图四八六　黄崖关长城10号敌台（东南－西北）

彩图四八七　黄崖关长城10号敌台（西南－东北）

彩图四八六　黄崖关长城1号敌台（东南面）

彩图四八九　黄崖关长城12号敌台
　　　　　（西北－东南）

彩图四九〇　黄崖关长城12号敌台
　　　　　顶部铺舍（西－东）

彩图四九一　黄崖关长城13号敌台（西－东）

彩图四九二　黄崖关长城13号敌台（南－北）

彩图四九三　黄崖关长城13号敌台（西南－东北）

彩图四九四　黄崖关长城14号敌台
（东—西）

彩图四九五　黄崖关长城14号敌台
（南—北）

彩图四九六　黄崖关长城14号敌台
顶部铺舍（北—南）

彩图四九七　黄崖关长城15号敌台（东－西）

彩图四九八　黄崖关长城15号敌台（南－北）

彩图四九九　黄崖关长城16号敌台（南－北）

彩图五〇〇　黄崖关长城16号敌台（西－东）

彩图五〇一　黄崖关长城17号敌台
　　　　　（西—东）

彩图五〇二　黄崖关长城17号敌台（南—北）

彩图五〇三　黄崖关长城18号敌台（东—西）

彩图五〇四　黄崖关长城18号敌台（西—东）

彩图五〇五　黄崖关长城19号敌台（东北－西南）

彩图五〇六　黄崖关长城19号敌台（东－西）

彩图五〇七　黄崖关长城20号敌台（南—北）

彩图五〇八 黄崖关长城20号敌台（南一北）

彩图五〇九　黄花关城鸟瞰（西—东）

彩图五一〇　黄崖关城南阵眼楼（东—西）

彩图五一一　黄崖关城北阵眼楼（东北－西南）

彩图五一二　黄崖关城东南角楼（东南－西北）

彩图五一三　黄崖关城东门（东－西）

彩图五一四　黄崖关城南门
（南—北）

彩图五一五　黄崖关城西门
（西—东）

彩图五一六　黄崖关城北城楼（南—北）

彩图五一七　黄崖关城提调公署（南—北）

彩图五一八　前干涧长城1段山险（东北－西南）

彩图五一九　前干涧长城2段墙体（东北－西南）

彩图五二〇　前干涧长城3段山险墙（西南－东北）

彩图五二一　前干涧长城4段山险
　　　　　　（东北－西南）

彩图五二二　前干涧长城5段墙体（东南－西北）

彩图五二三　前干涧长城6段山险（东北－西南）

彩图五二四　前干涧长城7段墙体（东北－西南）

彩图五二五　前干涧长城7段墙体（东南－西北）

彩图五二六　前干涧长城8段墙体（东北－西南）

彩图五二七　前干涧长城9段山险墙（东南－西北）

彩图五二八　前干涧长城10段墙体（东北－西南）

彩图五二九　前干涧长城11段墙体（东－西）

彩图五三〇　前干涧长城12段山险（东北－西南）

彩图五三一　前干涧长城13段墙体（东－西)

彩图五三二　前干涧长城14段墙体（东南－西北）

彩图五三三　前干涧长城14段墙体（东南－西北）

彩图五三四　前干涧长城15段墙体（东北－西北）

彩图五三五　前干涧长城15段墙体（东南－西北）

彩图五三六　前干涧长城16段墙体（东北一西南）

彩图五三七　前干涧长城16段墙体（西南－东北）

彩图五三八　前干涧长城17段墙体（东－西）

彩图五三九　前干涧长城18段墙体（东—西）

彩图五四〇　前干涧长城二道边1段墙体（东北－西南）

彩图五四一　前干涧长城二道边2段墙体（东－西）

彩图五四二　前干涧长城二道边2段墙体（东－西）

彩图五四三　前干涧长城二道边2段墙体
外侧排水口位置

彩图五四四　前干涧长城二道边2段墙体外侧排水口

彩图五四五　前干涧长城1号敌台（东北－西南）

彩图五四六　前干涧长城1号敌台（东南－西北）

彩图五四七　前干涧长城2号敌台（西南－东北）

彩图五四八　前干涧长城2号敌台（东北－西南）

彩图五四九　前干涧长城3号敌台（西－东）

彩图五五〇　前干涧长城4号敌台（东－西）

彩图五五一　前干涧长城5号敌台（西南－东北）

彩图五五二　前干涧长城5号敌台（西－东）

彩图五五三　前干涧长城5号敌台（东北－西南）

彩图五五四　前干涧长城6号敌台（西北－东南）

彩图五五五　前干涧长城6号敌台（西－东）

彩图五五六 前干涧长城7号敌台（西—东）

彩图五五七　前干涧长城7号敌台（南—北）

彩图五五八　前干涧长城7号敌台（东—西）

彩图五五九　前干涧长城8号敌台（东南－西北）

彩图五六〇　前干涧长城9号敌台（东—西）（1）

彩图五六一　前干涧长城9号敌台（东—西）（2）

彩图五六二　前干涧长城10号敌台（西南－东北）

彩图五六三　前干涧长城11号敌台（东南－西北）

彩图五六四　前干涧长城12号敌台（东—西）

彩图五六五　前干涧长城13号敌台（东—西）

彩图五六六　前干涧长城13号敌台（南—北）

彩图五六七　前干涧长城13号敌台（西南—东北）

彩图五六八　前干涧长城14号敌台
（南—北）

彩图五六九　前干涧长城14号敌台
（西—东）

彩图五七〇　前干涧长城14号敌台
（东—西）

彩图五七一　前干涧长城1号居住址（西－东）

彩图五七二　前干涧长城2号居住址（东－西）

彩图五七三　前干涧长城3号居住址（北—南）

彩图五七四　前干涧长城4号居住址（西南—东北）

彩图五七五　前干涧长城5号居住址（东北－西南）

彩图五七六　前干涧长城5号居住址（东南－西北）

彩图五七七　前干涧长城6号居住址
（东北－西南）

彩图五七八　前干涧长城7号居住址
（北－南）

彩图五七九　前干涧长城8号居住址
（北－南）

彩图五八〇　前干涧长城9号
　　　　　居住址（东南—
　　　　　西北）

彩图五八一　前干涧长城1
　　　　　号火池（西
　　　　　南—东北）

彩图五八二　前干涧长城2
　　　　　号火池（西
　　　　　南—东北）

彩图五八三　前干涧长城3号火池（西南－东北）

彩图五八四　前干涧长城4号火池（北－南　）

彩图五八五　前干涧长城5号火池
　　　　　　（南—北）

彩图五八六　前干涧长城6号火池
　　　　　　（东南—西北）

彩图五八七　前干涧长城7号火池
　　　　　　（东南—西北）

彩图五八八　前干涧长城1号烟灶（东—西）

彩图五八九　前干涧长城1号烟灶（南—北）

彩图五九〇　前干涧长城2号烟灶（北—南）

彩图五九一　前干涧长城2号烟灶（东—西）

彩图五九二　前干涧长城3号烟灶（东—西）

彩图五九四　前干涧长城4号烟灶（西北－东南）

彩图五九三　前干涧长城3号烟灶（南－北）

彩图五九五　下营寨堡南墙基础（东南－西北）

彩图五九六　下营寨堡西墙外侧（西－东）

彩图五九七　下营寨堡水井

彩图五九八　中营寨堡东墙（东北－西南）

彩图五九九　中营寨堡北墙（东北－西南）

彩图六〇〇　中营寨堡内
水井

彩图六〇一　小平安寨堡东墙（东－西）

彩图六〇二　小平安寨堡南墙（西－东）

彩图六〇三　小平安寨堡北墙（南－北）

彩图六〇四　大平安寨铺南墙（西—东）

彩图六〇五　大平安寨堡内水井

彩图六○六　垛口墙顶砖（赤霞峪长城4号敌台）

彩图六○七　垛口墙顶石（赤霞峪长城4号敌台）

彩图六○八　旗杆石（赤霞峪长城4号敌台）

彩图六○九　垛口墙顶石（赤霞峪长城5号敌台）

彩图六一〇　石构件（船舱峪长城5号敌台）

彩图六一二　垛口墙顶石（船舱峪长城6号敌台）

彩图六一一　垛口墙顶砖（船舱峪长城6号敌台）

彩图六一三　青花碗残片（赤霞峪长城7段墙体采集）

彩图六一四　青花瓷碗底（赤霞峪长城7段墙体采集）

(1)　　(2)

(3)

(1)　　(2)

(3)

彩图六一五（1）白釉褐花碗口沿　（2）灰胎罐口沿　（3）灰陶盆底（赤霞峪长城8段墙体采集）

彩图六一六（1）青花瓷碗底　（2）酱釉陶罐口沿　（3）白釉瓷碗底（古强峪寨堡采集）

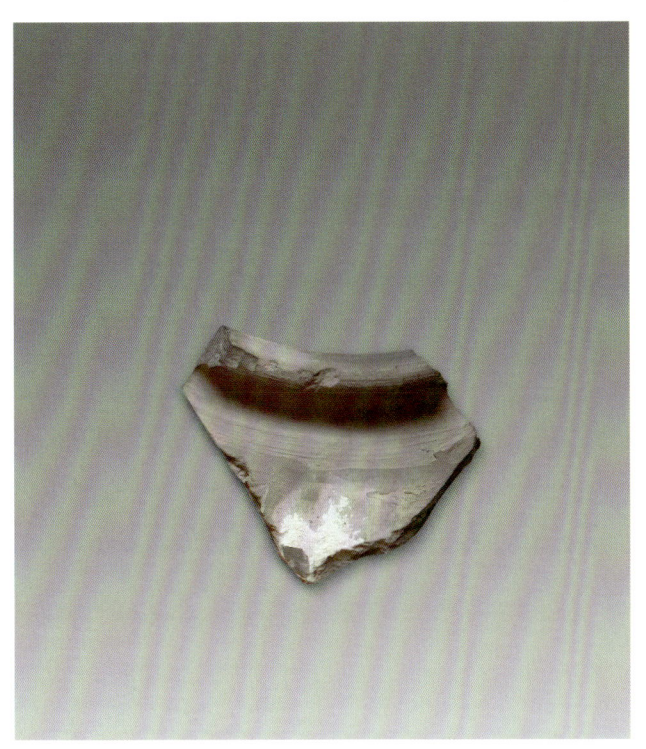

彩图六一七　灰陶罐口沿（青山岭长城5号敌台采集）　　彩图六一八　酱釉韩瓶残片（车道峪长城2号敌台采集）

（1）

（2）

（3）

（1）

（2）　　（3）

彩图六一九　（1）青花瓷碗口沿　（2）黑釉瓷碗口沿　（3）酱釉瓷碗底（车道峪长城3号敌台采集）　　彩图六二〇　（1）、（2）酱釉罐底残片　（3）瓷碗底残片（前干涧长城2号敌台采集）

彩图六二一　天津市明长城田野调查队员合影
（左一，郤志坚；左四，刘福宁；左五，张俊生；左六，姜佰国；左七，刘健；左九，刘洪明）

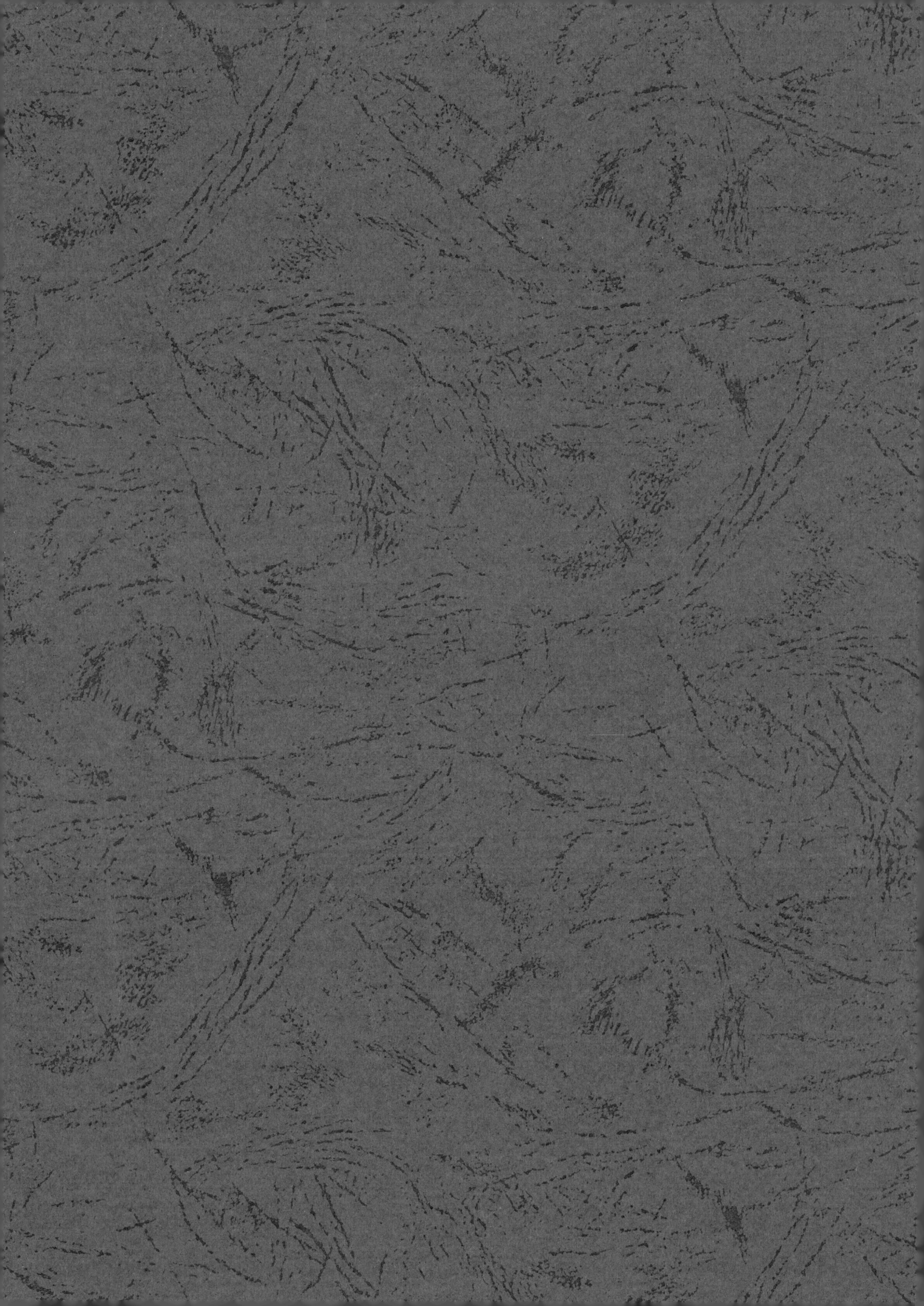